南开大学历史学院教育基金资助 (范曾先生捐赠)

南开大学中外文明交叉科学中心资助

南开史学家论丛

第四辑

多面的中国古代史与清史

杜家骥 著

中华书局

图书在版编目(CIP)数据

多面的中国古代史与清史/杜家骥著. —北京:中华书局,
2023.1
(南开史学家论丛.第四辑)
ISBN 978-7-101-15932-5

Ⅰ.多… Ⅱ.杜… Ⅲ.中国历史-古代史-文集
Ⅳ.K220.7-53

中国版本图书馆 CIP 数据核字(2022)第 189261 号

书　　名	多面的中国古代史与清史
著　　者	杜家骥
丛 书 名	《南开史学家论丛》第四辑
责任编辑	刘冬雪
责任印制	管　斌
出版发行	中华书局
	(北京市丰台区太平桥西里 38 号　100073)
	http://www.zhbc.com.cn
	E-mail:zhbc@zhbc.com.cn
印　　刷	三河市中晟雅豪印务有限公司
版　　次	2023 年 1 月第 1 版
	2023 年 1 月第 1 次印刷
规　　格	开本/920×1250 毫米　1/32
	印张 17⅛　插页 2　字数 520 千字
印　　数	1-1500 册
国际书号	ISBN 978-7-101-15932-5
定　　价	88.00 元

出版说明

　　新世纪伊始,南开大学历史学科魏宏运、刘泽华、张国刚等先生与著名国画大师范曾先生商定,设立"范伯子史学基金",资助出版《南开史学家论丛》第一辑,一为纪念南开史学的奠基一代,二为总结南开史学文脉一系,三为传承郑天挺、雷海宗等先生的教泽。第一辑收录了郑天挺、雷海宗、杨志玖、王玉哲、杨生茂、杨翼骧、来新夏、魏宏运等先生的文集(中国日本史、亚洲史研究的开拓者吴廷璆先生,因文集另外出版,故暂未收入),九位先生可谓南开史学在 20 世纪 50 年代崛起的奠基一代,令人高山仰止。第一辑于 2002 年由中华书局出版后,产生了良好的学术和社会反响,形成了南开史学的品牌效应。

　　2003 年,《南开史学家论丛》第二辑出版,收录刘泽华、冯尔康、俞辛焞、张友伦、王敦书、陈振江、范曾先生的文集。七位先生是 20 世纪 80—90 年代南开史学持续提升的学术带头人,可谓一时风流。

　　2007 年,《南开史学家论丛》第三辑出版,收录南炳文、李治安、李喜所、陈志强、杨栋梁、王晓德六位先生的文集。确定入选者朱凤瀚、张国刚、李剑鸣先生此时调离南开,王永祥先生英年早逝,四位先生的文集未及编辑。诸位先生皆是南开史学崛起的股肱帅才。

　　《南开史学家论丛》第一至三辑,共收录了自郑天挺、雷海宗先生以下二十一位南开历史学科著名学者的文集,大致可分为三代学人,他们或治中古史、或修中近史、或览欧美文化、或观东洋史实。三代衣钵相继,奠基、传承、发扬,对相关学术方向皆有重要贡献,享誉史林,才有了南开史学近百年的无上荣光。这是一份能激动人心的史学积淀,一份能催人奋进的学脉遗产。

　　有鉴于此,南开大学历史学科学术委员会决定继续出版此套丛书的第四辑,委托江沛教授主持编务,以持续梳理南开史学的学术史,总结学科名家的高水平成果,向 2023 年南开史学的百年华诞献礼。

《南开史学家论丛》第四辑入选学者是:中国史学科的郑克晟、白新良、赵伯雄、张分田、杜家骥、乔治忠、许檀、王先明、常建华,世界史学科的杨巨平、李卓教授。十一位学者在各自领域皆有公认的学术成就,其学术活跃期多在 20—21 世纪之交前后三十年间,同样是南开史学第四代的代表性学者。

从四辑的入选学者名单可以看出,南开史学历经百年发展,先有梁启超、蒋廷黻、刘崇铉、蔡维藩等先生筚路蓝缕,继有郑天挺、雷海宗先生代表的第二代深耕根基,再经刘泽华、冯尔康先生领衔的第三代发扬光大,继有多为 20 世纪 50 年代出生学者扛鼎的第四代学人守正创新,终于成就蔚然之史学重镇。

如今,南开史学百余名教师,秉承"惟真惟新、求通致用"的院训,以高水准的人才培养、求真创新的学术成果,打造出一支公认的实力雄厚、享誉全球的史学群体,努力为探寻中华传统文化、构建人类命运共同体而全力拼搏。

2019 年,南开大学提出"4211"发展战略,其中一个"1",即是建立十个交叉科学中心,努力实现跨学科融汇,强调人文与自然科学两大学科间贯通、协同发展,以服务于国家战略及社会发展需求,这是中外文明交叉科学中心的宗旨所在。在文科率先成立的中外文明交叉科学中心,依托历史学科建设。《南开史学家论丛》第四辑,是一个学术品牌的延续,也是中国史、世界史两大学科成果的总结,凝结了对中外历史与文明的比较及思考。故而第四辑的出版,得到了南开大学中外文明交叉科学中心的资助,在此衷心致谢。

在《南开史学家论丛》第四辑出版之际,衷心感谢著名国画大师范曾先生对本丛书连续四辑的慷慨捐赠和大力支持,他致力弘扬中华优秀传统文化、尊师重道的精神令人敬仰。希望早日迎来第五、六辑的持续出版,让南开史学始终站在历史学的潮头,共同迎接中华民族的伟大复兴。

南开大学历史学科学术委员会

2020 年 12 月 12 日

序

　　本人从事中国古代史及清史为主的研究与教学，清史研究偏重于各种制度，以及满族与其皇族、八旗、满蒙关系方面的内容，也有对清代历史总体特点的粗略阐述。此书所收，是以上诸方面在专书以外的部分文章，各部分之间又有所联系。

　　首先，全面认识清史，不能不了解主体统治民族的满族，而深入认识、研究清朝政治，则有必要对满族、八旗进行考察，因而本人在这方面予以较多关注，这也与本人工作单位明清史师资较多，学习时期得益于他们而打下的基础有关。

　　在中国古代史方面，缘于业师冯尔康先生主持国家社科项目《中国社会结构的演变》，本人承担秦以后帝制王朝的皇族这一专题。由此了解到古代帝制王朝之私家性对国政的多方面负面影响，以及皇家自身不断改变的诸种政治现象，这些内容，与外朝政治并存，属于国家公性制度很少规定、外朝官很难制约的特殊领域，自成系统，应是全面深刻认识中国古代通史需了解的重要内容方面，断代史也应予以重视，并形成《清皇族与国政关系研究》（博士论文）一书。

　　另外，研究清代制度，讲授中国古代制度、清代制度课程，又需要对某些制度在清以前的演变作考察，通过对这些同类制度作长时段的通贯性考察，认识其发展规律，并得以了解清代这种制度的由来、该制度演变到清代的状况，进而对清代该制度作比较恰当的定位与评价。这方面的成果中，《中国古代官员选拔制度的阶段性演变》、《中国古代分封制的演变》、《中国古代的中央集权》，在本人《清代制度》一书中已收。其余《中国古代国家之私属性及其演变》、《中国古代皇族研究的意义——试论中国古代王朝之皇族私性及其家法对国政的影响》、《中国古代君臣之礼演变考论》、《隋唐以后至明清死刑演

变的考察——兼论由此体现的中国古代文明的进化》辑入本书。此
外《清朝满族的皇家宗法与其皇位继承制度》也有这方面内容,在前
人研究基础上,将商周以来及满族、蒙古早期的情况作通贯性考察。

　　本书稿所收文章,清史、满族史方面较多,且多与制度相关,其写
作与清代这方面的资料较多有关(包括丰富的典籍、大量的档案),因
而有很多意义相对较大的揭示性内容的题目可作。也正因为资料
多,涉猎多了,又会发现史料之间的矛盾,以及今人论著中一些本人
认为属似是而非、不正确的内容或观点,引起弄清其真相的欲望,作
探实工作,而且也具可行性。本书所收也多属以上两方面文章。如:
一,《清代的"翰詹大考"》《清代职官的复杂等次及相关问题》《清代宫
廷之特点及其与政治的关系》《清代总督、巡抚职掌之区别问题考察》
《天花对清朝政的影响及清廷的相应措施》《清代女性诊病中的男女
之防问题》《满族入关前后之取名及相关诸问题分析》;二,《清初旗人
的旗籍及其改变考》《雍正帝继位前的封旗及相关问题考析》《清代满
族"诸申"问题辨析》《清代满族与八旗的关系及民族融合问题》《清朝
满族的皇家宗法与其皇位继承制度》《也谈清代秘密建储制度》《清太
宗出身考》《清太宗嗣位与大妃殉葬及相关问题考辨》《乾隆之生母及
乾隆帝的汉人血统问题》《乾隆公主嫁孔府及相关问题考辨》。读者
若感兴趣,请查阅另一部文集《清朝制度及其史事探实》(待刊),所收
也是这两方面文章。这些文稿都是探讨,不一定正确,提供参考。

　　应出版社要求,书稿最好在内容上带有集中性,因而将本书所收
文章之选题由来、诸文内容特色等,作以上简述,以便读者对书稿内
容作总体性了解。书稿原作《中国古代史及清史与满族史论丛——
多面的中国古代史与清史》,现循从出版社意见,改作《多面的中国古
代史与清史》。这些文章所反映的"历史面相",也许是您所陌生的,
提供给您共同分享。惟历史上很多事情模糊不清,且关联之事甚多,
本书所述只是一家之言,博雅君子见有缺漏、不确之处,还请赐正,以
便修补。

杜家骥　2020 年春于南开园

目 录

中国古代史专题

中国古代国家之私属性及其演变

近现代国家与古代国家性质上的主要区别,在于是否具有私属性。古代的王朝国家带有私属性,也即某姓家族对王朝国家的私领。取消这种私属性,才形成近现代意义上的国家。古代王朝的这种私属性又经历过一个由产生、发展到削弱、消亡的过程。正是这种私属性及其变化,决定着王朝国家的国体及其统治体制,中国古代王朝之国体及其相应体制变化的两大阶段——领主分封制、中央集权制,正是这种发展变化的结果。王朝之王或皇帝所以能实行君主专制,也产生或者说凭借于各该姓家族对王朝的私有性。古代王朝的这种私属性及其变化现象,也非中国古代所单独存在。本文主要分析这种私属性及其变化,阐述这种变化的原因。有些提法并不成熟,只不过是出于学术发展的角度,提出来讨论,以期使我们对历史的认识更接近于客观实际。而所据史实,有的为专家研究的结果,有的是自己的考察,不少为学界已取得共识者,有的属于常识。本文只是从"私属性"的角度,作长时段的分析阐述,力图得出规律性的看法。

一、中国古代国家私属性之表现、变化及其相应制度

(一)先秦阶段

先秦阶段又可分为以下两个时期。

1. 西周及以前时期

这一时期是国家私属性形成、发展体现得最为充分的时段。主要表现是，某姓王朝将国土、庶民及统治权，分割给予本家族及一些异姓家族，成各个私领之国，即所谓领主分封。

夏、商两朝资料匮乏，尤其是夏朝。夏王朝之分封，《史记》有如下记述："禹为姒姓，其后分封，用国为姓，故有夏后氏、有扈氏、有男氏、斟寻氏、彤城氏、褒氏、费氏、杞氏、缯氏、辛氏、冥氏、斟戈氏。"①以上诸氏，是夏禹姒姓的分支，各以封国命氏，现代史家对此也做过一些考析，论证了它的可信性②。它反映了禹以后的姒姓家族将国家的性质改变为私属性的"家天下"后，再分封与本家族人各建邦国的状况。

商王朝自盘庚迁殷后始有定居地，商王除了有自己的直接统治区王畿，也分封了一些同姓封国，司马迁根据《尚书》《诗经》所述，列举商的受封之国："其后分封，以国为姓，有殷氏、来氏、宋氏、空桐氏、稚氏、北殷氏、目夷氏"③，以上诸氏，既是商王同姓家族的受封之氏，也是封国之名。卜辞中的诸"侯"、"伯"，就是商之同姓封君或服属于商的与国④。

西周是典型的领主分封制，史家经常引用的资料，体现了当时姬姓周王大封天下的概况，其中本家族姬姓占有相当大的比重，《荀子·儒效》称：周公辅成王"兼制天下，立七十一国，姬姓独居五十三人"。《左传·昭公二十八年》也述："昔武王克商，光有天下，其兄弟之国者十有五人，姬姓之国者四十人。"可见两种史籍均述周王同姓封国有 50 多个。《左传·僖公二十四年》还列举了诸如管、蔡、郕、霍、鲁等诸多姬姓封国的国名。周王室分封的异姓封国，则有姜姓的

---

① 《史记》卷 2《夏本纪第二·太史公曰》，第 1 册第 89 页，中华书局 1959 年版。下引此书版本同，不另注。

② 郑杰祥《夏史初探》第 73—86 页，中州古籍出版社 1986 年版；晁福林《夏商西周的社会变迁》第 237—238 页，北京师范大学出版社 1996 年版；王宇信《夏朝国家机构的时代性》第 363—366 页，李学勤主编《中国古代文明与国家形成研究》，云南人民出版社 1997 年版。

③ 《史记》卷 3《殷本纪第三·太史公曰》，第 1 册第 109 页。

④ 王玉哲《中华远古史》第 372—373 页，上海人民出版社 2000 年版。下引此书版本同，不另注。

齐国、妫姓的陈国、姒姓的杞国、曹姓的邾国、任姓的薛国等等。

王朝国家的私属性,在西周时期得到了最充分、鲜明的体现,"溥天之下莫非王土"虽然说得有些夸张,但周王族夺取殷人天下、征服边方,将武力征服之疆土占为己有,则是无可置疑的事实,也正因为如此,该家族之主周王(或掌政者周公)才可以把这些疆土分给本族内众多成员建立藩国,制定宗法,以解决政治、经济权益的分配与再分配;同时划出一部分,封给与周族有私家关系的姻亲,以及为周王族夺得天下而立功的异姓功臣,以作奖酬,如前述任姓、姜姓之分封,都属这种情况。还有是抚绥前朝遗裔而封其领地。领主分封制主要是本家族的同姓分封,对异姓的分封,也是出于周氏之王的私恩赐予。而这种分封形式的重要目的,则是所谓"以藩屏周",维护姬姓家族对天下的永久性私性领有。

国家私属性的另一层内容,是等级分封制下的各级受封者,对封地均有私领性,各诸侯国的受封国君,领有封国之土地、人民[1],从而具有役使领民、占有其部分劳动成果、拥有领地内山泽之利等经济方面的私有权,以及对封国统辖、治理和设置军队等政治权力。总之,是对所封之国具有相对独立的私领权。对封地、民众统治权的领有,是受封者"领主"权的主要体现。这些经济、政治权利又是世袭的,可传之子孙,如同家产。这种本家世袭,也是私领性的表现。受封国君还可以把封地的一部分分给异姓臣属、扈从者等,作为其下属之卿大夫的采邑,受封的卿大夫也可把封得之采邑当作私有财产世传下去[2]。

此外,当时国家之职官也多世袭,带有某种私占性。那些受封的同姓、异姓高级贵族,世代承袭,成为"世族",他们在政治上也就几乎世代掌握世袭做官的资格,拥有世袭的采邑,实质上就是有了俸禄,形成世族、世官、世禄三者密切结合的制度。以周王室为例,其姬姓的周公、召公、荣公,均世代在朝中充任宰辅或卿相[3]。异姓者则有

---

① 许倬云《西周史》(增补本)第155页,综合文献与金文资料,认为:"每一个封君受封的不仅是土地,更重要的是分领了不同的人群。"生活·读书·新知三联书店2001年版。下引此书版本同,不另注。

② 王玉哲《中华远古史》第589页。

③ 王玉哲《中华远古史》第610—615页。

微氏六世人历经西周九个王,世代为官①。周代铜器铭文中关于职官之册命之辞,几乎一定包括该职官继承祖先职位之语,有的还明确说明下延世泽,可传子孙。各诸侯国贵族对属下的官员,也有同样的任命仪式,说明其接续祖先的职务②。对国家职官的这种世袭性,也属私性。被物色的非贵族之官,不属主流,起辅助作用。

正是这种私属性,决定了当时领主分封制下的国体及相应制度。

所谓国体,是指国家由什么人掌权、治理,也即统治者的身份。从以上情况可以看出,西周时期,无论是王朝之最高主掌者王,还是各受封国君,皆为私姓家族世袭,而且是以王族同姓一族为主。行政之职官,也主要实行各家族世袭性的世卿世禄制,少数贵族世代为官,从而使整个王朝统治者由姬姓为主的少数世族贵族世袭,国体带有强烈的"私"性。世袭,就是私有性的一种表现。体现最充分的西周如此,西周制度应是对以前制度有所承袭,那么,此前之"家天下"的夏商当也不会相去甚远,只不过在这种私属性王朝产生发展之初,表现的程度、范围与后来有所差别而已。

后来也是领主分封时代的蒙古、满族,情况与其相同,可作同一社会阶段形态的佐证。成吉思汗家族的分封,形成本家族为领主的各汗国。满族的八旗分封,也是努尔哈赤家族分领八旗,旗主均为该家族之人,各自领有自己的旗下属人,各旗主也即领主与本旗下人有君臣之分。当时的后金—清政权,实际是努尔哈赤的家族政权。处于同一社会发展阶段的领主制时期,无论商周还是满蒙,乃至其他少数民族,其本家族私性分封,及由此形成的国家国体性质是相同的。

从西周王朝对天下的统治体制看,其中央分封之初,曾制订对各受封国的统辖、控驭制度,具有某种集权性。从君主方面而言,周王对自己的直属臣僚,行使的是专制君主的权力,对受封地方之国君,既为君臣关系,也当然地实行君主权力。各受封国君对本国既然私领,也当然地对本国官僚行使专制君主权力。不过这一时期无论是周天子还是各受封国君,其君主专制的程度均不如后来的秦汉及以

① 王培真《金文中所见西周世族的产生和世袭》,《人文杂志丛刊》第二辑《西周史研究》,1984年版。

② 以上见许倬云《西周史》(增补本)第228—230页。

后强烈。

西周王朝中央、天子统驭天下地方的方式具体表现为：周王是天下"共主"，将天下地土、民人分封给诸侯国君，建立王与各国主间的君臣、主从关系，各国君之继承或立太子，均须周王批准册命，由周王对其诰训（《尚书》中很多这类内容），各国君须遵从周王室之统一性政令；周王可向各诸侯国派卿、派监国者，监视该国君活动，佐助国君统治、管理封国[①]。各诸侯国君须定期向周王朝聘、进贡，承认并维持与周王的君臣隶属关系，并有出兵、出役、勤王以"藩屏"周王室等义务。这是在领主分封制度下，处于中央的周王室为实现对地方诸侯国的利用、控驭而实行的"集权"方式。这种集权，在周初大分封始封之时最强，以后逐渐弱化，至西周末、东周时期仍有体现。如西周后期，周王之册立鲁国国君鲁懿公、鲁孝公；西周幽王时以烽火召诸侯带兵勤王，各诸侯得讯毕至；东周时期，齐国桓公之时，该国的国、高二氏重臣，仍是"天子所命为齐守臣"；周敬王在位时，各诸侯国应周敬王之召而共修周城[②]；等等。

但是，由于各诸侯国都是相对独立带有自治性的领主国家，所以中央王室对它们的集权程度相对不强（与以后实行中央集权下的郡县制相比），随着国主的世代不断更替，与中央王室的亲缘关系愈益疏远，各国独立性也愈益发展，最终导致周王室对诸侯国的这种集权逐渐流于形式，最后名存实亡。春秋、战国时期周王室权威、地位的变化就说明了这点。领主分封制下各受封领主国的私有及独立性，决定了分封者对受封者的集权不可能长久。

2. 春秋战国时期

这一时期，国家的私属范围缩小，私属程度减弱。

这一变化表现为，国家掌权者除国君一姓世袭外，其他行政官，逐渐由非世袭性的官僚取代世族贵族，也即逐渐取消了世卿世禄制。同时，各诸侯国的私性领主分封制也逐渐取消，即使分封，也不予领

① 王玉哲《中华远古史》第551—552、592—593页。徐中舒《西周史论述》，《四川大学学报》1979年3期。耿铁华《西周监国制度考》，《研究生论文选集》中国历史分册（一），江苏古籍出版社1984年版。
② 《国语·周语上》。《左传·僖公十二年》及杜注。《左传·定公元年》。见王玉哲《中华远古史》第590—592页。

民,仅分与具有经济特权的食邑。

春秋时期,周王为天下列国"共主"的地位已名存实亡,诸侯国力量强大,周王室沦为附庸,至战国时,被秦灭亡。这一时期,国家之私属性及其削弱,也主要表现在各诸侯国之中了。

各诸侯国国体私属性的变化主要体现在分封制上。春秋之时,各国仍在实行分封制,受封卿大夫在封地不仅有食邑经济权益,而且仍有一定统治权,有本支族人势力和私属军队。世族世官制也在延续实行。某些大家贵族凭借这些权益势力,甚至瓜分、取代国君公室,独立成国。也正因此,各诸侯国纷纷对分封制进行变革,以削减受封者的权势,至战国时期,各国君下属之封邑已一般占地不大,且多不世袭,仅少数(以同姓为主)有世袭权。更重要的是,其封地并非领地,已不领民,无统治权,由国君直接派相、守治理封邑,受封者也无军队,只有少数高等受封者拥有少量自卫兵,如战国四君子、秦国的商君卫鞅等。他们所享有的,主要是收取封邑租税的经济特权[①],而私家世袭的领主政治权已不复存在,也可以说,以前那种将受封者封为领地统治者的领主分封制已被废除。世卿世禄制也逐渐取消,只在少数国家中尚有残留,如楚国等。从总的情况看,战国时期的国家,掌权者除国王由私家世袭,仍具私属性外,其职官则主要已不是贵族领主,而是由不具私属性世袭、非身份性的官员担任,无论中央还是地方都是如此(并见下述)。

行政体制方面,各诸侯国国君,仍行使其君主权力,而专制程度比以前强化。各国中央对地方的统治,随着领主分封制的逐渐废除,领主藩国不复存在,新的地方政治实体郡县已经兴起,且任用非世袭的官僚充当郡县官,各国中央直接统辖地方郡县的强化性中央集权体制形成。

郡县取代私姓分封领地成为统治管理地方的主要行政形式,是国体私属性范围大大缩小、性质减弱的另一重要表现形式。县的出现比郡早,春秋初期只是国君的直属领邑,此后各国为加强中央集权、加强边地防守,又把兼并得来的边地置县管理,不作下属卿大夫

---

① 以上见杨宽《战国史》第242—252页,上海人民出版社1980年版。下引此书版本同,不另注。

的封邑。迨至战国,县在各国的设置逐渐普遍化。郡大致出现于春秋末,开始也设于新得到的边地,面积较县大,但地位比县低。战国时代,各强国边地不断扩大,始在郡下设若干县,以加强与巩固边防。此后,郡的设置又向国中地区发展。战国后期,秦之国土不断扩大,兼并之地皆设郡以利攻防,因而郡县之设也不断扩大。无论县还是郡,其任职者都是中央直接派任且可随时任免的职官,执行的也是中央的法令政策,远较以前私属性的领主封国容易控制。因而这种由中央直辖、官僚任职的地方郡县制,比西周领主分封时期分封者对受封者的集权程度大大地强化了。而这种强化性发展,正是国家私属范围缩小、私属性削弱的结果。

(二)秦统一至清亡

统一的秦王朝,对战国时期已形成之制度进行肯定并在统一的大帝国内推广实行。国家之私属性,在政治权力方面,主要体现在皇帝权位上的一姓世袭。本皇族其他成员如宗室王公的掌权,以及异姓贵族世爵、官员的某种世袭性政治特权,仅以残留形式存在。经济权益方面,皇帝本姓的整个皇族,以及异姓功臣勋戚,仍具有世袭性特权。以上两方面具体表现如下:

1. 最高统治者皇帝的皇家一家世袭。行使主掌国家的皇权、处理公务,就在皇帝私家家中也即皇宫中。

2. 某种情况下皇权的皇家私家行使,如皇帝幼小时的母后临朝、宗王摄政。凡此,都是皇室、皇帝的私人行为,而非国家制度规定,被任用者也不经国家机关选任。皇帝私自任用其管理家务的家臣、侍从性郎官办理重要政务,也属这类性质。

3. 某些王朝的开国时期,因本姓王朝尚立足未稳,而分封同姓王,以藩屏辅翼本姓王朝。刘邦建立汉朝之初,对秦朝的二世而亡进行分析,得出的结论之一是,秦速亡于"内亡骨肉根本之辅,外亡尺土藩翼之卫",因而"惩戒亡秦孤立之败,于是剖裂疆土……尊王子弟,大启九国"①,分封刘氏子弟,建立诸侯王国。东汉末年群雄割据,三分天下,后以司马氏统一全国。晋武帝嗣位伊始,君臣再论前鉴,认为当初王莽篡政,就是乘西汉皇族帝支与宗藩"本末俱弱"而得逞,终

① 《汉书》第2册第393页,中华书局1962年版。

赖刘氏宗人中兴祖业,再建汉家王朝,但东汉光武帝刘秀由于"虽封树子弟而不建成国之制,祚也不延,魏氏乘之圈闭亲戚,幽囚子弟,是以神器速倾天下"。社稷为曹氏篡夺,其总结的教训是:分封不可废弃。于是,司马氏"并建宗室,以为藩翰"。鉴于汉初分封导致的吴楚诸国之乱,采取封而不建的方式,封王"出为都督刺史"领兵出镇地方,而不予领地藩国,以期"收宗子维城之功,而矫孤立之弊"①。此后南朝各朝,也任用宗王出镇地方。唐初也曾"广封宗室以威天下"②,封宗王出任地方都督、刺史。元朝进据中原以后,宗王分封出镇地方更成为有元一代之制。明初的朱元璋也曾大封皇子,令其手握重兵,坐镇要冲,节制异姓将帅勋臣。有的王朝的皇帝还同时铲除异姓王,诛戮有权势的异姓功臣,如西汉高祖刘邦、明太祖朱元璋③。

4. 皇家对国家之财与物的某种私有。刘邦成为逐鹿中原的得胜者后,便公开把国家说成是他的私产④。王朝在这方面的皇族私属性有多方面体现,如皇室对国家财政收入的分割、挪用,包括皇室开支,婚丧大礼之费用,修造宫苑陵墓。将地方封地、湖海之利、采邑、租税户分给同姓宗王族人。明清时期,则是分给土地之外,将国家财政收入的一部分分给皇族作为养赡银米——宗禄,只要是皇族成员,及岁后便终身享受。

5. 皇室私家征用百姓,服务于宫廷及土木建造、工艺制造,选宫女、太监侍奉。调用军队保卫皇宫也有这方面因素。

6. 异姓私属性特权。功臣勋戚之封爵,凭世爵而成为贵族,领取世禄,这是经济方面。政治方面,高级官员、世爵可荫子,继续取得做官资格。皇帝将国家收入或官位,赐予为建立与维护本姓王朝统治的功臣世爵、高级官员及死难者,带有私家奖酬性质,也是对其私

① 《文献通考》卷 271、卷 272,《封建考》十二、十三。第 2149、2158 页,商务印书馆万有文库十通本。

② 《旧唐书》卷 60《列传第十·宗室·太祖诸子·淮安王神通》,第 7 册第 2342 页,中华书局 1975 年版。

③ 以上详论,见拙文《秦以后封建王朝的皇族·宗王的分封、出镇与辅政》,收冯尔康主编《中国社会结构的演变》,河南人民出版社 1994 年版。

④ 《史记》卷 8《本纪第八·(汉)高祖本纪》汉九年,刘邦接受百官朝贺时,洋洋得意地对其父亲说:"始,大人常以臣无赖,不能治产业,不如仲力。今某之业所就孰与仲多?"第 2 册第 387 页。

属性国家权益的一种分割。

7. 观念方面的,君为臣纲,异姓官民百姓忠于一姓之君,以既立之君为正统、当然掌国者,取代者被视为篡逆的乱臣贼子。

以上私属性也呈逐渐弱化的变化趋势,体现在以下几方面:

1. 分封同姓宗王的政治权力、军权逐渐减小。对分封宗王赋予政治军事权力,主要在几个王朝的肇建之初,且这种权力的范围、权限逐渐减小。西汉初年的受封宗王权势最大,恢复到春秋时期的程度,刘氏诸侯王在所封国可自置丞相以下诸官,征发百姓服役、当兵,因而拥有一定的私领军队,且领封国山泽之利,因而发展到后来的割据反叛。吴楚七国之乱被平定后,宗藩分封虽延续存在,但上述军、政权力不复存在,只具衣食封地租税的经济权利。此后的东汉、魏也基本如此。西晋之初及隋初、唐初、明初之分封宗王,主要是被赋予军权,因此而导致的皇家内乱(如西晋之八王之乱、唐初之诸王起兵反对武后、明朝之靖难之变)结束后,这种军权又均被削夺,并受到较严厉的禁、控。清朝吸取以前中原汉族王朝教训,不再分封宗王于地方,而只令居于京城,宗王于中央参政,最初是以王的身份预政,这是满族落后旧制之遗留。清末,宗王参政的身份降低,是被授予职官,可随时任免。

2. 引用外戚姻亲辅政方面,两汉至隋唐这一阶段经常出现,由于常常引起宫廷内乱,甚至左右、取代皇帝(如王莽、杨坚),而公众性的外朝官僚集团又很难介入、控制,因而宋以后对外戚姻亲严厉控制,甚至有意摒除,如宋及明朝的中期以后。所以在宋、明、清这几朝中,以前汉唐时期那种外戚擅政现象不再出现。

从领主分封制下以本族宗室藩屏、辅佐家族性国家统治,到摒弃同姓宗室、以皇室私家姻亲外戚辅弼皇帝本支,再到摒弃外戚姻亲,是国家权力私属性弊端不断暴露、私属范围不断缩小的过程,直至私属性皇权最终取消。

3. 经济特权逐渐减小。西汉初之分封,刘氏宗王封地动辄几十城几十县:"多者百余城,少者三四十县"[①],受封宗王世代享有这几

---

① 《西汉会要》卷5《帝系五·诸侯王》,上册第44页,上海人民出版社1977年版。并见《汉书》卷38《高五王传》,第7册第1987页。

十上百县采邑户的租税,且占据领地内山川湖海之利,这部分租税外的收入也"皆各为私奉养焉"①。至东汉时,诸王封国食邑,已是多者十几县,少则几县了②。晋以后,受封者已无固定封地,其食邑户只是衣食租税多少的尺度,且由国家征收食邑户的赋税,按受封者食邑户数分给(唐代,前期曾一度由官府与食封者共征,玄宗以后由官府征收)③。其封户数量,西晋,宗王一般为万户至数万户;唐朝,宗王多者食万户,一般为数千户④。明清时期,是国家拨予宗室王公土地,使其出租收取地租,另外,再按爵、按人(一般的无爵宗人)发予宗禄——银米,清代拨予皇族的土地,又大大少于明代⑤。

秦至清代王朝之国体。这一阶段,由于国家私属性比领主分封制时代在范围上缩小、性质上减弱,统治阶层的主体,主要是一姓私家世袭之皇帝与众多异姓非世袭官僚的结合体。异姓官僚在国家统治中发挥重要作用。同姓宗王、外戚凭借其与皇家私性关系和身份预政,只表现为某些王朝、某时期或个别人。异姓功臣世爵、高级官员之子孙以门荫入仕,只是取得为官资格,而不是官位职权的世袭。新的选官制度,其中的私性因素也在不断削弱。取代世卿世禄制后的察举制,赋予官员及后来专职察举官(中正官)的察举权,仍带有某种私性,即举官者的私人意志、看法乃至私心。取而代之的科举制,以参加科举者的成绩录取,又采取诸多防弊措施(如试卷去名、誊卷等等),私性因素大大减少。另外,是官员自选属官权力的削弱、取消。官员有自主私聘属下官员的权力,主要是在隋唐以前。两汉时期的察举征辟制的"辟",就是官员可以私聘自己的属下官员,这种权力越到后来越削弱。宋代以后,尤其到明清时期,选官一定要经过吏部,私聘行政助手,需自己出资,不能作为国家编制官员。

这一历史阶段,国家政体则是以专制性皇权为主宰,以众多官僚

① 《史记》卷30《平准书》,第4册第1418页。

② 参见柳春藩《秦汉封国食邑赐爵制》第154—155、159—163页,辽宁人民出版社1984年版。

③ 参见杨光辉《汉唐封爵制度》第77—82页,学苑出版社2002年版。

④ 《唐会要》卷90《食实封数》,上海古籍出版社2006年版。

⑤ 见拙作《清皇族与国政关系研究》第418—422页,(台北)五南图书出版公司1998年版。

为辅佐、布列中央地方各统治机构的中央集权。无论是统一王朝,还是分裂式政权国家(主要指中原汉族),都是这种体制。只是不同时期,在皇权专制、中央集权的程度上有所不同。

二、国家私属性的产生及其发展变化原因之分析

任何事物的发展均要经历从量变到质变的过程,国家之私属性也不例外。中国古代国家私属性之量变,大致经历了由夏至西周的逐步强化至其鼎盛,春秋战国时期的由盛而衰,秦至清的进一步衰弱以至最终消亡这一变化过程。此后,近代非私属性的国家——民国产生,这是国家这一公、私矛盾的统一体,其私性因素、公性因素在矛盾中此消彼长的发展结果。

1. 西周及以前时期

夏是第一个私姓世袭王朝,夏初的资料匮乏,无法对其作具体阐述,但有一点可以肯定,即夏姓王朝的私属性绝不是突然产生的。在第一个夏王启以前,该家族就应是一个具有私性而且发展到有相当实力的族体,达到其他家族无法制约的地步,因而才能建本姓王朝。蒙古的成吉思汗、女真的努尔哈赤,其国家的建立都是以家族实体为基础。夏王朝国家建立的基础,大约也与此类似。克商以前的周人,也是以姬姓家族为主的部族,联合其他小族而兼并了商。西周初年,溥天之下莫非王土,因而实行以姬姓为主的天下大分封,这种程度的实现,绝非一蹴而就,而是逐渐发展而成的。在小国寡民、众多部族性国家林立的时代,无论是政权、国家还是更大统治范围的王朝,都是家族、部族扩大占有土地、财物(包括人口)兼并其他家族、部族而来,时代越早,以掠夺兼并作为扩大财富之来源越显重要,其占有物必然有强烈的私属性,而且竭力维护它。巩固本部族利益的主要依靠力量也是本族人、异姓依附者及私属民。这是当时国家私属性产生并发展的主要原因。

2. 春秋战国时期

春秋战国时期国家私属性削弱、私属范围缩小,其原因主要有两方面。

一是"受封者"私属性世袭权势的世代积累、坐大,而且与最初之分封者血缘亲情关系也已疏远,而取代"分封者"。或者说是"分封

者"反被其私授的"受封者"否定,因而导致私属性领主分封的取消。

这种取代分封者的事件,较早发生在姬姓国的同姓之间。公元前 679 年,晋国,受封曲沃的庶支壮大,终由武公杀晋侯,取代本宗支的主封国君,此即春秋史上有名的"曲沃代翼"事件。武公之子晋献公继位后,残酷地消灭了原晋室诸公子。公元前 562 年,鲁国,又发生季孙氏、叔孙氏、孟孙氏三分公室的事件,最终取代国君。此后,异姓受封贵族取代国主的事件也不断发生,如公元前 481 年的田氏代齐、公元前 453 年的三家分晋、公元前 356 年以后的戴氏代宋①。春秋时期,族人互相残杀、兄弟阋墙、臣下逼君、弑君之事时有发生,惨痛之教训迫使各国国君不得不取消受封者对领地的领主统治权,且减小封地,使其仅享有小范围封邑租税方面的经济特权。与此同时,新兼并扩充而来的国土也不再实行领主分封,而置县郡,派遣随时可以任免的官僚管理。所以到战国时期,前述受封者取代分封国君的现象便很少出现了。

二是在激烈的兼并与反兼并的残酷形势下,为优选人才以富国强兵,而削弱、取消私有性的世卿世禄制度。

先秦时期,国家发展的历史,也可以说是互相兼并、国之数量由多变少、国家幅员规模由小变大,最后集为一大国的演变史。据战国时人记述:"当禹之时,天下万国,至于汤而三千余国"②,所述"万国"、"三千余国"虽非确数,但当时的国多、国小当是事实,那时的所谓"国",不过是规模很小、多互不接壤、不常其居的氏族、部落③。西周之时,据说有数百国④。至春秋,有一百四五十国⑤。战国时则主要有七国,最后统一为一国。国家由多变少、规模由小变大,主要是军事兼并的结果。到战国之时,这种兼并战争不仅规模大,而且相当残酷。强者存、弱者亡,形势逼迫各国必须富国强兵,为实现国富兵

———

① 戴氏代宋,见杨宽《战国史》第 150 页。
② 《吕氏春秋·用民》第 202 页,广州出版社 2001 年版。
③ 王玉哲《中华远古史》第 333—335 页。
④ 《史记》卷 17《汉兴以来诸侯王年表第五》,所述"数百",当有相当大一部分是非分封的原来即存在的氏族、部族,因有一定独立性,故也称之为"国"。其实不一定是完全意义上的国家。第 3 册第 801 页。
⑤ 见顾德融、朱顺龙《春秋史》第 27—37 页所列表及注中说明。上海人民出版社2001 年版。

强，必应选用精英人才充当文臣武将，而旧有的世族世官制，使职官的任用局限在少数私家贵族范围内，人才之优选概率极小，以致庸才当政、抱残守缺，极不利于国家的发展和强盛，在兼并与反兼并的大环境中处于极其不利的境地。春秋之时，曲沃代翼以后之晋国，以及齐国，都是因选用异姓能臣，才得以发展强大，乃至称霸中原。战国之时，则已竞相延揽外来英才，那些低身份的才士也纷纷游说推荐自己，以投明主而施展其才能。各国相继实行富国强兵的变法，其重要内容便是废世卿世禄制度，以便在大范围的非身份人中选取良才为官。魏、赵、韩、楚、秦等国的变法中，都有这方面的内容。从而大大扩展了职官的优选范围，有些贵族被选任也是凭才而不是凭贵族身份，而且非世袭。战国时期，各国无论是中央将相，还是地方郡县官，都主要以非世袭的官僚充任，从而使国家体制的性质由私属性的贵族政治转变为官僚政治。

以军功论爵是激发广大异姓、非身份性兵将效命疆场、强化国家军队战斗力的重要措施。秦国的二十等军功爵制，把战场上杀敌首级多少作为封授爵等的依据。爵等的高低，又直接决定应享俸禄、田宅、奴仆、衣物的多少，还可得官、减刑，如此重赏之下，何患不出勇夫猛将。战国兼并，主要是武力、军队战斗力的较量，客观地说，地处西戎的秦国，无论是生产技术水平还是文化，均不比中原诸国先进，甚至落后，但正是其社会形态落后阶段的野蛮性，在军功爵制的激励下得到了最大的发挥，以致其"虎狼之国"的野性，令东方六国之兵闻之丧胆，这大概就是秦国在"战"国阶段能以军事兼并六国的最重要原因。更兼其注重发展农业、水利事业以富国，军粮富足。军功爵制也削弱了包括同姓宗室在内的少数贵族的私有性世袭特权，比较充分地利用了异姓文武官僚的才能。而其制度上的意义，则是对少数私性贵胄家族垄断性世爵、世官制的削弱，促进公众性的异姓官僚制的迅速发展。

论及秦的兼并及其成功，附带提出一个值得注意的现象，就是先秦时期的国家兼并，发动者及最终实现兼并者，都不一定是生产技术及经济发展方面的先进者。

灭夏之前的商，是中原夏之边区的东方夷族，居河北之南、山东之西,尚处父系氏族社会阶段①。有学者更明确指出,商取代夏之前的文化,其发展水平"稍逊于以二里头为代表的夏文化"②。至于灭商之周族,王玉哲先生论述:古公亶父时尚"穴居而野处,他们的文化,仍在使用陶器的阶段,所以他们的社会,充其量也只是达到社会发展史上的所谓氏族社会的末期。一直到文王时代,社会还没有什么质的变化"③。许倬云谓:由文献与考古资料的综合看来,当时"周人的生产能力,至多站在商人的同一水平上,并没有突破性的发展"④。以后地处西戎之秦,也不比早已发达的中原六国先进。但都是这些落后者、非先进者,成为兼并战争的主动发动者,而且最终实现了兼并。再看秦以后,多次南下占据北方或中原的鲜卑、女真、蒙古、满族,也都不是生产发展方面的先进者,而较之中原落后。

3. 秦以后至清国家私属性进一步削弱的原因

秦以后至清,国家之私属性在政治方面主要局限于皇位的一姓世袭、国家最高权力皇权的皇帝一人行使。皇帝幼小的特殊情况下,则多由本家的母后行使。宗王分封藩辅本姓王朝统治的实施,只是某些王朝的短暂时期,由于这种旧制又再现以前的弊端,重蹈春秋时期内乱互残甚至危及国君的覆辙,而不得不否定,如西汉的七国之乱及以后对藩国势力的分析、削减,西晋的八王之乱及以后东晋南朝时任用宗王的逐渐减少。明初的靖难之变及以藩王入承大统的永乐帝对藩王在政治权势上的严厉禁限等等,都属这种情况。

在经济方面对皇族特权的削减,则是因为皇族所得租税或赡养之宗禄对国家财政收入的侵蚀,甚至导致财政危机,激化社会矛盾,影响国祚之长久,因而不得不进行限制。两汉的诸侯王国,广占国土,与中央王朝相埒,其租税、湖海山泽之利尽入私家,还成为发展军事势力的财政基础。武帝以后采取众建以分其势、以小错而除其国等等方式,扩大中央"汉郡"范围,也增加了国家财政收入⑤。唐代至中宗时,由于"食封之家其数甚众",皇族又凭借特权收取富户、丁多

① 王玉哲《中华远古史》第185—195页。
② 许倬云《西周史》(增补本)第18页,生活·读书·新知三联书店2001年版。
③ 王玉哲《中华远古史》第470页。
④ 许倬云《西周史》(增补本)第82页。
⑤ 见柳春藩《秦汉封国食邑赐爵制》第89—91页。

之户,以致"国家租赋,太半私门",王朝财政"支计不足"①,中央因而进行食封制之改革。明朝皇族之"宗禄",在明中期以后甚至大大超过输入京城漕粮总数,嘉靖时朝臣认为"(今)天下之事,极弊而大可虑者,莫甚于宗藩禄廪"②。明代宗禄也成为当今学者重点研究的问题,有的研究者指出:"朱明后期,支付庞大的宗室禄米成为国家财政走向绝境的重要原因之一。"③正因为如此,清朝皇帝吸取教训,自清中期以后采取种种措施,缩减皇族宗禄开支④。

秦以后皇家私姓王朝之所以仍然能长期存在,在于皇权对本姓王朝统治的极力维护、当时社会对王朝私属的延续认同。但是,当皇位私家世袭、皇权一人独裁专制的弊端不断显露,对国家的危害性越来越大,乃至关乎到国家的兴亡,而且人们已认识到这种危害之时,便开始了对这种认同性的否定。国家私有性中这一仅存的政治性私有内容,也就失去了其存在的社会条件,走到了历史的尽头。

国家最高掌权者皇帝由一姓世代私传,皇权的个人专制性,存在极大弊端。一姓私传,将皇帝的选择面局限在很小的人员范围内,嫡长制的实行,又使这种选择更为狭窄,基本上固定于某个人,因而不可能优选,因此,历史上就一般情况而言,除开国之第一、二代君主外,大多数皇帝属平庸之辈,弱智、品德恶劣者也不鲜见。皇权之个人专制性,使皇帝的素质能力、品质对国家影响极大,因此那些低能弱智、品德恶劣者做皇帝后,常出现政乱国衰乃至亡国的现象,秦之二世、西晋之白痴皇帝惠帝、隋之炀帝等人继位后之政乱或亡国,都与此有关。以上只是一些较为明显的事例。

皇帝视天下为己有,追求奢华者滥征民役、挥霍国帑。由于官民对皇帝之王朝私有性的认同,国家法律也没有制约规定,以致追求奢华者恣意而为。秦、隋两朝百姓苦不堪言,社会矛盾迅速激化、天下大乱、国家速亡,皆与此有关。

皇权个人专制,同样源于皇帝对该姓王朝的私有,这种私有与专

---

① 《旧唐书》卷88《韦思谦附韦嗣立传》,第9册第2871页,中华书局1975年版。
② 《明史》卷82《食货志六》,第7册第2001页,中华书局1974年版。
③ 顾诚《明代的宗室》,《明清史国际学术讨论会论文集》,天津人民出版社1982年版。
④ 见拙作《清皇族与国政关系研究》第九章,(台北)五南图书出版公司1998年版。

制的关系其来久矣。王朝国家从其带有私有属性之时起,领国者便对国家之权力行使具有私属性"主权",并对辅佐之僚属有绝对否决权,夏桀、商纣之独裁专制而在国家制度中没有对其制约的制度,便充分说明了这一点。各受封国君由于对所领之国有私领权,因而也具备对国政处理的"主权",他们也是有专制权力的君主。以后的皇帝之所以能够独立行使皇权,专制独裁,凭借的也是对王朝的私领,视国为私家,把皇权视为私权。因而对臣下的建议、劝谏采纳与否,全凭个人意志,否决臣下之正确建议,坚持其错误主见之事便在所难免。这种事情在皇权专制极端发展的明代尤为常见,由此造成政乱、国家重大损失或消极后果的也不乏其例,如英宗时的土木之变、武宗时的荒嬉朝政、四出扰民,世宗之议大礼、崇道教,神宗之派矿监税使搜刮百姓,无不由于皇帝宠用私人太监、奸佞、排斥忠良,甚至杖责劝谏之群臣,一意孤行,由此造成严重后果,加速朝政腐败。而崇祯的刚愎自用、固执己见而诛杀忠良,又不啻自毁长城。历史还表明,王朝国家私属性越削弱,君主专制的程度越加强,这是因为王朝私有性由领主制的全家族私有缩小到只有皇帝一个最高权位私传,同时,来自公众性的众多异姓官僚,对其构成的威胁也越来越大,皇帝必须守住私家的这最后一个堡垒,因而君权专制愈益强化,其弊端也越严重。

对于皇帝制度的私有性及王朝私性弊端的批判,自南宋以后不时出现,主要是在国家灭亡或国家危亡之时。南宋思想家金履祥在国亡后著述指出:"国,天下之国;家,天下之家也。君之者,长之而已,固非其所得私也,况可专其利以自私哉!"[1]邓牧于南宋亡国之后进行深刻反思,大胆地指责君主"以四海之广,足一夫之用"、"竭天下之财以自奉",他针对王朝私有性的弊端,甚至提出应"听天下自为治乱安危"的想法[2]。这实际是主张把国之私性主掌取消,还归天下与大众自治。明末清初,对明代君主之误国殃民有深切痛感的黄宗羲等人,更对君主专制及王朝家天下弊端进行了猛烈的抨击,黄宗羲在

① 邱浚《大学衍义补》卷20《总论理财之道上》,第712册第293页上,影印四库全书文渊阁本,台湾商务印书馆1983年版。
② 邓牧《伯牙琴》之《君道》、《吏道》,第1189册第506页下、第508页上,影印四库全书文渊阁本,台湾商务印书馆1983年版。

《明夷待访录》中,指斥君主的以天下为己业传之子孙,敲剥百姓以奉一家一人,乃"天下之大害者"。他指出,国之设君主,本为服务于百姓,而现实却颠倒过来,因而,百姓受君主之害而痛恨君主,推翻暴君,也就应是理所当然的正义行为。他还对皇帝宠用宦官造成的祸害进行了痛斥。同时代的唐甄、傅山等人也有类似的言论。总的来看,当时的思想家们主要还不是从制度上进行否定,个别激进者即使有这种想法,也未能提出具体可行的制度与措施。殆至清后期,外国近代国家的政治理念传入中国,产生中国最早的维新思想。甲午战争后,民族危机空前加重,对国家危亡抱有强烈责任感的士人官员为富国强兵挽救民族危亡,把早期的维新思想发展为制度上的革新,无论是变法、立宪还是革命,都是这种行动的体现,从根本上说,都是对王朝的皇家私天下、皇权专制的否定,只不过实行君主立宪制较为温和,推翻王朝实行共和激烈、彻底而已。清王朝被推翻,皇家家天下制度走向灭亡,是历史的必然,王朝帝制国家在政治上的最后私性成分——皇位私家世袭、国家最高权力之皇权私人行使,也随之取消,代之以公选国家元首,同样是不可阻挡的历史发展趋势,妄图复辟私性帝制者,无论是袁世凯还是溥仪,都不过是挡车之螳螂。

由于皇权(王权)专制凭借于该家族对国的私有,所以,谁领国谁就具有对国事的专制权,失国则失其权。自夏朝至清朝,由于国家私属性始终存在,国家最高主掌者也始终是专制君主,王权、皇权专制也一直伴随着私属性王朝的存在而存在。到近代,非私属性国家建立,皇帝及其专制权也自然消失。

简单的总结

国家私属性源于其以前阶段家族、部族、部落的私属性,它们都是私性利益群体。在这一基础上兼并发展而形成的由其主掌的国家,必然具有私属性。在当时社会、文明均落后的情况下,众多家族、部族之国发展的不平衡性、领有者私欲之扩大,导致他们之间的进一步兼并,造成某些领主国家规模扩大,林立式的众多小国逐渐减少。

国家私有性的削弱乃至最终消亡,是国家产生时本来存在的公的因素与上述私性因素矛盾发展的结果。国家之产生,除了维护统治者利益、对被统治者之反抗实施镇压外,还具有管理公众事业、调节国家内各种成员之间矛盾（如自耕农、自由职业者之间，他们与其他百姓之间，家庭家族内部成员之间，社会各家族之间等等）等服务于公众的职能，它当是由前国家的公众组织及因素发展而来的。某强大的私性家族建立国家后，必然在行使公的职能的同时，营取私家利益，从而产生一系列损害国家、损害公众利益的弊端。其同姓分封，分领国家权益，产生内部矛盾性，同样对公众之国造成损害，从而导致国家私属范围不断缩小、私属性不断被削弱。王朝国家，从家族领主分封制到仅有皇位、皇权私传而由众多异姓官僚辅政的中央集权制的变化，正是国家私属范围不断缩小、私属性不断削弱的主要体现。在这一过程中，公的因素不断强化，国家管理者由私性贵族领主为主，发展为带有一定公众性的众多异姓官员。它的进一步发展，便是国家私有性中仅存的皇位私家世袭、皇权私人独裁专制的取消，私有性国家恢复为公众性权力机构，对国家之管理可以表达意向、行使其种权力的人员，也进一步由官员扩大到全体公众国民，这就是不同于古代国家的公民权，至少在形式和原则上是这样，这也正是近现代国家从性质上根本区别于古代王朝国家的主要体现。国家管理公众事务的职能延续存在，而私有制经济在近现代国家阶段的延续，则使国家调节这方面所产生之矛盾的职能也仍然存在。

以上这种公私矛盾性变化引起两种因素的此消彼长，导致国家性质的变化，只是一种朦胧的想法，极不成熟，也可能有不确切之处，只不过提出来以便进行深入思考，使认识更符合于实际而已。

（此文原载《纪念许大龄教授诞辰八十五周年学术论文集》，北京大学出版社 2007 年版，有修改）

中国古代皇族及其研究的意义

——试论中国古代王朝之皇族私性及其家法对国政的影响

本文所说的皇族,是指中国古代帝制王朝时代——秦至清朝这一阶段的皇帝家族,或称之为皇家①。

皇族与王朝政治乃至社会,是一个值得深入研究、有重要意义的课题。集中体现在王朝所带有的皇帝家族私有性及其影响方面,是当时历史发展的一个重要内容方面。以往缺乏对这方面的系统全面的专门研究,影响我们对中国通史、断代史的全面认识与深入理解,甚至有误解之处,因而有必要作专题考察。

其研究意义,大致有以下几方面:

一,考察古代帝制王朝之皇族私性及其对政治、社会的影响,对全面认识中国古代王朝政治的意义。

二,皇族研究对宗族史的全面研究之意义。

三,皇族研究对古代等级关系研究的意义。

四,皇族研究的现代意义。

---

① 皇族还称为宗室。而清朝皇族,在宗室之外还有觉罗,统称皇族。本文为叙述时顾及皇族内容的全面,一般不称宗室。

一、古代帝制王朝之皇族私性及其
对政治、社会的影响

中国历史发展进程中，国家演变经历过公、私两种因素此消彼长的变化过程，而呈现为三大阶段：先秦商周的领主分封制、秦以后的帝制中央集权体制、辛亥革命以后的近现代国家。

先秦领主分封制时期，王朝国家之私有性最强。主要体现为：

1. 国家是以天子家族也即后来的皇族为主共掌天下的体制，西周所谓"溥天之下莫非王土，率土之滨莫非王臣"，就是周王朝的姬氏王族对国家私有性的高度概括。

2. 周王姬姓家族的封藩诸侯国，是"天下"诸侯国的主体，此外为少数异姓封国。

3. 无论是周王的王畿、所分封的周王本姓家族的诸侯国，还是异姓诸侯国，都带有强烈私性。各受封诸侯国，其君主也是国君一姓世袭，世代掌握国政的主掌权，各受封领主世代领有封地之民、经济资源及所有经济权益。

4. 国家官员主要实行"世卿世禄"制，以有爵者的诸领主贵族私家担任为主，世代担任，也带有私家性。从非贵族的大众中所选任的官员很少。

综之，这一阶段的国家以私家领有为主。私性成分多，公性成分甚少。

近现代国家的国体为民国，国家性质为国民之"公"性，私性皇族成员全部退出政治舞台（君主立宪制也只是形式上的保留该姓君主），管理国家之官员由国民选举，同时也剥夺了皇族对国家经济上的某种私有。

而处在以上两个阶段中间时期的帝制君主专制中央集权王朝阶段——秦以后至清朝①，则两种因素兼而有之，均较明显。它表现为最高掌权者皇帝以皇家一姓世袭，众多异姓"公"众性官员辅佐。另外，王朝国家的皇族成员仍具有世袭性经济权益，及某种政治特权，异

---

① 帝制君主专制中央集权，在战国时期逐渐形成，秦统一后是在大的国土范围内推广实行。

姓贵族、官员的某些特权也以残留形式存在,而主要存在于皇家。综之,这一阶段的帝制王朝"国家",仍具有一定的皇族"私"性成分与特性,正是这种皇族私有性,对王朝国政仍有着多方面影响,尤其是最高掌权者皇帝的一姓"私"家垄断,及其弊端对国政的影响,尤为重大。

(一)秦以后至清,帝制王朝之皇族"私"性的主要表现

1. 最高统治者皇帝由私家一姓世代继承,君主幼冲,则由母后垂帘,或叔王等摄政,皇权仍由私家掌握行使,两汉、北魏、唐、宋、辽、清等朝都出现过这种情况。甚至引入皇室私家的姻亲外戚辅佐,如两汉、西晋、北周、唐、辽等朝。某些王朝还赋予宗王一定权力,使其在中央辅政,或在地方"藩屏"本姓王朝统治,如西汉、西晋、明等朝肇建之初,分封同姓宗王于地方,以巩固立足未稳的本姓皇朝统治。

古代皇位由皇家一姓世袭,皇权能够由私家掌握行使,乃至皇权得以独裁专制,均源于各该皇家对王朝的私有性。改朝换代了,新王朝不属该姓家族了,这些私性政治权利(包括以下两点所述之皇家其他特权)也就随之消失,而归于另一家私有性之新王朝。原王朝之皇族也不再为皇族,而成一般百姓宗族(多遭残酷屠戮而散落),新朝建立之家族成为新皇族,拥有私性政治、经济等特权。如此依样画葫芦,不断更复。

2. 皇家成员,只凭本姓血缘身份,便可封以高爵,具有较高的等级地位及各种优渥特权。而且皇家特权还泽被与其有亲缘关系的外戚、驸马等,封其爵位,这是皇家私性特权的延伸。

3. 皇族对国家之土地、赋税、财物的某种私有。"溥天之下莫非王土"的观念与现实,在秦以后的皇朝阶段仍有残存,如西汉分封诸侯国,宗王占有领地的土地、山川之利。此后至唐宋等朝,则是分予宗室采邑食封,使其衣食该地租税。至明代,分封皇子为王,之藩地方,有时所赐土地多达万顷、数万顷。宋、明、清诸朝,还发予皇族宗禄,皇族成员终生从国家领取养赡钱粮,由国家包养。至于皇帝、皇室成员,其特权更是无人可比,皇室大建宫苑、陵墓,婚丧大礼,耗资动辄巨万,可由国帑拨支,并可征发天下百姓服役。

以上皇族对国家的私有现象,司空见惯,社会认同,被视为理所当然。但它给王朝、社会带来的影响却不容忽视。详见下述。

(二)帝制王朝皇族私性的影响

影响大致可归纳为以下 10 方面,基本上为负面影响。

1. 皇位的皇家一姓承袭,把皇帝的选择面局限在极小的人员范围内,嫡长制的实行,又使其选择范围进一步狭窄,基本上固定在某一人或几人身上,别无他选,所以历史上就一般情况而言,除去开国之君或第二代君主,大多数皇帝属平庸之辈,弱智、品德恶劣者也不鲜见。君主专制时代,皇帝的素质、能力、作风、品德甚至性格,对王朝政治影响极大,这些人行使皇权,其影响可想而知。有些王朝竟因此而在开国二世便政乱国亡,如秦之二世、西晋惠帝、隋朝炀帝之时,都是在结束长期战乱或割据而统一后,国家仅获得短暂的安定发展时机,便再度遭到战争的摧残,百姓也再一次被投入战乱的苦海。

2. 皇子教育、帝王家风,又影响后嗣皇帝的素质和品行,进而影响国政。这方面,各姓王朝情况不一,帝王状况也因之不同,这主要取决于皇家自身,明清两代的情况很说明问题。明朝自英宗以后,除孝宗外,皇帝大多荒政或者昏庸,以致委任宦官、奸佞,朝政因之腐败。明朝帝王的这种状况,与朱氏皇家的皇子教育及家风有一定关系。清代史家赵翼曾对此评论:"昔人所谓生于深宫之中,长于阿保之手,如前朝(指明朝——引者注)宫廷间逸惰尤甚,皇子十余岁始请出阁,不过官僚训讲片刻,其余皆妇、寺(寺,指宦官——引者注)与居,复安望其明道理、烛事机哉?"①有鉴于此,清代实施包括嗣皇帝在内的严格的皇子教育、传承"勤政"的帝室家法,才使其家族的帝王素质及对国政的影响改观(详见后述),赵翼通过明清两代对比,对此也有评论。

3. 选立太子也即选择谁做皇帝,即所谓"国本"问题,朝臣虽然也参预,但主要是皇家自己的事情,或者说以皇家自己为主。虽然定有嫡长制,但实际的落实则甚为复杂,尤其是嫡长出问题,或无嫡子的情况下,更为复杂纷乱,皇帝与各后妃的关系、诸后妃之间的关系、各皇子与皇帝的关系、各皇子之间的关系、各皇子党势力等等,都会影响太子的选立及最终的继位者,而且常常因此导致内乱,波及朝臣。皇帝与太子的矛盾,东宫派的出现,又往往形成"一朝天子一朝臣"的局面,造成朝政的变化。凡此,也都是皇家私家因素造成的。

① 赵翼《檐曝杂记》卷 1《皇子读书》,第 9 页,中华书局 1982 年版。

4. 以宗藩屏卫本姓皇族王朝统治的立足与巩固,常常造成内讧、战乱,如西汉的七国之乱、西晋的八王之乱、明朝的靖难之变。大量的官兵、臣民成为皇族内乱战祸的牺牲品,损耗国家财政,社会经济遭到破坏。

5. 皇家任用与其关系密近的私家外戚辅政,则往往因这些人擅权而败坏朝政。外戚中虽然也有起到积极作用者,如西汉之霍去病、卫青、霍光,唐初之长孙无忌等,但是我们又不能不看到另一种事实,即历史上确实有不少外戚凭借其皇家的姻亲身份和权势,揽权结党,借机纳贿营私,造成腐败的朝政。如西汉初的诸吕干政、叛乱;东汉时期的窦、邓、梁、何几姓外戚相继把持朝政,与宦官轮番控制皇室、皇帝,造成宫廷内乱不止,最后亡于内乱政变;唐玄宗时的杨氏特宠擅权,为安史之乱造成可乘之机等等,都是这方面的明显事例。

6. 宦官擅权也与皇家私性有关。宦寺为皇室家奴,本来只供侍奉皇家成员,并无权力,他们的权力,是皇帝或皇后、太后以其为近人而私自赋予他们的,或被其蛊惑而重用之,因而,宦官擅权所凭借的权势,是皇权、皇室权力的变态反映与折射。尤其是皇帝集权、专制,往往造成与外朝官员关系疏远,而以整日在身边侍奉的宦官为近人,委以政务,不能承受高度集中之皇权、以繁重政务为负担而厌恶者,则将皇权假手太监,如明代之正德、天启之辈。宦官利用皇权,往往行私乱政。君主不能杜渐防微,以致宦势积重而不可收拾。对宦官势力失控的王朝,常祸及朝臣,甚至殃及皇家自身,败坏朝纲,造成朝政黑暗。其中以东汉、唐、明几朝宦官之祸最为严重。

7. 皇族对王朝的私有性,使皇帝视天下为己有,其追求奢华者,广征民役,滥用国帑,这种行为当时对皇帝而言,充其量也只是个道德品质问题,不可能在法律上给他定以加在异姓官员身上的那种"以权谋私"、"侵用公帑"之类的罪名,因而无所制约,以致奢靡者恣意而为。秦、隋两朝的社会矛盾迅速激化,天下大乱,国家速亡,都与此有关。

正因为皇族对王朝具有私有性,因而整个皇族也由国家赡养,分割国家的租赋,无论是本皇族还是异姓官民,都视之为当然。享国长久之王朝,宗人繁衍众多,这部分开支常常成为国家财政的重负。唐代至中宗时期,由于以皇族为主的食封之家甚众,而且这些人凭借特权收取富户、丁多之户的租赋,导致"国家租赋,太半私门",以致国家财政"支计不足"①,不得不进行食封制度的改革。宋朝宗室的"宗俸"也曾成为财政中的突出问题。北宋至神宗之时,宗室月俸即达 7 万余缗,是京师百官月俸 4 万余缗的 1.7 倍,马端临纂《文献通考》,把它与"冗兵"等一起列为该朝四冗之一。南宋之宗俸也给地方财政造成过沉重压力②。明朝这一问题更严重,明中期的嘉靖时,宗藩额发禄米达八百多万石,相当于岁运京师漕粮四百万石的两倍多,以致朝臣把"宗禄"与当时的所谓"南倭北虏",并列为君臣极其担忧的两大国事,其中宗禄及与其关联的三饷加派,成为明末财政崩溃、社会矛盾激化的催化剂③。

另外,王朝建立的私性成因、社会对王朝私性的认同等,对当时社会的影响,则有以下几方面。(排序延续前之 7 以后)。

8. 某姓王朝建立初对社会的残害。先秦时期,从小国林立到国之规模扩大、国之数量不断减少,至秦统一为一大国,都是某姓之国为扩大本姓利益而兼并他国的结果,至秦而欲将本姓一统之国传于万世。秦以后至清,王朝更替,新朝建立的这种私性成因,仍在不断延续。各朝更替之际,几支武装力量竞相"逐鹿",以某姓为首领之一支消灭其他支武装力量,以争得对全国之占有,这一过程连年战争,百姓惨遭战祸、生灵涂炭,家园残破、千里荒芜、经济凋敝。此后建国立足,则又对本支力量中共同打天下的异姓功臣削其权势,甚至无情杀戮、残酷讨伐剪除,又有大量官兵成为该姓巩固王朝统治的牺牲者。

9. 王朝的皇族私属性,还起着延续某姓王朝统治的作用,甚至影响历史的进程。在王朝更替的过程中,某姓家族取得了帝位,便取得了"正统"资格,在臣民的观念中,只有这一家族主宰国家才算"名正",符合纲常。王莽建"新"朝被视为是篡汉,反新莽的起义军,则以

---

① 《旧唐书》卷 88《韦思谦附韦嗣立传》,第 9 册第 2871 页,中华书局 1975 年版。

② 汪圣铎《宋朝宗室制度考略》,《文史》第三十三辑,中华书局 1990 年版。

③ 明代宗禄问题,见顾诚《明代的宗室》,《明清史国际学术讨论会论文集》,天津人民出版社 1982 年版。张德信《明代宗室人口俸禄及其对社会经济的影响》,《东岳论丛》1988 年 1 期。

拥立刘玄、刘盆子等刘汉宗人作号召,当时,以刘氏旗号起兵者甚多,史学家赵翼曾作《王莽时起兵者皆称汉后》详细列举①。刘秀招降兵马发展势力,最终重建刘氏王朝,一定程度上也是利用了他的皇族身份,东汉因之被称为是刘氏汉朝的中兴。司马氏之东晋、赵氏之南宋得以重建,都有上述因素。而北宋灭亡后一度称"楚帝"的张邦昌、称"齐帝"的刘豫,最后都落得个与王莽类似的下场。以某姓皇统为号召、建立该姓王朝来反抗少数民族所建王朝之统治,在王朝更替史上也曾出现。清初,满族入关征战中原,广大汉族官军百姓,包括原来反对明朝的起义军,又归聚于朱氏皇族成员的麾下,几次建立朱氏的南明政权,坚持抗清复明,使清王朝的统一推迟了近二十年。在此后的反清活动中,仍不断以朱三太子相号召。

10. 社会大众对王朝私性的认同,固化王朝国家的性质。中国古代尤其是秦以后,王朝屡屡更替,旧王朝衰亡,人们认为是其气数已尽,该姓失去天子之资格,另一姓建新朝者奉天承运继任天子之职,人们同样对其认同,接受该姓王朝统治。秦以后虽王朝不断更易,而王朝国家之私性依旧,古代社会也长期在这循环式变化中蹒跚前行。

以上皇家因素影响朝政、社会的方方面面,构成王朝政治史的重要组成内容,应该作为专题集中揭示,以全面把握由秦至清这一阶段王朝的政治特点。其影响较大的问题,甚至可以单立专题进行研究,实际现在学术界已经在做这方面的工作,如明代的宗藩制度,就已成为明史研究中的重要专题,并为此而召开过国际学术讨论会,其中的宗禄与国家财政之关系,更成为学者们注意较多的焦点问题。

另外,秦以后虽然实行中央集权、以异姓为主的政府官僚体制,但皇家仍有其单独存在的自身系统,主要在皇室及宫廷之内,是异姓朝官较难介入的禁区,其管理制度也少见于外朝政务所制定的条文中,因而也有必要从皇家自身系统方面作专门探讨,其中的皇家"家法"、皇族制度的改革对王朝之皇族私性弊端的不断纠正,就很值得研究。

还有,以前学界探讨中国古代社会发展缓慢的原因,并指出其王

---

① 赵翼《廿二史札记》卷3《史记 汉书》,上册第72—73页,中华书局1984年版。

朝长期循环式更替是其主要表现。如果进一步探究王朝这种循环式
更替的原因,应有必要考察当时人们对王朝私性的长期认同及其原
因。王朝更替,不外乎旧朝灭亡、新朝建立,就其原因而言,王朝灭亡
之原因复杂繁多,有些原因在国家发展史的其他阶段也可能存在,关
键在于建立的原因,而新王朝建立仍属私性,则与当时人们对它的认
同有关,只有人们认识到这种王朝屡屡对社会大众的危害是源于其
私性,不再对其认同,而尝试建立对其否定性的新的公性国家,并发
展为确定性制度而延续实行,此前之私性帝制王朝才可能历史性地
结束。所以这种观念的产生直至制度建立的社会背景原因,应是值
得注意探究的重要问题。

(三)各姓王朝皇帝对王朝之皇族私性弊端的不断纠正

历史上,由于皇族自身因素屡屡造成政乱国衰,甚至导致王朝灭
亡,所以,后来的王朝不能不吸取以前王朝的教训,实行一些内部管
理措施,或曰家法、家政,以避免本姓王朝重蹈覆辙。各王朝在这方
面重视的程度不同,所实行的家法也有成功或失败者,因而各王朝在
这方面的影响也或多或少,或大或小,各不相同。作为断代史的研
究,各王朝在这方面实行的措施、效果及其对本朝政治的影响,有必
要考察。如果把这方面的史事由秦到清作一纵向的通贯性审视,还
可发现,皇族自身对朝政造成的消极影响,在逐渐减少。如秦、隋两
朝那种引起百姓揭竿而起的帝王重役民人的行为,在唐以后基本不
再出现,两汉至唐代这一阶段时或出现的后妃、外戚乱政现象,在宋
以后基本消除。宦官乱政、皇家宗王地方反乱等现象也在清代基本
杜绝。这些变化的出现,是帝王"家法"之产生并不断充实、完善的结
果,也体现了中国帝制皇朝时代中期以后,最高统治者经验的不断丰
富及其成熟性。因而,秦以后至清的皇朝政治史中,各朝皇家家法出
现的不同背景、家法内容、实施效果及其发展的规律性,是值得深入
研究的问题。官民宗族定有宗规、家训,其作用影响主要在本宗族。
皇族也有管理族人之制度"家法",还有规范皇帝行为的老皇帝遗训、
皇室"家法"。古代王朝带有"家天下"的私有性,其管理皇族宗人之
"家法"及规范皇帝行为的"家法",与国政相关,因而皇帝素质培养、
规范行为之"修身"、皇族家法治理皇家之"齐家",直接关系到"治
国",这种"修、齐、治",是研究皇族的特殊重要意义。

以下,简述本人了解上述方面史事,归纳一些初步认识。①

中国历史上,王朝的兴衰更替有其根本的客观原因,这是历代帝王无法改变的规律,而兴衰之不同、国祚之长短,往往是皇帝本身及其家族方面的主观因素造成的。皇帝残暴、施政残酷,昏庸、孱弱,荒怠朝政,骄奢而滥役民众,大封宗室藩王到地方以屏卫维护本姓王朝的"家天下"统治,皇室内治不严,外戚、宦官窃权擅政等等,屡屡引发政乱、战乱,甚至导致国衰、覆亡。再以具体事例言之。横扫六合、统一环宇的强秦二世而亡,原因虽有多种,但秦始皇之时的徭役繁重,刑法残酷,及以后的更换太子、宦官(赵高)专制所造成的内乱与朝政腐败,未尝不是主因。"天下苦秦久矣",控诉的不仅是秦帝的修长城、戍徭无止,还包括其个人私欲、性格行为对朝政的影响,如穷奢极欲,大起陵墓、皇宫,对官民施加酷刑。无独有偶,后来统一南北的杨氏隋朝,也仅延祚二世,炀帝的滥征徭役、挥霍无度、大兴土木,是导致天下大乱的重要原因。而此前西汉大封同姓宗王,导致七国之乱。东汉后期的外戚、宦官接连擅政,造成朝政的极端腐败,加速了东汉的灭亡。西晋三分归一,统驭华夏,只因后妃、外戚争权,八王之乱,边族乘势南下,久分之合迅即瓦解。唐朝初有武德、贞观两朝的储位之争,继有武后、李氏宗王的争夺皇统,玄宗委任宦官,宠溺贵妃,重用外戚,怠于朝政,为藩镇叛乱造成可乘之机。此后的宦官势力发展,甚至废立、诛杀皇帝。李唐王朝可谓内乱不已,直至灭亡。北宋徽宗昏庸荒政,信用宦官童贯、杨戬、李彦、梁师成及奸佞之臣蔡京、朱勔等人,搜罗花石,搞得民怨沸腾,酿成祸患,被金兵乘机攻破京城,家破国亡。明初分封宗王,导致靖难之乱。中期以后的多数君主荒政怠政,宦官窃权祸乱,朝政腐败,而明朝宗禄的繁重,则造成王朝中后期财政的重负。凡此,加速了明王朝的灭亡。以上各朝,无论是帝王的追求奢华而重敛酷役百姓,荒政而宠幸奸佞,还是宗王、后妃、外戚、家奴宦官的内乱与败坏朝政,都曾给王朝政治、社会造成消极甚至十分严重的影响。从根本上说,它是王朝中的皇家因素及一姓皇帝专制制度产生的弊端,这种弊端所屡屡造成的皇家王朝延祚不

① 以下认识,在本人《清皇族与国政关系研究》一书的最后一章曾作总结,现没有更多的认识,特以该"总结"稍作修改而作说明。

永的后果，也愈益为开国之君或王朝之初的皇帝所重视，迫使他们寻求补救措施，从自身及本家家政方面进行自我完善。所谓的皇家家法，就是在这种背景下出现的。据笔者所见，皇家"家法"作为具有一定内容的法则，首见于北宋，而类似的做法，则早就出现了。

西汉初鉴于强秦之速亡，皇帝奉行简约、无为而治，废除秦朝酷刑，实行轻徭薄赋，与民休息。这些措施虽表现为国政，但皇帝对百姓态度的改变，正视民众力量，重视民瘼，进行自我规束，以节俭自律、政尚宽仁，主要为皇家自身观念、行为的调整，则是当时政策改变的重要因素。西汉对秦朝不封同姓藩国这一宗室制度的改变，却酿成苦果。汉初有感于"秦孤立无藩辅，故大封同姓，以镇天下"①，使诸侯王国跨州连郡，赋予宗王任命王国官吏、领王国之民而征徭役、兵役、赋税之权，且领有军队。汉帝希望以同姓之王"藩屏"皇室，镇服异姓，以永固刘氏天下，结果导致七国之乱。以后则削弱宗室权势，仅予采邑，衣食租税，这一对待皇族宗人之法，也被以后的东汉、曹魏所沿用。

隋朝炀帝蹈秦覆辙，又一次成为后世的殷鉴，李唐王朝太宗时君臣总结的"水能载舟亦能覆舟"的教训，是此后朝代帝王的座右铭，未再出现秦皇、隋炀那样大规模地残酷役使民众、重赋百姓竭泽而渔的行为，而重视"轻徭薄赋"的作用。

一代雄主李世民，比较重视与国政相关的自身品行的修养，太子问题却让他伤透脑筋。对最后所立的太子李治放心不下，在其晚年，曾亲撰《帝范》四卷，从君主的道德修养，如何对待臣民、为政原则，如何对待宗亲、利用宗藩，以及施政方面的求贤、选官、纳谏、去谗、赏罚分明、行节俭、省徭役、重农桑、不忘武事、戒好战、重视文教等十二方面，告诫李治将来如何做皇帝。但武后的取代李治，以及后来玄宗时的杨氏家族擅权，则是他始料未及的。

宋以后，帝王家法被提到更高的重视程度，内容也比以前增多。北宋元祐八年，尚书左仆射吕大防向少年皇帝宋哲宗称赞："三代以后，唯本朝百三十年中外无事，盖由家法最善。"他列举了以前本朝各

---

① 《汉书》卷 38《列传第八·高五王》之"赞曰"，中华书局 1962 年版，第 7 册第 2002 页。原文为"激秦孤立亡藩辅，故大封同姓，以填天下"。引用时改其假借字。

帝所遵行的"祖宗家法"多条,要求哲宗谨守不替,简要列举如下(其中的三条家内礼节之法从略):

> 前代宫闱多不肃……本朝宫禁严密,内外整肃,此治内之法也。

> 前代外戚多与政事,常致败乱。本朝母后之族皆不予。此待外戚之法也。

> 前代宫室多尚华侈,本朝止用赤白为饰,此尚俭之法也。

> 前代人君,虽在宫禁,出舆入辇。祖宗皆步自内庭,出御后殿,岂乏人之力哉?亦欲涉历广庭,稍冒寒暑耳,此勤身之法也。

> 前代多深于用刑,大者诛戮,小者远窜,惟本朝用法最轻,臣下有罪,止于罢、黜,此宽仁之法也。

> 至于虚己纳谏、不好畋猎、不尚玩好、不用玉器、不贵异味,此皆祖宗家法所以致太平者。陛下不须远师前代,但尽行家法,足以为天下。①

以上关于皇帝及对皇室成员实行的家法,主要可归纳为两方面:一,皇帝在为政上要虚己纳谏,刑尚宽仁,实行节俭,避免宴闲,游戏,勤身以防怠惰;二,整饬宫闱、禁外戚预政。

此外,宋代还颁行《宗室座右铭》《宗室善恶宝戒》《宗室六箴》,又推行一整套"宗室法",如闲养宗室而不用其参政、封王降袭、压低亲王身份地位等等②。后人对宋室家法颇多赞誉,如元修《宋史》,在其卷242《后妃传·序》中称宋代"外无汉王氏之患,内无唐武、韦之祸,岂不卓然而可尚哉"。清初顾炎武《日知录》卷15《宋朝家法》,也对其家法的某些内容予以肯定,并认为"此皆汉唐之所不及,故得继世享国至三百余年"。顾炎武没有提到徽宗之误国,其实正是徽宗没有谨守祖宗节俭、戒玩好的家法,宦官奸佞投其所好,败坏朝政,毁了社稷。

至明代,开国之君朱元璋制订了更为细密的家法——《皇明祖训》,内容包括:对后世子孙做皇帝者的为政要求,如不设丞相、独揽

---

① 《续资治通鉴》第 2 册第 2093—2094 页,宋哲宗元祐八年正月丁亥,北京古籍出版社 1957 年版。

② 张邦炜《宋代对宗室的防范》,《北京师范学院学报》1988 年 1 期。

朝纲、忧勤民事、赏罚得当、亲讯大狱、慎刑威、不偏听、远声色、禁宴闲、肃宫闱,以及关于皇亲国戚犯法的处置、太监的限制、宗王府的管理制度等等。

朱元璋还曾于宫门挂铁牌,告诫:不许宦官干预政事,预者斩。他特别强调:"治天下者,正家为先……后妃虽母仪天下,然不可俾预政事……历代宫闱,政由内出,鲜不为祸",因而令翰林院学士朱升等编纂历代这方面值得借鉴的书籍,以"使后世子孙知所持守"。① 朱元璋还评论过外戚乱政对王朝的危害②。大约是当时皇家与一些功臣之家结亲,未便禁限。宣德以后,这项内容也成为明室的家法,因而选后妃、招驸马,有意识地择自一般官民之家。

可是后世子孙们却令朱元璋大失所望,在他死后仅一年,便爆发了宗王的靖难之变,其四子燕王朱棣夺了皇太孙朱允炆的皇位。明成祖(太宗)以后矫正这方面的家法,又实行严厉的"藩禁",宗王就国,不啻幽囚。但经济待遇却相当优厚,广赐土地,厚予宗禄,结果又造成沉重的财政负担。另外,朱氏后来的子孙皇帝们如成化、正德、嘉靖、万历、天启诸辈,多昏庸、荒政、委任宦官,以致奸宦、权臣相继擅权乱政,加速了明王朝的腐败衰亡。

纵观明以前帝王家法的实行,虽然比较重视,尤其是宋、明两朝,已制订出较为系统的规制,但实际成效却有限,其原因有以下两点:

1. 帝制王朝的私家性,决定了其家法的局限性。在利用宗室分封"藩屏"皇家统治方面表现得尤为明显。西汉初,刘邦在铲除异姓王后立约"非刘氏不得王"③,又认为秦废分封致使本姓王朝危机时孤立无援,而大封刘氏诸王藩国以"屏藩"本姓王朝,以防御诸多异姓觊觎社稷。此后导致七国之乱而削藩、弱藩,对诸侯王实行养而不用的政策,且为东汉、曹魏所沿袭。但到西晋却又恢复,晋武帝认为,西汉末王莽所以能够篡政,就是因为刘氏皇族"本末俱弱"。后来还是赖刘氏宗人中兴祖业。但光武帝刘秀"虽封树子弟而不建成国之制,祚也不延,魏氏乘之圈闭亲戚、幽囚子弟,是以神器速倾天下",社稷

---

① 《明史》卷 113《后妃传·序》第 12 册第 3503 页,中华书局 1974 年版。

② 余继登《典故纪闻》卷 3 页 17,《畿辅丛书》本。

③ 《史记》卷 57《世家第二七·绛侯周勃传》,第 6 册第 2077 页,中华书局 1959 年版。

为曹氏攘夺。因而又大封宗王,使其领兵出镇地方,以期"收宗子维城之功,而矫孤立之弊"①。为了防止藩乱的发生,西晋缩小皇族宗王封国的区域,且不令其管封国之民政,结果又出现八王之乱。此后的南朝宋、齐、梁,以及后来的明朝,并未对它否定,都曾试图以宗藩屏卫本姓皇家统治,他们在这方面所实行的家法,不过是力图完善这一制度,如明初的朱元璋,只令宗王拥有兵权,但结果还是造成皇家自相残杀。

2. 家法执行不严,缺乏制约机制,尤其是对皇帝行为、行政作风的约束不力。宋以前,曾有个别皇帝在接受了前代沉痛的教训之后,改变恶习,但并不多见。唐宋以后,在皇室家法中出现对皇帝的要求,但其实行仍有赖于代代皇帝的自觉执行。严格遵守家法,就必须舍弃享乐、终日忙于繁杂的政务,而且必须具有一定的行政能力,这对于大多数皇帝尤其是承平、守成时期的皇帝而言,不易做到。朱元璋在建国之初,未尝不以忧勤国政训示后人,但他的子孙们自成祖以后的十多个皇帝,又有几人能够遵守他的教训?皇帝身份至尊,皇权至高无上,皇帝可以用家法约束别人,别人则很难约束皇帝。这是皇家私属性的君主制度无法克服的弊端。

以上情况到清代有较大改变,其家法对国政的影响取得较大成效。原因在于皇帝相对而言能够在某些方面约束自己较严,在管束皇家别人上,更体现出严厉性。清代皇帝之所以这样做,而且能够做到这一点,主要在于他们的忧患意识,并把这种意识贯穿于族人、皇子教育之中,进而使他们认识到遵行家法对巩固祖宗基业、维持爱新觉罗王朝长治久安的重要性。

满族入主中原之后,由于满汉矛盾的存在,满汉人口相差悬殊,使清帝不能没有危机感,尤其是清前期,这种危机感与忧患意识尤为强烈。从康熙到道光帝,除雍正外,每代皇帝都要带上皇家子弟、皇子皇孙出关,亲临祖宗的创业基地,谒祭祖陵,以缅怀祖宗创业之艰难,教育子孙"知守成之难",继承祖宗艰苦创业之精神,"兢兢业业",

---

① 《文献通考》卷271《封建考十二》,第2149页;卷272《封建考十三》,第2158页,商务印书馆十通本。

永保大清社稷长治久安①。每年的除夕、上元大宴,庆贺承平,也不忘居安思危,进行忧勤守成之教育,在跳喜起、庆隆二舞时"用国语奏歌,皆敷陈国家忧勤开创之事",以见当时"草昧缔构之艰难"②。他们还始终把祖宗赖以定天下的弓马这项专长的习练,作为政治生活中的大事,不仅皇帝自己勤习骑射,而且把它定为皇家子孙教育的重要内容,皇宫中还设有随时练习的箭亭,宫外则有热河围场、京城南苑。

清帝正因为有这种危机感和忧患意识,也极为注意吸取历史上尤其是殷鉴不远的明代皇家自身因素造成的政乱国衰的惨痛教训,并基于其作为少数民族而对广土众民的中原、广袤边疆实行本民族主体统治的需要,而定出本姓皇朝带有特色的家法,并严格执行。此外,明末清初切肤于亡明之痛的在野士人对君主劣行、宦官祸乱的激烈抨击,对清帝也不能不有所震动。因而,在其家法中特别强调:一,皇帝世世代代勤政、敬业,以永保祖业,薄赋爱民以缓和满汉矛盾、社会矛盾,并严格教育包括嗣皇帝在内的皇子;二,对历史上曾削弱王朝统治乃至造成社稷倾覆的皇家内乱、内耗,诸如后妃、外戚擅权乱政、内监之祸、宗藩之乱、宗禄负担等等所有方面,都严密防范,而且谆谆教诲后世子孙永远遵行。

其家法也取得较大成效,形成清朝多勤政而不荒政之君,而少庸愚之帝,且制止了外戚与宦官祸乱、立储纷争(雍正以后),外无宗室藩王之乱、地方扰害。还实行恩封王爵降袭、压低王公子弟的封爵等级、远支王公之女只封虚号等措施以减少宗禄,避免了明朝那种繁重宗禄对国家财政造成的危机性重负。凡此,是清朝得以维持较长统治的重要原因之一。

清朝既然仍是带有皇家私性之王朝,其帝王便也有凭此而享受、奢华的一面,诸如耗用国家资财人力大修宫室、园苑、行宫、陵墓,为庆寿而铺张、因巡行而耗资,尽享宴乐。也曾圈占民田而建皇庄、王

---

① 嘉庆《国朝宫史续编》卷2《训谕二》,乾隆四十三年九月初一日谕,第18—21页,北京古籍出版社1994年版。

② 昭梿《啸亭杂录·续录》卷1《喜起庆隆二舞》,第392—393页,中华书局1980年版。

庄,役使大量男女奴婢,等等。前述这方面家法,只是纠偏颇之失、减少这种落后私性的弊端。另外,清代皇家家法也直接或间接地带来一些消极后果,如强调法祖,虽对遵行祖制善政有积极作用,但也因此而因循守旧,缺乏变通,影响对有弊端的旧制之改革。其实行"爱民"家法,坚持所谓"永不加赋"于民的赋税之制,而又默认官员加征耗羡、浮收,以及实行捐纳以解决开支,引发吏治败坏,"爱民"之举也黯然失色。清帝勤求治理,是治国的积极行为,对防止宦官、外戚、奸佞之臣的窃权行私、祸乱朝纲也有积极意义。而其"乾纲独揽"也曾导致臣下不勇于任事,矛盾上交,谨听圣裁,以致政务推诿、拖沓,影响了臣僚行政才能的发挥。这种情况至同治以后才有较明显改变。任用宗室王公参政,则使贵族政治的固有性弊端造成负面影响。

以上内容因在拙作《清皇族与国政关系》一书已作具体论述,此处从略,仅作简述。

综合评价,清代皇帝的诸多措施,是为了维护本姓王朝长久统治的私性目的,对王朝国家之皇家私性弊端的避免起到了重要作用,其客观上的积极意义是值得肯定的。但从根本上而言,不过是在古代帝制王朝国家性质的旧制上所作有限的改革、修补,不可能从根本上解决问题。而当时的戊戌变法、立宪以及辛亥革命,才是从根本性质上的变革,也是当时世界范围内的国家政治变革、发展的进步趋势,无论是宪政还是革命,最后结果都是国家性质由古代进化到近现代,使带有一定皇家"私"性、异姓贵族官员私性特权之王朝国家,最终演变为完全"公"性的"民"国,一切制度也在这一根本性质的基础上改变,以前王朝国家之"私"性——皇家私性、满族主体统治"首崇满洲"之民族私性造成的弊端,才得以历史性地结束。

二、皇族研究对宗族史研究的意义

古代的宗族可以分为不同类型,如一般平民百姓家族、官绅家族、世袭性贵族家族(如孔府)、皇族。它们对社会、政治的影响各不相同,在研究上也体现出不同的意义。目前的宗族史研究,集中在前几种,尤其是一般平民百姓家族、官绅世家大族,而从宗族的角度研究皇族,则成果寥寥。全面探讨古代的宗族,了解它们的共性及各种不同类型宗族的特殊性,不能不研究皇族,有必要填补这一缺漏。

皇族与官民家族一样,以血缘关系组成群体,以宗法原则形成自身的组织,并有一套管理宗族事务的制度,这是它的一般性。揭示这种一般性,对于全面认识中国古代各类宗族的共性具有一定意义。皇族的特殊性及其研究意义,则表现在以下几方面:

1. 各朝皇族与本姓王朝相始终,它随本姓王朝的建立而出现,又因本姓王朝的灭亡而结束。这是皇族不同于其他宗族最明显的特征。另一方面,皇族作为一个类型,则在古代始终存在,与帝制王朝相伴随,只不过变换姓氏而已。有必要考察各姓皇族兴衰、归宿的具体状况及这种总体现象,揭示并认识其特殊的嬗变性。

2. 皇族由一般家族上升而形成,又非开国皇帝所在宗族的所有宗人,而是有其血缘成员的界定范围,并形成以皇帝本支为中心、各支系远近亲疏分明的特殊宗法体系,如所谓"近支宗室"、"远支宗室"。近支宗室的划分范围,又随着皇帝的不断传承、帝支范围扩大,而在远近亲疏上进一步区分,宗法体系与一般家族有所不同。皇族之由一般家族上升为皇族,其界定范围的形成及其繁衍壮大的特殊性,以及皇族特殊的宗法体系,等等,都值得研究。

3. 皇族是典型的一夫多妻、宗法等级鲜明的大家族。皇室、宗室王公之家,妻妾成群,人口众多,以严格的嫡庶之分固定各家庭成员的身份及相互关系,形成多级别的等级,并具有森严性。随着家庭人口的繁衍,宗支之分析,这种嫡庶之分及其所形成的森严性等级关系又扩大到各分支宗支。总之,古代的宗法在这种家庭中保留并实行得最充分,研究古代的宗法及其宗人关系,皇族提供了较为详实的例证,可以从中得到较为全面且深刻的认识。

4. 宗族人口方面。历史上的人口资料,只有皇族保留相对多一些,如皇室成员生卒年、子女数量、男女各自人数、婚姻情况等等,在皇族宗谱——《玉牒》(登录其宗人的册籍)中,便有较系统的反映。现在完整保存下来的清皇族《玉牒》,对该族人口有较全面的记录,无论男女老幼甚至生下即夭折的幼婴,皆一一记载在册,直至死亡,一生大事皆有记录,内容远较一般宗族族谱全面系统,尤其女性及幼婴方面的全面、系统的记录,为一般宗族谱中所没有,对研究与认识历史上的宗族人口问题,如男女性别比例、幼婴成育率、婚龄、人口寿命等等,弥足珍贵。

另外,由于皇族中大多数是一般的下等宗人,下同齐庶,尤其是历时较长的王朝,其后期宗人大量繁衍时期,很多人的经济状况、生计,与百姓差不多。他们的生老病死,也与一般百姓大致相同。所以利用这种《玉牒》所做的皇族人口研究,对一般宗族人口的研究与认识也不无参考意义。

三、皇族与等级关系史的研究及其意义

在中国古代社会的等级结构中,最高等级成员全部存在于皇族之中,如皇帝、后妃、皇子、宗室王公等等,这些人人数不多,但他们却是社会等级结构金字塔上端的一个重要阶层,在整个社会等级结构的研究中不可或缺,应揭示其在这一结构中的特点、与其他阶层的关系。而简单地以最高贵者来理解整个皇族与社会其他成员的关系又不确切,皇族内部又有多层等第,高下相差悬殊。提到皇族,人们想到的往往是它的高贵,其实并不那么简单,如果作深入细致的考察便会发现,王朝初期,这种理解大致正确,由于皇族人口繁衍迅速,王朝中后期尤其是后期(时间较长的王朝),相当多的皇族成员,其实际社会地位、经济状况,与平民百姓相差无几,即所谓"下同齐庶"、"去士庶之家无甚相远"①。中兴汉室的刘秀,为汉高祖刘邦九世孙,西汉末便以种地、经商为生。东汉末的刘备织席贩履也确有其事。清代道光以后,皇族中98%都是在经济上大致与一般旗人相同的下等宗人,清末还有沦为乞丐、佣工者。但另一方面,即使他们落魄,也仍有皇族身份,具有高于一般人的法律性身份地位及特权,比如清代宗室,即使无爵的一般"闲散宗室",也身系黄带,具有四品官的身份,在礼节上与四品官同等。法律上,平民伤及宗室,加重惩处,宗室伤及平民,减轻处罚。所以,深入研究皇族内部各种人的社会性实际身份地位,对于全面准确地认识封建社会的等级结构、等级关系及其复杂性,有一定意义。

---

① 《宋史》卷244《宗室传·序》,第25册第8665页,中华书局1985年版。

四、皇族研究的现实意义

皇族尤其是其中的皇室、王公及其贵戚以及相关的宫廷等方面的制度与史事，是广大民众感兴趣的内容，但他们所了解的这部分历史，大多得之于历史演义小说、评书、戏曲、影视剧等，这些作品，不乏以历史事实为依据的内容，而违背史实、歪曲历史的虚构也随处可见，甚至还有不少鄙俚庸俗、格调低下的东西。一般民众了解到的就是这样的"历史"，包括一些学生，其对于国民素质的影响不言而喻。不了解本民族的历史，是该民族的素质缺陷，而不了解本民族真实的历史，得到的是歪曲了的历史、不健康的内容，就不是缺陷，而是消极负作用的问题了。史学工作者有责任还历史本来面目，让民众了解真实的历史，把真实、健康的内容奉献给民众，防止并消除其不良影响，是当前史学工作者的迫切任务之一。而加强皇族史的研究，揭示其实际情况，可以在这方面体现其现实意义。

（原《中国古代皇族研究之意义略谈》一文载《明清史论丛》，孙文良教授纪念文集，辽宁大学出版社 2004 年。因内容简单，此后扩充，形成此文）

中国古代君臣之礼演变考论

　　中国古代君臣之间的礼节，曾有一个君主礼敬大臣的仪制被逐步取消、在礼仪上不断卑抑臣下的过程，反映出君尊臣卑纲常的不断强化，君臣之间等级差距加大并森严化，君臣关系也由相对密近而趋向疏阔，至清而臻其极。这一系列变化，与君主专制的强化同步，也是它的一个重要表现。以往研究专制主义中央集权的发展，是从君权、臣权（主要是相权）此长彼消的角度，以机构、设官及其权限的变化进行说明，忽略了君臣之礼及君臣关系的改变。实际上，君主专制的强化，不可避免地要尊君卑臣，不可能抛开君尊臣卑这一君为臣纲的重要内容方面。究竟这一变化的具体情况怎样？其原因及影响又是什么？本文就此作一初步探讨。

一、先秦时期君主对臣下的礼敬制度

　　中国古代君臣之礼的变化，主要是在秦朝以后。为了揭示这种变化，有必要对先秦时期君主礼敬大臣的制度与状况作一番考察。由于先秦礼仪繁缛，所记述的经典史料又文字简朴，艰涩难懂，不得不结合后世经学家们的注疏进行解释，因而在叙述上不免繁琐而多费笔墨。

　　古代君臣之间的礼节，大致可分为两种形式：一是举止性礼节，主要是站立礼与跪拜礼；二是称谓之礼。首先说举止性礼节。

先秦时期,君臣之间的举止性礼节,不仅仅是臣下向君主施行,而且不乏君主向臣下施用的仪制。

站立礼中,君主向臣下所施行的主要是"揖礼",即后世所说的"作揖"。据《周礼》载,周王召见诸侯之时,其礼为:

> 诏王仪:南乡见诸侯,土揖庶姓,时揖异姓,天揖同姓①。东汉郑玄注曰:"庶姓,无亲者也,土揖,推手小下之也。异姓,昏姻也,时揖,平推手也……天揖,推手小举之。"②

结合郑注,《周礼》中这段话释义为:周王召见诸侯的礼仪,向其中没有血缘关系的庶姓诸侯,施以"推手小下之"也即合手前推再稍往下动的"土揖"礼。向有姻亲关系的异姓诸侯,施以合手平推的"时揖"礼。向同姓诸侯,施以合手前推再稍向上举的"天揖"礼。

周王与自己的直属臣下在朝仪之时的礼节,《周礼·夏官(司马第四)·司士》记为:

> 孤、卿特揖,大夫以其等旅揖,士旁三揖。王还,揖门左、门右。

这条记载,郑玄的注、唐朝贾公彦的疏、清朝孙诒让的《正义》,皆认为是周王向臣下行揖礼而使其各定班位。孙诒让说得比较具体:"此朝仪……孤、卿、大夫皆未就位,王揖之,乃各就本位。士则亦先立在位,待王揖与彼。"③对于正文中的不同揖礼,郑玄注曰:"特揖,一一揖之;旅,众也,大夫爵同者,众揖之……三揖者,士有上、中、下,王揖之"④,其意思是:王对孤、卿,一一行揖礼;对大夫,因其同爵者多,且分等,故以对众而行的旅揖分等而揖之;对士,因士分上、中、下三等,所以分三次行揖礼。所谓"王还,揖门左、门右",孙诒让综合各家考释,认为是王回首而对侍从之故士、虎士、大仆辈们行揖礼,因王御朝之时,这些人在王的身后两旁门左、门右,而"王位正当屏南,故揖左、

---

① 郑玄注、贾公彦疏《周礼注疏》卷38,第2页,文渊阁四库全书本(台湾商务印书馆影印本,下同,不另注)。

② 郑玄注、贾公彦疏《周礼注疏》卷38,第2—3页,文渊阁四库全书本。

③ 孙诒让《周礼正义》卷59,第4页,《四库备要》中华书局聚珍本。

④ 郑玄注、贾公彦疏《周礼注疏》卷31,第4页,文渊阁四库全书本。

右,须还,面向后",其时"王既出,(背)负屏,揖卿、大夫讫,乃还,面微向后而揖门左右"。①

以上所述,周王天子无论是对诸侯,还是对孤、卿、大夫、士,乃至更低级的故士、虎士、大仆等行揖礼,都属于君臣之礼的范畴,是君向臣先施礼。

再看跪拜礼。先秦之时,人们席地而坐,正规的坐姿是双膝跪席,臀部压在脚后跟上。对同坐的对方表示敬意,则臀部抬起离开双脚,上身挺直,此礼节谓之简单的"跽"。若再施以手或头、上身的其他动作,则形成各种形式的跪拜礼,如所谓九拜:稽首、顿首、空首、振动、吉拜、凶拜、奇拜、褒拜、肃拜。《说文解字·手部》段玉裁的注曰:"凡不跪不为拜",所以史籍中提到具体的"拜"礼,就是指的这种跪拜礼。先秦时期,无论是礼制还是史事,都有君向臣"拜"也即行跪拜礼的记录。《周礼·秋官·小司寇》载:小司寇于"孟冬祀司民,献民数于王"时,便是"王拜受之"。如果说这一拜礼还有敬司民(星名)之义的话,那么下边所述则完全是君为臣而拜。据《礼记·曲礼下》记述:"大夫见于国君,国君拜其辱……同国始相见,主人拜其辱。"后世经学家们认为这段话所涉及的君主行礼有两方面,一是国君对别国来的大夫行拜礼,二是对"同国"即本国始任为大夫者行拜礼。"拜其辱"之"辱",是谦指对方的屈下来见,所以"拜其辱"便是行拜礼以欢迎对方的来见。而"同国大夫见己君,君拜其辱者,以初为大夫,敬之故也"②,是君主以跪拜礼对初任大夫的臣下表示敬意与拜托。战国时,秦昭王恳请范雎辅佐他,也是"秦王跪而请曰"。范雎应允而向秦王"再拜","秦王亦再拜",并对范雎说:"昔者齐公得管仲时以为仲父,今吾得子亦以为父"③,这种以非血缘伦常之"父"的礼敬,是对范雎的极高礼遇。

君对臣还礼的跪拜礼是"空首",即所谓:"空首拜者,君答臣下拜",动作是两手拱地,叩头至手而不触地,故名空首④。君主还跪拜礼的次数是一拜,九拜中的奇拜便是一拜,东汉经学家杜子春对"奇

---

① 孙诒让《周礼正义》卷59,第5页。
② 郑玄注、孔颖达疏《礼记注疏》卷4,第20页,文渊阁四库全书本。
③ 《战国策》卷5《秦策三》第5—10页,文渊阁四库全书本。
④ 郑玄注、贾公彦疏《周礼注疏》卷25,第22—23页,文渊阁四库全书本。

拜"作释:"奇拜,一拜也。一拜者,谓君拜臣下",郑玄、贾公彦皆同意
这一说法①。对于君向臣还答拜礼,《仪礼·士相见礼》亦载:始见于
君,执挚……士大夫则奠挚,再拜稽首,君答壹拜。贾公彦疏:"君答
一拜者,当作空首,则九拜中奇拜是也。"②这种君对臣还以一拜之
礼,还见于其他场合,故杜子春又云:"燕礼、大射有一拜之时,君答一
拜。"③《尚书》所记周康王登基礼中"王答拜"诸拜贺者④,也当是答一
拜礼。

　　君主如果对臣下表示特别的敬重,还有施最重的稽首礼的,但不
属礼制上的常规,是"非常礼也"。《尚书》中记有"太甲稽首于伊尹、
成王稽首于周公"之事,说的是商王太甲向大臣伊尹行稽首礼,西周
成王向周公稽首。清初顾炎武解释,上述两位君王的这种施礼行为
是"君稽首于其臣者,尊德也"⑤。

　　举止性礼节中,除站立礼、跪拜礼外,还有一些礼节行为,也体现
出君对臣的礼敬。如:降阶,即下台阶相迎或行礼。《仪礼·燕礼》记
有身为诸侯的国君——公对其臣下降阶行揖礼相迎的礼制:"卿大夫
皆入门右,北面立。公降阶揖之",以及"宾入,及庭,公降一等揖之,
公升,就席"等等。

　　离席或曰避席,指离开跪坐之席起立,再施以揖礼或拜礼。如春
秋时齐桓公大宴臣下,大夫鲍叔牙向桓公敬酒致辞,希望他不要忘记
昔日国乱出奔时的苦难。桓公大为感动,而"避席再拜"⑥,这是君离
席向臣行两拜(再拜)礼。

　　兴(或曰兴席),是在座席上起立以示敬。《仪礼·士相见礼》记
述:君赐臣下宴,臣下食毕拜谢退出时,若"君为之兴,则曰:'君无为
兴,臣不敢辞。'君若降送之,则不敢顾辞,遂出"。这里的"君为之
兴",便是君对臣之辞去以起立作为相送的礼节。更重的礼节是君不

---

①　郑玄注、贾公彦疏《仪礼注疏》卷3,第11页,文渊阁四库全书本。

②　郑玄注、贾公彦疏《周礼注疏》卷25,第22页,文渊阁四库全书本。

③　郑玄注、贾公彦疏《周礼注疏》卷25,第22页,文渊阁四库全书本。

④　《尚书·周书·顾命》,并见孔颖达疏《尚书正义》卷18,引《十三经注疏》上册第
241页上,中华书局1979年影印本。

⑤　顾炎武《日知录(集释)》卷28《拜稽首》,上海古籍出版社2006年版。

⑥　《吕氏春秋》卷23《直谏》,第5页,文渊阁四库全书本。

仅起立,而且"降送之",即降阶相送。

此外,还有君为臣"抚席"——抚一下席子请坐、"撇席"——以拂掸席上灰尘之动作让坐等等礼节。

正因为先秦之时君对臣有诸多礼敬的仪节,与后世大不一样,因而令后人对古君王之圣德及礼敬臣下的行为心仪、叹赞。清人康有为就曾总结说:"《礼》:天子为三公下阶,为卿离席,为大夫兴席,为士抚席。于公卿大夫拜,皆答拜。"①

以下谈君臣称谓之礼。首先对相关的称谓礼俗作简单交待。古人名子②有名、有字。自称时要称名,以表示自谦。称对方,以其字相称是尊敬的表示,直呼其名是失礼行为,只有尊卑之间尊者称呼卑者才称其名,如父称子名、主称仆名、君称臣名。这样称呼,也是切合尊卑身份的礼数,如果君对臣、主对仆不称名,而以字、官职或其他爱称等称之,则是对卑者的礼敬了。《礼记·曲礼下》记有这一礼制,为"国君不名卿老、世妇",孔颖达疏曰:"人君虽有国家之贵,犹宜有所敬,不得呼其名者也。卿老,上卿也"③,是说国君尊敬上卿,因而不直呼其名。君主对臣民自谦之称,周王天子"于内自称曰:'不谷'",郑玄注曰:不谷,是"与民言之谦称;谷,善也"④。诸侯国的国君对臣下自谦之称为"寡人",朱熹注曰:寡人,是"言寡德之人也"⑤。以上君臣之间的称谓之礼,是遵循"尊人卑己"的礼俗原则,自谦之称,是以卑谦自己来表示对对方的尊敬,这表明先秦之时的君主,也遵从这种称谓礼俗以礼敬其臣民。

举止性礼节、称谓之礼以外,君主礼敬臣下的行为还有其他表现,如尊师敬老之礼。《礼记》曰:"君之所不臣于其臣者二,当其为尸,则弗臣也;当其为师,则弗臣也。大学之礼,虽诏,于天子,无北面,所以尊师也"⑥,是说君主对属下不以臣下相待的有两种人,一是

---

① 康有为《康有为遗稿》下卷《拟免跪拜诏》,第265页,上海人民出版社1986年版。又,清康熙朝张廷玉等所编《骈字类编》卷226《人事门·兴·兴席》条下也有"《礼》:天子为三公下阶、卿前席、大夫兴席、士式几"之语。

② 参本书《清代满族人取名及其诸种现象分析》一节。

③ 郑玄注、孔颖达疏《礼记注疏》卷4《曲礼下》,第6页。

④ 郑玄注、孔颖达疏《礼记注疏》卷5,第5页。

⑤ 朱熹《四书集注》,《孟子》卷1《梁惠王章句上》,第3页,怡府藏版巾箱本。

⑥ 《礼记大全》卷17《学记第十八》,文渊阁四库全书本。

代死者受祭之人，当其为尸受祭时。二是被尊为老师者，在太学中即使宣天子之诏时，老师也不面向北为臣下状听诏，免去臣对君之礼，以尊敬老师。对于大臣中的老者，有敬三老、五更之礼，三老、五更是致仕大臣中的德高年耆者，于太学中举行这种礼仪时，设"三老、五更、群老之席位焉"，席间"天子袒而割牲，执酱而馈，执爵而酳"①，亲自侍奉三老、五更。对年已九十的大臣，"天子欲有问焉，则就其室，以珍从"②，要携带美味珍品亲自去拜访询政。

综上所述可见，先秦时期尤其是周代，君主对臣下从礼仪、礼节到各种具体行为，有多方面的礼敬表现。如此多方面的表现与内容，说明它不仅是制度上的规定，而是付诸实行的，也是基于当时的可行性才如此规定，前举周王、诸侯国君的某些具体史事也说明了这点。所以，这些表现是当时君主比较尊敬臣下、君臣关系相对密近的反映。

二、秦汉至唐时期君臣之礼的变化及君主
礼敬大臣仪制、行为的遗存

这一时期君臣之礼的变化，主要表现为已称皇帝的君主在礼制方面提高与维护其至尊的身份地位，礼敬大臣的仪制与行为减少，君尊臣卑的纲常由此强化。

秦统一后，建立专制主义的中央集权制度，君主称皇帝，并从强化皇权与提高皇帝尊威两方面维护皇帝制度。君臣之礼方面，先秦时期君主礼敬大臣而卑己、尊臣的礼仪，已被视为有损于皇帝至尊身份，因而从礼制中取消，皇帝只向极个别的大臣，主要是自己的授业师及三老、五更行礼，所以在朝仪及其他场合的礼仪制度中，已见不到像先秦时期的君主那样，向诸侯、卿大夫、士等各级臣属先施以揖礼、空首礼以及答拜臣下的规制。后人在提到君臣之礼的这一明显变化时也指出："隆古盛时，以礼为治，位有尊卑而礼无不答也。秦不师古，始尊君卑臣，而此礼废矣。"③此后，只有那至尊的皇帝在朝仪

---

① 《礼记大全》卷 23《祭义第二十四》，文渊阁四库全书本。
② 《礼记大全》卷 12《内则第十二》，文渊阁四库全书本。
③ 丘浚《大学衍义补》卷 45《王朝之礼上》，文渊阁四库全书本。

上心安理得地接受百官的跪拜。

称谓之礼上，皇帝也不再沿用以前君主的"不谷"、"寡人"之类的自谦之称，而以过去尊卑共享的中性词"朕"自称，但只有皇帝称自己用"朕"，臣民已不得称用，以维护皇帝独一无二的尊严。先秦时期"国君不名卿老"，君主不以名称呼的，是某一级的高等官员，秦以后也无这一礼制，皇帝不称名的，是自己的密近之臣，而并非礼制，只有个别功高位显者，赐予其"赞拜不名"的特权（见后述）。

另一方面，这一时期，由于皇帝在礼制上着重于提高与维护自身的至尊身份，对臣下尚未过分贬抑，所以，在君臣礼仪上，对某些高级官员仍定有一些无伤大体的礼敬制度，保留着先秦时期君臣互敬的某些遗风。这也使我们看到，在君主专制发展的前期阶段，君臣之间不甚疏阔的人际关系。

还是先以举止性礼仪为例。汉代，皇帝特别尊敬的大臣是最高级的官员——三公，即丞相（东汉称司徒）、太尉、御史大夫（东汉称司空），皇帝对他们的礼敬仪节有所谓为之"兴"，是以起立作为对他们进见的迎接礼，或对其叩拜的还礼，它比起先秦时期君主的向臣下行揖礼、空首礼简慢，尤其是不需向臣下俯身作揖或叩首，无伤皇帝至尊身份，因而尚作为礼仪制度保留。东汉蔡邕的掌故之作《独断》，记有汉代元旦朝贺之仪，其制为：

> 三公奉璧上殿，向御坐，北面。太常赞曰："皇帝为君兴。"三公伏，皇帝坐，乃进璧。古语曰："御会则起"，此之谓也。①

赞礼之太常所唱："皇帝为君兴"，是告诉三公：皇帝起立为你们的礼贺表示敬、谢之意。三公于是跪伏，然后皇帝坐下，三公献璧。皇帝册、授王公爵、职时，王公拜谢，皇帝也以起立作答礼②。王应麟《汉制考·序》还曾叙述：汉制，"丞相进见，御坐为起，在舆为下，庶几敬臣之意"，是说丞相进见时皇帝为其起立以示敬。后一句的"在舆为下"，则是说皇帝在车上时，若遇丞相求见，要下车以示礼敬。

君臣共同处理政务之时，则是皇帝与三公等在朝堂之中共坐商

---

① 蔡邕《独断》卷下，文渊阁四库全书本。
② 《后汉书·志第五·礼仪中》，第11册第3121页，中华书局1965年版。

议,这就是明清之人在追述那时的君臣之礼时常说的"古有三公坐论之礼"、大臣与皇帝"坐而论道"。召见个别大臣时也是如此,西汉文帝召贾谊在宣室(未央殿前)谈论,文帝听得着迷,而"不觉膝之前于席"①,即以膝向前挪动而靠近贾谊所坐之席,描述出当时君臣共同席坐论事的场景。皇帝与宰相等高级官员共坐议政的礼制,一直延续到唐、五代,其时仍是"大臣见君,列坐殿上"②,"宰相早朝上殿,命坐。有军国大事则议之,常从容赐茶而退"③。

君主礼敬大臣保留古制较多的是尊师敬老之礼。西汉的张禹,曾是汉成帝的授业师,后任宰相。致仕家居后,成帝不时派人慰问。张禹病时,成帝问疾"亲拜禹床下"④。

皇帝敬老的礼仪,主要是三老、五更之礼。东汉举行此礼时的仪制为:

> (皇帝)乘舆先到辟雍礼殿,御坐东厢,遣使者安车迎三老、五更。天子迎于门屏,交礼……至阶,天子揖如礼。三老升,东面。三公设几,九卿正履,天子亲袒割牲,执酱而馈,执爵而酳……五更南面,公进供礼,亦如之。⑤

文中所述礼仪座次,属"西为上",西边的席位也即"西席"为最尊之位,就位者"东面"即面向东。古代拜师也是这种礼俗,故老师被尊称为"西席"。北边"南面"的席位为次尊之位。"东厢"也即东边"西面"的席位为下位。上文的意思是,举行此礼仪,皇帝要先到太学之辟雍礼殿等候,其御座设在东边之席。将三老、五更以安车接至后,皇帝于门屏亲迎、行礼。至台阶,皇帝以揖礼相让请他们登阶。殿中,三老被安排在最尊的西席,东面。五更在次尊之北席,南面。皇帝在东席,西面,面向三老,且亲自割牲、执酱、执爵侍奉三老。东汉班固《白虎通义》解释皇帝的这种礼敬原则是"父事三老,兄事五

---

① 朱熹《朱子大全》卷68《杂著·跪坐拜说》。
② 丁传靖辑《宋人轶事汇编》卷1《太祖》,第7页,中华书局1981年版。
③ 王曾《笔录》,见《历代职官表》卷3,第30页,武英殿刻本。
④ 《汉书》卷81《张禹传》,第10册第3350页,中华书局1962年版。
⑤ 《后汉书·礼仪志上·养老》,第11册第3109页,中华书局1965年版。

更"①,即以对父兄尊长之礼敬待他们。

唐代的这一礼仪与东汉相似,而史籍所记录的情况更细致、全面。其时,也是皇帝先到太学等候,三老、五更被接来后,以下:

> 皇帝执大珪,降,迎三老于门内之东,西面立……太常卿前奏"请再拜",皇帝再拜。三老、五更去杖,摄其答拜。皇帝揖进,三老在前,五更从,仍杖,夹扶至阶,皇帝揖升,俱就座后立。皇帝西面再拜三老,三老南面答拜。皇帝又西向,肃拜五更,五更答肃拜。俱坐……皇帝诣三老座前,执酱而馈……皆食。皇帝即座。三老乃论五孝六顺、典训大纲,格言宣于上,惠音被于下。皇帝乃虚躬请受,敕史执笔录善言善行。礼毕,三老以下降筵,太常卿引皇帝从以降阶。②

这段文字又叙述了皇帝在三老、五更之礼中向三老、五更行跪拜礼,以及以三老为师、聆听其讲授的情况。

称谓之礼方面,这一时期,皇帝对个别大臣常以"字"相称,不称其名。如汉高祖刘邦于众臣面前称赞张良,是称用其字:"运筹策帷帐中,决胜千里外,子房功也"③,子房是张良的"字"。再如西汉景帝对窦婴称呼其字"王孙"④。顾炎武《日知录》还举唐代为例说,唐太宗时,诸如封伦(封德彝)、高俭(高士廉)、颜籀(颜师古)等人所以都是以字为名,乃"盖因天子常称臣下之字故尔"⑤。显贵重臣,皇帝则以令公、官职等称之,以示敬重。高允是北魏的五朝元老,文成帝、献文帝对他"常不名之,恒呼为'令公','令公'之号播于四远矣"⑥。南朝梁武帝时,在君称臣上还有这样一段故事,当时蔡撙为吏部尚书,并以纳言(侍中)代宰相职。梁武帝在一次招待群臣的宴会上,频呼其姓名"蔡撙",蔡撙都不予理睬,梁武帝改唤其"蔡尚书",蔡撙这才起立应答,且对梁武帝说:"臣预为右戚,且职在纳言,陛下不应以名

① 班固《白虎通义》卷下《王者不臣》,第 13 页,文渊阁四库全书本。
② 欧阳修、宋祁《新唐书》卷 19《志第九·礼乐九》,第 2 册第 434 页,中华书局 1975 年版。
③ 《史记》卷 55《留侯世家》,第 6 册第 2042 页。
④ 《汉书》卷 52《窦田灌韩列传》,第 8 册第 2376 页。
⑤ 顾炎武《日知录(集释)》卷 23《人主呼人臣字》。
⑥ 魏收《魏书》卷 48《高允传》,第 3 册第 1077 页,中华书局 1974 年版。

垂唤",以致"帝有惭色"①。这一史事中,梁武帝所以也感到以名呼臣为失礼,以"蔡尚书"改称之,且由于蔡撙的辩白而面有惭色,说明当时尚有在称谓上皇帝也应该敬重高级官员的礼俗。而宰辅一类的官员在朝中也有较高的身份地位,因而蔡撙敢于对皇帝直呼其名表示不满,并维护自己的尊严。

"君前臣名"是君臣称谓之礼中的一条重要原则,它是说:一,臣下在皇帝面前自称必须用其名;二,在皇帝面前提到其他大臣,也须称其名。它循从礼俗中的尊卑之礼而成为君臣之礼中的一项重要内容,具有"卑"身份的臣子在有"尊"身份的皇帝之前,必须谦称其名以示尊敬。如果某位大臣被破例允许不称其名(不包括自称),则属于君对臣的极高礼遇了,"赞拜不名"、"诏书不名"等便属此例。被赐予"赞拜不名"特权者,朝仪叩拜,赞礼官在皇帝面前不像宣其他官员那样唱出其名,因为是在天子面前,而且是正规的朝仪当众场合,所以官员们视其为恩遇殊荣。被赐以"赞拜不名"者,往往还赋予君臣礼制其他方面的特权,如"入朝不趋"——入朝上殿时,可缓步而行,不像一般朝臣那样以快步趋行表示对皇帝的礼敬。"剑履上殿"——可不像其他官员那样,遵从上殿时去佩剑、脱履的尊君礼制,而是着履、带剑上殿②。这一时期得此殊荣者不乏其人,如西汉之萧何,东汉末之曹操,东晋之王导、陶侃,南朝齐之萧鸾、梁之侯景,隋之窦炽等。

前述皇帝对三公的礼敬,父事三老、兄事五更,允许显要之臣赞拜不名、入朝不趋、剑履上殿等,也反映这一时期高级臣僚较尊贵的身份地位,以及君臣之间尚不甚森严的等级差距。而君臣共同坐而议政、君对臣"常从容赐茶"、君主常以字亲近称呼臣下,则又是皇帝以比较密近的方式维持君臣关系的表现。

三、宋以后君臣之礼的显著变化及朝臣身份地位的降低

宋以后,君臣之礼变化的重要表现,是皇帝在维护自身至尊威严

---

① 李延寿《南史》卷29《蔡廓传·附孙蔡撙传》,第3册第775页,中华书局1975年版。

② 有关以上诸方面的君臣礼制,详见拙作《中国古代人际交往礼俗》第二章第一节之(2)、(5),第34、54—55页,商务印书馆国际有限公司1996年版。此处不赘。

的同时，着重于对臣下尤其对高级文武官身份地位在礼制方面进行贬抑，文武大员地位身份因此降低，从而加大了君臣等级的差距及其人际关系的疏阔性。

君臣之礼的显著变化，主要表现在举止性礼节方面。清人康有为对这一变化曾作如下简要叙述："汉制，皇帝为丞相起，晋、六朝及唐，君臣皆坐。唯宋乃立，元乃跪，后世从之。"①康有为所说，是指平时君臣共同议政的场合，唐以前是臣与君共坐，到了宋朝，皇帝仍坐，大臣则由坐改为站立。元朝进一步发展为臣下跪着向坐着的皇帝禀复，明清沿袭而不改。

明了唐宋之际这一显著变化的宋朝人对此曾有过详细披露：

> 自唐以来，大臣见君，则列坐殿上，然后议所进呈事，盖坐而论道之义。艺祖继位之一日，宰执范质等犹坐，艺祖曰："吾目昏，可自持文书来看。"质等起，进呈罢，欲复位，已密令中使去其座矣，遂为故事。②

文中所说的艺祖即宋太祖，这段记述使我们看到，他把易君臣共坐为君坐臣立这一君臣之礼的重大改变，与其削夺藩将武臣军权的"杯酒释兵权"一样，做得是如此地轻巧。所谓"遂为故事"，即成为此后沿用的制度。《宋史·范质传》所记此事稍有不同："先是，宰相见天子议大政事，必命坐，面议之，从容赐茶而退，唐及五代犹遵此制。及质等惮帝英睿，每事辄具札子进呈，具言曰：'如此庶尽禀承之方，免妄庸之失。'帝从之。由是奏御浸多，始废坐论之礼。"③无论如何，君臣促膝而谈式的共坐议政之礼结束，从此，变为君主高坐于御座之上、臣僚站立其下，君臣之间高下分明。个别大臣再坐于殿上，则需皇帝特恩赐坐了。

元代，则臣下已须向君主跪伏，如应奉翰林文字官在进实录向皇帝表奏时，便是对皇帝："跪读表，读毕，俯伏，兴，复位。"④读表时是

① 康有为《康有为遗稿》下卷《拟免跪拜诏》，第 265 页，上海人民出版社 1986 年版。

② 邵博《邵氏闻见后录》卷 1，第 1 页。

③ 君臣之礼的这一改变，有多处记载，不备举。可参见陈登原《国史旧闻》，第 3 册第 87—90 页，中华书局 2000 年版。

④ 《元史》卷 67《礼乐志一》，第 6 册第 1688 页，中华书局 1976 年版。

跪着，读完后，还要向皇帝俯伏行礼，然后起立，归复原位。

明朝沿袭了元代臣下向皇帝跪拜的制度。《大明会典》记述：君臣议政之时，"凡百官奏事，皆跪。有旨令起，即起"。这段话的意思表明：百官即所有官员无论品级多高，都要向皇帝跪奏政事。奏完皇帝令起，才能站立起来。皇帝主动发布圣谕时，百官"候上御座，跪听"。皇帝赏赐大臣，大臣"于御前跪受。如衣，则服以拜赐，皆五拜叩头"①。

清代皇帝与大臣议政有两种形式：一是御门听政，一是便殿召对，都是臣向君跪。

乾清门御门听政的仪制是门内设御座、本案（放本章的案桌），各部院官员奏事分成班次，轮到之班，该班全体官员"各就列跪，尚书在前，侍郎在后，陪奏属官又在后"，然后尚书持本章至本案前跪放，起立归班"入班首，跪，口奏某事几件"。内阁大学士、学士也是"依班次跪"，皇帝降旨宣答，"大学士等承旨讫，兴，由东阶降"②。御门听政，大臣们是跪在硬地上，而且"动辄逾刻"，甚至"长跪移时"（一个时辰为两小时），年迈大臣实在不堪其苦。乾隆五年严冬清高宗御门听政时，才萌生了点恻隐之心，为此降谕："大学士等皆年老大臣，当此严寒就地长跪，朕心特切轸念，嗣后着铺毡垫，以昭优礼至意"③，给在砖地上向其长跪的一品高官宰辅级的大学士、年老大臣加个跪垫，在乾隆看来，就算是对他们的"优礼至意"了。可见，此时的皇帝与汉代对三公宰辅"御坐为起"的君主相比，在礼待大臣的观念上已有何等的差距！在此时君臣之礼的规制下，大学士们的身份地位更不能与彼时的三公相提并论了。

便殿召对多是在皇帝的寝宫室内，为高级官员设有跪垫，其实跪在垫上时间长了也受不了，所以"大臣召见，跪久则膝痛，膝间必以厚棉裹之"④。至召对完毕，皇帝令其退出，才可站起来，退后几步，再下跪口祝圣安，然后退出，此礼又谓之"跪安"。

---

① 以上见(万历)《大明会典》卷44《礼部》之《百官朝见仪》、《诸臣奏事仪》，官刻本。
② 乾隆《国朝宫史》卷5《典礼一·礼仪上·御门听政仪》。
③ 《清高宗实录》卷131，乾隆五年十一月戊子。
④ 徐珂《清稗类钞》之《朝贡类·召见膝裹厚棉》，第1册第407页，中华书局1984年版。

　　同是君坐臣跪，若从细节上考察，明清两代又不一样。明代君臣议事时，只有奏事者跪，其他人站立，且跪奏者奏事完毕，皇帝即命其起立。此外，个别大臣还有特恩侍坐、赐坐者。《大明会典》载：被许令侍坐的官员，在"御前侍坐，遇有大小官员奏事，必须起立。候奏事毕，复坐"①。这是因为大小官员奏事是向皇帝下跪，侍坐之官不能与坐着的皇帝一样接受跪礼，所以必须站立起来。也正因为跪奏者奏毕旨下"令起，即起"，归班站立了，侍坐之官才"复坐"。侍坐者若被皇帝顾问，"初时跪对，毕，即坐。若复有所问，坐朝上对，不必更起"②，说明侍坐之官初次被问也是跪奏，但奏毕不是像一般官员那样站立，而是起立后坐下，而且再被问到时可坐着回答。另外，那些执政大臣年高者，"倘有顾问，于便殿赐坐"③。

　　清代则不然，御门听政时，轮到某班奏事，该班官员要全部"列跪"。便殿召对，则所有大臣都要跪在皇帝脚下。同治时，翁同龢与军机大臣、总理大臣入宫，被垂帘听政的太后召对议事，便都是跪着："军机、总理西向跪，余东向跪。"④光绪朝的京官陈夔龙对这种状况还有更详细的记述：太监"叫起"后，候于殿外的"臣工揭帘入，由御案前经过，均往后跪。案前数尺地，由近支亲王、军机重臣环跪，便于参赞密勿……（有的人因）阁内人数拥挤，无从退后，乃跪于御座旁"⑤。这御案前的亲王、军机大臣"环跪"，其他人"跪于御座旁"，正描述了诸官员都要向帝后跪伏的情况。

　　康熙以后，召对大臣"如时久，每赐垫坐"，但大约是朝臣慑于皇帝之威严与森严的君臣之礼，实际并不敢坐，所谓得"赐垫坐"者，不过是跪在垫上，不得赐垫坐者，则是跪在地上。嘉道咸几朝迭任翰林院编修、总督等官的吴振棫据其经历对此作过介绍：

　　　　宫内召对，御榻前设毡垫，无定数，由上而下，以次列，以军机大臣人数为增减也，俗称军机垫子。军机大臣跪见承旨，动逾

　　① （万历）《大明会典》卷44《礼部》之《百官朝见仪》。
　　② （万历）《大明会典》卷44《礼部》之《百官朝见仪》。郑玄注、孔颖达疏《礼记注疏》卷4，第20页。
　　③ （万历）《大明会典》卷44《礼部》之《百官朝见仪》。
　　④ 《翁同龢日记》，第2册第784页，中华书局1989年版。
　　⑤ 陈夔龙《梦蕉亭杂记》卷1，第21页，中华书局2007年版。

晷刻，故设此以示优礼。若大学士、尚书、御前大臣、内务府大臣入见，上则俯指赐坐，叩首谢，然后就跪垫上。若侍郎，虽同见，不得跪垫，故不叩首谢也。督、抚入见，亦俯指赐坐，叩首谢，就跪垫上。①

受优礼的是各机构的最高级官员，因而被赐坐——跪在垫上。至于正二品的侍郎及以下官员，则连跪在垫上的优待都没有。御座之下，天威咫尺，长时间毕恭毕敬地踞跪，没有坚韧的毅力及一定体力是坚持不了的。乾隆朝的协办大学士吏部尚书刘于义，"年已七十余，奏事养心殿，踞跪良久，立时，误踏衣袂仆倒。公体素肥壮，加以御座高耸，因之暴薨"②，这位七十多岁的一品宰辅高官因"踞跪良久"，竟跌死在乾隆脚下。

皇帝既然要求臣下在其面前站立、跪伏，以压抑臣僚身份地位，体现与维护他的至尊威严，就更谈不上先向臣下屈尊施礼了。所以，汉唐时期仅存的皇帝向业师、三老、五更跪拜的古礼，也在宋代以后被取消。请看宋朝的三老、五更之礼：

> 三老、五更入门……博士揖进，三老在前，五更在后，（奏乐），至西阶下，乐止。博士揖三老、五更自西阶升堂，国老、庶老立堂下。三老、五更当御座揖，群老亦揖，皇帝为兴……三老、五更就坐……殿中监、尚食奉御进珍馐及黍稷等，先诣御座前进呈，遂设于三老前，乐止。尚食奉御诣三老座前，执酱而馈讫……史臣既录三老所论善言、善行，（奏乐），毕，三老以下降筵，博士引三老、五更于堂下，当御座前，奉礼郎引群老复位，俱揖，皇帝为兴。三老、五更降阶至堂下……③

这一仪制比汉唐之时明显有四处改变：1. 皇帝不出迎三老、五更，而由太常寺博士揖进，皇帝安坐等候。2. 皇帝不向三老、五更施礼，而是三老、五更来至御座前，先向皇帝行揖礼，"皇帝为

---

① 吴振棫《养吉斋丛录》卷22，第240页，北京古籍出版社1983年版。并见刘体智《异辞录》卷4，第211页"京谚以舆夫状军机大臣"：军机大臣"入值，在御案右旁跪，其跪垫挨次而下"，中华书局1988年版。

② 昭梿《啸亭杂录》卷10《刘武进相公》，第314页，中华书局1980年版。

③ 《宋史》卷114《志第六十七》，第8册第2707—2708页，中华书局1985年版。

兴"，只是以站起来作还礼。3．席间，皇帝也不为三老割肉、执酱，而由尚食官代行。4．皇帝也不送出，而是三老、五更至御座前行揖礼告别。

这一礼仪在元、明之时已废而不行①，至清朝中期，就是那位让年迈大臣在其座下跽跪良久也不赐坐的乾隆，竟然还要恢复三老、五更之礼，以博得敬老尊贤的美名。大学士张廷玉随即婉言劝止，他列举了不可行的四条理由，主要是前两条：1．这种礼仪，皇上要"屈礼臣下"而向三老、五更行礼，还要侍奉其饮馔，若举行此仪，当今之"臣下谁敢受者"？2．三老、五更，应是通晓天文、地理、人伦之人，被天子奉为西席宾师者，如今"谁克任之？恐皇上即下明诏，而其人必惊惕惭惶而不敢应"②，此时又谁人敢为皇帝之师？乾隆听后只好作罢。

在君臣称谓之礼方面，皇帝对臣下礼敬的现象也大为减少，如君对臣之称字就已不多见，因而顾炎武对这一变化曾作如下评论：唐及以前"天子常称臣下之字故尔，其时堂陛之间未甚阔绝，君臣而有朋友之义，后世所不能及矣"③。从清代皇帝的"上谕"、对臣下奏折的"朱批"所保留下的称谓看，清帝对臣下或直呼其名，或以"尔"、"汝"称之，对宰辅之臣大学士等也是如此，而且从来无人敢像梁朝蔡撙那样对此表示不满。至于"赞拜不名"，大臣得此礼遇者也已较少。笔者所见，这一时期皇帝也仅赐予本姓宗王及个别勋戚、帝师，如北宋仁宗的叔父赵元俨、明太祖的姐夫李贞、万历帝师张居正、清代乾隆帝师福敏。清嘉庆帝的皇兄仪亲王永璇、成亲王永瑆，也被予"诏书不名"，指诏书上提到他，可不称其名，但仅限于以皇帝名义下诏谕不称其名，不许臣下向皇帝奏事时不称该人之名，昭梿没有注意这一点，便受到嘉庆帝的严厉申斥。嘉庆为此还下谕旨告诫臣僚："君前臣名，自古定制，谕令仪、成二亲王不书名，而书王号，乃朕加恩敦厚兄弟之谊，且指书写谕旨而言，并未概及臣工等奏事……今昭梿奏事不将仪、成、庆王之名书写，错谬已极，昭梿著申饬。"④其实昭梿如此称

① 明嘉靖帝曾让国子监祭酒吕柟酌定其仪制，但"不果行"。
② 清国史馆修《汉名臣传》卷20《张廷玉传》。
③ 顾炎武《日知录（集释）》卷23《人主呼人臣字》。
④ 《清仁宗实录》卷171，嘉庆十一年十一月己未。

谓,是不想对宗室诸王直称其名,而带有礼敬之义,与"赞拜不名"一样,是在皇帝面前不以名称呼之,不想嘉庆为此竟如此大动肝火,可见其在君臣之礼上,是容不得臣僚有半点的逾格之举的。

明清时期,由于尊君卑臣的强化,尤其是君主卑抑臣下行为的发展,某些场合,对臣下已表现为非礼对待的地步,其突出体现便是明代对大臣们的"廷杖"。正德、嘉靖时的两次最大的廷杖事件,分别有数十人、一百多人被刑拷,遭杖责者皮开肉绽,每次都有十几人死于杖下(详见后述)。清代的皇帝甚至亲自鞭打官员,皇子的老师也曾遭到鞭责①。堂堂朝廷命官们甚至皇子之师竟遭责打,简直是斯文扫地,也可见当时臣僚身份地位降低的程度。

四、君臣之礼变化的原因及其政治影响

君臣关系历来是一个矛盾统一体,其矛盾性,自领主分封时代就一直存在。当时,天子与本辖下直属臣僚、与受封之诸侯,有君臣关系;各诸侯国君与其下直属臣僚、与其下之受封者,也有君臣关系。为了维护当时的分封制统治体制、上下有序的统治秩序,制订君为臣纲的准则。这种纲常准则,无论是制订还是具体实行,其初期都带有一定宗法色彩的温和性。但君臣之间政治地位、权益的矛盾性,无情地粉碎了分封统治体系,天子式微、诸侯坐大、弑君篡上等残酷事实,迫使为君者必须强化君为臣纲的伦理纲常,从而使原来带有宗亲性、温和的君臣关系趋向严酷。再者,秦以后,废除显露弊端的同姓皇家为主的分封制,建立以异姓臣僚为主辅佐君主的专制中央集权体制后,以前那种"王"家家天下的国家私有性削弱,其对国家的私有,在政治方面缩小到皇帝之皇位本家私有,而国家之公性——公众性的异姓作用增强,君臣之间的矛盾,变为一姓君主与众多异姓之臣尤其是对皇位、皇权构成威胁之臣的矛盾。皇帝为维持皇位、皇权这一关键的私有因素,而强化对异姓的控驭,尊君卑臣以强化"君势"、强化君主专制,共同构成其对"公性"的抵御,导致此后君为臣纲的强化与严酷。

①见《清高宗实录》卷1324,乾隆五十四年三月甲子。朝鲜《李朝肃宗大王实录》卷15下,肃宗十年十二月甲午。

在上述体制转换的前期，由于皇帝对异姓臣僚的倚重，这种强化尚不十分强烈。此后，皇帝与异姓宰辅之臣在皇统、皇权行使上的矛盾冲突又屡屡发生，成为君臣关系中的严重问题，处于矛盾主导方面的皇帝进一步强化君臣纲常，加强它的严酷性，便又成为必然。这是当时的体制发展使然，不是某个皇帝的问题。而某些重要制度的改变，则往往出自取得本姓皇位而又具有非常手段的开国之君，如前述宋太祖、废除宰相制的明太祖便是其中的主要实践者。

君为臣纲表现为抽象的伦理观念与具体的实际体现两大方面。前者或可称为"软"系统，后者称之为"硬"系统。在君主专制制度的维护与强化过程中，前者往往表现得软弱无力，在赤裸裸的权力地位争夺中，强悍的臣僚并不顾忌这种伦理道德观念，君臣纲常大义对他们没有多大的制约力。所以，君主专制的强化，主要表现在后者的"硬"系统方面，这一系统，又可分为权与势两个方面。

权，主要是君权，它体现在行政上。君主既要利用异姓臣僚辅政，同时又把它限制在容许的范围内，其基本原则是臣只能服务于君、服从于君，超过了这种限度，架空皇权，甚至太阿倒持、篡夺皇权，是君主绝对不能容许的。皇权的强化，也表现在行政制度上削弱臣权、集权于君。具体表现为减小权臣——宰相、将帅的权限，将部分权力收归于君主自身，且往往以容易控驭的身份地位低的官员代行其职权，甚或由君主代行相权，不假于臣，以达到君主令出唯行、臣下绝对服从、永远保持本姓皇帝对臣下如此统辖的目的。

势，或可称之为"君势"，是指君上对臣下的凌驾与控驭的威慑力与其态势。它的强化，表现为提高君主尊威、贬抑降低臣僚地位身份，加大君臣等级差距，形成君上对臣下的绝对控驭。具体表现为本文所说的以一种可见可闻的形象式礼制尊君、卑臣，达到加强这种威慑力的目的。这种礼制存在于君臣日常政治生活之中，又形成固定化的上下尊卑规范，使臣下无时无刻不感觉到君上威慑的存在，感到自身的卑下而不得不肃恐慑服。这种经常性的威慑力与其态势——君势，是行政上的君权所不能替代的。

君权与君势又是密不可分的，二者相辅相成，权靠势去实现，失去控驭之势，权就可能落空，有名无实；势又靠权来张大，权弱势亦低。在君臣矛盾的发展过程中，君主正是利用君权与君势两方面强化措施的结合,使之亦步亦趋,而把君主专制逐步推向高峰,臻于极端。

溯自先秦,春秋之时诸侯称霸,无视天子,从周初以来体制演变的角度而言是君弱臣强。后来各诸侯国所发生的诸如三家分晋、田氏代齐,是君弱臣强的进一步发展。横扫六合一统华夏的强秦建立专制主义的中央集权体制,目的就是要防止上述情况再次发生,由一姓及皇帝本支长久统治天下。强化君权与君势,便是建立与维护这一体制、以图万世一统的重要措施之一。在秦集权于君的同时,慎到、韩非等法家有关强化君"势"的观点①,也被其强调,而运用到皇帝制度的建立之中。前述秦朝建立以后,取消先秦之时君主向臣下俯揖、拜伏的仪节,实行皇帝完全接受群臣的叩拜而不答礼等尊君礼制,正是在这种背景下,作为提高君势的一种措施而出现的。称帝之初的刘邦开始尚未对此予以重视,因而"悉去秦仪法,为简易",以致朝堂之上,臣下在皇帝面前毫无顾忌。当叔孙通为其恢复朝仪,王侯大臣"莫不震恐肃敬",而向皇帝"皆伏抑首"时②,刘邦也体验到了它对树立皇帝威势的作用,因而作为仪制沿用。

秦汉以后,由于君主尚侧重于自身威严的提高,对臣僚未作明显的贬抑,三公等宰辅之臣地位仍较高,皇帝对他们也仍施以某些敬重之礼,御坐为起,在舆为下,许其入朝不趋,剑履上殿,赞拜不名,而且赋予相当权力,所以这一时期的高级臣僚不仅有权,而且有势,其中武官大将军又录尚书事者,权势更为显赫,其权位甚至"出宰相之右"③。因而这一时期,权臣、悍将凌君乃至权势膨胀夺取帝位的现象仍有发生,王莽、曹操、司马懿父子,以及南朝代东晋称帝的刘裕、代宋而立的萧道成、代梁自立的陈霸先、取代北周的隋文帝杨坚、唐中叶以后飞扬跋扈的藩镇节度使、夺取柴氏皇位的赵匡胤等等,便是这方面的代表人物。

宋以后,皇帝削弱宰辅之权,贬抑他们的地位身份,尤其是极力

---

① 慎到、韩非这一理论的论述,见刘泽华《中国传统政治思想反思》,生活·读书·新知三联书店 1987 年版,第 186—188 页。

② 班固《汉书》卷 43《叔孙通传》,第 7 册第 2126—2128 页。

③ 马端临《文献通考》卷 59《职官考十三·宣抚使条下按语》,第 534 页中,商务印书馆十通本。

压抑武臣的权力地位，加强君权君势，目的非常明显，就是要杜绝以上事件的出现，绝对地主宰本姓王朝、维持本姓皇统的长久存在。宋太祖将君臣之礼的改变，正是其中的一种重要措施。宋太祖将君臣共坐之礼改为君坐臣立，绝非偶然与孤立事件，此举与他削夺武臣藩将的杯酒释兵权，可谓异曲同工，他是在加强对臣下之驾驭的君势上作文章。中国王朝的皇帝，历来对君臣之礼中的这些仪节是十分重视的（至清朝仍因外来觐见使节的屈一膝还是屈双膝等问题而几次与之冲突），赵匡胤也正是在这种君臣体制攸关的问题上施展他的手段。如果联系到当时座具的变化，也许使我们对他的意图看得更清楚些。唐以前君臣席地而坐，在位置上是君臣共同平坐，不分高下。唐中期高脚座具兴起，宋以后流行①。宋代，君臣本可共同坐在座椅上，但宋太祖要求臣下站立地下，自己高坐椅上，很明显，是借此而造成君臣之间的高下之分，以尊君、卑臣。另外，在朝堂之上，对宰辅之臣不让坐的"非礼"之举，更属一种卑抑臣下的行为。一句话，他是要将臣僚变为臣仆。以后的君坐臣跪，则进一步适应了当时强化君主专制的需要。蒙古族、满族的主属性君臣之间等级差距较大，臣向君禀事本来就是跪伏，蒙元这一礼俗带入中原，明初强化君主专制，自然沿用了这种君臣之礼。至清，明代君主专制体制的延续，又融入满族君臣之礼的旧俗，进一步发展为奏事之臣的全部列跪。皇帝强调在议政场合臣向君站立、跪伏，还说明它与君权强化的结合，或者说它同时又是作为加强专制君权的一种手段。乾隆在解释议政时臣所以要向君跪时，便毫不掩饰地宣称："向来御门听政，大学士等俱不设毡垫……原定制之意，盖以君尊臣卑，豫防专擅之渐。然亦不系乎此，况古有三公坐论之礼，大学士等皆年老大臣，当此严寒就地长跪，朕心特切轸念，嗣后著铺毡垫，以昭优礼至意。"②说得更直接一点，便是使臣下服服帖帖地听从皇帝的圣旨。可见，清代在君臣礼制上卑抑臣下，也是为压抑臣下权势，预防其擅权。清代，臣下不仅在与皇帝共议国政、面承谕旨时要跪伏，而且在非面见皇帝的场合，如接受皇帝所颁诏书或所发谕旨时，也要向这种公文行三跪九叩，跪伏聆

---

① 张亮采《中国家具的演变及其相关礼习问题》,《东北师范大学学报》1984 年 3 期。
② 《清高宗实录》卷 131,乾隆五年十一月戊子。

听，以表示对圣旨纶音的绝对服从。实际上清代由于君臣关系具主奴性，臣下绝对服从君主，且清代皇帝乾纲独揽，皇权极端专制，臣下不可能擅权，即谕旨中所说的"然亦不系乎此"，即使如此，皇帝也要维持这种制度。

宋以后的宰相，包括无宰相之名的大学士、军机大臣，无论其是站立还是跪伏在皇帝御座之下，其身份地位、权势都已不能与汉魏之时位极人臣、天子也为之兴的宰相同日而语。所以有宋一代，也未能出现凌君之臣。明代虽有严嵩、张居正等大学士权臣，但他们并非如以前依宰相制而具有当然之权，因为从本质上说他们已是皇帝的秘书，正如乾隆对他们所作的评论：大学士"其职仅票拟、承旨，非如古所谓秉钧执政之宰相也"①，所以他们之有权，是在皇帝荒政、昏庸、怠政的情况下，而行使了一部分皇权。清代皇帝勤政、乾纲独揽，宰辅之臣便权力轻微，碌碌无为，这在道光以前十分明显，只有勤政专制的皇帝，而少有作为的大臣。明代的宰辅严嵩、张居正等人，尽管也曾权力炙手可热，只不过是个别人的暂时现象，更由于他们的地位身份已相对卑下，与其他官员相比也不特别尊贵，因而无一不在较低级官员的弹劾之下，被皇帝轻易铲除。明崇祯朝17年中，被皇帝换掉的宰辅之臣大学士竟有43人，平均两年5人，其中23人为罢免。七卿即六部长官尚书、都察院都御史，被撤换52人，平均一年3人，其中27人是罢免，21人以罪削职，以罪削者多下狱、处死或充军②。反映出这些高级官员身份地位的相对低下，及皇帝所具有的对他们的绝对控驭之势。这在汉唐时期是从未有过的现象。清代继承明代不设丞相之制，以大学士、军机大臣为宰辅之臣，更由于清代皇帝之勤政、乾纲独揽，无论大学士还是军机大臣，都无相权，不可能架空皇权，且清代君臣关系具主奴性，君臣等级差距进一步加大，宰辅之臣不可能对皇位构成威胁。所以，清代君臣的等级差距，既是明制的继承，更是在明代基础上的发展，是满族因素之"君为主、臣为奴"的观念使然。

---

① 《清高宗实录》卷1129，乾隆四十六年四月辛酉。
② 据《明史》卷100《宰辅年表二》、卷112《七卿年表二》统计，第11册第3382—3393、3496—3502页。

武臣的权力地位比文臣受到更严重的削弱,由宋至清,也未能出现如汉唐之时权倾朝野的大将军、悍将,及夺取皇位的将帅。

君尊臣卑的强化,也造成一定的消极影响。君道日亢,臣下有恐惧感,不敢主动大胆地匡正君主过失,从而削弱臣僚的辅政作用。至明清时期,由于皇帝的威严已被抬高到绝对至尊的地步,卑视臣下,因而已容不得臣下对其尊严的丝毫损伤,包括对直言谏诤者,甚至以残酷的非礼手段对谏诤之臣进行严惩,以致无法制止君主的错误施政与行为,造成严重的政治后果。而曲从、讨好君主,不顾是非而维护君主尊威的奸佞谀臣,则往往因此得势,借此营私,打击正直的异己之臣,从而导致朝政的腐败。

自秦以后,上述弊端就已有所显露。后世经学家通过先秦与秦以后君臣关系的对比,曾不无感慨地评论:先秦之时"一堂之间、君臣之际,臣敬君则拜稽以飏其言;君敬臣则致拜以俞其语。君臣一心,上下忘势"①,这是对秦以后状况的婉转、间接性批评。从史事中也可看到,春秋战国时期,不乏君主向臣僚跽跪请教、拜师或谢罪、道歉的事例。臣僚也尽心辅政,甚至毫无顾忌地对君主的错误或缺失进行尖锐批评。秦朝以后,这类事情已不多见。秦始皇穷奢极欲,大起阿房宫与皇陵,滥征徭役,实施酷刑,又有几人敢对他进行非议?坑杀儒生,更令士大夫胆寒。独裁之君一意孤行,天下苦秦,揭竿而起,强秦二世而亡。

秦汉至唐,由于君主专制从制度上还未发展到后来那种绝对集权独裁的地步,在尊君卑臣方面做得也不过分,君臣关系尚不甚疏阔,另外,汉以后对秦政、隋政之失又有所矫正,因而上述弊端在这一时期还主要表现在秦始皇、隋炀帝等个别帝王身上。在君为臣纲的纲常中,儒家"君使臣以礼"的成分也有不少保留。两汉之时,丞相辟府理政,内设"百官朝会殿",当时"国每有大议,天子车架亲幸其殿"②,这是皇帝屈尊而对臣下敬重。前述君臣朝堂议政,君对臣常从容赐茶,君臣促膝而谈,以及君主常称臣下之字,则不仅是对臣僚的敬重,而且体现了顾炎武所说的"君臣而有朋友之义"。君使臣以

---

① 丘浚《大学衍义补》卷 6《正百官·敬大臣之礼》,第 9 页,文渊阁四库全书本。
② 王应麟《汉制考》卷 1,第 30 页,文渊阁四库全书本。

礼,则臣事君以忠,敢于坦诚指出皇帝为政之失。北魏文成帝对中书令高允"礼敬甚重",高允也勇于任事,文成帝曾赞誉他:"至高允者,真忠臣矣,朕有是非,恒正言面论,至朕所不忍闻者,皆侃侃论说,无所避就"①,希望大臣们都像他那样尽心辅弼。唐太宗尊重臣下,臣下敢于谏诤,也曾成就贞观之治。

迨至明清,上述情况已很少见到,臣下的俯首听旨,代替了君臣之间的促膝而谈。君主要求臣下对其绝对尊重,决不允许臣下有违背其意志的言行,甚或包括触及至尊威严的逆耳忠言。由于君主绝对专制、君尊臣卑在制度上的极端发展,这种现象及其所造成的政治后果,已不仅是发生在个别君主身上了。

朱元璋在废除以往的宰相制度、集权于君的同时,对不利于维护君主至尊地位的孟子的民贵君轻的提法,曾进行严厉的批判。对臣下的逆鳞之举,就更不客气了,叶伯巨指出他分封同姓的弊端,刺痛了他,被逮捕下狱,分封继续实行,终于导致后来的靖难之变,大批文官武将、军兵士卒成为皇家斗争的牺牲品,百姓生灵涂炭。朱元璋的子孙们,对待臣下丝毫不比其祖宗仁慈,管你峨冠缙带,逆我者照样板责。廷杖大臣之事,在明代屡屡施行。《明史》总结:明代"廷杖之刑,亦自太祖始",正统以后,"殿陛行杖,习为故事……公卿之辱,前此未有"②,其中以正德、嘉靖两朝最为残酷。正德朝,大臣被集体罚跪、杖责的事件有两次,后一次因批评武宗被太监刘瑾、佞幸江彬蛊惑而胡作非为,言辞激烈,触怒了武宗,赐令杖责,有十余人惨死杖下。正德一朝,武宗委权宦寺,耍戏官员,四出扰民,正直者遭诛杀、罢黜,朝臣无措,以致朝政日非,先朝之弘治中兴,很快断送在武宗之手。嘉靖朝,大臣受辱的主要事件是"大礼议"。武宗死后,因其无子,世宗以旁支嗣统。大学士杨廷和等按传统宗法礼制,要求世宗称本生父为叔父,以武宗之父孝宗为皇考。世宗则坚持追尊其生父为"皇考"、"皇帝"。由此君臣争持,这就是明史中著名的"大礼议"。这次事件,学者研究颇多,本文所要剖析的是,这一在往代已有成例之事,为什么会在明代被皇帝否定,且对反对的大臣进行毒打。归纳

---

① 李延寿《北史》卷 31《高允传》,第 4 册第 1124 页,中华书局 1974 年版。
② 《明史》卷 95《刑法志三》,第 8 册第 2330 页。

之,原因有四:第一,皇帝既为至尊,却连自己的生父也不能称为皇考,而要称为叔父,已为此时的皇帝所不能接受。第二,世宗以藩王之子得继皇位,是由于大学士杨廷和的提议,要求他称生父为叔父的还是杨廷和等人,在这称谓问题上再听从这些宰辅之臣,不利于其继位初地位的提高、尊威的树立。第三,需要争取抬高生父身份,来提高自己的地位。第四,也是最重要的,是君臣意见相左,多次相持不下,屈从臣下,就等于君威受挫,这是他无论如何也不能容忍的,因而必须不拘手段,甚至以其朱氏皇帝沿用的廷杖压倒臣下。议礼之争最激烈之时,以杨慎(杨廷和子)为首的官员 200 余人齐跪宫门请愿,世宗被激怒,下令将一百多名官员押入大牢,并施以刑杖,结果有十几人因杖致死。此后,朝臣无人再敢抗争,世宗取得最终胜利。而附和世宗的张璁、桂萼之流,则被世宗不次超擢,青云直上,得势后打击异己及议礼中的反对派,造成大量冤狱,世宗虽"心知其然"而违心首肯,以"借此钳天下口耳"[①],巩固其议大礼所取得的成效。嘉靖的议大礼,使大批正直的官员再一次遭到沉重打击,迎合帝意的投机小人得势。实际上这种现象在明代屡屡出现,此后的大学士严嵩擅政便是较明显的事例。议大礼后,又出现一批企图以吹捧皇帝作进身之阶的阿谀之徒,此辈大讲祥瑞,以称颂天子圣明、泽被万方,这实际是一种变相的尊君活动。严嵩正是在这一活动中施展其伎俩而得世宗赏识,因而迅速升迁。入阁之后,又处处投世宗之所好,讨其欢心,进而揽权擅政,党同伐异,陷害忠良,造成当时腐败的朝政。

专制时代,君权君势越发展,君主的品性、素质、作风乃至好恶对政风之清浊、国家之治乱影响越大。明代,由于君主权势极端发展及诸帝之所为,其弊端已突出暴露于世人面前。明末清初,对明代君主误国有切肤之痛的士大夫们,再也顾不得君臣纲常名数,转而从忠国、爱国、为天下的角度,对君主专制进行了猛烈的抨击。对于明帝之尊君卑臣、野蛮对待臣下的非礼行为,同样进行了尖锐的指责。张履祥痛斥明代"君臣无坐论之礼,殿廷行笞辱之事"[②]。唐甄对尊君

① 沈德符《万历野获编》卷18《(刑部)嘉靖大狱张本》,中册第465页,中华书局1980年版。
② 贺长龄、魏源《皇朝经世文编》卷8《治体二》张履祥《备忘录论治》。

卑臣产生之弊端所作的剖析尤为深刻：

> 圣人定尊卑之分，将使顺而率之，非使亢而远之。为上易骄，为下易谀，君日益尊，臣日益卑，是以人君之贱视其臣民如犬马虫蚁之不类于我，贤人退，治道远矣！

他还尖锐地指出君主轻贱臣下导致的局面与后果：

> （臣下见君）变色失容，不敢仰视，跪拜应对，不得比于严家之仆隶，于斯之时，虽有善鸣者，不得闻于九天……臣日益疏，智日益蔽，伊尹、傅说不能诲，龙逄、比干不能谏，而国亡矣！①

只可惜这些精辟之论以及当时所兴起的那股进步思潮，很快便在清朝更为极端的专制高压之下销声匿迹，尊君卑臣、君主专制及其弊端，也以一种更为严重的形式出现了。

清代的君臣关系带有主奴性，等级差距较以前进一步加大，君臣之礼也因此带有主仆之礼的性质。清代皇帝正是基于这种条件，把控驭臣下的君势推向了登峰造极的地步。由于满族旧有习俗制度的影响，在满族皇帝的观念中，臣隶属于君，臣僚就是臣仆，所以君臣议政时，要求臣下要像仆从那样全部跽跪在其面前奏事、听旨。匍匐在皇帝脚下的奴才，也只有诚惶诚恐、俯首顺从，龙颜震怒，则噤若寒蝉。以致主上"赐坐"也绝不敢坐，仍要跪伏，清帝对此也完全认可。官员在紫禁城中皇帝身边任职，则称其为"行走"，比之于器使仆从，实际也就是如此，乾隆时，朝觐的朝鲜使臣据其亲眼所见作过生动的记述："和珅、福长安辈数人，俱以大臣常在御前，言不称臣，必曰奴才，随旨使令，殆同皂隶，殊无礼貌，可见习俗之本然。"②

以主仆之礼规束臣下的清帝，也决不允许臣仆对主上有丝毫不恭不敬的言行举止，其中也包括有损主上尊威与"圣明"的带有合理性的谏净。这方面的史事，在清官方文献找不到它的记录，还是前述朝鲜使臣对此有所披露：康熙朝，某巡抚属下在康熙帝从塞外归京行宫中，上本奏请康熙停游猎，息兵养民，因指出当时"百姓困于征输，官兵劳于巡幸"。康熙"大怒，廷杖不已，又亲执杖以撞之，体无完肤，

① 贺长龄、魏源《皇朝经世文编》卷 9《治体三》唐甄《抑尊》。
② 朝鲜《李朝正宗大王实录》卷 19，第 44 页，正宗九年三月辛未。

随遣戍乌拉地方"①。对待这类事情上,乾隆比乃祖更显得无情。朝鲜使臣反映,有山西人某上书乾隆,直陈其为政阙失,而"其中三条,即土木之不息也,巡游之无节也,番僧之过礼也。皇帝震怒,即付在京刑部,生而脔割之。书本秘不宣布,姓名亦无传说"②。客观地说,清代皇帝,尤其是康雍乾三帝,不仅精明强干,而且勤于政务,励精图治,远胜明朝正统以后诸帝,但即使圣哲明君,又焉能无过,如此对待直言谏诤的臣下,又怎能纠正、防止为政缺失?以乾隆为例,其节庆、巡幸之铺张奢靡,宠幸纵容和珅,文字狱之残酷屠戮与株连,好大喜功,征金川而劳师糜帑,平定准噶尔部时,因某些首领的降而复叛,便失去理智,不分青红皂白一律镇压诛杀等等,都曾造成消极影响或政治损失。如果臣下敢于严正指谏,乾隆乐于俯察臣下的伏请而虚心接受,是完全可以减小或避免的。

清代君主的威严,窒息的政治氛围,还把臣僚塑造成没有独立思想的仆从,官员失去为臣的刚性节操。明代大臣虽屡遭廷杖,毕竟还不断有直言敢谏之士挺身而出,清代则已绝少这类骨鲠之臣,"凡犯人主之疑忌者,率皆隐忍不言"③,清末有官员指出:本朝"相沿成俗,面折廷诤,竟无人焉……满洲之俗,见上自称奴才,岂敢违旨,焉有犯颜强谏之事?"④相当一部分人转而把心思用在取悦帝心以希宠图荣上,失士大夫廉耻之心。乾隆朝,朝鲜使臣向其国王报告:当时清国朝廷"政命皆出要誉,臣下专事谀说"⑤,朝鲜著名学者朴趾源也据其所见叙述:乾隆帝"君道日亢,猜暴严苛,喜怒无常,其廷臣皆以目前弥缝为上策,以悦豫帝心为时义"⑥。和珅正是"善伺高宗意,因以弄窃作威福"⑦,造成乾隆后期腐败的朝政。

对于君道日亢、臣下卑贱而失自尊,进而败坏政风的影响,康熙

---

① 朝鲜《李朝肃宗大王实录》卷15下,第38页,肃宗十年十二月甲午。

② 朝鲜《李朝正宗大王实录》卷10,第43页,正宗四年十一月戊寅。

③ 《清世祖实录》卷112,顺治十四年十月癸酉。

④ 刘体智《异辞录》卷3"联元等非直谏而死",第181页,中华书局标点本1988年版。

⑤ 朝鲜《李朝英宗大王实录》卷58,第29页,英宗十九年十月丙子。

⑥ 朴趾源《燕岩集》,《热河日记》卷6《太学留馆录》。

⑦ 《清史稿》卷319《和珅传》,第35册第10755页。

朝的储方庆曾以当时的状况而感慨评述：臣僚低贱则丧"臣子之节气"，失廉耻之心，"为人臣而廉耻之不恤，则立功立名之念皆不足入其胸中，唯有贪位固宠，希合上旨，取旦夕荣耀而已，安望其为国任事卓然不苟耶"①。道光时的龚自珍更深刻地剖析："主上之遇大臣如犬马，彼将犬马自为也"，臣见君"朝见长跪，夕见长跪"，有悖君臣之礼，结果是"非礼无以劝节，非礼非节无以全耻"。他还列举过来的状况而痛斥："历览近代之士，自其敷奏之日，始进之年，而耻已存者寡矣！"如今的公卿大臣们，官阶"非不崇高也，而其于古者大臣巍然、岸然师傅自处之风，匪但目未睹、耳未闻，梦寐未及，臣节之盛，扫地尽矣……窃观今政要之官，知车马、服饰、言词捷给而已……堂陛之言，探喜怒以为之节，蒙色笑、获燕闲之赏，则扬扬然以喜，出夸其门生、妻子，小不霁，则头抢地而出，别求夫可以受眷之法"②。龚自珍的惊世骇俗之论，有些言词虽不免偏激，但确实大胆地揭露了当时的弊病。即使到了光绪末年，清廷准备仿行西方的君主立宪制时，虽然对君主的权力有所规定，但对君臣之礼及君为臣纲的礼教名分仍未作改动，这一强化君势的顽固制度，也只有随着清朝帝制王朝的灭亡，而一同被葬入坟墓。

附带提及，前资本主义社会的古代历史阶段中，随着社会形态的缓慢进化，社会文明程度的不断提高，社会成员之间的等级差距是逐渐趋于缩小的，至近现代社会而基本消失。而中国古代社会，处于等级结构最上层的成员君臣之间，却由于君主的人为强化而不断加大，这种现象及其影响，是中国古代史研究中值得注意的问题。

（此文原载《中国社会历史评论》第 1 卷，天津古籍出版社 1999 年版，有修改）

---

① 贺长龄、魏源《皇朝经世文编》卷 7《治体一》储方庆《殿试策》。
② 龚自珍《龚自珍全集》第一辑《明良论二》，第 31—32 页，上海人民出版社 1975 年版。

隋唐以后至明清死刑演变的考察

——兼论由此体现的中国古代文明的进化

一、问题的提出

人类由野蛮向文明进化的过程中,一个最重要的体现是刑罚的演变,死刑的演变又是其中的一个重要方面[①]。本人肤浅之见,从古至今,在体现文明进化的死刑演变上,有两方面:一,处死方式的变化;二,死刑判处的变化。

人类社会早期、上古时期,处死方式具有野蛮残酷性[②],死刑的判处带有轻易性。随着人类文明的进化,以上两方面呈以下演变趋势。

处死方式的变化呈现为由野蛮残酷向轻简人道化方面改变。这方面的情况,古代的记载相对较多,且系统,这一变化,研究成果也较多,已是学界尤其是法律史学界的共识。先秦时期,处死的形式异常

[①] 人类由野蛮向文明的不断进化,在死刑以外的刑法其他方面也有体现,诸如非死刑的刑罚方式由残酷、轻贱人格尊严向重视生命、尊重人格的改变,监狱囚徒、被押解人犯、服徒流军刑犯人非人待遇的改变,刑讯的禁限与取消,等等,均为专题研究领域。

[②] 人类社会早期,最初之死刑处死手段尚简单,后来处死方式增多。但最初之死刑处死手段简单,并不表明不残酷,更不是文明的体现,只不过是当时人的头脑、技术、手段都简单而已。当时处死人,类同兽畜,带有野蛮性、轻易性,同样是文明对立面的残酷。

残酷,见于记载的就有腰斩、砍头、凿顶、炮烙、车裂、剖脏腑、毒蛇咬、烹、醢、焚等等,古代其他国家的这一阶段也有过类似情况,如罗马帝国时期的火焚、油烹,希腊、罗马、埃及等国的十字架刑,以及石刑(用重石将犯人压死)、倒吊火烤、沉崖、撕裂,等等①。中国古代在秦汉时期仍有部分残留(非死刑的刑罚方式也有这种变化情况),再经演变,至隋唐之时,死刑基本定为两种:斩、绞,一直到明清时期,始终沿用这一刑制。此外的凌迟、枭首、戮尸,称之为"非正刑",还有某些统治者对特殊人犯采取的以前的某种酷烈惩罚处死形式,都是对特殊严重罪犯的处死刑罚,并非一般性常刑。民国以后废除斩刑,只施以绞刑,后来又以枪决代替绞刑。近些年,注射方式又逐渐替代枪决。在这一变化过程中,世界上很多国家又废除死刑,其他国家也正在这一法制演变过程中推进减少死刑,直至废除死刑的进程。

死刑判处的变化,初步考察所得认识有以下两点:

一是判处权的变化,体现为:判处权可由官员个人掌握、判处上受其主观意志影响,带有一定随意性与轻易性,向判处权集权中央、皇帝,削弱、剥夺官员判处权、消除执法官员的某种随意性的变化,也是死刑判处的某种轻易性向严格终审判处的审慎性变化。

二是死刑犯被处死数量的变化,体现为:罪犯虽判为死刑,但实际处死数量逐渐减少,某些死刑改为非死刑。

以上两个问题的研究目前都很薄弱。先将第一个问题作简要梳理。

在死刑判处权的掌握与变化这一重要问题上,清代的史学家赵翼,曾对两汉至宋代的情况作过考察,并有简要总结,不妨将其列举的事实、阐述的观点全文引录如下:

刺史守令杀人不待奏

《汉书》:义纵为定襄守,掩狱中重罪二百余人,及宾客兄弟私相入视者亦二百余人,一切捕鞫,坐以谋为死罪解脱,尽杀之,共四百余人。尹赏为长安令,治狱,穿地深数丈,以大石覆其口,名为虎狱。捕得少年恶子数百人,尽入狱,数日发视,皆相枕藉死。何并为长陵令,侍中王林卿犯法,并急追之,林卿令奴冠其

---

① 详见崔敏《西方国家死刑制度的演变》,《中国人民公安大学学报》2006 年 4 期。

冠自代。并至,斩其头,悬都亭下。

《后汉书》:史弼为河东太守,当举孝廉,中常侍侯览遣诸生赍书属之,弼即付狱拷死。董宣为北海相,有大姓公孙丹造宅,卜者以为当有死者,丹乃杀路人,置尸舍下以厌之。宣即收丹父子,杀之。其亲党三十余人操兵称冤,宣又尽杀之。可见当时守令杀人,不待奏报也。不特此也,严延年为涿郡守,遣掾赵绣按乡豪高氏,绣为轻重两劾,欲先白其轻者,若延年意怒,乃出重劾。延年逆知其意,俟其白轻时,索其怀,得重劾,即收入狱,杀之。李膺为司隶校尉,中常侍张让弟朔为野王令,贪赃无道,惧膺威严,逃还让第,藏于合柱中,膺破柱出杀之。桥玄为汉阳太守,上邽令皇甫真有赃罪,玄收考,竟笞死于市。王宏为恒农太守,有事宦官买爵者,虽二千石亦拷杀之。则并可专杀职官矣。又小黄门赵津、南阳大猾倚中官势犯法,南阳、太原二郡守案其罪杀之。杜诗为侍御史,安集洛阳,将军萧广纵兵暴掠,敕晓不改,遂格杀广。则并可专杀中官及武臣矣。王温舒为河内太守,始至,令郡具私马五十匹置驿,奏请所捕豪猾,大者至族,小者乃死,得报二日而至,所诛杀流血十余里。盖豪猾族刑非常法,故特奏,若罪之丽于常法者,不奏也。《元后传》:绣衣御史暴胜之奏杀二千石,诛千石以下。是诛二千石须奏,诛千石以下不待奏也。按汉制,棨戟即为斧钺,故凡列棨戟者,即得专生杀(见《后汉书·郭躬传》)。

魏晋六朝则以持节为重。《南齐书》:王敬则枉杀路氏,氏家诉冤,上责敬则:"人命至重,何以不启闻?"敬则曰:"臣知何物科法?见背后有节,便谓应得杀人。"是六朝凡刺史持节者亦皆得专杀。故累朝虽有诏申禁,如宋孝武诏:非临阵不得专杀,其罪人重辟,皆先上,须报乃行,违者以杀人论罪。告诫未尝不严切也。然《南史》吉翰为刺史,典签欲活一囚,因翰八关斋日上其事。翰明日谓典签曰:"卿意欲活此囚,但囚罪重,卿欲活之,便当代任其罪。"乃收典签杀之,是刺史并得杀签帅矣。

沿及隋、唐,尚仍旧制。《隋书·陈孝意传》:太守苏威欲杀一囚,孝意力谏不听,乃解衣请先受死,威乃释囚。是隋时刺史亦得杀人也。《唐书》:刘仁轨为陈仓尉,有折冲都尉鲁宁暴横,仁轨榜杀之。太宗以其刚正，擢为咸阳丞。《封氏闻见记》：崔立为雒县，有豪族陈氏为县录事，向来县令以下受其馈，皆与之平交。立倒任，陈氏犹以故态见，立命伍伯曳之杖死。陈氏子弟相率号哭，围塞阶屏，立一一收录，尽杀之。是唐时县令、县尉犹得专杀人也。至于军旅之际，更不待言。李光弼以侍御史崔众狂易，收系之，会使者至，拜众御史中丞，光弼曰："众有罪已前系，今但斩侍御史；若使者宣诏，亦斩中丞。"使者纳诏不敢出，乃斩众以徇。兵马使张用济赴军逗留，光弼亦斩以徇。真源令张巡守雍丘，有大将六人，官皆开府特进，以力不敌贼，劝巡降。巡设天子画像于堂，遂斩六人。张镐按军河南，以刺史间丘晓不救睢阳，致张巡陷没，亦杖杀晓。此更因军事严切，不可以常法论也。

直至有宋，州郡不得专杀之例始严。《宋史·本纪》：太祖尝曰："五代诸侯跋扈，枉法杀人，朝廷不问。自今诸州大辟录案闻奏，付刑部覆视之。"遂著为令，自此诸州大辟皆上刑部审覆。然《宋史》李及知秦州，有禁卒白昼攫妇人金钗于市，吏执以来。及方观书，略问数语，即命斩之。王诏知汝州，有铸钱卒骂大校，诏即斩以徇。舒亶为临海尉，有使酒骂后母者，亶命执之，不服，即斩之。是宋时州县亦尚有专杀之例也。[①]

根据赵翼以上的考察，汉代的地方官具有自主杀人权："当时守令杀人，不待奏报也"，以致自主杀人之事经常出现，并从《汉书》《后汉书》的列传中举出十几例，被杀者多时甚至达数十人、数百人，带有轻易性，这种轻易性，在汉代以前应更为严重。汉代以后之魏晋六朝，"凡刺史持节者亦皆得专杀……沿及隋、唐，尚仍旧制"。唐朝时期"县令、县尉犹得专杀人也。至于军旅之际，更不待言"。可见，唐代朝廷对人犯的处死权掌控得仍不太严格[②]，尤其是地方官以及在外领兵征战的将帅。除军前临阵专杀之特例，皆属"常法"范畴。至宋代，州郡官"不得专杀之例始严"。自宋太祖时期起，凡地方诸州死刑，均须将案情上报中央，由刑部核查审覆，剥夺了地方官对死刑判

① 赵翼《陔余丛考》卷16《刺史守令杀人不待奏》。

② 并见《新唐书》卷197《列传第一二二·循吏·薛元赏传》记，京兆尹薛元赏上任第三天，为整治治安，便"收恶少，杖死三十余辈，陈诸市"，第18册第5633页。

处的决定权,而掌控于中央,但仍残留有州县官专杀的事例。此后,这种残留也减少而至消除。以上赵翼对某朝的判断或有偏颇,但列举诸代之事所显示大趋势的变化当可成立。明清两代在这一基础上继续变化。

明代,自明初即规定,无论京城、地方各省,其死罪必须经中央众官会审,由三法司报皇帝裁决。洪武二十二年定:"凡决囚,每岁朝审毕,法司以死罪请旨,刑科三覆奏,得旨行刑。在外者,奏决单,于冬至前会审决之。"①这里所说的"朝审",就是中央三法司会同其他机关高级官员及公侯伯会审重囚,虽不属天顺三年定制的"朝审",但由中央三法司及众官会审之形式,则是后来"朝审"之滥觞,并为以后所遵循。这一制度,也为清代所沿袭。

明清时期,死刑终审判决权由皇帝掌握,凡死刑,无论京城、地方,都报中央机构复核,经三法司(刑部、都察院、大理寺)合议具奏皇帝。在判为"立决"处死之外的死刑犯,还要经朝审秋审,报皇帝作终审判决。再者,不仅死刑的终审判决权由皇帝掌握,而且法官不依法而故意将死刑轻重判处者,都予以严厉惩处,将不该判死刑者故意加重判为死刑,若犯人已被执行死刑,则将该判官"坐以死罪"。明代法律规定:法官对死刑的判处,若"故出入人罪……至死者,坐以死罪(入至死罪已决者,坐以死罪。若减重入轻者,亦如之)"②。清承明制,乾隆年间所修的《大清律例》记载:法官判处罪犯,若"故出入人罪……入至死罪已决者,坐以死罪。若减重入轻者,罪亦如之",所谓"故出入人罪",法律解释是"谓官吏因受人财,及法外用刑,而故加以罪、故出脱之者",并说明"全出、全入者,以全罪论","若于罪不至全入,但增轻作重,(或)于罪不至全出,但减重作轻,以所增减论,至死者,坐以死罪"③。这是对故意将非死罪判为死罪或故意将死罪轻判的严厉惩处。如果是因为案情不清、对法律条文理解偏差而错判者,因属于工作失误,则处罚上只是降职、罚俸,轻者不处罚④,因为案情复杂,对适用的法律条文的理解不同,所以仅予以薄惩或不作处罚。

① 《钦定续通志》卷148《刑法略·历代刑制·明(上)》。
② 《大明律》卷28《刑律十一·断狱·官司出入人罪》。
③ 乾隆五年《大清律例》卷37《刑律·断狱下·官司出入人罪》。
④ 光绪《大清会典事例》卷123《吏部·处分例·官员断狱不当》。

实际上，清代因为死刑的终审判决以前有地方州县、府、省、中央刑部及三法司、秋审朝审及最后皇帝这多级性的层层复审复核，案情不清、法律理解偏差而导致的判罚，错判率会大大减小的。另外，明清两代在判刑依据的"律"条之外，又增加诸多带有针对性判处的"例"条，以作判处依据，使定谳更准确、合理，并减少执法官员在判处上的机动性，避免其上下其手。这些制度、措施的制定与实行，实际也是消除以前在死刑判处上那种轻易性的一种体现。

明清时期死刑的多层级审核、死刑终审判决权掌握在皇帝手中的复审制度，也较大限度地分散、削弱了官员个人对死刑判处的权力。清代，死刑从最基层的报案到皇帝的最终判定，须要多层级的立案转审：案发厅州县官经调查取证、验尸、初审、判拟罪名等工作后，立案，上报府（或道）。府审核案情、拟罪是否符合律例，错误、有疑问者，发回重审。无疑义者上报省按察使司。按察使司与督抚等作同样复核，无疑义者由督抚以题本上报中央通政司转交内阁，内阁批交三法司核拟，会核结果由刑部主稿向皇帝具奏，先经内阁，内阁查核后票拟意见，供皇帝裁决参考。皇帝参考内阁票拟意见，作裁决，判为"立决"的死刑犯，在皇帝批示下发至批本处后，并不立即下达，而是由批本处"照三覆奏之例进呈三次"，皇帝再反复斟酌，征求大学士、军机大臣、刑部官员意见，作终审判决，下达执行。有疑问者、判处不当者发回重审。拟判为"立决"之外的"监候"死刑犯，以及由"立决"改为"监候"的死刑犯，则批示后继续监押，留待九卿秋审（地方死刑犯之审核）、朝审（京城监押之死刑犯的审核，九卿对地方的秋审结束后，接续举行，因而也属秋审）。每年秋审朝审（以下或合而简称秋审），各级司法机关或官员，都要对"监候"死刑犯，再作审核、拟罪，因可能有翻供、状诉审判不公、申冤者及发现新情况、可疑者等。监候犯人经各级秋审审核后，将新核拟的秋审册报中央刑部，刑部的秋审处统一审核，拟出意见，册发九卿，以待中央九卿秋审。九卿会审后，报皇帝，皇帝与大学士、学士、军机大臣、刑部官再核实，作终审判决。

判处上多层级、多官员及皇帝的审核，较大限度地削弱了官员个人的判处权，也减少、避免了死刑判处上草率、教条化的弊端，对减少死刑的错判、避免官员在死刑判处的轻率性上，有重要意义。这多级审核，并非走形式，否则这种制度早就渐行渐弃了。下面所举刑部针对四川总督的一份建议,略能说明这一问题。

乾隆四十九年,四川总督李世杰奏请于每年秋审事毕后,将所有改正的判案印刷,颁发各省作为判案的参照。刑部不同意,指出:

> 近年各省拟议失当,九卿改拟之案,或系各毙一命,情同械斗。或图财夺产故杀胞弟胞侄,致令绝嗣。或一死数伤,肆行惨杀。或金刃伤多,情同故杀。或恃强,有意凌欺伤毙老幼。或窃盗中,情节凶狠,怙恶不悛。各项均系历来应拟情实、共见共知者,而误入缓决,是以改正,并未于旧有章程之外,另立从严办法,盖缘案情万变,或情同而事异,或同事而异情,心迹介在纤微,轻重即判然迥别。此省之案不能适孚于他省,今年之案不能预合于来年,要在司谳者逐加推勘详核定拟,未可刻舟求剑,致滋似是而非之弊。若如该督所奏,无论每年审案二千余起,只讲求于此驳改之数十案,仍不能概括通晓,即就此数十案而论,亦必须详阅全案供招,细核尸格伤痕,始能分别轻重,删存略节。若仅将略节刊刷,而全案供招尸格无由查览,究不能得其所以改实、改缓之故,而稍涉拘牵者,转致援引失当,辨论纷滋。惟查三十二年原有刊刻秋审比较条款,恭载历年上谕及臣工条奏,发行在案。请将三十二年所奉谕旨及臣工条奏,并臣部从前比较条款再行汇总刷订,通行各省。奉旨,部驳甚是。①

以上,无论是总督李世杰建议将秋审改正的判案印刷颁发各省作为判案的参照,还是刑部所举九卿秋审时所改判的种种情况,以及乾隆三十二年曾刊发给判案官员们"秋审比较条款"、皇帝关于秋审注意事项的"历年上谕"和官员的有关奏议,都说明这多层级的审核还是认真的。所以出现不同的判处意见而改判,主要是因为案情复杂多样,参与审谳核查的层级官员众多,对案情的理解与适用刑的择用上可能不同,而出现分歧,这些分歧现象的出现,也反映出这多层级的审核并非流于形式。

在《清实录》、《大清会典事例》中,我们也常常见到皇帝对秋审或督抚判案,提出不同判罚及其理由、指出疑问之处,而予改判的事例。

---

① 《清朝通典》卷84《刑典五·详谳》。

随手撷取乾隆中期的几例具体案件,以见一斑。

乾隆十六年,三法司之一的都察院御史范廷楷奏报皇帝:四川陈昌之妻赵氏,因夫死绝嗣,遂谋杀夫弟之子陈元书、陈元格,且吓逼陈元书未成婚的养媳刘氏执灯同往。赵氏用刀将陈元书杀死,将杀陈元格时,被刘氏熄灯扯止。刑部将赵氏照谋杀卑幼律,拟绞监候,援赦宽免。刘氏照谋杀夫律,凌迟处死。该御史范廷楷认为:赵氏因已无子,遂欲杀侄子,以绝其嗣,准情比律,明犯十恶不睦之条。而刘氏童年无知,又是赵氏逼其犯罪,若将首恶赵氏援免,刘氏凌迟处死,殊未平允。乾隆帝认为该御史判断得贴切,而刑部的定拟"实属拘例而不顺情,舛谬之极",并命刑部堂官明白回奏。刑部辩别:赵氏系期亲尊属,其故杀卑幼,并非十恶,与援赦之例相符。刘氏年已十六,非无知识,虽不属造意主谋,而实属同行,况且欲杀夫弟,则知熄灯扯止,而赵氏杀死其夫时,竟持灯立视,情难曲宥。本部执法定案,不敢移律就情。虽然上报此案的四川总督曾声明其应具体案情具体对待的情节,本部予以否决,上报皇帝时,并未"夹签"申明。乾隆看到刑部的回奏后,最后降旨:"赵氏谋杀夫弟之子陈元书一案,刑部明白回奏之处,辗转辞费,终归回护,究不出于前旨拘例而不顺情之语。既有尚未成婚情节,即当据此声明夹签矣。此案御史范廷楷所奏为是,刘氏童年愚稚,尚未成婚,遽处以极刑,情属可悯。然(刑)部中指其知救夫弟而不救夫,则朕亦不能法外贷其死矣,著改为立斩。赵氏情实惨毒,著依本律,不准援免。"①

同年,刑部向皇帝进呈的湖广秋审题本内,斩犯滕有伯,巡抚原拟情实具题。而九卿会核,以其救母情切,改入缓决。乾隆指出如此判处"殊失轻重,滕有伯棍格致毙大功服兄,从前三法司按律核覆,拟斩立决,经朕降旨,改为拟斩监候,免其即行正法,是该犯救母情切之处,已邀格外宽典矣,若于秋审之时,复拟缓决,仅虚予以重辟罪名,久且入于矜减之列,是乃轻视伦纪,岂明刑弼教之意。此端一开,将使挟仇干犯者,转以父母为起衅之由,得肆其毒手,愚民益无畏惧",因而否决了九卿会审的决议②。

---

① 《清高宗实录》卷384,乾隆十六年三月癸卯。

② 《清高宗实录》卷400,乾隆十六年十月丁酉。

乾隆二十三年,刑部议奏:"直隶总督方观承奏:旗人徐三达子占奸拒捕,应拟绞监候。承审迟延各官,照例议处。"乾隆了解了全面情况后指出:"徐三达子身系旗人,乃敢占奸拒捕,不法已极,该部拟以绞候……此案乃乾隆十六年之事,地方官推诿迟延,该犯捏病支吾,已偷生七载矣。似此法网废弛,岂足弼教,徐三达子著即处绞。"①

次年上谕"御史观成折奏民人张九违禁踏曲一事,经朕阅看,折内情形可疑,交鄂弥达究出挟嫌情事,因降旨将观成交部治罪"。②

乾隆二十五年,刑部议奏:"安徽巡抚高晋疏称,民人邱锐谋死婶母魏氏,依律定拟凌迟,应如所请。"乾隆下旨:"此案邱锐因婶母魏氏与道人明远通奸,一时愤激,商谋致死,法司依谋杀期亲尊长律,拟以凌迟。揆其起衅之由,尚可量从宽减。但邱锐既邀同邱元祥棒殴魏氏骨折,复褫及亵衣,扎伤下体殒命,情甚凶暴,亦难以致死有因遽为末减。但魏氏犯奸属实,邱锐著改为应斩立决。邱元祥依拟应绞,著监候秋后处决。"③

刑部是专掌司法的最高机关,日常经办大量死刑案件的审核斟酌,对死刑案件中出现的新情况,则随时提出具体惩处方案,以使判处更符合法律旨意。

乾隆十一年,刑部奏请:"嗣后凡听从下手殴本宗小功大功兄姊及尊属至死者,除实系迫于尊长威吓勉从下手邂逅至死、并非助殴伤多情重者,仍照律减等外,其虽有尊长使令殴打情事,而辄行叠殴、伤多情重者,将本犯拟斩监候,秋后处决,并载入例册。"乾隆降旨采纳。④ 刑部也有否决九卿会审决议者。康熙时某年秋审毕,在九卿上报的会稿中,有河南人闫焕、山西人郭振羽、广西人窦子云三起死刑案件,初拟情真。刑部尚书王世祯说:"凡以救父罹罪者,多议矜减,此三人虽以刃,然止当论其救父与否,不必分梃、刃也。愚意'缓决为当'。九卿'皆以为然,皆改缓决'。"⑤

通过上举事例与前述赵翼所述汉唐之时作对比,虽然尚无法了解

①　《清高宗实录》卷 557,乾隆二十三年二月癸酉。

②　《清高宗实录》卷 596,乾隆二十四年九月甲寅。

③　《清高宗实录》卷 614,乾隆二十五年六月丙子。

④　《清朝文献通考》卷 199《刑考五·刑制》。

⑤　王世祯《居易录》卷 31。

明清以前中央机构对死刑判处的具体程序与细节，但从官员执法权的逐渐削弱，此后死刑之多层级审核制度的实行，大致可以判断，至清代，在死刑的判处上，以执法官员个人或某些人之主观意志决定、轻率处死人的现象，应该比汉唐时期已大为减少。这是人尤其是广大基层民众存在的社会价值观有所提高、社会文明进化的一种体现。

以下重点对唐以后至清代死刑实际处死数量的变化，作一考察。

有些学者曾考察过某王朝的死刑实际处死数量①，而将长时段内各朝代作通贯性的变化性研究，目前还未见到。本文主要在这方面作一梳理。初步印象，中国古代在"恤刑"、"慎刑"及儒家"宽仁"思想的指导下，以录囚、赦免、减刑等方式而将死刑犯减免的举措不乏其例，但不免带有时或性与偶然性。自唐以后，逐渐在制度性方面发展，使罪行较轻、情有可原等情况的死刑犯的减免具有保障，另外，减免的范围不断扩大，因而实际处死数量不断减少，尽管现在已不可能得知精确的数据，但却可看出其不断减少的趋势。死刑判处的审慎、大量减少，也是对以前尤其是早期在死刑判处上那种轻易性现象的避免与消除。在这一变化过程中，虽然可能会出现某些反复现象，但无改这一变化的总趋势。

隋唐以后各朝，虽然死刑的适用条文并不呈减少趋势，甚至还有增多的情况（很多情况下，并非实际上的增多，只是条文的细化而增多，另外还有根据社会新情况而增定的律例条文，这一重要问题另文论述），而实际处死的数量并非增多，而是呈逐步减少趋势。具体表现为统治者不断以分类的方式，将其中的一部分情节轻、特殊原因者，归入实际不处死之类，而以各种形式予以减免，尽管其罪名仍带"死刑"二字，如"虚拟死罪""杂犯死罪""监候"死刑。以下梳理这一演变过程，主要将"虚拟死罪""杂犯死罪""监候"死刑的实际判处及其减免，作简要介绍。所涉及的死刑罪犯，主要着眼于社会基层的平民百姓、普通士兵，以及很少有法律特权的官方低级杂职人员，而非具有法律特权的贵族、官宦。对社会基层平民大众之死刑减免制度作考察，并由此透视文

---

① 赵旭东《唐宋死刑制度流变考论》有这方面内容，载《东北师范大学学报》2005 年 4 期。专文有杨高凡《宋代大辟研究——从死刑的执行率角度考察》，《保定学院学报》2014 年 1 期；张守东《人命与人权：宋代死刑控制的数据、程序及启示》，《政法论坛》2015 年 2 期。

明之进化,最具普遍性的社会意义,否则就不能从根本上说明问题。

所论述的问题为以下几方面:

(一)虚拟死刑的实际处刑及其从死刑中的取消;

(二)"杂犯死罪"从死刑中的分出、区别对待及其演变为非死刑;

(三)死罪中的"真犯死罪"在明清时期的进一步分类及其减免;

(四)小结。

鉴于目前这几个问题还很少有研究,所以本文作一梳理工作。因时间段较长,涉及问题又多且复杂,本人知识、水平有限,因而这一梳理尚简单、粗略,即使如此,也难免有错漏、不准确之处,有待同仁指正。

二、隋唐以后至明清死刑判处的演变

(一)虚拟死刑的实际处刑及其从死刑中的取消

因杀伤人命而判处的死刑,由于案情复杂,情节轻重不同,而判处有别。法律上将其区别为"诸杀",按其轻重,大致排列如下:

谋杀,是事先便有杀人计划;故杀,是在事件发生中才产生杀意;斗杀,又称殴杀,指斗殴中无意杀人而导致对方伤重而亡;斗杀,是发生最多、最普通的一般死刑案件。

以下为戏杀、误杀、擅杀。戏杀是指虽知有生命危险之事仍戏视为之,致伤人死;误杀指斗殴中误伤旁人致死;擅杀比较复杂,比如,某人夜入民宅偷盗,主家已将其拿获,而又拷打重伤致死,便称为擅杀。本夫将与其妻通奸已就拘执(未作反抗)之奸夫奸妇捉住,而又殴杀者,"比照夜无故入人家、已就拘执而擅杀致死律条"。再如,拘捕罪犯,罪犯"不拒捕,及已就拘执",而又将其打伤致死者,等等,都作"擅杀"。

此外,还有"过失杀",指该行为因耳目所不及、意料不到而导致伤亡。如打猎而伤人致死,所乘之马惊跑伤人致死,等等,疯癫者杀人也归入此类。这种"过失杀",例不判死刑,而"依律收赎",罪方赎银给付死者之家,这种不判死刑者,不在本文论述之列。

上述谋杀、故杀、斗杀,是当然要判处的死刑[①],也不作分析。以

---

① 谋杀人,造意者,明代判"真犯死罪秋后处决之斩罪",见《大明律》第281页,法律出版社1999年版(怀效锋点校本)。清代判为斩监候,见乾隆五年《大清律例》第420页,法律出版社1999年版(田涛、郑秦点校本)。

下主要阐述戏杀、误杀、擅杀。这三项人命案,虽然都按斗杀论,归入死刑类,但实际上都不作死刑处理,而以徒流刑执行。唐律是直接按"斗杀"减等,判处为徒流刑。《唐律疏议》谓:"诸斗殴而误杀伤旁人者,以斗杀伤论,至死者,减一等。""若以故僵仆而致死伤者,以戏杀伤论。"疏议曰:"仰谓之僵,伏谓之仆,谓共人斗殴,失手足跌,而致僵仆,误杀伤旁人者,以戏杀伤论。"其"戏杀伤人者,减斗杀伤人二等,谓杀者徒三年"①。其夜间无故入人家作案,如果作案者"已就拘执",受害之家仍将其"杀伤者,各以斗杀伤论,至死者,加役流"②,这种过激犯罪行为,后来称之为"擅杀",唐代是判为流刑,元代对戏杀等也是如此判处③。因为"唐律"及《大明律》、《大清律例》都将这三种杀"按斗杀伤论",或比照"斗杀"定罪,所以清代明确定其为死刑中的绞监候④,但属于"斗杀"中最轻的罪名。而实际处刑,由唐至清,都是徒流类的刑罚。清代所以明确定其为绞监候死刑,主要是为了将其中的复杂情况再经秋朝审酌情而定,以免将罪行严重者疏纵⑤,因此也有儆戒作用,而一般情况,则秋朝审例作"缓决"减等处罚:"戏杀、擅杀、误杀……问拟绞候应入缓决之案,秋朝审一次之后,刑部查

---

① 《唐律疏议》卷 23《斗讼·斗殴误杀旁人》,第 286—287 页,台湾商务印书馆 1965 年版。下引此书版本同,不另注。

② 《唐律疏议》卷 18《贼盗二》,第 237 页。并见杜佑《通典》卷 165《刑典三·刑制下·大唐》。

③ 《大元圣政国朝典章》刑部卷 4《典章四十二》载:"至元四年七月,馆陶县,王狗儿与翟二平日相好,常嬉闹,某日二人在船上,翟二取水中瓢,王狗儿戏推之,不意翟二落水而亡。"法司判王狗儿为"戏杀",减一般斗杀二等,徒五年、杖一百,并罚烧埋银五十两给死者家。

④ 乾隆五年《大清律例》第 433 页作"凡因戏而杀伤人,及因斗殴而误杀伤旁人者,各以斗杀伤论,死者,并绞"。《清高宗实录》卷 855,乾隆三十五年三月乙未记有"戏杀,斗杀,被杀者均无辜。未便因起衅之殊,即减杀人之罪。请嗣后因戏误杀者,照因斗殴误杀旁人以斗杀论律,拟绞监候。从之",可知戏杀、误杀皆判绞监候。

⑤ 刘锦藻《清朝续文献通考》卷 244《刑考三·刑制》(光绪三十二年):"例载,戏杀、误杀问拟绞候应入缓决之犯,朝审一次后,刑部查核戏杀、误杀之犯,改为流三千里……擅杀问拟绞候入于秋审缓决办理之犯,除谋、故、火器杀人,或连毙两命,及各毙各命致毙人数在四名以上者,均不准一次减发外,其余俱于缓决一次后,即予减等发落各等语。推原例意,戏、误、擅三项绞候人犯,该办秋审时虽同一例缓,而准减、不准减,则视情节之轻重以为衡。"光绪《大清会典事例》卷 845《刑部·刑律·断狱·有司决囚等第二》也记有:"旧例,擅杀人犯,均一次减等,其案情较重者,仍不准减。"

核奏明，将擅杀、戏杀、误杀之犯，减为杖一百、流三千里。"①

由于这三项判绞监候死刑的罪犯，实际并不判处死刑，清人评述：在诸杀伤人的行为中，以"戏、误、擅三项最轻，旧律仍拟绞者，以其关系人命，使小民知所畏惧也。然虽拟绞，秋审并不实抵，故谓之'虚拟死罪'，不过较流罪多一二年监禁耳"②，因而光绪三十二年，法学家沈家本建议取消这三项"虚拟死罪"："拟请嗣后戏杀、误杀、擅杀三项人犯，凡秋审例准缓决一次即予减等者，戏杀改为徒三年，因斗误杀旁人，并擅杀各项人，律例应拟绞候者，一律改为流三千里"，清廷采纳了他的建议③。至此，这名不副实的戏杀、误杀、擅杀被判为死刑的罪名，从死刑中删除，实至名归为徒流刑。

(二)"杂犯死罪"从死刑中的分出、区别对待及其演变为非死刑

关于"杂犯死罪"，学者张光辉曾作过研究，认为：隋唐以降，死罪开始在原则上分为"真犯死罪"和"杂犯死罪"两种，杂犯死罪虽罪至死，然不必极刑，故尚存生路。宋元相承，袭至明清，该制度日趋成熟，律例中皆详注二者之别，以为赦、减、赎、免之依据，杂犯死罪成为传统五刑体系中流刑与死刑之间的固定刑罚，弥补了流刑作为降死罪一等刑罚惩处力度不足的缺陷。④ 本文在此基础上，着重对"杂犯死罪"在唐至清的实际处刑情况及其演变为实际的非死刑过程，作简略梳理。因所涉及之时段较长、相关问题较多，不妨多着笔墨。

唐

将死罪中的罪行轻者划为一类，以便区别对待，称之为"杂犯死罪"，始于唐代，《唐律疏议》之疏议曰："其杂犯死罪，谓非上文十恶、故杀人、反逆缘坐、监守内奸、盗、略人、受财枉法中死罪者"⑤，除去上举的十恶等等罪行较重者，其他罪轻之死刑，归为"杂犯死罪"。

与杂犯死罪相对的是真犯死罪，"真犯死罪"作为固定法律用语

---

① 光绪《大清会典事例》卷 845《刑部·刑律·断狱·有司决囚等第二》。

② 刘锦藻《清朝续文献通考》卷 244《刑考三·刑制》，光绪三十二年，作者按语。

③ 刘锦藻《清朝续文献通考》卷 244《刑考三·刑制》，光绪三十二年。

④ 张光辉《中国古代"杂犯死罪"与"真犯死罪"考略》，《商丘师范学院学报》2009 年 2 期。

⑤ 《唐律疏议》卷 2《名例·十恶反逆缘坐》，第 39 页。

出现较晚,"真罪"一词出现较早,始于隋《开皇律》①。而将死罪中的罪行重者固定称为"真犯死罪",明洪武十六年有"命刑部:凡十恶、真犯死罪者处决如律,余徒、流、笞、杖者,令代农民力役以赎其罪……杂犯死罪者,罚戍边"的记载②。因而初步判定,这"真犯死罪"的法律用语,至晚在明洪武年间已经出现。此前虽无"真犯死罪"在法律上的固定性范畴用语,但自唐代以后,比"杂犯死罪"重的死刑范畴应该是存在的,否则,与其相对的"杂犯死罪"就失去参照而无意义了。

"杂犯死罪"既然是死刑中的较轻者,在判处及实际执行上当然要从轻处理,有减免的可能。如唐代,发布赦令时便规定"常赦所不原者,不在免限。若杂犯死罪,狱成会赦,全原者,解见任职事"③,这里指的应是官员,犯杂犯死罪虽然遇赦完全免其死刑,但解除职事。再如开元年间"夷州刺史杨浚犯赃处死,诏令杖六十,配流古州",左丞相裴耀卿曾上书皇帝,称这种"杂犯死罪"既然以免死减等发配,还应饬谕官员,发配时、囚禁时不得施以杖责,否则"因杖或死……将欲生之,却夭其命,又恐非圣明宽宥之意"④。犯杂犯死罪的官员,遇赦还有赎罪机会,另外"别蒙敕放,及会虑(录囚)减罪",也有减罪机会⑤。

从现在所能见到的资料来看,唐代对杂犯死罪的减免,多施于官员。还有是特殊之人,如老幼残疾,《唐律疏议》曰:"老、小、笃疾,律许哀矜,杂犯死刑,并不科罪,伤人及盗,俱入赎刑。"⑥

宋

宋代,对一般百姓杂犯死罪的免死有较多记载,多为因"赦"、"录囚"而减免。录囚又称"虑囚"、"理囚"等,是对在押囚犯进行复审、核实、甄别以作进一步处理的制度。宋代很多情况下又是因赦而录囚。

① 见张光辉文所引程树德《九朝律考》之考证。
② 《明太祖实录》卷151,洪武十六年正月丁卯。
③ 《唐令拾遗·狱官令》第三十,开元年间事。
④ 《旧唐书》卷98《列传第四八·裴耀卿传》,第9册第3082页。
⑤ 《唐律疏议》卷第二《名例》,第39页。
⑥ 《唐律疏议》卷第四《名例》,第62页。

1. 名目繁多的因赦减免

赦的力度、范围有等次之分：“其非常覃庆，则常赦不原者咸除之，其次，释杂犯死罪以下，皆谓之大赦。”等而下之，其“杂犯死减等，而余罪释之”，或“流以下减等，杖、笞释之”，是只称为“赦”，有时也“释杂犯罪至死者”。其赦的地域范围如果只是京城京畿、某些州、府，则“谓之曲赦”。① 赦之缘由，可谓名目繁多，也较频繁，因而被赦免减刑的“杂犯死罪”人犯也较多，这也是宋代皇帝施行“仁政”的一种体现。以下粗略分类列举：

（1）逢皇家喜庆之事而赦

皇帝登基。南宋时的李纲在给宋高宗的奏疏中曾提到：“祖宗（指北宋诸帝——引者注）登极之赦，恩数不同……惟赦杂犯死罪以下。至于恶逆，则不赦。”②南宋诸帝也沿袭北宋这一惯例。再如册封、上尊号、尊位。至道三年四月乙未，真宗尊母后“为皇太后，赦天下，常赦所不原者咸除之”③。还有，如遇皇子、皇女诞生。北宋仁宗宝元二年八月，因皇子生而降赦令，减免“三京畿内杂犯死罪”④。嘉祐四年，仁宗“御崇政殿，录系囚，杂犯死罪以下递降一等，徒以下释之”。知制诰刘敞言：“疏决在京系囚，虽恩出一时，然在外群情皆云圣意以皇女生，故施此庆泽。”⑤次年五月，生皇第十一女，仁宗又“御崇政殿，录系囚，杂犯死罪以下递减一等，徒以下释之”⑥。宋神宗熙宁二年十一月，皇子生，诏全国“见禁罪人，杂犯死罪以下递降一等，徒以下释之”⑦。

（2）庆贺大捷

咸平三年，宋真宗御驾亲征，反击境外之进扰大获全胜，而“曲赦河北淄齐见禁杂犯死罪以下”⑧。南宋高宗绍兴五年八月，“以诸盗

① 马端临《文献通考》卷 173《刑考十二·赦宥·宋朝赦宥之制》。
② 唐顺之《右编》卷 39《刑》，李纲《议赦令》，宋高宗建炎元年上，明万历刻本。
③ 《宋史》卷 6《本纪第六·真宗一》，第 1 册第 104 页。
④ 《宋大诏令集》卷 26“皇子生德音”，宝元二年八月丙子。
⑤ 《续资治通鉴长编》卷 189，仁宗嘉祐四年四月壬辰。
⑥ 《续资治通鉴长编》卷 191，仁宗嘉祐五年五月乙卯。
⑦ 《宋大诏令集》卷 26“皇子生德音”，熙宁二年十一月乙丑。
⑧ 《宋大诏令集》卷 218《政事七十一·武功上》，咸平三年正月庚寅。

平,减湖广、江西二十二州杂犯死罪,释徒、杖以下囚"①。隆兴二年
三月,孝宗"以广西贼平,诏减高、藤、雷、容四州杂犯死罪囚,释杖以
下"②。

(3)帝后疾、丧

建隆二年五月,宋太祖"以皇太后疾,侍药饵,不离侧,为赦杂犯
死罪以下"③。乾道三年七月"以皇太子疾,减杂犯死罪囚,释流以
下"④。绍兴三十一年六月,以渊圣皇帝(宋钦宗)"升遐,忧戚之情,
诏告天下":现在监禁之罪人,死罪中"情理轻者,减一等刺配千里
外",流罪降为杖刑⑤。

(4)因灾异而赦(这方面的事例最多)

出现灾异,君臣等认为系上天警示,乃施宽恤仁政之举,诏布赦
令。杂犯死罪便可因赦令而获得减免。

宋仁宗明道二年,因"江淮之间仍岁亢旱",仁宗遣官安抚,并令
其"与长吏问所系囚,除死罪及情理巨蠹官典犯法外,自余徒流递降
一等,杖以下释放。杂犯死罪,情可悯者,听奏裁"⑥,"杂犯死罪"中
的"情可悯者",由皇帝减为流以下刑罚。庆历七年春,连月大旱,遣
官五岳、四渎祈雨,仁宗"御崇政殿录系囚,天下杂犯死罪以下递降一
等,杖以下释之"⑦。至和元年正月"京师大寒,民多冻馁死者","京
师大疫",又逢仁宗宠幸的贵妃张氏薨(追封皇后),仁宗乃"御崇政殿
录系囚,并下三京辅郡杂犯死罪第降二等,徒以下释之"⑧。神宗时
熙宁三年、四年、六年、九年、十年,哲宗时元祐三年、四年,元符二年,
均因旱灾祈雨,而录囚宽释犯人,其中杂犯死罪减一等处理。⑨

(5)日月食等

---

① 《宋史》卷28《本纪·高宗五》,第2册第521页。
② 《宋史》卷33《本纪·孝宗一》,第3册第626页。
③ 邵经邦《弘简录》卷171《后妃·宋七之一·太祖母杜氏》,清康熙刻本。并见《宋
史》卷1《本纪第一·太祖一》,第1册第9页。
④ 《宋史》卷34《本纪第三四·孝宗二》,第3册第640页。
⑤ 《三朝北盟会编》卷229,绍兴三十一年六月二日癸卯。
⑥ 《宋大诏令集》卷152《政事五·徼灾二》,明道二年二月庚戌。
⑦ 《续资治通鉴长编》卷160,仁宗庆历七年二月丙寅,三月壬午、癸未、丁亥。
⑧ 《续资治通鉴长编》卷176,仁宗至和元年正月辛未、壬申、癸酉、辛卯。
⑨ 《续资治通鉴长编》卷214,卷224、卷246,卷276,卷281,卷408,卷424,卷508。

庆历六年三月初一日"日有食之,(仁宗)御崇政殿,录系囚,杂犯死罪以下递降一等,杖以下释之"①。

嘉祐五年正月,"有大星坠西南,光烛地,有声如雷,占者曰天狗"。同知谏院范师道言:"汉、晋《天文志》:'天狗所下,为破军杀将,伏尸流血。'"监察御史言:"去年日食,今年星坠,皆在正旦。天狗主兵,宜豫防之。"仁宗乃御崇政殿,"录系囚,杂犯死罪以下递降一等,徒以下释之"②。哲宗元祐七年三月月食,也曾下令"疏决在京并府界系囚,杂犯死罪已下第降一等,至杖释之"③。

(6)其他(名目甚多,仅略举数例)

至道元年,太宗以夏季丰登,风调雨顺,秋禾喜人,丰收有望,而"大赦天下",遣官决狱减降一等④,这大赦也包括杂犯死罪之减罪。

至道三年二月,以"阳春启蛰,农事方兴,议狱缓刑",以顺天时,京畿地区录囚,杂犯死罪减刑⑤。

天圣元年八月,仁宗以政务丛脞,恐狱有冤情,而发布赦令,乃"赦诸道杂犯死罪已下"⑥。

治平四年,以"英宗山陵祔庙毕",于"两京、郑州、孟州,杂犯死罪已下降一等,杖已下释之"⑦。

还有,如改元、原庙、元旦庆贺以及玉清昭应宫成、奉安神像等等,也降"德音"而将杂犯死罪以下减刑。

2. 录囚以对杂犯死罪减免

宋代"法严情宽",判处死罪者多,以儆戒百姓,再甄别以多次减免,以示皇家仁政。因而欧阳修之父欧阳观曾这样评论:"汉法,惟杀人者死。今法,多杂犯死罪,故死罪非杀人者,多所平反。"⑧对杂犯死罪的减免除前述以各种方式"赦免"外,另一做法,是在常行之"录囚",即对在押囚犯进行复审核实时,将杂犯死罪减免。

① 《续资治通鉴》卷第四十八《宋纪四十八·仁宗》,庆历六年三月辛巳朔。

② 《续资治通鉴长编》卷191,仁宗嘉祐五年正月、二月。

③ 《续资治通鉴长编》卷471,哲宗元祐七年三月戊戌、己亥。

④ 《宋大诏令集》卷215《政事六十八·恩宥上·赦天下制》。

⑤ 《宋大诏令集》卷215《政事六十八·恩宥上·赦天下制》。

⑥ 《宋大诏令集》卷216《政事六十九·恩宥下》,天圣元年八月五日。

⑦ 《宋大诏令集》卷139《典礼二十四·祔庙下》,治平四年。

⑧ 苏辙《栾城集·栾城后集》卷23《欧阳文忠公神道碑》,四部丛刊影印本。

宋真宗曾对官员们说："杂犯死罪条目至多,官吏倘不尽心,岂无枉滥?"因而景德三年四月录囚时,真宗"御崇政殿临决,杀人者论如律;杂犯死罪、流、徒,递降一等;杖以下释之"。而且自此以后"每岁暑月,上(指真宗——引者注)必亲临虑问,率以为常"①。其他皇帝,仁宗时,乾兴元年(真宗最后一年)五月,仁宗"录系囚,杂犯死罪递降一等,杖以下释之"②。庆历八年、皇祐元年、皇祐二年、皇祐三年、皇祐五年,皆记有仁宗"御崇政殿录系囚,杂犯死罪以下递降一等,徒以下释之"③。神宗时,熙宁八年五月"疏决开封府系囚,杂犯死罪以下第降一等,杖以下释之。府界及诸路亦如之"④。熙宁九年六月"疏决系囚,杂犯死罪以下第降一等,杖以下释之。凡降释罪人千七百二十六,大总二千五百余人"⑤。熙宁十年三月"录系囚,杂犯死罪降从流,流以下第降一等,杖以下释之。其杂犯死罪情理重,并斗杀情理轻者,皆降决刺配千里外牢城"⑥。元丰元年三月"疏决系囚,杂犯死罪以下第降一等,杖以下释之"⑦。哲宗元祐元年、二年、六年录囚,皆将"杂犯死罪以下降一等,杖以下释之"⑧。南宋高宗时,绍兴四年七月,"降虔州杂犯死罪囚,释徒以下"⑨。绍兴六年十二月"降庐、光、濠州、寿春府杂犯死罪已下囚,释流已下"⑩。

与宋代大致同时期的辽、金,及此后的元朝,也皆实行杂犯死罪可赦免的制度。赦令的因由及其对杂犯死罪的赦免,与宋朝也类似。为节省篇幅,从略。

明

明代,在对待杂犯死罪上,有两方面重要变化。

---

① 《文献通考》卷 166《刑考五·刑制》。
② 《宋史》卷 9《本纪第九·仁宗一》,第 1 册第 176 页。
③ 《续资治通鉴长编》卷 163、卷 166、卷 168、卷 170、卷 174。
④ 《续资治通鉴长编》卷 264。
⑤ 《续资治通鉴长编》卷 276。
⑥ 《续资治通鉴长编》卷 281。
⑦ 《续资治通鉴长编》卷 288。
⑧ 《续资治通鉴长编》卷 364、卷 398、卷 459。
⑨ 李心传《建炎以来系年要录》卷 78。
⑩ 李心传《建炎以来系年要录》卷 107。

一,减免的种类形式增加,计有:(1)赦免。(2)录囚之时减免。(3)赎免。(4)用于功臣或其子孙之免死特权。(5)特殊之人的减免法。

二,明初定制,将"杂犯死罪"作死刑减等处理。明中期又明确规定其刑等为"准徒五年",因而,虽然还称之为"死刑",实际已成为非死刑。

关于杂犯死罪在刑等中的定位,《明史·刑法志》称:杂犯死罪的"准徒五年",是"斩、绞杂犯减等者"[1],也即作为死刑减为非死刑的减等形式。有学者称之为是介于死刑与流刑之间的一种刑等[2]。从刑罚轻重上而言,似应是介于充军与流刑之间的一种刑等(详见后述)。

明人谓:后世"不敢改祖制死罪,而谓之'杂犯死罪'。杂犯死罪,但准徒纳赎耳,较之无力徒罪的决、摆站,反觉为轻"[3]。清末法学家沈家本总结:"诸家旧说云,但有死罪之名而无死罪之实,以其罪难免而情可矜,故准徒五年以贷之,虽贷其死而不易其名,所以示戒也",他评论说:"此明制之宽于唐律者。"[4]

以下对上述两点分别介绍。

1. 明代对杂犯死罪的多种形式减免

以赦令、录囚等方式减免罪犯罪行的传统旧制,仍为明朝所沿袭,其中也仍包括杂犯死罪。因已非杂犯死罪的主要处理形式,仅作简要介绍。

(1)赦免

洪武元年定都南京后,"特大赦天下",诏中提到"除谋逆、杀祖父母父母、妻妾杀夫……不原外,其余已结正、未结正,已发觉、未发觉,罪无轻重,咸赦除之"[5]。这里所赦免的,就包括死罪中的轻者——杂犯死罪。

洪武十三年五月,因皇宫谨身殿遭雷击,朱元璋认为"实朕之过,

---

① 《明史》卷93《志第六九·刑法一》,第8册第2282页。
② 见前揭张光辉文。
③ 畲自强《治谱》卷4,明崇祯十二年胡璇刻本。
④ 沈家本《历代刑法考·刑制总考四·明》,第1册第63页,中华书局1985年版。
⑤ 《明太祖实录》卷34,洪武元年八月己卯。

上天垂戒,朕甚惧焉,可大赦天下,除十恶不宥外,洪武十三年五月初三日以前,已未发觉结正,罪无大小,咸赦除之"①。这次大赦,杂犯死罪以及更严重的死刑犯都在赦免之列。

此后皇帝继位,均颁诏"大赦天下",杂犯死罪在赦免之列。②

宣德四年十月,以"皇太子千秋节,减杂犯死罪以下,宥笞杖及枷镣者"③。

嘉靖九年,建圜丘于南郊,是年冬至郊天大典,行大报之礼,布"宽恤事宜……官吏军民人等有犯,除十恶重罪不赦外,其余已发觉未发觉,已结证未结证,罪无大小,咸赦除之"④。

有的赦令是针对某部分人。如永乐七年之对"军官":"敕甘肃总兵官宁远侯何福曰:军官有犯,除谋反、大逆及重罪不赦,其杂犯死罪及宥死充军并徒流杖罪者,俱令充为事官,听候随征。敕江阴侯吴高、宁阳伯陈懋亦如之。"⑤洪熙元年十月上谕行在三法司:"卿等所奏刑名,多有军职杂犯死罪及应徒、流者,朕念其祖父立功,或本身效劳,艰难得官,一因愚戆,遂致罪戾,情有可悯,俱令于边境充军立功。其真犯死罪者不赦。"⑥

有的赦令规定杂犯死罪以纳钱物、服工役的形式赎罪减免,嘉靖年间,这种形式又成为杂犯死罪当罚的成例,固定实行。详见后述。

(2)录囚之时减免

明初的洪武中期,已明确规定,杂犯死罪不作死刑处理,而皆予减刑。洪武十四年九月,朱元璋敕刑部尚书胡祯等曰:"自今,惟十恶真犯者,决之如律,其余杂犯死罪,皆减死论。"⑦录囚时,也是遵循这一原则。

---

① 《明太祖实录》卷131,洪武十三年五月乙未。结正,多作"结证",此处从原文,作"结正"。

② 参见《明英宗实录》卷183《废帝郕戾王附录第一》,正统十四年九月癸未。《明孝宗实录》卷2,成化二十三年九月壬寅。《明世宗实录》卷1,正德十六年四月二十二日。余不备举。

③ 余继登《典故纪闻》卷10。

④ 《明世宗实录》卷119,嘉靖九年十一月己酉。

⑤ 《明太宗实录》卷97,永乐七年十月癸卯。

⑥ 《明宣宗宝训》卷3《恤旧劳》。

⑦ 《明太祖实录》卷139,洪武十四年九月辛丑。

永乐五年八月"录囚,命杂犯死罪减等论戍,流罪以下皆释之"①。永乐十一年冬,天气严寒,为免狱囚淹滞瘐死,命"皇太子录南京狱囚,死罪情重者,系狱听决,杂犯死罪以下,皆从赎罪例发遣"②。宣德元年"备录武官所犯情罪轻重,指挥千百户凡五百二十人……杂犯死罪、徒流笞杖,及见问未完追陪粮草者,悉宥,还职。见追逮未至者,杂犯死罪以下,皆准此例"③。正统十三年夏,英宗"以天气向炎,囚系可悯",令将"杂犯死罪以下递减三等,照例发落,不许淹滞"④。嘉靖十年刑部议覆:杂犯死罪"近奉明诏,五年审录之期,始得减去一年",后定"凡遇每年热审、朝审,一应杂犯死罪准徒五年者,亦得减去一年,永为定例"⑤。

(3)赎免

以赎罪免除杂犯死罪,自明初洪武朝即实行。洪武十四年,朱元璋谕令"自今凡十恶非常赦所原者,则云重刑,其余杂犯死罪,许听收赎者,毋概言也"⑥。

赎罪或以纳钱物赎免,或以服工役赎免。以下分别介绍。

甲、纳钱物赎免

永乐三年,户部尚书郁新奏"官民杂犯死罪以下,旧令于北京纳米赎罪。今议莫若量增其米。杂犯死罪,纳米百一十石,流罪三等八十石……听于京仓输纳为便,从之"⑦。景泰四年奏准"山东河南江北直隶徐州等处灾伤,令所在问刑衙门,责有力囚犯,于缺粮州县仓纳米赈济,杂犯死罪,六十石"⑧。这里的"有力",是当时的特定法律用语,意为"有赎罪之经济能力"。相对于此,"无力"是"无赎罪经济能力"之谓。

还可以纳银赎罪。弘治十四年六月,因榆林等处岁荒民贫,恐军

① 《钦定续文献通考》卷140《刑考·赦宥·宽恤》。
② 《明太宗实录》卷144,永乐十一年十月丙寅。
③ 《明宣宗实录》卷20,宣德元年八月丙寅。
④ 《明英宗实录》卷165,正统十三年夏四月辛巳。
⑤ 《明世宗实录》卷128,嘉靖十年七月辛巳。
⑥ 《明太祖高皇帝宝训》卷5,洪武十四年五月丙申。
⑦ 《明太宗实录》卷44,永乐三年七月壬寅。
⑧ 万历《大明会典》卷17《户部四·灾伤·赈济》。

储不继,而"令浙江等布政司及南直隶所属,凡问过徒、流、杂犯死罪囚犯,俱照弘治十年事例,纳银赎罪"①。

乙、以工役代罚(也可称之为以工赎罪)

这种规定制定得较早,《大明会典》谓:"国初,令罪人得以力役赎罪,死罪拘役终身,徒、流照年限,笞、杖计月日,满日疏放。或修造,或屯种,或煎盐、炒铁,事例不一。"如"洪武八年,令杂犯死罪者,免死,工役终身……官吏受赃及杂犯死罪,当罢职役者,发凤阳屯种"②。以后多次实施这种法令。洪武十七年令,"有犯死罪者……杂犯者,准工赎罪。真犯者,奏闻,遣官审决……颁布天下永为遵守"③。三十五年仍有"杂犯死罪,工役终身"的重申规定④。

还有,是罚为戍边以抵罪。洪武十二年正月,令"杂犯死罪,罚戍边"⑤。洪武十五年,命法司"凡将校士卒杂犯死罪者,免死,杖发戍边"⑥。洪武十六年,命刑部"凡十恶真犯死罪者,处决如律……杂犯死罪者,罚戍边"⑦。

特殊情况下,可一次性工役而免除该刑,如洪武三十五年,当时已入主南京的朱棣便"以北平军饷不继,欲出狱囚输米赎罪以给之,且省馈运之劳,命法司议。至是,法司议奏:除十恶、人命、强盗及笞罪不赎外,其杂犯死罪,输米六十石。流罪三等,俱四十石……输毕释之。从之"⑧。永乐十七年,为加强山东沿海对倭寇的防御,修筑设施,命"法司出杂犯死罪以下囚运砖赎罪,以罪轻重为多寡,运毕,军、民释放,官吏复职役"⑨。

明前期,一般情况下,杂犯死罪之以工役赎刑仍是服役终身,如宣德二年,仍"令匠役杂犯死罪,锁镣,终身工役",不过几年后就发生变化。

① 徐日久《五边典则》卷15,旧抄本。
② 万历《大明会典》卷176《刑部十八·拘役囚人》。
③ 《明太祖实录》卷161,洪武十七年四月壬午。
④ 万历《大明会典》卷176《刑部十八·拘役囚人》。
⑤ 《钦定续文献通考》卷139《刑考·赎刑》。
⑥ 《明太祖实录》卷141,洪武十五年春正月戊戌。
⑦ 《明太祖实录》卷151,洪武十六年正月丁卯。
⑧ 《明太宗实录》卷11,洪武三十五年八月甲子。
⑨ 《明太宗实录》卷213,永乐十七年六月丁丑。

宣德五年"行在刑部、都察院奏,罪囚应运砖者,已送工部。今以贫乏不能运砖,仍送还法司,未有定议。上命同工部议拟以闻。至是议奏:……今后问拟犯人,审其无力运砖者,请令杂犯死罪,准杂工五年……满日,各还职役宁家。从之"①。《大明会典》记为:宣德五年"令罪囚无力运砖者,杂犯死罪,准杂工五年,徒、流,各依年限准工"②。此文中的"无力",便是"无赎罪之经济能力"的意思,所谓"无力运砖者",当是说没有以钱物之经济能力雇人运砖而赎罪者(弘治年间又定折银之例,见后述),以服工役五年抵罪。以上记述值得注意的是,犯杂犯死罪者,已不再是"终身工役",而是减为五年工役。

自宣德五年后,以五年工役代赎杂犯死罪的规定,便成为惯例,以后多次施行。正统十三年,令"四川各井灶丁犯罪加役,杂犯死罪者,罚役五年,流以下递减年月,俱于本井上工,日加煎盐三斤"。天顺四年,令"云南罪囚杂犯死罪并徒流罪,无力者,解发各场煎银,死罪五年,流罪四年,徒罪,各照年限"③。

嘉靖年间,以五年工役代赎杂犯死罪的判处法,又成为明代刑法的固定成例。嘉靖二十九年,详定赎罪例:

> 凡军民诸色人役及舍余,审有力者,与文武官吏、监生、生员、冠带官、知印、承差、阴阳生、医生、老人、舍人,不分笞、杖、徒、流、杂犯死罪,俱令运灰、运炭、运砖、纳米、纳料等项赎罪(此上系不亏行止者)。若官吏人等例应革去职役(此系行止有亏者),与军民人等审无力者,笞、杖罪的决,徒、流、杂犯死罪,各做工、摆站、哨了、发充仪从,情重者,煎盐、炒铁,死罪,五年,流罪,四年,徒,按年限。④

上文所谓"有力者……俱令运灰、运炭、运砖、纳米、纳料等项赎罪",

---

① 《明宣宗实录》卷68,宣德五年七月戊辰。
② 万历《大明会典》卷176《刑部十八·拘役囚人》。
③ 以上均见万历《大明会典》卷176《刑部十八·拘役囚人》。
④ 《钦定续文献通考》卷139《刑考·赎刑》。《大明会典》卷160《刑部二》,作"凡军民诸色人役,及舍余,总、小旗,审有力者,与文武官吏、举人、监生、生员、冠带官、知印、承差、阴阳生、医生、老人、舍人,不分笞、杖、徒、流、杂犯死罪,俱令运炭、运灰、运砖、纳米、纳料等项赎罪。若官吏人等例该革去职,与舍余,总、小旗、军民人等,审无力者……杂犯死罪,各做工、摆站、哨瞭,情重者,煎盐、炒铁。死罪五年,流罪四年,徒罪,照徒年限"。

其"有力者"即有经济能力而以纳米、纳料赎罪。而"有力者"以"运灰、运炭、运砖……等项赎罪",最初当是出资雇人运输,后改为折银。天顺五年二月,"命法司详定运砖运炭等例:官员与有力之人,照例运砖、炭等物……杂犯二死(指斩、绞二罪——引者注),各运灰六万四千二百斤,砖三千二百个,碎砖一十二万八千斤,水和炭九千斤,石六万四千二百斤。嘉靖七年,定折收银钱之制。运灰……徒五年,六万斤,折银六十三两;运砖……徒五年,三千个,折银三十九两;运水和炭……徒五年,八千五百斤,折银十七两。运灰最重,运炭最轻"①。上引嘉靖二十九年详定赎罪例,应当还是照此旧例实行。

(4)用于功臣或其子孙之免死特权

明太祖时,令刘基之孙刘庆袭封诚伯爵,除规定爵位世袭及世享爵禄的特权外(下举诸例皆同),所赐诰券的皇帝制文,便记有免其杂犯死罪一死的特权:"朕与尔誓,有非为,除谋逆不宥,其余杂犯死罪,免尔一死,以报尔祖父之功。"②明成祖时,加封信安伯张辅为奉天靖难推诚宣力武臣,特进荣禄大夫、柱国、新城侯,也有将其本人及其子免死的规定:"杂犯死罪,己免二死,子免一死。"旋又封"总兵官平羌将军后军左都督宋晟,为推诚辅运宣忠效力武臣,特进荣禄大夫、柱国、西宁侯……杂犯死罪,本身免二死"③。功劳更大、爵位更高者,比杂犯死罪更严重的死罪,似也可豁免,当然也包括杂犯死罪。洪武十二年,明太祖封大都督府佥事仇成、蓝玉等十二人为侯爵,"皆赐铁券,仇成文曰:……兹与尔誓,若谋逆不宥,其余死罪,免二次,以报尔功",其余人的铁券也有免死之文④。洪武十七年,论平云南功,进封傅友德等多人爵级,原颍川侯傅友德进封为颍国公,除加食爵禄外,铁券上皇帝的制文还称"兹与尔誓,除谋逆不宥,余若犯死罪,尔免二死,子免一死,以报尔功"⑤。明代这种功臣及其子孙免除一二次死罪者,还有很多,明初协助朱元璋开国立基诸人、朱棣靖难之变时诸功臣、明英宗夺门之变时诸协助者,等等,其封爵、袭爵者,本人

---

① 《钦定续文献通考》卷139《刑考·赎刑》。
② 刘基《诚意伯文集·太师诚意伯刘文成公集》卷之一,四部丛刊影印本。
③ 《明太宗实录》卷48,永乐三年十一月甲午。
④ 《明太祖实录》卷127,洪武十二年十一月甲午朔。
⑤ 《明太祖实录》卷161,洪武十七年四月壬午。

及大多数人的子孙，都享有这种免死特权。

（5）特殊之人的减免法。主要是具有特殊技能而对国家有用者，以及妇女，判杂犯死罪者，与一般人的减免法不同。

养象军奴。"犯该杂犯死罪，无力，做工。徒流罪，决杖一百，俱住支月粮，各照年限，常川养象。满日，仍旧食粮养象。"①

在京军民各色匠役。"犯该杂犯死罪，无力，做工，徒、流罪拘役，俱住支月粮。"

两京工部各色作头。"犯该杂犯死罪，无力，做工……依律拘役，满日，俱革去作头，止当本等匠役。"

乐户。"杂犯死罪，无力，做工……若犯窃盗掏摸抢夺等项亦刺字充警。"

天文生。"有犯，查系习业已成，能专其事者……杂犯死罪，拘役五年，满日照旧食粮充役。"

妇人。"有犯笞、杖并徒、流、杂犯死罪该决杖一百者，审有力，与命妇、军职正妻，俱令纳钞。"②

此外，太监获杂犯死罪，又有"发充净军"（净军，为明代太监中从事最低贱之苦役）者③。

2. 杂犯死罪明确定为非死刑——准徒五年

明代，究竟何时将杂犯死罪确定为准徒五年，尚未见直接记载，从间接资料推测，大致应是弘治年间，因为在正德元年，已有"逃军三犯，宜比杂犯死罪准徒五年例"④，说明在正德元年以前的弘治年间，已将"杂犯死罪"定为"准徒五年"的判罪"条例"，属于《大明律》的"律"外补充内容。

循正德元年已实行"杂犯死罪准徒五年例"而前溯，弘治十七年，判处镇守大同总兵官都督庄鉴之罪，是将"（庄）鉴还京逮问。至是狱

---

① 万历《大明会典》卷161《刑部三·律例二·名例下》。

② 以上各项，俱见万历《大明会典》卷161《刑部三·律例二·名例下》。

③ 《明神宗实录》卷267，万历二十一年闰十一月庚子条记："初，内犯冯海、何江、崔天禄盗兵仗局贮库铜钱，计价银一千一百十八两。刑部议，依盗内府财物者皆斩律，系杂犯，准徒五年，照例免徒，送司礼监，发充净军。"

④ 《明武宗实录》卷13，正德元年五月辛巳。

具,拟监守自盗论,准徒五年"①,这"监守自盗"所判处的适用罪,就是"杂犯死罪",在弘治十年所定的"杂犯死罪·斩罪"中,就有"监守自盗"之条。同月判处庆成王府仪宾李实之罪,也有将李实按"常人盗仓库钱粮得财者,律绞,准徒五年"的记载,这"常人盗仓库钱粮得财者,律绞",是"杂犯死罪"中的"绞罪"。这两项杂犯死罪,均见《大明律》所附"弘治十年奏定"的"杂犯死罪"(见下列举),因而,将杂犯死罪定为准徒五年,可能就是在弘治十年左右。

既然杂犯死罪确定为准徒五年,在定刑上有"量"的准确性,那么,其适用罪行就也应该有具体的范畴,而不是像以前那样,只是作为死刑中较轻者的笼统所指。而弘治十年所定的"杂犯死罪",也确实有明确的适用刑条例,其制如下:

杂犯死罪

斩罪。内府承运库交割余剩之物,朦胧擅将出外者。称诉冤枉,借用印信封皮入递,借者及借与者。盗内府财物者。监守自盗仓库钱粮等物,不分首从,并赃论罪,四十贯(余条以监守自盗论者依此)。

绞罪。军官犯罪,不请旨上议,当该官吏。车驾行处,军民冲入仪仗内者,冲入仪仗内诉事不实者。在京守御官军,递送逃军妻女出京城者。常人盗仓库钱粮等物,不分首从,并论罪,八十贯(余条以常人盗官物论者依此)。冢先穿陷及未殡埋,开棺椁见尸者。官吏受财枉法,有禄人八十贯,无禄人一百二十贯(余条以枉法论者依此)。②

以上"杂犯死罪"的斩绞罪,应是"问刑条例",也即判案所据之"例",比以前笼统的杂犯死罪的范围小,相对于以前笼统的杂犯死罪概念,也可称之为是狭义的杂犯死罪。但自此以后,因为这狭义的杂犯死罪有明确所指的特定适用刑范围,因而以前的笼统的杂犯死罪概念一般不再使用。不过,在大赦等制度中,作为死刑中较轻的笼统"杂犯死罪"范围内的罪行者,仍如以前一样包括在内,不同的赦令,

① 《明孝宗实录》卷209,弘治十七年三月丁亥。
② 《大明律》之《附录·杂犯死罪(弘治十年奏定)》,第290—291页,法律出版社1999年版(怀效锋点校本)。并见万历《大明会典·刑部十九》弘治十年所定"囚人罪名"。

范围也不同,仍带笼统的非固定性。这其中不仅包括狭义的确指性的"杂犯死罪",又有以前所说的较轻的一般死罪——笼统的杂犯死罪。赦令范围宽泛的"大赦"时,还有比笼统的杂犯死罪罪行严重的真犯死罪。

杂犯死罪所以定为"准徒五年",当是缘于以前宣德五年的杂犯死罪以五年工役抵罪的惯例,以工赎罪的惯例是:笞罪,准工五月;杖罪,准工十月;徒罪,依所徒年限;流罪,准工四年;杂犯死罪,准工五年。杂犯死罪,是重流罪一等,其以役抵罪的准徒年限,是加流罪一年,流罪的以役抵罪是服役四年役,则杂犯死罪,是以服役五年抵罪,这大概就是将杂犯死罪定为准徒五年的根据。而其所以是"准徒"刑五年,而不是准为死刑之下的"流刑",是否如时人丘浚所说,是"本朝……所谓流者,率从宽减以为徒,真用以流者,盖无几也"[1],因而是折为徒刑。

杂犯死罪定为准徒五年后,仍以赦令、录囚等形式减免,以及以纳钱物、运输物料、服工役的形式赎罪,这后者当是主要形式,也就是前述嘉靖二十九年所定的"赎罪例"[2],实即服五年徒刑之工役。

杂犯死罪自定为准徒五年,且有明确的适用刑法条文后,实际已不属死罪范畴,所以,尽管判词仍沿旧律、新例条文而称为判处斩绞死刑,但已不应该作死刑看待了。其刑期虽比流罪之准徒四年多一年,但显著低于充军刑,因"充军下死罪一等,而永远世世勾补,与死埒矣"[3],不仅罪犯本人终身服刑,而且连带子孙,世世服刑,比杂犯死罪重多了。

嘉靖十年以后,遇五年审录及每年热审、朝审,还有再减刑一年而实为徒四年的机会。嘉靖十年刑部议覆:"五刑,死罪为重,论死,杂犯为轻。然杂犯准徒,大诰不减。近奉明诏,五年审录之期,始得减去一年。而每年朝、热审,本真犯死罪俱有矜、疑,流徒以下容得减等,独于杂犯不减,诚为缺典,请得比照议处,凡遇每年热审、朝审,一应杂犯死罪准徒五年者,亦得减去一年,永为定例。疏入,诏悉从部议。"[4]

---

① 丘浚《大学衍义补》卷105《治国平天下之要·慎刑宪·明流赎之意》。
② 《钦定续文献通考》卷139《刑考·赎刑》。
③ 《明神宗实录》卷138,万历十一年六月乙卯。
④ 《明世宗实录》卷128,嘉靖十年七月辛巳。

清

杂犯死罪作为非死刑而准徒五年之例,也为清代所沿用,只是因出现新的情况而增加个别例文,删去清朝已不再有的及过时的情况,至乾隆中期,形成如下杂犯死罪的适用律例。

> 绞罪,准徒五年。吏律,应议之人犯罪,不请旨上议,当该官吏(事应奏不奏律)。兵律,车驾行处,军民冲入仪仗内者,冲入仪仗内诉事不实者("若有申诉冤抑者,止许于仗外俯伏以听。若冲入仪仗内,而所诉事不实者,绞,系杂犯,准徒五年。得实者免罪。"①),在京守御官军,递送逃军妻女出京城者,逃军买求者(递送逃军妻女出城律)。刑律,常人盗仓库钱粮等物至八十两者(常人盗仓库钱粮律),逢先穿陷及未殡埋,开棺椁见尸者(发冢律)。刑例,车驾出郊行幸,有申诉者(越诉例)。

> 斩罪,准徒五年。户律,内库交割余剩之物,若解户朦胧擅将金帛等物出外者。礼律,称诉冤枉,借用印信封皮入递及借与者。刑律,盗内府财物者,盗皇城门钥者。监守自盗仓库钱粮等物至四十两者。户例。八旗参领等官将一切收贮公所干系钱粮并交库银两侵蚀一百两以下者。侵盗仓库钱粮入己数在一百两以下者(监守自盗仓库钱粮例)。窃盗仓库钱粮但经得财之从犯,一两至八十两者(常人盗仓库钱粮例)。②

正因为杂犯死罪已不作死刑,而实际判处是"准徒五年",所以判处时、称其罪名时,有时就径称为"准徒五年",见下述。

还有一些罪行,是比照上列杂犯死罪的律例而定,比如仅照"监守自盗律"而判处的案例就有多种。雍正四年定:"嗣后亏空仓谷,系侵盗入己者,千石以下,照监守自盗律,拟斩,准徒五年",若盗"千石以上,拟斩监候,秋后处决,不准赦免"③。乾隆十五年,广东前粮道道员薛韫,因收粮"浮收三百二石七斗零,应拟斩,杂犯,准

---

① 光绪《大清会典事例》卷 769《刑部·兵律·宫卫·冲突仪仗》。

② 乾隆三十三年《大清律例》卷 46《杂犯死罪》。

③ 光绪《大清会典事例》卷 192《户部·积储·盘查仓粮》。

徒五年"①。乾隆四年,庄亲王因"将官物私自换与弘晳",宗人府议拟"应照监守自盗律,革去王爵,准徒五年"②,这又是照律文原则的比拟,由皇帝宽免,而只"罚亲王俸禄五年"。道光二十二年,乌拉协领郭兴阿"侵用津贴兵丁地租钱文入己……照监守自盗本律,准徒五年"③。咸丰年间,察哈尔牛羊群总管扎克都尔,因"收受马价银两,讯明属实,虽非由弁兵名下科敛,辄敢于领到俸饷扣还,即与监守自盗无异……即行革职,准徒五年。仍勒限一年,追缴完赃,傥能限内全完,准其免罪"④。再比如,为人家看守田园瓜果而偷盗者,也如此判,律文为"凡于他人田园擅食瓜果之类,坐赃论……若主守私自将去者,并以监守自盗论,至四十两,问杂犯准徒五年"⑤。

杂犯死罪在清代的实行上,有新情况下的特殊之处。如八旗旗人,因为是满族维护其军事统治的依靠力量,在刑罚上有特殊规定,其中也包括杂犯死罪的施刑。顺治十八年,定旗人犯徒、流、军罪免发遣,改为枷号,因而旗人杂犯死罪准徒五年者,将五年徒刑改为枷号三个月零十五天。⑥

赎免杂犯死罪之例,在清代有较大变化。

清代因为已没有运炭、运灰、运砖等项之需要(以上工作,当大多是修筑长城,清代已不修长城),这一条例已不适用,雍正三年修律例时,将以诸项工役赎杂犯死罪之条例删除。

以纳钱物赎杂犯死罪准徒五年之条例,主要实行于清中期以前。顺治十八年议定纳赎折银之例:"官民人等,犯杂犯死罪准徒五年者,折银五十三两七钱五分。"康熙六年覆准:"旗下人犯罪,有力情愿折赎者,照民人例一体折赎。无力者,仍的决。"⑦清初又定:"凡军民诸色人役,审有力者,与举人、监生、生员、冠带官,不分笞、杖、徒、流、杂犯死罪,应准纳赎。若举、监、生员人等,例该除名革役,罪不应赎者,

① 《清高宗实录》卷 377,乾隆十五年十一月己巳。
② 《清高宗实录》卷 106,乾隆四年十二月戊寅。
③ 《清宣宗实录》卷 369,道光二十二年三月丙寅。
④ 《清文宗实录》卷 272,咸丰八年十二月丙寅。
⑤ 光绪《大清会典事例》卷 755《刑部·户律田宅·擅食田园瓜果》。
⑥ 光绪《大清会典事例》卷 727《刑部·名例律·犯罪免发遣》。
⑦ 光绪《大清会典事例》卷 724《刑部·名例律·赎刑》。

与军民人等罪应赎而审无力者,笞、杖、徒、流、杂犯死罪,俱照律的决发落。"这杂犯死罪准予纳赎的规定,也大约只实行到乾隆初年①。

前述明代特殊之人杂犯死罪的特殊对待,清代范围显著缩小,如雍正三年奏准,工匠、作头等役犯罪,俱与常人一体照律科断,无做工拘役等例,因而原沿袭明代的条文删去。其天文生,若犯监守自盗、常人盗窃等判为杂犯死罪者,也"与常人一体科断"了②。

所以,清代的杂犯死罪主要是实施徒刑五年。"会典事例"言及:"嘉庆六年奏准,军民诸色人役,有犯笞、杖、徒、流、杂犯死罪,现行律例俱的决发落,并无应准纳赎之例。至举人、监生、冠带官……徒流以上,照律发配,并无徒、流、杂犯死罪准其纳赎之例"③,这是说以前的情况。乾隆十年曾定"文武员弁犯徒及总徒四年、准徒五年者,即在犯事地方定驿发配,俟年限满日,释放回籍"④。乾隆四十四年,又以"五军发遣,及杂犯三流总徒四年、杂犯斩绞准徒五年,俱未载杖数,恐罪重者转得幸免",而定此后"凡问拟五军,及总徒、准徒罪名者,俱于逐案题稿引律出语内,添入仍依名例,至配所,照应杖之数,杖一百折责发落"⑤。

若遇赦,也有减免规定,其"原犯总徒四年、准徒五年者,若遇赦减等,俱减一年"⑥。若逢皇帝登基、太后上徽号等大典而大赦,则有杂犯死罪赦免的条款⑦,不赘举,可见各朝实录及《皇朝文献通考》、《皇朝续文献通考》。

---

① 光绪《大清会典事例》卷724《刑部·名例律·赎刑》载:"雍正三年奏准,舍、余、总、小旗,今无此职名,其文武官犯罪,俱以罚俸降级等项处分,并纳赎及运炭、运灰、做工等项,今已不行,俱照有力,稍有力纳赎。""乾隆五年奏准,今无老人、舍人名色,其知印吏、承差、阴阳生,俱系衙役,律例内无纳赎之条。""嘉庆六年奏准,军民诸色人役,有犯笞、杖、徒、流、杂犯死罪,现行律例俱的决发落,并无应准纳赎之例。至举人、监生、冠带官……徒流以上,照律发配,并无徒、流、杂犯死罪准其纳赎之例。"
② 以上见光绪《大清会典事例》卷734《刑部·名例律》。
③ 光绪《大清会典事例》卷724《刑部·名例律·赎刑》。
④ 光绪《大清会典事例》卷741《刑部·名例律·徒流迁徙地方一》。
⑤ 《清高宗实录》卷1080,乾隆四十四年四月丁卯。
⑥ 光绪《大清会典事例》卷729《刑部·名例律·常赦所不原一》。
⑦ 刘锦藻《清朝续文献通考》卷250《刑考九·徒流》:"同治元年议准,窃盗仓粮及偷窃官钱等项官物,拟以总徒四年、准徒五年人犯,情节较重,见奉大赦,仍照因窃拟流人犯章程,一概不准缓免。"此事当属特殊事例。

迨至清末宣统年间改革刑法,又有将准徒五年之杂犯死罪免徒,而实行劳动改造的规定:"凡犯总徒四年、准徒五年者,俱照应徒年限,收入本地习艺所工作,限满释放。"①

(三)死罪中的"真犯死罪"在明清时期的进一步分类及其减免

前文叙述,唐以后至清,已将死罪中的罪行轻者作为"杂犯死罪",实行减免处理,并最终不作死刑,而以五年徒刑执行。

明清时期,又将与"杂犯死罪"相对的罪行较重的"真犯死罪"进一步分类,将其中的一部分作减免处理。

将已判处的死刑犯不立即处决,再作审查,这种做法早已有之,如录囚、覆奏等等。明清时期,除了沿袭以上制度外,又出现值得注意的几点变化。

明代的变化可归纳为以下两点:

1. 将较严重的"真犯死罪",又进一步分为"决不待时"、"秋后处决"两类。这"秋后处决",既然是罪行相对较轻之死刑所划归之类,而不像"决不待时"那样不用再做考虑便处决,其实际意义就并非仅仅是暂时监禁以待秋后再处死那样简单,而是留有了生机,为进一步甄别而留下余地,可因缓刑而得到减免机会。这一类别的划分及其做法的渐趋长行,使较轻的死刑犯,比以前各朝代之录囚、覆奏等复审的因时、因事、因人(终审判决之司法官或皇帝)而异的时或性、偶然性,不仅增加了可能减免的机会,而且使这种机会具有固定性。

2. 对死刑等重囚实行定期会审制度:朝审,每年一次;大审,每五年一次。有些死刑犯可通过朝审、大审而减免,从而使某些死刑的减免具有定期制度上的保障。

清代在继承明制的基础上进一步发展,体现为以下三点:

1. 将明代"秋后处决"类死刑,定为固定性的法律用语——死刑"监候",作为比"立决"(即明代的"决不待时")死刑轻一等的死刑罪名,判处上名为"斩监候"、"绞监候",而且固定将"监候"死刑在秋审(京师因犯之秋审称朝审)时甄别处理,从而形成这类死刑犯的固定甄别、以减少其实际执行死刑的制度。清代秋朝审不仅固定化,而且

---

① 刘锦藻《清朝续文献通考》卷 251《刑考十·徒流》,宣统二年。

其制度更细致、完善，清末官员评述："秋审、朝审虽创始于前明，当时但略具规模，尚无条款可循。至我朝乾隆三十二年，始订有条款四十条。至四十九年更加详密，增为一百八十五条，此后永远遵守，至今不改。"①

2. 秋审死刑犯进一步分类处理，死刑减免者增多。

(1) 明代朝审，死刑犯分为"情真、矜疑"，"情真"者处死，"矜疑"者多减免死刑。大概在明后期，应处死的情真罪犯，又有作"缓决"处理者，并为清代所继承②，一直实行，所以清代秋朝审之死刑犯，自清初即区别为"情真、矜疑、缓决"，"情真"雍正后避帝讳而改称"情实"。而"疑狱不经见"③，所以"矜疑"大致在雍正初改为"可矜"而不再有"疑"字④，此后清代之秋审朝审死刑犯也就分为"情实、缓决、可矜"三项。凡甄别为"可矜"者，即可减免死刑，而"缓

---

① 刘锦藻《清朝续文献通考》卷 253《刑考十二·详谳》，宣统二年。

② 《清世祖实录》卷 76，记"顺治十年六月癸卯，复秋决朝审例，从刑部尚书李化熙请也"。同时"定朝审事例，每年于霜降后十日，三法司会同九卿科道官，将刑部现监重囚逐一详录，分矜疑、缓决、情实三项具题，命下之日，矜疑者照例减等，缓决者仍行监禁，其情实者，刑部三覆奏闻。临决之时，另本开列花名，御笔勾除，方行处决"，见《清朝文献通考》卷 206《刑考十二·详谳·平反》，顺治十年。按刑部尚书李化熙是前明朝的兵部侍郎，见《清世祖实录》卷 5，记：顺治元年五月，天津总督骆养性"启荐故明兵部侍郎李化熙……乞赐录用。从之"。《清世祖实录》卷 69，记"顺治九年十月丙寅，升兵部左侍郎李化熙为刑部尚书"。据上述资料，推测顺治十年所定的朝审"分矜疑、缓决、情实三项具题"之制，应是根据刑部尚书李化熙所介绍的明后期的制度而沿用，据此初步断定，朝审将应处死之死刑犯作固定性"缓决"一项处理，是出现于明后期。《明神宗实录》卷 142，万历十一年十月戊午条记："刑部覆，礼科给事中李以谦题，每岁录囚……宜行巡按御史虚心详谳，有情与律背、事与招违者，即为辩理，事虽不冤，执词不服者，亦缓决，以待下年再审……上是之"，是建议将死刑犯中"执词不服者，亦缓决，以待下年再审"，这里的"缓决"，是否为朝审固定之项，尚需考察。康熙年间黄六鸿的《福惠全书》记述"今朝审于情真、矜疑之外，又有缓决"，认为"缓决"一项之定，始于"今"即清朝，恐过晚，有进一步讨论的必要。

③ 《清史稿》卷 144《刑法三》，第 15 册 4207 页，中华书局 1977 年版。

④ 《清世宗实录》卷 35，雍正三年八月丁未："谕刑部，嗣后直隶各省秋审，情实、缓决、可矜人犯，各该督抚仍照常具题外，该部进呈黄册时，着将情实、缓决、可矜三项，分别汇归各项，仍照省份远近为序，从云南省起，刊刻刷印进呈"，说明至晚在雍正三年，"矜疑"就已作"可矜"。至乾隆《大清会典》卷 81《大理寺》，仍曰"凡秋审，直省候决之囚……别其情实者、缓决者、矜疑者，会疏以闻，以为处决、留系、减等之差"，应是沿袭以前的文字。实际上，"可疑"并不适于作秋朝审死刑犯减免的依据，因为任何罪犯包括所有死罪、非死罪，都可能有"可疑"之疑案，这大概也是取消"疑"字的原因。

决"是留其生机,凡改缓者,一般也皆可免于死刑。另外,还有"留养承祀"①,"留养承祀",是将须赡养年老父母或延续家族香火之死刑犯免死。

(2)进一步将"情实"即以前的"情真"罪犯分为服制、常犯、官犯,使以前应处决的"情真"者,得旨"免勾"而"缓决"后,得以减免。详见后述。

3. 清末引进西方刑法观念与制度,减轻死刑刑罚,"绞立决"死刑改判为"绞监候",又使原判为立决的部分绞刑犯,得以在秋朝审时免于死刑。

以下将上述几方面变化作具体介绍。

明洪武三十年所定《大明律》之"事例",已将死罪按其轻重不同而分类,真犯死罪分为"决不待时"、"秋后处决"。其下的"工役终身",将杂犯死罪列入其中,应是比"秋后处决"更轻的一等。此后所定与"工役终身"并列者,还有永乐元年所定的"迁发种田"一类。②

至弘治十年,按照死罪的轻重,进一步分为四等:1. 凌迟处死;2. 斩罪、绞罪;3. 真犯死罪秋后处决之斩罪、绞罪;4. 杂犯死罪之斩罪、绞罪。③ 其中的凌迟处死,斩罪、绞罪,实际就是洪武时所定死刑最重的"决不待时"类。而真犯死罪秋后处决之斩罪、绞罪,则是以前的"秋后处决"类。

明代在死刑等重囚判处上的另一重要变化,是增加了定期复审、甄别制度,实行每年一次的"朝审"秋审、每五年一次的大审,以及每年暑热季节的"热审"。《明史·刑法志》谓:"天顺三年令,每岁霜降后,三法司同公、侯、伯会审重囚,谓之朝审,历朝遂遵行之。成化十七年,命司礼太监一员,会同三法司堂上官,于大理寺审录,谓之'大审'。南京则命内守备行之。自此定例,每五年辄大审。"朝审主要是复审京城重囚,在每年秋末霜降节气前后举行,所以也

---

① 《清史稿》卷144《刑法三》,第15册第4207页,作"雍正以后,加入留养承祀"。留养承祀,在清以前早已实行,清代雍正时将其固定作为秋审时分类判处的一个类别,表明在执行上重视而固定化。

② 万历《大明会典》卷143《刑部十八·囚人罪名一》,洪武三十年定。

③ 万历《大明会典》卷144《刑部十九·囚人罪名二》,弘治十年定。

称"秋审"①,地方的这种复审则径称"秋审"②。大审为全国性的,即"五年大审录之期,南北直隶及浙江等十三布政司,例差本部及大理寺官请敕,会巡按御史审录"③。这朝审、大审,主要是为减少冤抑,使"矜"者——其情可悯、情有可原者,"疑"者——案情可疑有冤情者,作减免处理(也有将"矜疑"合称而并为一项者)。朝审、大审所复审重囚中的死刑犯,当主要是真犯死罪中的"秋后处决"类,因为"决不待时"类死刑犯罪行严重,多不再做考虑便可处决④,但也有朝审凌迟、"决不待时"(即"立决")死刑犯的记载⑤。热审始永乐二年,是因为暑热之期,为防止、减少监狱中瘐死者而审录,

---

① 《明神宗实录》卷488,万历三十九年十月甲申条记:"大学士叶向高题:今岁秋审已毕,又蒙停免,仰见皇上好生之德,同于天地。惟是矜疑、笃疾人犯,该部再疏上请,未蒙允发,圣心于法所当刑者尚不忍即置之死,岂有情可宥者,而不欲曲全其生。该部所奏,且夕必当得请。但昨刑部尚书赵焕谓,狱中人多,天气严寒,蚤一日,则诸囚蚤蒙一日之恩。"这里所说的"秋审"当即指的京城"朝审"。《明史》卷209《列传第九七·杨继盛传》所记严嵩欲构陷杨继盛,"会都御史张经、李天宠坐大辟。(严)嵩揣帝意必杀二人,比秋审,因附继盛名并奏",此处所说"秋审",也指的是"朝审"。

② 《明神宗实录》卷481,万历三十九年三月癸卯条记:"署刑部事工部右侍郎刘元霖奏,秋审决,黔省路远,不能如期",这里所说的"秋审",是泛指贵州省、京城两地,是地方各省之每年秋天复审核实重囚,称秋审。《钦定续通典》卷113《刑·详谳·明》载:"神宗朝,刑部尚书孙丕扬……寻奏请,敕天下抚、按,方春时和,令监司按行州县,大录系囚,按察使则录会城囚死罪,矜疑及流徒已下可原者,抚、按以达于朝,期毋过夏月,岁以为常(具杂议篇)。从之。"这是否是地方为中央秋审作准备?夏天即应上报到中央。唯为何不涉及死罪情真者,仅"矜疑及流徒已下可原者,抚、按以达于朝"上报?待考。又,《清世祖实录》卷10,顺治元年十月乙亥条记:"刑部左侍郎党崇雅奏言,臣按旧制,凡刑狱重犯,自大逆、大盗决不待时外,余俱监候处决,在京有热审、朝审之例,每岁霜降后,方请旨处决。在外直省,亦有三司秋审之例。未尝一丽死刑,辄弃于市,皆委曲为冤民计也。"按顺治元年十月,顺治帝刚由东北迁入北京,清廷尚无清律,完全沿用明朝的《大明律》,刑部左侍郎党崇雅所说的"旧制……在外直省,亦有三司秋审之例",正是明朝的地方各省秋审制度。党崇雅,原为明朝户部侍郎,入清后的顺治元年九月为刑部左侍郎,他所说的旧制,正是其经历过的明朝制度。

③ 《明武宗实录》卷70,正德五年十二月壬寅。

④ 前引《清世祖实录》卷10,顺治元年甲申十月乙亥条记:"刑部左侍郎党崇雅奏言,臣按旧制,凡刑狱重犯,自大逆、大盗决不待时外,余俱监候处决,在京有热审、朝审之例,每岁霜降后,方请旨处决",也说明朝审等复审主要是监候而"秋后处决"者。

⑤ 明代朝审的死刑犯,包括"决不待时"者,《明神宗实录》卷438,万历三十五年九月甲午条记:"刑部奏:凌迟、斩、绞犯人五百九十七名,请定期朝审。"

放遣一些罪犯，"止决遣轻罪"①，但也涉及一些死刑犯，《明史·刑法志》《钦定续文献通考》均称"朝审、大审……所矜、疑放遣，尝倍于热审时"②，表明热审时也有"矜、疑放遣"死刑犯（并见后述），只是数量少。

朝审因每年举行，死罪减免的数量较多。经朝审后的死刑犯主要分为：情真、矜疑，其处理的一般情况是："情真"，或作"情真无词"（即罪犯方认罪、无异词）者，处决。如成化十四年九月会审重囚，其"情真无词者，覆奏处决"③，与此类似，还有"情真罪当者，依律处决"之语④。若"有词"、未弄清者，或有其他特殊情况，则监候以待再审；可"矜疑"者，减刑或遣放。史籍中也留下了大量的通过朝审而甄别出"矜疑"死刑犯免死的史实，略举几例。成化二年朝审，三法司会同多官审录重囚近200人，"得其情真罪当当决者，刑部六十、都察院二十四人，其余情可矜疑，并从末减，或重鞫之"⑤。末减，即减刑。成化四年朝审，于"情真罪当者，俱令处决，情可矜疑十四人中，减死充军者十二人，杖而释之者二人"⑥。成化十年朝审，审得"情真无词者二十人，余或诉冤，并情可矜疑，及父母告其子而复息词者，皆具狱以闻。诏：情真无词者，如律处决；诉冤者，许重鞫。情可矜疑者，减死充边军。息词者，杖而释之"⑦。弘治二年朝审"死罪罪囚，决情真罪当者九十四人，释情可矜疑发边卫充军者四十三人"⑧。隆庆五年，南京法司朝审重囚，得"情真当决者三人，矜疑减死戍边者二人，有词更讯者二十四人。报可"⑨。总的来说，凡情可矜疑者，多获得减刑而免死，这也正如隆庆年间刑部尚书葛守礼等所说："朝审时，重

① 《明史》卷94《志第七〇·刑法志二》，第8册第2308页。
② 《明史》卷94《志第七〇·刑法志二》，第8册第2307页。《钦定续文献通考》卷138《刑考·详谳·平反》。
③ 《钦定续文献通考》卷138《刑考·详谳·平反》。
④ 《明宪宗实录》卷292，成化二十三年七月戊午。
⑤ 《明宪宗实录》卷35，成化二年十月辛亥。
⑥ 《明宪宗实录》卷59，成化四年十月壬寅。
⑦ 《明宪宗实录》卷134，成化十年十月戊子。
⑧ 《明孝宗实录》卷31，弘治二年十月己酉。
⑨ 《明穆宗实录》卷62，隆庆五年十月甲辰。

囚情可矜疑者,咸得末减。"①

其情真者,也有得减免者,成化六年朝审,"刑部审得情真无词者八十四人,情可矜疑者二十一人,有词当鞫者二人,犯不孝罪父母有息词者八人。都察院情真无词者十四人,当奏请定夺者三人。各以具狱闻。上览其情辞,于情真者,命减死充边军十四人,留系狱者十五人,妇人谋杀亲夫适有孕,命待产限满日处决一人。余俱准拟。其情可矜疑并奏请定夺者,各充军杖罪有差。当鞫者,再问报"②。正德十一年朝审死囚,得"情真者八十七人,可矜疑者十人,具以请。得旨:情真决者七十一人,仍系狱者十六人。可矜疑谪戍边卫者八人。其妇女二人,杖而释之"③。

再看大审时减免死罪的情况。正德元年大审,会审结果上奏:"死罪情真者,例不原,其可矜疑者九十七人,不孝而其父母有息词者七人,当枷号者三十四人。请上裁。得旨:减死戍边者九十人,杖而释之者五人,覆讯者四人,不孝五人仍系狱。枷号者,并释之。"④万历三十四年大审狱囚,"释重辟七十一人,俱遣戍,余减等有差。应决,赦者五百五十人,照旧监候"⑤。

热审也有死罪得减免者。正德八年五月热审,刑部以"斩、绞情可矜疑薛升等三人奏上。诏……可矜疑者,免死,发辽海卫永远充军,家小随住"⑥。同年八月,南京刑部奉旨:"以天气暄热,审录死罪,可矜者四人以清。诏:皆从末减,释一人、杖而释者三人……"⑦嘉靖四十三年"热审,法司录系囚,宥死罪矜疑者二十一人,戍边"⑧。

迨至清代,首先将明代"秋后处决"类的死罪定名为"监候"死刑,较重的"决不待时"类的死罪定名为"立决"死刑,并将死刑"监候"者固定在秋审大典时复审。

---

① 《明史》卷 215《列传第一○三·李已传》,第 19 册第 5685 页。

② 《明宪宗实录》卷 84,成化六年十月甲寅。

③ 《明武宗实录》卷 142,正德十一年冬十月己未,并见同月丁巳。

④ 《明武宗实录》卷 3,正德元年五月庚寅。

⑤ 《明神宗实录》卷 424,万历三十四年八月丙辰。

⑥ 《明武宗实录》卷 100,正德八年五月癸未。

⑦ 《明武宗实录》卷 3,正德八年八月己未。

⑧ 《明世宗实录》卷 532,嘉靖四十三年三月辛酉。

《清史稿·刑法志》总结这一变化的过程是"明弘治十年奏定:真犯死罪决不待时者,凌迟十二条,斩三十七条,绞十二条;真犯死罪秋后处决者,斩一百条,绞八十六条。顺治初定律,乃于各条内分晰注明,凡律不注'监候'者,皆'立决'也;凡例不言'立决'者,皆'监候'也。自此京、外死罪多决于秋,朝审遂为一代之大典"①。就是说,清初顺治朝沿袭明代所定刑法,凡较轻之"真犯死罪秋后处决"类,皆注明为死刑"监候",凡不注"监候"的死刑,皆为"立决",即以前较重的"真犯死罪决不待时"类。清代所形成的以上罪名,为凌迟、斩立决、绞立决、斩监候、绞监候。"监候"明确为"立决"之下的死刑刑等,凡判为死刑"监候"者,固定在朝审即秋审时再作审查、处理。清代,地方秋审这一全国主要死刑犯的复审,固定由中央朝审官员会审,也即秋审,这大概就是上引《清史稿·刑法志》之文将秋审称为朝审的原因。但此后习惯的称谓是,地方案件的复审及其再报中央复审,都称为秋审,或者说是统一称为秋审,也称"秋谳"。与此同时接续举行的中央复审京城监禁之死囚,仍沿明代称之为朝审。因其实际属于同样性质的同时期之"秋"审,所以本文为叙述简洁,也统称之为"秋审"或"秋朝审"。

清代又沿袭明代后期之制,于"情真、矜疑"之外,增加"缓决"一项。康熙时的官员黄六鸿,在其《福惠全书》中,总结这"缓决"对死刑减免的作用,是"大约缓决遇赦则可末减"②,实际不只是遇赦时减免,还有其他机会,常积至数年便减等一次,以减少积压的狱囚。如乾隆四十一年谕:"向来秋朝审人犯内,有业经缓决三次以上,人数积多者,每届数年,敕令刑部量为减等,以示法外之仁。乾隆三十九年五月,因祈雨清理刑狱,曾降旨将三十八年以前缓决一二次以上各犯,概予减等,几于圄空",因而这一年又谕令刑部:将乾隆三十八年以来至四十一年的"秋朝审缓决至三次各犯,逐一查明,各按所犯情节,照例分别减等"③。乾隆四十四年又谕:"向年秋朝审人犯,内有

---

① 《清史稿》卷143《志第一一八·刑法二》,第15册第4194页,中华书局1977年版。

② 黄六鸿《福惠全书》卷12,康熙三十八年金陵濂溪书屋刊本。

③ 《清高宗实录》卷1019,乾隆四十一年十月乙丑。

业经缓决三次以上,人数积多者。每届数年,敕刑部堂官,量为查奏减等。"①

清代在复审甄别判处上比明代的进一步变化,是将明代本应处决的"情实"(即"情真")死刑犯,在秋审朝审时再作甄别,而固定分为三类分别筛查,从而比明代在"情真"死刑的减免上,具有制度上的固定性。所分的这三类是:服制、官犯、常犯。服制是指宗族家庭诸亲属内有服制关系的死刑犯,官犯是官员判死刑者,其余常犯为一般罪行的死刑犯,均属判为监候的死刑犯。《清史稿·刑法志》总结清代对"情实"死刑犯所分这三类情况及其处理结果是:"情实则大别有三:服制、官犯、常犯是也……服制册,大都杀伤期功尊长之案,既以情轻而改监候,类不勾决,情实二次,大学士会同刑部奏请改缓。官犯则情重者,刑部从严声叙,未容幸免,轻则一律免勾,十次改缓。常犯之人情实,固罪无可逭者,其或一线可原,刑部粘签声叙,类多邀恩不勾,十次亦改缓。"②这里对三类中的"官犯"不作阐述。其服制主要是宗族家庭内有服制关系的卑幼伤害尊长之案,以前对罪犯卑幼的判处比一般人要重,由于案情复杂,很多卑幼之被论罪,比起无服制关系的一般人之依凡判处是冤枉的,而且与实际亲情也多有不符,因而判立决乃至凌迟者,若有情有可原、可矜可悯等等情况,官员判处上报时,便夹签声叙,即带有应作轻判考虑的说明,经皇帝改判为死刑"监候"后,与原本就判为死刑监候者一起再经秋朝审,归入"服制"册,报皇帝最后裁决。皇帝否决者,予勾处决。皇帝降旨免于勾决,继续以"情实"监候,待下年秋朝审,只要经过两次免勾,便作"缓决"处理。如光绪年间,云南省恩安县人黄八呀,因胞兄黄连连将卖地余银使用,伊母李氏索要,黄连连顶撞,李氏斥骂,黄连连用叉戳伤其左手背,复举叉向戳。黄八呀情急救护,用木棒架格,致伤黄连连太阳穴等处,倒地殒命。按律,殴伤胞兄身死,判斩立决。此案黄八呀因护母而伤胞兄,非无故逞凶干犯,惟服制攸关,而属情实,但免勾缓决,数年后减为充军刑。凡作"缓决"处理者,遇机便可减免宽释。所以作"缓决"处理者,实际就是基本确定了对其死刑的减免,实际执

① 《清高宗实录》卷 1094,乾隆四十四年十一月丙戌。

② 《清史稿》卷 144《志一一九·刑法三》,第 15 册第 4209 页,中华书局 1977 年版。

行宽释，只是时间问题。再如嘉庆十一年，直隶省民妇"张氏，因岁歉伊夫外出，与伊翁刘五同住窝棚，每日赴厂领粥，先尽伊翁饱餐。嗣刘五乏用，欲卖窝棚，该氏央恳拦劝，刘五揪其头发……衾按殴打。该氏央求，不放，用两手遮护，致指甲划伤刘五腮颊咽喉左右。刘五声言送官究治，走出门外，蹬空失跌落坡。该氏趋救，业已气闭殒命。是该氏平素尚无违忤伊翁情事，即被伊翁揪殴时，只系用手遮护，致指甲划有微伤。伊翁之死由于失跌，情尚可原，且已情实二次，张氏著加恩减等"①，张氏虽因以卑犯尊辈的公公身死而判死刑，但其公爹身死是"由于失跌，情尚可原"，所以，仅经过两次情实免勾，便减等发落了。嘉庆十七年曾发布上谕："吉纶奏，前在山东巡抚任内，有安邱县民人王锡，强奸子媳王孟氏未成，致被王孟氏咬落舌尖一案，与近日晋昌所奏邢杰强奸子妇邢吴氏未成，被邢吴氏咬落唇皮，案情相同。现在邢吴氏已照律勿论，伊前办王孟氏一案，因格于妻殴夫之父母成例，拟以斩决，奉经改为监候，秋审情实二次，未经予勾，现仍监禁，可否一体免其治罪等语。著交刑部查明，王孟氏案情与邢吴氏相同，即行释放。并著该部检查各直省，有与此二案情节相符者，均奏明画一办理。"②凡属这种情况，只要免勾两次，便都"即行释放"。

　　常犯，若情有可原、可矜可悯等等而免勾，则需免勾十次才可作"缓决"处理。此制始定于乾隆三十九年十月。请看法司呈请缓决的实例。广东省，民人张亚大，被判绞刑，是"因吴甫谋等有田与该犯（指张亚大，下同——引者注）等田亩毗连，吴甫谋弟兄叔侄等收割禾稻，认界不清，误割该犯等田禾。该犯等经见斥阻，致相争闹。吴甫谋用挑殴伤该犯额角，该犯用挑戳伤其左后肋，吴甫谋举挑扑殴，该犯用挑回戳，致伤其心坎倒地。该犯之叔张则旺被吴清容用挑戳伤倒地，张则刚被吴甫崇戳伤倒地，该犯之弟张衡淙被吴甫菖用挑戳伤倒地，吴甫谋、张则旺、张则刚、张衡淙均因伤移时殒命。除致毙张则旺、张则刚之绞犯吴青容、吴甫崇病故，致毙张衡淙之绞犯吴甫菖缉获另结外，将该犯依斗杀律绞候，情实十次未勾，似应照例拟改缓决"③。

---

① 《清仁宗实录》卷161，嘉庆十一年五月戊辰。
② 《清仁宗实录》卷258，嘉庆十七年六月戊午。
③ 录副奏折·（附）单，档号：03—3772—031，道光十四年十二月十九日，中国第一历史档案馆藏，下同。

再举一份档案,是光绪二十九年,刑部秋审处上报"江苏河南山东等省秋审人犯清单"①,以见秋审时对这类案犯申请免勾的情况。"服制犯"的申请免勾,作"可以宽免","常犯"的申请免勾,标为"声叙",并作宽免说明。其中:

山东:

服制　斩　武小碌即武重洗,致毙小功兄,伤由救母情切,尚非无故逞凶干犯,可以宽免。

绞　朱立按,致毙大功兄,伤由疯发无知,尚非有心干犯,可以宽免。

常犯　声叙　绞　侯十仔,语言调戏,致本妇羞忿自尽,例实。唯尚无手足勾引重情,向有似此免勾成案,理合声明。

河南:

服制　斩　王浮,致毙期亲叔母,伤由误中,死出不虞,尚非有心干犯,可以宽免。

江苏:

常犯　声叙　斩　刘敩榁,火器杀人例实,唯究因伊父被死者乱殴,情切救护,用枪抵格震动火机所致,情尚可原,理合声明。

声叙　斩　王恈幅即王恈笼,听从行劫,业因被逼勉从,由立决改为监候,自应入实。始终被胁,并非甘心为盗,情稍可原,理合声明。

声叙　斩　金鹤倡,谋杀例实,唯死者迭次逞凶诈赖,迹近棍徒,定案时因事出有因,不照擅杀科断,衡情究有可原,理合声明。

声叙　斩　李老二,听从行劫,业因被逼勉从,由立决改为监候,自应入实。唯究系始终被胁,并非甘心为盗,情稍可原,理合声明。

刑部声请的这些死刑犯,都属情有可原或并非有心干犯等情况。

按乾隆三十九年所定原则,常犯须免勾十次,才可缓决,进而减

---

① 录副奏折·(附)单,档号:03—7327—101,总办秋审处,光绪二十九年。

免,实际有些情况是不待十次就作缓决处理的。如嘉庆年间直隶省,民人杜北照,所住村庄临河,房屋被淹。庄民各筑土埝,巡防贼船。杜北照执持铁钩巡埝时,见二贼正往扒埝,而喝问喊嚷,村民梁维宁等闻喊持械赶至,杜北照与梁维宁等上船乱殴,打倒四贼,其余三人上岸奔逃,被杜北照等尾追,打倒捆抬至船。这七人"俱已殒命"。杜北照因"属擅杀多命"为首者,判死刑。但杜北照因系保护庄邻而犯此事,秋审"免勾三次……监禁二年,加恩减等"①,免勾三次便减等宽释了。

前引乾隆四十一年的上谕曾说:"向来秋朝审人犯内,有业经缓决三次以上,人数积多者,每届数年,敕令刑部量为减等,以示法外之仁",可见只要监押人数积多,即使缓决三次以上,便"每届数年,敕令刑部量为减等",且是"向来"实行的常行做法。乾隆三十九年的因祈雨而清狱,仅"缓决一二次以上各犯",便"概予减等",以致"几于囹空"。② 这些被减等的死刑犯,既有常犯,也有服制犯。

秋朝审将情实犯再作甄别而减免死刑者,以服制比例最大,且大致呈不断增多趋势。因而将秋审后的服制死刑案"概入情实"汇为专册,以便进一步甄别,此制度始于乾隆十七年。此后,《清实录》也有一些将服制死刑犯免勾数量记载的年份,略举以见其概况:乾隆二十二年"停决服制斩犯九人";二十四年"停决服制斩犯八人";二十九年"停决服制斩犯二十一人";三十二年"停决服制斩犯二十九人";三十七年"停决服制斩犯五十一人";三十八年"停决服制斩犯六十四人";三十九年"停决服制犯四十人";四十三年"停决服制斩犯三十七人";四十四年"停决服制斩犯四十九人";四十八"停决服制斩犯二十人";五十三年"停决服制斩犯四十五人";五十六年"停决服制斩犯十三人";五十七年"停决服制斩犯七十二人";五十八年"停决服制斩犯二十人";五十九年"停决服制斩犯五十七人、绞犯二人";嘉庆二年"停决服制斩犯八十三人、绞犯二人"。③

由于停勾者继续监押,至少要两次、最多需十次以上才作缓决,

---

① 《清仁宗实录》卷 161,嘉庆十一年五月戊辰。
② 《清高宗实录》卷 1019,乾隆四十一年十月乙丑。
③ 以上俱见《清实录》各该年所记,具体出处从简不赘。

然后待机减免宽释,若遇秋朝审对死刑犯不作处理之年,又增加了羁留积压的年限,所以监狱中积压的这种免勾、尚未处理的死刑犯逐年增多,因而又变通,遇机即提前宽释,以致死刑减等发落者的数量很大。如前引《清实录》所载:"乾隆三十九年五月,因祈雨清理刑狱,曾降旨将三十八年以前缓决一二次以上各犯,概予减等,几于圆空。"自查办乾隆三十八年之后,至乾隆四十一年,乾隆帝以"秋谳拟入缓决者,又积有六千余名,其数已为不少。著刑部堂官将本年秋朝审缓决至三次各犯,逐一查明,各按所犯情节,照例分别减等"①。乾隆四十一年至四十四年,因"又积有八千九百九十余名,其数已为不少"。乾隆帝因命"刑部堂官,将本年秋朝审缓决至三次各犯,照前次查办之例,逐一查明,各按所犯情节,分别减等"②。

迨至清末,引进西方刑法观念与制度,改革法律,制定新刑律,减轻死刑刑罚,其中将"绞立决"死刑改判为"绞监候",又使原判为立决的部分绞刑犯,得以在秋朝审时免于死刑。

光绪三十一年三月,上谕内阁:"伍廷芳、沈家本等奏,考订法律,请先将律例内重刑变通酌改一折……现在改定法律,嗣后凡死罪,至斩决而止。凌迟及枭首、戮尸三项,著即永远删除。所有现行律例内,凌迟、斩枭各条,俱改为斩决。其斩决各条,俱改为绞决。绞决各条,俱改为绞监候,入于秋审情实。斩监候各条,俱改为绞监候,与绞候人犯仍入于秋审,分别实、缓办理……将此通谕知之。"③

此次刑法改革,在废除凌迟、枭首、戮尸三项残酷的死刑判处的同时,所有死刑得以递减而减轻,对死刑犯减少处死最具意义的是"绞决各条,俱改为绞监候",由于得以"入于秋审情实"甄别,部分犯人获得免勾缓决而减免。虽然已近清亡,但这次改革的主旨精神还是颇具进步意义的,为此后民国年间的进一步废除斩刑,打下了基础。

通观清代对"真犯死罪"中的监候类死刑犯在秋朝审中的甄别再处理,由于经过析出"可矜"宽释、服制犯及常犯的免勾缓决,其获得

---

① 《清高宗实录》卷 1019,乾隆四十一年十月乙丑。
② 《清高宗实录》卷 1094,乾隆四十四年十一月丙戌。
③ 《清德宗实录》卷 543,光绪三十一年三月癸巳。

免死人犯的数量还是很大的。据方苞的《狱中杂记》载,他在康熙时狱中所见:监候死刑犯"每岁大决,勾者十四三,留者十六七"[1]。清末比例更大,清末亲身参加过秋审的董康指出,当时监候死刑犯中的处死者,仅占全部监候死刑的"百分之十五"[2]。监候死刑犯免死者,服制命案最多,道光十二年,御史奎麟反映,当时服制死刑"秋审时虽照例入实,而勾决者十不及一"[3],实际处死者不到十分之一。《清史稿·刑法志》所述更多,认为:"服制册大都杀伤期功尊长之案。既已情轻而改监候,类不勾决,情实二次,大学士会同刑部奏请改缓"[4],"类不勾决",说得虽有些绝对,但绝大部分免于勾决而改缓,进而减免,应是实际情况。因而,清代的"监候"死刑虽然在判决罪名上仍是"死刑",但实际执行死刑者已有较大幅度减少。

而且,在死刑的适用刑中,监候类的死刑比例最大,以乾隆五年修《大清律例》所载的死刑判处条文为例,应判凌迟处死的罪行,律、例共 17 条,应判斩立决的为 103 条、应判绞立决的为 25 条、应判斩监候的为 139 条、应判绞监候的为 145 条[5],共 429 条,斩监候、绞监候共 284 条,占 66%,即 2/3,以上数字及比例,虽然不等同于实际判处之犯人的数量,但用来说明监候类死刑犯较多,因而这类死刑犯在秋朝审免于死刑,在死刑犯总体中的比例、数量都较大,应该是不会有太大出入的。

(四) 小结

隋唐以后,所谓戏杀、误杀、擅杀的"虚拟死刑",一般并不判死刑。"杂犯死罪"因罪行轻,在很多机会中作减免宽释处理,如名目繁多之赦令的赦免、经常性的录囚、以钱物或劳役赎免,等等,明代中期以后,则明确定其为是五年徒刑,即所谓"准徒五年"。明清时

---

① 方苞《方望溪先生全集》下《望溪先生集外文·狱中杂记》第 155 页,商务印书馆 1935 年版。

② 董康《论秋审制度与欧美减刑委员会》(1933 年),见孙家红《清代的死刑监候》第 7 页,社会科学文献出版社 2007 年版。前引方苞《狱中杂记》资料,并见孙家红《清代的死刑监候》第 6 页。

③ 军机处全宗·录副奏折,档号:03—3770—023。

④ 《清史稿》卷 144《刑法志三》,第 15 册第 4209 页,中华书局 1977 年版。

⑤ 乾隆五年《大清律例》卷 46《总类》。

期,又将比"杂犯死罪"罪行重的"真犯死罪",分为"监候"("秋后处决")、"立决"("决不待时"),再将真犯死罪中较轻的"监候"("秋后处决")类在朝审秋审时甄别,把其中的罪行轻者、情有可原可矜者、特殊情况之死刑,进一步作减免处理。清代,又将平民百姓监候死刑犯分为"服制"、一般罪行的"常犯",在秋朝审中作专类性的特别甄别,以作部分减免,而且,判为"立决"死刑中的"服制"等犯人,也有减刑为"监候"死刑者,与原判为监候死刑者的服制、常犯一起进行秋朝审。清代,这死刑监候类的服制、常犯,其中相当一部分人因可矜或虽情实而免勾"缓决",最终予以减免处理,因而清代虽名为"情实"之死刑犯,而实际免于处死者,已远较明代为多。综之,其监候类死刑犯,至清代已有不少免于死刑处决,而监候类死刑,又占全部死刑的大部分,所以又可以说,死刑中,重于"杂犯死罪"的"真犯死罪",其中的相当大一部分,在清代尤其是清后期也已免于死刑。

上述演变过程,体现了两方面的变化,一是死刑罪名的减少,主要是按"斗杀"论的戏杀、误杀、擅杀判处死刑的"虚拟死罪"之取消,以及杂犯死罪最后变为非死刑的准徒五年徒刑;二是真犯死罪之实际处死者的不断减少。

本文之所以将上述现象视为文明进化的体现,还由于这种现象并非孤立产生,而是与诸多共性现象共生,而且呈同步发展。

在体现文明进化之死刑变化的其他方面,本文开头已述,死刑处死方式,自先秦及至秦汉以后,由野蛮残酷向轻简、人道化方面改变,到隋唐之时,死刑基本定为斩、绞两种,延至明清,其间虽然尚有凌迟、枭首、戮尸等残酷处刑,但究"非正刑",而且放在长时段审视,这种酷刑终究要被废除,因而只是以特殊情况延至清末而结束。斩、绞也在民国以后逐渐废除,进而枪决,进而注射处刑。本文所论述的在死刑的判处上,官员个人掌握、判处上受其主观意志影响的现象也逐渐改变清除,而由多层级、多人、多次审慎复核而后判决,因而对犯人处决的轻易性、随意性逐渐消失,还有死刑罪名、死罪实际处死者的不断减少,都与上述死刑处死方式由野蛮残酷向轻简、人道化的变化同步,体现的是人尤其是社会大众之生命价值观的提高,是在尊重生命、人身保障方面迈出的有意义的步伐,都是文明进化的体现。

在对人的刑罚所体现的文明进化上,除了死刑外,还有不少方面,仅举数种。

肉刑的减少和取消。诸如刖刑、墨刑、髡刑、宫刑等在西汉文帝以后逐渐废除。这方面的记载、研究成果甚多。

具有侮辱性、轻贱人格之刑罚之取消。前述肉刑除了残伤人肢体、轻贱人之生命价值外,还多带有对人格尊严的侮辱性,如宫刑、刖刑、髡刑、墨刑、刺字就有这种性质,因而肉刑的废除兼具这方面的进步意义。肉刑之外,刑罚中的某些轻刑,也有对人格侮辱、轻贱的性质,如鞭打、笞杖刑,以笞杖最为普遍,为隋唐以后五刑中的最轻两种刑罚,这种刑罚看似轻罚,实则也是对人格尊严的侮辱。至清代光宣之际改革刑法,终于将其彻底取消。刑讯虽系审案手段而非刑罚,但以鞭笞杖责对涉案人员施刑,残伤其身体,实与肉刑、笞杖刑同样是对人格尊严的侮辱、人身之轻贱与伤残。清末光绪末年,在修订法律大臣的建议下,开始从制度上有所禁限,规定"徒流以下不准刑讯",并对违反者予以革职惩处①。

对服刑犯人的管理。古代,凡徒、流、军刑犯人,或服苦役、被奴役,或遣至烟瘴之地,以恶劣的生存条件在人身上施以摧残。监押之囚徒,情况更惨,监狱如畜养猪狗之处那样污秽,犯人衣食也略强猪狗,且罹瘟疫、病残、瘐死者常有。至清末实行监狱改良,改善监狱卫生条件、增加浴室、犯人习艺所、病监等部②,徒流人犯入习艺所习艺、工作,使"罪犯自新、谋生"③。因而至清末,对服刑犯人管理方面,以前的非人待遇也得以改变,改变监狱卫生条件,则使狱中伤残加重、瘐死者减少,兼之将罪犯由单纯的惩处向习艺、改造方面的转化,等等,更明显地体现了刑罚向人道化、尊重生命的文明性改变。

以上刑罚诸方面所体现的向人道化、尊重人身生命与人格尊严的变化,共同构成文明进化的重要内容,而本文所论述的对犯人处决

---

① 《清朝续文献通考》卷 244《刑考三·刑制》,光绪三十二年。

② 参见肖世杰《清末监狱改良》湖南湘潭大学博士论文,2007 年。郭平《清末监狱改良的第一步——以郭嵩焘〈伦敦与巴黎日记〉为中心》,《新西部》2015 年 14 期。

③ 《清朝续文献通考》卷 245《刑考四·刑制》,光绪三十三年。同书卷 384《实业考七·工务》,宣统二年。并见宣统《大清现行刑律》。

轻易性、随意性的逐渐消失,以及唐以后至清与此同趋势变化的死刑罪名、死刑犯实际处死者的不断减少,也正是这种总变化中的一种体现。

附记:

我的研究领域本非隋唐史、元史,而是清史,攻读博士时,研究清代及以前各朝皇族的情况,作通贯性考察,曾以杨志玖先生为师,获益良多。后又考察法律史方面的一些问题。今值先生百年诞辰纪念,特撰此小文,虽尚粗陋,聊表心意,以报师恩。

（此文原载《杨志玖教授百年诞辰纪念文集》,天津古籍出版社2017年版,有修改）

清史专题

概说清朝历史的特点

中国古代,每一王朝的历史都有其特点,而清朝的特点尤多。清朝是少数民族为主体统治的王朝,又是中国古代最后一个王朝,而且处在世界历史格局主要是西方势力的影响之下。这三点,是清朝历史呈现诸多特点尤其是政治方面形成特点的主要原因。以下分政治、社会、经济、文化四方面,对清朝历史的特点作简要叙述。

一、政治方面

(一) 满汉矛盾

清朝是满族以军事征服建立对全国统治的,在清初统一全国的过程中,又实行剃发、易衣冠及圈地、投充、逃人法等一系列政策,使汉族遭遇重大灾难,尤其是强制推行剃发令,以剃发作为屈从满族统治的标志,极大地摧残汉民族成员的自尊心。以后康雍乾时期兴起的文字狱,也有残酷打击、震慑汉人士绅民族意识的用意,曾很长时期造成白色恐怖、政治空气窒息,摧残官员士人之经世言行。此外,官场中的"首崇满洲"政策,满人入仕、升迁赋予特权,汉官受到压抑,八旗兵待遇高于汉人绿营兵,又都造成满汉隔阂。凡此造成的满汉民族矛盾、隔阂,长期存在于清代社会。满汉民族矛盾,清初尤为尖锐。南北方也有差别,南方较北方强烈。随着时间的推移,满族统治者又着意笼络汉族官绅士人,实行减轻百姓赋税负担等所谓"爱民"

政策,这种矛盾才逐渐缓和,但并未消失,清后期南方的一些反政府活动及起义,仍以反满之所谓"驱除鞑虏"为号召,就反映了这种矛盾的存在。同时又应看到,作为国家的清王朝,又不完全是满族统治者单一组成的国体,并非满族单一民族之国家,而是以满族为统治主体,联合汉、蒙等民族统治者共同组成,历史的发展导致民族间在国家这一大范畴之下进一步融合,汉、蒙、藏、回等民族对满族主体统治的民族联合性国家接受并认同,清王朝之国家也发展为更多民族为国体的中华民族国家,在这一大前提及客观历史条件下,满汉民族矛盾也发生变化。当初满族征服中原之时,满汉民族矛盾是当时的主要矛盾,乃至与明王朝统治者水火不容的李自成、张献忠余部势力,也联合南明一致抗清。当满族为主体的清王朝立足中原,汉族官民既然不能自外于这个本属自己家园的中原国家,也只能忍痛压抑已受极大伤害的民族自尊心、残酷杀戮的仇恨,被迫服从统治。随着满汉矛盾的缓和,更多的汉民族士绅民众逐渐现实地承认与接受满族对国家的主宰,赴科举以仕清,或应特科,以服务于国家。即使清初抱有强烈民族气节坚决抗清的士人,思想观念也不无变化,有的仍采取不合作态度,有的则囿于国家、君臣大义,或本人,或子弟、门人配合国家的某些文化活动。其后所发生的反政府起义等,汉官、汉人武装绿营及其他少数民族军队,是参预镇压的重要武装力量,咸同之时的太平天国运动,又主要是被汉人官僚曾国藩等组织的汉人军队消灭。当清朝遭到外来侵略之时,无论满、汉以及蒙古等少数民族,都一致对外,保卫中华民族的多民族国家。清末民初,还出现汉人官僚士人为满族皇帝守陵,为逊帝复辟的现象,当时的社会,对汉族官绅这种忠于满族皇帝、清王朝的行为,也不再出现从汉民族气节方面去评论他们的社会舆论。

总之,满汉矛盾,是清代一直存在的问题,这种矛盾又是不断地向弱化方面变化,同时,由于清王朝的国家在民族性方面的变化,满汉矛盾及人们的观念、行为也在发生变化,由此又呈现当时看似矛盾的诸多复杂现象。

(二)满族因素对清朝历史的特殊影响

满族与历史上长城以外其他社会形态较落后的民族一样,具有主动进取性,它们均起始于小部族,通过对邻近部族、政权的兼并而发展壮大,进而割据中国北方,乃至入主中原。建立中原统一王朝后,仍保有这种进取性。满族入主中原后,对边疆民族地区的主动进取、经营,就是这种精神的延续。西南少数民族地区,秦汉以来长期延续土酋世领部民制,汉族中央王朝对其也不甚重视,实行所谓"羁縻"政策。以后两次大的制度变革,实行中央控制,均出现在少数民族入主中原王朝时期。元朝于该地区实行土司制,把土酋变为中央政府任命的土司,清代大规模地进一步将世袭性土司废除,改为中央派任的流官,即改土归流。这些地区,由于地理因素等,长期闭塞、落后,社会形态的自然性发展进程极其缓慢,其变化主要靠外部。清朝在西南诸省地区大规模地推行改土归流,加强中央的集权、深化性统治,与满族统治者的主动进取经营有一定关系。对于北方民族,清朝的满族统治者也不像以前汉族王朝那样,修长城以被动防御,漠西准噶尔部蒙古,被清廷视为影响中原统治的潜在威胁,历经康雍乾时期的几次主动进击,终于解决。

长城以外边区民族问题的解决,使历代困扰中原王朝的所谓"北患"问题至清代而结束,长城也失去往代的防御作用,中原、塞外联为一体,这是中国古代王朝及社会发展史上具有重要、深远影响的重大事件,是以前汉族王朝从未做到的。

作为少数民族的满族,也较少汉族王朝的"华夷之别"观念,与其他少数民族易于接近联合,主动地长期与蒙古贵族领主联姻,主动招徕笼络藏、蒙民族宗教首领,对少数民族首领封以高爵,并实行年班、围班等制度,加强联系,增进情感,就是这方面的诸多体现。满族统治者实行的这些有异于汉族王朝的措施,对密切民族关系、加强边疆民族对中央的向心力具有积极作用。

清朝还设立专门管理边疆与少数民族的理藩院,是以前汉族王朝没有的特殊机构。可以说,清代边疆民族地区统治的直接、深入,多民族凝聚力显著加强,版图扩大、边疆统治长期稳固,与满族入主中原及其所实行的政策有很大关系。

满族的某些落后性因素,对清代政治又带来一些负面影响。满族入关前社会形态较落后,入关后属于主体统治民族,某些落后因素仍以残存的形式影响清代政治。

在满族社会中,落后的主仆等级关系广泛存在,主仆等级观念强烈,在满族观念中,皇帝就是"主",臣僚就是"仆",君臣关系因而具有主奴性,皇权专制具有极端性。处于仆从地位的官员对主上皇帝唯诺服从,主子皇帝的至尊威严要绝对维护,因而清代极少有像唐、明等朝指摘皇帝行为过失、甚至集体极力诤谏的现象。专制皇权造成的某些行政失误,得不到及时纠正,不少情况是只有等老子皇帝死后,才由新继位的儿子皇帝改正,雍正、乾隆、嘉庆三朝皇帝继位之初实行的纠偏、新政等,都属这方面情况,而老皇帝在位时造成的损失,却是无法弥补的。主奴性的君臣关系,也压抑臣下职能的发挥,因而清前期也很少出现有政治作为的名臣,直到同治以后才有所改变。

入关前的八旗领主分封制,在入关后仍然残留,且继续实行,宗室王公统下五旗,仍领旗下佐领,延续实行世代分领制,即使道光以后仍在实行。下五旗旗人与宗室王公具有主仆关系,其任官者难免受到王公主子的挟制、勒索,这种情况在雍正以前较为严重,主子勒索其奴才官员,奴才官员便勒索下属官员及商、民,甚或侵用公帑。王公主子之家役使、殴打官员及其子弟的现象也不鲜见。雍正朝曾严厉制止、整顿,这类现象有所减少,但并未绝迹,以后仍有发生。

满族入关前的贵族政治因素,对入关后的政治也有影响。贵族政治的核心内容是贵族凭身份、爵位掌权、任官。清入关后的议政王大臣会议,其中的议政王、贝勒、贝子、公等是议政的主导者,其充任议政成员,是凭宗室王公身份。康熙中期以后虽很少任命王公议政,而旗人异姓贵胄高官,仍是充任议政大臣的重要资格条件,以致该机构"半皆贵胄世爵,不谙世务",终被其他机构所取代。

世爵世职任官,是清代选任官员的方式之一,它属于贵族政治内容,即"世卿世禄"制度。在清代主要是宗室以外的异姓旗人世爵世职之家,凡身为公、侯、伯、子、男及轻车都尉以下、云骑尉以上者,不仅爵位传之子孙,而且有爵者可凭爵等授以不同品级之官,年幼者先入世爵世职官学学习。男爵以上还可荫子为官。满族开国功臣多有爵位,世爵又主要由军功所授,以旗人为多,因而满族多贵族世家。另外,八旗佐领中的相当多数量的勋旧佐领、世管佐领,也是子孙世袭佐领之职。所以世爵世职,主要是满族旗人。这些世爵世职人员不是凭才能选官,其行政能力可想而知。世卿世禄的贵族政治,中原王朝主要实行于商周,战国时期相继被官僚政治取代,以后仅以残余形式少量残存,而到官僚政治已长期发展的清代,这种落后的政治现象又有增多,晚清时期的宗王主政、皇族内阁,也是这种政治现象的体现。

以功封爵,以爵任官,是国家私属性较强的领主分封制时期,王族对异姓家族中有开国之功、维护家天下统治有功者的奖酬,对国家某些政治、经济权益的分赐,带有私交性,而这种做法,是把管理国家的严正性官职,作为物来酬劳私近之人、对本家族有功之人。这种做法,在当时满族统治者的观念中是天经地义的,而这种落后的政治观念,也同样影响着清代官职的选授。其主要表现,就是清代皇帝将官职中的所谓"肥"、"瘠"作为授受的考虑因素,以某些灰色收入较丰的"肥缺"官职,私相授受,加惠私近之人,主要是以满洲为主的旗人。盐政、关差(即税关收税官)是最丰腴的肥缺,为使利益均沾,而规定一年更换。关差因缺额较多,还曾规定,由京官差任的关差,划分比例,1/6归汉官,5/6划归旗人官员。清朝皇帝公开说明这样选授的目的和原则,就是"此等得项较优之差,自应令其均沾普及",而实际分配又是大部分(5/6)划归了旗人主要是满洲旗人,其中又有1/6划归内务府包衣旗人,即皇帝的私家近人家奴。其余如织造、户部司库、工部各司司员,也是优、肥之缺,均主要以旗人充任。这种"肥缺"官职,在清代的河务官、漕务官乃至一般官职中也普遍存在,其授受在清代官场中已是半公开之事,甚至出现某些潜规则,成为清代政治中的一种特有的腐败现象。

以贵胄世爵身份任官,排挤才干之士的选任;把官缺划分出优、肥与否,作为选任时的考虑因素,以肥缺作为赐予物相授受,亵渎国家公职的严正性。这些领主制贵族政治时代的制度、理念与其做法,实行于高度发达的官僚政治时代,便显现出它的落后与腐朽性,造成不良影响。

(三)对往代政治经验、教训的吸取,及政治制度的集成与发展

作为少数民族的满族,统治中原广土众民的汉族,满族皇帝常具忧患意识与危机感,尤其是清前期,因而异常重视往代汉族王朝高度发达的统治经验、教训等等政治文化的汲取。处于中国王朝时代最后朝代的清代,也为满族皇帝提供了得以集历代统治经验、教训之大成的历史条件。清代皇帝异常重视对皇室、宫廷人员、皇族的管制与约束,实行严厉的皇家家法、宫室制度,因而清代基本上内无宦官之

祸、外戚乱政，清帝改往代的公开立太子为密建皇储制，又避免了以前的皇子竞争、太子与皇帝之矛盾及由此而引起的朝政混乱。清代不将宗室、皇子分封地方，则避免了地方宗藩反乱，没有出现往代诸如七国之乱、八王之乱、靖难之变等造成大规模动荡的宗藩反叛。因而清代宫廷内乱减少，朝政相对清明，国政相对稳定。此外，清代皇帝鉴于明代宗禄给国家财政造成沉重负担、皇庄王庄侵蚀民田造成社会矛盾等教训，实行宗室王公爵位降袭制、皇家子孙在小范围地域内旧有庄园中分拨庄田的制度，消除了明代的这些弊端。以上制度、措施，有利于治世的形成与延续、社会的稳定。

清朝皇帝在其满族入主中原之始，即吸取明代因三饷加派激化社会矛盾而导致王朝速亡的教训，向全国臣民宣布，在赋税征收上"永不加赋"，并形成清帝严格循守不变的"祖制"。与此同时，为了缓和满汉矛盾，换取广大汉民对满族统治者的好感，清帝还经常蠲免田赋，实施其"爱民"政策。这种财政制度，对缓和满汉社会矛盾起到了重要作用。但同时实行的相关措施，却又造成诸多弊端。税收"永不加赋"，还经常实行蠲免，遇到财政拮据又如何解决？清朝皇帝另有其开源节流措施。开源的主要途径是捐纳，以及咸丰以后的厘金之征、晚清的苛捐杂税等。节流的主要措施是减少皇室、皇族开支，压低百官俸禄、缩减官衙行政经费。清代的官俸是中国古代王朝中最低的，晚清曾任中央户部官的何刚德在清亡后曾总结："前清官俸之薄，亘古未有。"①甚至低到不足以维持一般开支的地步。官衙办公经费也压缩到很低的额度。这两项都是清初时的定制，以后相沿不改。官员们不得不以变相加征赋税的形式来解决，即使清官也不得已而为之，其中的主要手段就是所谓的"耗羡"之征，以及浮收、折征，这是清代赋税中的"陋规"之征，而且为皇帝所默认，只是在严重时作某种禁限，如雍正时限制耗羡征收额度，实行耗羡归公，并以此增加官员收入及行政经费，实行养廉银制，京官实行双俸制。与官员变相加征的同时，各种灰色收入及把它作为私相馈赠的"陋规"也大行其道，其中不经征赋税的中央官员，其俸禄之外的收入主要是地方有行政关系的官员馈送的陋规。"陋规"之名，见之于官方用语，即陋，又

① 何刚德《客座偶谈》卷1，页1，上海古籍书店1983年影印本。

成为规,也即潜规则,行之于官场。清代官场下的众官员,就是在表面的低薪制下,得有并不低薄甚至颇为丰厚的收入,尤其是掌握赋税收入的地方官。加征有了用于公用开支的理由,而征收和使用又由官员私人掌握,没有严格额度,便使公私混淆,官员清贪不分的弊端也由此产生。变相的有限度的加征被披上合法的外衣,且为皇帝所默认,则加征的额度就只有取决于官员的道德了。以官箴自律者,谨守官德底线,贪婪者恣意加征以中饱私囊,特别是以捐纳得官者,下本求利、庸贪之辈尤多。尽管如此,清朝皇帝也从不以加赋的形式解决,尤其是开支较大的项目俸饷、军费、河工、赈济、赔款等,财政拮据时,皇帝也从来不下令"加赋",而是开捐,或征"厘捐",由官员们去增加苛捐杂税名目以解决。赋税中的"陋规",则是常行的,且贯穿有清一代。而清帝一方面实行"永不加赋",一方面默认"陋规"之征,这种近似狡黠的做法,客观上成了皇帝不加征而官员加征,实际情况是真正的清官太少,因而上有不加赋而"轻征"、"爱民"的皇帝,下有"三年清知府,十万雪花银"的贪官,便成了清代政治腐败的突出特色。

中国古代政治制度异常发达,至清代,不仅得以实行集成性的继承,而且根据现实需要,进一步补充、完善,从而使我国古代典章制度的发展达到最高峰。其重要体现就是行政章则的细化,典制内容不断增多。仅中央各机构行政规则的"则例",就超过百种。各类制度的细则也不断增多,总量大大增加。以刑法制度的判案依据——律例为例,《大清律例》中的"律"条,是沿袭唐、明之律及其立法精神,雍正年间固定为436条。而实际判案的具体依据,则是在律的原则之下形成的"例",例在清代刑法中不断增加,康熙初为321条,乾隆中期增加到1456条,至同治年间,则已多达1892条。不断增多的细化之例,为的是使各具体案例在判处上有具体的针对性规定,以期准确、合理。大量增加的"则例"与刑"例"(实际也是"则例")一样,都是为减少制度章则的笼统性,力图做到事事有章可循,章则对所应处理的事件具有针对性、明确性、固定性,操作简单,把可能上下其手的理性操作,变为技术性操作。与此同时,又产生另外一个问题,是大量复杂繁琐的则例,官员难以掌握,这也是清代中央及地方机构皆大量募用书吏以进行这方面技术性操作的重要原因。很多本应由官经办的政务,变成了由非官之吏来操作。实际上,由于政务异常复杂,则例再细化,也不可能做到复杂的政务细节均有针对性,则例细化的作用只能是相对的,关键还在于人的掌握。而吏为召募,工酬微薄,五年一任,不得重任,又无考核奖惩,因而利用有限的任职时间经手政务,营私舞弊,捞取实惠,便成为普遍现象。胥吏害政,败坏吏治,又成为清代行政的一大弊端,也是其特点。当朝人就指出:"本朝大弊只三字,曰例、吏、利。"还有官员说:"明与宰相、太监共天下,本朝则与胥吏共天下耳",这些都反映了清代"吏弊"的严重性。

地方官衙利用非职官人员辅助政务,还有另一特殊原因,即没有或很少佐杂官,这与清代精简地方机构以减少开支也有一定关系(其他原因不备述),因为地方佐贰、首领(办理公文杂务者)、杂职等中下级官员,其数量巨大,远超中央官员(各机构长官、司员、小京官),因而对地方佐杂官额缺与选用的控制颇严,否则开支巨大,这也是清代皇帝在前述"节流"上特别关注的方面。清代的地方长官,总督、巡抚、布政使、按察使、道员之下,都无佐贰官即副手,督抚、道员的主体区划道员,也无首领官、杂职官,其衙署只有长官。知府、知州、知县,所设佐贰官不仅少,而且在设置上不一定与长官同城同署,大多分驻地方别处,或办理某种专项事务,如漕、盐、茶、河务等,因而府州县长官也实际很少同署佐政的佐贰副手。多用书吏成为必需。长官没有或很少佐杂官,且需监督管理书吏,又是清代地方官衙各级长官几乎无人不聘用幕宾以作行政助手的主要原因。作为幕主的长官自己出资聘用幕宾,甚至到了"无幕不成衙"的地步,也成了清代地方官场的一大特色现象。官员自费聘幕以理国家公务,绝非官德境界崇高,其所图又是什么? 地方官不同于中央机关,中央机关如六部之长官有尚书、侍郎正副二官,且满汉复职,共六人。地方各级机构是长官一人负责,为政情况好坏,政绩优劣,直接影响其三年一次的考绩,考绩的等次,又关系到他们的升降、任免,这是为官者人生之大事,出资雇幕以佐行政当然值得,尤其对那些以科举入仕而初授知县、以身份特权或捐纳得官等缺乏行政能力者而言,甚至是必需,下本保官也即保住名利地位,或争取升迁,以取得更大的权力利益,更显值得。另外,长官一人难于遍查书吏所经办的公务,吏役舞弊,长官将受到惩罚乃至革职的处分,聘幕以监察、稽查书吏行政,也为必须。长官私人出资聘幕,绝不是自己掏腰包,而是出自官俸之外的灰色收入,这种灰色收入,又无非出自百姓的赋税与其加征,即"陋规"之征,这实际是拿百姓的血汗钱来保障或经营自己的仕途。地方官中,也不乏利用官权资源、以这种方式为国家做事者,但也并非纯粹为公,而是公私兼顾,也正因此,清代地方官的这种为政方式,尽管源于清廷财政政策的弊端,仍为朝政决策者所默认,从而使其得以长期存在。

从表面看,清代地方长官的衙署中很少佐贰官,而实际佐政的幕宾尤其是书吏等,却数量众多,而用于这些人身上报酬的束脩、工食银之类的开支,则大大超过应设佐杂官的官俸。看似机构精简,开支俭约,而名实不副。对此,清朝皇帝心知肚明,但谁也不肯破坏祖制而加赋,以之作为国家征赋的正额,而补充地方行政中的这笔不菲的经费开销。

(四)西方因素对清代政治的影响

清朝政治与往代王朝另一不同特点,是晚清时期在西方影响下,政治制度的诸多变化。

官制方面变化最大的,是引进西方政治理念,适应新形势的需要,设立总理各国事务衙门、外务部,以及学部、农工商部、度支部、邮传部、民政部、陆军部、海军部。这些,都是传统王朝官制从未有过的新事物。

清末又实行立宪,设立资政院、责任内阁、地方咨议局,这些属于近代国家性质的机构,虽然设置时间很短,有的还只是筹备、初设,但却是中国古代王朝体制在性质上具有划时代意义的变革,对以后的民国也产生影响。

以上晚清政治内容,现有成果颇多,不赘述。

二、社会问题及基层统治的深化

中国古代的赋役制度,征发对象,由偏重于人,向人、财并重,再向偏重于以土地为主的财的趋向发展,至清代雍正以后,人丁之征取消,摊入地亩,完全课征地亩。清代摊丁入亩以后,国家只把田地作为课征对象,广大的无田佃农阶层向国家交纳的丁税取消,这一阶层的民众与国家不再因赋役方面发生矛盾。国家之河工等大劳役,改为出银雇募,往代因徭役征发引起的官民矛盾乃至大规模起义也不再出现。清代中期以后频发的向官府抗粮、抗税斗争,主要由地主、自耕农这些有田阶层发起,这方面的斗争,已不属于两大对立阶级的"阶级斗争"性质。清代人口剧增,人均耕地面积减少,无田者增多,导致地主增租、夺佃及佃农的反增租夺佃、抗租斗争,成为清代主佃阶级矛盾的突出现象。凡此,都体现了清代社会矛盾的特殊性。

王朝社会早期,民众对统治者的服从性比较强,随着社会文明的发展,广大平民等级阶层对自身价值认识的提高,主动为自身谋求利益的意识也提高。如果说王朝社会早期、前期的民众反抗斗争,主要体现为逼上绝路被动性的揭竿而起的话,那么到了王朝社会后期,则产生了一般情况下主动谋求利益的活动或武装斗争。宋元以后的秘密宗教,至清代发展为支派繁多的民间组织,组织成员以"种福"、"修福"为重要目的。众多的秘密结社、帮会组织,也主要是为本组织成员谋求或保障其利益。这些秘密宗教、结社等在社会贫富差距加大情况下,便发展为对均平财富的争取。与官府发生矛盾,则发展为争取生存利益的反政府斗争。清代发生的天理教起义、白莲教起义及后来的太平天国运动等等,都有这方面内容。

清代是人口迅猛增殖时期,乾隆末年达到三亿,至道光末年又增至四亿,大大超过中国古代任何一个王朝时期。人口剧增也带来一系列特殊社会问题。人均耕地面积减少,无业人口大量增多,百姓生活水平下降。大量游惰闲人成为社会不安定因素,迫于生计,远走他乡谋生的流民,与土著之民也时有矛盾发生。

雍正以后实行摊丁入亩,人丁不再作为征课对象,国家将人丁固定于乡籍本土以保障丁课的制度也随之取消,百姓可轻去其乡,又增加了人口的流动性及由此产生的社会问题。清政府因此而大力推行保甲制度,清代的保甲制,不仅长期延续实行,而且普及到中原直省各州县乡村、边区民族杂居之地,以及盐场、矿区、沿海渔民、山中棚民区,甚至客店、寺观僧道、游移之乞丐,也纳入保甲稽查体系,远比宋、明时期深入发展。与此同时,发端于北宋延续于明清时期的乡约,也被清政府与保甲制一起,纳入基层统治制度的体系之中,无论保长、甲长、地保、乡保,还是乡约、约邻等,官府均赋予其管理界内之民、稽查案件并上报之职责。官府还利用宗族代表人物乡绅协助治理民间事务,清除或减少政府与民间的隔阂,借用宗族力量维持社会秩序的稳定①。而国家之设官,也深入到州县之下的村镇,府州县的佐贰官,一部分已与知府、知州、知县不驻同城,而是与广泛设置的大量职掌巡查、缉捕的巡检,在州县内划片,分别负责数十个或一二百个村庄的分防治理②。清政府并于雍正七年均颁与这些佐贰官印信,以使其具有独立行使管理辖区民众的权力。另外,清代各省的汉人武装绿营兵,在设置上也深入到州县,乃至州县之内的某些要地、关津隘口,也设汛置兵,多则百余人,少则仅数人,可谓细致入微,这一点,与明代于少数重镇集中驻兵的布设形式也大不相同,体现"化整为散"的特点③。清代绿营兵的这种布设,与其普及保甲制,又与满族入主中原,加强对基层汉人百姓的控制力度,并在基层主要实行以汉治汉的原则有关。凡此,又都体现了清代对以汉族为主的基层民众统治的深入化。清帝还将其"圣谕"及有关扰乱社会治安的惩处律条,广加刊刻,张贴于城乡,并命地方官、乡约组织定期向百姓宣讲,这又是思想统治深入化的体现。

三、社会经济

任何一个王朝时代,如果没有发生毁灭性的或极为严重的灾害、战争,其社会经济都会比以前发展,这是客观规律。清代比以前发展,也符合这种规律。中国古代史上的所谓"盛唐",是指国力的强盛,是相对当时世界上其他国家之尚未强大而比,而显出其强盛。处在世界发展范围下,与西方快速发展强大的国家相比,清朝已经落伍④。但纵向本土比较,明朝社会经济比唐宋发展,清朝在明朝基础上进一步发展。清代还出现新的社会条件,官方为适应这种社会条件又实行了一些有利于社会经济发展的政策。诸种因素的综合作用,使清代社会经济比以前又有较显著的发展。

清代人口剧增,促进了边区的开发;人口剧增,又使盐、棉布、日常生活器具的需求量大大增加,必然拉动这些方面工商业的发展。

---

① 冯尔康《清代宗族、村落与自治问题》,《河南师范大学学报》2005 年 6 期。
② 参见张研《对清代州县佐贰、典史与巡检辖属之地的考察》,《安徽史学》2009 年 2 期。
③ 见罗尔纲《绿营兵志》第 29—30 页,中华书局 1984 年版。
④ 具体论述见杜家骥《论清朝在中国历史上的地位》,《学习与探索》2001 年 3 期。

少数民族地区与中原联为一体,不再如往代的隔绝状态,便利了中原与边区的经济交流,带动了中原工商业的发展。西方向中国开辟商路,扩大了中国茶、磁器、丝织品的销路,也刺激了这些方面的发展。

清代在明代的基础上取消匠籍制度,解除了官府对工匠的束缚,有利于民营手工业的发展。汉、唐、明等朝,或不准商人子弟做官,或在物质享用上予以限制,实行贱商政策,清代取消这些限制,商人子弟可通过科举、捐纳入仕为官,外地经商长期不在本乡者,专门为其增定商籍,以保证其子弟在经商地科举,官府还利用商人为官方经办事务,商人在清代地位提高,有利于业农者向经商方面的改变,从商者增多。

矿政在清代乾隆初期以后发生重大改变,中国古代基本上禁矿的传统做法,至此转变为大体上允许开矿的政策,矿业生产由此得到长足发展[1]。道光以后进一步开放。历代沿袭的茶马互市,在清代雍正末年以后废止,官方垄断的官茶也由此结束,商人领引售茶也即商茶,成为清代销茶的主要形式,蒙藏地区及国外,成为内地茶的大宗销售去处。清代也成为中国茶业的大发展时期。[2]

清代农业的发展,主要体现为:东北、漠南蒙古、新疆、台湾等边区被开发,农垦区扩大。内地主要是南方,种植集约化程度高,单产提高。此外,经济作物如棉花、茶、烟草等种植区域扩大。这三种经济作物,成为商品经济中的重要品种。经济作物区的扩大,从事工商业的人数增多,均需购粮,从而又促进粮食商品化。昔日的"苏湖熟,天下足",发展为"湖广熟,天下足",湖广之稻米、东北之大豆成为重要的商品粮。[3]

手工业方面。明代,丝织业主要以苏州、杭州为中心,清代不仅这两地的规模都超过明代,而且江宁也发展为另一丝织中心。此外,广州、贵州之遵义、四川、陕西也成为品牌丝织品产地。棉纺织业则突破以前江南地区的局限,华北发展为重要产棉区及棉织业地区。

① 韦庆远、鲁素《清代前期矿业政策的演变》,《中国社会经济史研究》1983 年 3、4期。
② 杜家骥《清前期茶法述论》,《清史论丛》第十二辑,辽宁古籍出版社 1996 年版。
③ 见黄启臣《清代前期农业生产的发展》,《中国社会经济史研究》1986 年 4 期。刘佛丁《有关清代农业生产力发展水平的几个问题》,《南开经济研究所季刊》1984 年 3 期。

松江、无锡是江南重要棉织品产地与交易地,数量大,广销国内外。①
矿冶业,乾隆、嘉庆、道光时期,全国矿场多达二三百处。佛山镇成为
全国最大的铁器制造地,所生产的铁器、农具等广销国内外。② 总体
规模上,清代采矿冶金业远远超过前代,达到中国古代发展水平的最
高峰③。

　　商业的发展,主要表现为区域性市场突破,发展为全国性互有联
系的网络性市场,及城乡市场网络体系的形成④。长江、沿海在清代
成为全国最主要的商品流通干线,突破了明代以运河为主干、以江南
为中心的流通格局⑤。宋元时期那种小范围且带流动性的村市、墟、
会等,至明清发展为工商市镇,清代的工商市镇在规模、数量、分布地
域上又比明代扩大。四川的打箭炉成为汉藏商人交易的重镇,道光
之时已有"小成都"之称。广大蒙古地区,则有内地商帮成年往来贸
易。贵金属货币白银的广泛大量使用、税关的大量增设,各地工商会
馆的不断兴建,也表明明清尤其是清代商业的长足发展。

　　以上,都是汉唐宋元时期未曾出现的现象。

　　清代的对外贸易也超过以往任何一个王朝。与朝鲜为中江互
市,与日本、东南亚各国,主要是中国商人的前往贸易。与西方诸国,
则是外商的来华贸易。与俄国贸易主要在中俄边界的恰克图买卖
城、北京。与西方其他国家贸易,初开四口通商,乾隆中期关闭为一
口,于广州交易,一口通商并没有阻止西方对华贸易的扩大,嘉庆时
期比乾隆时期发展,道光时期增长更为迅速,来华商船之艘数、中国
出口货物的价值,都比乾隆时期成倍、几倍增长。⑥

　　① 陈昭南《清代的棉纺织手工业》,台湾《财政经济月刊》1961年11卷7期。
　　② 据彭泽益《中国近代手工业史资料》第1卷第387—389页统计,第253页所记,中
华书局1962年版。
　　③ 彭泽益《清代前期手工业的发展》,《中国史研究》1981年4期。并见前引韦庆远、
鲁素文。
　　④ 吴量恺《清朝前期国内市场的发展》,《社会科学辑刊》1986年2期。林文益《明清
之际的国内市场》,《商业经济研究》1985年2—4期。许檀《明清时期城乡市场网络体系的
形成及意义》,《中国社会科学》2000年3期。
　　⑤ 许檀《清代前期流通格局的变化》,《清史研究》1999年3期。
　　⑥ 据姚贤镐《中国近代对外贸易史资料》第1册第311—313、266、254—255页数据
统计,中华书局1962年版。

　　鸦片战争以后，由于外国的入侵，先后对华进行商品输出、资本输出，清朝官方举办洋务，民间私人兴办企业，使社会经济成分发生重大变化，近代资本主义企业不断扩大，工业化程度比以前大为发展，这已是人所熟知的史实，不赘述。

四、文化及科技方面

　　清代文化，在史学、文学、戏曲等方面有较大发展，有较突出或特殊的成就；科技方面，在医学上有较大贡献。受西方影响，又吸取某些较本土先进的科学技术。出现不同于以往"邸报"的近代报刊业。

　　清代史学发展的重要成就，是史地类书籍编修的繁盛。据《中国地方志联合目录》所列，民国以前所修方志 8200 余种，其中清人所修为 5680 多种，占 70％。清修方志种类也大大丰富，不仅有省府州县志，还有厅志、卫所志、里镇志、乡土志，以及山川、寺庙、名胜等专志。边疆史地图籍及外国史地，则是清代新兴的两大编纂门类。此外，晚清时期，在史学编纂上又引进了西方进化观点，出现以章节体编纂史书的新体裁。

　　文学方面，古代各王朝各有代表性特色的成就，汉赋、唐诗、宋词、元曲，明清时期为小说。清代小说比明代又有发展，突破了以历史题材、话本为内容编写小说的局限，把明中后期以现实生活为素材的写作形式进一步发展，在思想性、艺术手法上提高，其代表作《红楼梦》更做到了这三方面的完美结合。晚清时期，更出现了大量的针砭时弊的讽刺、谴责小说。

　　图书的大量编辑与出版，是清代文化领域中的一大显著成就，既有官方，也有私人方面的，官方所做规模较大，类书中的《古今图书集成》、丛书中的《四库全书》，分别是其代表。编纂《四库全书》时销毁大量古籍，则使这项文化工程有功也有过。清人之文集，主要是私人编辑出版，今人柯愈春所作《清人诗文集总目提要》，收有存世者即达四万余种。

　　清代是戏曲大发展时期，地方戏的繁盛是其重要体现。据统计，我国古代戏曲曾形成的剧种约 239 种,清代形成的就多达 202 种①。道光年间,又形成具有完整表演体系、高度艺术性的京剧。

清代绘画的突出艺术成就是写意画的发展,代表人物是扬州八怪。具有写意特色的绘画艺术,对民国及以后影响颇大。西方传教士把写真技法也传到了中国,清人也有摹仿这种画技者。

科技方面,西方传教士传入西洋天文历法,因其精准度高,清廷以其为《时宪历》,取代元明之时沿用的《大统历》。日心说与地动说也传入中国。地理测绘学方面,康熙帝曾命耶稣会士以当时最先进的经纬度测绘法,到全国各地测绘,制成《皇舆全览图》,参预其事的中国学者也掌握了其测绘法。西方数学知识传入中国,中国有不少学者学习掌握,有些人还有所发展与突破,明安图、李善兰就是其中的佼佼者。工业技术、器物制造如钟表、洋枪洋炮、轮船、铁路、印刷以及电器方面的电灯、电话、电报等,也在清中期或后期传入中国。

清代医学的重要成就,是温病学理论的建立及其临床应用,对瘟疫等传染病,纠正了以前在病因认识上的错误,得出是由感染所致的认识。清代医界,也因这种理论的确立与实践,出现叶桂、薛雪等四大温病学家。另外,产生于明中期南方某些地方的人痘术,也在清代推广到北方,清代皇帝还把这种医术施用于蒙古地区。经传教士的西传,中国的人痘术在英国发展为牛痘术,又于嘉庆时传到中国,晚清时期,南北方出现很多牛痘局。种痘防治是清代抵御天花传染的重大成就。再有,鸦片战争以后,西医又传入中国。

近代新闻报刊业的发展是清代社会的重要事件。最早的近代报刊是由传教士创办的。戊戌变法运动兴起后,中国近代报刊的兴办出现高潮,变法失败后,很多报纸一度停刊。此后清政府宣布实行新政,立宪运动兴起,报刊业再次发展。当时的报刊,既有官方官报,又有民间所办之报,这些非官方的报刊,在宣传西方政治学说、制度、揭露官场腐败、唤起民众觉悟等方面,发挥了很大作用。

本文所述观点,有的是自己在阅读清史史籍、研究某些问题时形

---

① 据《中国大百科全书》的《戏曲曲艺》分册第 588—605 页统计表,中国大百科全书出版社 1983 年版。

成的一些浅见,有的是吸取专家学者的研究,现杂凑在一起,作为对清史的整体认识,既不系统,也不一定确切,仅作参考。错误、不当之处,敬请指正。

(此文原载《历史教学》2010 年 2 期,有修改)

清朝在中国历史上的地位略谈

——从满族入主中原对清代历史的影响分析

　　清朝在中国历史上的地位是一个非常重要而且庞大的题目,远非一篇小文所能说清,本文所表达的,只是自己在学习清史、考察一些问题时的朦胧想法,粗略简单,因而只能称为"略谈"。这些观点在以前发表的两篇小文中曾有阐述①,今天简述其要点并增加一些内容,而略作表述。

　　学界为什么评论清朝在中国历史上的地位,而不评论明朝、唐朝?主要因为清朝是满族为主体统治的王朝,而且清代历史已处于世界大变动的格局中,落后的清朝受到西方先进国家的侵略。因而评价清朝在中国历史上的地位,必须涉及满族入主中原对清朝历史的影响问题。最初,史学界对清朝的历史地位尤其是"满清"评价不高,有些学者着眼于其负面影响,认为清初满族的军事征服、圈地、逃人法及农奴制之实行,曾对社会经济造成过严重破坏。针对这种观点,后来的老一辈清史专家撰文指出,满族的这些事件及政策措施对社会经济造成的影响时间并不长,康熙二十年

---

　　① 拙文《论清朝在中国历史上的地位》,《学习与探索》2001年3期。拙文《满族入主中原对清朝历史之影响略谈》,《清史论集——庆贺王锺翰教授九十华诞》,紫禁城出版社2003年版。

以后逐步恢复并采取一些有利措施,即出现经济繁荣的盛世。[①]
还有的学者认为清代的中国落后于西方,与清朝统治出现落后的
阻滞因素有关。80年代,一些清史专家又对此作进一步阐述,指
出当时中国的落后于西方包括经济方面,应该从整个社会结构,
从长远的历史传统进行探索[②]。本人吸收前人研究的观点,并在此
基础上作进一步的探讨,主要从作为国家的清朝与主体统治民族
满族这两种影响因素区分的角度,略谈清朝在中国历史上的地位,
其中的某些问题,有必要结合相关的西方历史发展的情况进行
分析。

史学界提到的清朝在中国历史发展中的地位及其评价,有将清
朝与满族混同、未加细分而作笼统论述的现象。如深入探讨,有必要
加以区分。

清朝是满族为主体统治的王朝,但清朝历史的全部内容,则远不
是满族所决定的,其中还有以前汉族王朝历史的传统因素在起作用,
而且,这种传统因素在清代也有其发展变化。所以,评价清朝,有必
要分析,究竟哪些是由于满族因素带来的影响,哪些是清朝中的中原
王朝传统因素,以及这种传统因素在清代的影响。

总的感觉,满族对清朝历史之影响,社会经济方面较小,政治方
面较大。进一步也可以说,清代的社会经济繁荣与否,以及与经济相
关的清朝的先进、落后问题,与满族入主中原关系不大,主要是中国
古代王朝时代的传统因素在起作用。而政治方面的,诸如统一多民
族国家的发展、边疆版图之扩大与巩固,皇家、宫廷弊政的清除,以及
负面影响方面的维护满族利益造成的满汉民族矛盾、隔阂,文字狱造
成的政治窒息,满族落后的奴隶制因素造成的君臣关系主奴性、皇权
专制的极端化、臣僚刚性节操的丧失等等造成的政治弊端,则与满族
入主中原及其带入的"满族因素"有关。

---

① 商鸿逵《略论清初经济恢复和巩固的过程及其成就》,《北京大学学报》1957年2期。郑天挺《清史简述》第2—52页,1962年在中央高级党校的讲稿,中华书局1980年版。
② 戴逸《论清代前期的历史地位》,《清史研究集》第一辑,1980年版。王思治《清代前期历史地位论纲》,《两汉社会性质问题及其它》,生活·读书·新知三联书店1980年版。

一

满族入主中原对清代社会经济发展的影响,从消极方面而言,如清初的统一全国战争之破坏性影响,如前辈学者所论述,时间并不长。经济方面的某些经常性的影响,本人认为,主要表现在财政政策尤其是赋税征收上,但这方面并不是满族入主中原后创立的具有本民族因素、特色的新政策。如摊丁入亩,丁银取消了,劳动者负担确比以前减轻,但这一制度,主要是以前中原汉族王朝赋役发展演变水到渠成的结果,而非"满族因素"使然。某些措施倒可作具体分析,如赋税征收中的多次蠲免钱粮,有满族统治者树立恤爱汉族百姓之形象、缓和满汉民族矛盾的目的,但由于丁银之征的比例减少,并发展到摊丁入亩后完全变为田赋了,所以蠲免钱粮,泽及者均为有田者,而不是广大无田的直接生产者。赋役方面的另外问题,明代为保卫京城、巩固中原内地,修长城、备九边,耗费大量物力、人力,加征御边之饷,百姓赋税负担加重。清代,长城内外联为一体,这方面的费用,也即百姓的赋税负担减少。不过,这种赋税负担减少的受益者,也主要是有田人。所以,这方面对社会生产发展的积极作用,不宜作过高评价。至于其他财政经济政策对社会经济发展的影响,也都应从中原汉族传统政策及其发展方面去分析,其影响无论是积极的还是消极的,也无论是对社会经济的繁荣或是阻滞有何作用,都与满族入主中原关系不大。边疆的开发与中原地区的经济交流及其对两地经济发展的带动,是满族入主中原、开拓经营边疆后的间接性结果,也不能完全归之于"满族因素"的作用与影响。古代王朝,国家没有直接管理社会生产的部门,也很少有这方面的针对性政策,官方着眼的主要是如何保障赋税的收入,所以政府对于社会经济的影响,主要是财政收支政策所产生的客观作用,属于非主观性的或是间接性的,满族为主体统治的清朝也不例外,清朝所实行的,主要是以前汉族王朝传统政策的延续与改进,其中的"满族因素"影响很少。而且,从根本上说,社会经济的发展,主要是经济自身的规律在起作用。社会经济的发展是广大民众自主的生产活动,最高统治者无论是汉族还是满族,对他们没有影响,虽然是满族入主中原,广大民众仍与以前一样地从事他们的行业活动。基于以上认识,是否可以认为,康雍乾盛世的基本体现——社会经济的繁荣,与满族入主中原关系不大,不能将其归功于满族之统治。

评价清朝历史地位问题,还有一种观点,认为满族入主中原的清代,出现阻碍历史发展的因素,因而拉大了与西方的差距。

谈到清代的中国与西方发展差距的拉大,落后于西方,首先应该明确,这种差距在形式上是怎样体现的。若深入分析,可能有以下三种形式:

一是西方属于正常速度的发展,而中国则在清代出现阻滞发展的因素,导致速度放慢,出现差距;

二是西方在这一时期发展速度加快,中国仍按原速发展,因而落伍;

三是中西方都比以前发展,只是中国的发展速度不如西方迅速,因而拉大了差距。

尽管我们不可能像物理学那样测出有直观数据的速度,但应该从这样的角度去考察、鉴别,认识中西方差距的加大究竟属于哪种情况,才能较确切地评价清朝的历史地位,也利于今天准确地借鉴。

通过学界研究的成果可知,应该是第三种情况,即清朝时期,中西方都比以前发展,只是中国的发展速度不如西方迅速,因而拉大了差距。

学术界所说的发展差距,笔者理解,主要指的是经济、生产技术等方面决定的国家发达与否,这是先进与落后的根本表现和集中体现。这一时期,则集中表现为以资本主义生产的产生、发展为代表的近代化进程。笼统地与整个西方对比,既不妥当也不容易,当时的西方,近代化最为典型、最具意义的是英国,与英国相比,容易找出差距所在。

英国的资本主义萌芽产生于 14 世纪[1],相当于我国的元朝到明初的洪武时期。我国的资本主义萌芽,按一般说法是产生于 16世纪中后期至 17 世纪初,比英国晚了两个世纪左右。从这点上讲,我国在元及明初就已落后。15 世纪末以后,英国资本主义生产的主导行业毛纺织业迅速发展,至 17 世纪 40 年代,其毛纺织品

---

① 蒋孟引《英国史》第 168—181 页,中国社会科学出版社 1988 年版。

仅出口价值就大约增长了 15—16 倍,若把物价增长计算在内,则增长 5—6 倍①。这一时期相当于我国的明代弘治朝至明末,弘治朝以后一个世纪的嘉靖、万历时期,我国的资本主义萌芽在江南某些地区刚刚产生。

以毛纺织品为主要出口商品的外贸的发展带动了英国造船业及相关行业的发展,同时也出现一些新的工业部门,如棉纺织业、玻璃制造业、肥皂业、丝织业等等。其中,棉纺织业的发展更具有飞跃性。1733 年,约翰·凯伊发明飞梭,加快了织布速度,由此又因其棉纺织业中纺与织两大技术的不平衡,促进纺纱技术的提高。1764 年以后,出现哈格里夫斯的"一台多锭"纺纱机。以后,水力纺机又代替了人力。1779 年,克隆普顿制成走锭精纺机,进一步提高了棉纺织量。在织的技术上,1785 年,卡特莱特发明自动织布机,将织布效率提高了 40 倍。从 1733 年到 1785 年,仅短短 50 年的时间,生产效率就提高了几十倍。这段时间,大致是我国的雍乾之际到乾隆后期。此后,由于瓦特发明的蒸汽机用于棉纺织业,更使这一行业在近代化道路上迅速发展。1785—1850 年,英国的棉织品产量由 4000 万码增至 20 亿码,增加 49 倍②。这一时期,又相当于我国的乾隆后期至道光末。当时英国的工业革命,也促进了英国整个国民经济的高速发展。反观我国,棉纺织技术很早就已出现,这一行业,至明清(鸦片战争前)这四百多年间,在效率上始终没有多大突破,其他行业也大致如此,整个资本主义的萌芽也始终处于学术界常说的缓慢发展状态。如果把这一时期英国工业的发展、国民经济的腾飞,特别是其资本主义生产的主导行业棉纺织业的高速发展,作为其近代化进程的标志,与我国清代这一时期(资本主义发展速度尚处于"缓慢"状态)加以比较,就不难看出,所谓进程差距的加大,仍与明代一样,主要表现为英国的高速度。

同时期的清朝,其社会经济变化发展的具体情况又如何? 有一种观点认为,唐朝是中国封建社会的鼎盛期,是经济最发达的时期。清代处于封建社会的后期,是走下坡路的腐朽、没落阶段,出现阻碍

---

① 王觉非《近代英国史》第 11 页,南京大学出版社 1997 年版。

② 王觉非《近代英国史》第 239、250—251 页,南京大学出版社 1997 年版。

经济发展的因素,经济发展迟滞,不再出现盛唐时期的繁荣。这种简单的公式化推断与理解并不符合事实。社会经济的发展有自身的规律,没有毁灭性的破坏,总会自然地向前发展,一代比一代向前发展,王朝更替之战乱造成的经济破坏只是暂时的,一旦恢复,就会到战前水平并在其基础上进一步发展,由唐朝到清朝这段历史也是如此。另外,没有所谓封建社会后期、晚期之清代经济的发展,就不会有质的飞跃——即学界常说的"资本主义生产方式"的产生与发展。清代在社会经济的发展繁荣方面也确实超过了以前的王朝时期。近些年,经济史的研究在这方面取得了大量成果,体现了清代经济的显著发展与繁荣,其主要表现如下:

商业方面,区域性市场被突破,向全国性市场发展。工商业市镇较明代有较大数量的增加,农村集市比明代增加一倍多。形成于明代征收流通商品的税关,明代最多时十余处,清代乾隆时增加到 50 多处,表明商业流通地域、规模的扩大。商人会馆产生于明中期,清代大量增多。票号则产生于清代。以上诸方面,都是清代商业发展的重要体现。清代的海上贸易,在商品种类、数量上都显著超过明代,商业船队数量扩大,航海技术提高。手工业方面,民营手工业在规模、地域上比明代扩大。丝织业、棉纺织业在地域方面都比明代扩大,尤其是棉花的种植与纺织,棉布也成为大宗交易商品。采矿冶金业更为突出,远远超过前代,达到中国古代社会矿业发展水平的最高峰。农业的发展方面,商品化经济作物大量种植并形成区域,面积超出明代一倍以上。粮食单产增加幅度大,粮食商品化程度超过以前各朝代,清代的农业经济是传统经济的高峰。① 以上都是明清尤其是清代比以前唐宋时期经济发展的突出体现。

从经济方面看,清时期的中国与西方英国都在发展,这是当时历史发展的正常现象,不同的是速度差别。在同英国发展的比较中,有必要注意以下事实。

1. 英国资本主义产生、发展及由此体现的经济近代化进程,在 16 世纪以后(大致在中国的明中期以后),已不是一般的迅速,而是

---

① 以上主要根据清代经济史学者的研究成果所作的简要归纳。具体内容见拙文《论清朝在中国历史上的地位》所引诸位学者的论文,载《学习与探索》2001 年 3 期。

"加速度"式进展(科技越发达,"加速度"越明显,石器、铁器、机器、电子技术逐步发展的阶段,及每个阶段发展的水平程度及其所需要的时间,就充分说明了这点),尤其是英国在 18 世纪 30 年代以后(相当于清代雍乾之交以后),棉纺织技术不断提高引起棉纺织业飞速发展的事实更说明了这点。清代的社会经济虽然比以前王朝有较大发展,但比起英国的"加速度"式未免相形见绌,因而在明代就已落后的情况下,更迅速地拉开了差距,也就不足为奇了。

2. 清代社会经济的发展与繁荣,主要表现为旧式经济量的扩大,具有质的突破性发展的新的经济形式——资本主义生产方式,在整个社会经济中的比例仍甚微小。其发展缓慢的原因,才是应深入探究的关键。

清代以及宋明时期的社会经济,为什么没有像西方英国那样取得快速发展,原因是多方面的。学术界曾集中探讨过明代以来尤其是清代实行的闭关自守政策,但这毕竟还是外部的影响性因素,有必要从自身的历史传统因素方面进行考察,尤其在以下几方面应加强研究。

1. 具有广阔市场的盈利商品的生产未能得到较快发展原因之探讨。这方面最具典型意义的是纺织业,尤其是棉纺织业。在古代自然经济向资本主义经济过渡、发展的转型期,棉纺织业以其产品的普及性、社会应用量大,在瓦解自然经济、为资本主义生产开拓商品市场、促进自身发展、带动其他行业发展上,意义重大,也具有较大发展潜力。英国棉纺织业在 18 世纪的快速发展及其重要作用就说明了这点。还应注意的是,英国棉纺织业的起步与发展从 16 世纪末17 世纪初开始[①];我国从 13 世纪中叶的南宋时期就已出现棉纺织业,比英国早了三个世纪多,为什么始终步履蹒跚,被后起的英国远远落在后边?

谈到盈利产品对社会经济发展的促进作用,又引出另外一个话题,即谈到我国古代与西方的发展进程,一个很流行的观点是我国在宋及以前曾有过四大发明,以此说明当时中国的先进,处于世界领先地位,明清时期没有再出现这种领先标志,是后来落伍的重要表征。

---

① 　蒋孟引《英国史》第 318、420、422 页,中国社会科学出版社 1988 年版。

细加分析,用以前的这类先进成就来比照、说明我国在明清时期与西方在近代化进程上的差距及落后并不贴切,对比点也不妥当。四大发明曾对古代世界的文明作出过巨大贡献,也表明我国当时在这些技术方面的先进。但这些技术自发明起一直到清代,并未对我国社会经济的发展、资本主义生产发展的进程发挥过那种先进作用,重要原因是其产品的非社会化或社会销量小。火药主要用于军事,民事极少。指南针的社会应用面更小。印刷术属于文化方面,当时广大百姓之中又有几人购书? 所印之书又有多少是为了出售? 纸的社会应用量相对大些,但毕竟不是广大百姓日常生活必用品,销量有限。因而,具有广阔市场的产品生产,始终没有取得长足的发展,这是中西方的巨大差别。

2. 手工业和科技方面,如视工艺技术为奇技淫巧的观念、工匠的社会地位对手工业发展的影响;士人学子在知识上的价值观念、从业追求趋向、科举考试内容等对科技发展的消极影响,都值得深入研究。还有一个值得思考的问题是,为什么不少先进科技是发明于中国,而发展于外国,后来又从国外传入或引进,四大发明、种痘术中都有这种情况。即使某些应用价值较大的技术也抱残守缺,改进缓慢,如制茶技术,我国在清宣统以前一直用传统的手工焙制,而外国在引植中国茶后,又发明了机器制茶,成本大降,成为我国茶叶在光绪十几年后出口大量减少的一个重要原因。我国直到宣统朝,才鉴于上述茶叶外销的大量减少,而从外国引进机器制茶技术,这一点就足应引起我们的深思了。

3. 大量的商业资本不能转化为产业资本的原因。传统的贱商、抑商政策,社会观念对商业发展的影响,中西方在这些方面的差别也是明显的。

还有一点需要特别指出的是,西方国家尤其是英国,其原始资本积累的一个重要来源是海外殖民掠夺。英国从 1757—1857 年仅从印度掠夺来的财富就达 10 亿英镑①,这方面的财富积累,是英国近代工业发展的重要因素。而我国,明清及以前,从未到海外去殖民掠夺,这是否与传统的儒家"己所不欲勿施于人"之道德观念对朝野及

---

① 蒋孟引《英国史》第 416 页,中国社会科学出版社 1988 年版。

整个社会的影响有关? 显然,因此而产生的差距,不应该作为清朝落后的一种原因,也不能作为评价清朝历史地位的内容。

所以本文在这方面的观点是,清代社会经济不仅没有迟滞,而且比唐宋明时期有显著的发展,只是其速度慢于西方英国,而且较为明显,因而拉大了与西方的差距。这与古代中国的传统因素有关。另外,清代的社会经济,无论其比唐宋明时期显著发展,还是比西方英国之速度缓慢,都与满族入主中原实行满族之主体统治关系不大。

二

满族入主中原对当时中国历史的主要影响——政治方面,是积极、消极两方面并存。

政治影响的积极方面,有以下两点。

(一)对边疆民族地区的开拓与深入经营

这方面的史事及成就人所熟知。本文强调并且认为:它与"满族因素"有关。

首先是满族的主动进取性。对邻近部族、政权的主动进取,是长城以外那些社会形态较落后的民族的共性,或者说是特点,有别于南方民族,也是与中原汉族王朝(秦以后)的重要不同点。匈奴、突厥、契丹、女真、蒙古、满族等等,都曾有过这方面的历史,均起始于小部族,通过主动性的军事兼并而规模扩大。其入主中原,其实也是主动性的进取、兼并。所以入主中原后,仍具主动进取精神,因而对于边区影响中原统治的不安定因素、潜在威胁的部族,并不像汉族王朝那样,采取修长城等方式被动防御,而是主动出击、进据。具体到清代入主中原的满族,如果说康熙时期反击蒙古准噶尔部噶尔丹,尚带被动性,以解除其对中原统治的威胁、出于救助漠北喀尔喀蒙古的话,那么,雍正朝的西北两路用兵准部,乾隆二十年以后的出兵平定准部蒙古掌控的西域,则已是主动进击,为了康熙帝的未竟之业,消除不安定因素及潜在威胁而用兵,并最终进据西域新疆,设官施治,以永久性地消除其威胁。这也是古代王朝国家版图发展的正常现象,清朝并未越过与其相接、交战的部族地区而占领领土,所进据的,是曾对中原统治造成威胁的准部蒙古所据有、控制的地区,这又是与西方国家越界而至海外侵略的帝国行为的性质区别。

其次是,作为边区少数民族的满族,对其他边区民族,也没有或较少汉族统治者、士人那种华夷之别的观念。这一点,也影响到对边疆地区的治理上。汉族王朝,视边区少数民族为"化外蛮夷",野蛮落后,非我同类,且由于边区经济落后、物产不丰,而不屑一顾,认为不值得付出人力物力、派兵拨饷镇守该地、像内地府州县那样管理,而是维持形式上的对该地区的统属关系,或以该地部族首领为土官,世统本部,使其臣属中原王朝,保持相安无事的局面即可,又以带有歧视、侮辱性的字眼——羁縻,称呼这种统辖形式。入主中原的满族皇帝,则宣传"华夷一家",批驳汉人的华夷之说,及汉族王朝以"华夷而有殊视"的态度和做法。[①] 这不仅仅是政治宣传,满族统治者也确实将边区民族与中原视为一体,因而他们也不满足于汉族王朝对边疆民族地区"羁縻"式的间接统治。蒙古地区,以满族的领主分封制,结合蒙古族领主社会的具体情况,实行盟旗制,由中央任命盟长、旗扎萨克,使其按照中央法规行政,而直属于中央理藩院。另外,在边区的很多地方还派官直接管理,掌握统治上的主动权,这也是前述主动进取精神在进一步实施于边区经营上的体现。如漠北蒙古之设乌里雅苏台将军、库伦办事大臣、科布多参赞大臣、办事大臣,青海之设西宁办事大臣,新疆之设伊犁将军,塔尔巴哈台、喀什噶尔等九城设参赞大臣、办事大臣,西藏之设驻藏大臣,并以满人(漠北也间用蒙古王公额驸)充任,都可作如是观。西南云贵川楚等少数民族地区,则实行大规模的改土归流。这些地区至清代实行改土归流,虽然与该地区此前的社会发展有关,但我们同时又应看到,这些较闭塞的地区,社会形态的自然性发展进程是极其缓慢的,土酋世长某山区部落、世领某村寨部民的旧制在秦汉以来始终没有多大变化,其变化主要靠外部作用,且主要是中央政府对其统辖的深入加强,而两次较大的阶段性变化恰恰出现在元、清两朝。蒙古人统治的元朝首先在该地区实行土司制度,把土酋变为官府任命的土司,而满族主体统治的清朝则进一步大范围地将世袭性土司废除,代之以中央派任的流官。这种举措的出现,应与满族统治者的"华夷一体"观念,及其主动进取与经营的精神有关。

---

① 《大义觉迷录》卷 1,《清史资料》第四辑第 4 页,中华书局 1983 年版。

属于少数民族之满族,与蒙藏等少数民族风习相近,情感易通,不像汉族王朝统治者、士人那样对所谓化外蛮夷鄙视,因而他们对这些少数民族能够主动接近、怀柔,建立比较密近的关系,又实行如下具有积极影响的举措。

第一,联姻。比如以满族女嫁与黑龙江、吉林边区少数民族首领。[1] 影响最大的是满蒙联姻。中原汉族王朝之"和亲",多数情况下是应边区少数民族首领之求婚而被动或被迫嫁女,极不情愿,往往将皇家公主、宗女出嫁边夷视为耻辱。而满族皇帝则无这种观念,因而主动将公主、格格嫁与蒙古王公之家,以此结为密近关系,乃至为此而实行指婚式的制度性联姻,由此又进一步发展为满蒙王公之家间频繁的自行结姻。因而有清一代,满蒙联姻由入关前至清亡,延续300年,多达595人次。乾隆以后,不少蒙古王公额驸之家又长住京城,任职于御前及八旗武官,与满族皇帝王公大臣朝夕相处。凡此,对于密切满蒙民族关系、增加蒙古对中央之向心力、清朝长期稳固地统辖蒙古,都起到了相当重要的作用。

第二,主动招徕笼络藏蒙宗教首领及一般喇嘛。早在满族入关前,皇太极就主动延请西藏土伯特汗及掌佛教之至尊大喇嘛至盛京,隆重接待其使节[2]。入关初,满族帝王再次邀请,达赖喇嘛终于在顺治九年率团前来。顺治帝向朝臣表示自己应亲至边外远迎,对此,满汉大臣表现出鲜明的相反态度,满大臣主张皇帝应以礼远迎,汉大臣则以皇帝乃中原王朝的天下之主,不当远迎。顺治帝最后仍决定远迎。[3] 只是后来因钦天监奏报星相骤变,出现所谓流星入紫微宫,汉大学士极力劝顺治帝不宜轻动,顺治才派其皇兄承泽王硕塞前去迎接[4]。对蒙古地区之哲布尊丹巴、章嘉两大活佛,满族皇帝也同样主

---

① 关嘉禄《里达喀及其进京纳妇浅析》,《历史档案》1982年4期。杨余练、关克笑《清朝对东北边陲民族的联姻制度》,《黑龙江文物丛刊》1984年2期。[日]松浦茂《十八世纪アムール川下流地方のホジホン》,《东洋史研究》1996年55卷2号。

② 《清初内国史院满文档案译编》(上)第431页,崇德四年十月七日,光明日报出版社1989年版。并见《清太宗实录》卷49,崇德四年十月庚寅;卷51,崇德五年二月辛酉。《清太宗实录》卷50,崇德五年正月癸亥。《清太宗实录》卷63,崇德七年十月己亥;卷64,崇德八年五月丁酉。

③ 《清世祖实录》卷68,顺治九年九月壬申、庚辰。

④ 《清世祖实录》卷68,顺治九年九月戊戌;卷69,十月庚戌。

动招徕,建立亲近关系,哲布尊丹巴一世因之随康熙帝常住北京、热河。章嘉活佛二世,则被康熙帝授予"大国师"及驻京喇嘛的总首领,且传之后世。章嘉三世自 7 岁起便被雍正帝安置于宫中上书房,与皇四子弘历一起读书,与弘历有 11 年的同学之谊,弘历即位后为乾隆皇帝,章嘉三世又常从乾隆帝左右,协理蒙藏及喇嘛事务。满族皇帝还招徕大量的蒙藏族喇嘛驻京,安置在雍和宫及派驻热河、五台山、东西陵等处,诵经做佛事,还定满洲喇嘛额缺,于八旗包衣旗人中选充,与驻京等处的蒙藏喇嘛一起从事佛事[①]。以上这些做法,对于沟通满蒙藏民族关系并使之密近化,具有积极意义,也是以前的汉族王朝中从未出现过的。

第三,崇以显贵高爵。这一点,在藩部蒙古地区较为明显。满族皇帝把蒙古各部领主以"封藩"待之,并且册封他们只有皇家宗室才可封予的和硕亲王及郡王、贝勒、贝子等高爵。而汉人功臣,在康熙二十年以后,最高仅可封公爵,而且只是极个别人,大多是侯爵以下。所以蒙古王公在朝中的身份地位,是大大高于汉官,居于汉官、汉人有爵位者之上的。

第四,定期轮班接见宴赐少数民族首领,定年班、围班之制。这一点,学者多所熟知,也有学者做过更深入的研究[②]。这里要说明的是,以往汉族王朝之时,虽也有少数民族朝觐之事,但清代,前来之各少数民族人数之多,制度之正规性,延续实行之长期性,都是以前汉族王朝远不能相比的,而且汉族王朝皇帝也多不亲自宴请。而满族皇帝,则在少数民族首领年班期间,多次举行御宴,亲自与他们欢聚一堂,这在各朝"实录"、"起居注"的每年腊月、次年正月部分有大量记载。这些不同事实,反映的是满族皇帝、大臣与汉族王朝君臣对少数民族的情感、看法、态度之不同。满族皇帝对汉族君臣对待少数民族的态度和做法也很不以为然,正如康熙皇帝所说:"柔远能迩之道,汉人全不理会。"[③]

由于清代皇帝及主体统治民族的上述满族因素,对边疆民族

---

① 以上详见光绪《大清会典事例》卷 974《理藩院·喇嘛封号·驻京喇嘛》。

② 赵云田《清代的"年班"制度》,《故宫博物院院刊》1984 年 1 期;赵云田《清代的"围班"制度》,《北京师范学院学报》1984 年 3 期。

③ 《清圣祖实录》卷 275,康熙五十六年十一月丙子。

地区的开拓与深入经营,使统一多民族的中国在清代有较大发展,奠定了广袤的边疆版图,延续至今。往代屡屡困扰中原王朝的"北患"问题,至清代解决,诸如五胡乱华、金兵南下、元占北方及灭南宋等等现象不再出现,中原地区长期安定。北疆与中原连为一体,长城也不再筑修,减少了百姓军民负担,有利于经济发展。边区中原联为一体,建立了内地与边疆的经济、文化交流,促进了边疆地区的开发,时值中原内地人口迅速繁衍增加,谋生条件有限,大量内地人口流入边区,缓解了内地人口压力、生计问题,也促进了边疆的开发、发展。

(二)满族对汉族文化的积极吸收及其政治影响

入关前,满族对汉族文化就十分崇仰酷爱,《三国演义》中的韬略计谋,曾是他们克敌制胜的法宝,还把汉族王朝的行政制度、法规乃至儒家伦常用于政权建制与施政之中。入关后,更把祖先的这种传统发扬光大。满族帝王之家,对汉文化的学习与运用,不仅超过以往少数民族,而且比汉族王朝的帝王之家并不逊色,严格的皇子皇孙教育及其出色成就,以及康熙、雍正、乾隆等皇帝的汉文化素养与行政能力,就是最有力的说明。汉族帝王对本民族旧有的传统文化司空见惯,可能并不珍视。满族皇帝由于本民族原来这方面较落后,所以视作珍宝。康熙以后大力编修刊刻字书、类书、丛书,续修往代政书,大力发展方志之纂修,使清官修典籍、刊刻图书数量大大增加。这种官方文化事业的繁盛,成为康雍乾盛世的一个重要体现方面,这既有标榜稽古右文、装点文治之盛的用意,也与满族帝王对汉文化的酷爱,进而热心这方面的事业有一定关系。当然,这方面的活动又是以不妨碍其民族性统治为前提,因而对于不利于满族的书籍,又不惜焚毁。

满族统治者重视本民族成员的文化教育,广泛设立多种官学,尽力普及旗人教育,且针对行政需要而施教,不断培养大批有文化的旗人官员,使他们充盈中央、地方乃至边区的各级行政机构,这是其他统治北方或入主中原的少数民族未能做到的。而且,其文化教育也提高了满族的文明程度,一定程度上改变了汉族官僚、士人对满族的"夷"视,也加强了满汉官僚士人间的交流,密近了他们之间的关系,对于调融满汉民族关系,起到了一定的良性作用。此外,满族统治者完全继承沿用明朝的科举制度,选拔广大汉族知识分子入仕,在中央、各省的各级机构中全面任用汉人官员,使汉人官员的总体数量规模、任用面维持明朝的状况,全面利用汉人官僚实行满汉联合统治,尤其是基层的以汉治汉。以上这一切,是满族入主中原得以实行268年长久统治的重要原因。

主掌中国古代最后一个王朝清朝的满族皇帝,汲取以前历代王朝的统治经验教训,又形成清王朝颇具特色的治政及帝王行政风格与朝政。满族以不及汉族人口百分之一的少数民族统治中原汉族之广土众民,以及满汉矛盾的长期存在,又使满族最高统治者常具危机感及忧患意识,对女真金朝、蒙元朝之统治未能长久也引以为戒,因而实行一系列在保证满族利益前提下团结汉人、利用汉人统治的制度和措施。满族皇帝还常带领满汉官员南下出巡,祭孔、拜谒明陵,联络江南士人百姓等等。对于水能载舟亦能覆舟的道理,以及秦、隋速亡的史实,满族皇帝同样十分清楚,明朝三饷加派激化社会矛盾加速明朝灭亡的事实,更是殷鉴不远,因而满族帝王把永不加赋作为奉行不替之国策,而且常常蠲免广大汉民赋税。不过在这财政收支上为解决支出而行捐纳、压低官员俸禄及官衙存留的行政经费,又默认官员加征陋规的做法,则成为引发官吏恶性贪污的严重弊端。

满族皇帝还非常注意本民族最高统治集团内部的完善,实行严格的皇子教育和帝王家法,从而形成清代皇帝勤政、求治的一代帝王家风,少昏庸荒政之君,现代史学家孟森先生称康熙治政"兢兢业业",雍正"英明勤奋,实为人所难及"①。郑天挺先生综合评价康雍乾三帝功过,称他们"是三个好皇帝"②。清帝还消除了往代王朝经常发生的外戚乱政、宦官之祸及宗藩地方叛乱等内乱现象。造成相对清明的朝政③。鉴于明代宗禄之繁重给明朝财政造成沉重负担,加速了明后期财政崩溃的教训,清朝则严格限制宗室高爵阶层的封授数量,并实行恩封宗王降袭制,所以《清史稿·皇子世表·序》评论

① 《明清史讲义》下第 427、472 页,中华书局 1981 年版。
② 《清史简述》第 47 页,中华书局 1980 年版。
③ 以上详见拙文《清皇族家法及其对清代政治的影响》,《南开史学》1989 年 2 期。

清人皇子封爵制度"至谨极严",往代汉族王朝皇子封王皆世袭,清代只有少数特许的所谓铁帽子王世袭罔替。以上制度,使清代高爵阶层人数很少,以亲郡王计,仅及明代十分之一,从而大幅度地减少了宗禄数量,避免了明后期财政中那种严重的宗禄问题①,也减轻了民众在这方面的负担。

消极方面的影响,也有以下两点。

(一)首崇满洲、满汉民族矛盾的消极影响

满汉民族矛盾,清初比较严重,统一全国的大局底定后,满族皇帝曾采取不少缓和民族矛盾的措施和政策,如开博学鸿词科,修明帝陵,及前述谒明孝陵、祭孔、以科举大批任用汉人知识分子,以及在赋税上的恤民政策等等。所以,康熙中期以后,满汉民族矛盾就已经缓和了。但对反满言行,或被怀疑是反满的言行,则仍严厉惩治,康雍乾时期的文字狱就是由这方面原因引起的。文字狱虽然在嘉庆以后不再出现,但这种白色恐怖造成的相当长时期内知识界的"万马齐喑"、进步经世思想的扼杀、政治空气的窒息,则是相当严重的。

满汉民族矛盾、隔阂虽不断缓和,但长期存在,直至清末。从地域上看,南方比北方严重,至清后期仍如此,如南方的会党活动、太平天国运动、辛亥革命,都曾以反满相号召。但也不能作严重估计,因为镇压太平天国起义起主要作用的,便是南方汉人将帅、兵丁的湘、淮军。

满族最高统治者还实行了一系列旨在维护满族主体统治、保证满族特权的制度。

官缺设置上,中央各机关实行满汉复职制,其长官,满洲缺、汉缺同额设置,而满人权重。其部院以下各司之司官,各种旗人缺与汉缺参设,旗人缺居多,仅满洲缺即占 60% 左右②。科举方面,旗人科举录取比例大大超过汉人,而且有专为他们设置的翻译科举。入仕途径也远较汉人宽阔,旗人既可通过科举、八旗各种官学步入官场,也可通过武职、杂职如领催、拜唐阿及至一般兵丁等入仕。兵饷方面,八旗兵兵饷高于汉人绿营兵。刑法方面,旗人犯徒、流、军罪,可免予

---

① 详细论述参见拙作《清皇族与国政关系研究》第 424—447 页,(台北)五南图书出版公司 1998 年版。

② 据《清朝文献通考》第 5585—5586 页统计。商务印书馆万有文库十通本。

发配外地或边远烟瘴之地,而折合枷号在本地服刑,徒一年仅枷号20日,以此按等递加。凡此,都在官场之中满汉官员士人之间及兵、民各阶层中造成满汉隔阂。而且这种隔阂是长期性的,无时不在。

(二)满族固有的落后因素之消极影响

首先,满族落后的奴隶制因素,使清代奴婢阶层有所扩大。清初的投充,使不少汉族民人被逼或无奈而投充,沦为满族旗人奴婢,当然,也有怀着个人目的而投身旗下者;历次战争掠获之人、战俘,也有不少人成为奴婢;有些罪犯之家属被籍为奴婢,发驻防旗人披甲者为奴。另外一种重要来源就是购买。明代法律曾有禁止一般民人蓄养使役奴婢的规定,清入关后的顺治三年便作修改,使庶民只要不是压良为贱,便有权拥有奴婢[1]。这首先是对满族一般旗人能够拥有奴婢的法律上的肯定与保证。而官员之家拥有奴婢的数量,则大大超过明代,而且有制度规定[2]。

其次,是君臣关系的主奴性及旗人官员身份的低贱性与其影响。清代,旗人官员在皇帝面前或以公文向皇帝奏事必须自称奴才,雍正、乾隆、道光都曾不止一次强调这点。旗人对本主宗室王公,也要这样自称。这"奴才"之称,绝不仅仅是满族人形式上的旧俗习称,而是有实质上的主奴关系内容,因为满族落后的奴隶制因素与其八旗领主分封制的结合,使所有旗人都成为皇帝(汗)、宗室王公等八旗领主的奴仆,包衣奴仆旗人自不必说,一般的八旗旗分佐领下人实际也是奴仆,各有主子,构成主仆关系,他们被称为"诸申",诸申在《清文鉴》中便释为"满洲奴仆",只不过对王公的私人性人身隶属上比包衣较弱。清代官私典籍之记述及皇帝上谕中反映的,诸如旗分佐领下人包括他们的家属被王公主子役使,年节须孝敬主子,主家有丧事还要披麻戴孝、躬亲贱役等,便是这种人身隶属的反映。随着八旗的中央集权化,宗室王公及下五旗旗人也都成为皇帝的奴才,称皇帝为主子。身份地位较高的满族王公大臣如此,等而下之的汉官也不得不屈从。所以康熙时的议政王大臣会议,汉官大学士竟向满族宗王跪禀政事,而在乾清门御门听政及养心殿皇帝召见臣僚之时,则无论满

---

[1] 经君健《关于清代奴婢制度的几个问题》,《经济研究所集刊》第五辑。
[2] 《清圣祖实录》卷208,康熙四十一年闰六月甲午。

族王公、大臣以及汉官,都要跪伏于皇帝御座之下,皇帝召对,大臣们经常是长跪移时,所谓"赐座",仍是跪伏,只不过加跪垫而已,这就是严主仆之分的满族礼俗下的主仆性君臣之礼,清代的这种主奴式君臣之礼,在往代汉族王朝中是不存在的①,在满族皇帝的观念中,君就是主,臣就是仆,因而他们也要求臣仆以奴才身份自持,敬畏主上皇帝,这在清中期以前的各皇帝身上表现得尤为明显。满洲大学士被罢官而罚去为皇帝皇宫看大门,翰林院、上书房的满族文臣因违背皇帝意志而被鞭责等情况,在当时并不鲜见,当时在北京的西洋传教士们便记述了他们所见到的这种"司空见惯"的现象,并为大臣们蒙此奇耻大辱而深感惊诧和不解②。而作为奴才的臣仆,在皇帝面前也是一派低贱卑下的言行举止,向皇帝自称为"奴才"、"犬马"、"至微极贱","蒙主上豢养"、"舒犬马恋主之忱"之类的语言,在他们具呈皇帝的奏折中俯拾即是。而在往代汉族王朝的奏疏中则极为罕见。主奴性的君臣关系及臣僚地位的低下,在清前期表现尤为明显。这也是当时专制皇权极端发展的重要原因和表现。在这种君臣关系之下,作为奴才之臣仆,必须绝对顺从主子皇帝的专制意志,而不敢丝毫损伤主上的至尊威严,所以,往代那种直接评论君德、指摘皇帝过失乃至犯颜抗争的现象,在清代很少出现。官员们只是匍匐在威严的皇帝脚下,诚惶诚恐地谨听圣裁。皇帝行使皇权中的过失也不能得到匡正,某些误失及因此导致的败政,也只有等待老皇帝死后新皇帝去纠偏,一些皇帝继位初的所谓"初政"就有这方面的内容,而老皇帝时期所造成的损失则是无法弥补的。主上皇帝专制、乾纲独揽,臣下奴才唯诺服从,其才能也受到压抑,所以清中期以前,只有专制图治的能君,而极少有有作为的大臣,汉官所受到的压抑尤为严重,直到咸丰以后,才有一些汉人督抚等得以施展才干。臣下恐惧,不勇于任事,又造成政务的拖沓废弛,道光以前的几代皇帝常因此而痛斥官员。主奴性的君臣关系,还扭曲了臣僚的人格,使其失去刚性节操,陶塑成一些曲从君意世故圆滑之臣。奴才本是一种对主子私人而言的低贱身份,同时又因这种私人色彩的关系而可得到皇帝的特殊恩

---

① 详见拙文《中国古代君臣之礼演变考论》,《中国社会历史评论》第 1 卷,1999 年版。
② 见白晋《康熙帝传》,《清史资料》第一辑第 234 页,中华书局 1980 年版。

惠,那些口口声声在皇帝面前自称犬马奴才的官员,就不无这种意思。而有些汉人官员也不惜为此自贱其身,对皇帝而自称奴才,仰其鼻息,乃至遭到皇帝的制止,无耻至极。这些人把心思用在取悦帝心希宠图荣上,又焉望其言行忠直、尽心国政?

再次,落后的贵族政治体制的残留及其影响。贵族政治体制,存在于落后的领主分封制时代,其特点是行政者以世袭性贵族充任,即所谓世卿世禄,掌握行政管理权的,主要凭其贵族身份。中原汉族王朝的这种制度,早在西周领主分封制衰落的春秋战国时期,就已逐渐被废除,而代之以非身份性的凭才、德充任官僚的选举。满族入关前的贵族领主制政治因素,在入关后的王朝政治体制中仍有残留,且不说勋旧佐领、世管佐领的世任其职,即如军功、勋戚封爵之世家,子弟袭公侯伯子男及轻车都尉、骑都尉、云骑尉、恩骑尉等,也可凭这些世爵世职任官[1]。即使清后期,凭这种爵位而被选任为中央部院各司之郎中、员外郎、主事者,也是"各署屡见此项人员"[2]。另外满人以武官侍卫、杂职拜唐阿而至显职者也相当多。至于宗室王公凭其身份而充任议政王、贝勒、贝子、公,管理部院、充当八旗都统、各特种兵营之统领,以及清末之充任军机大臣、总理大臣等等,更是人所熟知的史实。较多地以贵族世爵世职任官,既是满族旧制,也是满族入主中原统治广土众民而必须充分利用本民族人参与统治的需要,它增加了官僚机构的低能因素。

小结

总之,满族入主中原,对清代社会经济发展方面的影响较小,主要是政治方面。

清代较唐宋明时期经济的长足发展,社会经济的繁荣,及由此体现的康乾时期的盛世,与满族入主中原关系不大,清代的中国落后于西方,也不能归咎于清朝的满族主体统治。

政治方面,正是满族的主动进取精神,造成清代版图辽阔之大一统局面,对边区民族实现深入性的统辖与管理,不再是以往汉族王朝

---

① 《清史稿》,第 12 册第 3216 页,中华书局 1977 年版。

② 崇彝《道咸以来朝野杂记》第 77 页,北京古籍出版社 1982 年版。

的"羁縻"式统辖;满族无汉族之华夷观念,主动笼络民族首领,则使边区之多民族与中央关系密近,边区统治安定稳固。凡此,都是以前汉族中原王朝不能也从未做到的。往代汉族中原王朝经常被困扰的所谓"北患"问题也至此结束。这种安定的大一统局面,既是治世形成的有利条件,也是它的一种体现。

满族皇帝崇仰并积极学习中原汉族先进文化,汲取其历代统治经验和教训,同时,对本少数民族能否长久统治中原又具有忧患意识。这两种因素的结合,使满族帝室形成勤政、图治的帝王家风,也避免、消除了往代经常发生的上层内部乱政祸患现象,造成相对清明的朝政。皇帝的勤政求治及相对清明的朝政,也有利于治世的形成和它的延续保持。

消极方面。清初满族对全国的军事统一,以及此后对边区民族的用兵,带有某种原始落后野蛮性和残酷性,给百姓造成极大的牺牲,及严重的精神创伤,对汉族百姓、官绅士人民族自尊心的摧残尤为残酷。所以,大一统局面的形成,又是以这种沉重的代价取得的。由此造成的满汉民族矛盾,随着康熙以后各种积极性政策、措施的实行,才逐渐缓和,而以文字狱来残酷打击与压制汉族士人的反满情绪,则延续到乾隆后期,造成当时的白色恐怖、窒息的政治环境,令知识界不寒而栗,远离政治,万马齐喑,经世致用的思想在嘉道以前长期受到压抑。而君臣关系的主奴性,则使唯主上独尊、皇权独裁专制的弊端极端性发展。

落后的贵族政治旧制的某些保留,使大批旗人以固定性的特权性八旗官缺或贵族身份进入官场,不少人才能低下,从而造成官僚机构的低能,影响治政。而为保障满族主体统治的首崇满洲政策,使满官之权力、特权高于汉官,等等,则一直影响满汉矛盾、隔阂的缓和,延续到清末,宣统年间出现的皇族内阁、满族皇家贵族的一系列集权活动,及其对当时先进的宪政造成的负面影响,就是明显的例证。

清朝在中国历史上的地位是一个非常复杂的大问题,以上所述只是一些简单的感想,深化的认识有待于继续。

(此文原载刘凤云主编《宏观视野下的清代中国——纪念王思治先生85诞辰》,中国人民大学出版社2016年版,有修改)

◆政治制度

清代总督、巡抚职掌之区别问题考察

　　督抚制为清代政治制度中的重要问题,研究成果颇多。学者们对诸如清代督抚制的形成、确立、体制、职权演变、督抚与政治、督抚与选官、清后期督抚权力之膨胀及其对政治的影响、个别地区的分省与省制确立、某些重要省份的督抚等问题作了考察,涉及方面甚广,恕不一一介绍。而其中一个始终令学者们困惑的问题,即总督与巡抚职掌的区别。尽管在清代皇帝或官员的言论中,有诸如:兵事归总督、民事归巡抚,或总督主军事、巡抚主吏事之说,但在谕旨、奏疏或官方政书、实录中,凡涉及其职掌、权责之事,却又常常是督抚并提,而督与抚也确实有职掌重合交叉之处,使人感到二者职权不能分清。《皇朝通典·职官十一》、《皇朝通志·职官略六》及《清史稿·职官三·总督巡抚》在叙述二者的分别职掌时所说的"总督,掌厘治军民,综治文武,察举官吏,修饬封疆……巡抚,掌宣布德意,抚安齐民,修明政刑,兴革利弊,考核群吏,会总督以诏废置"之类的话,叙述笼统,也无法让人了解二者的各自具体职掌。今人研究性论著中,迄今也尚未见到有专门论述督与抚职掌之不同者。①

今人所以尚无督抚职掌区别问题的专门论述,主要是因为史料记述纷乱难理,不易判别,更由于皇帝的谕旨、官员之奏疏及文献中,涉及督抚职掌,多是督抚并称,因而即使身处清末而研究清代官制的学者,也认为:总督之职权"最难叙述,而其最难者,即为与巡抚职权不能区别之一事",以及"今欲论巡抚之职权,颇极繁难,如其与总督职权之区别,殊觉其难"②。

清代既然督、抚并设,而不划一设置为巡抚或单一设为总督,其职掌必然应有区别,否则的话,在那些督与抚并设的省份,若督抚同掌各类事务,某项政务究竟由谁来管? 不加区别,难以进行日常政务活动,必然有各自权责所归。二者虽有职责互相交织之处,也只是某种事务、某些情况之时。皇帝或官员所说的"总督主军事,巡抚主吏事、民事"之类的话,一定有其具体内容。但仅凭这类笼统概括之语,对督抚问题的研究又难以深入。另外,对于深入了解相关的清代史事、解读史料、作有关研究等等,都存在障碍,因此有必要弄清而作专门考察。

笔者从所接触的材料来看,督抚职责确有区别,而且不小,又是多方面的,尤其是咸丰以前。本文拟对督抚在刑法、财政、军事、官员选任与考核这几大基本方面作重点考察。由于问题复杂,又是初步、粗略的探讨,不少方面尚欠深入,定会有不准确、错漏之处,倘得方家补正,此问题之研究便可又进一步。

一

欲明了清代督抚职掌的差别,首先有必要对明代督抚的设置用意、清初的沿革,作一简要介绍。

明朝沿袭元代行省制度,省下设三司,以分掌财政、民政、刑事、

---

① 笔者仅见织田万《清国行政法》(1909 年)第三编第五章第二、三节总督、巡抚,将二者职掌分述,但所述巡抚内容甚简,又有督与抚未分之处,有些不属职掌而属于权力者又混为一谈,还不能称为研究性文字。中国政法大学出版社 2003 年版。赵希鼎《清代总督与巡抚》一文(《历史教学》1963 年 10 期),朱沛莲《清代之总督与巡抚》第六章《督抚之职权》(文行出版社 1979 年修订再版),所述与织田万《清国行政法》基本相同。

② 〔日〕织田万《清国行政法》,第 235、238 页。

军事等职权,但事权不一,协调不便,应变迟滞,尤其不利于突发事变之应对,因而设巡抚以节制三司,以统一事权。其后,为适应较大的军事行动,又在更大地域范围或重要军事地区设置总督,以便调动军队、粮饷,统一军事活动,因而总督的职掌,更着重于军事,也多带有临时性特点。

清初承袭明末战事较多时期的督抚制度,无论督、抚,其职掌都具有较明显的军事性色彩。随着中原统一的大致确定与统治的稳固,巡抚设置省区化,巡抚职掌的军事性色彩遂逐渐淡化,财政、刑事、吏事等职掌逐渐突出,其实这也正是明代巡抚设置的基本用意发展到清代的定制性结果。明末巡抚,有相当一部分并非按省即布政司设置①,这与当时的军事需要有很大关系,清初军事需要同样突出,所以其巡抚设置状况也类似,于按省设置巡抚之外,又有诸如宣府、登莱、延绥、南赣等十几处军事地区设巡抚。自顺治六年起,随着全国统治的趋于稳定,非省区之巡抚逐渐裁撤,至康熙四年,全国已大致形成按省设置巡抚之制②,巡抚作为省区长官之性质,也因此固定化。由于明代省级三司至清代只有两司,所以清代巡抚的职掌也主要是节制布、按二司的民事权责。总督的设置,自顺治十五年裁宣大山西总督后,已经没有将几个省的部分地区联为一体而设置者,而以整省为单位设置。顺治十八年,各省皆设总督,也基本按省设置,以后因军事等需要而分、合以变置总督,也以整省为区划单位。③ 主要形式是合并而联两省或三省设一总督,个别省一省即设一总督,至乾隆二十五年固定成八总督定制。其职掌仍侧重军事,但由于总督也与巡抚一样,成省区固定性文职长官,承平之时又无大的军事事务,其职掌也向该辖省的吏事、民事方面延伸,由此产生督抚并设之省区总督与巡抚在某些职权上的重合、交叉乃至矛盾,这种情况,其实自顺治朝按省而设巡抚、总督的省份,就已存在,随着总督吏事的扩增,某些民事也有参与权,这种状况更为突出,主要表现在督抚并设尤其是督抚同城之省。

---

① 靳润成《明代总督巡抚辖区研究》第 8—11 页,天津古籍出版社 1996 年版。
② 以上见钱实甫《清代职官年表》第 2 册《巡抚年表》,中华书局 1980 年版。该表比较系统地将实录有关巡抚设置的资料钩稽,反映了当时巡抚设置的基本状况。
③ 见钱实甫《清代职官年表》第 2 册《总督年表》。

督抚并设的省份有两江总督辖江苏、安徽、江西省,湖广总督辖湖北、湖南省,闽浙总督辖福建、浙江省,两广总督辖广东、广西省,云贵总督辖云南、贵州省,陕甘总督辖陕西、甘肃省。其中督抚驻于同城之省,有湖北、福建、广东、云南四省。其督抚并设而不同城,由总督兼辖的省份,为湖南、贵州、广西、浙江、陕西、江西、安徽、江苏八省,其中江苏巡抚与两江总督同省而不同城,其他七省之巡抚,与兼辖之总督所驻省不同省。以上诸省之外,直隶、四川只设督不设抚,甘肃不设巡抚,以陕甘总督兼任其事,山东、山西、河南只设抚不设督,这些只设巡抚或只设总督的省份,均不存在督抚职掌不同问题,只有上述督抚并设的省份,容易出现督抚职权不清之处。所以,后文所要辨别的,主要是督抚并设的省份。

另外需要说明的是,谕旨、奏疏或文献中,在涉及巡抚或总督职掌时,所以督抚并称,乃是因为将内容归纳及用语简洁之需。清代,督抚设置定制后,由于各省设巡抚,但又有直隶、四川、甘肃不设,而以总督兼巡抚事务,因而在叙述巡抚的某项职掌时,便督抚并称,也不以巡抚为主而称"抚督"(因品级督高于抚,称"督抚"又是习惯用语),而其所述职掌,则是指的巡抚,而不是指总督或者说不是指所有总督,只是个别兼巡抚事之总督。另一方面,有的省,又因有抚无督,如山东、山西、河南,这样,在叙述总督的某些职掌时,因为这三省的巡抚有类同总督的职掌,也是督抚并称,但这又只是针对总督和个别兼总督某种职掌的巡抚而言,而不是所有巡抚都有此类职掌。[①] 以上内容,在话语场合,或许督、抚分别涉及,或不同省份分别叙述,作文字叙述,则仅作归纳,以简洁之语叙之,以致今天我们看到这种文字性史料,便感到困惑,乃至误解。更何况,有些权责,又是督抚共有的,战争时期或某些重大事项,这种情况尤为突出。另外,督抚并设的省份,有时下达某项政令,也是督抚并提,也使二者的权责问题扑朔迷离。实际上,在涉及职掌时之督抚并称,多数情况下,是针对巡抚、还是针对总督,是有侧重性所指的。

以上内容,只是必要的前提性概述,其督抚职掌的差别、演变,下节作专门具体的论析。

---

① 以上这种形式记述的史料,各种文献中俯拾即是,不作原文列举。

二

清代君臣的言论,涉及督抚的各自具体职掌,曾不时提到他们的区别。先看清初。顺治帝在上谕中强调:"总督、巡抚,责任不同:巡抚专制一省,凡刑名钱谷、民生吏治,皆其职掌;至于总督,乃酌量地方特设,总理军务,节制抚、镇文武诸臣,一切战守机宜,调遣兵马重大事务,当悉心筹画。"①朝臣亦曰:"督臣之设,原为剿寇,若刑名、钱谷,藩、臬司之,抚、按核之足矣。"②再看清中期。雍正帝上谕曾说:"巡抚统率全省文员,提督统率通省武弁,至于总督,则兼文武而统辖之者。"③乾隆帝说得更明确:"总督系专司戎政,向来各省遇有参革文员及地方事件,皆系巡抚专衔,会同总督具奏。"④清后期光绪年间的上谕中仍有"总督专重典兵,巡抚专重吏治"之语。⑤ 以上所述,只是基本原则上的划分区别。再看各种具体职掌的责任攸归。

巡抚职掌如下。不设巡抚之省,以总督履行巡抚职掌,而规定其权责是"管巡抚事"。

刑名案件,例归巡抚。乾隆帝上谕中曾说:"刑名事件,例由巡抚办理。"⑥清代各省的死刑案件,逐级审转,最后必经巡抚复核,上报中央、皇帝。道咸年间历任按察使、巡抚、总督的吴振棫也言及:"我朝钦恤民命,制刑之典,由州县而道府,而臬司,会其成于巡抚。"⑦宣统年间任总督的锡良也说:"向例,州县刑事案件,徒罪解府、遣流解司、死罪解院。"⑧这里所说的"院",也指巡抚,巡抚别称"抚院"、"部院",皆带"院"字。而总督别称"部堂"。二者在官场上的别称有这种区别。再看具体事例。同光之际,轰动全国的浙江省杨乃武葛毕氏一案,曾经几次反复重审,预其事之省级长官,始终是浙江巡抚杨昌浚,而没有兼辖浙江省的闽浙总督李鹤年。最后,该案翻案,杨昌浚

---

① 《清世祖实录》卷111,顺治十四年九月己巳。
② 《清世祖实录》卷112,顺治十四年十月庚午。
③ 《清世宗实录》卷98,雍正八年九月戊辰。
④ 《清高宗实录》卷1139,乾隆四十六年八月戊子。
⑤ 《清德宗实录》卷430,光绪二十四年九月戊辰。
⑥ 《清高宗实录》卷348,乾隆十四年九月丙辰。
⑦ 《养吉斋丛录》卷6,第74页,中华书局2005年版。
⑧ 《宣统政纪》卷44,宣统二年十一月上癸卯。

因失职且意存回护而被革职,李鹤年则因与此案之复核题报无关,也无任何处分。① 再如,留存至今的刑事档案,有大量的刑科题本,也可以看出,各省向中央题报死刑案件者,都是巡抚②,至于直隶、四川、甘肃三省由总督上刑事题本,不过是该总督因兼巡抚事而履行巡抚这种刑名职掌,并非总督有此职掌。其秋审,也由巡抚主持,乾隆帝上谕中提及:"秋谳大典,由各省巡抚分别情实、缓决,核准具题"③,从《清实录》所载大量史事看,也都是由巡抚或兼巡抚这种刑事的总督主其事④。总督兼辖的省份,亦该省巡抚主办秋审,事毕,将秋审招册移总督核题。⑤ 督抚同省的省份办理秋审,乃由督抚会同审录。⑥

钱粮财务也属巡抚专责。雍正六年,为整肃山东、湖南、湖北吏治,清查亏空,雍正帝特命河南山东总督田文镜、湖广总督迈柱与各该省巡抚一同办理,其上谕中便指出:"管理钱粮,系巡抚专责……凡各省钱粮,总督旧无兼办之责,今令田文镜、迈柱兼理者,乃因人而施,后不为例。"⑦从现在所见资料来看,日常钱粮财务收支等事务,是专由巡抚督察其属员布政使办理。林则徐在道光年间曾历任江苏巡抚及湖广、两广、云贵总督,其公文奏稿中,在江苏巡抚任内,有多

① 见《清德宗实录》卷8,光绪元年四月庚寅;卷23,光绪元年十二月丁丑;卷29,光绪二年四月甲子;卷31,光绪二年五月庚子;卷40,光绪二年九月甲戌;卷45,光绪二年十二月癸丑;卷48,光绪三年二月壬寅。

② 参见《清嘉庆朝刑科题本社会史料辑刊》上中下3册,天津古籍出版社2008年版。其中仅云南巡抚所上题本,注明会同云贵总督合疏具题,主稿者仍是巡抚。其他督抚同城者之巡抚,如广东、福建、湖北,未见这种注明抚督合疏具题者,均为巡抚自题。

③ 《清高宗实录》卷1191,乾隆四十八年十月丙戌。《清世宗实录》卷147,雍正十二年九月乙亥,也有上谕刑部:秋审之"各省巡抚所奏,若轻重不同,九卿当悉心斟酌"。

④ 见《清高宗实录》卷78,乾隆三年十月庚寅,全国各省;卷351,乾隆十四年十月甲午,四川、湖北、江苏、河南等省;卷400,乾隆十六年十月丁酉,湖广;卷423,乾隆十七年九月癸酉,陕西省;卷546,乾隆二十二年九月戊戌,湖南省;卷579,乾隆二十四年正月丙午,湖南省。

⑤ 《清高宗实录》卷628,乾隆二十六年正月甲辰,安徽秋审。

⑥ 《康熙朝汉文朱批奏折汇编》第5册第700页上、702页,江苏省,档案出版社1984年版。《清高宗实录》卷447,乾隆十八年九月戊寅,福建省。

⑦ 《清世宗实录》卷73,雍正六年九月丙子。

份是关于钱漕赋税征收、蠲免及钱粮奏销的①,而在几处总督任内,则没有这方面的内容,有关财务的,只有盐务缉私、疏引,矿藏开采与其维护治安之事②,也可作为巡抚之财政职掌以及总督与其差别之例证。各省税关的兼管也能说明这一问题。康熙后期以后,各省部分税关划归督抚兼管征榷,实际上是责归巡抚,而不是总督。据乾隆后期成书的《历代职官表》记载,由督抚兼管的税关,共12省16处,所涉及的省份,有山西、山东、江苏、安徽、江西、福建、浙江、湖北、湖南、广东、广西、四川等12省,大部分是督抚并设的省份,其中11省15处,明确记载是由"巡抚兼管",仅四川一省之夔关一处由四川总督兼管③,而且可理解为是该总督因兼巡抚事而管税关。税关征收属财务内容,这也是钱粮财务职掌属于巡抚的一种体现。

乡试。文科乡试,例应由巡抚入闱监临,即所谓各省"八月秋闱,例应巡抚监临"④。乾隆十七年上谕也曾说:"向例各省乡试,巡抚入闱监临。"这一年,乾隆帝以巡抚诸务繁重,不便分身,若督抚同城者,尚可由总督代行该处巡抚诸务,以便巡抚入考场监临。若专系巡抚驻扎之省,入闱监临动辄十日,势必耽误其他公务,因令嗣后专系巡抚驻扎之省,由巡抚酌委布政使或按察使监临,巡抚只于三场点名时,赴场督同搜查。⑤ 武科乡试,亦巡抚主掌,即"武场乡试,例系巡抚主考"⑥,雍正上谕也说:"各省每科考试武举,例用该省巡抚为主考官"⑦,巡抚并司出题之事⑧。雍正七年,以巡抚多有未曾习骑射技勇者,增提督、总兵或副将为同考官,与巡抚一起考试外场武技⑨。江南两省特殊,其武科乡试之外场考试,曾由巡抚与总督会同校阅,

---

① 《林文忠公政书》,江苏巡抚任内财务方面公文,见第17、20—22、31、46—47、53—57页,中国书店出版社1997年版。

② 《林文忠公政书》,第68—69、78、97、274页。

③ 纪昀等《历代职官表》卷62《关税各差》,下册第1189—1190页,上海古籍出版社1989年影印本。

④ 《清圣祖实录》卷272,康熙五十六年五月甲子。

⑤ 《清高宗实录》卷408,乾隆十七年二月甲辰。

⑥ 《清圣祖实录》卷272,康熙五十六年六月壬子。

⑦ 《清世宗实录》卷85,雍正七年八月己酉。

⑧ 《清圣祖实录》卷120,康熙二十四年四月戊申。

⑨ 《清世宗实录》卷85,雍正七年八月己酉。

乾隆三十三年，以江南省之江苏巡抚、安徽巡抚均须远赴江宁主考，其"武闱自外场以至揭晓，数十日中，殆无片刻之暇……巡抚远来江宁，随带书役、文卷，既多劳费，一应刑、钱案件，又有不能兼顾之势"，因而改归两江总督主考①。该省文乡试也有同样问题，所以两江总督又预文乡试之事②。另外，巡抚还兼掌录取定额或乡试改期之奏请等事，有总督设置之省份，此类事情及取中名额在两省或三省间的分配，由总督主掌③。

文职官员之选任与考绩。各省文职官员，除布政使、按察使为请旨缺，由皇帝选任外，道员、知府、府佐贰（同知、通判）、知州、厅同知或通判、知县，均划定有题缺、调缺、留缺。其余佐杂及教职，定有要缺。这些题、调、留、要缺的选任，为巡抚之责。若督抚并设的省份，也是以巡抚为主，总督主要负责海疆、苗疆或沿江河之缺。这是指一般情况，其初，也有个别省份实行特殊制度，如雍正年间的两广，广东沿海沿江缺是归广东巡抚选任④；湖广，则无论何缺，每出缺，选任由总督、巡抚轮流主掌。大致在乾隆中期，全国制度划一。乾隆二十八年，湖广总督上奏改变其督抚轮流选官的做法，因当时"各省在外拣选题补之官，大约海疆、苗疆、沿河、沿江之缺，总督主政；内地冲繁疲难兼三兼四之缺，巡抚主政"，此前，两广已改为这种做法，因而湖广总督也奏请按其他诸省的做法，而将"通省各缺，按沿江、内地酌定"，由督、抚"分别主稿"选任，谕旨"甚是"⑤。这里所说的"冲繁疲难兼三兼四之缺"，其冲、繁、疲、难四字，是指衡量府州县的治理难易、重要程度的四方面标准，兼三字或兼四字者，为要缺或最要缺，巡抚主选的兼三兼四之缺，又是指知州知县，不包括府之知府，因为知府之要缺、最要缺主要划为请旨缺，由皇帝选任，中、简缺才划归督抚题调，凡划为题、调缺而由督抚选任的道员、知府，一般由巡抚，"起居

---

① 《清高宗实录》卷802，乾隆三十三年正月戊申。

② 《李鸿章全集》第1册第259页，其所述该省情况与乾隆十七年定制有出入，详情待考。海南出版社影印光绪三十一年印本。

③ 《清圣祖实录》卷209，康熙四十一年七月丙子。《清世宗实录》卷9，雍正元年七月丙午。《清高宗实录》卷402，乾隆十六年十一月戊寅。

④ 见雍正朝《吏科史书》，这一信息是由博士生张振国提供，特志。

⑤ 《清高宗实录》卷691，乾隆二十八年七月甲申。

注"中有较多记载①,相对重要之"大缺",由总督主选,咨会于巡抚最后确定。咸同年间曾任知州的福格所总结的:地方"百僚之迁除,及吏户礼工刑诸政,巡抚主稿,会于总督也",其"有总督省份,凡涉海疆、苗疆及道、府大缺黜陟,总督前衔,会于巡抚"②,也大致区别了督抚并设省份在选官上的督抚分掌状况。实际上,所谓会衔、会稿上奏,往往并不认真实行,主稿者也就成了专办者,仅被皇帝发觉而申饬者,就不断见于实录所载的上谕之中。

地方文官三年一次之大计考察,亦巡抚主掌,由巡抚审核藩臬两司所造下属官员考绩之汇稿,核实后分别其优劣上报。凡督抚并设的省份,由巡抚会同总督复核、商酌确定,会衔题奏(并见后总督职掌)。其乾隆后期以后实行的"年终密考",文职学政、两司、道员、知府,由巡抚负责③。总督亦负其责(见后述),督抚分别密奏。

地方武官(副将以下)之选任及军政考核,为总督专责(详见后述),只有不设总督之省,由巡抚负责,其他省份巡抚,只对本抚标千总有拔补之权④。同治元年后,与总督非同城之江苏、浙江、安徽、江西、陕西、湖南、广西、贵州等省的巡抚,也赋予其办理各镇协武职升迁调补之权,军政考核,则注考后,会总督、提督具题⑤。

军事方面,各省巡抚职权不一,且因时而异。

清初因统一全国军事之需,各巡抚皆赋予提督军务或赞理军务之权。顺治十八年后全国底定,乃罢巡抚管理军务,在委任巡抚的敕书或巡抚题奏本章所记自己的职务中,也均不再有提督军务或赞理军务的文字,这在档案中有明显的反映⑥。仅于康熙十年四月,令

① 参见《乾隆帝起居注》,广西师范大学出版社 2002 年版。缺者还可见罗振玉辑《清初史料丛编》(中)所收《高宗纯皇帝起居注残稿》。

② 福格《听雨丛谈》卷 2《道员》,第 44 页,中华书局 1984 年版。

③ 《清高宗实录》卷 1208,乾隆四十九年六月庚寅。

④ 《清仁宗实录》卷 69,嘉庆五年六月甲寅。

⑤ 《清穆宗实录》卷 50,同治元年十一月己巳。

⑥ 张伟仁主编《明清档案》,如顺治十八年以前的敕书,第 2 册第 817、975 页,第 3 册第 1093、1315 页,第 4 册第 1631 页,有提督军务或赞理军务字样。顺治十八年以后的题奏本章之署职,第 38 册第 21181、21191、21225、21231、21243、21285 页,已无提督军务或赞理军务字样。至三藩之乱起,巡抚仍管兵务,又恢复这类文字,见第 38 册第 21293、21297 页。"中研院"史语所 1986 年影印本。

"不设总督、提督省份,副将以下武官,巡抚兼辖"①。迨至三藩之乱爆发,又命各巡抚仍管兵务,并各置抚标绿营官兵②,为各巡抚亲统之兵弁。雍正以后,加大某些省份巡抚军权,因山西、河南、山东三省无总督、提督,乃于雍正九年、乾隆五年、八年先后加这三省的巡抚提督衔,以管提督事务,也即兼具全省绿营最高武官——提督之权,管全省军务。③ 乾隆十四年、嘉庆八年,又将无提督之江西、安徽两省巡抚,先后加提督衔,职责同于山西等三省,但因江西、安徽两省巡抚之上有两江总督,所以又均受总督节制。④ 其余设有提督之省份,又有总督兼辖而该总督又不驻扎该省者(见下述),而总督又有总司军务、节制提督以下武官之权,这些虽设提督而无总督驻扎的省份,遇变乱事件,需隔省报总督,不利于应对,因而乾隆以后,又逐渐予这些省份之巡抚以节制本省绿营各镇兵马之职权。以前,这些省份之巡抚虽有军务权即所谓提督军务,但仅节制副将以下。乾隆十三年,令贵州巡抚可"节制全省兵马",十八年成为定制⑤;浙江省,于乾隆五十四年曾令其巡抚可就近兼理本省各营兵,道光二十一年,又明确赋予其节制本省水陆各镇官兵权。此后,又先后予广西、湖南、陕西、江苏几个省巡抚这种军事职权⑥。同治七年还曾规定,两江、湖广五省境内的长江水师,自副将以下,也可由这五省巡抚节制,总兵则仍归总督节制⑦。

以上只是各省巡抚的一般职掌,某些省份另有特别事务,该巡抚也因而具有本省的特别职掌,如漕务、河务、海塘事务、盐务、榷关事务等,因属特例,本文就不一一地作具体介绍了。

---

① 《清圣祖实录》卷35,康熙十年四月丙申。

② 《清圣祖实录》卷44,康熙十二年十二月辛酉。

③ 乾隆《大清会典则例》卷6《吏部·文选司·汉员开列·督抚兼衔》,第620册第166页,台湾商务印书馆影印文渊阁四库全书本。《清高宗实录》卷203,乾隆八年十月癸酉。

④ 《清高宗实录》卷339,乾隆十四年四月己亥。《清仁宗实录》卷116,嘉庆八年七月丙午。

⑤ 嘉庆《大清会典事例》卷41《吏部·汉员开列·督抚兼衔》。

⑥ 光绪《大清会典事例》卷51《吏部·汉员开列·督抚兼衔》。《清文宗实录》卷331,咸丰十年九月辛亥。《清穆宗实录》卷50,同治元年十一月己巳。

⑦ 光绪《大清会典事例》卷550《兵部·官制·长江水师绿营》。

总督职掌如下。

根据各种政书及实录对总督职掌的一般原则性叙述,大致可归纳为:节制所辖之省高级文武官员,察吏安民,而偏重于军事以及与军事相关的各种政务。通省武职,也由总督专管,即上谕所说:"各省武职,凡有总督驻扎者,向由总督专政,巡抚并不与闻。"①

节制所辖省区巡抚、提督、总兵及这些文武大员及所统绿营兵,是总督军事职权的最高体现,这种节制权及其管辖范围,在嘉庆《大清会典事例》卷470—476《兵部·绿旗营制》中,有非常系统的记载。赋予总督这种节制调动兵马权,目的是加强对这些省区重点进行军事掌控,这也正是沿海之闽浙、两广,沿江之湖广,兼具沿海沿江之两江,及边区之云贵、陕甘等省,联两省或三省而设总督的主要原因。光绪朝西北边疆建新疆省而设巡抚,仍辖于陕甘总督;建台湾省设巡抚,仍辖于闽浙总督;清末东北边区建省,于东三省所设三巡抚之上又设东三省总督,都是这一目的。所以,遇紧急用兵事件,总督可调动所辖省所有绿营官弁营兵。而巡抚调兵,则应札商总督,乾隆上谕指出:"总督统辖营制,全省兵弁凡有调遣,自当听督臣主政。巡抚虽有封疆之责,不得稍存膜视,但调发兵弁,应札商督臣,公同檄调。"②

定期与提督、总兵巡阅、操练绿营兵丁,是总督的重要职责。乾隆多次称:"向来各省营伍巡阅整饬,乃总督专责"③,边区省份之总督,另有巡边之责。督抚并设省份之平日缉捕盗贼、盐务缉私等有关动用营兵之事,总督应督同巡抚或提督、总兵等办理。

武官之选任、考绩(军政),是总督的重要专责。各省绿营武官,提督、总兵这些一二品大员,缺出,由兵部开列,请旨皇帝选任。从二品之副将以下,定有题、调、推等不同缺名,凡划归督抚者,由总督或兼提督之巡抚负责保举、拔补④,清实录所记:"武官有才能者,准总督、提督视其人地相宜,题请调补",及上谕"各省总督及兼管提督之巡抚,于各该汉员副将内秉公遴选堪胜总兵者……候朕酌量记名简

----

① 《清穆宗实录》卷97,同治三年三月戊午。

② 《清高宗实录》卷1272,乾隆五十二年正月丁丑上谕。

③ 《清高宗实录》卷899,乾隆三十六年十二月丁亥上谕;卷900,乾隆三十七年正月甲辰上谕。两条所记上谕内容相同。

④ 见嘉庆《大清会典》卷37《兵部·武选清吏司》。

用"、"著各总督及兼提督衔之巡抚……各省保举数人,出具考语具奏,候朕酌量简用"①,均说明只有总督、提督及兼提督之巡抚才具有这种职权,一般巡抚则不预其事,只是在同治元年以后,才赋予江苏、浙江等与总督不同城之八省巡抚有升迁调补本省镇协武职之权(见前述)。绿营武官之军政汇核、出具考语上奏,也总督之专职,即乾隆上谕中所说:"核办军政,系总督专责。"②此外,每届五年,总督还应将副将、参将据其才具优劣、事迹而分别为一二等,密行咨部、具奏一次,乾隆四十二年,这项考察甄别又扩大到总兵③。年终密考,则由总督将武职中的提督、总兵大员之表现密奏皇帝。

文官之选任与考绩。总督于文职官的某些选任权已如前述。其文职官之大计考察,凡督抚并设省份,均应由总督会同巡抚汇核、确定优劣等次及应举应劾者,会衔具题,即所谓"大计、军政等,督抚必公同商酌具本"④。这里所说的大计、军政由督抚会稿具题,均指督抚并设的省份。这种督抚"会题",往往并不认真执行,且容易出现督抚之间矛盾之弊,乾隆二十一年曾有变通的动议,但为吏部否决,吏部议奏:"至大计、军政举劾人员,或请毋庸会衔,或请各自核疏,与臣部原议'公核会题'之处不符,毋庸更张"⑤,仍维持原来的督抚公同商酌会题的旧制。总督于年终密考者,不仅有提督、总兵这两种高级武官,而且包括所辖省份的学政、布按二司、道员、知府等文职官。⑥

刑名方面。犯罪武官之鞫审,缉捕并鞫审盗贼,为总督之职责。乾隆六十年又增定,嗣后凡审拟事关军务及洋盗重案,由总督主审,

①　《清世祖实录》卷129,顺治十六年十月乙卯。《清高宗实录》卷1193,乾隆四十八年十一月丙午;卷1309,乾隆五十三年七月己卯。实录中,选补副将以下武职,或有关选用事务,也均记为总督预其事,或会同提督办理,而无巡抚,见《清世宗实录》卷60,雍正五年八月乙酉,川陕总督选武官。《清高宗实录》卷606,乾隆二十五年二月丙子朔,闽浙总督选补武官事;卷1405,乾隆五十七年五月丙辰,湖广总督奏请调整武官官缺事。《清宣宗实录》卷252,道光十四年五月癸巳,两江总督请调整武职官缺事。

②　《清高宗实录》卷908,乾隆三十七年五月乙巳。

③　《清高宗实录》卷1043,乾隆四十二年十月己酉。

④　《清世宗实录》卷37,雍正三年十月戊寅。

⑤　《清高宗实录》卷510,乾隆二十一年四月庚戌。

⑥　《清高宗实录》卷1208,乾隆四十九年六月庚寅。

督抚联衔会题,总督列衔于前①。秋审,凡督抚同省或总督兼辖省份,总督也参与其事(见前述)。

财务方面。总督所参预的与财务有关的事项,除有关吏治的清查亏空外,还有事关军务、兵营之粮饷、协饷事务,有漕省份的漕务,以及事关社会民众问题的社仓、赈灾、开矿及盐务、鼓铸与其缉私等等,其事散见于实录、政书、文集中,不备举。这类事务,只是事关财务中的某些特殊事项,而且有的具有临时性,有的属于"职责",是具有机动性的责任,而不像巡抚所专司的钱谷财政事务那样的日常性例行职掌。

此外,某些省份的总督又有特殊事务,如漕务、河务、边区民族及边疆事务、与藩属国贡使或西方外交事务等,因不具一般性或仅为阶段性,此处从略。

咸同以后,凡用人、财政之权,总督、巡抚于定例之外均有所突破②,其总督在洋务之财权方面更为突出。笔者感到,咸同以后,总督的职权扩展、增强尤为显著,这与当时的战争、富国强兵以兴办洋务有很大关系。无论国内或对外战争,还是兴办洋务之组建新军,建造或购置新式武器、军舰,均属军事,乃总督之侧重性本职。购、造武器等,又需以兴办洋务企业的经济财权为依托。而对外兵事之战、和,及兴办洋务,又须与洋人打交道。这类外交性洋务,也须由品级身份地位高于巡抚之总督办理,这是外交之需、政治体制所决定。凡此诸种因素,造成了咸同以后总督职权之大增、地位更高。而直隶、两江、两广、闽浙、湖广这些沿海或沿长江省区之总督的职权所以扩增更为突出,也正与这些省区兴办洋务及外交事务之重有关。而直隶、两江总督在这些总督中的职权、地位所以尤为突出,也明显是这种因素使然。

三

前述巡抚、总督的职掌,是指日常各自应办的例行事务,不包括

① 《清高宗实录》卷 1469,乾隆六十年正月戊申。
② 胡思敬《国闻备乘》第 13、20、600、79、83 页,第 50、60、70 页,中华书局 2007 年版。《清德宗实录》卷 139、卷 185、卷 411、卷 461 中也有不少记载,不备举。

某些临时性的、特别时期或个别委任之事。从总的情况看,总督的职掌事项相对较少(不包括兼巡抚事务之总督),而偏重于军事,其地位高于巡抚,督抚并设省分之总督可节制巡抚,也是军事需要方面的设计,因其所辖省分之巡抚也掌管部分绿营官兵。巡抚的职掌相对全面,不仅刑名、钱谷是其专责,而且掌文职之选任及军事方面的某些事务,比如有亲统之抚标营兵,节制副将以下官弁以维持日常治安。不设总督省分之巡抚,又有类似总督之军事职权,则增加了抚、督职掌上的模糊性。总督带有因需而设(主要是军事之需)的性质,巡抚则一般每省皆设,其因某种需要或原因设总督而省去巡抚之省份,如直隶、四川、甘肃,也必以总督兼巡抚事,其作为该省最高长官的职掌方得完整全面。因此,有的学者认为只有巡抚才是一省的最高行政官①,是有一定道理的。但由于总督品级高于巡抚,督抚并设的省份中,总督辖二三省,并可在军事方面节制巡抚,遂使其权责以及皇帝对其责任的要求,带有某种含糊性,总督在履行其职责上,也具有机动性与伸缩性,况且又有二者在某些事务上有协办、会稿之规定,不免与巡抚在权责上产生矛盾,或有互相推诿之事,在督抚同城之省份尤为突出,当然这又与督抚双方的能力、为政态度、权力欲以及性格有很大关系,当时的官员对这种龃龉、参商情况也多有评述②。因此,光绪后期以后乃将督抚同城之巡抚裁去。

清代各省之长官,并不划一设置巡抚或单一设为总督,其设总督省份,均有对该地区进行特别掌控、治理之考虑,主要是军事掌控,联省使用兵力,因而海、陆沿边地区及长江中下游诸省,也是联省设总督的主要地区。另外,督抚并设,又寓督抚互相监督、制约之用意。故直至清末虽不得不裁去督抚同城之巡抚,但仍有十余个设巡抚之省份由总督兼辖(包括新设的新疆、东北等地区之省),督抚重合之设,并无大改。

(此文原载《史学集刊》2009 年 6 期,有修改)

---

① 赵希鼎《清代总督与巡抚》,《历史教学》1963 年 10 期。

② 见胡思敬《国闻备乘》卷 1《同城督抚不和》第 7—8 页,中华书局 2007 年版。徐一士《一士谭荟·督抚同城》,《近代稗海》第二辑第 279—284 页,四川人民出版社 1985 年版。

清代职官的复杂等次及相关问题

　　众所周知,官员有品级的划分,为九品18级,以此体现官员之间的高低差别,甚为明确。实际在职官制度中,还划分有很多的差别、档次,权且称之为等次。如:品级较高者划为"大臣"档次。同品级者则有多种等次之分:京官高于外官,文官高于武官;同品级因加衔而与未加衔者有等次之差;有的同品级同一职官,有左右、前后差别,很多同品官因所在衙门不同而有等次,三四品官还各有大小之分;九品18级之外,另有附加的几个职官等次。此外,还有诸如:同一职官,由于任职人民族之不同而品级不同;同一职官,因设在不同衙门而品级不同,甚至有一官多达6个级别者。再如:中央机构的堂官(长官)之间有档次差别;中央、地方同机构内的职官,又都有几个档次的划分。还有诸如大九卿、小九卿之分,等等,多达20种(本文所归纳),甚为复杂,而且有的划分也不明晰,或带有笼统性。凡此,都影响史料的解读乃至对史事的认识与论述。对这方面内容作集中考察,得出一些认识,当不无意义。另外,前述等次,不仅体现了清代职官制度的复杂性、某些变化,有的还关系到官员的特权、选官制度,以及其中存在的问题,等等。爰作此小文。因所见资料有限,或有理解不准确之处,希望发现者予以纠正,以免贻误他人。

一、清代职官中的复杂等次

清代职官的诸多等次,简要列举如下(所述都是定制以后的内容)。

(一)品级内外的再划分

1. 大臣、非大臣之分。政书中,常称"三品以上大臣""三品以上文武大臣""一品大臣……二品三品大臣官员""一二品大臣……三品大臣官员",而不将四品及以下官称大臣。

从职官性质上看,京职"大臣",都是中央机构的长官(堂官,或称正官)。如部院的尚书、侍郎,都察院左都御史、左副都御史,大理寺、太仆寺三品官的正卿,等等。最高的是正一品的大学士。直省文职"大臣",有总督、巡抚。武官"大臣",有诸如一二品的领侍卫内大臣、内大臣、散秩大臣,都统、副都统,各兵营长官前锋统领、护军统领、步军统领,驻防将军、都统、副都统,绿营之提督、总兵等等。

大臣是高档次的官员,因而,有些不定品级而以"大臣"称之的官员,都在一至三品这一档次,职分地位较高,如军机大臣、驻藏大臣,蒙古、新疆地区的参赞大臣、办事大臣、领队大臣,晚清的总理衙门大臣、北洋大臣(北洋通商大臣)、南洋大臣(南洋通商大臣)、出使大臣,以及临时性的钦差大臣,等等。因此,这一品级层次以下的官员如果被任命为"某某大臣"者,其职分地位也就处在"大臣"的高档次中①。

大臣似乎又是一个笼统性的档次概念。虽然《清实录》、官方政书中多次称"三品以上文武大臣"②,但武官中的三品官,却很少见到称大臣的,即使是八旗中的正三品参领,也列在大臣之后另称之或与

---

① 学政虽无"大臣"之称,从性质上说也属钦差大臣,因而职分地位也应属"大臣"档次。

② 光绪《大清会典事例》卷830《刑部·刑律·捕亡·应捕人追捕罪人》:"八旗三品以上文武大臣。"并见《清高宗实录》卷460,乾隆十九年四月戊子;《清朝续文献通考》卷166《群庙考一·历代帝王陵》,嘉庆九年。

大臣分别称之的情况①,将其与大臣区别。直省文官之布政使(从二品)、按察使(正三品)在清代已是督抚属员,似也不称大臣②这也是同品级之武官低于文官、地方官低于京官的一种体现。③

2. 同品级的京官、外官,有高低之分。

京官,指京城各衙署(包括盛京五部、两京府)所设职官,高于直省地方同品级的外官。如京官正三品的通政使、大理寺卿,高于同为正三品的各省按察使。京官正四品的太常寺少卿、太仆寺少卿,高于同为正四品的各省道员。因而,外官迁调为同品级甚至比其品级低的京官,也为升职(详见后述)。督抚则不属此列,这种特殊性,反衬出外官中督抚较高的地位及其职任的重要性(详见后述)。

3. 同品级的文官、武官,有高低之分。

同品级的文官、武官,文官地位高于武官。这在特权待遇等方面有明显体现,详见后述。

4. 同一品级职官,加衔与未加者有等次之分。这方面的情况较复杂。

加衔,或曰兼衔,有的又称赠衔,种类甚多,意义不一:或赋予其所兼官衔的品级、身份地位,及相应的某些特权;或赋予优先选官权;或赋予所兼官衔的职权。有的兼而有之。等等。其赋予优先选官权,或赋予所兼官衔的职权,与本文的"等次"性质不同,需作专文另述。现仅将赋予其所兼官衔的品级、身份地位及相应特权的加衔,摘要略举如次。

太师、太傅、太保,少师、少傅、少保,太子太师、太子太傅、太子太保,太子少师、太子少傅、太子少保,皆为大臣加衔④。凡加这类衔

---

① 光绪《大清会典事例》卷 1122《八旗都统·兵制·畜牧》:"雍正四年谕:……因牧放马匹之事甚关紧要,所以委派大臣、参领官员等带领兵丁前往。"同书,卷 637《兵部·简阅·八旗简阅军士》:"乾隆十五年谕:八旗官兵定日较射……不惟参领等官应行一同射箭,即前往阅箭之管旗大臣,亦应身先射箭。"

② 似与是否主掌政务之长官有关。这种理解是得王冕森先生提示,特志谢。

③ 其绿营武官中的三品官,如正三品的参将、从三品的游击,同样很少见到称其为大臣者。绿营的从二品副将,是否称作大臣,也有待考察。

④ 刘锦藻《清朝续文献通考》卷 116《职官考二·京文职》:"臣谨案:师、傅、保皆虚衔,无职掌,亦无员额。凡大臣宣力中外劳绩懋著者,则奉特旨加衔,或为赠典,以示优宠焉。"《清朝文献通考》卷 18《职官考·三公三孤》作"俱为文武大臣加衔及赠衔,无专职"。

者,便比同官同品级而无此加衔者身份地位高,官场中也常以这种荣衔作为尊崇称谓,如称为"宫保"者便是。

再如赠官衔或世职、品官。道员赠工部侍郎衔、通政使衔、光禄寺卿衔。典史赠主簿。绿营武官之副将赠右(或左)都督衔、参将赠总兵官衔、游击赠总兵官衔、守备赠提督衔。八旗武官之赠世职,如护军参领赠云骑尉,骁骑校赠云骑尉,都属此类。还有的是直接赠几品官,如护军赠七品官①。还有地方官加京官衔,如知府,加太仆寺少卿衔②。凡此,都提高了身份地位。

还有,同一职官,因加不同衔而分出等次。如总兵官,有加左右都督衔、加都督同知以下衔的不同,而有等次差别。再如副将,有加一品衔副将、二品衔副将、小衔副将之分,在荫子方面待遇不同。

有的是将高于某职官品级的官名作加衔以提高品级、身份地位。如大学士曾作正五品,但加尚书衔而为正二品,定其为正一品后才将加衔取消。其内阁侍读兼太常寺少卿衔或光禄寺少卿衔,内阁侍读学士兼太常寺卿衔,国子监祭酒兼太常寺少卿衔,国子监司业兼太常寺寺丞衔,也是提高其身份地位,后来也都取消。而内阁学士兼礼部侍郎衔等,则一直实行。

道员,起初是各据所带之衔定品级,因而有三、四、五品之不同,乾隆十八年裁去所带之衔,统一为正四品,始无等次。总督、巡抚的带衔也有类似复杂情况,乾隆十四年以后统一且固定。

加官衔还有是荣耀性的。如乾隆十六年,詹事府詹事黄叔琳,以其是"康熙辛未探花,年跻大耋,重遇胪传岁纪,洵称熙朝人瑞",而特加吏部侍郎衔③。

清末组编新式陆军,宣统三年定,凡派定陆军军队等处职任人员,均给与陆军相当之衔:上等一级,应加正都统衔;上等二级,应加副都统衔;上等三级,应加协都统衔;中等一级,应加正参领衔;中等二级,应加副参领衔;中等三级,应加协参领衔;次等一级,应加正军校衔;次等二级,应加副军校衔;次等三级,应加协军校衔。以上加衔

① 以上见光绪《大清会典事例》卷449《礼部·群祀·昭忠祠一》。
② 《清朝文献通考》卷235《经籍考二十五·集·诗集》。
③ 《清朝文献通考》卷212《经籍考二·经·易》。

是"专为尊崇体制、整饬军容起见"①。

5. 同一职官且品级相同,而有左右、前后的等次。

部院的堂官侍郎,有左侍郎、右侍郎,品级相同,按尚左之制,左侍郎在右侍郎之上。再如詹事府的左春坊、右春坊,设官都是庶子、中允、赞善,同职名者品级相同,但左春坊这些官,分别高于右春坊者:左庶子高于右庶子,左中允高于右中允,左赞善高于右赞善。

翰林院的翰林官侍读学士、侍讲学士,虽职名不同而职仕性质相同,而且品级相同,都是从四品,但侍读学士高于侍讲学士。同样情况还有侍读、侍讲,都是从五品,侍读高于侍讲。以上翰林官,"读"皆高于"讲",文献中,这些翰林官在同时叙述时,都是"读"者列在"讲"者之前。

以上左右、前后的等次,在职官升转上有体现,见后述。

6. 同品级甚至同职官员,因所在衙门不同,而有等次。

(1)部院中,不同机构的堂官之间存在差别。

六部堂官皆为同职之尚书、侍郎,品级也相同,尚书皆从一品,侍郎皆正二品。但吏部的尚书、侍郎,其职分就大于其他五部尚书、侍郎,比如吏部尚书的人选,按一般次序,是在五部的尚书、都察院左都御史中"改"任,实际是升职。而吏部尚书,若非特殊原因,一般是不改任其他五部尚书的。吏部右侍郎的选任也是如此②。吏部排在六部之首,也表明该衙门及其堂官在六部中的最高地位。其他五部的侍郎、尚书,也存在等次差别。六部总以吏、户、礼、兵、刑、工排序,就不无差别,在选官上也有体现。清末曾任吏部司官的胡思敬记述:侍郎、尚书之调转升迁"视六部繁简次序,以调任为升迁",并对这句话作注:"旧例,由工调兵、刑,转礼、转户,至吏部,则侍郎可升总宪,尚书可升协办"③,这是说,侍郎由最低的工部侍郎,调为兵部、刑部侍郎,再进一步转为礼部侍郎、户部侍郎,虽属同职的"调任",实际是"以调任为升迁",再升至最高的吏部侍郎,就可晋升更高一个档次的部院正长官——总宪,即左都御史,左都御史在部院正长官中排尚书

---

① 《清朝续文献通考》卷123《职官考九·京文职·陆军部》。

② 以上见光绪《大清会典事例》卷17《满洲官员品级》,卷18《汉官品级》。

③ 胡思敬《国闻备乘》卷1《部务》,第27页,中华书局2007年版。

之后，是侍郎晋升之初阶，再晋升为尚书，尚书晋升为协办大学士。胡思敬所说的，是一般的循序晋升的次序，突破这种次序的情况并不鲜见，体现了这五部之间既有等次差别又不分明而不绝对严格的情况。

部院中，都察院左副都御史，又低于同为副长官的侍郎（暂且称侍郎为副长官、尚书为正长官）。康熙时，左副都御史与侍郎品级曾相同，都是正三品。但左副都御史选任为六部的右侍郎，是属升官①，显然其地位在各部的侍郎之下。此后侍郎上调为从二品，再调为正二品，左副都御史则始终未予上调（并见后述），仍为正三品，比同为部院堂官的正二品侍郎，差了一品（2 级）。

（2）同品级而所在衙门不同的不同名职官，有等次之差。比如诸多衙门的正三品官，其排序是：都察院左副都御史、宗人府府丞、通政使司通政使、大理寺卿、詹事府詹事、太常寺卿，顺天府尹、奉天府尹，各省按察使②。这一排序，也是基本固定的，也称为"秩"，就是等次，康熙朝的刑部尚书王士禛曾以上述"宗人府府丞"为例，介绍说：宗人府"府丞二员，以汉人或汉军为之，秩在副都御史下，通政使、大理卿上"③，他的叙述与上述排序相合，其所说的"秩在……下……上"，就是等次。

以上排序，在康熙前期所制定的《品级考》就已基本确定④，为以后选官制度沿袭⑤，而且这种排序基本固定，又说明这种等次具有制度性。

以上情况，在三、四品京职文官中还有进一步的区分，见下述。

7. 文官的三品官、四品官，各有大小之分。这一问题也较复杂，

①　《清圣祖实录》卷 208，康熙四十一年六月己卯："升提督江南学政·左副都御史张泰交为刑部右侍郎，仍留督学任。"

②　以上排序，见光绪《大清会典事例》卷 18《吏部·官制·汉官品级》。

③　王士禛《池北偶谈》卷 3《谈故三·宋官制》，上册第 61 页，中华书局 1982 年版。

④　见康熙九年题定《大清满汉品级考》、康熙十二年《满汉品级考》，（日本）内阁文库藏。此资料为神谷秀二先生提供，特志以表谢意。

⑤　将嘉庆《大清会典事例》卷 15《吏部·官制·汉官品级》，卷 14《吏部·官制·满洲官员品级》，以及光绪《大清会典事例》卷 18《吏部·官制·汉官品级》，卷 17《吏部·官制·满洲官员品级》，与康熙年间修订的《品级考》作对比，可知多为沿袭，只是某些官员品级的微调后位置有所变化。

需作较多解释。

正三品：都察院左副都御史、宗人府府丞、通政使司通政使、大理寺卿、詹事府詹事、太常寺卿，顺天府尹、奉天府尹，各省按察使。从三品：光禄寺卿、太仆寺卿，各省盐运使。

以上三品官，排在靠前的都察院左副都御史、宗人府府丞、通政使司通政使、大理寺卿以及顺天府府尹，在选官规制中，被称作是"大三品"，《大清会典事例》在"大三品"之下，注为上述几种官①。

正四品：通政使司副使、大理寺少卿、詹事府少詹事、太常寺少卿、鸿胪寺卿、太仆寺少卿，顺天府府丞、奉天府府丞，各省道员。从四品：翰林院侍读学士、侍讲学士，国子监祭酒，内阁侍读学士，各省知府、盐运使司运同。

以上四品官，政书称"通政使司副使、大理寺少卿二项，系大四品"②。

综合考察，称为大三品的都察院左副都御史、宗人府府丞、通政使司通政使、大理寺卿、顺天府府尹，以及大四品的通政使司副使、大理寺少卿，凡属"大"者，都有通政司、大理寺这两个衙署之官，而且不论其正职、副职，如正三品的通政使为大三品、正四品的通政司副使为大四品，正三品的大理寺卿为大三品、正四品的大理寺少卿为大四品。这两个衙署——通政司、大理寺，与六部、都察院同属大九卿衙门（大九卿及大九卿衙门，见后述）。其他属于"大"者：都察院左副都御史，本属部院档次的堂官，应为二品，乾隆十五年修会典时，官员曾提出其作正三品不合理，请改为从二品，乾隆帝不同意，降旨"都察院左副都御史仍著为正三品"③，既然属于屈尊降档，当然要排在所有三品官中的首位，而称之大三品了；再看宗人府府丞，其所在的宗人府，是管皇族事务的地位较高的衙署，其正三品的府丞又是宗人府的正官，因而也是大三品。可见，称为大三品或大四品的官员，都是任

① 光绪《大清会典事例》卷50《吏部·汉员开列·大学士京堂等官候补》，道光四年条下注。

② 光绪《大清会典事例》卷50《吏部·汉员开列·京外应升官员开列》，乾隆五十八年。

③ 国家图书馆藏历史档案文献丛刊《清会典馆奏议》第83—84页，国家图书馆2004年影印本。

职于地位较高的衙门，换言之，其所以在同品级的职官中称为"大"，与其所在衙门地位相对较高有直接关系。需要说明的是，排在詹事府詹事、太常寺卿之后的顺天府府尹，也称为大三品，当也与顺天府尹职任较重要、职分较大有关，其虽为正三品官，但与二品官的省级长官巡抚一样，有"题"奏权。其所以排在詹事府詹事、太常寺卿之后，当是文献叙述时循从机构归类的原则——先中央、后地方，顺天府职官虽属京官，但顺天府毕竟不是中央机构，严格说其根本性质是"地方"机构，而且与专掌某一类事务的中央机构院、寺在职任性质上也不属同类，不宜混在院、寺中列叙，因而与中央机构分开，放在其后，但在这一品级的"地方"（暂且如此称之）机构官员中，顺天府是排在首位的。

初步认为，大三品，只是在选官时，强调这几种官的职分在同品中相对较大时称之，某些职分较低的候选人在初升职时，不能升入同品中这职分较大的职官，道光四年强调"奉旨以三品京堂补用人员，不补大三品：都察院左副都御史、宗人府府丞、通政使司通政使、大理寺卿、顺天府府尹（原文这几种官是注为小字），以三品之太常寺卿、光禄寺卿、太仆寺卿用"①，因大三品职分大，若奉旨升为三品京堂官，应升为三品中的初阶较低者——太常寺卿、光禄寺卿、太仆寺卿。比如四品京堂通政司副使、大理寺少卿，如果奉旨升为三品京堂，只能升为三品京堂太常寺卿、光禄寺卿、太仆寺卿，而不能作为"正升"升为大三品的左副都御史、宗人府府丞等三品京堂官的。大三品的入选资格更高，大三品的各官入选资格也不同，以其排序即"秩"决定，如大三品中排在首位的左副都御史，是以大三品中的"宗人府府丞、通政使司通政使、大理寺卿升任。以上各衙门无人，方以太常寺卿、顺天府府尹、光禄寺卿、太仆寺卿升任"②，说的是左副都御史出缺，入选资格限定为"宗人府府丞、通政使司通政使、大理寺卿升任"，作为"正升"，只有这些官无合适人选，才考虑三品官中的"太常寺卿、顺天府府尹、光禄寺卿、太仆寺卿"，作为"次应升"。

---

① 光绪《大清会典事例》卷50《吏部·汉员开列·大学士京堂等官候补》。

② 光绪《大清会典事例》卷18《吏部·官制·汉官品级·正三品》。

选为大四品的官员也有资格的限定,乾隆五十八年定:"通政使司副使、大理寺少卿二项,系大四品,应升之内阁侍读学士,改为其次应升。正四品之太常寺少卿、鸿胪寺卿、太仆寺少卿、顺天府府丞、奉天府府丞,列入正升"①,内阁侍读学士便被排除在"正升"的候选资格之外,作为"次应升"了,即只有上述诸正四品官无合适人选时,才将内阁侍读学士作为候选人②。

小三品都有哪些职官,未见政书记载,但有"大小三品"之说。乾隆四十八年谕:"嗣后京察时,满汉内阁学士、副都御史,仍著吏部照例开列具题外,其余大小三品京堂,既不便派王大臣验看,俱著吏部一体带领引见。"③

小四品,政书有时注释为:太常寺少卿、鸿胪寺卿、太仆寺少卿、顺天府府丞、内阁侍读学士④。有时又有奉天府府丞而无内阁侍读学士⑤。

综上,初步作这样的判断:大三品、大四品官,都有明确所指,但又只是在选官时使用这一概念。而所谓大小三四品,似乎只是一个视情况、场合而做的大小之分的概念,且多用于选官时。另外,涉及大小三四品的职官,都是堂官(正官),基本是"京堂"官,而没有属官。

8. 九品18级之下的级别

清代官制,在九品18级之下,还有一些职官,且有等次之差,由高到低的排序是:未入流、无品级、无顶戴。

未入流。《大清会典》称:"不列于九品,曰'未入流',其级,则附于从九品",并列有这一级别的职名,如翰林院汉孔目,部院的库使,地方的盐茶大使,厅州库大使,州县税课司大使,驿丞,闸官,府州县

① 光绪《大清会典事例》卷50《吏部·汉员开列·京外应升官员开列》。
② 光绪《大清会典事例》卷18《吏部·官制·汉官品级》记:正四品之通政使司副使、大理寺少卿,都是"由太常寺少卿、鸿胪寺卿、太仆寺少卿、顺天府府丞、奉天府府丞升任。以上各衙门无人,方以内阁侍读学士、通政使司参议、光禄寺少卿、鸿胪寺少卿升任"。
③ 光绪《大清会典事例》卷78《吏部·处分例·京堂京察》。
④ 光绪《大清会典事例》卷50《吏部·汉员开列·京外应升官员开列》:"道光四年议定:奉旨以四品京堂用者,不补大四品通政使司副使、大理寺少卿,以小四品京堂用太常寺少卿、鸿胪寺卿、太仆寺少卿、顺天府府丞、内阁侍读学士。"
⑤ 刘锦藻《皇朝续文献通考》卷116《职官考二·京文职》。

的一些僧道官等等①。这是沿袭明代制度②。未入流职官只设于文职官中，武官中不设未入流。这里的"未入流"，并非不算品官的非职官泛称，因而才规定有其具体的职官名，而且有其职官的级别，"其级"是"附于从九品"，因而是属于职官范畴的。《大清会典》的另一处说得更明确一些，而且对其有定位，可知这"未入流"并非最低的职官，还有比它级别更低的。《大清会典》叙总管内务府大臣的职责时，称其"定内务府官之秩，文职有二品……有九品，有未入流，其微者，则无品级、无顶戴焉"③。这里明确说内务府"官之秩"，即"职官"的"秩"——级别序列中，"有未入流"，也列举了内务府的一些"未入流"职官，如奉宸苑等处的苑副、催长、闸官、仓领长等。

比未入流更低的"微者"，是"无品级"、"无顶戴"，这是明代官制中没有的。清代这种"微末"之官，大多在内务府职官系列中，以下所列职名及其等次，都是在内务府之内。

无品级。低于"未入流"，因"未入流"是附在职官品级中的"从九品"中，尽管只是"附"于其下，而并非"正宗"的从九品，品级最低，但总算有品级。而这明确称为"无品级"的，显然是等而又下之者，因而列于"未入流"之下的"微者"之内。内务府的文职、武职官中，都设有"无品级"者，文职，诸如广储司的"无品级司匠"、营造司的"有顶戴无品级催长"，都虞司、慎刑司的"有顶戴催长"，又统称为"虚衔顶戴人员"④，看来是虽无品级，但都有职官的顶戴。内务府中的这种"无品级"职员数量甚多，文职仅"七司"等处就有一百多员，若再加上其他机构者，则更多⑤。武职"无品级"者，有厩长、牧长、崿长、番役头目、顶戴拜唐阿等等。此外，无论内务府官还是外朝官，还有"无品级笔

① 嘉庆《大清会典》卷6《吏部·文选清吏司》。
② 万历《大明会典》卷10《吏部·稽勋清吏司·资格》。
③ 嘉庆《大清会典》卷72《总管内务府大臣》。
④ 咸丰《总管内务府现行则例·堂上》卷2《设立虚衔顶戴人员》，民国二十六年国立北平故宫博物院文献馆校印本。
⑤ 咸丰《总管内务府现行则例·堂上》卷2《设立虚衔顶戴人员》叙：内务府"本府所属七司各等处，现设有虚衔顶戴人员共一百二十六员"。嘉庆《大清会典》卷72所列的内务府文职官员的"无品级"之下，种类更多，有不少是上述咸丰《总管内务府现行则例》所未列者，因而数量甚多，可参见拙作《清代八旗官制与行政》第七章的《内务府各机构所设职官（文武）一览表》，中国社会科学出版社2015年版。

帖式",秩在九品笔帖式之下。其他不备举。

无顶戴。比有顶戴的"无品级"更低。内务府的此类文职中,有诸如副库掌,库守、副库守,无顶戴司匠、副司匠,无顶戴催长、无顶戴副催长,等等。武职有营造司屯千总、屯把总,养牲畜之牧副,打牲乌拉之珠轩长、副珠轩长,等等。

内务府是清代管理以皇室、宫廷事务为主的庞大机构,事务甚多,而且甚为琐细、庞杂,需要设置大量的而又级别极低的管理人员,这无品级、无顶戴职官,正是适应这种需要,而在旧有的未入流之下设立的,数量巨大。这也是清代内务府官制的一个显著特点。

(二)同一职官,由于任职人民族之不同,而有品级等方面的差别,主要体现在任该职官的满、汉人上。

清朝入关伊始,满汉官员就有多方面不同。其中与品级相关者,如同一职官,满汉品级不同,满人高于汉人。顺治十五年一度划一,顺治十八年又恢复满汉同官不同品之制。到康熙九年,实行满汉官品级划一,基本固定。这是从总的情况而言,仍有个别职官有差别,如太常寺的赞礼郎,满人赞礼郎为正七品,汉赞礼郎为正九品。同为鸿胪寺的鸣赞,满人鸣赞是正七品,汉人鸣赞是从九品。而钦天监的五官正,旗人为从六品,汉人为正六品。以上几种职官,康熙九年满汉官品级划一后,在品级上是满汉相同的,乾隆时期改变,具体时间待考。

更重要的是,虽然同一职官、品级相同,由于任职者之满汉不同,而有职权、身份等次方面的差别。如中央机构中的满汉复职制,同一职官虽由满官、汉官共同担任,但公文列名、礼仪场合排名等,涉及先后问题,同样职衔,一般是满官在汉官之前。再如权力方面,一般也是排名在前的满官权势相对较大,印信也由满官掌管①。这些多为学界熟知,不赘述。

(三)同名职官,品级不同,有以下几种情况。

1. 同名职官,设在不同机构,品级不同。主要是管文职杂务的

_____

① 中央机构印信,清初即定满官掌握。顺治十五年一度改制,但顺治十八年又恢复原制。大致在清中期以后,某些机构有所更改,具体时间待考。

"首领官"及某些"杂职"。

典籍。内阁典籍厅的典籍,正七品。而国子监典籍厅的典籍,则是从九品。

主簿。主簿厅主簿,设于太仆寺者,正七品;设于光禄寺者,从七品;设于鸿胪寺者,从八品。

典簿。典簿厅典簿,设于太常寺者,正七品;设于光禄寺者,从七品;设于国子监者,从八品。

司务。六部、理藩院的司务厅司务,正八品。大理寺司务厅的司务,则是从九品。

经历。京、外衙署都有设置。京城都察院经历厅的经历,是正六品,通政使司的经历司经历便低一品,为正七品。地方衙署中,省级布政司衙门的经历,从六品;按察司衙门的经历,正七品;知府衙门的经历,正八品。

知事。按察司的知事,正八品;知府衙门知事,正九品。

照磨。布政司照磨,从八品;按察司照磨,正九品;知府衙门照磨,从九品。

库大使、仓大使。布政司库大使,正八品;仓大使,从九品。道库大使,从九品;仓大使,未入流。

税课司大使。设于府者,都是从九品,设于州、县者为未入流。

阴阳学官。设于府者叫正术,从九品。设于州者叫典术,设于县者叫训术,皆未入流。

医学官。设于府者叫正科,从九品。设于州者叫典科,设于县者叫训科,皆未入流。

2. 同机构、职名也相同,而级别不同。

这种情况在内务府中较多。如管园苑的"苑丞",有六品、挂六品衔、七品之别,而其副手的"苑副",则有七品、八品、挂八品衔、九品、未入流、无品级6个级别。其他如管库的"库掌",也有六品、挂六品衔、七品、挂七品衔、无品级、无顶戴这6个级别。设于各处的"催长"同样有6个级别。其中以同职名而有三四个级别者最多。

3. 同名职官,还有在品级上相同与不同、职任性质上相同与不同的参差情况。举以下三种。

(1)侍读学士,有两种:翰林院侍读学士、内阁侍读学士,皆从四品,而职任性质不同。二者在有选官上有途径宽窄、升幅高低之别。详见后述。

（2）侍读,也有两种:翰林院侍读、内阁侍读,职任性质也不同,区别同于翰林院侍读学士、内阁侍读学士。二者品级则又不同了,翰林院侍读为从五品,内阁侍读为正六品。

（3）地方官中,有两种:同知、通判,品级都相同（同知都是正五品,通判皆为正六品）,但有长官、佐贰的档次差别。区划厅的厅同知、厅通判,皆有其单独专管的辖区,是厅的长官,即正印官,与府州县长官知府、知州、知县并称。而在府下辅佐知府担任某方面专项事务或在某地区"分防"的同知、通判,则属于佐贰官。"清会典"所谓"有专管地方者为厅,其无专管地方之同知、通判,是为府佐贰"①,说的就是这种情况。

（四）中央机构堂官之间的档次

中央各衙门的堂官,即长官（或称正官）,可分为两个档次。部院（六部、理藩院、都察院）的堂官,基本是一二品②,档次较高。寺、监等衙署的堂官,为三品至六品,属于等而下之的档次,称之为"京堂"③。"京堂"的本义应是京城衙署的堂官,但地位较高的部院堂官,一般不称"京堂",而是三品至六品的寺监等衙署的京职堂官称"京堂"。前者职务较后者重要,因而品级、地位也较高。

（五）中央、地方同机构内,职官的档次划分④

1.中央机构。同一机构内有堂官、属官、首领官的档次之分⑤。

堂官,即长官,又称正官。如六部的尚书、侍郎,大理寺、太常寺等的卿（正卿）、少卿,国子监的祭酒、司业,等等。

属官,为隶属于堂官的属下官。部院属官设于各清吏司下,又称

---

① 嘉庆《大清会典》卷4《吏部》。

② 只有都察院的副长官左副都御史是正三品,属特殊个例。

③ 清初,正三品之侍郎也称京堂。侍郎于雍正八年升为从二品,乾隆十四年再调为正二品。当在此后不再称其为京堂,明确时间待考。

④ 非同机构者,如知府与辖区的知州、知县,有上司与属官等次之分,人所熟知,不作介绍。

⑤ 康熙、雍正两朝会典,沿明制,有首领官之称谓。乾隆以后,中央机构不再作此称呼,地方衙署中的首领官称谓依旧。本文为将职官归类分析,仍沿用康熙、雍正会典的称谓。

司官,六部的司官——郎中、员外郎、主事,又称"部属"。部院属官分类办理本部院的各种专项事务①。寺监机构的属官,如大理寺的左寺、右寺之职官,太常寺的赞礼郎,国子监的监丞,也分工办理本寺监事务。

首领官,是办理本机构的文职杂务,如收发公文、保存档册、查核簿册卷宗及相关文字事务的职官。如六部、大理寺的司务,太常寺的典簿。部院首领官的职务,有很多是由属官担任或轮值的,寺监也有这种情况。明代的《大明会典》明确称"司务"为首领官,清代康熙、雍正两次所修《大清会典》尚沿明制,列有"首领官"一类,下举"司务"等官。乾隆以后所修《大清会典》,便不再明确列"首领官"一类了,但"司务"等的首领官实名性质依旧,此后的"会典"所说"司务一官,为部、寺首领"②,就是这个意思。其所以不再列首领官一档了,大概因清代的这类职任的机构比明代大量增加,如档房、本房、当月处、督催所等,而掌管的官员又不是首领官,而是由高一个档次的属官——司官担任。

六部、理藩院,其堂官、属官之间的品级差别比较明显且划一。堂官都是尚书从一品、侍郎正二品。属官司官,都是五六品:郎中正五品、员外郎从五品、主事正六品。堂、司之间品级差别较大,因而档次区别比较明显。部院的首领官,品级都低于属官司官,档次区别也比较明显。部院首领官——司务厅的司务,都是正八品。此类职务还有当月处、档房、本房等等,不设固定品级专职官,以司官代管,或以诸司司官轮值,均由堂官指派。

此外还有杂职官,品级也皆低于属官司官。如部院各库(户部三库、刑部赃罚库、工部制造库、理藩院银库)的司库,皆正七品。刑部提牢厅的司狱,从九品。工部制造库的司匠,从九品。

而寺、监机构,则堂官的品级不同,属官名称复杂、品级也不划一,但总体而言,各机构的堂官品级皆高于属官,有档次差别。属官与首领官之间,则没有绝对的品级差别,甚至有首领官品级大于属官的情况,如太常寺、鸿胪寺、钦天监(见下述)。寺监之堂官、属官、首领官具体情况如下:

---

① 部院的司官还担任堂属机构如档房、本房、当月处、督催所等的职务,由堂官差派。

② 光绪《大清会典事例》卷19《吏部·官制·吏部》。

大理寺堂官:卿,正三品;少卿,正四品。属官:寺丞,正六品;评事,正七品。首领官:司务,从九品。

太常寺堂官:卿,正三品;少卿,正四品。属官:读祝官、赞礼郎,正七品(汉人赞礼郎正九品)。首领官:寺丞,正六品;典簿,正七品。

光禄寺堂官:卿,从三品;少卿,正五品。属官:署正,从六品;署丞,从七品。首领官:典簿,从七品。

太仆寺堂官:卿,从三品;少卿,正四品。属官:司官员外郎,从五品;主事,正六品。首领官:主簿,正七品。

鸿胪寺堂官:卿,正四品;少卿,从五品。[①] 属官:鸣赞,正七品;序班,从九品。首领官:主簿,从八品。

国子监堂官:祭酒,从四品;司业,正六品。属官:监丞,正七品;博士,从七品;助教,从七品;学正、学录,正八品。首领官:典簿,从八品。

钦天监堂官:监正,正五品;监副,正六品。属官:春、夏、秋、冬、中官正,正六品(汉军旗人所任秋官正,从六品);五官正,从六品;五官司书,正九品;博士,从九品;五官灵台郎,从七品;五官监候,正九品;五官挈壶正,从八品;五官司晨,从九品。首领官:主簿,正八品。

京职堂官,是一个档次较高的职官阶层,最低者虽然仅正六品[②],也属正官,档次较高。

2. 地方官,道及以上官为省级官。府州县,有长官、佐贰、首领官、杂职的区别。

各省官员,督抚、两司(布政使、按察使)道员"俱系大员"(《八旗满洲氏族通谱·凡例》),道员虽与知府同为四品官,道员正四品、知府从四品,但道员属省级官员,高知府一个档次。《大清会典》所谓:"总督、巡抚分其治于布政司、于按察司、于分守分巡道,司、道分其治于府、于

---

① 光禄寺,初沿明制,设汉寺丞一人,从六品,康熙三十八年裁。鸿胪寺,初沿明制,设汉寺丞二人,均从六品,顺治十五年、康熙三十八年先后裁。太仆寺,初亦设寺丞,满汉各一名,康熙二年皆裁。大理寺,初沿明制,设汉寺丞为正官,康熙三十八年裁。乾隆十七年,将原为属官之寺正改称寺丞,品级未变,仍为正六品。又,属官中初沿明制设有左右寺副,汉缺,康熙三十八年、乾隆十七年先后裁。太常寺,初沿明制设寺丞,正六品,与卿、少卿同为正官,乾隆十三年设堂下机构寺丞厅,设寺丞,正六品。正官之寺丞取消。

② 刘锦藻《清朝续文献通考》卷92《选举考九·考课》,光绪三十四年《吏部奏定变通京察事宜》:"一、旧例,大理寺正卿、少卿,系照三四五六品京堂例,缮具简明履历清单,通为一本",据此,最低品级的京堂,是国子监司业、钦天监监副、太医院院判等,均为正六品。

直隶厅,府分其治于厅、州县",也说明其行政级别属于上下两个档次。

府、州、县长官是正印官,为所辖区的最高主掌官员。

佐贰官,是辅佐长官办理事务者,一般是办理某方面较大项事务,如府佐贰之管粮漕事务、盐务、河务、防务、督捕等等,也有兼管两项者。佐贰官还有掌管某重点地区的,称为"分防"佐贰,也有上述两方面兼掌者。

首领官,掌公文收发保存、查核档册卷宗及相关文字杂务。州县首领官的吏目、典史,还掌缉捕、监狱等刑事。

杂职官,掌某项具体杂务,如收税、看守仓库、管驿站,设置较多的杂职官巡检,则掌关津要地之巡查、盘检、缉捕。

府的长官知府,从四品(乾隆二十八年以前为正四品)。佐贰为正五品同知、正六品通判。首领官为正八品经历、正九品知事、从九品照磨。杂职官有司狱、税课司大使、仓大使、巡检,皆从九品。

直隶州长官知州,正五品,一般州(称散州、属州)长官知州,从五品。佐贰官,皆为从六品州同、从七品州判。首领官,皆为从九品吏目。杂职官有巡检,从九品;税课司大使、仓大使、驿丞,皆未入流。余略。

县长官知县,正七品。佐贰官,县丞正八品、主簿正九品。首领官为典史,未入流。杂职官有巡检,从九品;税课司大使、仓大使、驿丞,皆未入流。余略。

以上,同机构职官,长官皆高于佐贰,佐贰皆高于首领官、杂职官。

(六)其他等次之分。不便作前几种归属者,于此介绍。

1. 大九卿、小九卿

九卿,都指的是中央机构的堂官,这是从职官性质上而言。大九卿,为六部、都察院、通政使司、大理寺这九个衙门的堂官,这在明清官场上基本上是固定的。小九卿,则说法甚为混乱,明朝万历年间长期居住北京的举人沈德符,曾有过考察,并作判断:

> 本朝以六部、都、通、大为大九卿,不必言矣。

> 但小九卿其说不一,或云太常、京兆、光禄、太仆、詹事、国子、翰林,而益以左右春坊,是为小九列衙门。或云詹事、春坊为东宫官属,不宜班之大廷,当以尚宝、鸿胪、钦天足之。或云鸿胪仅司传宣,非复汉晋大鸿胪之职,钦天仅掌占候,亦非秦汉太史

令之职,且皆杂流世业所窟穴,祗可与太医院、上林苑等耳。众说纷纷,莫有定论。既有公事会议,奉旨有大小九卿公同之谕,亦竟不知何属也。近问之侍从诸公,则以太常、詹事、京尹、光禄、太仆、鸿胪、国子、翰林、尚宝,定为小九卿,不知始自何时?①

沈德符所说明代小九卿官员的衙门是:太常寺、詹事府、京府尹、光禄寺、太仆寺、鸿胪寺、国子监、翰林院、尚宝司。

清初也有"小九卿"之称,《大清会典事例》记:"康熙元年题准:凡典礼……辅国将军、护军统领、副都统、前锋统领、侍郎、男、步军翼尉、大九卿,第二班。奉国将军,一等侍卫、护卫,参领、轻车都尉、步军协尉、小九卿、郎中,第三班。"②这一称谓当是沿袭明朝。不过以后提到小九卿,都是笼统而言,未见确指哪些官者。乾隆时期曾在军机处任职的阮葵生,在提到小九卿时,也只是照明代沈德符的记载介绍而已③。即使身为大九卿的官员也说不清本朝的小九卿究竟都有什么官。康熙时的刑部尚书王士禛就有所疑问,他说明代"太常、太仆以下为小九卿,本朝官制率沿明制",但又提到本朝宗人府设有正官(堂官)——府丞,其"秩在副都御史下,通政使、大理卿上",既然在大九卿的"通政使、大理卿上",那么这宗人府府丞,是算大九卿还是小九卿?另外,他举出宗人府还设有正四品启心郎④,是否可算小九卿?可见他也疑惑不清。其中启心郎在顺治十五年、康熙十二年先后裁去。而尚宝司,则在顺治后期就已撤销,若沿袭明制,就只剩下八卿了。其宗人府府丞虽然在大九卿的"通政使、大理卿上",又不能归入已是固定之数的"大九卿",以其品秩地位,能否归入小九卿,而凑足"小九卿"的九种官数?以上问题还体现在翰林院上。清代的翰林院在乾隆十几年已升为二品衙门⑤,高于大九卿衙门中的正三品

① 沈德符《万历野获编》卷20《京职·小九卿》,中册第519页,中华书局1959年版。
② 嘉庆《大清会典事例》卷236《礼部四·朝会·班位》。
③ 阮葵生《茶余客话》卷7《大小九卿》,指出"大九卿""至今皆然",与明代一样。"小九卿"也只是列举沈德符所说的明代的几种官。第170页,中华书局1959年版。
④ 王士禛《池北偶谈》卷3《谈故三·宋官制》,上册第61页,中华书局1982年版。
⑤ 光绪《大清会典事例》卷321《礼部·铸印·铸造一》:"宗人府、衍圣公、办理军机处、内务府、翰林院、六部、理藩院、都察院、总理三库事务、銮仪卫、盛京五部,银印……乾隆十四年奏准:翰林院堂印,换给二品银印。"

衙门通政司、大理寺，但始终不列入也不可能列入已是固定之数的大九卿衙门。那么，若还如以前明朝及清初那样，把翰林院放在小九卿衙门之列，是否合适？这虽然是从衙门地位上而言，但九卿官员是与该衙门地位相关的。以上这些问题都是小九卿概念的疑问。所以，清代的小九卿，似只是作为一个阶层官的划分概念，与明代一样范围笼统而不明确，不一定固定为九种官。

但无论如何，中央分掌各类事务机构的堂官，确实有九卿之说（尽管最低者只是正六品，如国子监副长官司业），且九卿又分为大九卿、小九卿两个档次。

2. 封赠散阶中的等次。封赠散阶是赋予官员及其长辈直系亲属、妻子的身份性荣誉等级职衔称谓，如男性之封赠光禄大夫（文职衔）、建威将军（武职衔）之类，女性封赠之淑人、恭人之类。在世者为"封"，故去者为"赠"。这种封赠是按实任官员的品级予以封赠，且划分为两大档：五品以上所颁给的状物，称"诰命"；六品以下所颁称"敕命"。其内部又细分等次，一品官为最高之等，其余每两个品级为一等：一品官封赠其三代，诰命四轴；二、三品官封赠二代，诰命三轴；四、五品官封赠一代，诰命二轴；六、七品官封赠一代，敕命二轴；八、九品官只封本身（雍正三年后准貤封父母），敕命一轴。

二、与职官等次相关的一些制度及问题

职官按品级制定的某些制度，大家了解的比较多，如朝会礼仪班次，是按照九品依次排列。俸禄之正俸，是按品级给与。特权方面，如一品大臣可用太监，二品及以下不可，等等。这些品级差别方面的常识，不作赘述。有些制度，则是按前述等次制定。兹介绍以下几种。

（一）由于大臣属于高档次官员，所以皇帝钦派之差职，多以大臣为名①，如钦差大臣、出使大臣，边疆定期轮驻官员也属此类，以"大臣"称之，是赋予其较高身份地位，虽然不定其品级，但以职名区分权

---

① 还有些不以大臣名之者，也属钦差，嘉庆《大清会典》卷6《吏部·文选清吏司·有差委以寄其责》："凡钦派曰差……学政系三年期满之差……盐政系一年期满之差……巡视淮安漕务，济宁漕务，天津漕务，通州漕务，巡视五城，大通桥抽查，皆系一年期满之差。"

力层级关系,如派驻边区大臣,由高到低为:参赞大臣、办事大臣、帮办大臣及领队大臣,新疆南路回部地区所派驻者,最高便为参赞大臣,其下为各城的办事大臣,有的设领队大臣。驻藏大臣则设两名,办事大臣高于帮办大臣。

(二)同品级中,文官与武官,京官与外官,在荫子、选官权上有等次差别。

荫子是指较高级官员可将一子作为荫监生,进而选为官员,一般是荫为低本身四个品级之官,如正一品官大学士,所荫之子授五品官。有荫子权的官员,文官与武官、京官与外官在荫子权上的等次差别如下:文职官,京官四品以上、外官三品以上;武职官,京官、外官皆二品以上,才有荫子权。可见,文官中,外官的四品官就没有京官四品官的荫子权。文职京官诸如正四品的通政使司副使,詹事府少詹事,鸿胪寺卿,大理寺、太常寺、太仆寺的少卿,顺天府、奉天府的府丞,从四品的翰林院侍读学士、侍讲学士,国子监祭酒,内阁侍读学士,这些四品官都有荫子权。而同为四品官的文职外官,诸如道员、知府,就都没有荫子权,地方这四品官阶层的道员、知府,其数量比京官四品官多得多。武官则仅有一二品大员有荫子特权,其三四品官,诸如八旗参领、佐领、冠军使、各营翼长、营总、各种总管,云麾使、城门领,一二等侍卫、护卫,驻防城守尉、协领、防守尉,绿营的参将、游击、都司,就都没有文官三四品官的荫子权,这也是一个人数较多的职官阶层。

外官之低于京官,在选官的升迁调补上还有体现,见如下数例。

1. 布政使,从二品,若升为京官,是任正三品的太常寺卿、从三品的光禄寺卿、太仆寺卿,虽然低于原布政使的二品,却是"升"官①。

2. 按察使,正三品,其晋升京官,是选为正四品的通政司副使、大理寺少卿。

3. 道员,正四品,晋升为京官,是选任同为正四品的太常寺少卿、鸿胪寺卿、太仆寺少卿,以及比其品级低的正五品的通政司参议、光禄寺少卿。

4. 府同知、直隶州知州,皆正五品,晋升京官,都是选为比其低

---

① 光绪《大清会典事例》卷18《吏部·官制·汉官品级》。

的司官——从五品的员外郎。

5. 从七品的直隶州州判，晋升京官，是任为从九品的国子监典籍、翰林院待诏，低了两个品级①。

与此形成特别反差的，是直省长官督抚的高地位，也体现在选任方面。总督（从一品）如果选调入京为官，除任命为尚书（从一品）属于同级调用外②，更多的是升为正一品的大学士，还有的是以大学士职衔暂留总督任③。巡抚（正二品）如果选调入京为官，则主要是任部院平级的侍郎（正二品）④，或是升为从一品尚书⑤，体现了督抚较高的地位，也反映了其职任的重要以及对其选任的重视，如京官选为总督，主要是从尚书中选择⑥，甚至以大学士兼管、协办大学士选授⑦。正如《清史稿·疆臣年表》作者在此表的开头语中所说："清制：疆帅之重，几埒宰辅。选材特慎，部院莫拟。"

（三）品级相同的同职文官，其左右、前后之分，在官职迁转上体现出等次。一般情况下，是"右"职选任为"左"职、序后者选为序前者，均谓之"转"，而实际是"升"职。

---

① 以上俱见光绪《大清会典事例》卷18《吏部·官制·汉官品级》。

② 见钱实甫《清代职官年表》第2册"总督年表"的乾隆二十六年之李侍尧、三十二年之杨廷璋、五十四年之孙士毅等。又，总督之从一品，及下述巡抚之正二品，皆为按惯例加衔后之正式品级，没有未加衔之品级者。

③ 据钱实甫《清代职官年表》第2册"总督年表"的乾隆三年之嵇曾筠、十年之庆复、二十年之黄廷桂、二十九年三十年之尹继善、三十五年之阿尔泰、三十八年之李侍尧、四十四年四十五年之三宝、五十七年之福康安，以及同治十一年以后的李鸿章、三十三年的张之洞，等等。

④ 见钱实甫《清代职官年表》第2册"巡抚年表"中雍正九年的武格，乾隆十年的蒋溥，十四年的纳敏、彭树葵，十五年的雅尔哈善，二十七年的钟音，三十五年的温福、喀宁阿，三十六年的鄂宝，四十三年的徐绩、严望深，四十六年的刘墉，五十一年刘秉恬，五十六年额勒春，五十七年谭尚忠，六十年的朱珪。以后略。

⑤ 见钱实甫《清代职官年表》第2册"巡抚年表"中雍正十一年的宪德，乾隆三年的赵国麟、高其倬、杨超曾，十二年的陈大受，二十年的卫哲治，二十八年的陈宏谋，二十九年的庄有恭，三十年的托庸，三十四年的吴绍诗，四十七年的余文仪，四十三年的德保，四十九年姚成烈，五十四年巴延三。以后略。

⑥ 见钱实甫《清代职官年表》第2册"总督年表"，乾隆二年的庆复、那苏图，四年的郝玉麟，五年的尹继善、那苏图，十五年的陈大受，二十二年的杨锡绂，三十二年的李侍尧，等等，不备举。也有以侍郎选任者，少于尚书。

⑦ 见钱实甫《清代职官年表》第2册"总督年表"，乾隆元年以大学士嵇曾筠管浙江总督，十三年以协办大学士尹继善选为陕甘总督，四十六年以大学士英廉兼管直隶总督。

如部院的"右"职转"左"职；六部、理藩院侍郎的升迁，按一般的循序渐"进"的次序，是右侍郎担任一段时间后转左侍郎。詹事府内的升迁，也是如此，右庶子转左庶子，右中允转左中允，右赞善转左赞善。翰林院的升迁，则是序后的"讲"转排在前边的"读"：侍讲转侍读，侍讲学士转侍读学士。以上这些"转"，实际是升了一阶，尽管差别并不很大。

（四）同为从四品的侍读学士，由于在翰林院、内阁所任职之性质不同，在选官上有途径宽窄、升幅高低之别。

翰林院侍读学士是翰林官，掌撰文修史等文化方面职任，在选官的来源途径上较窄，只在翰詹、国子监中升转此职，晋升途径也窄，只升内阁、詹事府，翰林院满洲侍读学士升途更窄，仅升詹事府，选为詹事、少詹事。但翰林院侍读学士的升幅较高，升入内阁，是入选内阁学士，为从二品，升了2品（4级）。升入詹事府，是选为从三品的少詹事，或正三品的詹事，升了1品（2级）或3级，升幅也较高。因为一般升职是循序渐进，只升1级（半品），不到1品。

而内阁侍读学士，是办理公文，属行政方面职任，在选官的来源途径上较宽，由通政使司参议、光禄寺少卿、鸿胪寺少卿、六科掌印给事中、给事中、各道监察御史、各部郎中选任①。升职途径也较宽，内阁侍读学士可升为太常寺少卿、鸿胪寺卿、太仆寺少卿、顺天府府丞、奉天府府丞。但所升幅度，比翰林院侍读学士低，所升的以上太常寺少卿……奉天府府丞等，皆为正四品，只升了1级，不到1品，不过这也是升职的一般升幅情况。

（五）在选官方面，同职官的入选、升迁上，满汉存在资格、途径、范围等方面的不平等。

翰林院翰林官，汉人需进士考为庶吉士深造，再考选而入选（进士中的状元、榜眼、探花也入选）。满人入为翰林官，则不拘此出身。清初"笔帖式、中书可转编修，部郎可升翰林学士……凡此致身者，不

---

① 嘉庆十九年定：如有应补人员及奉特旨以京堂升用者，列名于应升人员之先，凡补放此项人员，毋庸过班。道光十九年定：科道到班，由都察院保送掌印给事中、给事中四员、各道监察御史八员，按俸次带领引见。如轮用京堂时，止有一卿，即将一卿与科道、郎中统行带领引见，科道、郎中减半保送。

胜枚举"①。康熙十一年规定："满洲侍读学士以下各员缺……由各部院衙门科甲出身司员简选升用,是为外班翰林"②,即部院中凡进士、举人出身的司官,就可择优入选。

礼部堂官(尚书、侍郎),其中的汉堂官,须由科甲出身者充任(不以科甲者仅个别特例),满堂官则无此限制。晋升方面,同是部院司官正五品的郎中,满人郎中升迁京职的途径,比汉人郎中宽广得多,可升任通政使司副使、大理寺少卿、太常寺少卿、鸿胪寺卿、太仆寺少卿、内阁侍读学士、左右春坊庶子、通政使司参议、光禄寺少卿、鸿胪寺少卿、各道监察御史。而汉人郎中,只能升京官的内阁侍读学士、鸿胪寺少卿,以及考选都察院各道监察御史,升任各省知府。论可升之缺,汉郎中当不少于满郎中,甚至更多,因知府缺较多。而满郎中可升任的官缺,都是京官,汉郎中所升京官之缺仅 3 种,显著少于满郎中的 11 种。这是从京官在档次上高于地方官上,体现的满官与汉官在升迁上的不同。前述翰林院满洲侍读学士的升途比汉侍读学士窄,是少有的个别情况。

(六)加衔在提高官员品级地位之外的其他待遇差别略举

礼制方面。朝会班次上体现身份地位高低,同为总兵官,因为有不同加衔,朝会礼仪之班次便有前后之分:"加左右都督衔总兵官,为二班。加都督同知以下衔总兵官……为三班"③,因为所加的左右都督衔,高于都督同知以下衔。

再如葬祭之礼。顺治十八年定:"都统、内大臣、大学士、尚书、左右都御史、精奇尼哈番、镇守将军,有加衔加级者,各照品级造葬,遣官致祭一次;护军统领、前锋统领、步军翼尉、副都统、侍郎、学士、本身所得阿思哈尼哈番、副都御史,加衔加级至一品二品者,各照品级造葬,遣官致祭一次"④,是按加衔加级的品级定其葬祭规格。祠庙

① 福格《听雨丛谈》卷 1《满洲翰林不必科目》第 27—28 页,中华书局标点本 1984 年版。

② 光绪《大清会典事例》卷 1044《翰林院·官制·升除》。并可参见邸永君《清代翰林院制度》第 117 页,社会科学文献出版社 2002 年版。

③ 《清朝文献通考》卷 126《王礼考二·朝仪·圣节朝贺》。并见光绪《大清会典事例》卷 296《礼部·朝会·班位》,康熙二十二年。

④ 光绪《大清会典事例》卷 499《礼部·恤典·王公大臣恤典》,顺治十八年。

中昭忠祠的牌位也是如此，以下二人：甘应龙、纪法，按他们的本官排序，由高到低本应是：正三品的参将甘应龙在前，正五品守备的纪法在后，因赠衔不同，排序先后成了："赠提督守备纪法、参将赠总兵官甘应龙"①，如此排位，与纪法所赠衔提督是从一品、甘应龙所赠总兵官是正二品有关。

法律方面。康熙二十九年定边口输米赎罪例，其中"内外三品以上堂官与兼堂官职衔之人，捐米一万石……皆免死释放"。三十年又定军流人犯捐赎例"内外三品以上堂官及兼堂官职衔之人捐米三千三百石……准其免罪"②。兼堂官职衔者与实际的堂官赋予的法律特权相同。

不同等次加衔，所荫之子的任官也有差别者，如雍正三年所定的荫生改用武职者："加一品大衔副将荫生，俱以署守备衔管守备用。二品衔副将之荫生，以守御所千总用。小衔副将之荫生，以卫千总用。"③

加衔而赋予选官优先权，从略④。

（七）同品级之文官高于武官，是宋代以来职官制重文轻武贬抑武官之制的延续，且与利用文官统辖武官有关。清代之文官各省总督、武官绿营提督，皆从一品，而乾隆帝上谕说："总督之于提督，官阶攸殊，原有统辖之分。"⑤八旗武官则与此不同，八旗驻防将军、都统也从一品，而政治地位与督抚相埒，文献排名甚至在督抚之前。⑥

（八）堂官与属员司官档次差别较大，存在不合理的问题。

官场仕途的重要之事是升官，由于首要考虑的是相近品级官员的升迁，专业是否对口放在其次，或不把其作为考虑因素，因而在堂官与司官的档次差别上出现的晋升障碍，从行政专业上讲，是不合理的。

部院属员司官与堂官，从同一专业职任经验的积累、熟练程度而

①　光绪《大清会典事例》卷449《礼部·群祀·昭忠祠一》，雍正七年。
②　《清朝文献通考》卷209《刑考十五·赎刑》。
③　《清朝文献通考》卷54《选举考八·任子》。
④　参见光绪《大清会典事例》卷60《吏部·汉员铨选·知府州县等官阅俸升调》。
⑤　《清高宗实录》卷339，乾隆十四年四月己亥。
⑥　嘉庆《大清会典》卷2《内阁》于有权上题本之官员的列举排名。

言,在本机构内部升转才具有合理性。但由于司官与堂官等次差距较大,在选任上"司不升堂",便违背了这种合理性,同时导致其他不合理现象的出现。因为司官郎中是正五品,部院堂官侍郎正二品,中间没有过渡层级的官员,郎中不可能超三品 6 级,而擢任侍郎。所以,正五品郎中之升迁,其中的重要出路是外放地方从四品的知府或正四品的道员。但郎中职任是在某一种事务上专业性强,而知府、道员掌管的是多种地方事务,专业不对口,且为长官,一人负责。另一方面,升为六部堂官侍郎者,也不是本部门专业之人,六部堂官最低的初升阶右侍郎,有入选资格者是以下品级相近的官员:内阁学士、都察院左副都御史、宗人府府丞、通政使司通政使、大理寺卿、詹事府詹事,其次应选者是太常寺卿、顺天府府尹、光禄寺卿、太仆寺卿①,而这些入选者的专业,都与六部的专业不对口,也不合理。以上不合理处及其导致的弊端,当时的任官者看得十分清楚。清末曾任吏部司官的胡思敬指出:

> 部务之不振也,曹郎(指郎中——引者注)积资十余年,甫谙部章,京察保一等,即简放道、府以去。侍郎多起家翰林,初膺部务,临事漫不誊省,司员拟稿进,涉笔占位署名,时人谓之"画黑稿"。尚书稍谙练,或一人兼数差,年又耄老,且视六部繁简次序,以调任为升迁,势不得不委权司曹。司曹好逸恶劳,委之胥吏,遂子孙窟穴其中,倒持之渐,有自来矣。②

直到清末大力度改革官制时,才在各部之堂官、司官的二品与五品之间,增设承政厅、参议厅,分别设正三品的左右丞、正四品的左右参议,以本机构的五品郎中、员外郎升正四品参议,参议升正三品的丞,丞升侍郎。光绪二十七年设外务部时,在设官及其升迁上便是如此设计:"设左右丞各一员,正三品。左右参议各一员,正四品","左右丞缺,以左右参议开列,奏请简放;参议缺,先尽郎中、次用员外郎,由该部堂官保送,请旨录用。均备出使大臣之选。遇有该部侍郎缺出,先尽左右

---

① 其中吏部右侍郎的入选者,首为以其他五部侍郎"改",其次为应"升"职入选者,范围与五部右侍郎同。

② 胡思敬《国闻备乘》卷 1《部务》第 27 页,中华书局 2007 年版。

丞开列"①。不过由于当时选举制度的混乱,权臣保举谋私,这一设计在后来的部院中并未得到理想的落实。宣统二年,大学堂总监督刘廷琛疏称:"自前军机大臣袁世凯用事,假破格之说以行其私,有以编修、候补道而得侍郎……至以末秩骤升监司、丞参者,殆难枚举。"②

堂官为长官、司官为属员,这种档次差别,在寺监衙门堂官的惩罚降职制度上,也有障碍。旧制,有所谓"堂不降司"之说,是指四品以上"京堂"如果降至六品以下者,因六品以下没有"京堂"员缺,因而停其补用。至乾隆三十五年,乾隆帝以其并不合理,为此发布谕旨:

> 向来吏部定例,四品以上京堂降至六品以下者,既无应补之京堂员缺,又以京堂品秩优崇,若补用司员,与体制不合,遂停其补用,殊属非是。京堂品级虽优,如因事获谴,既经予降,自应按品授铨。用人乃朝廷大权,黜陟进退,惟视其人之自取。设官虽有崇卑示谪,本无同异,即由崇阶而降为末科,惟上所命,孰敢抗违。若拘"堂不降司"之说,辄以曾膺高位,不屑于复就下僚,是国家诏禄之典,竟任臣下自专拣择,纪纲之谓何。且以堂官降为司员,于体制又有何碍,而停其补用。则此等人员一经镌级,遂致摈锢终身,所谓爱之适以害之,于伊亦复何益。此皆相沿前明陋习,不可为训。著该部另行改议具奏。寻议,京堂官降至六品以下,应照各项降官补用,以昭画一体制。③

这只是某些制度的个别改变,其堂、司在性质上的档次差别,是始终存在的。如正五品郎中,其晋升为鸿胪寺堂官从五品的少卿,虽降了一级,也是晋"升"④,因为是从"司"升入"堂"档。

(九)清代与职官等次有关的某些重要变化

职官在品级外又有诸多等次,增加了职官制度的复杂性。明代虽然也有这种现象,但不如清代多,如满汉等次差别、京堂三四品官的大小之分,是明代所没有的。

---

① 《清朝续文献通考》卷118《职官考四·京文职·外务部》,光绪二十七年政务处大臣等奏。
② 《清朝续文献通考》卷90《选举考七·举官》,宣统二年。
③ 《清朝文献通考》卷78《职官考二·官制》。
④ 光绪《大清会典事例》卷18《吏部·官制·汉官品级》。

还有,府州县正官与佐贰官职权地位的差别变化。据有学者考察,明前期,佐贰官与正官是同僚,由于确立正官的优势地位,佐贰官的主干行政权被剥离,失去赞理职权。正德以后成为僚属,明末已出现将佐贰官当成属官者。清中叶以后,府县正官已全然不把佐贰官当作僚属看待,俨然成为属员①。

另外,京官外官的差别,在清代中期以后的官场观念中则有所变化。历朝历代皆京官高于外官,清代虽仍然如此,有乐于在京任职者,但由于地方官的养廉银高于京官,以及京职晋升的壅滞等,而有乐于出任地方官者。这是清代出现的新现象,至清后期已比较突出。

光绪元年,直隶州知州薛福成应诏陈言:

> 自古设官重内轻外,汉汲黯出守淮阳,至于流涕,唐班景倩入为大理,喜若登仙……我朝颁禄因明旧制,京员俸薄不逮汉唐十分之一,又,自耗羡归公之后,外官有养廉而京员无养廉(实际京官有类似养廉银的双俸等补给,但数量显著少于外官——引者注),人情益重外轻内。然其初升转犹易,京外两途互为出入,故供职者不以为苦。近日京员盼慕外放,极不易得,恒以困于资斧,告假而去,绝迹京华。其留者衣食不赡,竭蹶经营,每于国家之掌故、民生之利病,不暇讲求,此京秩所以愈轻也。②

有的说得更直接:"清代京官,皆盼外放,缘京官俸薄,外官俸多,盼外放者,思济其贫耳。"③过去争取留馆为京职翰林的庶吉士④,也想方设法谋求外任,甚至故意考为末等,以便选任知县。曾任户部司官的刘体智曾介绍:

> 道光乙未以后,进士用庶吉士留馆,日渐其多,仕途壅滞,常有二十年始"开坊"者,翰苑中人颇以为苦。而庶吉士三年散馆,以宽大之政,无有以知县归班者,虽在榜末,亦得知县,分省即用。官制至光绪末年而稍稍杂矣……于是务财好利之士,散馆

---

① 柏桦《明清府县正佐官地位之变化》,《河北学刊》2019年2期。
② 刘锦藻《清朝续文献通考》卷115《职官考一》。
③ 陈恒庆《谏书稀庵笔记》之"京官外官"。
④ 《清高宗实录》卷18,乾隆元年五月己亥,"谕总理事务王大臣:闻向来士子,因词林地望资格优于外任,每以得豫是选为幸"。

之时,咸以末等为乐趋、为捷径,往往故为小疵,以冀名次落后。既而谋出是途者日多,供不应求,愈逼愈紧,甚至文理不通、诗句出韵,以及一切犯规违例、污卷曳白之事,无所不为,此亦世风日下之证也。①

庶吉士散馆考试,成绩最次的"榜末"任用为知县,但不用待缺,出缺即用,此时的庶吉士这些顶级的文化精英们,有些人已不愿选为京官翰林,而对选为地方知县趋之若鹜了——"咸以末等为乐趋、为捷径",以致"往往故为小疵,以冀名次落后"而入选。这方面的记载还有不少,不备举②。官场中的这种价值观,对于传统的京官高于外官的任官制度也有所冲击。

(此文原载于《历史教学》2020 年 1 期,有修改)

---

① 刘体智《异辞录》卷 4《庶吉士出路》,第 194—195 页,中华书局标点本 1988 年版。
② 何刚德《春明梦录》卷下:"同光以降……部员得京察一等者,亦注意外放,皆不愿考御史。因御史辗转一二十年,亦不过得道、府而去。"胡思敬《国闻备乘》卷 2《京堂之多》:"四、五品京卿,旧制以郎中、给事中分途并用……庚子以后,候补京堂多至三四十员,犹日进未止……自是郎中、给谏永无推升之期,皆翘首望外放矣。"陈恒庆《谏书稀庵笔记》之"散馆":"亦有寒士得庶吉士,自计不能耐清贫,散馆时,故意错一字、出一韵,甘居三等之尾,归部铨选知县,谓之老虎班,得缺至速。"

清代的"翰詹大考"

　　清代官员的职务考核制度中,有称为"翰詹大考"者,是京官三年定期京察考绩之外,另增加的对翰林院、詹事府为主的两个机构之翰林官以考试的形式进行的考核①,为清代所特有。官场上还流行所谓:"翰林怕大考,秀才怕岁考。"这"翰詹大考"究竟是怎样的制度?目前仅见商衍鎏《清代科举考试述录》、邸永君《清代翰林院制度》、宋秉仁《清初的馆选、散馆与大考》对其概况作了叙述,并表达某些见解②。还有学者对康熙朝翰詹大考的次数作了考证。③

　　这一制度究竟有什么特殊之处?为什么翰林官们对其惧怕?又反映了怎样的问题?本文拟对翰詹大考及其相关制度、这一制度实行的始末及阶段性变化特点进行考察,解析上述疑问,并归纳所考察的史事,提出一些初步见解。

一、翰詹大考及其相关制度

　　"翰詹"的"翰"指翰林院,"詹"指詹事府,"翰詹"有时也泛指这两

---

　　① 这两个机构的翰林官在宫中南书房、上书房供职者,也须参加考试。见吴振棫《养吉斋丛录》卷10:"向来大考翰詹,在两书房行走者皆与试",第134页,中华书局2005年版。

　　② 商衍鎏《清代科举考试述录》第134—137页,生活·读书·新知三联书店1958年版;邸永君《清代翰林院制度》第138—147页,社会科学文献出版社2002年版;宋秉仁《清初的馆选、散馆与大考》,《侨生大学先修班学报》第10期(台北),2002年9月。

　　③ 黄建军《康熙朝翰詹大考究竟有多少次》,《学理论》2011年21期。

个机构的翰林官。

翰林院是唐以来的传统机构,清朝沿袭明朝制度而设置,为顶级文化人才——翰林也即翰林官的供职之所,平时纂修书史、撰文,任教习、出任考官及侍从皇帝。翰林院又是文臣储才之地,高级文官由翰林出身者选拔。明代选官"非进士不入翰林,非翰林不入内阁,南、北礼部尚书、侍郎及吏部右侍郎,非翰林不任",有明一代的内阁宰辅大学士共 170 余人,十分之九是出自翰林①。清初翰林院的汉人翰林选官,仍基本沿袭这种制度。

翰林是经多级考选后的最高层级文人,由秀才考举人,举人考进士,进士中的前三名状元、榜眼、探花,按例进翰林院。其他进士入翰林院,还需要"朝考",选拔为庶吉士,在庶常馆学习三年,再考试选其优者入翰林院,授"编修"或"检讨",与其同在庶常馆学习的状元,是授"修撰",榜眼、探花授"编修",修撰、编修、检讨是翰林院最低层次的翰林官(翰林官品级见表一),这就是所谓的"非进士不入翰林"。实际上如前所述,进士若入翰林,还要选拔两次,先选为庶吉士,深造三年后再选其优者"入翰林"②,因而,称翰林院为全国顶尖的文化精英聚集地,并不为过。另外,清代满人入翰林除了以上途径外,还有未经庶吉士的科甲出身(主要是进士)之司级官员等选入者,称为满洲"外班翰林"(包括八旗蒙古人)③。此外,清代还有专门为旗人设置的翻译专业科举,凡由翻译科举而选拔为翰林官者,咸丰二年以后④,也对其实行大考,称为翻译翰詹大考。

詹事府也是传统机构,负责皇位继承人——太子的培养及相

---

① 《明史》卷 70《志四六·选举二》,第 6 册第 1702 页,中华书局 1974 年版。

② 除以上一般入翰林途径及外班翰林外,邸永君《清代翰林院制度》还介绍有"特授馆职"、"洋翰林"(清末留学归国人员获翰林官者之俗称)(氏著第 119—126 页),宋秉仁还叙述有博学鸿词科考试入选者授为翰林、因特别需要或个别劳绩,而将官学生、内阁中书、六部堂司、书局纂撰等员改授编检馆职者(见前揭论文)。

③ 邸永君《清代翰林院制度》第 116—118 页,社会科学文献出版社 2002 年版。

④ 余金《熙朝新语》卷 9:"翰林学习国书,盖以备翻译编纂之任,故须专心熟习……雍正十一年四月上谕:嗣后庶吉士等虽经授职,或数年以后,或十年,朕当再加考验能否。若仍然精熟,必从优录用,以示鼓励。其或遗忘错误,亦必加以处分。此翻译翰林大考之始。"按:目前尚未见到雍正十一年后、咸丰以前有翻译翰林大考的记载,录此备考。嘉庆二十三年刻本。

关事务管理。明代,詹事府官便"与翰林院职互相兼",并带翰林院翰林官衔①。清承明制设詹事府,康熙末年以后不明立太子,詹事府已无管理东宫太子方面的职事,而基本成为翰林官迁转之所,如翰林院的编修、检讨(简称"编检")按一般程序晋职,是升任詹事府的"坊官"中允、赞善(简称"中赞"),俗称翰林"开坊",因詹事府下有左春坊、右春坊两个机构,各设左庶子、右庶子,左中允、右中允,左赞善、右赞善(詹事府官员及品级见表一),称为坊官,这就是"编检"晋为"中赞"称为"开坊"之由来。詹事府还有一个机构是"司经局",设官"洗马",又有"局官"之称。在官员选任制度上,詹事府坊、局官与翰林院翰林官互相升转,詹事府这些官员的职掌也类同于翰林院翰林官。明代,詹事府的坊局等官就称为翰林官,清代也是如此,乾隆五十四年以前,汉人所担任的詹事府堂官、坊局官,皆兼翰林院翰林官衔。因而其考核一同考试时,也就统称为"翰詹大考"。

　　翰詹大考是清代特有的考绩制度。清代翰林院的人数较多,常在一二百人,多时达二百余人②,其中编修、检讨占大多数,如果再加上詹事府的翰林官就更多了(詹事府坊局官为十几人,多时二十几人)。翰林官如此之多,晋升迁转有限,日久壅滞,易致懈怠、才艺荒疏。翰林官们担任编纂、撰文、教习及考官衡文,又作为高级文官的后备储才,有必要实行考核奖惩以进行激励,保障其整体质量水平,因而实行大考。

　　乾隆朝定制以后,被指令参加大考的翰林官,翰林院是满汉侍读学士以下、检讨以上,詹事府是满汉少詹事以下、赞善以上。其中人数最多的是编修、检讨,其品级差别关系,详见以下表一。

---

① 《明史》卷 73《詹事府》、《翰林院》,第 6 册第 1784、1787—1788 页,中华书局 1974年版。

② 顺治十年时,就有"翰林官不下百员",见《清世祖实录》卷 73,顺治十年三月己巳。雍正帝曾提及,康熙时"翰林院编检几至二百人",仅编修、检讨就近二百人,加上其他翰林官,将超过 200 人。雍正时,"编检尚有百余人",见光绪《大清会典事例》卷 1045《翰林院·官制·外转》。

表一　翰林院、詹事府大考官员及品级表（自少詹事以下参加大考）

	从二品	正三品	正四品	从四品	正五品	从五品	正六品	从六品	正七品	从七品
翰林院	掌院学士			侍读学士 侍讲学士		侍读 侍讲		修撰	编修	检讨
詹事府		詹事	少詹事		坊官 左右 庶子	局官洗马 坊官 谕德， 后裁	坊官 左右 中允	坊官 左右 赞善		

　　翰詹大考初无定期，自乾隆二年至咸丰朝，大率四至六年一次（其中乾隆三十三年至五十年之大考间隔17年，另有特殊原因，见后述），但始终没有固定年数。由于间隔时间不太长，在翰林院、詹事府任职时间五六年至十几年间者又很多，因而经历两次大考者并不鲜见。大考由皇帝钦命考题(军机处提供试题相关情况)，有赋、诗、论，论或为策、议、疏。大考的地点，通常都是在皇帝理政起居的皇宫或圆明园等地方。阅卷大臣由皇帝亲选，评出考卷等次，连同考卷一同上交皇帝。皇帝阅后，裁定等次与人选。有时皇帝直接提名某人为最优等者①。大考除一般正规选入的满汉翰林考试外，乾隆八年以后，又增加满洲外班翰林大考，嘉庆后期停止。咸丰以后增为旗人翻译翰詹大考。纳入大考者，少时六七十人，多时达二百多人。考试成绩按优劣分为四等，一度还列有最差的"不入等"，可算作第五等。一等、二等者，晋升官职。其中评为一等的仅几人，肯定升职，且晋升力度较大，多为超擢，即破格晋升。二等人数，乾隆朝一般为十几人，嘉庆以后20—70余人不等，二等升职力度一般较一等小，而且有记名而待缺者，至缺出时上报再遴选，道光以后，二等者也有不作升职及不予缎匹等奖励的。三等者人较多，少时20人，多时120余人，有作惩罚者，其中"开坊官""开坊翰林"列入三等"非降职即改官"，因而这些翰林官们听到考为三等就惧怕②，另外，满洲外班翰林，列入三等

---

　　① 何刚德《春明梦录》卷上第41—42页《殿试阅卷奇闻》，记光绪时："又一次大考翰詹，昆师派阅卷，到南书房时特早，太监持一诗片出，曰：'有旨：要取此卷为第一。'"山西古籍出版社1997年版。

　　② 姚元之《竹叶亭杂记》卷2第29页，记"开坊翰林大考三等，非降职即改官"，以致考为三等者闻之即"恐惧见于颜色"。中华书局标点本1982年版。

也是惩罚者居多。三等有不奖不惩照旧供职者,也有个别人晋职。四等者,一般全部惩罚(少数年份有部分人未作惩罚者),而且较三等者惩罚严重。三四等之惩罚有以下几种:

1. 罚俸,半年至三年不等。

2. 降职,有降调、降改。翰詹大考的降调,一般指在翰林院、詹事府内降为品级较低之官职。降改,是降为翰林院、詹事府以外职官,其中"降改部属",是降为六部的司官——郎中、员外郎、主事。其他降改,有降为内阁中书、笔帖式、地方的知县等。凡降改,即使所改官职比未降前的翰林职官品级稍高,也视为降职(详见后述)。

3. 休致,即令其退休。

4. 革职,即罢黜其翰林官,这是最严厉的惩罚。列入"不入等"者,多为革职。

以上惩罚,即使是最轻的罚俸,也是被列入劣等之列,这些顶级文人,主要的到不在乎罚俸这点经济损失,而是列入劣等而被惩罚,实在是大失颜面的"栽面"之事,更不用说被降职、休致了,至于更严厉的惩处革职,则不啻奇耻大辱。尤其是列入三、四等者占全部与考者的大多数,被惩罚者的人数也较多,乾隆八年大考,100人中有71人被列入四等而处罚。三等中虽有不遭惩罚者,但列入这一等次,就不光彩。甚至有的被时人揶揄,嘉庆二十三年大考,前状元彭宝臣被列为三等,由侍讲"降"补员外郎,时人作联嘲之:"三等状元才苦矣,老彭辞柱下。"[1]还有是,试卷评判又相当严,常有因错一个字就被列入劣等而被惩罚者(详见后述),这也就难怪翰林官们一听到要大考,便惊惧而惶恐不安了。道光二十三年,曾国藩被通知大考,他在给祖父母的信中叙述当时自己的心情是"初十日大考翰詹,在圆明园正大光明殿考试。孙初闻之,心甚惊恐,盖久不作赋,字亦生疏",他还说,因仅隔四年就大考(以前多比间隔四年时间长),其他人也是"同人闻命下之时,无不惶悚"[2]。

翰林怕大考,以致有人多方借口规避考试。为维持大考制度的

---

① 于克襄《铁樵山房见闻录》卷1《大考对联》,道光刊本。

② 曾国藩《曾文正公家书》卷1《禀祖父母(道光二十三年三月二十三日)》,中国华侨出版社2012年版。

正常进行,相应的惩处措施也随之实行。乾隆二年五月,乾隆帝初次举行大考,便发布上谕:"自少詹、读讲学士以下,编修、检讨以上满、汉各员,著于本月初七日齐赴乾清宫,候朕出题亲试。傥有称病托词者,著另行具奏,朕必加以处分。"①乾隆十三年大考,编修孙人龙以患病不能与考奏请。乾隆帝分析其诸种情况,认为是托词避考,直接以其为四等,罚俸三年②。乾隆五十六年大考,吏部题请允准翰林院侍读学士彭绍观的告病休致请求。乾隆申饬:"向例在京官员,遇京察期近,即不准其告病。今彭绍观于已届大考之年,始以患病年衰,呈请开缺,明系借词规避,著即革职",并将向吏部咨文的翰林院掌院学士,予以"察议"处分,吏部也因"不即驳回,遽行题奏,亦著饬行"③。凡正当原因而未能与考者,则须补考。还有的人借机取巧,乾隆十三年大考时,有多名翰林由翰林院打报告因病不能参加考试。大考结束后,又请行补考。乾隆帝认为"考试之事,原应合众人相较。今另行考试,仅就此数人定拟等第,与合较大不相同。伊等若与众人同考,未必能在前列",因而不准补考,分别情况,直接予以罚俸、休致的惩罚,并告诫翰林院,以后"翰林中有以此为侥幸,相与称病规避者,劾之"④。

二、翰詹大考始末及阶段性变化特点

清代翰詹大考始于顺治十年,终于光绪二十年。其中一般的满、汉翰詹大考31次(乾隆五十三年的御试八旗翰詹官员未计入)。此外,同一年份的不同翰詹大考,还曾有"教习清书翰林大考"、"满洲外班翰林大考"、"御试八旗翰詹官员"、旗人"翻译翰詹大考"等,共21次,总计则共有52次。

翰詹大考经过了创始、正规、不断调整等多次变化。以下将目前见于记载的清代全部52次翰詹大考的综合情况,列"表二"如下,以便将不同情况对比,见其变化。本节内容主要据此表二内容作阐述、分析,所举数字、比例,皆据表中所记数字计算得出。

① 《清高宗实录》卷42,乾隆二年五月辛卯。
② 《清高宗实录》卷316,乾隆十三年六月辛酉。
③ 《清高宗实录》卷1372,乾隆五十六年二月癸丑。
④ 《清高宗实录》卷322,乾隆十三年八月甲申。

"表二"所据史料,主要是顺治、康熙、乾隆、嘉庆、道光、咸丰、同治、光绪朝的《清实录》,及光绪《大清会典事例》卷 1053—1055《翰林院·考试》大考一、大考二、大考三,《皇朝词林典故》,谈迁《北游录·纪闻下》,不再做注释出处。其中顺治十二年大考,为宋秉仁《清初的馆选、散馆与大考》一文揭示,特志。

表中专用语说明如下。1. 内升,指在翰林院、詹事府内升职。2. 降调,专指在翰林院、詹事府内降职而调用。3. 改,指改任外职,其中改"部属",指改用六部之郎中、员外郎、主事。另外,表中未作奖惩叙述者,不作其人数说明,均为不奖不惩,照旧供职。

表二　翰詹大考情况综表

		大考及奖惩情况	说明
顺治十年	二月	大考教习清书翰林 20 人,奖 3 人,全部即内升。令勉学者 12 人。改部属 5 人。	地点:内院
	四月	大考翰林,少詹事、侍读学士以下、检讨以上多人。有照旧留任者,有从优授外任地方司、道官者。	地点:太和门
顺治十二年	九月	御试翰詹 48 人。选陈爌等十几人,照外转应得职衔,升一级用,遇缺即补。寻于次月以后授司、道官。	地点:午门内
顺治十三年	二月	大考教习清书翰林。10 人赏赉。罚俸三月者 4 人。	
	五月	再考教习清书翰林,学问优而特旨奖励者 6 人。停俸再留教习者 4 人。降调外用者 2 人。	
顺治十五年		大考。除内三院学士之外,其他翰林各官皆与试。15 人照前例,外任地方司、道官。	
康熙十八年		侍讲牛钮第一,升侍讲学士。	
康熙二十四年		徐乾学、韩菼等以学问优长、文章古雅,特旨奖励,均加赏赉。其余留馆分别调用。	
康熙三十三年		闰五月,内阁学士以下,以及由翰林院改补卿寺者,皆与试。赞善陆棻第一,升内阁学士。其余赏赉有差。	地点:丰泽园
		六月再试。詹事徐秉义第一,赐宴,并赐御书。少詹事以下,分别赏赉。不合格者 20 人不与赏赉。	地点:畅春园
康熙五十四年		编修储在文第一,特命入值南书房。又命入值武英殿者 8 人。致仕者 24 人。	
	总人数	一等人数及奖励情况	二等人数及奖励情况	三等人数及奖、惩情况	四等人数及惩罚情况	不入等	

（续）

		大考及奖惩情况				说明
乾隆二年	89人	3人编修等全部内升	10人编修等全部内升	20人编修鄂容安升侍读,侍读邹升恒升侍读学士	56人降调者7人休致者13人	无	地点:乾清宫。优等者另赐墨刻御制诗及宫纱、名砚
乾隆八年	100人	3人编修、庶子等全部内升品级更高翰林	9人编修、中允等全部内升品级更高翰林	17人	71人降调者19人罚俸者32人休致20人	无	优等者另赐宫纱、笔墨等物
满洲外班翰林	16人	2人全部内升品级更高翰林	4人2人升品级更高翰林	5人	5人降调4人改旗员1人	无	
乾隆十三年	87人	3人全部升职。侍读学士齐召南升内阁学士	10人全部升职（有待出缺者）	20人降调3人	54人降10人,其中有降知县、笔帖式者休致13人其余罚俸1年	无	
满洲外班翰林	12人	2人全部升职	3人	7人降调3人改旗员1人	无	无	
乾隆十七年	69人	3人全部升职。侍读学士窦光鼐升内阁学士	12人7人升品级更高翰林官	22人3人升职2人降调	32人降调7人,其中2人降知县休致7人罚俸18人	无	考试不到者2人,皆降职

（续）

		大考及奖惩情况					说明
满洲外班翰林	10人	1人中允德尔泰升少詹事	4人休致2人	4人降调1人	1人降七品笔帖式	无	考试不到者3人,全部降调
乾隆二十三年	60人	3人全部升职。最高为内阁学士	15人全部升职(有待出缺者)	25人降调6人休致2人	17人降调3人,其中降知县1人	无	
满洲外班翰林	8	1人少詹事德尔泰加一级	1人升职	5人与四等共罚6人,降调2人,休致4人	1人与三等共罚6人,降调2人、休致4人	无	
乾隆二十八年	67人	3人全部内升品级更高翰林	18人全部升职(有待缺者)	30人开坊官降调1人、留原任6人罚俸一年、降知县1人、休致2人。编检罚俸一年者7人	16人开坊官降调5人。编检,休致9人,罚俸一年者2人。若计未与试之胜格为17人		侍读胜格,以未与试,而附四等,降为编修。此年始弥封试卷
满洲外班翰林	6人	1人侍读学士加级	2人	1人罚俸一年	1人革职	1人革职	
乾隆三十三年	68人	3人 2人内升更高品级翰林。另一人少詹事赏缎	18人全部升职(有待缺者)	30人降职8人(其中4人降知县)休致4人罚俸2人	15人降调4人休致8人	2人皆革职	内廷翰林4人因有承办之事,免考。以其学问优,未得升转,加一级

（续）

	大考及奖惩情况					说明
满洲外班翰林	9人	1人内升	1人内升	5人降调2人，罚俸3人	1人休致	1人革职
乾隆五十年	124人	2人内升	36人全部升职（有待缺者）	50人开坊官仍留原任1人。降调仍罚俸半年者9人。编修注销议叙、仍罚俸半年者7人	32人改主事10人。降知县2人。休致11人。注销议叙、罚俸一年者6人。罚俸三年者1人。罚俸二年者2人	4人皆革职
满洲外班翰林	8人	1人少詹事庆龄加级	2人	2人罚俸1人休致1人	2人罚俸1人革职1人	1人革职
乾隆五十三年御试八旗翰詹出身官员		第一名侍读学士铁保擢内阁学士				
乾隆五十六年	96人	2人升职。其中编修阮元升少詹事	11人全部升为品级更高翰林。其中编修邵晋涵升中允	74人内升1人降调10人改部属9人降知县2人罚俸一年者6人、二年者5人	8人降改中书5人休致3人	1人革职
满洲外班翰林	9人		2人	5人降一级2人		2人革职
八旗翰詹出身官员		第一名、第四名入南书房				

（续）

			大考及奖惩情况			说明
嘉庆三年	69人	2人皆内升	21人皆升职。其中11人即内升,其余未升者,待应升缺出时报请	40人开坊翰林降一级补用7人、留任2人。编、检后二十名改部3人、降知县、1人、降中书1人。留馆者后二十名内,前十名罚俸一年。在后十名罚俸二年	6人开坊翰林降检讨2人,仍罚俸四年休致4人	
满洲外班翰林	6人		1人	5人罚俸一年		
嘉庆八年	74人	3人编修3人皆内升	30人8人即内升。2人记名,待缺升。其余20人应升时上报。共21人赏缎有差	38人开坊翰林分别降级,仍以坊缺即补者5人,降编修者3人编检18名后罚俸有差	3人罚俸三年、留馆1人休致2人	
满洲外班翰林	7人	1人内升	1人内升	3人罚俸有差	2人降笔帖式1人休致1人	
嘉庆十七年	130人	4人全部内升	47人4人即内升。其余记名,遇缺题奏升补,其中18人赏线缎有差	74人开坊翰林分别降调候补者6人、改郎中1人、改员外郎2人编检16人分别罚俸半年至二年	4人罚俸三年者1人休致3人	1人革职
满洲外班翰林	3人			1人降笔帖式	1人休致	1人革职

(续)

				大考及奖惩情况			说明
嘉庆二十三年	112人	5人全部内升	45人全部记名,遇缺题奏升补。其中19人赏缎有差	54人开坊翰林以坊缺降补1人,改郎中3人、员外郎1人、主事1人、降编修1人。罚俸20人	7人降笔帖式3人休致3人罚俸1人	1人革职	
道光四年	120人	5人全部内升	51人13人记名,遇缺题奏升补,赏大卷缎有差13人赏小卷缎	60人开坊翰林以坊缺降补4人、改主事4人罚俸15人	4人皆罚俸	4人1人降中书。3人休致	
道光十三年	119人	5人全部内升	48人5人即内升2人记名,遇缺题奏。共32人赏小卷缎有差	58人开坊翰林以坊缺降补10人、降编修1人、降主事1人编检罚俸4人	5人内降1人降主事1人编检罚俸3人	3人降小京官1人休致2人	
道光十九年	95人	4人全部内升	42人7人即内升。4人记名,遇缺题奏。共23人赏小卷江绸有差	44人开坊翰林以坊缺降补6人、降员外郎3人、降主事1人	4人罚俸3人降为主事1人	1人休致	

（续）

		大考及奖惩情况				说明
道光二十三年	123人	5人全部内升	55人 6人即内升。5人记名，遇缺题奏升补。共25人赏缎、绸有差	56人 开坊翰林以坊缺降补2人，降郎中1人，降员外郎1人，降主事2人，编检罚俸3人	7人 罚俸3人降主事1人，降笔帖式1人，编修改中书2人	
道光二十七年	122人	4人全部内升	54人 7人即内升。7人记名，遇缺题奏升补。共31人赏缎、绸	60人 开坊翰林以坊缺降补1人。降编修4人。降主事3人。编检罚俸8人	3人 皆降笔帖式	1人革职
咸丰二年	158人	5人全部内升	65人 10人即内升。8人记名，遇缺题奏升补。共36人赏缎、绸有差	86人 开坊翰林以坊缺降补4人、降编修2人、降主事1人编检罚俸者18人	1人罚俸	1人革职
翻译翰詹	5人		2人 1人即内升，1人记名，遇缺题奏升补。 皆赏缎	3人 1人罚俸 1人内降		

(续)

		大考及奖惩情况					说明
咸丰九年	65人	2人皆内升	24人 8人即内升。6人记名,遇缺升补。此14人赏绸缎有差	38人 开坊翰林以坊缺降补2人、降编修4人 编检罚俸11人	1人改中书		
翻译翰詹	9人	1人升职	3人皆记名,遇缺升补,并赏绸缎	5人 2人罚俸 3人内降			
同治五年	98人	5人全部内升	37人 8人即内升,6人记名,遇缺题奏升补。共22人赏绸	52人 开坊翰林以坊缺降补4人、降编检2人 编检罚俸者17人	3人 罚俸1人 内降1人 改中书1人	1人革职	地点:保和殿
翻译翰詹	5人	1人内升	2人 1人即内升,1人记名,遇缺奏升。皆赏绸料	2人 罚俸1人 内降1人			
光绪元年	159人	4人全部内升	61人 9人即内升。7人记名,遇缺奏升。共26人赏绸缎	90人 开坊翰林以坊缺降补4人、降编修3人 编检罚俸者15人	4人 罚俸一人 改中书2人 降主事1人		地点:保和殿
翻译翰詹	4人	1人内升	2人内升	1人内降			

（续）

大考及奖惩情况						说明
光绪二十年	208人	6人全部内升	77人 16人内升，因无缺而在任候补，先换项戴	123人 6人内降 2人内降并罚俸半年 23人罚俸半年至三年	2人 1人罚俸四年 1人改为内阁中书并罚俸一年	
			10人记名，遇缺奏请升补，其中5人较优者赏缎袍料。又，10人赏绸袍料			
翻译翰詹	8人	2人全部内升	3人全部内升	3人 2人罚俸 1人内降		

顺治十年开始的大考，就有两种，首先是二月份举行的"大考教习清书翰林"，是考试教习学清书（满文）庶吉士的翰林官，并作奖惩，其中有侍读升侍讲学士，及编修、检讨分别升詹事府之坊官中允、赞善者。有的予以勉励，另外范正脉等5人属于降罚，顺治帝谕：这几人"理应调外，念伊等曾入词林数内，姑著调六部用"①。四月，又大考翰詹，而且范围较广，除了翰林院（当时与内三院合置）、詹事府的翰林外，还包括内三院的学士以下、吏部礼部之侍郎以下翰林出身者。这次大考，将"兼翰林衔侍郎及学士以下各官，御笔亲定去留，命留原衙门者，照旧供职"。另选拔少詹事（正四品）以下、检讨（从七品）以上之优等者，"俱从优外转……与司道等缺"②，也即升用为布政使（从二品）、按察使（正三品）、道员（从三品至正五品不等）等官。如侍读王炳昆，升为江西督粮道（从三

---

① 《清世祖实录》卷73，顺治十年二月丙辰。

② 《清世祖实录》卷74，顺治十年四月庚子。

品）；赞善李培真，升为江南扬州道（正四品）；左中允王一骥，升为湖广湖南道（正四品）；编修张弘俊，升为湖广武昌道（从四品）；侍讲韦成贤，升为江南督粮道（从三品）；谕德张尔素，升为江南江宁道（从三品）；中允傅维鳞，升为山东东昌道（正四品）；编修张道湜，升为湖广荆南道（从四品）。

顺治十二年大考翰詹，又选拔多人充任地方司、道。如詹事府詹事陈燿，任山东布政使司右布政使；内弘文院侍读学士王无咎，任浙江按察使司按察使；内国史院侍读学士杨思圣，任山西按察使司按察使；内弘文院侍读蓝润，任福建督粮道；詹事府中允王舜年，任山西冀宁道；内国史院编修范周，任霸州兵备道；内弘文院编修马叶曾，任岢岚兵备道；内国史院检讨邓旭，任洮岷道。

顺治十五年的大考翰詹，仍主要是选拔优者外任地方官。如詹事府右春坊右庶子吴正治，升为江西省南昌道；司经局洗马范廷元，升为江南之江宁督粮道。

顺治年间大考教习清书翰林之外的翰詹翰林，被考者主要是汉人，选拔其优秀者升用地方官，是这一时期大考的显著特点，其原因是清初地方统治需用汉人及入旗汉人（即汉军旗人）的官吏较多，因而将汉人翰林官直接选用地方，遂以上所举顺治十年、十二年、十五年的几次选拔翰詹为地方司、道官。这与当时将大批科举选拔的入旗汉军旗人充任州县官，是出于同一原因，如顺治六年，就曾将八旗汉军旗人取为贡士之300多人，全部任用为知县或知州[①]。从考试的内容来看，顺治十年、十二年、十五年的这几次翰詹大考，也主要是论、表、疏（章奏）等，考察翰林官们在国家大政、时局、政务方面的见解，侧重于实用，而不像后来的大考还有文学方面的赋、诗。

康熙年间共举行5次大考（康熙三十三年两月所考作2次），而"小范围的考试屡见于史料记载"[②]。其"大考"的间隔时间无规律，

① 见《八旗通志》初集卷46《学校志一·八旗廷试贡士》，第2册第904—911页，东北师范大学出版社1986年版。

② 见前揭黄建军《康熙朝翰詹大考究竟有多少次》，并举出康熙二十六年、四十七年两次。另，宋秉仁《清初的馆选、散馆与大考》，还举出康熙四十一年十二月、五十三年十一月的两次小型考试。

康熙十八年始举行①,此后间隔 6 年,再以后间隔 9 年、21 年。其中康熙三十三年考两次,先一次之大考,参加者较广,自"内阁学士以下及由翰林院改补卿寺者皆与试"②。这 5 次翰詹大考,从总体看,与乾隆以后相比,参加考试人员与顺治时期一样,范围较广,商衍鎏谓:"顺、康时,吏、礼二部侍郎及内阁学士、詹事府詹事,亦须与编检等同考",乾隆二年以后,二、三品之翰林免考③。另外,康熙时期的翰詹大考多为奖掖,或升职,或赏物。明确的惩罚仅见一次,为康熙五十四年大考,休致者 24 人。再有,康熙年间的翰詹大考偏重于文学水平方面,每次皆有赋或诗,或二者兼有,而有不考论、疏之时。

雍正年间未举行。④

乾隆以后,翰詹大考正规化。主要表现是:1. 被考人员固定:翰林院侍读学士、侍讲学士、侍读、侍讲、修撰、编修、检讨;詹事府少詹事、庶子、洗马、谕德(至乾隆十四年,此官彻底裁撤)、中允、赞善;2. 间隔时间大致固定,基本连续举行;3. 考试成绩划分几个等次(一至四等,及最低的不入等),区别对待,每次都有奖有惩,以发挥其激励作用;4. 为防止阅卷官评判等次时营私舞弊,自乾隆二十八年大考,实行试卷弥封制度;5. 将满洲外班翰林、旗人翻译翰詹也纳入大考,还曾考试八旗翰詹出身官员。与考人数较多,最少也六七十人,有近一半的年份是 100 多人,主要是嘉庆十七年以后。

其间由于出现某些问题,因而又多次作措施上的调整变化。

乾隆至咸丰朝,是举行次数较多,间隔时间大致固定、基本连续举行的时期。共大考 20 次,若将 11 次满洲外班翰林大考、2 次翻译翰詹大考也计入,则共 33 次。间隔时间,除乾隆三十三年至五十年

---

① 黄建军认为,康熙十二年的一次也应记入,见前揭文。但专门记录翰詹大考的《大清会典事例》之《翰林院·考试·大考》,及《词林典故》,为何都不将此次记入?康熙十二年的此次考试,是否应作为康熙朝翰詹大考的开始,有待更多资料以作续考。

② 光绪《大清会典事例》卷 1053《翰林院·考试·大考》。

③ 商衍鎏《清代科举考试述录》第 135 页,生活·读书·新知三联书店 1958 年版。

④ 商衍鎏《清代科举考试述录》(第 136 页)认为:雍正"元年正月尝以宝座铭考试翰林诸官……是亦类于大考",未取。

间隔17年（因当时需用翰林官们修《四库全书》①）外，多间隔4年至6年，个别年次有间隔7年或9年者。间隔17年后的乾隆五十年那次大考，人数较多，接近以前的2次大考的人数。

乾隆朝，惩罚的人数较多、比例大，力度也较大，是这一时期的特点。受处罚者，一般每次为二三十人、三四十人，占全部与考人数的比例，多数年份超过40％几（列三等有不作惩罚者），较多的乾隆十七年接近一半，为49％，最多的乾隆八年，受惩罚的为71人，占71％。另外，自乾隆二十八年，开始增加最次的"不入等"，至乾隆五十六年，每次都有列入"不入等"的，少者1人，多者4人，凡列入这一等次者，均革职，是最严厉的惩罚。

自乾隆五十六年大考开始，减小惩罚比例，这当是对以前惩罚过于严厉的纠偏。做法是将列为四等的人数从以前的十几人或几十人减少为几人，至光绪朝最后一次大考，列入四等者最多为7人，少则1人。另一方面增加三等的人数，列为三等者，因不作全部处罚，只是在形式上列入较低等次，从而使总处罚人数的比例降低，比较明显的是嘉庆十七年以后，这一年，列入三等者74人，被罚者25人，若加上列四等4人、不入等1人的共5人，总共30人，占全部与考130人的23％，不到四分之一了。自道光四年大考之后，不入等的惩罚也减轻，这一年，不入等者4人，均不再革职，而是一人降职，由编修降改为内阁中书（从七品），另3人休致。

另一方面，则增加奖励者。自嘉庆朝开始，二等的人数及比例较以前增加，是此后大考的特点。以前，列二等者，每次为几人、十几人，乾隆五十年虽列二等36人，但因间隔时间较长，与考人数几为以前的2倍，为124人，二等者占29％。以后的五十六年大考，仍仅11人列二等，占全部与考96人的11％。而嘉庆三年大考，列二等虽21人，但占总人数69人的比例则为30％，以后，无论人数还是比例，都不断增加，嘉庆八年大考，二等30人，占总考人数的40％。十七年为36％。此后，列为二等的比例，总在40％，左右，人数则多为40—

① 周广业《过夏杂录》卷4《考试翰苑》："乾隆五十年二月初三日，御试翰林学士以下诸臣于乾清宫……旧例翰林大考五年一举，后因修四库全书，久不行，至是书成，上意循名责实，以清翰苑，故黜陟特严。"书塾抄本。

60人之间,这是以前从未出现过的现象。而奖励力度,则不断减小,以前,列入二等者全部升职,只是比起列一等者有待缺者,嘉庆二十三年后,则全部记名待缺,自道光四年起,又不再全部奖为升职,而是将一部分人仅以赏物品(主要是绸缎衣料)作奖励了。

同治以后,翰詹大考不常举行,见于记载的只有3次,同治五年一次,光绪元年、二十年两次。虽然次数少,但出现几个值得注意的现象或数据。如自咸丰年间增加的旗人翻译翰詹大考,因属专业考试,汉人翰林无法与之相比,因而同治、光绪年间的3次翻译翰詹大考,没有最次的四等,奖赏者也多于处罚者。光绪朝的两次一般大考,是清代翰詹大考与考人数最多的两个年份,尤其是光绪二十年的大考,是唯一一次超过200人的大考。还有,这一年大考所列的二等77人、三等之123人,也是清代大考之最,这些数字之多,与以前多年未举行大考、翰林人数积压较多也有一定关系。

三、对翰詹大考的几点总结

清朝统治者对翰林院为主的翰林这一全国顶级的文人群体格外重视,自康熙中期以后,就逐渐形成选择最高层级文官大学士、尚书侍郎中文化素质较高者,兼任翰林院长官——掌院学士。至乾隆十五年,又将翰林院升为从二品衙门,显著高于明代的正五品。在官场上,同品级甚至稍低品级的翰林官,也高于其他衙署的官员①。而对翰詹实行大考,也是这种重视的体现之一,翰林院、詹事府自设立以来,唯清朝实行对其翰林不断进行严格考核,以奖惩进行激励,除了防止翰林人多升转壅滞而致懈怠的原因外,也体现了清朝统治者对

① 无论是制度还是官场中的观念,翰林院、詹事府及其翰林官,地位都是较高的,翰林若授予同品级乃至高一品的翰詹以外的非翰林官,也是"降改"。如翰林院检讨周位庚等,三十三年大考,列四等而罚为休致。三十六年,乾隆帝南巡江浙,与同被休致的检讨萧芝等迎銮。乾隆帝降旨:"此次考试休致之翰林萧芝、李台,著仍以检讨用,龚骖文、周位庚、于宗瑛,著以主事用。"(见《清高宗实录》卷886,乾隆三十六年六月戊寅。)检讨不过是从七品,而主事是正六品,高于检讨1品又1级,上谕诸人虽然未罚前都是检讨,但谕旨中的萧芝、李台二人"仍以检讨用",因为比以下的周位庚等"以主事用"待遇要高,因而位列于前。官场上也是这种差距观念。当时在工部任郎中的汪启淑,便认为检讨周位庚是"降刑部主事"(见汪启淑《水曹清暇录》卷16《周位庚》,第247页,北京古籍出版社1998年版),由从七品的检讨授为品级更高的主事,反而是称为"降"职。

高层级文职官之储备人才——翰林官素质之保障的重视。

翰詹大考等级的评判,带有突出的严格性、严厉性。这也是翰林官们惧怕大考的主要原因。翰林官们往往因错字、格式有误甚至字体不佳而被惩罚。编修何桂馨,道光四年"翰詹大考,以诗中错字,列下等,改授中书"①,由正七品降为从八品。编修李国杞,道光十三年大考,考卷中将《马援讨交址论》"误书'址'作'趾',列四等,罚俸二年"②。晚清官员薛福成也曾对此评述:"翰詹清班骤闻大考,懔懔焉,惟恐小楷、试帖偶襮其瑕,非特不能迁转,而罢黜且随之。"③严厉性主要体现在乾隆朝列入三、四等而惩罚的人较多。乾隆五十六年以后虽然列入惩罚者减少,但只要列有劣等、有惩罚,就不可能解除翰林们的惧怕心理,更何况评判之严格依旧,以致道光二十三年时,被通知大考的曾国藩等人仍是惶恐不安。光绪进士继昌评论:"大考功令綦严,自少詹以下均须与考,有告假者仍补考,故相传有'翰林怕大考'之说。或嘲以诗云:金顶朝珠褂子貂,神仙终日乐逍遥,忽闻大考魂俱掉,任是神仙也不饶。旧制,开坊翰林考列三等、编检三等夺俸,四等无不降谪者。"④

大考评判既然严格、严厉,评判优劣而实行奖惩,翰林官们惧怕,就会促使其重视专业文化的温习,最起码不能列入劣等、被处罚,因而大考对于制止翰林群体因人员日久壅滞而产生的怠惰性,保障其文化素质,是应该有督促作用的。乾隆初期,这种懈怠现象仍很严重,乾隆帝曾说:"颇闻翰詹诸臣,率从事于诗酒博弈,而四库五车,鲜有能究心者。"⑤随之于乾隆八年的大考,一次就处罚71人,而此后没有再出现如此严重的现象,应该恐怕与翰林们惧怕大考的严厉惩罚而怠惰现象有所减轻,有一定关系。

大考实行优胜劣汰,优者晋升,劣者清出翰林机构,对于缓解翰林之壅滞、选用其中的优秀人才也有作用。科举及选取庶吉士为翰林,定期不断举行,不断增加的翰林——编修、检讨,人数多于升迁调补者,以致形成递进性积压。康熙以后这种情况就比较严重了,康熙

---

① 钱泳《履园丛话》之十三《科第·梦》,下册第343—344页,中华书局1979年版。
② 陆以湉《冷庐杂识》卷5《学政三年六人》,第290页,中华书局1984年版。
③ 薛福成《庸庵文编》卷1《选举论下》,光绪刻本。
④ 继昌《左庵琐语》,页51,光绪抄本。
⑤ 《清高宗实录》卷189,乾隆八年四月辛亥。

后期,翰林院积压的仅编修、检讨就近 200 人①。人多壅滞,补缺缓慢,翰林们仅以某些文史闲职长期待在翰林院,难免兴趣索然,乃至有不少人告假家居。康熙五十三年,皇帝上谕中说:"近见翰林等官告假者甚多,三分中已去其二",大学士、翰林院掌院学士奉康熙帝之命,上报商议后的解决办法是:此后"翰林院修撰、编修、检讨、庶吉士、教习进士并科道官员,有告病回籍者,悉令休致",康熙帝同意②。次年的翰詹大考,一次就休致 20 多人,很可能就是出于上述原因。此后,每次将一些劣者休致、降调、降改,便空出一些官缺,使其他翰林得以补缺。以乾嘉时计,每次大考降职、休致者,少者十几人,多者四十几人,二三十人时居多,这是一个不小的缺额。其降改为翰、詹以外机构的六部"部属"司官郎中、员外郎、主事,以及中书、笔帖式、知县等,则被改降于翰林院、詹事府之外者,腾出的空缺对于缓解翰林机构翰林的壅滞意义更大,因而乾隆五十年上谕:"嗣后翰詹等官,凡遇考试应行降补者,俱著对品以部属补用。"③

评为优等者升迁,也空出一些官缺,使其他人得以补缺。评优中,评为一等者较少,评为二等者相对较多,总体而言人数较少,少于被处罚者。尽管人少,而且多为"内升",即在翰林院、詹事府系统的翰林官中升转,但由于也空出一些较低品级的翰林官缺,使较低品级的翰林官编修、检讨之评优者得以晋升,由于编修、检讨是最低品级翰林官,每次庶吉士"散馆"考试,都会有一部分人留翰林院为编修、检讨,积压人数也最多,所以对缓解这一翰林阶层的积压尤其有益。邱永君注意到,每次翰詹大考,成绩好列为一等第一名者,编修所占比例极大,列二等前列者,也多为编、检④,这也就更体现了大考对这一翰林阶层积压之缓解的意义了。

总之,大考之奖惩,无论升职、降职,也无论内、外升调,都有意义,会在一定程度上缓解翰林群体人多升调少的矛盾,使这一壅滞的翰林群体出现流动性而不断被激活。

---

① 光绪《大清会典事例》卷 1045《翰林院·官制·外转》,雍正元年。
② 《清圣祖实录》卷 258,康熙五十三年二月乙酉。
③ 《清高宗实录》卷 1239,乾隆五十年九月丙寅。
④ 邱永君《清代翰林院制度》第 144—145 页,社会科学文献出版社 2002 年版。

大考升职者,升迁的力度也较大。不少人由此破格晋升,如康熙二十三年大考,陆粲由从六品的赞善升为正三品的内阁学士(后改从二品)。乾隆八年大考,一等的王会汾、裘曰修,二等的万承苍,都是由正七品编修升从四品的侍读学士。乾隆十三年大考,一等齐召南由从四品侍读学士升从二品的内阁学士,编修李因培、王际华升侍讲学士;二等之编修国柱,升正五品洗马。乾隆十七年大考,一等之编修汪廷玙升侍讲学士,侍读学士窦光鼐升内阁学士;二等之陈兆仑由从七品检讨升从四品侍读学士。吴宝恕,同治十年授编修,三年后的"光绪元年大考翰詹,名列第一,超擢翰林院侍读学士"①。如此破格擢升者,每次大考都有,不备举。名学者钱大昕,则是经历两次大考,两次升迁,乾隆二十三年大考由编修升赞善,此后又升侍读,二十八年大考,又由侍读升侍讲学士。有的翰林官,则是因大考被皇帝赏识而仕途平步青云,如陈大受,乾隆元年授编修,次年大考,乾隆帝亲试翰詹官于乾清宫,陈大受"特以文被知遇,名在第一,即改官侍读,九月迁为学士,凡四阅月,自学士四迁至吏部侍郎",乾隆四年授安徽巡抚,十五年至两广总督②。季芝昌,道光十三年、十九年两次大考,第一次由编修升侍读,第二次由侍读升少詹事,后至吏部侍郎,充经筵讲官,擢闽浙总督,时人誉之"由探花不出廿年,内参密勿、外任封圻,实由两次大考前列所致"③。由于这并非个别现象,所以还有如此评论:"词馆人员不数年骤擢卿贰者,类皆大考前列所致。"④自清中期以后的职官晋升,一般情况下严格循规蹈矩,按资排序,遴选升职者,同一品下的同一级之间都要比其他条件,而翰詹大考晋职者不次擢升,虽然划为一、二等而升职者人数较少,但对于待缺升迁的翰林而言,增加了如此优渥机会,无疑也有较大激励作用。

翰詹大考的惩罚虽然严厉,但毕竟不属于因行政错误、营私贪渎而被降职、罢官的惩处,更何况有的只是因为微小失误被列入四等而

---

① 俞樾《春在堂杂文》六编卷3《翰林院侍读学士絜斋吴君传》,光绪二十五年春在堂全书本。

② 钱仪吉《碑传集》卷26《陈大受》,第3册第863—866页,中华书局标点本1993年版。

③ 张培仁《静娱亭笔记》卷10《奇联》,清刻本。

④ 何圣生《檐醉杂记》卷2,云在山房丛书本。

惩罚。因而其被降职也只是暂时官职的降低,并非因劣行污点而影响以后再升职,所以从性质上而言,又带有惩戒性。也正因此,在惩罚后,有时又有减轻、复职等措施。这种做法,主要出现在惩罚较严厉的乾隆时期。乾隆八年大考一个月以后又覆试,其中罚为休致的翰林,选较优者阮学浚等 6 人仍留原任,但各罚俸一年。休致之编修吴绂因通晓三礼,仍留编修任,在馆纂修,照四等例罚俸一年。其余罚俸的翰詹诸臣,将一年俸作三年扣除,遇有升转缺出,允予开列上报。十七年大考不久,又命休致翰林院检讨王太岳照旧供职。乾隆二十八年大考后,乾隆帝出京至天津,众官绅接驾,事后乾隆上谕:此次天津接驾人员内,因大考休致、革职之六人,有情愿来京考试者,准其自行来京,交军机大臣考试,再行请旨。此后考试,革职的汪存宽、休致的戈岱仍以编修用,检讨李台等 3 人赏纱葛。三十五年乾隆帝再次巡行至天津,接驾人员内有大考被休致、降职者,允予再考,有 2 人仍以检讨用,另 5 人,2 人以主事用,2 人以知县用,另 1 名旗人以骁骑校用。乾隆三十六年巡行江浙,以前三十三年大考被休致者迎銮。乾隆回京后直接降旨:被休致之翰林萧芝、李台,仍以检讨用;龚骖文、周位庚、于宗瑛,以主事用。乾隆五十五年巡行至山东,以前大考被休致之检讨龚大万、饶庆捷、许霖等迎銮,并进献诗册。回京后,乾隆命出题考试,并作评判:这几人"所作诗句虽属平庸,尚不甚荒谬。且饶庆捷因大考缮写违式革职,龚大万等,因大考列入四等休致,并非缘事获谴,尚可酌加录用。龚大万、饶庆捷、许霖,均著加恩以内阁中书补用。"①同年,以前大考被休致的江西人编修周厚辕,来京为皇帝祝寿、进献诗册,也为其出题考试,试卷上报后,乾隆评判为:"所作诗句文理尚顺。且该员因缮写越幅,列入四等休致,并非文理荒疏,尚可加恩录用。周厚辕著仍以编修用。"②光绪元年大考,翰林院侍讲联元,被降为中允。光绪五年京察一等,又升为侍讲。此后不断升职,任知府、道员、按察使,最后升京官至内阁学士(从二品)。

翰詹大考还反映出,满洲外班翰林由于原来进入翰林的资格条件就较低,因而大考的水平也不高,被处罚者的比例较大,最低的年

---

① 《清高宗实录》卷 1353,乾隆五十五年四月戊寅。

② 光绪《大清会典事例》卷 1054《翰林院·考试·大考二》。

份也占 30％以上，一般在 50％—90％，最多的嘉庆十七年，竟然占100％，与考者全部被罚。乾隆五十六年及嘉庆三年、十七年均无一等者，列入二等者水平也较低，以致乾隆二十八、五十、五十六年，列入二等者也不升职，乾隆十七年所列二等，还有被罚者。而且越到后来成绩越差，以致嘉庆后期，取消了满洲外班翰林的大考。其乾隆后期的两次"御试八旗翰詹出身官员"，扩大考试人员范围，专门选取优者以擢升、优用（入南书房），大概与此有关，为的是鼓励八旗翰林上进，另外也以此挽回些满洲翰林的颜面。但并无多大激励作用，以致从嘉庆二十三年大考开始，索性取消其大考。

以上总结，仅个人初步见解，不当之处，尚待继续研究者修正。

附记：本文撰写，蒙赵树国、张振国、神谷秀二几位大学教师为我搜检台港澳及海外是否有与本文相关的研究成果，付出甚多辛劳，特志以表深深谢意！

（此文原载《历史教学》2018 年 12 期，有修改）

清代宫廷特点及其与政治的关系

古代王朝的宫廷，既是包括皇帝在内的皇室成员生活之"家"，同时又是皇帝或皇帝与官员办理国务的国家大政所出之地，以及王朝举行国家重大典礼的场所，建有与此相关的设施、机构，属于"国"之范畴。另外，皇帝家属中某些人的活动也与国家政治有关，如皇后的先蚕礼、太后之垂帘听政，等等。这一切，构成了古代宫廷之"家"、"国"结合的政治特色①。因而，古代王朝之宫廷具有丰富的内容，也是古代国家政治的一个方面，学界对外朝政治的研究较多，而对宫廷政治的研究相对较少，综合全面地认识古代王朝的国家政治，有必要加强宫廷政治及其与外朝行政的联系性考察。

每一王朝的宫廷又都各具特色，作为少数民族满族，其皇家的清朝宫廷，带有的特色内容更为丰富，且多与国家政治相关。本文分类介绍这些特色性内容，并分析其对清代政治的某些影响。为便于理解文中内容，请参阅附图"明清皇城、宫廷内部简图"（附在文末）。并请注意，皇宫（即紫禁城）的内部分为前朝区、後寝区，中间以保和殿（明代建极殿）、乾清门之间的小广场为界。保和殿及其以南为前朝区，乾清门以内（即以北）为後寝区。内务府则是清朝职掌宫廷、皇室事务的总机构，下设七司（广储司、庆丰司、会计司、掌仪司、都虞司、

---

① 古代王朝家与国结合的特色还有其他方面的体现，这里只是从宫廷方面阐述。

慎刑司、营造司)、三院(上驷院、武备院、奉宸苑),以及制造、纂修、官学机构,管理上三旗包衣旗人、太监事务的机构,等等。

以前,本人曾作过这一领域某些方面的研究,今在此基础上扩展,并从清代宫廷事务的特色及其与政治关系的角度考察,希望得出某些有意义的认识。

一、清代宫廷的诸方面特点

(一)内务府、宫中设有武事机构——上驷院、武备院、御用营处

这些机构的设置,与满族皇帝为保持本民族的尚武精神及八旗兵的战斗力,而以身作则、带头演练,以激励八旗兵训练骑射有关。

上驷院,隶内务府,掌御用马匹、京城马厩及京外养马场如长城以北的商都达布逊诺尔牧场、达里冈爱牧场及大凌河牧场的管理。上驷院衙署设在皇宫内,旁边又有御马厩、箭亭,都在东华门内的北部。箭亭,是皇帝检阅八旗武进士、与武官校射之所[1]。上驷院设侍卫、司鞍长等,掌御马的训练、选用,及侍奉皇帝、皇子乘马等事。

武备院,隶内务府,设东华门外,掌宫廷所用武器、皇帝出行仪仗等器械的制作、储备供应及相关事务。宫中太和门以东的昭德门内、左翼门内,则有放置弓箭、刀枪、甲胄的武备院四库。

此外,宫中造办处的炮枪处、鞍甲作、弓作、盔头作等,也制造武事器械,成品器械等存储于造办处的活计库。

御用营、处,是以皇帝为中心的武事服务机构。有御鸟枪处、内火药库、弓箭处,设于皇宫西侧区,皇帝狩猎或出巡时,提供武器弹药[2]。此外还有驯养狩猎鹰犬的养鹰狗处、虎枪营(又名虎枪处),以服务于皇帝狩猎。相关机构有上虞备用处、善扑营等。

满族皇帝自诩以骑射定天下,极力维持八旗兵的弓马技艺。因而皇帝自己首先注重这方面的训练,并带领皇子皇孙们演练,以作表率。康熙帝以身作则,在皇宫中设置箭亭,作为与侍卫、皇子们练习

---

① 景清《武场条例》卷1,光绪刻本。吴振棫《养吉斋丛录》卷9,第123页,中华书局2005年版。

② 嘉庆《大清会典》卷80《内务府》御鸟枪处、内火药库。乾隆《国朝宫史》卷21《官制二》鸟枪处、弓箭处。

射箭的场所,并与八旗官员"校射禁廷"①,也即在宫廷中的箭亭与八旗官员校射。

康熙皇帝还制定木兰秋狝、南苑行围等围猎制度,作为训练八旗兵的一种形式。其时还带皇子参加,西方传教士白晋据其见闻而记述:木兰秋狝时,皇子们随康熙帝射猎"整整一个月,这些年幼的皇子同皇帝终日在马上,任凭风吹日晒。他们身背箭筒,手挽弓弩……几乎没有一天不捕获几件野味回来。首次出猎,最年幼的皇子就用短箭猎获了两头鹿",狩猎既训练他们的骑射,又培养他们的吃苦耐劳精神②。乾隆皇帝、道光皇帝等小时候随皇祖参加射猎的情节,也是大家所周知的,由此也得知,其他皇子皇孙们也是一起参加射猎练习的。因而,清代的满族皇帝及其皇子皇孙与王公的武功较高,成为清朝皇家的一种特色。为了激励八旗兵训练,康熙帝在大阅军容、巡视八旗各驻防城时,经常带皇子同侍卫、"十五善射"者一起演练,这方面的记载甚多③。

(二)清代宫廷的其他满族特色

清代宫廷中,除了设有与满族有关的武事机构以及满族特有的行政机构(见下一小节中所述)外,还有其他具有满族特色的内容,简列以下几方面。

1. 满族皇室有畜牧经济,以专设机构管理。

牛羊之牧养,是满族皇室畜牧经济的主要收入。内务府下设的庆丰司,是专掌皇室牛羊之牧养与供用的机构。

其牛羊的牧养有京城内、外两大部分。京城有 4 处,设牛圈、羊圈畜养。

京城外,是长城以北的察哈尔蒙古牛羊群牧场,及达里冈爱的羊群牧场,均由庆丰司管理。皇宫中膳房,祭祀、筵宴、喇嘛诵经所用牛羊,皇帝亲耕所用牛,皇子、公主婚嫁所用礼牛、礼羊,宫中各处所用

① 陈梦雷《松鹤山房诗文集》卷 17、卷 1,康熙排印本。

② 白晋《康熙帝传》,《清史资料》第一辑第 241 页,中华书局 1980 年版。

③ 《清圣祖实录》卷 151,康熙三十年四月己丑(于多伦);卷 186,康熙三十六年十二月庚午(于玉泉山西南大阅);卷 214,康熙四十二年十一月丁巳、己未、辛酉(均于西安);卷 215,康熙四十三年正月丁卯(于南苑大阅);卷 220,康熙四十四年四月戊辰(于杭州)、己丑(于江宁即南京);卷 229,康熙四十六年三月辛酉(于江宁)。

乳制品等,都由庆丰司供备。

再有,上驷院在京城各处、蒙古地区、辽宁地区牧场的养马,也可归入此类经济。另外,宫廷内务府还有采捕经济,这一点,也带有民族特色,如东北打牲乌拉之东珠采集与渔猎,京畿附近之内务府牲丁鹰户、网户、猎户的捕罟等。

2. 皇宫中宗教信仰方面具有民族特色。

满族信仰萨满教,皇室在宫中举行萨满祭祀的处所是坤宁宫。坤宁宫,明代为皇后寝宫。清代仅东暖阁作帝后大婚典礼的临时居住处,宫内中部、西部则打通,辟为日常萨满祭祀的一个大场所,每日朝祭、夕祭两次。宫外的"堂子"祭祀,也与宫内有关,堂子祭祀的某些神祇对象,由坤宁宫抬出,祭毕送回。频繁的萨满祭祀,是清代宫廷宗教信仰方面突出的满族特色。

另外,宫中每天有蒙藏喇嘛入宫诵经或做其他佛事,主要是召雍和宫喇嘛。宫中因此设有常日办理这方面事务的机构——管理中正殿事务处,以掌喇嘛唪经、诸用物的供应及成造佛像等事,设管理事务王大臣、员外郎等官管理,笔帖式30多人办理杂务。喇嘛常日在宫中举行的藏传佛教活动,也可视为是满族皇室入居北京宫廷带来的一种民族性特色现象。

3. 满族皇室以其家奴——上三旗包衣旗人为宫廷主要服务人员,太监人数比明王朝显著减少[1],改变了以前汉族王朝宫廷以宦寺为主的状况。

宫中服务的皇室家奴,主要是管领下包衣旗人。内务府三旗包衣编有30内管领(亦略称管领)。其管领下人,除充当营兵、任官外,其余包括幼丁在内之丁口,挑选苏拉数千名,与管领下妇人,承应大内杂役。主要负责诸如宫殿的糊饰、除尘,庭院道路之打扫、除雪、拔草,物件搬运、供冰运水,房屋、寺庙、朝房、官所之修葺,河道之开挖疏通,皇室成员各宫、所,及膳房、茶房,承应担水、送柴、交送米面粮油、牛乳,在宫中饽饽房、酒醋房制作食品、祭品、副食品酒醋等事务。

---

① 参见郑天挺《清代包衣制度与宦官》(1944年),《清史探微》,北京大学出版社1999年版。

（三）宫中行政、文化、制作等机构比明代大量增多

先介绍清代与明代宫廷中所设类同的机构。主要有：

1. 与行政有关者：（1）明内阁。在午门以内、会极门（初名左顺门）之外。清代沿袭。（2）明代文书房，是太监负责的收通政司每日封进本章、京官及各藩所上封本之处①。会极门则是交接京官、各藩王公文之处，紧靠内阁。清代设"奏事处"两处：外奏事处接受奏折，内奏事处接交外奏事处奏折及收发内阁题本。京、外（通政司）题本则均由内阁接收。（3）文华殿，为明代经筵、日讲及皇太子就读之所。皇帝召见官员议政有时也在此处。清代为经筵、日讲之处。（4）诸王馆，为明代皇子读书之"书堂"，在皇极门外西庑。清代皇子皇孙读书之处为上书房，在乾清门内。

2. 纂修典籍机构。明代纂修"实录""会典"，于宫内设馆，事毕裁撤。宫内纂修"起居注"，初断断续续，万历后恢复。② 清代宫中之起居注馆，自康熙十年设置后常设③。

3. 宫中服务于皇室生活及其他宫廷杂务的机构。明代有太监二十四衙门：十二监、四司、八局。清代这种职掌的机构，除了总管太监事务的敬事房，主要是内务府与其下辖的上三旗包衣旗人服务机构——内管领关防处等。此外，还有外朝人之服务机构，均见后述。

清代宫廷比明代增加的机构，则非常多，有以下几类。

1. 满族特有的行政机构。

（1）内务府，是满族在入关前崇德年间就设置的管理宫廷事务的总机构，入关后延续设置，其衙署在皇宫西华门内，内务府总管大臣值班处，则在乾清门右，军机处旁。

（2）议政处，是满族最高权力阶层共议军国大政之议政王大臣会议的衙署，在太和门前东庑。

（3）翻书房，也称内翻书房，在太和门前西庑，是专掌公文、典籍等翻译的机构，以翻译皇帝谕旨及祝文、谕祭文为主，将满文谕旨译

---

① 《明史》卷74《职官三·宦官》，第6册第1821页，中华书局1974年版。

② 宫内尚有六科房，后移于午门外，移出时间，有永乐年间之说，恐误。确切时间待考。

③ 仅康熙五十七年至六十一年暂停。

为汉文,汉文谕旨译为满文,并负责皇帝指定的其他需翻译的文件、典籍。

2. 宫中直接服务于皇权或皇帝的机构。

(1)王公官员"内廷行走"6 机构——1 殿、2 房、3 处,即懋勤殿,南书房、上书房,军机处、批本处、奏事处。军机处、(外)奏事处设在乾清门两侧,其余都设在乾清门内,属後寝区。军机处是辅助皇帝办理机要政务的中枢机构。批本处是协助皇帝办理批示题本之"批红"的机构。奏事处负责传递皇帝与官员之间公文及官员引见皇帝等事务。南书房是服务于皇帝之文学侍从的翰林入值之所。上书房是教育皇子皇孙读书之处。懋勤殿系皇帝与内翰林从事文化活动之所,另外,全国秋朝审死刑犯之终审判决,皇帝与官员在此裁定。

(2)向皇帝奏报政务、皇帝召见或引见官员等事务的宫中设施。

清代,中央各机构向皇帝奏报事务,最初主要是在皇帝御门听政时。雍正四年以后改定:中央文职 21 个衙门、武职 10 个衙门,分班轮流,每日 1 班到宫中向皇帝奏报事务[1]。此外,还有个别官员被皇帝召见。而引见,则是将皇帝需要审核、问政等官员引领面见皇帝的一种固定制度。清代以前就有这种形式,但直至明代,只是皇帝临时性的活动,很少举行。到了清代,被广泛应用于官制之中,并形成一套完整的固定性引见制度,凡各途径新选任的官员、升迁调补之官、丁忧服阕复职职官、各种原因告假到期任职之官、降革处罚之官、考核评优(京察一等、大计卓异)的官员等等,都要引见皇帝,由皇帝面看、试问(类似面试),再作职官任用、考评等级的最后裁决。引见官员多时,一个月就近 200 名[2]。最多的是吏部引见文职官,需要分成排,按排引见。

与上述行政相关的设施,则有设在乾清门东侧的官员待漏所、景运门内南侧的王公待漏所。待漏,因古代计时器而引申的待时、候时用语。凡轮班奏事、引见、召对的官员,便在这些处所待旨候召,听到宣召、叫起,由奏事处侍卫引领,到後寝区内的养心殿或乾清宫面见皇帝。

---

① 吴振棫《养吉斋丛录》卷 5,页 58,北京古籍出版社 1983 年版。

② 以上见黄十庆《清代的引见制度》,《历史档案》1988 年 1 期。

此外,清代的内阁也比明代内阁的机构规模扩大,增设了诸多分支机构、相关机构,这些机构有典籍厅、汉本房、满本房、汉票签处、满票签处、批本处(前述)、收发红本处、诰敕房。相关机构有稽察钦奉上谕事件处等。以上机构都设于皇宫内。

3. 常设的纂修出版机构。有国史馆(东华门内)、方略馆(皇宫内之西侧)、武英殿修书处(方略馆南)、御书处(西华门内)。

4. 造办机构。造办处,设于皇宫内之西侧的隆宗门外,设有作坊、处、馆等十余个,制作工艺品及武事器械等。

5. 宫中守卫机构。

(1)领侍卫府(侍卫处),其机构是在太和门旁。此外,在乾清门旁、神武门内等处,有内班侍卫宿值所。宫中太和门,及各严格把守的门禁、宫室门,由侍卫及亲军守卫,领侍卫府是总管理机构。

(2)景运门值班处,设在景运门旁。清代皇宫中,除侍卫处、上三旗包衣甲兵守卫部分处所外,其他大部分门禁、宫殿、库仓、机构等等处所,都由上三旗护军营、八旗前锋营官兵守卫,并负责巡逻,其总管理机构是景运门值班处,以护军统领、前锋统领轮班入值。

6. 宫中学校。设于皇宫隆宗门外以南的咸安宫官学、蒙古官学、回缅官学,均为旗人子弟读书之所,教习们教学生满汉文、蒙古文、回文、缅文,以及弓箭射技。

(四)宫廷、外朝在事务上的交叉性

宫廷事务,本为独立系统,这只是就其基本情况而言。实际上,清代宫廷系统的机构或官员,也管外朝某些事务,另一方面,宫廷某些事务,也有由外朝官管理者。总之,是宫廷、外朝在事务上具有交叉性,这一特点在清代宫廷体现的特别明显。

1. 内务府官员兼管外朝事务

内务府三旗包衣旗人,除以科举及外升而任府外职官外,还有部分府外机构设有包衣缺,或由内务府包衣参与选任。

(1)内务府官员在中央机构中的任职

外奏事处,所设奏事官,有4名为内务府官缺,笔帖式,由内务府充任者有2人。文渊阁四库全书的管理职务,由大学士、翰林院与内务府共任,其中提举阁事,以总管内务府大臣兼任。其兼管司员、笔帖式各四人,也由内务府官担任。上虞备用处有笔帖式3人、养鹰狗处有笔帖式 6 人、稽查内务府御史衙门有笔帖式 8 人,均为内务府缺。礼部会同四译馆设朝鲜通事官 4 人,为内务府官缺。乐部和声署的满洲署正、署丞,由内务府掌仪司官员兼任。户部三库库差,是内务府与部院司员以保举的形式共同出任。

(2)内务府机构管外朝事务

内务府慎刑司,兼管外朝之监禁、审判等刑事,如乾隆年间泄露机密的都察院副都御史仲永檀、任意妄为的蒙古贵族丹巴多尔济、嘉庆年间串骗重赀的原大学士阿桂长孙那彦瞻,等等,都曾被监禁慎刑司,仲永檀一案由宫廷内外王大臣共同审讯①。

武备院,负责八旗修造兵器之铁匠的培训②,院下作坊工作的八旗匠役,亦由其管理③。

内务府还兼管礼部会同四译馆事务,乾隆五十五年谕:以后"安南、缅甸、暹罗、南掌等国来京使臣、随从人等,应行照料事宜,俱著内务府经理"④。

(3)内务府官员在地方的任职

义州驻防旗人武官,其中的城守尉 1 人,佐领、骁骑校各数人,由内务府包衣旗人担任。

税关监督,有由内务府官出任或以内务府织造兼任者,其较固定或兼任时间较长者,有崇文门副监督,天津关、宿迁关、龙江西新关、浒墅关、杭州南北新关、粤海关监督。

盐政,由内务府官出任或由织造兼任时间较长者,为两淮、长芦盐政,其次为两浙盐政⑤。任盐政的内务府官员,管辖地方盐务区的盐运使、行盐省份的盐法道道员,这些被内务府任盐政之人管辖者,都是外朝官。

(4)内务府三旗的皇室包衣家奴服役于府外

---

① 以上见《清高宗实录》卷 180,乾隆七年十二月丙申。同书,卷 1383,乾隆五十六年七月丙申。《清仁宗实录》卷 76,嘉庆五年十一月丙午。

② 嘉庆《大清会典》卷 69《八旗都统·管理左右翼铁匠局》。

③ 嘉庆《大清会典》卷 78《内务府·武备院·四库》。

④ 嘉庆《大清会典事例》卷 401《礼部·朝贡·馆舍》。

⑤ 两浙、两淮、长芦盐政先后于道光元年、十年、咸丰十年裁撤,全国已无专职盐政之设,内务府官也无出任盐政者。

雍正三年定,于"内务府旗鼓佐领、管领下挑取能射箭之闲散人三百八十名,充当绿旗兵丁"。此处的绿旗兵,指京城属绿营兵系列的巡捕营,乾隆四十六年再次挑取甲兵编入巡捕营。嘉道年间,又从内务府包衣旗人中挑取 600 余人,充任銮仪卫的校尉。① 军机处任服务性杂役的苏拉,则皆由内务府包衣充当。②

2. 外朝官在内务府任职而管宫廷、内务府事务

(1)内务府总管大臣。除了府属官简补外,还以外朝大臣、王公担任或兼摄。(2)内务府织染局管理大臣,有由内务府外之官员简任者。(3)庆丰司牧群总管,由察哈尔都统兼任。(4)广储司郎中、六库的员外郎,有 8 缺是外朝官六部司员的专缺。(5)上驷院、武备院、奉宸苑的管理大臣、卿,御茶膳房、御药房管理大臣,中正殿事务、雍和宫事务管理大臣,武英殿修书处、御书处管理大臣、总裁,总理工程处、官房租库管理大臣,奉宸苑总理大臣,圆明园、畅春园、颐和园等处总管大臣,等等,都由外朝官充任或兼摄。(6)咸安宫官学协理事务大臣、总裁,由六部、翰林院、詹事府满官充任。蒙古官学管理大臣、总裁,由理藩院官充任或兼任。(7)马兰镇总兵兼任东陵总管内务府大臣,泰宁镇总兵兼任西陵总管内务府大臣。

3. 外朝机构或官员管内务府事务

(1)内务府官兵俸饷、内务府旗人科举、出任府外官,分别由户部、礼部、吏部办理。(2)内务府护军营统领等之军政考绩,初由钦派之王大臣审查,后归兵部。文职之三院卿的京察考绩,道光二十二年归吏部审核。③ (3)奉宸苑之南苑门禁守卫官兵,以外八旗人充任。④ (4)内务府在锦州地区的庄园庄头事务,以锦州副都统管。(5)锦州副都统、张家口都统,分别兼管上驷院的大凌河牧场、蒙古地区的两处牧场。(6)内务府都虞司设在吉林的打牲乌拉,乾隆十三年后由吉

---

① 以上见咸丰《总管内务府现行则例·都虞司》卷 1《添设各项兵丁》。

② 昭梿《啸亭杂录》卷 7《军机大臣》。并见继昌《行素斋杂记》卷下,页 2—3,上海书店 1984 年版。

③ 咸丰《内务府现行则例·堂上》卷 2《考察官员》,页 57 上、页 59 下、页 62 下,故宫博物院文献馆校印本,1937 年版。

④ 详见杜家骥《清代八旗官制与行政》第 176—190 页"内务府各机构所设职官(文武)一览表",中国社会科学出版社 2015 年版。嘉庆《大清会典》卷 73《内务府》第 20—21 页,武英殿本。

林将军兼管。打牲乌拉总管，曾一度由当地人充任。

（五）大量男性人员平日出入宫廷[①]

明代，每日出入宫廷的，主要是大量的太监。其他男性官员、护卫官兵、御医、教官等出入宫廷者，远比清代少。清代每日出入、活动于宫廷的，主要是太监以外的男性，有以下几类。

1. 上三旗包衣。有苏拉及其管理官员 5 千多名，轮班负责宫廷杂务。这些杂务在明代都是由太监承担。

2. 日夜守卫宫廷内的官兵。明代，日常守卫宫廷的是亲军卫官兵，日夜守护在紫禁城外围。入宫内保护皇帝的是锦衣卫侍卫官兵，只在大朝、常朝时入宫内，以锦衣卫中"有勇力"且"丰伟"者"直殿内"[②]。常朝日的夜间，只以少量的锦衣卫官兵宿值宫中的"内直房"，《大明会典》记为：以指挥、百户、校尉 40 余人"于内直房值宿，以备传报，其余出宿外直房"[③]。其日常宫中的夜间是太监值宿守卫，其中司礼监太监是值宿在皇帝居住的乾清宫"各直房居住……意外之警，便立可衣冠，手持五尺，速赴驾前，以防卫之"[④]。正德以后，宫中还有"内操"之举，非常制。清代，则每日有侍卫处、上三旗护军营及前锋营、内务府包衣骁骑营护军营等官兵，守卫紫禁城中的各个门禁、宫殿、仓库，夜间在宫内巡逻（称为传筹），并有值宿者。还有"紫禁城内，派有六大班，诸王、文武大臣及前锋统领、护军统领等轮流值宿"[⑤]。平日皇帝身边护卫的，是御前大臣、御前侍卫。

3. 进入宫中办理政务的官员。主要有日常内廷行走 6 处的官员、每天向皇帝奏报政务及皇帝召见或引见的官员（均见前述）。另外，王公、大臣进宫办事，每人可带入宫随侍人员数人不等。[⑥] 入宫办理政务的官员中，也有夜宿宫中者，如军机处的军机章京，便值

---

① 本节详细内容及论证，见拙文《明清两代宫廷之差异初探》，《北京社会科学》2013年 5 期。

② 万历《大明会典》卷 142《侍卫》。

③ 万历《大明会典》卷 228《锦衣卫》。

④ 刘若愚《明宫史》之《水集·内臣服佩》贴里、一把莲，北京古籍出版社 1982 年版。

⑤ 咸丰《内务府现行则例·堂上》卷 1《委派值宿》，第 13 页，民国二十六年国立北平故宫博物院文献馆校印本。

⑥ 咸丰《内务府现行则例·堂上》卷 1《常朝仪制》，第 5 页。

夜班,宿于方略馆。其他官员也有夜间被召进宫中(谓之"晚面"),或至夜间才退值出宫者,如南书房行走的高士奇,就"终日侍便殿,备顾问……至暮乃出,或及夜分……戴星出入其间耳"①。

4. 服务性人员。如:御茶膳房中由侍卫处侍卫担任的管理官员尚膳正、尚茶正等,上虞备用处黏竿拜唐阿、弓箭拜唐阿,上驷院厩长拜唐阿、武备院弓箭匠役等。这些人因为常日在宫中,因而由宫中的侍卫饭房给予饭食。②

5. 宗教人员,每天固定有 32 名喇嘛入宫诵经,每月又都有几天特殊之日,增加十几名、数十名喇嘛作不同名目的佛事③。还有,每日两次萨满祭祀的司俎、宰牲人员。

6. 造办处的匠役及管理人员、国史馆的撰修人员、翻书房的翻译、武英殿修书处的书籍编纂印刷人员。

7. 宫中学校——咸安宫官学、蒙古官学、回缅官学的师生,可住校。

比起明代,清代的皇宫中所以可以有大量的男性常日出入,重要原因之一,是清代满族皇家的男女之防不如明代森严④。其他原因见后述。也正因此,清代的内廷行走官员,可进入皇室的後寝区,如乾清门内的各殿房、养心殿。守卫官兵也入值後寝区的慈宁宫、寿康宫、宁寿宫门,及吉祥门、启祥门、文华门、苍震门。上三旗护军营、前锋营守卫官兵轮班宿值宫中。宫中学校的"教习、学生内,有情愿在内者,著宿居学内"⑤。而明代所有与外朝官行政有关的机构,都设在远离後寝区的皇极门(清代太和门)外。明代皇帝召见官员、君臣共议政务,也是在皇极门(清代太和门)及其内外的后左门(又称平台)、中极殿(清代中和殿)、德政殿、文华殿⑥,均在前朝区,与後寝区

---

① 高士奇《金鳌退食笔记·徐乾学序》,北京古籍出版社 1982 年版。

② 光绪《大清会典事例》卷 1193《内务府·供具·侍卫饭房分例》。

③ 光绪《大清会典事例》卷 1219《内务府·杂例·喇嘛唪经》。

④ 详细论述,见杜家骥《明清两代宫廷之差异初探》,《北京社会科学》2013 年 5 期。本小节内容,也多参考此文。

⑤ 《钦定总管内务府现行则例·咸安宫官学》,第 310 册第 47 页,故宫珍本丛刊本,海南出版社 2000 年版。其住宿主要是雨雪、暑寒之时及路远之学生。

⑥ 刘若愚《明宫史·金集·宫殿规制》第 14 页,北京古籍出版社 1982 年版。《钦定日下旧闻考》卷 34《宫室·明朝二》,第一册第 521—523 页,北京古籍出版社 2001 年版。

隔离。而清代则将进宫办公的官员召至後寝区内。至于明代由外朝翰林词臣教太监学习的"内书堂",则更在紫禁城外的皇城厚载门(或作北安门,清代称地安门)旁的司礼监内①。

(六)宫廷区域缩小

清康熙年间入值宫中南书房的高士奇,曾记述秦汉至明清时期皇家宫廷区域的变化:

> 尝读往史所载,秦汉隋唐之宫阙,高者七八十丈,广者二三十里。而离宫别馆,绵延联络,弥山跨谷,或至数百所。何其奢侈宏丽可怖也!

> 明因金元之旧,宫阙苑囿,较秦汉隋唐,仅十之三四。然皇城之中,即属大内,禁绝往来,唯亲信大臣,得赐游宴,故或记或诗,咸自诩为异数。亦有终身官侍,从未得一至者,闻人说苑西亭台宫殿,无异海外三山,缥缈恍惚,疑、信者半。

> 我国家龙兴以来,务崇简朴,紫禁城外,尽给居人,所存宫殿苑囿,更不及明之三四。凡在昔时严肃禁密之地,担夫贩客皆得徘徊瞻眺于其下,有灵台灵沼之遗意焉。②

高士奇根据所读史籍之载,梳理出自秦汉至明清时期宫廷区域逐渐减小的变化,对其赞誉清代本朝之谀辞不必采信,而所记清代皇家宫廷区域比明代缩小,则是事实。

明清皇城,是紫禁城外围的城区,其范围:南部由大清门(明代大明门)、东长安门、西长安门以北,北部由地安门(明代北安门)以南,与东安门、西安门,诸门连接起来的城墙内部区域(见附图,因版面所限,为主要显示宫廷内部,皇城未按比例显示其区域之大)。明代,紫禁城及其外部的整个皇城,都属皇家宫廷区域的"大内",是一般人不得随意进入的禁区。而清代,皇家宫廷区域的"大内",已缩小到只有紫禁城的范围,紫禁城外部的皇城区,已成为官民住居生活之地,"担夫贩客"也活动于其间。高士奇被康熙帝赐给的府宅,就在皇城中的西苑(今中南海及北海之苑囿)之西,他因而联想到明代朝臣有终身

---

① 刘若愚《明宫史·金集·宫殿规制》第6页,北京古籍出版社1982年版。
② 高士奇《金鳌退食笔记》卷上《自序》,第117页,北京古籍出版社1982年版。

未能进入皇城者,感慨自己"移家其间,炊烟灯火,邻于紫极"①。明代,皇城内全部是太监衙署及相关的制作、服务性机构、设施,其太监二十四衙门,大部分设在皇城中。清代,掌宫廷事务的内务府及其七司、三院,有设在紫禁城西华门、东华门之外者,如掌仪司、庆丰司、会计司、都虞司、营造司、慎刑司、武备院、奉宸苑等,这两门外为皇城之地,清代已不属宫廷禁区。有设在紫禁城中者,如内务府衙署及内务府总管大臣值班处,广储司及其六库,及上驷院衙署,武备院的某些器物库。造办处也设在紫禁城内。

二、总结

通过对清代宫廷特点的揭示,进一步得出以下初步认识。

(一)清代宫廷"国"的成分增多,皇帝私家之"家"的成分减少。

主要体现为,皇家宫廷区域范围缩小,即使皇宫中,也设有非皇家事务的常设机构、设施,如武英殿修书处、翻书房、国史馆、庋藏四库全书的文渊阁,以及旗人子弟学校等,这些属于国家的"公"性机构设施,又进一步占用了皇家皇宫的"私"域。公私混合的宫廷,两种成分发生此消彼长的变化。

古代王朝,是一个"公"性之国与私性之"家"的混合体,宫廷以外也是如此。王朝早期的商周时期,私性成分最多,以后随着社会的发展,皇家(王家)私属性成分越来越少,以王族同姓为主之大分封对普天之下王土的占有,逐渐被废除,秦摒弃皇家分封制以后,虽少数王朝有反复,总的趋势是皇族在国家中的权益越来越小②。与此同步发展的,是中央管理宫廷皇家事务的机构由多变少,如秦汉时期的"九卿",有太常(奉常)、光禄勋(郎中令)、卫尉、太仆、宗正、少府等六卿为管理皇家事务者,后来,上述九卿逐渐被分掌国家事务之分工机构"六部"取代。前述高士奇所揭示的中国古代宫廷区域自秦至清的不断减小,应属同类性质事物的变化。此外,清代宫廷内务府与外朝事务的交叉,内务府管某些外朝事务、外朝官管宫廷中的某些事务,

---

① 高士奇《金鳌退食笔记》卷上《自序》,第118页。

② 以上详细论证,见杜家骥《中国古代国家之私属性及其演变》,《纪念许大龄教授诞辰八十五周年学术论文集》,北京大学出版社2007年版。

以及外朝行政事务的一些机构如议政处、军机处等在宫中的设置，也可视为是这方面变化的一种体现。

及至清亡，取消帝制，王朝私性成分被消除，古代王朝之国家，变为主要是"公"性成分的近现代性质的国家。溥仪被驱逐出宫，清代宫廷也完全变为社会公有。

从上述变化而言，前述清代宫廷"国"的成分增多，皇帝私家之"家"的成分减少，是符合社会进步发展趋势的。

（二）清代宫廷中增设武事机构，外朝行政机构设施在宫中的设置也比明代大量增多。协助皇帝行政的官员深入皇室后寝区，显示了清代皇室私家生活的皇宫中办理国家公务的突出特点与其政治性。

再有，也体现了清代皇帝的勤政作风。

宫中设置上驷院、武备院、箭亭等武事机构，以及与其相关的军事训练活动，是清朝皇帝为维护满族主体统治而力图保持八旗军事实力的一种措施，具有政治性。还有，上驷院之马匹，及内务府包衣拜唐阿（汉语"执事人"）、包衣甲兵所养官马，有时亦用于国家战事中的战马[1]，或拨给八旗兵丁[2]，及用于衙署的官差[3]；武备院之培训、管理八旗制造武器之铁匠与其他匠役，该院及造办处所造刀箭器械、枪炮等军事物品，亦用于国家军事；而宫中常年安置诸多蒙藏喇嘛诵经做佛事，既是满族皇家的宗教信仰，同时也有笼络利用蒙藏民族之义。外朝行政机构设施在宫中的设置较多，内廷行走官员及奏事、引见、召见的官员，进入皇室生活的后寝区与皇帝处理政务，与明代大不相同，体现了清代皇家宫廷办理国家公务的突出特点。凡此，也均具政治性。

外朝行政机构设施在宫中的较多设置，还体现了清代皇帝的勤政作风。皇帝勤政，与其处理政务的有关机构及官员，就需要靠近皇帝

---

① 光绪《大清会典事例》卷 2203《内务府·营制·官马》记：雍正九年西北战事之时，就将内务府人"所养官马二百八十九匹，分给八旗，抵补前往军前马匹之数"。

② 雍正九年设八旗的两营训练兵，其"所用之马，由上驷院每营给与连鞍马百匹"，见《八旗通志》初集卷 31《兵制志六·八旗军令一·训练》。并见光绪《大清会典事例》卷 2207《内务府·畜牧》内外马厩（道光二十三年）、大凌河牧养（道光四年）。

③ 光绪《大清会典事例》卷 2203《内务府·营制·官马》，乾隆三十四年。

起居办公之处，以便皇帝随时可以召见有关官员咨询、商讨政务。适应这种需要的内廷行走机构诸如军机处、批本处、(外)奏事处及王公官员待漏处等，也因此而设在皇帝起居的养心殿旁边。这些机构的官员也需要每天入值，协助皇帝撰拟上谕及处理奏折(均为军机处官员)、批示题本(批本处官员)，轮班向皇帝奏事或备召见(奏事处及王公官员待漏处)。正因为皇帝勤政，办理的事务多，经常需要日以继夜，雍正帝批阅公文常至深夜。乾隆帝"每日晚膳后阅内阁本章毕，有所商榷"，要召军机大臣进宫商议，行政术语"谓之晚面"①。军机处官员还要夜值，军书旁午之时"有军报至，虽夜半(皇帝)亦必亲览，趣召军机大臣指示机宜"，军机章京拟写谕旨，皇帝审阅改定后发出，有时"自起草至作楷进呈，或需一、二时，上(皇帝)犹披衣待也"②。这与明代那些怠政、长时间不见官员的皇帝，正好形成鲜明对照。帝制王朝时代，皇帝的行政态度作风，对国家治乱兴衰影响极大，清代皇帝之勤政，对清代治世的形成与保持起重要作用。

(三)清朝宫廷内，每日与外朝官员处理国政，大量外部人员尤其是大量男性人员每日出入宫廷，改变了明代宫廷内部主要为太监活动的封闭性，客观上造成一些透明度，减少了宫廷内政的私密性与黑暗性，有利于朝政的清明。

宫廷越封闭，外朝官越难以介入，越容易发生宫廷乃至朝政内乱。清以前经常发生的诸如东汉、唐朝之宦官、外戚擅政，明代之太监乱政，都与其宫廷的封闭性有一定关系。明代中后期的多数皇帝，终日与太监为伍，公文批示之题本批红也交给太监去做。清代皇帝不仅从不假手太监，而且严惩窃用宫中政务信息的太监③。其每天处理政务时，都是与外朝官员们在一起，这些官员与其他男性人员，绝大多数都是朝进夕出，而且多轮值，或有期限，不像宫中太监那样，终年长期日夜在宫中，他们不可能形成宦寺那样的禁中群体势力，更兼清代皇帝有严厉家法，对太监管束甚严，因而清代

---

① 赵翼《檐曝杂记》卷1《军机大臣同进见》，中华书局1982年版。

② 赵翼《檐曝杂记》卷1《圣躬勤政》。

③ 乾隆时的太监高云从、道光时的太监曹进喜等，皆因此遭严惩。见昭梿《啸亭杂录》卷2《本朝内官之制》；光绪《大清会典事例》卷2217《内务府·太监事例·禁令二》。

没有发生过汉、唐、明朝之宦寺假皇权而祸乱朝政的现象,更不可能出现唐朝那种宦官势力挟制、甚至废立皇帝之事①,清代宫中也因此相对清明②。

另外,清代皇室还制定有严厉的"家法",管束外戚,防止了两汉、唐朝那种宫中外戚擅政的现象。另外,宫中实行严格的包括未来继皇位者的皇子教育与综合素质培养,因而清代皇帝的素质相对较高,也有能够勤政的体质。凡此,也都对清代政治具有正面积极作用,因已作论述,于此不赘③。

本文着重于清代宫廷特点的揭示,至于其与国家政治的关系,尚属简要分析,既不深入,也不系统全面,是否成立,有待以后研究的进一步证实、修正,权作继续研究的参考,并作引玉之砖,以得同仁之补正。

（此文原载《求索》2017 年 12 期,有修改）

---

① 以上论述,并见郑天挺《清代包衣制度与宦官》(1945 年),《清史探微》,北京大学出版社 1999 年版。杜家骥《明清两代宫廷之差异初探》,《北京社会科学》2013 年 5 期。

② 何圣生《檐醉杂记》卷 1 记:清末虽"孝钦垂帘,李莲英恃宠用事,渐亦交接朝官疆吏,然罪状尚不甚显,则家法犹未尽坏也"。

③ 详细论述,见杜家骥《清皇族家法及其对清代政治的影响》,《南开史学》1989 年 2 期。

附图：
明清皇城、宫廷内部简图

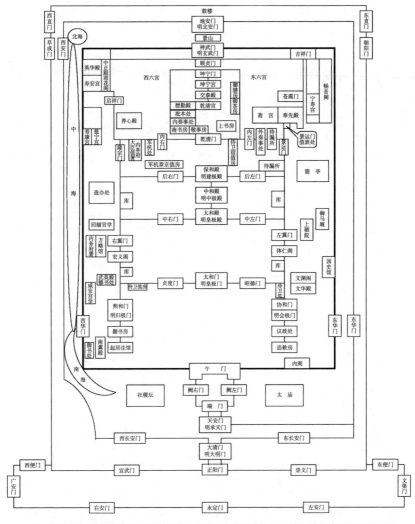

注：此图只为利用紫禁城内部分，因篇幅所限，紫禁城内部分与外部的其他部分不成比例。

◆八旗制度

清代八旗人选任绿营官制度考察

　　清朝维持统治的两大军事支柱——八旗、绿营，是分别由旗人、汉人组成的军队。八旗兵由旗人任官统辖，这是众所周知的史实，而鲜为人知的是，从清朝入关的顺治元年起，满族统治者就开始派任八旗旗人担任绿营统辖官。目前，仅见到定宜庄《清代绿营中的八旗官兵》一文[①]，从解决八旗生计的角度，对雍正以后直隶、山西、陕西、甘肃、四川五省区的绿营由旗人出任官员的状况作了论述。此前，罗尔纲《绿营兵制》一书，也提到上述五省地区有设置满缺、汉缺的问题[②]。许雪姬《清代台湾绿营中的旗籍总兵官》（收文末所记《清代满汉关系研究》一书），则专门对旗人担任台湾绿营总兵官问题作了比较深入的考察。鉴于问题的重要性，尤其是它关系到对清朝国家的民族性、军事统治制度、满汉关系等多方面问题的理解，本文拟从制度的角度，力图对八旗旗人选任绿营官的各种制度、实行情况，作比较系统的考察。

---

① 《满族历史与文化》，中央民族大学出版社1996年版。
② 《绿营兵制》第296页，中华书局1984年版。

一、相关内容及武官选任专用术语的前提性介绍

旗人选任绿营官,是清代选官制度中较为复杂的部分。既有派任到全国绿营中的任官之制,又有重点省区的派任规制,而且有一个扩大发展的演变过程。掌握选官权的机构、官员等有几大系统,涉及的具体机构则多达十几个。选任方式尤为复杂,有多种专用术语,施用于不同品级、不同归类的官缺的选任。为了便于下文的表述,本小节拟先对上述与旗人选任绿营官有关的内容、规制,尤其是选任专用术语,作前提性介绍。

(一)

绿营兵的设置,不同于八旗兵在京师、地方的重点城镇驻防,而是全国各省普设,而且每省之内多处城、镇乃至州县之下的乡镇,派驻不同层级的官兵。其专职统辖官,按品级由高到低依次为:提督,从一品;总兵(或称总兵官),正二品;副将,从二品;参将,正三品;游击,从三品;都司,正四品;守备,正五品;千总,正六品;把总,正七品;外委千总,正八品;外委把总,正九品;额外外委,从九品。[①] 其中提督,是一省最高专职绿营武官。总兵,是一省之下分划为"镇"的长官,每省二镇或几镇,所以总兵官也简称"镇"。提督、总兵,属于绿营高级武官,二者合而简称"提镇",有"提镇大员"之称。提督又节制总兵。从二品的副将以下至正五品的守备以上,为中级官。正六品千总以下,为低级官。以上高、中、低几个层次官员,在选任上各有不同方式,掌握其选任权者,也不同。详见后述。

诸省统辖绿营官兵者,还有文官总督、巡抚,提督、总兵均受总督节制。督抚又有直辖的绿营官兵:总督直接统辖的绿营称"督标",巡抚直接统辖的,称为"抚标"。提督直接统辖者称"提标"。总兵直接统辖者称"镇标"。

除上述全国范围的一般出任的绿营官以外,还有个别地区,划出部分绿营官缺专门由旗人充任,划分的形式也有几种,有按官缺比例划归的,有专定为满人缺的,有满、汉参用而倾向于派任满人的。列

举如下：

京师巡捕营。是京师地区所设唯一主要由汉人马步兵组成的绿营，又称"京营"。初为二营、三营，至乾隆四十六年增为五营。康熙五十三年后，于畅春园所设之中营，增选汉军旗人充营兵。雍正三年后，在圆明园所设的巡捕营，增选内务府包衣旗人充营兵。嘉庆十七年后，又选满洲、蒙古旗人马兵充巡捕营兵。管巡捕营的步军统领、左右翼总兵，为八旗官缺系统，不属绿营官①，巡捕营所设绿营官为副将以下。

直隶省。又分为：北部沿边、直隶内地、东西陵陵区、承德周围几个不同区域，旗人充任这几个区域的绿营官，规制各不相同。

山西北部沿边。与直隶北部沿边规制相同。

陕西、甘肃两省及四川松潘镇、夔州协。规制与直隶、山西又有所不同。

以上几省地区之旗人充任绿营官，主要是乾隆元年以后之事。

（二）

入选绿营官的八旗官兵，分京师八旗与驻防八旗两种情况。主要是前者。驻防旗人官兵选任绿营官，是嘉庆四年以后之事②。京师八旗入选绿营官的旗人所在机构，有侍卫处、銮仪卫，骁骑营及前锋、护军、火器、健锐营，内务府，养鹰狗处。需要稍作说明的是侍卫处、銮仪卫。侍卫处，充任侍卫的主要是上三旗旗人，下五旗选为侍卫者，入上三旗行走。康熙二十九年以后，汉人武科举中进士者，也选一部分人任侍卫，以后旗人考武科中进士者，同样选其优者为侍卫。凡武科进士拔为侍卫者，无论汉人、旗人，统称为"汉侍卫"③。所以，下文凡提到汉侍卫选为绿营官，也包括旗人④。凡侍卫均为

① 嘉庆《大清会典事例》卷 427《兵部·官制一·八旗武职品级》。

② 光绪《大清会典事例》卷 565《兵部·职制》。

③ 福格《听雨丛谈》卷 1《侍卫》记："若汉侍卫，则由武进士选充，不论其籍贯满汉，凡武甲出身者，概曰'汉侍卫'，年满后外转绿营，不更迁等内擢。"

④ 《清仁宗实录》卷 306，嘉庆二十年五月，清仁宗曾有满洲、蒙古考中武进士挑取侍卫者，其升转得项差使照非此途选入的满洲侍卫之例办理，并不准称其为汉侍卫的上谕。道光十五年后，又复旧而"悉照汉侍卫之例"，见《清宣宗实录》卷 275，道光十五年十二月辛酉。此前一度按满洲侍卫之例办理，也可外补绿营官。

官,分为以下等次与其品级:一等侍卫,正三品;二等侍卫,正四品;三等侍卫,正五品;蓝翎侍卫,正六品。雍正三年后曾设四等侍卫,从五品,后取消。另外,侍卫不只是在宫中侍卫处任职,在宫内外其他机构,如奏事处、茶膳房、善扑营、内务府上驷院、銮仪卫等等,也都有任职者,故入选绿营官之侍卫,也并非仅是侍卫处行走者。銮仪卫是负责皇帝、后妃之卤簿仪仗、车舆之机构,该机构入选绿营官的职官是:冠军使,正三品;云麾使,正四品;治仪正,正五品;整仪尉,正六品。初设时为满、汉缺,康熙二十三年改制,汉缺逐渐变为汉军缺,遂无汉缺①,所以上述銮仪卫几种官,已全部是旗人充任,选为绿营官,也当然全部是旗人了。

选官权的掌握,按官品、不同官缺,掌于不同机构或人手中,且又

---

① 銮仪卫汉官演变为汉军旗人官缺,其变化过程考证如下:康熙《大清会典》卷162《銮仪卫·官制》,于满缺之外,均作汉缺,如记为"陪祀汉冠军使"、"汉云麾使"、"汉治仪正"、"汉整仪尉"。雍正《大清会典》卷250《銮仪卫·官制》,所记与此相同。乾隆《大清会典》便出现歧异,其卷93《銮仪卫》仍均作汉缺,如"陪祀冠军使,汉二人"、"左所……云麾使……汉二人;治仪正……汉四人;整仪尉……汉九人",其他几所也均如此,记为汉缺。而同书的卷59《兵部·武选司·官制·銮仪卫》,却又作汉军缺,如记为"冠军使……汉军三人",各所共设"云麾使……汉军八人……;治仪正……汉军二十二人……;整仪尉……汉军十有六人"。以后官方所修的政书如《清朝文献通考》、《历代职官表》、《皇朝通典》、《皇朝通志》,嘉庆、光绪两次所修的会典及其事例,也均作汉军缺(不备举)。其原因是什么?据《清世祖实录》卷57,顺治八年五月载:"兵部会同内院遵奉太祖配天恩诏,议有功汉人大小世袭武职,俱以銮仪卫、外足所用,照新入八旗官员例,给与世袭敕书,酌定汉名品级。"就是说,銮仪卫设立之初,满汉复职,只有满缺、汉缺,没有汉军缺,虽然汉銮仪使一职,汉人、汉军兼授,但仍属汉缺。其他职官冠军使以下、整仪尉以上,也是汉缺,主要以汉人功臣予世职(即世袭武职)者充当,这也就是前两部会典即康熙、雍正会典均记其为汉缺的原因。但以后选任范围扩大到汉军、武进士。雍正《大清会典》卷115《兵部·銮仪卫官员升除》载:"康熙二十三年题准,銮仪卫官出,以汉军、汉人世职并武进士内选择,轮流补用。"至雍正三年,又将汉整仪尉选任的范围缩小到汉军,雍正《大清会典》卷115《兵部·武选司·銮仪卫官员升除》继述:"雍正三年谕:汉整仪尉员缺,停其将世职、武进士拣取,嗣后将八旗汉军旗下领催、披甲及闲散人等,如人好、马步箭好者,会同亲王、郡王、兵部堂官公同拣选,于整仪尉员缺带领引见。"这一改制,虽然只是整仪尉员缺由汉军选任,但按銮仪卫职官升除的特殊规定,是"凡汉冠军使员缺,由云麾使升,云麾使员缺,由治仪正升,治仪正员缺,由整仪尉升"(康熙《大清会典》卷82《兵部·武选司·銮仪卫官员升除》)改制后,冠军使、云麾使、治仪正、整仪尉,最初仍有汉人旧任者,整仪尉最先逐渐不再有汉人充任,只有汉军,其他3种官汉人旧任者,也逐步升用、期满离职,均由汉军所任升用,最后,乃成这4种官均为汉军所充任,实际已成汉军缺。而乾隆《大清会典》所以会出现两种歧异记述,正反映汉军逐步取代汉人,汉缺、汉军缺并存的过渡情况。

细分为不同情况。上述八旗官兵机构的长官，主要掌旗人选为绿营中级官的职权。其他掌权者，有皇帝，兵部，督抚、提督、总兵，驻防将军、都统、副都统。

（三）

选任制之专门术语。

高级武官的选任。

开列请旨，或简称开列，用于提督、总兵及部分重要副将的选任。这种主要用于高级武官的选任方式，选官权掌握在皇帝手中。提镇大员等缺出，皇帝若特旨由某人担任，可不用兵部开列而直接确定人选。若皇帝无特旨，则兵部开列请旨。所谓开列，是兵部将有资格入选者全部列名，名单提供给皇帝，皇帝从中确定某人。因所开列者达十几人、数十人，而且又有资格限定，所以负责开列的兵部并无多大权力。比如入选提督的旗人，开列副都统十人，此外，是全国各镇总兵，有几十人。所开列者越多，掌握开列之兵部的甄选权就越小，更兼入选者都有资格限定，如上述入选提督者必须是副都统、总兵，所以兵部在这一二品大员的开列上，所做工作类似于文书员的查核、造名单，决定人选的是皇帝。全国的绿营高级武官——提督、总兵的选任，全部以开列请旨的形式，都掌握在皇帝手中。

开列请旨选任旗人可出任的提督、总兵大员，范围包括全国，也是旗人最早出任的绿营官，从顺治元年便开始了（详见后述）。

中下级武官的选任。

甄选权掌握于不同系统。掌于兵部系统的，称"推缺"，掌于其他系统的，称题缺、调缺。

题缺。直省外海、内河、边塞冲要，省会各标营副将以下、守备以上划为题缺，有豫保者（见后述，由兵部掣选）。无豫保者，由督抚、提督等于本辖官兵内简选才技优长、谙练地方之人，以题本上报皇帝批准，称为"题补"。

调缺。其直省内的苗疆等少数民族地区、棚民错处地、自然地理条件恶劣及瘴疠之地的中级武官，则划为调缺，缺出，由督抚、提督于本辖官兵内简选熟悉风土、人地相宜者调用，称为"调补"，也以题本上报皇帝批准。[①]

题补、调补均以题本上报，中经内阁、兵部核复，二者不同之处是，题补的题缺，可将低品级者提升而补用，调补的调缺，强调的是同品级调用。以上督抚、提督所掌直省中级武官的题缺、调缺为一系统，与兵部推缺并为两大系统。

另外，京营巡捕营的中级官参将以下、守备以上缺出，由步军统领于本辖下简选应升之人题补，这属于一个特别的系统。

以上为中级武官的选任。以下叙低级绿营官的选任。

千总以下的低级绿营武官，其选任称为"选拔"，这些官缺称为拔补缺，绝大部分掌于督抚提镇。其中大多千总分别归总督、提督拔补，抚标千总，归巡抚拔补。把总、外委千把总、额外外委，分别归督、抚、提、镇拔补，均于各辖下把总以下官兵及其他应选者中选用。

以上各省督抚提镇及步军统领所掌题缺、调缺、拔补缺之外的绿营官缺，统称为推缺，掌于兵部。推缺中的副将，以开列请旨选。参将以下，归入"月选"，因数量较大，每月集中选一次，所以称为月选，又分单月选、双月选。其中参将以下、都司以上，按其品级，规定哪月的哪一品级之官，归旗人或汉人出选。守备是按班选，备选者按不同的条件、资格划为不同班，以班入选。有十几个名目的班，有关旗人的，有科班等几个班。推缺及其入选者，在全国范围，而为兵部推缺提供八旗旗人官兵候选人的，则是前举侍卫处、八旗各兵营等京城八旗各机构的长官，及驻防旗人长官。这些旗人官兵机构、官员，也可算作是一个掌握选官权的甄选系统。

以上甄选系统，上报的中级绿营官的候选人只有一个或几个不等，所以掌握甄选权的机构或官员具有一定选任权，但需引见皇帝，由皇帝最后确定某人，所以皇帝也掌握一定权力。

千总以下低级武官之选补，不须引见确定，得缺者径由督抚提镇饬令赴任[②]，只有直隶省之东西陵绿营千把总，须引见皇帝确定[③]。

其他派生性专用术语。

---

① 以上题补、调补，见乾隆《大清会典》卷 60《兵部·武选司·职制中》，武英殿本。

② 周洵《蜀海丛谈》卷 2《制度类下·武职》，第 149 页，巴蜀书社 1986 年版。

③ 嘉庆《大清会典》卷 37《兵部·武选司》，第 15—16 页，武英殿本。

轮选。指某官缺出缺后,有资格入选的两部分或几部分人,按某种方式轮流入选。有按月轮的,旗人与汉人月选全国范围的中级绿营武官,就属这种方式。有按比例轮的,所谓比例,是某些绿营官缺按十分之几或几分之一划归旗人选任,其余归汉人,选任时,以出缺顺序决定由旗人出任或汉人出任,以符合旗、汉所划归的比例,如某地参将、游击以 1/5 划归旗人,就以该两种官第一次出缺时由旗人出选,第二、三、四、五次出缺时由汉人出选,每出五次缺轮用旗人一次,以符合划归旗人 1/5、汉人 4/5 的比例。这种按比例轮,主要实行于直隶、陕西、甘肃三省及山西北部沿边及四川松潘镇,而且是乾隆元年以后所产生的新制度,也是本文所要阐述的重点内容之一。

以上五省这种按比例轮选,有督抚提督等的题选、调选,更多的则是拣选。

拣选是指较多机构各将本机构有资格入选者提出,会同协商,选出几人作候选人,提交兵部,或由兵部于多机构中选几人,均转呈皇帝确定一人。它不同于题选、调选的仅由某长官在其属下官范围内甄选的方式。本文所提到的拣选,主要指在京旗人出选绿营官,由前述在京八旗各机构共同提出有资格入选者,协商而甄选出几个候选人,提交兵部,参加月选之轮选或上述几省的按比例轮选。这种拣选与开列而选任提督、总兵、部分副将,也是旗人选任绿营官的主要内容和选任形式。其他形式为五省中的旗人调缺,如直隶内地之绿营官缺,定为按比例轮选,轮为旗人出任之缺,便由直隶总督于本辖内旗人现任绿营官中(主要是在沿边绿营中任官的旗员)甄选调补。①

题缺选补中的"预保"、"拣发"。

预保,湖南、陕西、甘肃、四川及其他沿边省份,共九省,该督抚提镇需要将参将以下、千总以上"堪膺升用"为副将以下、守备以上者,预先以题本向皇帝保举,由兵部引见皇帝后确定,在兵部注册备案,作为中级绿营官的候选人,一旦题缺中的副将以下、守备以上官出缺,由兵部按班掣补。所谓掣补,又称掣选,用于候选人较多且职缺相对不太重要的官缺,以抽签的方式决定某人得某缺。

① 嘉庆《大清会典》卷 37《兵部·武选司》,武英殿本。

拣发，指各省差委需员，该督抚可向皇帝奏请，兵部将有资格选为中级绿营官的各种人员包括八旗应用人员，呈皇帝选定，发往各该省，该省遇有题缺官出缺时，可补为该缺官。这样，各省题缺候选者就有三部分人：预保者、拣发者、本省非预保的应升应补者，缺出，这三种人按制轮补①，这也是一种轮选。

（四）

以上所述旗人出任绿营官，主要是原本就是官员者。此外，还有并无官职，属于初入仕而凭某种资格或条件选为绿营官的。旗人由此选任绿营官，主要有以下途径。

八旗世爵世职外用为绿营官。顺治十八年定，阿思哈尼哈番（后称男爵）可入选提督，阿达哈哈番（后称轻车都尉）可入选总兵官。康熙八年停止②。其后规定：子爵、男爵可选为副将；轻车都尉可选为参将、游击；骑都尉可选为都司；云骑尉、恩骑尉可选为守备。

武科举的旗人录用为绿营官。旗人武科举始于康熙四十八年③，初只令汉军旗人、内务府旗鼓佐领下汉人（亦称汉军）科举。雍正元年又令满洲、蒙古旗人参加武科举，雍正七年曾议定，满洲武举补授京城内九门千总者，遇会试之年，仍准入场考试。平时，令步军统领考验，限以三年，材技优长者，补授巡捕营守备。中平者，补授本佐领下护军校、并本旗骁骑校等缺。平常者，留门当差，学习有成，再行保送。至满洲武进士，除选授侍卫外，其余仍以京营守备与骁骑校、护军校等缺补授④。雍正十二年，停满洲、蒙古旗人武科举。嘉庆十八年，又令满洲、蒙古旗人恢复武科举，未再停止，而汉军武科举，自实行后，迄未停止⑤。参加武科举者，有旗人兵丁、闲散，此外，骁骑校、笔帖式、恩骑尉、荫生等有职官或身份者也可参加。所以，由武科举途径选为绿营官者，并非全是初入仕者。武科举录为进士、举人，选官范围较广，入选绿营，主要用为守备以下官。

---

① 嘉庆《大清会典》卷37《兵部·武选司》。
② 康熙《大清会典》卷96《兵部·职方司·铨选》，武英殿本。
③ 《清圣祖实录》卷239，康熙四十八年十月壬寅。其动议则始于康熙四十七年，见《清圣祖实录》卷235。
④ 《清朝文献通考》卷53《选举考七》。
⑤ 光绪《大清会典事例》卷716—718《兵部·武科》。

除以上两种途径外,还有旗人荫生改用武职、难荫选为武职等用为绿营官者,因人数不多,不作专项介绍。

以下按全国、特殊地区,分别叙述旗人充任绿营官及其制度的变化,并对制度产生、变化之原因作简要分析。

二、旗人在全国范围内出任绿营官之制度及其变化

旗人在全国范围内出任绿营官,主要是高级、中级官,以下分别叙述。

(一)旗人在全国范围内出任高级绿营官

高级绿营官即提督、总兵,这是旗人充任最早的绿营官,而且在制度上是全国性的,由清初一直实行至清末。从实际任用情况看,自顺治元年便开始了(见后述)。顺治朝的制度性规定,在康熙《大清会典》的绿营武官选任部分记述:

> 凡提督、总兵官员缺,顺治初定,总兵官缺出,将俸深有功荐副将,八旗副都统、参领,并六部郎中内,兵部会同九卿、科道等官拟正、陪题补。①

首先需要说明的是,这里先提出"提督、总兵官员缺",其后仅列总兵官之选任,是因为当时尚沿明朝制度,提督、总兵官都属总兵官,而分为"提督总兵官"(或称"提督军务总兵官")、"镇守总兵官"(全称为"镇守某某地总兵官"),后来分别称为提督、总兵官以严格区别。清初首次制定的这一选任提镇大员制度,有两点特殊之处:一是文武兼选,其中八旗副都统、参领为旗人武职入选人,郎中为文官,从实际选任情况看,绝大部分是汉军旗人,详见后述。二是选任方式为"会推",即由兵部主持下的九卿科道众多高级或重要官员推举,最后选出两人,拟正(第一候选人)、陪(第二候选人),提交皇帝在这两人中确定一人。这种"会推"是沿袭明制。

此后,在选任方式及入选人的范围上,都发生变化。

选任方式,顺治十八年,废"会推"制,实行"开列请旨"②,虽然于

---

① 康熙《大清会典》卷 96《兵部·职方司·铨选》。
② 康熙《大清会典》卷 96《兵部·职方司·铨选》。

康熙八年一度实行拟正陪制,3年后的康熙十一年又停止,此后一直实行开列请旨,当时开列10人,后来因入选人增加,开列人也增加。总之,皇帝不再仅从以前"会推"的两名候选人中确定一人,而是从"开列"的10人以至十几人、几十人中选一人。一句话,兵部在提镇大员的选任权上大为削弱,皇帝在选任上机动权、主动权提高,实现了在绿营高级武官选任上的大权在握,这也是明清两代在这一制度上的最大区别。

入选人的范围变化。顺治十七年,取消郎中之入选,参选者全部为武官。十八年,增加阿思哈尼哈番之入选提督、阿达哈哈番之入选总兵官,8年后的康熙八年,又取消这两种世爵世职的入选提镇大员。后来,这两种世爵世职改用为副将、参将、游击。康熙二年又明确规定:总兵为提督候选人,副将为总兵官候选人。至此大致固定其制:提督的资格候选人,为副都统、总兵官,总兵官的资格候选人,为参领、副将。① 至嘉庆四年,入选提督者,又增加巡捕营的左右翼总兵官②。以上入选人及其变化,有一点值得注意,就是绿营提镇大员的选人,倾向于旗人,如提督的候选人,始终有副都统,总兵的候选人,始终有参领③,且列于首要入选人之列,乾隆会典便明确记:

> 凡列名疏请提督,由(兵)部以俸深副都统十人列名,并别列各镇总兵官附疏以进。总兵官,以汉军俸深参领十人列名,并别列各协副将附疏以进。④

旗员均列于前,绿营中的候选者总兵或副将,是"别列"而"附疏",即附在题本中别列。后来入选提督而增加的巡捕营左右翼总兵,也是旗官,因该职是旗缺。另外,即使总兵、副将这些绿营官候选人,也有旗员,因为入选总兵官的不仅有旗官参领,而且有副将,而副将中也有旗员,并见后述。

清初,总兵官由旗人任用与设置的情况,据《清世祖实录》等资料

---

① 以上变化,见雍正《大清会典》卷132《兵部·职方司·铨选》,武英殿本。

② 《清朝续文献通考》卷130《职官考·京武职》。

③ 参领之入选总兵,顺治十七年曾取消,但次年即恢复,只是暂时特例,因而忽略未计。

④ 乾隆《大清会典》卷60《兵部·武选司·职制中》,武英殿本。

记载,顺治元年,于直隶天津镇、山东沂州、河南卫辉设旗人总兵官①。这也是旗人充任绿营官的最早事例。顺治二年以后,又在相继征服的省份派任旗人为总兵官②。提督由旗人担任,也大致与此情况相似(见后述)。随着全国统治的稳定,设置情况也有所变化,见本文最后余论部分所述。

(二)旗人在全国范围内出任中级绿营官

旗人充任中级绿营官之参将、游击、都司、守备,目前所见最早始于顺治二年,据《清初内国史院满文档案译编》所载,顺治二年六月,有正红汉军旗臧延令以游击衔管固原镇东协营事务;正白汉军旗领催康国安,授都司并兼管韩强镇兴安营参将事务……至顺治八年,仅这几年,在当时全国各省,便约有九十余旗人授为中级绿营官③。这应是随时根据需要的派设,尚不属制度下的按缺任用。

旗人任中级绿营官之制度,始于康熙十一年,会典事例记:

> 康熙十一年……又题准:双月参将、游击、都司员缺,系二月份,以参将、游击之缺,用一等、二等侍卫,每年止用一人。系四月、六月、八月份,以游击、都司之缺,用三等侍卫,每年止用三人。均按月行文领侍卫内大臣、銮仪卫,将行走已满三年,拣选二三人,出具考语,送(兵)部引见,恭候简用。守备员缺,以开复、降调、捐还三项,相间轮用一人。④

所入选的旗员,主要是侍卫,当时还没有汉人武进士选为汉侍卫之

---

① 《清世祖实录》卷7,顺治元年八月,记正黄汉军旗祖可法为河南卫辉总兵官,正白汉军旗夏成德为山东沂州总兵官。《畿辅通志》卷31《职官七》(河北人民出版社1989年版)记直隶天津镇的汉军旗人唐钰为总兵官,所记三月即任,恐有误。

② 见《清世祖实录》卷15,顺治二年四月癸亥;卷32,顺治四年五月丙寅;卷33,顺治四年七月壬寅、八月乙酉等所记诸总兵官的任用,余从略。并见《清史列传》各本人传记所载:刘芳名任宁夏总兵、范苏任临洮总兵、刘良臣任甘肃总兵、李国英任成都总兵、李茂任固原总兵、宜永贵任临清总兵、胡有升任南赣总兵、刚阿泰任九江总兵、卢光祖任四川夔州总兵、郝效忠任湖南右路总兵、董学礼任浙江温州总兵、马宁任云南前镇总兵等。以上所举诸人都是汉军旗人。

③ 《清初内国史院满文档案译编》中、下册,光明日报出版社1989年版。这两册均为顺治朝。顺治八年以后未作统计。因所缺年份、月份较多。另外,还有任为低级的千把总的少数情况。

④ 光绪《大清会典事例》卷561《兵部·职制·铨选一》。

制,所以入选者全部是旗人,集中于领侍卫处、銮仪卫两个机构,銮仪卫中也有侍卫。当时,旗人在全国范围内出任的中级绿营官数量不多,按规定以双月所出缺与汉人轮选,一年也只用数人。

此后,入选旗员的范围扩大,计有侍卫、汉侍卫,銮仪卫冠军使、云麾使、治仪正,汉军世职及应升章京,额缺也扩大为十六缺。除蓝翎侍卫入选都司以单月所出缺选用外,其他以双月出缺选,这就是第一节所介绍的兵部"月选",又是与汉人按出缺顺序"轮选"。定制如下:

> 参将。每年四月份,用满洲、蒙古二等侍卫、云麾使,一人;八月份,用汉军二等侍卫、云麾使,与八旗汉军世职及应升章京,一人。
>
> 游击。每年十月份,用汉军二等侍卫、云麾使,与八旗汉军世职及应升章京,一人。
>
> 都司。每年十月份,用满洲、蒙古三等侍卫、治仪正,一人;二月份、十二月份,用汉军三等侍卫、治仪正,与八旗汉军世职及应升章京,二人。
>
> 参将、游击。每年二月份,合用汉一等、二等侍卫,一人。
>
> 游击、都司。每年四月份、六月份、八月份。合用汉三等侍卫,三人。
>
> 都司。每年正月、三月、五月、七月、九月份,用蓝翎侍卫,五人。①

以上,各以每月所出第一缺归旗员月选缺。汉侍卫中也有旗员。

守备,正五品,是中级绿营官中的最低者,数量也较其他中级官数量大,其选任方式是按班次选用,候选者分为若干班,旗人入选者,主要有两种班:1. 门千总(正六品)以营缺升用者,划为升班,按升班班次入选,门千总均为汉军旗人充任之官,任职于京城十六门,每门二人,共 32 名。2. 科班为蓝翎侍卫,及以营缺选用的武进士所划分之班。以这两种班入选守备的旗员,没有固定额缺。

参将之上的副将，选任比较复杂，有划归地方长官题补、调补者，有拣选者，见下节所述。较多的，是归为兵部的推缺，其选任实行开列，会典作："凡推缺，副将以开列"，除在兵部投供者由部拟补引见皇帝确定人选外，其余均由兵部开列。其"直隶沿边河屯协、山永协副将二缺，专归满洲开列"①。

三、乾隆元年以后旗员出任特殊省区绿营中下级官制度

乾隆元年以后，清廷又向几个特殊省区派任旗员担任中下级绿营官，有专门划归旗人充任者，有按比例定为旗员出任者，有两种因素内容结合者。这些特殊地区及不同规制大致如下：

(一)直隶、山西两省北部沿边

乾隆元年定，东自山海关、迤西至古北口、独石口、张家口、大同、杀虎口、保德州一带，其绿营副将、参将、游击、都司、守备，以十分之七划归满人，十分之三留与原绿营官补用。乾隆十五年减为五五开。② 这一沿边地区的满、汉比例划分，与以下要叙述的其他地区单纯按缺数划分比例有所不同，是"分定地方，归于旗员"③，即选择固定地方所设绿营之协、营划归为满人专缺，以满人专缺占总缺数的一半。这些"分定地方"的满洲缺为：直隶北部张家口协、独石口协、山永协、山西北部杀虎口协，这四协的副将 4 缺。直隶昌平营及山西新平营、得胜营、助马营、偏关营、河堡营之参将 6 缺。直隶提标右营、喜峰路营、宣化镇标右营、遵化营，山西大同镇标中军、右营之游击 6 缺。直隶建昌路营、山西天城营等 17 营之都司 21 缺。直隶提标中军、前营，山西大同镇标中营等 31 营的守备 33 缺④，共计 70 缺。这些固定满洲缺的选任方式是拣选，出缺后，由兵部行文侍卫处、銮仪卫、八旗都统、前锋统领、护军统领、火器营、步军统领等诸多机构，共

---

① 嘉庆《大清会典》卷 37《兵部·武选司》。又，光绪《大清会典事例》卷 565《兵部·职制》道光二年记："每年应用满洲、蒙古、汉军副将一缺。"六年下又记："头等侍卫例用副将……冠军使例用副将"，似不专用满洲，蒙古、汉军旗人也入选。

② 嘉庆《大清会典事例》卷 447《兵部·职制·八旗世爵及武职外用》。

③ 乾隆《大清会典》卷 60《兵部·武选司·职制中》。

④ 以上见嘉庆《大清会典》卷 37《兵部·武选司》。

同拣选在京旗员二三员,送兵部引见皇帝,确定出任官缺者。嘉庆四年又规定,每四缺选京旗三人,驻防旗人一人,这又属于轮选的方式。轮到时,由驻防将军等长官保举,出具考语,送兵部引见皇帝确定。而山永协副将,则定为"开列"缺,缺出,兵部开列应选者,呈皇帝选定。①

另外,山西之丰川营守备、归化城营都司,则划为"调缺"的满人专缺,缺出,由山西巡抚于本省绿营中任官的满人中"调补"②,不由在京旗员选任。

(二)直隶省

1. 长城沿边以北蒙古地区。设有多伦诺尔营、赤峰营、建昌营、朝阳营,共四个绿营镇戍地。多伦诺尔营,处于察哈尔游牧蒙古与昭乌达盟蒙古交接处。其余几营,在昭乌达盟蒙古、卓索图盟蒙古之地。这些地区由于汉人大量迁入,成蒙、汉、满杂居地,乾隆四十三年后改设州县,嘉庆十六年又设绿营。这四营的都司、守备,均划为旗员专缺。其中多伦诺尔营、赤峰营、建昌营的都司,又规定为"题缺",朝阳营守备为"调缺"③。缺出,由直隶总督于本省绿营中的旗员升用或调补。

2. 承德及其附近地区。承德府城,设河屯协副将,及其标下千总一人、把总二人,喀喇河屯、僧吉图各千总,大店子、喇嘛洞等10处把总。乾隆元年,千总、把总定为旗缺,缺出,归旗弁、旗兵补用。嗣于乾隆二十年,把副将定为满缺④,且为"开列请旨",由皇帝简选。

3. 直隶内地。乾隆七年定,直隶内地副将以下、守备以上中级绿营官,以十分之三由满人调补,十分之七由绿营官充任。十五年改变比例,副将、参将以十分之二划为满洲缺,游击、都司、守备以十分

---

① 以上见《清高宗实录》卷16,乾隆元年四月庚午。嘉庆《大清会典》卷37《兵部·武选司》。

② 嘉庆《大清会典》卷37《兵部·武选司》。光绪《大清会典事例》卷565《兵部·职制》,嘉庆四年。

③ 嘉庆《大清会典》卷37《兵部·武选司》。

④ 嘉庆《大清会典》卷37《兵部·武选司》。并见《清高宗实录》卷32,乾隆元年十二月癸酉。《清高宗实录》卷486,乾隆二十年四月癸丑。

之三由满人充任①。旗员出任方式为轮选、调补。轮选是按出缺数所划分的比例,轮到某缺归旗员,以旗员入选,兵部行文直隶总督,再由直隶总督将沿边满人任绿营官者,选择熟悉营伍之人作候选人,以题本报请皇帝,以"调补"该缺,属于本省内调,直隶总督有较大甄选权。②

4.东西陵。东西陵地处直隶地界内,因属陵寝重地,除有八旗官兵守卫外,还设绿营官兵,在绿营官的任用上也倾向于满人。东陵设马兰镇总兵,西陵设泰宁镇总兵,均兼陵寝总管大臣,以旗人主要是宗室及满、蒙旗人充任③。而定为"题缺"之两镇游击、守备,也定为旗员专缺,缺出,由直隶总督于本省满洲、蒙古、汉军所任之绿营官内选出正、陪二人,引见皇帝确定补放。④

(三)陕西、甘肃两省及四川部分地区

乾隆七年定,陕甘两省及四川松潘镇,副将以下、守备以上中级绿营官,将五分之一划与满人⑤,十四、十五年两年又作调整,最终确定:副将、参将按七分之一,游击、都司按六分之一,守备按五分之一,扣为满洲缺⑥。选任的方式是轮选、兵部拣选,即满人按上述所划归之官缺比例,每出缺多少次轮一次,缺出,由"兵部按旗将应升人员拣选,请旨补授"⑦。这与直隶、山西北部沿边之由京旗各机构共同拣选又有所不同,是兵部在八旗中"按旗"拣选,要考虑到八旗的平均分配。嘉庆四年后,又加入驻防旗人之分配,在旗员缺中划出四分之一,与在京旗员轮补。

---

① 以上见《清高宗实录》卷163,乾隆七年三月辛巳。乾隆《大清会典则例》卷105《兵部·武选司·职制三》。并见嘉庆《大清会典》卷37《兵部·武选司》。

② 嘉庆《大清会典事例》卷447《兵部·职制·八旗世爵及武职外用》。并见嘉庆《大清会典》卷37《兵部·武选司》。

③ 见光绪《畿辅通志》卷31《职官七》,第4册第864—888页,河北人民出版社1989年版。

④ 《清高宗实录》卷588,乾隆二十四年六月丙辰。嘉庆《大清会典》卷37《兵部·武选司》。

⑤ 《清高宗实录》卷165,乾隆七年四月丁未。

⑥ 乾隆《大清会典》卷60《兵部·武选司·职制中》。嘉庆《大清会典》卷37《兵部·武选司》。

⑦ 《清高宗实录》卷165,乾隆七年四月丁未。

此外，四川夔州协的副将，于乾隆十三年定为满洲专缺，缺出，从在京旗员一等侍卫中拣选，引见皇帝后补放①。

以上几省中级绿营官之选补旗员，又统称"小拣补缺"，这是相对于在全国范围内选旗人充任绿营官中级官之称为"大拣补缺"而言。光绪三十年，停"小拣补缺"，将直隶等省向归旗员拣补各缺，均改为题补之缺。②

（四）以上几省低级绿营官之选任

以上几省诸处之低级绿营官的千总，也曾令旗员与汉人轮选。乾隆六年，先令直隶、山西北部沿边，陵寝处之马兰镇、泰宁镇及巡捕营的千总与绿营汉人轮补。由兵部行文八旗及内务府三旗，于前锋、护军内拣选35名，引见后交兵部，分给直隶沿边15名、山西沿边12名，马兰镇、泰宁镇各二名，巡捕营四名，将姓名掣定注册，待各处千总出缺，由兵部掣补。两年后又改为三分之一划归旗员，而与汉人轮选。

乾隆七年，京旗前锋、护军选任绿营千总的做法又扩大到陕甘二省及四川松潘镇，采取五缺轮京旗前锋、护军一次的方式，每旗保送10人，咨兵部考验，引见记名注册，遇缺出而掣补。③

乾隆十五年定，除巡捕营及马兰、泰宁二镇千总，仍照例以前锋、护军补用外，陕甘、松潘千总员缺，概用绿营，停京城旗人前锋、护军补用。十八年又定，直隶、山西两省沿边，及陕、甘、松潘应用千总员缺，于八旗蒙古所属亲军、前锋、护军，每旗各保四五人，送部考验、拣选，引见记名，于满洲补用四人之后，掣补蒙古一人。④这种以京城亲军、前锋、护军外补五省千总之例，可能在乾隆三十一年以前已停止。据光绪《大清会典事例》卷565《兵部·职制》乾隆三十一年记："满洲人员补用千总之例业经停止，现在甄别保送之年满千总，毋庸带领引见。"可见是在此前不久停止。只有承德河屯协定为旗人专缺

---

① 光绪《大清会典事例》卷565《兵部·职制》，乾隆十三年。
② 朱寿朋《光绪朝东华录》卷197，光绪三十一年十一月己丑，第5册总5449页，中华书局1958年版。
③ 光绪《大清会典事例》卷565《兵部·职制》。
④ 以上据光绪《大清会典事例》卷565《兵部·职制》。

的千、把总,仍由旗人选拔,见前述。①

以上几省之外,甘肃所辖新疆乌鲁木齐几处千总,从满蒙旗人内选拔。

乾隆三十年、四十一年、四十七年,先后将甘肃省乌鲁木齐提标中营、左营千总各一缺,巴里坤镇标中营、左营千总各一缺,玛纳斯协左、右营千总,库尔喀拉乌苏营各千总,作为拣补缺,遇缺出时,由部行文领侍卫内大臣、前锋统领、护军统领,于八旗满洲蒙古前锋、亲军、护军内,将蒙古话好、人去得者,各保一二名送部。兵部拣选二三名,引见补放。五十七年定,甘肃省蒙古千总,停止在京补放,遇缺出时,即于乌鲁木齐所属满洲蒙古候补骁骑校之年满笔帖式、委前锋校、领催、前锋内,选能通蒙古语者,由该处都统会同提督拣选补放。如不得其人,该都统等行文伊犁将军,于应选之委前锋校、领催、前锋咨取拣拔。②

通过以上考察,初步得出以下几点粗浅认识。

(一)雍正以后,加强直隶、山西北部的军事统治,并以满洲旗人出任该地区绿营官。

直隶省在康熙七年以后曾长期未设提督,雍正元年又重设提督,而这一全省最高专职绿营武官,其驻镇地却是直隶北部沿边长城口隘的古北口;山西省与山东、河南等几省是不设提督之省份,后来均以巡抚兼提督衔,而最早兼任的便是山西巡抚,于雍正十二年令该省巡抚兼提督衔,管全省绿营官兵事务。这种举措,似都与开始加强两省尤其是其北部沿边一带之军事控制有关。

雍正九年,雍正帝曾谕大学士等,直隶、山西北部"沿边一带地方,最为紧要,向来额设兵太少",因令大学士等筹议增设绿营兵,经

---

① 光绪《大清会典事例》卷 565《兵部·职制》又记:乾隆四十年奏准:八旗"应袭"绿营都司、守备及千把总等官,由部带领引见。奉旨内用者,照例以旗员对品补用。奉旨外用者,发交巡捕营,学习三年期满,该管大臣详加考验,分别等第,如人材弓马堪列一等者,留于该营,遇有相当缺出,即行题补、拔补。列为二等者,咨送兵部,发往直隶总督标下题补拔补。列为三等者,即由该营带领引见,等候钦定。这列为二等,而发往直隶总督标下题补拔补者,其中除任为中级官外,也有任为低级官的千把总。这是否指的是以世爵世职袭用绿营官? 待考。

② 光绪《大清会典事例》卷 565《兵部·职制》。

商议后决定,两省沿边各增兵 5000 名,直隶的 5000 名分设于古北口、独石口、宣化镇、张家口,山西的 5000 名分设于大同镇、杀虎口、朔平府、得胜路、助马路。与此同时,是增设绿营官将,或将原设官提高。① 仅两省沿边一带,就一次增设一万名士兵,这是一个不小的数字,再联系雍正朝直隶古北口之设提督、山西巡抚也兼提督事,可见清廷已高度重视对这一带的军事控制。而此后不久的乾隆元年,又将满洲旗员派至该地区出任绿营官,其最重要的隘口,张家口、独石口、杀虎口的副将定为满洲专缺,古北口提督、宣化镇总兵官主要由旗人出任(见前述),也当与这一目的有关。乾隆所说的:"夫所以间用旗员者,原以伊等弓马娴熟,用资防御"②,及满洲大臣所说的:该地"俱系沿边关隘,近京要地",以"满洲人员补用绿旗将弁员缺,与绿旗各官控制北边,酌量训练,彼此相资,实于地方大有裨益"③,也大致反映了满洲君臣的此举用意。

清廷为何要在雍正、乾隆初以后大力加强这一带的军事控驭?当出于两个原因,一是提防漠西准部蒙古,屏卫京师安全,这是主要原因;二是康熙中期以后,内地大量流民不断移入蒙古、东北,均须经过这一线的隘口,而且这一带以北又形成了汉、蒙古杂居地,社会矛盾突出,因而也需加强军事掌控。

(二)乾隆元年后令满洲旗员出任几省绿营官之原因,当有以下几点。

1. 扩大满洲旗员武官升途。乾隆七年三月,大学士鄂尔泰等建议再向陕甘等省派任旗员任绿营官时,所提到的主要理由便是,此前已向直隶、山西沿边及直隶内地派任满洲武职人员任绿营官,"今若将陕西、甘肃宁夏、四川松潘等处亦照例保送旗员分缺参用,则升转之途益广,于旗人实有裨益"④,次年再提到此事时,又说是"从前所定旗员分用绿旗员缺之例,原系将满、汉升途同行筹酌"⑤,实际"筹酌"的是满人升途。最初解决的是侍卫处、銮仪卫、八旗骁骑营、前锋

① 《清世宗实录》卷 111,雍正九年十月壬子;卷 115,雍正十年二月癸卯。
② 《清高宗实录》卷 32,乾隆元年十二月。
③ 《清高宗实录》卷 16,乾隆元年四月庚午。
④ 朱批奏折,档号:04—01—02—0140—035,同前藏处及该处编号。
⑤ 光绪《大清会典事例》卷 565《兵部·职制》,乾隆八年。

营、护军营、步军营中的满洲中下级官员，而且主要是"八旗轮用"。乾隆十年以后，又先后扩及养鹰狗处、荫生、骑都尉等世职，及健锐营、圆明园护军营、火器营，嘉庆四年，又划少部分缺给予驻防旗员①。

2. 乾隆元年以后的京旗旗人选补几省绿营官，主要是选补满洲旗人。会典事例及实录中，提到这几省被选任者，常用"旗员"一词，使人以为是满洲、蒙古、汉军所有旗人，其实只是满洲旗人，不包括汉军旗人，蒙古旗人也是后来才补入的，而且有限度。

奏折中曾明确提到是满洲旗人，乾隆七年三月，大学士鄂尔泰等人的奏折便述及："满洲武职人员，已有保送沿边副、参、游、都、守等缺之例，近又奉旨，将直隶内地绿旗营缺，补用满员十分之三。"②这里所说的满洲人，既有满洲旗下的，也包括蒙古旗下的满洲人，而不包括满洲旗下的蒙古旗人。嗣因这种做法于照顾满洲人太露骨，且在旗制行政上也不合理，才于乾隆九年将满洲旗下蒙古人也纳入：

> 直隶、山西、陕甘、松潘各缺，分用旗员，原议专用满洲，并无兼用蒙古之例，但满洲兼入蒙古旗分人员，因其原属满洲，准其一例拣选。而蒙古兼入满洲旗分人员，现在已分隶满洲旗分，均在满洲旗分升转，乃补授沿边各缺，不得与满洲一例拣选，殊未划一。嗣后应与满洲人员一例拣选补用。③

这也只是满洲旗下的个别蒙古人。蒙古旗下的蒙古旗人主体并未入选。至乾隆十八年，才将总缺数的五分之一划归了蒙古旗的蒙古旗人，规定："于用满洲四人之后，用蒙古一人。"④蒙古旗人尚且如此，汉军旗人就更不占其份了。所以，乾隆元年以后向直隶、陕、甘等五省选派旗人任绿营官，其目的、做法均侧重于满洲旗人。

3. 以满洲旗员为表率，并历练满员，择优以分发各省充任绿营官，以期激发、提高绿营战斗力。

清廷在实行这一举措时说："沿边各缺，分用满员，原以表率弁

---

① 光绪《大清会典事例》卷 565《兵部·职制》，乾隆六年—嘉庆四年。
② 朱批奏折，档号：04—01—02—0140—035。
③ 光绪《大清会典事例》卷 565《兵部·职制》，乾隆九年。
④ 光绪《大清会典事例》卷 565《兵部·职制》，乾隆十八年。

兵,整饬营伍。"①此外,在派任京城满洲旗员担当直隶、山西沿边及陕甘、四川松潘绿营官的规制中,又都有如下部署安排:补用之后,不拘年限,如果弓马娴熟,谙练营伍,由所管总督、提督提升为本省绿营官,未提升者,继续历练,由总督、提督出具考语,咨送兵部,兵部考验,引见皇帝后,请旨"分发"到有题缺绿营官的省份,以备题补。资质再次者,则发回各该旗。针对后来出现的不符合要求、不如意的情况,乾隆三十九年曾特别强调:"八旗各营大臣等,凡保送应用绿旗人员,务须遴选年壮技优,堪为表率者,带领引见,其五十五岁以上,骑射技艺平常者,不准保送",历练一段时间后,"如有弓马生疏、废弛营伍者,均著解任回京"②。

4. 乾隆七年后以旗员出任陕甘及四川松潘绿营官,也有强化该地区军事统治之用意。这一举措出台时就明确说:"陕西、甘肃两省沿边并四川省松潘镇,均地处边陲,番夷错杂,应分用旗员,以资弹压。"③这些地区民族杂处,与直隶、山西北部情况相似,因而需加强军事"弹压"。而甘肃接近漠西蒙古,这一时期是否有防御之意? 待考。有一点值得注意:直隶、山西沿边地区之要隘皆定为满洲专缺,而陕甘、四川松潘地区是不分何地,满、汉轮选,似又表明重视程度不若直隶、山西沿边。

5. 乾隆元年以后所规制的满洲旗人出选这几省的绿营武官,主要是副将以下至守备以上的中级官。千总等低级官,不在主要考虑之列,因而大部分地区的旗人选用千总的时间都不长,只二十几年又停止了④,见前述。

三、余论

八旗旗人任绿营官,从清入关伊始的顺治元年即开始,可见满族统治者从入关时起,便以旗人掌控汉人绿营兵,并很快形成制度,尤其重视提镇大员由旗人出任,所以最早也是以旗人出任提镇大员。

---

① 《清高宗实录》卷 193,乾隆八年五月戊戌。
② 光绪《大清会典事例》卷 565《兵部·职制》,乾隆六年、七年、八年、三十九年。
③ 同上,乾隆七年。
④ 这一问题因目前资料缺乏,个别地区尚待深入。

在清初,无非是以旗人提镇大员控制汉人绿营,使其发挥征服、镇戍统治的军事作用。这种对旗人的任用,又是随着满汉关系的变化而变化的。

顺治元年,清廷刚征服直隶、山东、河南,随即于直隶天津镇、山东沂州、河南卫辉设旗人总兵官①。顺治二年以后,又在相继征服的省份派任旗人为总兵官镇守②。顺治二年始以旗人任提督,此后增加,顺治六年至十六年的提督,绝大部分是旗人,其余之田雄,是在顺治十五年隶旗为旗人,缐国安,为汉藩下人,都不是一般意义的汉人。顺治朝,所任用的旗人提督又绝大部分是汉军旗人③,当时满汉矛盾比较尖锐,满人不甚熟悉汉语、汉人风土习俗,利用汉军旗人也在情理之中。顺治十八年后,全国统一,旗人任提督的比例有所下降,康熙十三年后的三藩之乱时,满汉关系又呈紧张状态,旗人任提督者也明显增多,藩乱平定的康熙二十三年以后,才又恢复藩乱之前的比例状态。此后承平时期,汉人多于旗人,少数年份旗人多于汉人。嘉庆后期以后至清末,汉人居多。尤其是同治中期后更占绝大多数。这大概与清后期满汉关系的缓和有关。满人充任提督主要是在乾隆以后,又以任甘肃、四川者居多,京营始终以满人步军统领兼任。④

直隶北部沿边绿营高级官员——提督、总兵官的派任。提督、总兵官等绿营大员,其选用不论满汉,而偏重旗人,由兵部开列请旨,皇帝也可不经开列而直接以其意中人补放。其实际任用情况,直隶北部沿边的直隶提督、宣化镇总兵,自乾隆元年至道光十年这 94 年中,主要是派任旗人出任⑤。

---

① 见前引《畿辅通志》卷 31《职官七》,及《清世祖实录》卷 7,顺治元年八月所记。

② 见《清世祖实录》卷 15,顺治二年四月癸亥;卷 32,顺治四年五月丙寅;卷 33,顺治四年七月壬寅、八月乙酉。等所记诸总兵官的任用,余从略。并见《清史列传》之刘芳名、范苏、刘良臣、李国英、李茂、宜永贵、胡有升、刚阿泰、卢光祖、郝效忠、董学礼、马宁等汉军旗人的各本人传记所载。

③ 参见钱实甫《清代职官年表》第 3 册《提督年表》,中华书局 1991 年版。其中任浙江提督的田雄,于顺治十五年隶旗,该表未标出。刘忠也是汉军旗人,该表未标出。

④ 以上仍见钱实甫《清代职官年表》第 3 册《提督年表》。

⑤ 据光绪《畿辅通志》卷 31《职官七》,及钱实甫《清代职官年表·提督年表》统计,在乾隆元年至道光十年,直隶提督由旗人出任 55 年,占 59%,宣化镇总兵官由旗人出任 74 年,占 79%。

　　乾隆以后在前述五省派任旗员出任绿营官,主要为加强这些地区军事掌控,并扩大满洲旗人武职升途,并以其为表率激励绿营。

　　至于旗人生计问题,因主要发生在旗人下层兵丁之家,所以旗人选充绿营兵,是与旗人生计有关的。而乾隆以后在前述五省实行的,旗人选补绿营官,是选"官",非官员而选官的下层旗人入选者很少,主要以京城的满洲亲军、前锋、护军选为千总,入选的兵丁范围、选用绿营官的范围既窄,且后来又多停止了,所以当时的这一旗人出选绿营官制度,与解决旗人生计问题关系不大。

　　(此文原载《清代满汉关系研究》,社会科学文献出版社 2011 年版,有修改)

清代八旗制度中的值年旗

清代自雍正以后,曾设立一个集中办理八旗事务的机构,初为值月旗,乾隆十六年改为值年旗,至清亡乃至民国年间一直存在。关于值年旗的研究,目前只见到郗志群、徐晓倩《八旗值年旗、值月旗的设立及其职能》一文①,揭示了值年旗的设置沿革及某些职掌等。本文拟探讨值年旗设置的原因,力图比较全面地揭示其职掌及行政状况,并据此阐述其机构性质。因值月旗与值年旗性质相同,且大部分时间属于值年旗阶段,故本文为行文简洁,一般情况下的叙述,只称其为值年旗。

一、值年旗设置的原因

值年旗是集中办理八旗事务的机构,而且是协助皇帝总理八旗事务,这在八旗各有旗主、各自相对独立的时期,是不大可能实现的。值年旗的设置,必须以八旗的中央集权化为基础,所以,探讨值年旗的设立,首先需要对八旗中央集权化的过程,及其在值年旗设立前的状况,作一简单回顾。

清代的八旗,既实行领主分封,但又不将各领旗的旗主封于地方建立藩国,而是集于中央,共组一个清政权。这一体制,本身就为八

---

① 载日本《满族史研究》第 7 号,2008 年版。

旗的中央集权发展打下了根本基础。所以在入关前,清中央便集中办理八旗的某些事务,至设立部、院等某些中央机构以处理旗下事务后,这种职能增强。但由于当时的八旗各有旗主,旗主既是领有本旗旗人的领主,又有管理本旗旗务之权①,对本旗军队、财物具有私属性,八旗各自相对独立,本旗人任本旗官,又各有独立的"入八分"政治权利,军国大政,必须八旗联合集议,八旗各占一席,旗主全部与议,议政大臣,八旗各以平均员额参加。所以,中央机构对旗务的管理还有局限性,不能完全不顾旗主、不顾各旗而"越俎"。② 这种情况在崇德末年以后,尤其是清入关后发生变化。

入关伊始,仿行明制,八旗官兵实行俸饷制,领取中央所发的俸饷,以皇粮为生,入关前八旗各自为财政单位的旧制随之瓦解,以前旗下之人"被养"于旗主的经济依赖关系也不复存在,就连旗主在内的宗室王公,也领取中央所颁发的爵禄。一句话,旗主在本旗的财权从此消失,八旗财权中央集权化,其独立性也因此严重削弱。

八旗联合集议国家大政之制也发生重大变化。八旗旗主等"入八分"领主的当然议政权,崇德末年以后就开始取消。顺治年间,包括继任旗主在内的宗室王、贝勒能否充任议政王、议政贝勒,即能否参与议政王大臣会议,需皇帝任命,被任命者,也可由皇帝罢免。另外,旗主死后,也不再任命新的管旗务的旗主,所以自顺治十二年最后一个旗主郑亲王济尔哈朗故世后,八旗已无旗主。此后残留的,是下五旗王公对本旗佐领下属人的统属,主要体现为残余的人身隶属关系。康熙元年,又将每旗平均员额议政大臣与议国政的制度废除,议政大臣由皇帝任命部院尚书、都统、内大臣等官员充任。至此,八旗各自作为相对独立的政治单位与议国政的时代结束。这是八旗在

---

① 如镶红旗主岳托,实录便称其"管旗务",后虽降爵为多罗贝勒,但因为仍是旗主而管旗务。《清太宗实录》卷40,崇德三年正月辛未记:"仍命为多罗贝勒管旗务。"当时,老旗主死后,其旗主继承者也有这种管旗务之权,如镶红旗主岳托死后,及其子罗洛宏继为旗主。《清太宗实录》卷64,崇德八年五月丙申记:仍"为多罗贝勒兼管旗务"。父子二人都曾降为贝子而不令管旗务,也只是几个月的很短时间,带有儆戒性,这一事实说明,旗主是职,需任命,但按例,又由各该旗身份最高的领主担任,与领主一样具有世袭性,这与藩部蒙古各部旗的扎萨克,在性质上是相同的。

② 清入关前,曾有两旗值月之制,现存有《天聪五年八旗值月档》,从内容看,是值月以记档,似非值月行政。见《历史档案》2000 年 4 期至 2001 年 4 期之连载。

政治上的相对独立性取消、向完全中央集权化演变的重要体现。此外，八旗作为独立政治单位的另一重要制度——只能本旗人任本旗都统、副都统之制，则于康熙三十六年取消，八旗长官——都统、副都统，可越旗任用。

八旗领主王公对本旗所拥有的军权，也严重削弱。入关前，宗室王公对本旗军队具有私领性。入关后，八旗兵有近一半驻防地方，远多于入关前。这部分军队长期远离在京城的宗室王公，宗室王公的私领权基本消失。即使在京的旗兵，也不再固定由本旗王公统领，如康熙三十五年征准噶尔部噶尔丹，八旗兵营就都不是本旗王公统领，而是由别旗王公或皇子统领。①

以上，旗主管理本旗旗务权、各旗相对独立性的消失，八旗的基本完全中央集权化，是八旗全部事务都可由中央直接、深入管理，进而设立值年旗集中管理的基本条件。而这一机构至雍正时才开始设立，又与雍正上台后全面实行制度改革，八旗管理制度也正规化，以及皇帝强化对八旗事务的直接管理有关。这是值月旗—值年旗设置的更重要的原因。

八旗的行政管理，雍正以前一直带有"草根性"，顺康时期甚至不设办公衙署，旗务由八旗都统在家办理，直至雍正元年，才设八旗都统衙门，衙署内置印务参领、协理事务章京、笔帖式等官员办理事务，从此，八旗事务管理才正规化。有这一行政管理机构的配套，集中办理八旗事务的值月旗—值年旗机构也随之设立。而值月旗—值年旗机构的设立，还有一个重要原因，是皇帝强化对八旗事务的直接管理。

清代，与皇族、皇室、满族有关的行政机构，如宗人府、内务府、八旗，其某些具体事务，由传统的部院、内阁等机构协助管理，而政策的制定，重大、机要事务的处理，皇帝直接插手，而八旗这一庞杂的事务领域，皇帝一人如果直接面对八旗二十四个固山（旗）的公务，是不可行、难以实现的，因而在皇帝与八旗之间，需要有一个协助机构，以起

---

① 以上所述入关后八旗的中央集权化，其具体论述，详见拙作《八旗与清朝政治论稿》第八章第一节《入关后八旗"八分"体制的瓦解及领主旗权的消失》，人民出版社2008年版。

到以身使臂、以臂使指的效果,这一协助机构,就是值月旗—值年旗。值年旗,正是在皇帝与八旗二十四固山之间,起到了臂的作用。此前在旗务管理上并无衙署,康熙帝是与分散的八旗都统(实际是二十四个都统)及其他管理旗务的官员打交道,雍正帝在设置八旗都统衙门后,随即设立值月旗,解决了这一问题,强化了皇帝对八旗事务的管理。而且值年旗因为事有专责,还可督催八旗办事,提高行政效率。

二、值月旗—值年旗的设置沿革及机构组成

雍正元年九月,在设立八旗都统衙门的上谕下达三日后,雍正帝又发布上谕,设置值月旗,命以后八旗轮流,每月一旗当值,总承八旗公办事件及传集立稿等事。每月底,将下月应轮值之旗的都统等开列具奏,钦点一人继为值月旗的大臣。雍正六年,又设值月旗衙署,原因是以前值月旗所办之事,已结者,由该旗存档,未完结的,移交下个值月旗承办、完结存档,所办之事的档案,散存于八旗,以后遇有覆查之事,需挨旗查找、稽考,不仅麻烦,而且容易延误,因而设立值月公署。值月旗衙署所设办公人员,日常在署办事,不论已结未结之事,均令注册存档。又于领催、马甲内择其能书写者,八旗满洲、蒙古、汉军各一人,负责缮写。

值月旗办事,当时也存在官衙门的某种通病,如有些事件不能按时完结,拖拉稽延,值月旗更有其特殊情况,就是当值时间短,仅一个月,当值旗的都统或副都统,往往将本月应办之事拖至下月,推给下一个值月旗。雍正三年,清世宗便发现这一问题,因而增加查旗御史稽查、督催。为此发布上谕:

> 雍正三年十二月二十日上谕……前令八旗轮班当月者,盖欲事件速行完结,不令堆积之意。今当月大臣但图苟且过去,至下月交代,自谓其责已塞,所行如此,因而事件益至堆积迟误矣。从前朕于八旗派御史八员,令查旗务,其当月旗之事件不曾交与,是以伊等未行稽察,今交稽察旗务御史等,将以前当月旗之事件,于限内已完结、未完结之处,一并稽察,其一月所承接事件若干,已完事件若干、未完事件若干,俱著查明,如有逾限堆积等

事，一经查出，即行参奏。特谕。①

雍正六年，清世宗又于查旗御史之外，每旗内增设四名查旗参领，以加强稽查旗务的职能。八年，又令侍卫稽查值月旗。为避免同旗瞻徇、袒护，而规定以不同旗之人稽查，即镶黄旗为值月旗时，以正黄旗查旗参领、侍卫稽查，其余七旗为值月旗时亦如此。但这些措施并没有从根本上解决问题，如乾隆十一年，清高宗就针对办理承袭佐领事，而又责备当月旗"并不迅速办理，惟耽延至交月时，奏交接月，以图塞责"②。至乾隆十六年，终于从根本上作了改革，即改值月旗为值年旗，当值者一年更替。乾隆帝的这一改革谕旨，多种文献都有收录，而内容详略有所不同，兹将最早所记者迻录于下：

> 乾隆十六年奉旨，八旗大臣等办理事件每多迟延，虽有值月大臣，将一应事件汇总承办，然推诿成风，惟以草率塞责，过此一月，移交下旗可以完事，并无实力办理，与事无益。嗣后八旗大臣不必按旗值月，朕特命数人，一年一次轮流值年，著该部将都统、副都统等职名，不论旗分，全行进呈，朕酌量选用。令伊等于各旗参领等官内，简选好者，将八旗一应汇办事件令其承办。至年终，将一年内已完事几件、未完事几件，按款缮折奏闻，其是否实力办理，昭然可知。著永为例。③

关于值年旗机构的值年大臣成员，文献记载或有龃龉，容易误解，需要辨别。上述谕旨是"特命数人，一年一次轮流值年"，由兵部"将都统、副都统等职名"开列上奏，皇帝"不论旗分"挑选充任。这可能是乾隆朝的制度，乾隆后期或嘉庆以后改制，因为嘉庆《大清会典》所记与此不同（见后述）。内容截止至乾隆六十年的《钦定八旗通志》，仍记该制为："奏派值年大臣，兵部将八旗都统、副都统等职名全行开列，缮写绿头牌进呈，恭候钦点数员管理。如遇调补外省，以及

---

① 雍正《上谕八旗》卷3，雍正三年十二月二十日上谕。

② 《钦定八旗通志》卷首之十一《敕谕五》。并见光绪《大清会典事例》卷1144《八旗都统·公式·公署办事》，乾隆十一年。

③ 乾隆《大清会典则例》卷103《兵部·武选清吏司·职制一·值年》，乾隆十六年。

奉差随围等事,值年旗报明兵部,奏请派员署理。"①之所以认为乾隆后期以后又有可能改制,是因为从嘉庆《大清会典》所记,及后来实行的情况看,已并非无定额的"数员"②,而是八人,而且也不是"不论旗分"②,而是八旗每旗一人,八旗以平均员额出任。嘉庆《大清会典》记述:"值年旗大臣,八人,旗各一人,于都统、副都统内特简。"③

　　档案所记的实际选任情况,也是如此。如光绪二十六年十二月初三日《兵部尚书裕德等呈奏派更换值年应列王大臣职名单》便记载,八旗虽每旗上报的都统、副都统人数不一,有的旗甚至只报一人,但最后皇帝于每旗中以朱笔圈定的值年旗大臣,都是一人,即八旗每旗一人,共八人。具体情况为:镶黄旗,上报该旗满洲固山、蒙古固山、汉军固山的都统、副都统共七人,皇帝选一人,为镶黄旗满洲副都统希郎阿。正白旗,上报满洲、蒙古、汉军都统、副都统共四人,选一人,为正白旗满洲都统固伦额驸公爵符珍。镶白旗仅提供一人,为该旗蒙古副都统舒存,即圈其为值年旗大臣。正蓝旗提供两名副都统,选其中一人,为满洲副都统景澧。正黄旗上报满洲、蒙古、汉军都统、副都统共六人,选一人,为满洲副都统禅耆。正红旗上报满洲、蒙古、汉军都统、副都统共五人,选一人,为蒙古都统世续。镶红旗上报满洲、蒙古、汉军都统、副都统共四人,选一人,为满洲副都统英信。镶蓝旗上报满洲都统、副都统共二人,选一人,为满洲副都统明安。④

　　由上可见,值年旗与值月旗最大的不同,除了当值时间长,另一点是当值大臣由一旗扩大为八旗,使值年旗在办理八旗事务时,八旗每旗都有人参加,参与者具有八旗公众性。

　　值年旗衙署,设于地安门外鱼儿胡同(或作"雨儿胡同"),共房四

---

　　① 《钦定八旗通志》卷52《职官十一·职制·奏派值年大臣》。道光《中枢政考》卷5《八旗·奏派值年大臣》,所记与《钦定八旗通志》卷52《职官十一·职制·奏派值年大臣》相同,显系照抄,而未参照嘉庆《大清会典》。

　　② 如果将"不论旗分"的"旗分",理解为是每色旗下个三固山(旗)的"固山","不论旗分"为不论一固山,也即不论哪一旗:满洲旗(固山)、蒙古旗(固山)、汉军旗(固山)的都统、副都统都可被选,倒符合事实。但这里所说的"特命数人"值年而不是八人每旗一人值年,在这一前提之下称为"不论旗分",其语义可能是八个旗不论哪个旗,也即不拘八旗平均。

　　③ 嘉庆《大清会典》卷69《八旗都统》。

　　④ 录副奏折,档号:03—5739—062。

十间。雍正六年设值月旗衙署就是此处，以后值年旗沿用，一直到民国年间①。

值年大臣八人，为值年旗衙署堂官。衙署内下设的办理公文官员，据嘉庆《大清会典》卷 69《八旗都统》记为："值年旗参领、章京，由值年大臣于各旗参领、章京内派委，无定员，掌章奏文移。笔帖式，由值年大臣于各旗印房笔帖式内派委，无定员，掌翻译。"道光《中枢政考》卷 11《八旗·公式·八旗值年》，则记为："每旗拣派贤能参领一员，令其办事，各旗事务照常兼办。满洲、蒙古、汉军，每旗拣选贤能印房章京、旗下章京各二员，轮班办事。其执事骁骑校、缮写笔帖式、帮办人等，由各该旗派出，咨送值年大臣选用。"两书所记员额不同，前者记参领、章京、笔帖式均为无定员，后者记参领、章京有确定额数，且多出执事骁骑校、帮办人。按嘉庆会典内容，截至嘉庆十七年，道光《中枢政考》于嘉庆二十二年主体部分已完成，此后仅作某些内容的增补，截至道光四年。两书所记史事的时间相差不大，而内容却有如此出入，暂以道光《中枢政考》所记为是。②

三、值年旗的职掌及行政状况

嘉庆《大清会典·八旗都统·值年旗》，综记值年旗的职掌如下（括号内为原文所注小字）：

值年旗……掌八旗会理之事。

凡官之拟补于公中者，则拣选。其引见于热河者，则总各旗、各营之官而带领焉（驻跸热河，凡各旗、各营官之应引见者，皆由值年旗大臣带领前往）；

凡职任之兼摄者，请简大臣，则以闻（稽察旧营房、新营房及管理官房，稽查城内七仓，稽查坛庙、斋戒王大臣，由值年大臣咨取各旗大臣衔名请简，管理铁匠局副都统缺出，亦如之）。岁终请袭世职，亦如之；

---

① 见郗志群、徐晓倩《八旗值年旗、值月旗的设立及其职能》一文。

② 前揭郗志群、徐晓倩《八旗值年旗、值月旗的设立及其职能》一文，依嘉庆《大清会典》、道光《中枢政考》所记，将值年旗衙署内所设办理公文的官员，定为嘉庆、道光两朝情况，也是一种理解，可参考。

凡事之应结者,立其限(所注小字从略,内容参见后述——
引者注);

有特交者,则会各旗大臣以定议。岁终,则汇已结、未结与
其年例之事,而具奏焉(岁终,将八旗已结、未结事件,及官兵人
等有无放重利债、官房有无租典、送挑各处拜唐阿大臣官员子弟
分别已去未去、分给罪人为奴有无逃亡,俱由值年大臣汇奏)。

以上嘉庆会典所记值年旗职掌事项(光绪会典所记与嘉庆会典完全
相同,似为照录)并不全面,有些重要事项也过于笼统,兹综合各种记
载,将值年旗及以前之值月旗的职掌事项及其行政,归纳如下:

(一)传达皇帝有关旗务之谕旨于八旗或部院等机构。皇帝针对
八旗带有共性的问题而下达指示,令值月旗或值年旗转传八旗或
其他机构。如雍正十一年十二月,办理正黄旗世袭佐领,承袭者多年
幼之人,需该旗大臣着意培养造就,以便能胜任管理佐领事务之职,
因八旗世袭佐领甚多,佐领官的承袭者固定于某家族、家庭,是凭身
份,而不是从众多人中公选,由年幼者承袭的情况不少,雍正认为这
是一个八旗带有普遍性的问题,因而不仅命正黄旗都统等对年幼承
袭者"加意照看,成全造就",而且令值月旗"遍谕八旗,有似此等经朕
谕令照看成全造就之世职年幼子弟,俱著一体遵行"①。又如乾隆七
年五月,皇帝谕旨:"嗣后补放副参领,有将骁骑校开列者,著在外预
备,如实不得人,再行带领引见,永为定例",由值月旗镶蓝旗将这一
谕旨传布于八旗通行②。乾隆八年四月,皇帝以观保之子释迦保承
袭骑都尉为例,命"晓谕八旗,嗣后有似此者,著照此请",值月旗奉旨
将此上谕传达于八旗通行③。同治七年正月,因获悉捻军乔装潜入
京城,上谕"值年旗传知各旗营及查城大臣,将防守事宜妥为筹
备"④。光绪二十四年八月,为扩大八旗兵的训练,上谕:"除已经挑
取神机营、武胜新队、骁骑营等处外,其余马甲、闲散、养育兵内,尚有

① 雍正《上谕八旗》卷11,雍正十一年十二月十四日上谕。
② 《乾隆朝旗钞各部通行条例》之乾隆七年五月初五日,《中国珍稀法律典籍续编》
第6册《清代宫廷法规六种》,黑龙江人民出版社2003年出版。
③ 《乾隆朝旗钞各部通行条例》之乾隆八年四月十八日。
④ 《清穆宗实录》卷222,同治七年正月甲子。

精壮者若干,著值年旗传知八旗满蒙汉都统,查明人数,由值年旗汇报军机处。"①

(二)奉皇帝命令会议重要事务并覆奏。分两种情况,一是皇帝交议,这就是前举嘉庆会典所述值年旗职掌所谓"有特交者,则会各旗大臣以定议",一是已有制度有不同之处,为"画一"而由值年旗会议修改为统一规制。会议形式也有两种,一是值年旗大臣合议,一是值年旗大臣与八旗大臣或有关机构官员合议。这种职掌,在值月旗时就规定:八旗凡有画一定议事件,俱由当月旗齐集八旗大臣等画一定议……将定议之处立稿,于稿尾开列大臣等职名画押。如有别项差事不得齐集之大臣,即将议定之稿照写送阅,如无与意见不合之处,俱各画押,然后转发该旗遵照办理。② 值年旗设立后,仍沿用这一规定。乾隆《大清会典则例》记为:

> 凡奉旨交议及画一定议之事,由值年处会八旗都统等公议,值年处定稿,集八旗都统等念稿,同听,有应改者,即改正画题。其有不得会议者,值年处交该旗官送阅画题,即缴送值年处具奏完结。③

此外,对会议本身还有更详细的规定:

> 凡奉旨交与八旗会议事件,由值年旗定稿,将会议时刻开明,传集八旗大臣会议。如系条奏事件,原奏之大臣亦入班会议,所议皆符,即行具奏。意见不符,另行定议。将另议之处告知同议大臣,有愿另奏者,亦准其另奏。凡会议大臣,俱按期到班,于会议之处画题。会议时,御史前往查验,如有事故不能到班,将情由声明,咨送值年旗,即于次日补行画题。如托故不到,罚俸一年,私罪。其在内廷行走不得到班之王大臣,该旗章京将到班大臣所定之稿抄阅,应改者,即行改定,限三日内画题送回,如有迟延,照违限例议处。④

① 《清德宗实录》卷428,光绪二十四年八月己酉。
② 雍正《谕行旗务奏议》卷12,雍正十二年七月初七日。
③ 乾隆《大清会典则例》卷177《八旗都统·公式·公署办事》。
④ 伯麟等纂《兵部处分则例》卷4《八旗·限期·会议事件》,道光刻本。

上文中所谓的"画题",是指在上报的公文——题本上签名,以表示自己与会并同意决议。文献中也留下了某些会议的情况。乾隆六年,值月旗议奏八旗会议决议:"嗣后八旗投充、养育、俘虏人等本身及子孙,永禁考试",奉旨:依议①。嘉庆五年,清仁宗得知守卫、巡查京城的八旗骁骑营、步军营的兵丁,竟有本人不去,而雇人代替者,并非个别现象,于是命"步军统领衙门及值年旗等严禁雇替,并妥定章程,将如何轮派官兵、分营按日在城巡逻之处,详议具奏"。②道光六年,富俊陈奏,挑取旗兵,应于旗营设立官弓,比试弓力,作为拣选的一项重要参考。值年旗会议认为仍应视其射箭中靶与否以为去取,并称不得以专开劲弓便为合格。道光帝认为所议含混,并未涉及具体规制,乃令"值年旗另行妥议具奏"③。

(三)向皇帝请示应办理之旗务。这类旗务,有例行者,有新出现者,皆事关整个八旗。如每年初冬,八旗演习两三次步围(围猎),事先,由值年旗(以前为值月旗)会同八旗都统拟定具体日期,奏报皇帝,再做具体布置④。每年九月,八旗满蒙汉二十四固山官兵在仰山洼合操阅兵,届期,也由值年旗上奏皇帝以办理。⑤嘉庆十六年后,为加强京城内城的治安管理,设查城都统、副都统,为查城大臣,三年更替,每届三年,由值年旗奏请更换,将事项较少之都统、副都统列名单报皇帝点派。⑥道光二十二年定,此后火药局八旗汉军该班弁兵,派八旗汉军都统、副都统二员随时稽查,此稽查大臣,两年更换,届期,由值年旗奏请简派。⑦同治朝,清廷强化神机营之训练,皇帝命令,神机营辖下之八旗"各旗营管理操演之都统、副都统、护军统领等,嗣后如有升迁事故,著由值年旗随时奏请改派"⑧,以使训练的管

---

① 《乾隆朝旗钞各部通行条例》之乾隆六年九月二十六日。

② 《清朝续文献通考》卷 206《兵考五·禁卫兵》。

③ 《清宣宗实录》卷 154,道光九年三月甲寅。这方面职掌,并请参见前揭郗志群、徐晓倩《八旗值年旗、值月旗的设立及其职能》一文。

④ 乾隆《大清会典则例》卷 175《八旗都统·训练》。

⑤ 吴振棫《养吉斋丛录》卷 16,第 214 页,中华书局标点本 2005 年版。

⑥ 《清仁宗实录》卷 255,嘉庆十七年三月壬午;《清宣宗实录》卷 93,道光五年十二月戊辰。

⑦ 《清宣宗实录》卷 372,道光二十二年五月乙酉朔。

⑧ 《清穆宗实录》卷 158,同治四年十月壬子。

理随时有保证。凡宗室承袭世爵世职及八旗承袭世职,例应三年考验一次,光绪二十五年,管理值年旗都统事务和硕庆亲王奕劻等折奏,以"光绪二十二年考验截至本年又届三年,自应照例考验,相应请旨,或交钦派此次考验兵丁骑射之王大臣阅看,抑或另行简派王大臣阅看之处,恭候命下,臣等敬谨遵行,为此谨奏请旨"①。

(四)为皇帝选任职官、世职承袭人提供应选人名单。前举嘉庆会典值年旗职掌的所谓"凡职任之兼摄者,请简大臣,则以闻。岁终请袭世职,亦如之",就是指的这一项。八旗某些机构的管理官员,或某些事务的管理者,都是由八旗官员兼任,嘉庆会典于此规制条文下列举的官职有稽察旧营房、新营房大臣,及管理官房大臣,稽查城内七仓、稽查坛庙、斋戒王大臣,管理铁匠局副都统。未列举者,还有两年一更换之稽察火药局都统、副都统②,八旗每旗所设米局之管米局大臣③,每旗一名的监看交马大臣(并见后述)④,内九城查城大臣⑤,八旗兵每年合操大阅之大阅长⑥,武科举会试时的外场监射大臣⑦,等等,均由值年大臣向八旗咨取各旗大臣衔名,开列其名单,提交皇帝圈定。

世职之承袭。在京及各处驻防世职官缺出,统一至每年终,由各该旗拣选应袭之人,咨报值年旗,由值年旗"将八旗袭官排件汇总,分左右两翼奏请,分定日期,带领引见。前期一日呈进折、谱,次日带领引见承袭"⑧。

(五)重要事项定期汇奏皇帝,多在年终汇奏。这就是前述嘉庆会典值年旗职掌的所谓"岁终,则汇已结、未结与其年例之事,而具奏焉"。

① 录副奏折,档号:03—5998—027,光绪二十五年三月二十四日,管理值年旗都统事务奕劻等《奏为宗室袭封京及八旗世职官三年考验请简派阅看大臣事》。
② 光绪《大清会典事例》卷896《工部三五·军火三·火药三》。
③ 《钦定八旗通志》卷77《土田志十六·土田蠲恤·蠲赈银米》。
④ 乾隆《大清会典则例》卷174《八旗都统·兵制·畜牧》。
⑤ 《清宣宗实录》卷93,道光五年十二月戊辰。
⑥ 嘉庆《大清会典》卷69《八旗都统》。
⑦ 景清《武场条例》卷6《武会试一》,光绪刻本。
⑧ 录副奏折,档号:03—4166—051,咸丰十一年十一月管理值年旗都统事务华丰等《奏为承袭世职如何呈递折谱请旨事》。并见嘉庆《大清会典》卷69《八旗都统》。

其中汇奏"已结、未结之事",是为皇帝了解有些八旗事务的完成情况,同时有督催以减少拖延现象、保证行政效率的职能,多属皇帝谕旨特交事件及选官之事,这类事件都定有完结的期限。雍正五年设立值月旗不久,就曾规定,凡有关八旗"一应特旨所交、并拣选引见人员事件,皆系当月之大臣等所悉知者,其已结、未结之处,即交当月之都统、副都统等详查奏闻"①。这里所说的"拣选引见人员",就是指选官(有关机构拣选备选人员,引见皇帝确定)。其他部院衙门所办八旗之事也如此,由"值年旗行查各部院衙门事件,逾限不行咨复,值年旗参奏"②。乾隆初年以后还规定,当值旗每十日应将奉到上谕录送稽察钦奉上谕事件处,校对各该衙门承办事件,有稽延者劾参。③

会典所举年终应汇奏的"年例之事",有:

官兵人等有无放重利债,官房有无租典。这是指京城官房分予八旗者,每旗由一名都统或副都统任管官房大臣。分予本旗实无住房之兵丁者,若该兵丁私行租典,治罪。各旗管官房大臣、查旗御史,将官房并无送私行租典、倒坏之处,共同出结,送值年旗于年底汇奏④;

挑各处拜唐阿大臣官员子弟分别已去、未去。是指八旗大臣官员子弟须挑取拜唐阿,何人应挑、何人不应挑,均有明确规定,托故规避者治罪。其大臣官员子弟内何人送挑、何人未送,各该旗应确查,咨报值年旗,由值年旗年底汇奏⑤;

分给罪人为奴有无逃亡。清代,凡属"逆匪"即造反者、"邪教"即秘密宗教案犯,因属"非寻常罪犯可比",因而由值年旗分给八旗王公大臣为奴,并命"该王公大臣官员等不时严行管束服役,毋致纵逸",若有逃失者,将"该失察之王公大臣官员等交部从重议处"。另外,如寻常分赏为奴人犯,若有逃窜,失察之王公大臣官员等照例查议处

① 雍正《上谕旗务议复》卷5,雍正五年六月初十日。并见乾隆《八旗则例》卷2《公式·八旗当月》。
② 道光《中枢政考》卷11《八旗·公式·八旗值年》。
③ 光绪《大清会典事例》卷15《内阁·稽察钦奉上谕事件》。
④ 《兵部处分则例》卷16《八旗·赏住官房不得私行租典》。
⑤ 道光《中枢政考》卷30《八旗·兵制·挑取拜唐阿》。

分。每年终,值年旗须将分给八旗王公大臣之奴有无逃失情况汇奏。①

实际上,值年旗所应汇奏皇帝的八旗事务,远不止上述会典所举,而且不一定都等到年底汇奏。以下略举数例。清代禁旗人赌博,命各旗查拏,雍正七年,曾将八旗"有无拏获赌博及如何办理完结之处,令当月旗查明,三月一次汇题"②。雍正十二年,八旗清查旗人中的开户、养子等人,另记档案。命各旗将已记档及未另记档案者,都复行确查,分晰其族支,编次支派,按其辈数,注明何人之子、何人之孙,每佐领下造具清册二本,钤用印信,一本存贮该旗,一本咨送户部,永远备查。将总数交当月旗汇齐奏报皇帝③。乾隆四十六年定,八旗兵丁不准移住城外居住,除从前已经移居、安静守分者,仍令居住城外,此后各旗都统等时加访查,有无潜移居住城外之人,于每年年终咨送值年旗,值年旗汇总奏报皇帝④。外省驻防为备选而记名的领催、前锋、护军、恩骑尉等,其坐补骁骑校、护军校,记名坐补佐领、卓异坐补佐领,及仓官、台站官、笔帖式改补骁骑校,由各该将军、都统、副都统等,将一年之内坐补、改补人数若干,于年底汇报在京之该旗,转咨值年旗具奏皇帝。⑤

(六)协助皇帝拣选、引见旗人官员。这又是前述嘉庆会典值年旗职掌的所谓"凡官之拟补于公中者,则拣选。其引见于热河者,则总各旗、各营之官而带领焉"。不过这一叙述笼统,没有具体所指,使人不得要领。综合各种记载可知,值年旗协助皇帝拣选、引见的官员,为旗人武官,分为两种,一是拣选并引见皇帝,一是不参与拣选,而仅带领被选者引见皇帝。此前,这部分由八旗公补即"补于公中"的官员引见皇帝确定人选,是由兵部。值年旗设立后的乾隆二十年,改归值年旗。乾隆《大清会典则例》记述:

---

① 光绪《大清会典事例》卷130《吏部·处分例五三·逃犯》。

② 雍正《上谕旗务议复》卷7,雍正七年七月二十一日。

③ 雍正《谕行旗务奏议》卷12,雍正十二年七月二十五日。

④ 《钦定八旗通志》卷30《旗分志三十·出城禁令》;光绪《大清会典事例》卷1147《八旗都统三七·公式七·禁令二》。

⑤ 《钦定八旗通志》卷52《职官十一·职制·补放内外参领以下等官》;光绪《大清会典事例》卷1132《八旗都统·授官·补授驻防佐领》。

（乾隆）二十年奉旨，各省城守尉、协领及各地方总管等官，应各该旗简选补授者，由本旗引见。如应八旗公补，向由兵部引见，办理殊未画一。见今有值年都统办理八旗事务，则此等公中简选之旗员，理应值年都统引见。嗣后应各该旗简选补授者，仍著本旗引见，其公中简选者，著值年都统引见，兵部引见著停。①

拣选并引见的旗员，为八旗公缺，即在整个八旗内选取之官缺，而不是划为某一旗或两旗选取的"旗缺"，即所谓"凡官之拟补于公中者，则拣选"，多为三四品官，京外主要是驻防地的八旗武官居多。简介如下：

监守信炮总管。总管京城白塔信炮职官，正四品。由值年旗大臣将八旗三四品世爵及监守信炮官内，简选十人，引见皇帝选定补授。②

陵寝总管、翼长。陵寝总管，正三品，翼长，正四品。东陵、西陵总管缺出，先由兵部咨呈宗人府，将奉旨以陵寝总管任用之郎中、员外郎带领引见补放。如无此项人员，兵部行文值年旗，由值年旗会同领侍卫内大臣，于满洲头等侍卫、前锋参领、护军参领、骁骑参领并记名人员内，拣选二三员，带领引见皇帝，由皇帝确定人选。盛京三陵总管缺出，值年旗会同领侍卫内大臣，于满洲头等侍卫、前锋参领、护军参领、骁骑参领并记名人员内，拣选二三员，引见皇帝确定人选。陵寝翼长缺出，由陵寝处于防御内拣选，拟定正陪，保送兵部，兵部转咨值年旗，值年旗引见皇帝选定。如保送人员不堪补放，由值年旗会同领侍卫内大臣，于满洲二等侍卫、前锋侍卫、护军副参领、骁骑副参领、佐领并记名人员内，拣选二三员，引见皇帝确定人选。③

察哈尔蒙古八旗总管。正三品，每旗一人。缺出，由察哈尔都统于察哈尔八旗公、散秩大臣、参领、子、男、二等侍卫、三等侍卫、轻车都尉内拣选二三员保送兵部，转咨值年旗。又由京城各该管大臣，将在京八旗蒙古头等侍卫、前锋参领、护军参领、骁骑参领中能蒙古语

---

① 乾隆《大清会典则例》卷 175《八旗都统·授官·授官通例》。
② 乾隆《大清会典》卷 99《步军统领》。
③ 道光《中枢政考》卷 4《八旗·补放陵寝总管、翼长》。

者,保送值年旗,由值年旗拣选二三员,均由值年旗引见皇帝确定人选。①

各驻防地城守尉。城守尉,正三品,是八旗驻防官中,排在将军、都统、副都统之下的专城驻防长官。八旗公缺较多,入选人不尽相同,且有变化。

开封、太原、德州城守尉,由值年旗咨取头等侍卫,及前锋、护军、骁骑等营参领。右卫、庄浪、呼兰城守尉,由值年旗咨取头等侍卫、健锐营前锋参领,及前锋参领、护军参领,均为值年旗从中拣选二三员,引见皇帝选定。同治十三年,增銮仪卫满洲冠军使之入选。初还有郑家庄城守尉,乾隆三十二年裁。又,太原城守尉初由两蓝旗选补,德州城守尉初由两黄旗选补,后均改归公缺,由值年旗拣选引见补授②。盛京地区之兴京、复州、岫岩、凤凰城、开原、辽阳、金州城守尉,由值年旗咨取头等侍卫,及前锋参领、护军参领,拣选二三员,引见皇帝选定。乾隆五十四年十二月定,盛京地区各城守尉,均以宗室人员补授,仍由值年旗拣选引见。③

独石口(直隶北部)防守尉,正四品。缺出,由值年旗行文领侍卫内大臣、八旗都统,及前锋、护军、步军统领,拣选在京四五品职任及世职官员,咨送值年旗。再由独石口处保举历俸五年之防御(正五品)。一并由值年旗拣选二三员,引见皇帝补放。④

黑龙江、吉林管水手四、五、六品官。主要由两处将军于本处管水手官或领催、甲兵内选拟正陪,保送兵部,转咨值年旗引见皇帝。若该处保送乏人,及保送之人不堪任用,则由值年旗行文八旗汉军,将有资格者拣选,咨送值年旗,由值年旗选取二三员引见皇帝补放。⑤

值年旗不参与拣选,仅负责引见的官缺,有盛京所属协领、防守尉,宁夏、绥远城蒙古协领,黑龙江管船炮水手总管,罗文峪防御,及

---

① 道光《中枢政考》卷4《八旗·补放察哈尔总管》。
② 光绪《大清会典事例》卷1108《銮仪卫·官制·升除》。
③ 道光《中枢政考》卷4《八旗·补放城守尉回避定制》。
④ 道光《中枢政考》卷4《八旗·补放独石口等处防守尉》。
⑤ 道光《中枢政考》卷4《八旗·补放黑龙江等处管水手官》。

京城牺牲所的所牧等。① 乾隆四十六年,西安驻防增设驻防官,所增设协领及部分佐领、防御、骁骑校,由西安将军于应升人员内选拟正陪,交值年旗引见。②

以上一至六项,都是值年旗在皇帝与八旗之间,起承上、下达的职掌职能。另外还有几项,或属于值年旗与其他机构行政关系方面的职掌,或属于值年旗自身机构的职掌,有的与皇帝有间接行政关系。以下简要介绍。

(七)值年旗与其他机构有行政关系的职掌。各机构事务关涉八旗,须咨值年旗,由值年旗转传八旗。还有是值年旗将某项旗务咨送或知照有关衙门。这方面的记载甚多,摘要列举如下:

公主指婚,由宗人府管理婚嫁事务亲王、郡王,在行文理藩院外,行文值年旗,值年旗转传八旗,将符合条件的八旗子弟造册报宗人府,以备皇帝指为额驸③。官赎旗地,地方官于赎地时,应询明现在佃种人姓名及当时租数而造册,送值月旗转传八旗备案,此后无论何人承买,仍令原佃承种,以制止夺田别佃④。八旗兵领取甲米,由户部通知值年旗,值年旗转传八旗各旗⑤。考试翻译生童,由礼部行文值年旗,值年旗转传八旗到场辨认,以防枪替等弊⑥。翻译生员考职,京旗由八旗都统造册汇送值年旗,值年旗送直隶提学使⑦。部院有关旗人赏罚事件及禁约之事,咨送值月旗,值月旗传谕八旗,以宣示各旗下⑧。各省驻防旗人武举来京会试,由该将军、都统等衙门咨送,并由各京旗造具年貌、三代、科分、名次清册,及到京日期,报兵部以凭入册。兵部需先期行文值年旗,由值年旗转行各旗、内务府办理⑨。皇帝举行临雍之典,

① 《钦定八旗通志》卷52《职官十一·职制·补放内外参领以下等官》;乾隆《大清会典》卷97《八旗都统·授官》。

② 光绪《大清会典事例》卷1132《八旗都统二二·授官四》。

③ 光绪《大清会典事例》卷1《宗人府·天潢宗派·婚嫁》。

④ 《钦定八旗通志》卷64《土田志·土田规制·畿辅规制三》。

⑤ 《清德宗实录》卷447,光绪二十五年六月癸巳。

⑥ 英汇《科场条例》卷58《翻译·翻译童试》,道光十五年,咸丰刻本;光绪《大清会典事例》卷365《礼部七六·贡举三七·翻译童试》。

⑦ 《大清光绪新法令》光绪三十三年六月十二日《礼部奏遵议筹给翻译出路折》。

⑧ 雍正《上谕八旗》卷5,雍正五年四月初六日上谕。

⑨ 景清《武场条例》卷6《武会试一·驻防武举造册报部》。

八旗举贡生监等应赴国子监观礼,国子监提前知照值年旗转知各旗①。同治元年四月,为两宫皇太后上徽号,内务府接到礼部咨文,转咨宗人府、值年旗,要求值年旗转传八旗大臣命妇,于四月二十五日进大内行礼之命妇早为进宫,并由各该旗造具衔名清册咨送内务府,以备稽查②。今存《乾隆朝旗钞各部通行条例》一册,记有乾隆六年至十年值月旗传达给各旗或值月旗转传内阁、部院等机构于八旗有关的旗务则例,涉及到很多各种具体事务,可参考。③ 郗志群、徐晓倩《八旗值年旗、值月旗的设立及其职能》的"其他需值年旗管理的事务"一目也有不少列举,请参考。

(八)协助有关机构、官员稽查督催各旗所办事务。前举嘉庆会典关于值年旗职掌下记述:"凡事之应结者,立其限",是指各旗所办事务,按其具体情况,定完成的期限,该记述又以小字对其作具体列举,如"易结之事,限十日完结。(选任)参领以下官员,以出缺日期起,限二十日。承管佐领,限三十日。各处驻防官员出缺来京者,以人文到日起限二十日。终养、告病、丁忧等事回旗例应引见者,亦如之"。如果"有行查调取稽延时日者,随时咨会查旗御史查核",当是指稽察钦奉上谕事件处、都察院等机构对某旗超过期限未完事件稽查,值年旗应随时咨会查旗御史查核。④

(九)值年旗衙署例行办理的具体事务。某些具体事务,有归值年旗衙署本身例行直接办理者。如祭祀炮神庙,每年两次,例由值年旗大臣带领轮值汉军旗会同火器营大臣致祭,祭品由值年旗备办,该庙之修葺,也由值年旗负责⑤。皇帝巡幸,随行当差人之帮贴银,各

① 《清代孤本内阁六部档案》,第2册第725—726页,收国家图书馆藏历史档案文献丛刊,全国图书馆文献缩微复制中心2003年版。
② 《清代孤本内阁六部档案》,第13册第6215页。
③ 《乾隆朝旗钞各部通行条例》,《中国珍稀法律典籍续编》第6册《清代宫廷法规六种》。
④ 嘉庆《大清会典》卷69《八旗都统》。另外还记述:"各衙门查办档册,于到旗日,酌量事务繁简定限。各处驻防大臣承办紧要案件,限一月完结。其奉部驳查事件,以文到日为始。近在同城者,限二十日,出咨送部。其不同城须行文转查者,声明程途远近扣限外,限一月出咨送部。"
⑤ 乾隆《八旗则例》卷7《典礼·奉祀炮神》。光绪《大清会典事例》卷1126《八旗都统一六·兵制六·操演火器》。

旗提前报值年旗,由值年旗汇总查核办理①。罪犯及缘坐分给功臣为奴者,由值年旗酌情分给八旗满洲、蒙古、汉军有功者及大臣②。此外,值年旗衙门设有档案库,设官轮流看守值班③,以备八旗办理事务查核④。

四、值年旗机构的性质、地位及其与 其他机构的关系

前文已述,值月旗是在八旗已基本完全中央集权化的情况下,皇帝为加强对八旗事务的直接管理,而在皇帝与八旗之间设立的协助皇帝办理八旗事务的机构,由于皇帝不可能一人与八旗二十四固山这众多机构单位进行行政,需要有一个中间机构协助,起到以臂使指的作用,所以,值年旗之于八旗,如同内阁之于部院,在性质上都是直接协助皇帝办理政务。从前面所列举的值年旗的职掌看,八项职掌中有六项是属于直接协助皇帝办理旗务,如传达皇帝有关旗务之谕旨于八旗或部院等机构,奉皇帝命令会议重要事务并覆奏,向皇帝奏请应办理之旗务,为皇帝选派旗务职官、选取八旗世职承袭人员提供应选人名单,重要旗务事项定期汇奏皇帝,协助皇帝拣选、引见旗人官员等,体现了值年旗直接协助皇帝办理旗务的这一主要职掌性质。它也表明值月旗及值年旗设立后,八旗之中央集权的进一步强化。值年旗由八旗共议旗务,也起到集思广益以确定最佳方案的效能。另外,值年旗还承担或者说是分任部院关于八旗方面的某些政务,如为皇帝选派管理八旗新旧营房大臣、各旗管官房大臣、管各旗米局大臣、铁匠局大臣等旗务职官,及选取八旗世职承袭人员,等等。还提供应选人名单,协助皇帝选用某些三四品八旗武官,如掌京城报警的白塔信炮总管、地方驻防城守尉等,以及选任旗人武官的引见皇帝,这实际本是兵部的职

---

① 乾隆《大清会典则例》卷176《八旗都统·公费》。

② 祝庆祺《刑案汇览》卷58《徒流人逃》,第3册第2183页,北京古籍出版社2004年版。并见那彦成《那文毅公奏议·两广总督奏议》卷14《擒巨匪李崇玉始末》,嘉庆十年五月二十日奏。

③ 嘉庆《大清会典》卷69《八旗都统》。

④ 光绪《大清会典事例》卷1141《八旗都统三一·公式一·军政》。

掌,而划归值年旗,又体现了清廷或者说是满族统治者在八旗尤其是八旗军事方面的特殊掌控与管理。

值月旗设于雍正元年,这一年同时设置八旗都统衙门,以及八旗每旗两名的查旗御史,这是八旗行政史上的重要事件,八旗行政管理由此明显正规化,设立值年旗,是八旗行政管理正规化的重要措施。值年旗的堂官值年大臣由八旗平均出任,共同商议办理八旗带有共性的事务,将各具体事务制定"画一"的统一规制,避免了八旗的各行其是,这是其具体行政正规化的一个重要方面。另一重要方面,是减少、避免办事拖沓,保证行政效率。雍正以后,为保证整个行政系统的效率,并避免各机构对所办事项规避与遗漏,设计了系统性的管理机构,除了都察院对各机构所办事务的定期核查、注销外,内阁之下增设稽察钦奉上谕事件处,六部及理藩院、都察院都增设督催所。值年旗则对八旗行政有核查督催之责,体现为值年旗"每十日应将奉到上谕录送稽察钦奉上谕事件处,校对各该衙门承办事件,有稽延者劾参"的稽查督催,以及定期向皇帝汇报八旗承办之事的已结、未结情况等职能。康熙朝未设八旗都统衙门及值年旗时,八旗"补授佐领及袭职官员,俱有迟至数年未曾启奏者",可见拖沓情况之严重,另外也难免"有情弊",即徇私而故意隐瞒拖延者①。雍正以后设值月旗及值年旗的一个重要目的,就是为避免这种现象,提高行政效率。

值年旗的行政,又受到有关机构的查核与制约。值月旗设立时,因同时设查旗御史,乃规定值月旗每月将已完、未完之事造册送查旗御史,"某旗值月,即令稽察该旗御史于进呈月折时,将值月旗事务有无逾限沉积之处声明"②。设值年旗后,又命于都察院科道官特简四人,令其专司稽察值年旗。③

值年旗办理旗务,应严格遵照则例,否则,将受到有关部门的驳诘。如嘉庆二十年十二月,值年旗咨文兵部:庄浪城守尉出缺,由本值年旗拣选三人并引见皇帝。且皇帝已批示:"参领德宁著补授庄浪

① 《清圣祖实录》卷 278,康熙五十七年四月丁未。
② 乾隆《大清会典则例》卷 147《都察院三·稽察八旗事件》;光绪《大清会典事例》卷 1018《都察院二一·各道二·稽察八旗事件》。
③ 乾隆《大清会典则例》卷 147《都察院三·稽察八旗事件》。

城守尉",因而移咨兵部派授该缺。经兵部查核,这德宁是正红旗满洲骁骑参领,而骁骑参领是不能入选庄浪城守尉的,庄浪、右卫、呼兰这三处城守尉,是由头等侍卫、健锐营前锋参领,及前锋参领、护军参领选补,只有开封、太原、德州等五城城守尉、骁骑参领才可入选。但皇帝已经批准,兵部甚感为难,于是上奏折说,"臣部碍难办理……或遵照前奉谕旨即著其补授,抑或将德宁撤回,另将合例人员拣选补放之处,恭候训示",并提出:将"不行查明定例拣选之值年王大臣及承办章京,应请一并交部,分别议处"[①]。

以上事例又说明,值年旗虽然是皇帝之下八旗之上地位很高、专办旗务的机构,但在行政上又受到相关机构的制约或稽查,这也符合行政上的合理性,是整个行政体系中的一般规制。另一方面,它虽然只是协助皇帝办理旗务,但由于旗务的方方面面甚为复杂,则例繁多,皇帝不可能尽悉,所以很多事务的处理,皇帝是同意值年旗所议决或所办理的,其中也包括如上述含混不合则例而皇帝批准者,更何况则例不可能将所有已发生、未发生之事都包括,这又是值年旗的实际职权所在。

总之,从入关后八旗行政的整个历史来看,雍正元年以后发生阶段性的重要变化,其表现是八旗行政的规范化、正规化,其标志有两个,一是雍正元年八旗都统衙门的建立,二是八旗都统衙门设立三天后值月旗的设置。值月旗—值年旗是皇帝掌握、插手八旗二十四固山事务的必要性中间机构,不可或缺,它使八旗事务的管理,在设立八旗都统衙门的基础上进一步规范化、正规化,同时,使皇权专制下的八旗进一步中央集权化,管理更加集中、有效。八旗都统衙门、值年旗设立后,八旗事务管理加强,满族—八旗作为清朝主体统治的职能作用,也自然加强,这又是值年旗之设置及其行政的更深意义所在。

(此文原载《历史教学》2011 年 11 期,有修改)

[①] 录副奏折,档号:03—1676—069,嘉庆二十一年正月十二日《大学士管理兵部事务董诰等奏为值年旗拣选城守尉舛错事》。

清初旗人之旗籍及其改变考

——以官方所修传记对四十余名旗人旗籍之误记为例

一、问题的提出

旗人之旗籍犹如汉人之籍贯,是了解与研究人物不可或缺的内容。旗人之旗籍,在研究方面,从某种意义上说,比汉人的籍贯更重要,因为它具有以下特殊性,就是清朝八旗实行领主分封制,旗主也即领主与所领旗的旗人形成主属关系,某旗籍的旗人对该旗领主具有私隶性,这种特殊的主属关系形成旗主的领旗势力,清初满族—清政权的重大政治斗争,皆由旗主之间的势力矛盾乃至兼并引起,隶属各该旗旗籍的旗人,或主动参与、协助,或背主投附对方旗主,或被动卷入,均不能脱离其中。旗人籍隶何旗,在哪旗旗主之下,关系到这个旗人与领主的政治关系、政治派别的归属,进而关系到我们对与此相关的人物矛盾、斗争事件的理解与分析,以及对籍隶某旗旗人政治行为的研究与其评价。遗憾的是,清初旗人究竟籍隶何旗,至今仍然有相当大一部分人是错乱的。原因是,清初的八旗中,有五个旗的旗人,其旗籍经过几次变更,这五个旗是:两黄旗、两白旗、正蓝旗,这五个旗旗人的旗籍至顺治八年才基本固定。我们现在所了解的旗人旗籍,最早也是雍正五年始修、成书于乾隆四年的《八旗通志》初集的人物传记①,其所记清初旗人的旗籍,其实都是顺治八年以后固定后的隶旗。此后官修的《满洲名臣传》、《钦定八旗通志·列传》,以及现在常用的更晚辑录或编纂的《国朝耆献类征初编》、《清史列传》、《清史稿·列传》,都是如此。这样,卒于顺治八年以前(包括入关前)的人物,以及虽然卒于顺治八年以后而活动经历有相当长的时间段是在顺治八年以前(包括入关前)的人物,其旗籍很多是错误或不准确的。

有的是倒踩年月,以其死后子孙的旗籍作为他的旗籍,其实此人从来也没有籍隶过此旗,"传记"所记他的旗籍,实际是其死后其子孙又经更改后之旗,多年以后国史馆修人物传,根本不了解该人的隶旗情况,就以其子孙固定后的旗籍作为他的旗籍,如清初名列五大臣的著名人物额亦都、扈尔汉等十几个人都是如此,这种情况对今人的误导尤为严重。

有的是以该人最后固定的隶旗作为他的旗籍,其实此人更长的时间内并未隶此旗,从而导致今人的误解,以为此人一开始就隶此旗,为某旗主的属人,此人也一直以这一隶旗的身份进行政治、军事活动,进而作错误的分析与评价。如清初的著名人物扬古利、阿山、马光远、大学士刚林、范文程、遏必隆等,都属这种情况。

以上旗籍的误记,导致今人之误解还有以下情况。清初八旗领主分封制下,本旗人任本旗官,某人不可能越旗到其他旗主的领旗中任都统(固山额真)、副都统(梅勒额真、梅勒章京),只有在帝系所统旗中,如皇太极、顺治帝所领旗与皇太极之子豪格(及豪格子富寿)所领旗之间,有个别的越旗充任现象。康熙三十六年后才形成八旗越旗出任制,这是八旗中央集权化不断强化演变的结果。在此以前,只有旗间斗争或极个别的特殊行政需要,才会出现越旗调动的情况。而在前述所有"传记"中,常出现在正常情况下,某旗人在其他色旗出任都统或副都统的记载,这多是所记该人旗籍错误所致,进而误导今人以为在清初某时,八旗就已经相当中央集权化,旗人可以越旗出任都统、副都统了。另外,旗籍错乱又并非仅仅是满洲八旗旗人,因为

① 康熙中期开国史馆,曾修《三朝国史功臣传》,见《八旗通志》初集的纂修"凡例"的第十四条。是否为《八旗通志》初集的人物传所采纳,尚不清楚。

旗主所领是同色旗下的满洲、蒙古、汉军三种固山（旗），蒙古旗、汉军旗的旗人，也籍隶同色旗的满洲旗主①，因而旗主之间斗争的改旗，同样导致蒙古、汉军旗旗人旗籍的改变，涉及的人物是更大范围的，唯蒙古旗、汉军旗旗人归附后金—清政权相对较晚，有名人物也比满洲旗人较少而已。

综上可见，清初八旗旗人的旗籍并非小问题，应该作为一个专门问题进行考察、辨正。而且，现今正修新清史，所修清初人物的传记或有关这些人物史事的记述，如果再沿用清国史馆等所修列传中的旗人旗籍，将复蹈旧误，也有必要更正。

八旗主属两大方面，关于领旗旗主的研究，自清史专家孟森起，学界已做过大量探讨，哪一旗谁是旗主，现在已基本清晰。而关于属人方面旗人隶旗及其变化的研究，现在还非常薄弱②。一个重要原因，是有关资料的匮乏。近些年随着档案资料的披露，尤其是清入关前后满文资料的翻译出版，其中有不少旗人旗籍的记录，再辅以文献资料，为这一问题的研究提供了可能。此前，白新良先生与笔者利用这些资料，写过几篇关于八旗几次改旗的文章，都涉及到旗人旗籍的变化问题，如皇太极继位初的两黄旗改为两白旗、两白旗改为两黄旗③；天聪九年底皇太极兼并正蓝旗，将其混编改组，建成新两黄旗、新正蓝旗④；崇德八年皇太极死后多尔衮辅政初，曾将两白旗互改⑤；顺治五年至八年间，又将正蓝、镶白两旗互改，正白旗则收归皇室⑥。以上这几次改旗的总体情况，见下附表：

---

① 详细论述，见杜家骥《清代八旗领属问题考察》，《民族研究》1987 年 5 期。

② 目前所见，专门研究只有白新良、李宪庆《后金五大臣旗籍辨正》一文，载《南开学报》1982 年 5 期。

③ 见白新良《论皇太极继位初的一次改旗》，《南开史学》1981 年 2 期。

④ 杜家骥《关于清太宗兼并正蓝旗问题的考察》，《文史论集》，南开大学出版社 1999 年版。

⑤ 杜家骥《清初两白旗主多尔衮与多铎换旗问题的考察》，《清史研究》1998 年 3 期。

⑥ 杜家骥《顺治朝八旗统领关系变化考察》，《南开学报》1996 年 5 期。

清初几次改旗情况简表

原旗	几次改旗时间、改旗情况				备注
努尔哈赤时期	天命十一年八月皇太极继位后	天聪九年十二月以后	崇德八年顺治帝继位后	顺治五年至八年	
正黄旗	改为镶白旗	同前镶白旗	改为正白旗	顺治八年收归皇帝,为上三旗中的正白旗	
镶黄旗	改为正白旗	同前正白旗	改为镶白旗	大部分人(原多铎属人、部分阿济格属人)改为正蓝旗	此镶白旗人改为正蓝旗籍,甚为复杂,个别细节待考。阿济格后人后来有入镶红旗者
正白旗	改为正黄旗	与正蓝旗合而混编为新正黄旗、新镶黄旗。原正黄旗人为新两黄旗中的某黄旗人	同前,仍为新两黄旗中的某黄旗人	上三旗中的黄旗	
镶白旗	改为镶黄旗	改为新正蓝旗。此前之镶黄旗不复存在	同前正蓝旗	大部分人改为镶白旗(原肃亲王豪格属人)。阿巴泰属人仍为正蓝旗	此正蓝旗旗人改为镶白旗旗籍,甚为复杂,其他细节待考
正蓝旗	正蓝旗	与正黄旗合而混编,为新正黄旗、新镶黄旗,直属皇帝。原正蓝旗之人,为新两黄旗中的某黄旗人。旧正蓝旗消亡	同前,仍为新两黄旗中的某黄旗人。属皇帝	上三旗中的黄旗	
					其他旗个别人的调旗,如范文程从镶红旗改入镶黄旗等,从略

现在在这些研究的基础上，辅以一些新资料，将清初较有影响的、官修人物"传记"将旗籍记错或不准确的旗人四十余名，作梳理辨正，以供相关研究参考。这些人都是清初满族的著名人物，对清政权的建立与发展作过重要贡献，也是在当时政治斗争中参与或涉及到的人物，因而将他们的职务、爵位或身份，及其隶旗变化一并列举。

二、清初重要旗人旗籍考订

本节将研究清史常用"传记"所记错、记述不准确的清初旗人旗籍，以表的形式勘订如下：

清初重要旗人旗籍勘误表

说明：

1. 表中以前"传记"所记旗籍，完全错者，下加×号表示，未加×号，为不准确者。

2. 表中所注史料、论文皆以简称代。其简称、标点本版本、论文出处如下：

(1)史料：《满传》，为《满洲名臣传》，黑龙江人民出版社1991年版。《八初》，为《八旗通志》初集，东北师范大学出版社1986年版。《钦八》，为《钦定八旗通志》，吉林文史出版社1990年版。《清传》，为《清史列传》，中华书局1987年版。《类征》，为《国朝耆献类征初编》，广陵书社影印本2007年版。《史稿》，为《清史稿》，中华书局标点本，"/"号，其前数字为册数，其后数字为页数。《老档·太祖》，为《满文老档·太祖朝》，中华书局1990年版。《内国史院档》，为《清初内国史院满文档案译编》，光明日报出版社1989年版。《值月档》，为《天聪五年八旗值月档》，《历史档案》2000年4期。《盛京刑档》，为郭成康、刘景宪译《盛京刑部原档》，群众出版社1985年版。《聪九档》，为关嘉禄、佟永功、关照宏译《天聪九年档》，天津古籍出版社1987年版。《崇三档》，为季永海、刘景宪译《崇德三年满文档案译编》，辽沈书社1988年版。《四部文档》，为《盛京吏户礼兵四部文》，《清代档案史料丛编》第十四辑，中华书局1990年版。《文录》，为《清太宗实录》。《章录》，为《清世祖实录》。

(2)论文：《五大臣旗籍辨》，为《后金五大臣旗籍辨正》。《黄白改旗》，为《论皇太极继位初的一次改旗》。《黄蓝改旗》，为《关于清太宗兼并正蓝旗问题的考察》。《两白改旗》，为《清初两白旗主多尔衮与多铎换旗问题的考察》。《白蓝改旗》，为《顺治朝八旗统领关系变化考察》。《八旗领属》，为《清代八旗领属问题考察》。以上论文所载刊物，请见本文页下注。

3. 参考史料、论文一栏，所列史料，仅是能说明已改为某旗的重要史料，因改旗需要详细论证，非一条史料所能证明，所以欲详细了解，还需参考本说明2之(2)所举相应论文。

序号	人名及其职、爵等简况	卒年	错误、不准确旗籍	误记之传记	正确旗籍	参考史料、论文
1	额亦都 五大臣	天命六年	镶黄满洲旗 ×	《八初》卷142 《满传》卷1 《史稿》31/9177	正黄满洲旗	参见《五大臣旗籍辨》一文
2	扈尔汉 五大臣	天命八年	正白满洲旗 ×	《八初》卷152 《满传》卷1 《史稿》31/9188	正黄满洲旗	同上
3	何和礼 五大臣	天命九年	正红满洲旗	《八初》卷157 《满传》卷1 《史稿》31/9183	天命八年九月前，隶正白满洲旗	同上。《老档·太祖》天命八年九月，何和礼家族由正白旗拨正红旗
					天命八年九月以后，隶正红满洲旗，何和礼隶此正红旗未及一年	天命九年八月，何和礼卒
4	康古礼 十六大臣	天聪五年	正白满洲旗	《八初》卷152 《钦八》卷156 《满传》卷7 《清传》卷4 《史稿》31/9225	天命朝隶镶黄满洲旗	《老档·太祖》卷67
					皇太极继位后改为正白满洲旗。康古礼仅隶此旗5年	《黄白改旗》文
5	巴都礼（巴笃理） 礼部承政（相当于后来之尚书）	天聪八年	正白满洲旗	《八初》卷155 《满传》卷2 《史稿》31/9213	天命朝隶镶黄满洲旗	《老档·太祖》卷45
					皇太极时期改为正白满洲旗	《聪九档》第21页

（续）

序号	人名及其职、爵等简况	卒年	错误、不准确旗籍	误记之传记	正确旗籍	参考史料、论文
6	图鲁什 统兵勇将战功卓著	天聪八年	镶黄满洲旗 ×	《八初》卷144 《钦八》卷135 《满传》卷3 《史稿》31/9198	初隶正白满洲旗	《老档·太祖》卷69
					皇太极继位后改为正黄满洲旗	《聪九档》第20页
					天聪九年底,正黄满洲旗一部分人抽出编为新镶黄满洲旗,图鲁什已死	见《黄蓝改旗》文。其子编入此旗
7	巴奇兰 统领步军战功卓著	天聪十年	镶红满洲旗 ×	《八初》卷163 《钦八》卷171 《满传》卷3 《类征》卷263 《史稿》31/9379	努尔哈赤时隶正白旗	《老档·太祖》卷45
					皇太极继位后改为正黄满洲旗。巴奇兰死前未改隶镶红旗	《文录》卷1,丁丑。《章录》卷1,癸未,其子拜山尚在黄旗,顺治六年已在镶红旗,见《内国史院档》第29页
8	魏齐(卫齐、伟齐)曾管盛京八门	天聪九年	镶黄旗 × 其子改隶此旗	《八初》卷141 《满传》卷5 《清传》卷4 《类征》卷263	努尔哈赤期隶镶白旗	《老档·太祖》卷70
					皇太极期隶正黄满洲	《聪九档》第20页
					天聪九年底,改隶镶黄旗,其时魏齐已故	《黄蓝改旗》文

（续）

序号	人名及其职、爵等简况	卒年	错误、不准确旗籍	误记之传记	正确旗籍	参考史料、论文
9	鄂本兑（俄本岱）固山额真	天聪九年正月	正黄蒙古旗 ×	《钦八》卷184《满传》卷8《类征》卷262《史稿》31/9284	努尔哈赤时隶正白旗	《老档·太祖》卷69
					皇太极时隶正黄旗，天聪九年二月编蒙古八旗，其时鄂本兑已故	《皇朝文献通考》卷253传记所记鄂本兑为正黄蒙古旗，是该家族在编蒙古八旗后所隶之旗
10	武讷格（吴讷格）固山额真	天聪九年二月	正白蒙古旗 ×	《八初》卷171《钦八》卷186《满传》卷2《类征》卷262《史稿》31/9304	初隶镶黄旗	《老档·太祖》卷67
					皇太极继位后改为正白旗，至天聪九年二月武讷格卒，一直隶正白满洲，并未隶正白蒙古旗	《聪九档》第21页。天聪九年二月初六日，始编八旗蒙古，是日，吴讷格卒，见《聪九档》第26页
11	扬古利统兵勇将，超品公	崇德二年	正黄满洲旗	《八初》卷146《钦八》卷147《满传》卷1《史稿》31/9191	原隶正蓝满洲	《老档·太祖》69
					天聪九年以前已改隶正黄满洲旗，隶皇太极	《聪九档》第20页

（续）

序号	人名及其职、爵等简况	卒年	错误、不准确旗籍	误记之传记	正确旗籍	参考史料、论文
12	阿什达尔汉都察院承政	崇德七年	正白满洲旗 ×	《八初》卷154《满传》卷3《清传》卷4《类征》卷41《史稿》31/9307	初隶正黄满洲旗	《老档·太祖》卷67
					皇太极继位后改为镶白满洲旗	《盛京刑档》第17页。《聪九档》第21页
					崇德八年多尔衮辅政后镶白旗改为正白旗，但阿什达尔汉已故	《两白改旗》文
13	萨穆什喀步军统兵官，固山额真	崇德八年	正白满洲旗 ×	《八初》卷152《钦八》卷156《满传》卷2《史稿》31/9245	皇太极时期隶镶白旗	《文录》卷1，丁丑
					崇德八年，该镶白旗改为正白旗，但萨穆什喀已卒	改旗见《两白改旗》文
14	曹振彦（曹雪芹高祖）	入关前	正白满洲旗	《八旗满洲氏族通谱》卷74	皇太极时隶镶白满洲旗	《老档·太宗》（下）第1516页
					崇德八年多尔衮摄政后改为正白满洲旗	《八初》卷5，正白旗包衣第五参领第三旗鼓佐领

（续）

序号	人名及其职、爵等简况	卒年	错误、不准确旗籍	误记之传记	正确旗籍	参考史料、论文
15	伊勒慎 镇守将领，兵部参政（相当于侍郎）	顺治二年	镶黄满洲旗	《八初》卷143 《钦八》卷136 《满传》卷2 《清传》卷4	原隶正蓝满洲旗	《老档·太祖》卷69。《文录》卷1，丁丑
					天聪九年底改隶镶黄满洲	《盛京刑档》49页《黄蓝改旗》文
16	达尔汉 八大臣，固山额真	顺治元年	正蓝满洲旗	《八初》卷165 《钦八》卷175 《满传》卷6 《类征》卷263	初隶镶白满洲旗	《老档·太祖》卷69
					皇太极继位后改为镶黄满洲旗	《文录》卷1，丁丑；卷19，辛卯
			镶蓝旗×	《史稿》31/9223	天聪九年底改为正蓝满洲旗	《老档·太宗》聪十年正月一日
17	图尔格 固山额真，吏部承政	顺治二年	镶白满洲旗	《史稿》31/9371	初隶正黄旗	《老档·太祖》卷45
				《八初》卷142、《钦八》卷135、《类征》卷261，皆不明	皇太极继位后改为镶白满洲	《文录》卷1，丁丑。《崇三档》第2页
					崇德四年九月后改入镶黄旗，由隶阿济格改隶皇太极	《盛京刑档》第169、174页
18	超哈尔 议政大臣	崇德六年	镶黄满洲旗	《八初》卷142 《满传》卷8 《史稿》31/9378	此人为图尔格弟，隶旗及变化与图尔格同	同上

（续）

序号	人名及其职、爵等简况	卒年	错误、不准确旗籍	误记之传记	正确旗籍	参考史料、论文
19	车尔格（彻尔格）刑、兵、户部承政	顺治二年	镶黄满洲	《八初》卷142《钦八》卷135《满传》卷2《类征》41《史稿》31/9375	此人为图尔格兄，隶旗及变化与图尔格同	同上
20	英俄尔岱承政固山额真，公爵	顺治五年	正白满洲旗	《八初》卷154《钦八》卷156《满传》卷4《类征》卷41《史稿》31/9263	天命朝隶正黄满洲旗	《老档·太祖》卷67
					皇太极时期改为镶白满洲旗	《聪九档》第21页。《盛京刑档》第93页。《文录》卷65，辛丑
					崇德八年多尔衮辅政后改为正白满洲旗。	《内国史院档》（中）第302页
21	阿山（阿三）固山额真公爵	顺治四年	正蓝满洲旗×此旗是阿山死后族人所隶旗	《八初》卷165《钦八》卷175《满传》卷4《清传》卷4《类征》卷264《史稿》31/9249	努尔哈赤时隶镶黄旗	《老档·太祖》卷67
					皇太极继位后改为正白满洲旗	《黄白改旗》文。《聪九档》第21页
					崇德八年多尔衮辅政后改镶白旗，仍隶多铎	《两白改旗》文
					顺治六年后，镶白旗改为正蓝旗，但阿山已故	《八初》卷165。《白蓝改旗》文

（续）

序号	人名及其职、爵简况	卒年	错误、不准确旗籍	误记之传记	正确旗籍	参考史料、论文
22	哈宁阿 护军统领	顺治五年	镶白满洲旗×	《八初》卷159 《钦八》卷167 《满传》卷5 《清传》卷4 《史稿》32/9570	努尔哈赤期隶镶白旗	《老档·太祖》卷70
					皇太极时期先隶镶黄旗	《内国史院档》（上）第115页
					顺治六年后此旗改为镶白旗，此前哈宁阿已死	《八初》卷7。《白蓝改旗》文
23	准塔 勇将，固山额真	顺治四年	正白满洲旗	《八初》卷152 《满传》卷4 《清传》卷4	努尔哈赤时隶正黄旗	《老档·太祖》卷67
					皇太极时期隶镶白满洲旗	《聪九档》第21页
					崇德八年多尔衮辅政后改为正白旗	《内国史院档》（中）第260页
24	谭拜 兵部参政 吏部尚书	顺治七年	正白满洲旗	《八初》卷154 《钦八》卷157 《满传》卷11	皇太极时期隶镶白满洲旗	《文录》卷57，甲子；卷61，乙酉
					崇德八年多尔衮摄政后改为正白旗	《内国史院档》下第56页
25	阿济格尼堪 都统 议政大臣	顺治七年	正白满洲旗	《八初》卷154 《钦八》卷157 《满传》卷6 《史稿》31/9442	皇太极时期隶镶白旗	《刑部档》第25页
					崇德八年多尔衮摄政后改为正白旗	《内国史院档》（中）第302页

（续）

序号	人名及其职、爵简况	卒年	错误、不准确旗籍	误记之传记	正确旗籍	参考史料、论文
26	何洛会固山额真	顺治八年	镶白满洲旗	《满传》卷9《清传》卷4《史稿》32/9642	皇太极时先隶镶黄旗	《聪九档》第20页
					天聪九年底以后改为正蓝满洲旗	《内国史院档》（上）第417页
					顺治五年三月调镶白满洲旗	《满传》卷9
27	宗室韩岱（汉岱）尚书固山额真	顺治十三年	正蓝满洲旗	《八初》卷9，正蓝旗满洲一参领第三佐领	天命朝隶镶黄旗	《老档·太祖》卷67
					皇太极时隶正白旗	《聪九档》第21页
					崇德八年多尔衮摄政后改为镶白旗	《章录》卷23，壬戌；卷45，丙子
					顺治七年后改为正蓝满洲旗	《章录》卷51，乙巳
28	觉罗色勒固山额真内大臣	顺治十四年	镶黄满洲旗	《八初》卷144《钦八》卷136《满传》卷9《类征》卷266	初隶正蓝满洲旗	《聪九档》第2页。《文录》卷1，丁丑
					天聪九年底改隶镶黄满洲旗	《文录》卷26，辛巳。《黄蓝改旗》文
29	吴赖固山额真	顺治七年	镶黄满洲旗	《八初》卷141《满传》卷2《类征》卷265《史稿》31/9239	初隶正蓝满洲旗	《聪九档》第21、28页
					天聪九年底改隶镶黄满洲旗	《老档·太宗》下，1730页

（续）

序号	人名及其职、爵简况	卒年	错误、不准确旗籍	误记之传记	正确旗籍	参考史料、论文
30	阿尔津 护军统领 统兵大将军	顺治十五年	正蓝满洲旗	《八初》卷165 《钦八》卷175 《满传》卷5 《清传》卷4 《类征》卷266 《史稿》31/9449	天命朝隶镶黄旗	同阿山栏
					皇太极时隶正白旗满洲	《盛京刑档》第130页
					崇德八年多尔衮辅政后改为镶白旗,仍隶多铎	《内国史院档》(中)第260页
					顺治七年十二月改为正蓝满洲旗	《章录》卷51,乙巳
31	马光远 固山额真	康熙二年	镶黄汉军旗	《八初》卷172 《清传》卷79 《史稿》31/9333	初隶正蓝旗	《明清史料》丙编第一本第42页,马光远奏章
					天聪九年底改隶镶黄旗,崇德七年六月编汉军八旗,隶镶黄汉军旗	《文录》卷47,丙申
32	伊尔登（宜尔登）固山额真 护军统领 议政大臣	康熙二年	镶白满洲旗	《满传》卷6 《史稿》31/9376	此人为图尔格弟,隶旗同图尔格。多尔衮摄政后夺归其旗下,是否拨入正蓝旗,待考。顺治八年二月后改回镶黄满洲旗	《章录》卷54,己亥,第422页。《八初》卷3镶黄旗满洲第一参领
			镶黄满洲旗	《钦八》卷135		
			不明	《八初》卷142		

（续）

序号	人名及其职、爵简况	卒年	错误、不准确旗籍	误记之传记	正确旗籍	参考史料、论文
33	陈泰 尚书 大学士	顺治十三年	镶黄满洲旗	《八初》卷142 《钦八》卷137 《满传》卷3 《清传》卷4 《类征》卷1 《史稿》31/9447	此人为车尔格子，隶旗同父，皇太极时先隶镶白旗，崇德四年改镶黄旗	同上
					多尔衮摄政后，与其叔父伊尔登一起被夺归多尔衮旗下，拨入正蓝旗，顺治八年二月后改回镶黄满洲旗	《章录》卷54，己亥。《内国史院档》下第29页。《章录》卷45，记有"顺治六年七月，以正蓝旗陈泰为护军统领"
34	刚林 大学士	顺治八年	初隶正蓝满洲旗，后拨入正黄满洲旗 × 顺治八年追论多尔衮，刚林一族拨入正黄满洲旗	《满传》卷1 《清传》卷4 《史稿》32/9629	原隶正红满洲旗，为该旗郡王阿达礼属下。崇德八年八月，刚林拨入正黄旗，但为多尔衮收入其正白旗下。顺治八年追论多尔衮，刚林因阿附多尔衮被斩，故刚林未曾隶正黄满洲旗	《满传》卷1《刚林传》。崇德八年八月，刚林从正红旗拨出。《章录》卷1，丁丑。"癸未"条，即拨入黄旗的第六日，两黄旗大臣中，有同时拨入的范文程，而无刚林

（续）

序号	人名及其职、爵简况	卒年	错误、不准确旗籍	误记之传记	正确旗籍	参考史料、论文
35	范文程 大学士	康熙五年	世祖即位，命隶镶黄旗，缺以前之隶旗	《八初》卷172 《钦八》卷189 《清传》卷5 《史稿》31/9352 《类征》卷1	初隶硕托镶红旗下，固山额真为金砺。崇德八年八月处死硕托，范文程由镶红旗拨入镶黄旗	《八旗领属》文。《四部文档》第83页。《盛京刑档》第10页。《章录》卷1，丁丑
36	觉罗巴哈纳 大学士	康熙五年	镶白满洲旗	《清传》卷5 《满传》卷2 《类征》卷1 《史稿》32/9493	皇太极时隶镶黄满洲	《聪九档》第20页
					天聪九年底改为正蓝满洲旗	《盛京刑档》第166页
					顺治六年改镶白旗	《内国史院档》下第56页
37	(叶赫)朱玛喇 尚书 固山额真	康熙元年	镶白满洲旗	《八初》卷160 《满传》卷6 《清传》卷4 《类征》卷267 《史稿》31/9389	皇太极时初隶镶黄满洲，天聪九年改为正蓝满洲旗	《黄蓝改旗》文。《文录》卷54，己未。《内国史院档》上第488页
					顺治六年后改为镶白满洲旗	《内国史院档》下第152页

（续）

序号	人名及其职、爵简况	卒年	错误、不准确旗籍	误记之传记	正确旗籍	参考史料、论文
38	觉罗郎球 护军统领 都统 尚书 议政大臣	康熙五年	正蓝满洲旗	《钦八》卷175 《满传》卷5 《清传》卷6 《类征》卷42	皇太极时隶正白满洲旗	《盛京刑档》第138页。《八旗值月档》天聪五年二月六日
			正黄旗 ×	乾隆《大清一统志》卷41	崇德八年多尔衮摄政后改为镶白旗，顺治六年七月改为正蓝满洲旗	《两白改旗》文。《内国史院档》（下）第29页
39	俄罗塞臣（鄂罗塞臣） 都统 议政大臣	康熙三年	正蓝满洲旗	《八初》卷165 《钦八》卷175 《清传》卷5 《满传》卷6 《史稿》31/9224	皇太极时期初隶镶黄满洲旗	《聪九档》第20页，与其父达尔汉同在镶黄满洲旗
					天聪九年底改为正蓝满洲旗	《文录》卷33，庚戌。《章录》卷45，丙子。《黄蓝改旗》文
40	吴拜（武拜） 内大臣	康熙四年	正白满洲旗	《八初》卷153 《满传》卷6 《清传》卷4 《史稿》31/9300	皇太极时隶镶白满洲旗	《文录》卷1，丁丑；卷9，癸丑
					崇德八年多尔衮辅政后改为正白满洲旗	《章录》卷2，乙未；卷15，丙辰

（续）

序号	人名及其职、爵简况	卒年	错误、不准确旗籍	误记之传记	正确旗籍	参考史料、论文
41	喀喀木 吏部参政 江宁总管	康熙七年	镶黄满洲旗	《八初》卷144 《钦八》卷137 《清传》卷5 《史稿》31/9592	皇太极时期隶正黄满洲旗。	《聪九档》第2页
					天聪九年底改为镶黄满洲旗。	《黄蓝改旗》文。《内国史院档》上第441页
42	苏克萨哈 辅政大臣	康熙六年	正白满洲旗	《八初》卷154 《满传》卷5 《清传》卷6 《类征》卷264 《史稿》32/9676	皇太极时隶镶白满洲旗	《聪九档》第21页，与父苏纳同在镶白满洲旗
					崇德八年多尔衮辅政后改为正白旗，仍隶多尔衮属下	《章录》卷53，己亥
43	鳌拜 辅政大臣	康熙八年	镶黄满洲旗	《八初》卷141 《钦八》卷137 《满传》卷5 《清传》卷6 《史稿》32/9681	皇太极时期，初隶正黄满洲旗	《聪九档》第20页。与父魏齐同在正黄满洲旗
					天聪九年底改为镶黄满洲旗	《文录》卷56，乙酉；卷57，乙丑

（续）

序号	人名及其职、爵简况	卒年	错误、不准确旗籍	误记之传记	正确旗籍	参考史料、论文
44	遏必隆辅政大臣	康熙十二年	镶黄满洲旗	《八初》卷142《钦八》卷137《满传》卷7《清传》卷6《史稿》32/9680	皇太极时期，初隶镶白旗，为阿济格属人。崇德四年九月改隶镶黄旗	《聪九档》第21页。《盛京刑档》第169、174页
					多尔衮摄政后改隶多尔衮旗下，是否曾拨隶正蓝旗，待考	《章录》卷54，己亥
					顺治八年二月后改回镶黄满洲旗	《八初》卷3，镶黄旗满洲一参领第四佐领

三、旗籍之误导致史实错乱举例

　　前列表中，有 12 人的旗籍在以前的各种"传记"中是完全错误的，他们从未籍隶该"传记"所记的旗籍，这 12 人之外的 32 人，其旗籍在以前的各种"传记"中，虽不是完全错误，但都不准确，有的大部分时间不是"传记"所记的旗籍，如何和礼、康古礼、准塔、阿尔津、英俄尔岱、达尔汉、何洛会、韩岱等等，都是如此。这些错误、不准确的旗籍，都会造成史事的错乱，误导今人研究。仅将数例列举如下，以见一斑。

　　表中第 2 号的扈尔汉，死于入关前，清入关多年以后所修的扈尔汉传记，都记其为正白满洲旗人，实际生活在努尔哈赤时期的扈尔汉隶属正黄旗，为努尔哈赤所领旗的属人，死于天命六年。5 年后皇太极继位，此正黄旗改为镶白旗，扈尔汉之子准塔等也随之改为镶白旗人，为多尔衮属人。崇德八年，多尔衮辅政后导演了两白旗的互易旗囊,多尔衮的镶白旗变为正白旗,准塔一家又随之改为正白旗人,此后固定,只是在顺治八年正白旗收归皇室,为上三旗之一,准塔一家改隶皇帝。后来所修的扈尔汉传记,便以其子孙所在的正白旗作为他的旗籍,其实扈尔汉从未隶属过正白旗。而他生活的努尔哈赤时期,正白旗主是皇太极,今人的某著作便误信了扈尔汉传记的正白旗旗籍,以为扈尔汉是皇太极的属人,并论述他的一些言行是为主子皇太极效劳。

第21号的阿山,所有传记都记其是正蓝满洲旗人,同时又记其在皇太极继位后便佐理正白旗,天聪五年任正白旗满洲固山额真①,从而给读者造成一种假象,以为在皇太极继位后,正蓝旗人可在正白旗中任职,当时八旗已可越旗任职,已相当程度的中央集权化了。其实阿山当时就籍隶正白旗,是任本正白旗之职,他从来也没有隶属过正蓝旗。正蓝旗是阿山故世两年后的顺治六年后,其子孙又改隶的旗籍,传记是以其子孙固定后的旗籍当作了他的旗籍。

第29号的吴赖,与阿山之误记属同样情况,其传记皆记其是镶黄旗人,天聪八年任正蓝旗都统。实际吴赖天聪九年以前是隶正蓝旗,是正蓝旗主莽古尔泰、德格类(后继)的属人,天聪九年底皇太极兼并正蓝旗,将其一部分人编入新镶黄旗,吴赖才改隶镶黄旗,成为了天聪汗皇太极的属人。此前的天聪八年其出任正蓝旗都统,正是尚在正蓝旗的吴赖本旗人任本旗官,而不是镶黄旗人出任正蓝旗官。

第31号曾任汉军旗固山额真的马光远,其隶属关系、隶旗的改变,与吴赖相同。

康熙初的辅政大臣,旗籍也都有过变化。鳌拜在皇太极时期初隶正黄旗,天聪九年底改为镶黄旗,但始终是皇帝所领旗之旗人。苏克萨哈,皇太极时期一直是镶白旗籍,崇德八年多尔衮辅政后改为正白旗,但因为是两白旗仅易旗囊,旗下主属关系不变,苏克萨哈始终是隶属多尔衮,顺治八年正白旗收归皇帝,苏克萨哈又改为皇帝所领旗的旗人。遏必隆的旗籍改变比较复杂,皇太极继位后,他与他的诸兄如车尔格、图尔格、超哈尔、伊尔登等,都隶镶白旗,为贝勒阿济格的属人,该旗旗主是阿济格的弟弟多尔衮。崇德四年,皇太极借故惩

---

① 并见《清太宗实录》卷18,天聪八年五月乙巳。

治阿济格,将图尔格、遏必隆家族改隶自己的镶黄旗下。多尔衮摄政后追讨前账,又将这一家族收归自己旗下,顺治八年追论多尔衮,这一家族又收归皇帝的镶黄旗下。作为五大臣之一的额亦都后人遏必隆家族,其隶旗曾在多尔衮兄弟与皇室之间互相争夺属人的过程中几次更改。

第 35 号的范文程,传记虽记其是镶黄旗人,实则范文程在努尔哈赤、皇太极时期始终不是隶属汗、皇帝的旗下,而是镶红旗贝勒硕托(正红旗主代善之子)的属人。崇德八年皇太极死后,在满族上层争夺皇位的派别斗争中,硕托被处死,硕托属下人范文程被拨隶皇帝所领的镶黄旗①,所有范文程的传记,便都只记其为是镶黄旗籍,给人造成的印象是范文程归清后就是努尔哈赤及皇太极的黄旗直系属人,进而影响今人对他们之间的关系及相关政治事件的准确理解。范文程在拨隶顺治帝的镶黄旗后,正是睿亲王多尔衮摄政时,多尔衮极力拉拢两黄旗大臣,范文程忠于新主皇帝,不为所动而"不附睿亲王",是其遭多尔衮打击的重要原因,后来不得已而"称疾家居"。顺治八年后追论多尔衮,范文程复被起用,且深得顺治帝推崇②。而第34 号人物大学士刚林,则由正红旗改隶多尔衮的正白旗下后,追随主子多尔衮,顺治八年被处死。范文程、刚林二人的命运沉浮,都与他们的改变隶旗也即改变主属关系有关,而在他们的传记中,是看不到这种旗籍变化的。

其他有旗籍问题诸人,也会存在上述诸种史事错乱问题,不一一列举。官修传记虽不是或不一定是有意掩盖旗人旗籍的变化,但没有记载这种变化,或记之以子孙旗籍,则在客观上造成史事错乱,或使复杂的旗间斗争失去线索。今天将散见于档案、文献中的旗人旗籍记载勾稽、梳理,以弄清史事真相,发现其中隐含的政治斗争,实有必要。本文对旗籍的辨析,或许对研究某些相关问题有参考价值,希望引起注意,唯所辨或有差错、不全面之处,敬请指正。

(此文原载《民族研究》2013 年 4 期,有修改)

---

① 详见前揭拙文《清代八旗领属问题考察》。
② 以上见《清史列传》卷 5《范文程传》。

雍正帝继位前的封旗及相关问题考析

雍正继位前的封旗，与他的得位、死因等等，是雍正史研究中的疑难问题，其中封旗问题迄今尚无专文论证。清代的宗室王公与封旗中所领有的旗人官员有主属私隶关系，很容易因此而形成宗派势力，并对清代政治造成一定影响。康熙朝的皇四子雍亲王胤禛即后来的雍正帝，当时究竟入封何旗，关系到对他所领旗员的辨别、康熙朝的储位之争以及雍正朝的用人行政等问题的深入研究，是雍正史上值得重视的课题。本文将初步考察的结果作为引玉之砖，以求得方家指正。

一

海外一些研究雍正史的专家学者，或认为"胤禛以雍亲王之资格，而得主镶黄旗"，或认为他曾"充任镶黄旗主"。总之，是说胤禛在康熙朝被封在上三旗中的镶黄旗，且为镶黄旗主。首先，本文认为，胤禛不可能封在上三旗，因而也不可能是其中的镶黄旗之主。

从入关后顺治帝以下历朝皇帝的皇子分封情况看，根本没有封于镶黄、正黄、正白旗——上三旗的，而是全部入封下五旗——正红、镶白、镶红、正蓝、镶蓝旗。顺治帝的三个受封皇子，裕亲王福全封镶白旗，恭亲王常宁、纯亲王隆禧分别入正蓝、镶白二旗。康熙帝诸子受封者十九人，胤禛以外的十八人，胤褆、胤祉、胤䄉、胤禧封入镶蓝旗,胤祺、胤祐、胤裪、胤祁封入镶白旗,胤禩、胤禟、胤祥、胤祎、胤祜、胤祕封入正蓝旗,胤祎、胤禑、胤礼封入正红旗,胤禄封入镶红旗①。从皇族宗谱——《玉牒》及《八旗通志》等资料看,雍正以后各帝皇子,也从未有封在上三旗者。皇帝分封皇子(包括前朝皇子)不在自己所领的上三旗,而在下五旗,是采取"众建以分其势"的手段削弱下五旗王公的势力。这种措施在入关初就已开始,如清太宗之子承泽王硕塞之入镶红旗。以后扩大乃至全部入封下五旗,正是这一手段的继续和发展。也正因为皇子封为王公后全部入封下五旗,与原下五旗王公及其后裔袭王公者同领这五旗,上三旗中没有领主王公(仅有宣祖、太祖、太宗支系下少数非领主之"不入八分"的低等世爵世职后裔),只有皇帝代代相承领,所以文献上才鲜明地记为"镶黄、正黄、正白三旗皆天子所自将","余五旗统以宗室王公"②。既然如此,康熙的皇四子胤禛也决不会例外。而且胤禛在继位后斥责诸兄弟任意役使所领旗人时曾回顾说:"下五旗旗下官员兵丁原不在诸王阿哥门下看守行走,朕与大阿哥曾经奏请,始令看守"③,也说明他与大阿哥即皇长子胤禔曾封于下五旗,因而当时身为皇子的他奏请父皇康熙帝允许让其所领下五旗官员兵丁,为其府第供差。另外,康熙三十八年胤禛就已分封入旗,而康熙五十一年,即在胤禛分封入旗之后,康熙帝还说过:"马齐等所管佐领,乃朕镶黄旗旧有佐领。"④"朕镶黄旗"几字,清楚地说明镶黄旗乃是他自领之旗,而不是胤禛或其他皇子充当旗主。

二

排除了胤禛封于上三旗中的可能,再进一步考察他封于下五旗

---

① 以上诸皇子封王公所入之旗,有的在《八旗通志·旗分志》中有载,有的在《玉牒》中有载,通过他们子孙辈的《玉牒》所载旗分及雍正《上谕八旗》、《永宪录》、清圣祖、清世宗两朝实录有关资料,也可得到佐证。

② 《清朝文献通考》第5623页上,商务印书馆十通本。并见《八旗通志·旗分志序》,引自李绂《穆堂别稿》卷27。皇帝自领的上三旗中从未有王、贝勒、贝子,只有王公中的公爵,后来连公爵也不存在。其初,努尔哈赤及清太宗的几个庶出子封低爵,有的留在皇帝自领之旗,如巴尔泰、塔拜及叶布舒、高塞、常舒等人,最高者至公爵,后来或人死无嗣爵除,或由子孙降袭将军世职,至康熙中叶,上三旗中的公爵不复存在。

③ 《钦定八旗通志》卷首九"敕谕三"。

④ 《清圣祖实录》卷251,康熙五十一年九月丙辰。

中的哪一旗。前述各皇子王公所封之旗，是根据后来所修典籍及《玉牒》的记载而获知，而后来已成皇帝的胤禛已不存在"在旗"问题，因而后人也不会再追录其原来所在之旗，现在也见不到其封入哪个旗的记载。在这种情况下，本文采取考察胤禛封贝勒、亲王时所领有的旗人旗籍的方法，来判断他当时入封之旗。

清代，领有旗人的宗室王公被称为"属主"、"管主"①，相对而言，被领旗人则称"属下"②，还称"门下"③。这里的"属下"，并非官衙门中下级对上级所说的那种意义的属下，而是清代对王公所领旗人的专门称呼，满语为"Harangga"④，汉文典籍还根据这一特定称呼而音写为"哈喇阿"⑤。根据雍正帝自己追述，他在藩邸也即分封入府邸时的哈喇阿——属下、门下人，有"常赉，系朕藩邸属下"⑥；"朕藩邸属下人中可用者惟年羹尧、傅鼐二人"⑦；"朕藩邸门下之人，向者惟年羹尧与戴铎二人肆无忌惮"⑧。以上常赉、傅鼐、年羹尧、戴铎被胤禛自己直接称为属下、门下。虽未这样直称而实际也是胤禛属下的："博尔多者，乃朕藩邸旧人"⑨；"原任都统冯国相……伊系朕藩邸中人，知之有素"⑩；"沈竹、戴铎，乃朕藩邸旧人"⑪；"开归道沈廷正，原系藩邸旧人，朕所深知"⑫。文中的"藩邸旧人"、"藩邸中人"，实际是属下人、门下人的他称，如前举被称为门下人的戴铎，就又被胤禛称

① 《上谕八旗》卷1，雍正元年十二月一日谕。
② 《上谕八旗》卷1，雍正元年十一月二十九日谕。
③ 萧奭《永宪录》第302页，中华书局标点本1959年版。
④ 《五体清文鉴》设官部，《旗分佐领一·属下》。
⑤ 《清宣宗实录》卷312，道光十八年七月丙午。
⑥ 《上谕内阁》卷70，雍正六年六月十四日谕。
⑦ 《上谕内阁》卷31，雍正三年四月二十八日谕。
⑧ 《上谕内阁》卷31，雍正三年四月二十八日谕。
⑨ 《上谕内阁》卷33，雍正三年六月七日谕。
⑩ 《国朝先正事略》卷6《桓僖公冯国相》。
⑪ 《朱批谕旨》，雍正元年六月一日黄炳折朱批，第9册第9页，光绪上海点石斋本。雍正继位后曾说："巴海、戴铎、沈竹皆八阿哥属下之人。"（见《上谕内阁》卷47，雍正四年八月三十日谕）杨启樵先生认为是后来"转旗"使然（见《雍正帝及其密折制度研究》第112页）。本文同意这一看法，是否胤禛继位后已成上三旗领有者，原下五旗所属旗人撤归公中，又转拨与由贝勒晋为廉亲王的八阿哥胤禩？备考。
⑫ 《朱批谕旨》，雍正二年十月二十日田文镜折朱批，第29册第46页。

作是"朕藩邸旧人",被称为"朕藩邸属下"的常赍,胤禛也称他是"朕藩邸旧人"(见后述)。下文将要举出的"朕藩邸之人"阿林,也称为是"雍亲王门上"①,门上人与门下人同义。胤禛称呼他们的"朕藩邸中人"、"朕藩邸之人"、"朕藩邸旧人",与"朕藩邸属下人"、"朕藩邸门下人"等一样,都有一个共同之处,即把他们称作是他府邸中人,藩邸中,含有家内之义,诸种用语,体现的正是属主对哈喇阿的那种主属私隶关系(具体关系另见后述)。所以,以上诸人都是胤禛所领有的旗人。

我们在考察这些人的旗籍时,发现他们都属于镶白旗。"常赍,纳喇氏,满洲镶白旗人,镇安将军玛奇子,事世宗雍邸。"②"傅鼐,字阁峰,富察氏,满洲镶白旗人……世宗在潜邸,夙知傅鼐好事。"③"博尔多,字鲁亭,满洲镶白旗人……上登极,因藩邸人,通文墨,推郎中,转布政。"④"冯公讳国相,汉军镶白旗人。"⑤戴铎,未查到旗籍,但查到其兄戴锦,是"镶白旗人"⑥。按清代旗制,一家之人是被编在同一佐领的,故戴铎与戴锦是同属镶白旗。沈廷正与沈竹为叔侄,沈廷正为"汉军镶白旗人"⑦,沈竹也与其同旗,康熙五十四年的"镶白旗"汉军进士⑧。年羹尧的旗籍,其传记文载为"汉军镶黄旗",再者,记叙年羹尧为胤禛属下奴才的资料又较多,人所熟知,这也正是胤禛被误解为封入镶黄旗的主要原因。其实,镶黄旗是年家在雍正继位以后被抬入上三旗后的旗籍。他们在康熙朝(胤禛受封时)的旗籍,由于年羹尧与父年遐龄、兄年希尧当时都任疆吏,而在各地方志中留有记录。雍正《四川通志》记:"年羹尧,镶白旗进士,康熙四十八年任(巡

① 《上谕内阁》卷25,雍正二年十月二十六日谕。
② 《清史稿》卷298《常赍传》,第34册第10407页,中华书局1977年版。
③ 《清史稿》卷291《傅鼐传》,第34册第10290页,中华书局1977年版。
④ 《永宪录》卷4,第311页,中华书局1959年版。并见《八旗通志》初集,第5册第3437页,东北师范大学出版社1986年版。另见乾隆《江南通志》卷106《职官志》,乾隆《云南通志》卷18下之三,皆作"满洲镶白旗人"。
⑤ 《国朝先正事略》卷6《桓僖公冯国相》。
⑥ 雍正《河南通志》卷35《职官六》。
⑦ 《国朝耆献类征初编》卷166《沈廷正传》。
⑧ 《八旗通志》初集,第5册第3409页,东北师范大学出版社1986年版。

抚)。"同书还有一条:"年羹尧,镶白旗进士,康熙六十年任(总督)。"①《永宪录》卷一,康熙六十一年下也记年羹尧为"奉天镶白旗人"。雍正《湖广通志》记:"年遐龄,镶白旗人,康熙三十一年任(湖北巡抚)。"②乾隆《江南通志》记:"年希尧,镶白旗人,监生,康熙五十六年任(安徽布政使)。"③既然各地方志记载都是一致的,那就说明年家在康熙朝属于镶白旗是没有疑问的,而且直至康熙朝的最后两年——六十年、六十一年,仍在镶白旗(见上引资料)。④

胤禛的以上诸哈喇阿同属镶白旗,使我们有理由作出这样的判断:皇四子胤禛在康熙朝分封于镶白旗。而且胤禛还曾明确说过:"镶白旗希尔根佐领下骁骑校阿林,系朕藩邸之人。"⑤更清楚地说明他封入镶白旗,因而才领有该旗的希尔根佐领。

据"实录"载,胤禛在康熙三十七年被封为贝勒,同时封贝勒的还有胤祺、胤祐、胤禩⑥。次年正式分封入旗,分予佐领,这在"会典"中有记载,"康熙三十八年奏准,给贝勒旗下满洲佐领三、蒙古佐领一、汉军佐领二;内务府佐领、内管领如王例⑦。这几个皇子就是按这个规定,以贝勒爵分到应领的佐领。傅鼐、常赉、博尔多、沈廷正就应是这一年分予胤禛的满洲佐领下人、汉军佐领下人。雍正五年二月一日常赉的奏折中有"伏思傅鼐、博尔多自幼跟随皇上,受三十年教养之恩"⑧之语,从康熙三十八年至雍正五年,正好近三十年。常赉自称:"臣自幼侍从皇上,受数十年教养之恩。"⑨雍正告诫沈廷正"数十年培养之恩当报"⑩,表明这二人也是此次被拨予胤禛的。康熙四

---

① 雍正《四川通志》卷31《皇清职官》。
② 雍正《湖广通志》卷29《职官志》。
③ 乾隆《江南通志》卷106《职官志》。
④ 年家在何时抬入镶黄旗,未发现明确记载,或许这种资料早已湮失,但可断定不是在康熙朝,因年氏父子直至康熙末年仍属镶白旗。另外抬旗是凭功勋或皇帝后妃的身份,而年家这两种情况都是雍正继位以后之事。故胤禛在康熙朝所领有的年家所在佐领,只能在镶白旗。年家抬入镶黄旗,应是在雍正继位后。
⑤ 《上谕内阁》卷25,雍正二年十月二十六日谕。
⑥ 《清圣祖实录》187,康熙三十七年三月丁丑。
⑦ 乾隆《大清会典则例》卷160《会计司·分封》。
⑧ 《朱批谕旨》,雍正五年二月一日常赉,第13册第54页。
⑨ 《朱批谕旨》,雍正六年二月二十日常赉折,第13册第57页。
⑩ 《朱批谕旨》,雍正六年八月十二日沈廷正折朱批,第15册第30页。

十八年，胤禛由贝勒晋为亲王，赐号"雍"，按规定，"给亲王旗下满洲佐领六，蒙古、汉军佐领各三"①，胤禛应增拨佐领，年羹尧则是这一次拨与的镶白旗汉军佐领下人，他在康熙五十六年给清圣祖的奏折中，说他"臣属雍亲王门下，八载于兹"②。由康熙四十八年至五十六年，正好八年，时间也相符。

雍邸的这些属下、门下人与胤禛的主仆关系，是他们私属于胤禛、为胤禛所领旗下佐领人的佐证。如胤禛在康熙末年给年羹尧的信中即训诫他，"祖宗制度，各王门旗属，主仆称呼"，"莫不皆称主子奴才"，并针对年羹尧在给他的信中未自称奴才而以自己的巡抚职自称，而痛斥他是"藐视本门主子"，"且汝父称奴才，汝兄称奴才，汝父岂非封疆大吏乎"，说他"六七个月无一请安字，视本门之主已同陌路人矣"，"岂主子奴才之礼乎"③。雍正对沈廷正所说的应报答几十年"培养之恩"，他们也说受主子几十年"教养之恩"等等这些养与被养、被"恩养"之类的语词，也是清代属主与属下之间主属私隶关系的经常用语，这类语言在《满文老档》《清实录》及奏折、书信中颇多。正因为他们之间有主仆关系，所以主子也常常役使他们，让其充当仆从，侍奉于府邸。傅鼐就是"年十六，侍宪皇帝（胤禛）于藩邸，骖乘持盖，不顷刻离"④。前举资料所记常赉"事世宗雍邸"，"自幼侍从皇上"，也是侍奉于雍王府之义。镶白旗的这些旗人确曾分拨予胤禛，他们之间确有满族王公与哈哏阿的那种特殊的主属关系，是胤禛封于镶白旗的进一步证明。

胤禛被误解为封入镶黄旗的另一个原因，是他的雍亲王府也即后来的雍和宫是建在镶黄旗地界。其实，府邸在某旗界内，并不表明他封于此旗。清代受封皇子的府第，大多数都不在自己所在旗的地界。如：常宁封于正蓝旗，府第在正白旗界的铁狮子胡同；胤禔封于镶蓝旗，其直郡王府在正黄、正红旗交界的西直门大街；胤祺封于镶白旗，其恒亲王府在正白旗界内的烧酒胡同；胤祸封于正红旗，其愉郡王府在正黄旗界内的龙头井；胤祼封于正蓝旗，其

① 乾隆《大清会典则例》卷 160《会计司·分封》。
② 《掌故丛编》第四辑，年羹尧康熙五十六年五月二十一日折。
③ 《文献丛编》第一辑《雍亲王致年羹尧书》。
④ 昭梿《啸亭杂录》卷 7《傅阁峰尚书》。

府第开始与胤禛的雍王府相邻,在镶黄旗界内,后被移往正白旗界内的王府大街等等①。乾隆皇孙绵恩封于正蓝旗,本为东城左翼之旗,其定王府甚至建在西城右翼正红旗界的西四牌楼②。清代八旗有一半即十三、四万旗兵及其家属驻在北京内城,内城中还有皇城占据一部分,各旗界内用于建宅的地面本不宽裕,大批的皇子封入下五旗,不可能全在下五旗界内建府,而无皇子受封的上三旗三个旗的地面反而不建王公府第,所以康熙的皇子中就有胤禛、胤祺、胤禩等人建府于上三旗界内。胤禛封于镶白旗而府第在镶黄旗地界内,也是很正常的。

三

基于以上考察结果,本文对雍正史上以下问题,提出一些粗浅看法。

(一)皇四子胤禛党在康熙朝储位之争中的势力问题。如前所述,胤禛与其属下有特殊的主属关系,因而他们之间很容易结成集团势力,主子把属下作为争夺储位的心腹助手,属下希望主子异日荣登大宝自己沾光而奔走效劳,比如戴铎,就曾为胤禛争皇储而出谋划策、积极活动。在估计皇四子党的成员及势力时,前述胤禛属下镶白旗诸人,就应考虑到他们有属于这一集团的可能。而非镶白旗者,首先就应否定他们是胤禛的属下,不具有主属关系,他们是否属于这一集团,需要以其他关系和因素来确定。我们认为,目前之研究被误认为是胤禛属下而被划入这一集团的,至少有以下几人:广东布政使官达,山西巡抚诺岷、福建巡抚黄国材、湖广提督魏经国等。官达之被算作属下,是因雍正曾说:"常赉乃朕藩邸旧人,官达乃包衣微贱之流。"③我们认为,这句话并不能说明官达与常赉同为胤禛藩邸之人,再查官达,乃镶红旗人④,不可能是胤禛属下。诺岷,雍正说:"天下督抚中,倚恃朕躬,真实不贰者,诺岷为第一",雍正这句话并非说作

---

① 以上,见吴长元《宸垣识略》卷 5—6;昭梿《啸亭杂录·续录》卷 4《京师王公府第》;萧奭《永宪录》第 188 页。

② 《钦定八旗通志》二集卷 112《营建志一·诸王府第》。

③ 《朱批谕旨》,第 4 册第 105 页,雍正六年五月三日杨文干折朱批。

④ 雍正《广东通志》卷 29《职官志》。

为其属下的诸岷对主子忠贞不贰,应是臣事君以忠的用语,且诸岷是满洲正蓝旗人①,乃封于正蓝旗的恭亲王常宁之子满都护的属下,"清实录"有"贝勒满都护之属下诸岷,为山西巡抚"②一语可证。黄国材,雍正朱批谕旨中,批评黄不要炫耀自己是"朕潜邸旧识"③,"潜邸旧识"并不等于是藩邸时的哈哏阿。再者,黄国材为"汉军正白旗人"④,也说明不是胤禛的属下。魏经国,雍正上谕中说过:"魏经国系藩下至微极贱之人"⑤,我们认为,雍正称魏经国是"藩下"人,并非说他是自己藩邸下人,因而也不用前举诸人所称的"朕"、"藩邸"、"××人"那样的私属性词语,而是说他是原三藩藩下之人,清代,原吴、尚、耿三藩所属之人,才被称作"藩下",《清圣祖实录》康熙四十九年载:"兵部议覆:福州将军祖良壁奏:康熙二十二年。拨耿精忠藩下兵一千名分入上三旗……得旨:……天下之人皆朕民庶,今藩下之人均朕之人,并入汉军,嗣后不得仍称'藩下'。"⑥礼亲王昭梿也说:"康熙中平三逆,其藩下诸部落亦分隶旗籍(汉军旗)。"⑦《清史列传》记:尚可喜次子尚之孝"幼随父于镇所,康熙十三年,任藩下都统"⑧,等等,都可证明。另据庄亲王绵课之子奕赓所述:"三藩平定后,所属下之人俱隶汉军旗下……而原属旗下之人俱贱视之,故相戒无与结婚姻者。"⑨这又说明,这些三藩的"藩下"人被收编入汉军旗后,身份地位低于原汉军旗人,被"贱视之"。雍正斥责魏经国"系藩下至微极贱之人",又说他"原隶藩下,出身卑贱"⑩,也正是这个意思。再查魏经国传,又属"正白旗汉军(旗)人"⑪,也可证明他不是胤禛属下。胤禛集团的成员需打折扣,其势力也就不能估计过高。

---

① 《清史稿》卷294《诸岷传》,第34册第10343页,版本同前。
② 《清世宗实录》卷46,雍正四年六月乙丑。
③ 《朱批谕旨》,雍正二年六月二十五日黄国材折朱批,第7册第102页。
④ 《满汉名臣传》卷44《黄国材传》,宁波徐氏藏抄本。
⑤ 《上谕内阁》卷64,雍正五年十二月十五日谕。
⑥ 《清圣祖实录》卷242,康熙四十九年五月丙子。
⑦ 昭梿《啸亭杂录》卷2《汉军初制》。
⑧ 《清史列传》卷5《尚之孝传》。
⑨ 《佳梦轩丛著》之一,《东华录缀言》卷3。
⑩ 《朱批谕旨》,雍正五年正月二十五日魏经国折朱批,第23册第82页。
⑪ 《国朝耆献类征初编》卷282《魏经国传》。

(二)雍正继位以后的用人方针。有一种意见认为,世宗承统后纷纷派出早年藩邸门下主持一方,以剪除异己,鄂尔泰擢任江苏布政使,田文镜出任地方要职,都基于同一原因,并认为田文镜充当过胤禛藩邸庄头。杨启樵、冯尔康先生已根据田文镜的履历等等,考证了他不可能当过胤禛庄头①。如果按照本文考察的结果,田文镜也不会是胤禛早年的藩邸门下人,因为田文镜原为正蓝旗汉军人,雍正五年七月抬入正黄旗汉军②。至于鄂尔泰,则是镶蓝旗满洲人③,也不可能是胤禛的属下,至多可算是藩邸旧识,为胤禛所了解,受到赏识,因而继位后特加擢用,这在《啸亭杂录》中有载:"鄂文端(即鄂尔泰)任内务府(员外郎)时,宪皇时龙潜藩邸,尝有所请,公拒之曰:'皇子宜毓德春华,不可交结外臣。'上心善其言。及即位,首召公入,其戚友以故嫌故,代为公忧。上见公即谕曰:'汝以郎官之微而敢上拒皇子,其守法甚坚,今任汝为大臣,必不受他人之请托也。'因立授江苏布政使,不十年超登首揆"④,这才是雍正重用鄂尔泰的主要原因。这段史料所记胤禛之"有所请",及鄂尔泰断然拒绝的态度,也表现出他们不会是主仆关系;有的藩邸之人,由于胤禛对他们比较了解,且有某种长处,雍正继位后任为某职,也是事实,如博尔多,"因藩邸人,通文墨,推郎中,转布政"。但说雍正纷纷派出早年藩邸门下主持一方,似乎还谈不上,前述地方大吏诺岷、黄国材、官达、魏经国等人,已证明不是藩邸旧属,而前举门下人中,年羹尧、戴铎是康熙朝即任为地方疆吏;冯国相在康熙朝就已经死去;傅鼐在雍正朝并未任地方官;沈廷正则是康熙末年的兰州府同知,雍正初迁临洮知府,河南开归道,然后升至福建布政使、云南巡抚;常赍的仕途也大致如此。从他们的经历,看不出是因藩邸属下而骤擢地方大员。而且,胤禛在藩邸时领有满洲、蒙古、汉军共十二个佐领的旗人,即使重用了两三个人,也不能说明他大量任用旧属。再者,任职的那些属下人也屡被申斥,乃至罢

---

① 《雍正帝及其密折制度研究》第112—113页,广东人民出版社1983年版;《雍正传》第485—486页,人民出版社1985年版。

② 《清史列传》卷13《田文镜传》。

③ 《清史列传》卷14《鄂尔泰传》。

④ 昭梿《啸亭杂录》卷10《宪皇用鄂文端》。

职、惩处,这也是人所共知的事实,可见他对旧属并不因私人关系而迁就任用。宠眷不衰、始终被重用的心膂股肱之臣,恰恰是非属下的鄂尔泰、田文镜、李卫等人。

（此文原载《中国史研究》1990 年 4 期,有修改）

◆财政制度

清中期以前的铸钱量问题

——兼析所谓清代"钱荒"现象

在清代货币金融问题的研究中,有一种观点,认为清代的前、中期始终处于"钱荒"状态中,主要表现为"铜币供应严重不足,导致钱价长期居高不下,即所谓'银贱钱贵'"①。笔者感到似不存在这种现象,清代这一时期的铸钱量并非少而严重不足,银贱钱贵也不是由于钱(即铜钱)少而造成。仅谈初步看法,敬请同好指正。

一

认为清代铸钱量少存在"钱荒"现象,在以下两方面有所忽略。

第一,论述"钱荒"所引用的史料有误,进而导致所计算的铸钱量很小。这条史料来自《清史稿》卷124《钱法》,是用来说明顺治朝铸钱量之少的,原文是:

> 定制,以红铜七成、白铜三成搭配鼓铸。钱千为万,二千串

---

① 《清代钱荒研究》,《社会科学战线》1990年2期,并见人大复印报刊资料《明清史》1990年9期。

为一卯,年铸三十卯。

这一史料所说的"白铜三成"应是"白铅三成",把铸钱材料弄错,可不去管它。以下"钱千为万"一句,文理颇不通,看《大清会典》或其"则例"、"事例"及《清朝文献通考》诸政书的钱法部分,便可知应是"钱千为串",指一千个制钱为一串,以下"二千串为一卯"则应是"万二千串为一卯",是指铸钱量最大的单位是以"卯"计,一万二千串为一卯。若叙述正确,该史料应是"钱千为串,万二千串为一卯",《清史稿》这段话在"万"字之前落了个"串"字,以致误导今人将一万二千串为一卯作二千串为一卯计算,仅为原额的 1/6,顺治朝所定的年铸 30 卯的 36 万串,也即 3.6 亿文钱(制钱一个为一文,一串为 1000 文),也就成了"年铸 30 卯是 60000 串,合 6000 万文",仅 0.6 亿文了。

就此说明,这一万二千串之一卯,是户部宝泉局的一卯钱数,且为约数,实际是康熙后期以前,每卯为 1.288 万串,以后为 1.248 万串或 1.2498 万串。工部宝源局的一卯为户部宝泉局的半数,是 6000 串左右,以康熙末年计,为 6240 串。以上在《清朝文献通考》的卷 14、卷 16 中有载。而地方铸钱局,每卯铸钱数也各不相同,普遍比中央二局少。

第二,误将中央铸钱数当作全国铸钱总数,没把地方各省的铸钱数统计进去,且没有利用清代铸钱量最大的乾隆时期的数字,也未对乾隆时期的铸钱数量作考察与统计。

清代的铸钱分为中央鼓铸和地方各省鼓铸。中央铸钱机构为户部的宝泉局和工部的宝源局,二局各设铸钱炉若干座,连年按卯鼓铸。地方则每省各设钱局鼓铸。

据论述清代钱荒的学者说:"能够查到的清代前中期铸币量最多的年份是雍正十年,'铸钱六万八千四百三十六万二千有奇',合 6.8 亿文",这是《清史稿·世宗本纪》中的数字,这一数字实际是雍正十一年的(因《清世宗实录》雍正十一年十二月结尾所记正好是这一数字,而雍正十年之数是 9.1017112 亿文,这也是《清史稿》之一误),用来说明当时铸钱量,从时间上说倒也可以,关键是这年铸量的 6.8 亿文,仅是中央宝泉、宝源二局所铸之钱。乾隆朝所修《皇朝文献通考》卷 14 说得很明确:

　　(康熙)五十年以后,(宝泉、宝源)二局卯数、铜斤递经增定,

> 至康熙六十年间,两局各三十六卯⋯⋯宝泉局每卯用铜⋯⋯铸钱一万二千四百八十串;宝源局每卯用铜⋯⋯铸钱六千二百四十串。每年共为钱六十七万三千九百二十串云。

宝泉、宝源二局这"六十七万三千九百二十串",正合 6.7 亿文。同书卷 15 雍正十二年还记:

> 户、工部议定:见在宝泉局正额四十一卯,宝源局正额三十七卯。向例,宝泉局每卯用铜铅十二万斤,宝源局每卯用铜铅六万斤。每铜铅百斤铸钱十四串四百文。

据此,雍正十二年以前,宝源、宝泉二局年额铸即达 78 卯,为 74.256 万串,合 7.4 亿文。这是中央的年铸钱数,而不包括地方各省所铸。如果再算上地方各省所铸的总数,其数额将大大超过这六七亿文的年铸量。

根据以上考察,笔者还认为,康熙、雍正两朝"实录"(每年年末一卷之卷末)所载每年铸钱数的几亿文(康熙朝 2.4 亿—4.4 亿文,雍正朝 4.9 亿—10 亿文),都是中央所铸,而未包括地方之数。彭信威认为顺治、康熙、雍正三朝实录所载每年铸钱数,为北京宝泉局一局所铸之数,恐亦不确。[1] 第一,康熙、雍正两朝中央统计之数应为宝泉、宝源二局,且宝泉一局也不会有那么多。第二,顺治朝从顺治四年至十五年,年铸量为 10 亿文至 26 亿文之间,其数过大,更不会是宝泉一局,也不会仅是中央之数。即使是作为中央和地方总数,以当时铜源情况来看,此数都令人怀疑,与前后之差别也较悬殊,有待进一步考证。另外,康熙六十一年至雍正四年,实录每年仅作几十万文(49 万—67 万文)[2],亦不确,应是几十万串,当是以"串"作单位,因未写"串"字,因而比康熙六十一年以前及雍正四年以后的年铸量相差了 1000 倍。

明了清代铸钱数量,尤其是道光以前之年铸量,需要对中央、地方分别考察。中央部分,雍正以前实录有载,此处不作列举。乾隆以

---

[1] 彭信威《中国货币史》,上海人民出版社 1965 年版,第 827、883、854、825 页。

[2] 康熙、雍正两朝实录,多数年份记铸钱数的习惯写法,虽然不加"文"字,从年铸钱量的几亿可知,是以"文"计。而康熙六十一年至雍正四年,虽也不带"文"字,但所记年铸钱数量,仅为此外年份的千分之一,因而判断其数为"串"数,而非"文"数。

后,实录每年之末不再记录。现据政书所记各时期的阶段性鼓铸卯数,计算出各时期年铸串数、文数,列为下表,重点放在乾隆朝。

年代阶段	宝 泉 局			宝 源 局			年铸总数（单位:万串）
	年铸卯数	史料根据	折合串数（单位:万串）	年铸卯数	史料根据	折合串数（单位:万串）	
乾隆七年至乾隆十五年	61 卯	《清朝文献通考》第 4999 页上	76.2378	61 卯	《清朝文献通考》第 4999 页上	38.1189	114.3567
乾隆十六年至乾隆二十四年	71 卯	同上,第 5008 页中	88.7358	71 卯	同上第 5008 页中	44.3679	133.1037
				乾隆二十一年后 81 卯		乾隆二十一年后 50.6169	乾隆二十一年后 139.3527
乾隆二十五年至乾隆五十八年	乾隆二十五年至三十七年 76 卯,三十八年以后 75 卯	同上,第 5013 页下;光绪《大清会典事例》卷 214《钱法·京局鼓铸》	94.9848	81 卯（乾隆二十五、二十六两年）	光绪《大清会典事例》卷 890《工部·鼓铸局钱》	50.6169	平均 138.36
		乾隆三十八年后 93.6	70 卯（乾隆二十七年后）		乾隆二十七年后 43.743	
乾隆五十九年以后至嘉庆四年	经常变动,大致在 30—75 卯之间	光绪《大清会典事例》卷 214《钱法·京局鼓铸》	37.494 至 93.735 之间	几次变动,大致在 30—70 卯之间	同上	18.747 至 43.743 之间	56.241 至 137.478 之间
嘉庆五年以后至嘉庆后期	89.5 卯	同上。嘉庆九、十两年曾减为 75 卯、72 卯,至十二年又增至 89.5 卯	111.696	86 卯	同上	53.664	165.36

（续）

年代阶段	宝 泉 局			宝 源 局			年铸总数
	年铸卯数	史料根据	折合串数（单位：万串）	年铸卯数	史料根据	折合串数（单位：万串）	（单位：万串）
道光后期	113万串	王庆云《石渠余纪》卷5《纪户部局铸》	113	53万串	王庆云《石渠余纪》卷5《纪户部局铸》	53	166

此表需要说明的是道光后期，由于中央也常停铸，所以不会达到年铸166万串之数。《石渠余纪》所记似为当时户部则例的额铸数。

地方的情况比较复杂。各省设局不一，少者仅省局一局，多者在该省府、州也设有铸局，如湖北省，除省局宝武局外，襄阳、荆州、郧阳也曾设局。设局最多的是云南省，最多时达七八个。各省省局以外之铸局不固定，常增减、合并，且多数省份并非常年每月连铸，又有增、减卯或停铸现象。所以，地方上每年铸钱的总数量已不易作系统统计，尤其是前几朝。现仅据零散史料，将资料比较集中的乾隆二十年左右、道光二十几年地方各省年铸额作大略的勾稽，见下表。

省份及铸局	年 代	年铸钱量（单位：万串）	史料根据	年 代	年铸钱量（单位：万串）	史料根据
四川 宝川局	乾隆二十年	25.9	《清朝文献通考》，万有文库十通本（下同），第4995页下、5005页中、5011页上	道光二十九年	19.4143	唐与昆《制钱通考》卷3，页18，咸丰上海聚珍仿宋印书局（下同）

（续）

省份及铸局	年　代	年铸钱量 （单位：万串）	史料根据	年　代	年铸钱量 （单位：万串）	史料根据
贵州 宝黔局	乾隆二十三年	18.625	同上，第4996页上、5001页上、5012页下	道光二十几年	8.9773	同上，页22
江苏 宝苏局	乾隆五年后	11.1699	同上，第4997页上	道光二十几年	11.1821	同上，页14
福建 宝福局	乾隆五年后	4.8533	同上，第4996页下	道光二十几年	4.32	同上，页25
浙江 宝浙局	乾隆五年后	12.8613	同上，第4998页上	道光二十几年	12.96	同上，页16
湖南 宝南局	乾隆二十年	10.8379	同上，第4998页下、5011页下	道光二十几年	4.8054	同上，页23
湖北 宝武局	乾隆十八年	17.38	同上，第5009页中	道光二十几年	8.442	同上，页17
广东 宝广局	乾隆十四年后	3.4488	同上，第5006页下	道光二十几年	3.456	同上，页19
广西 宝桂局	乾隆十四年后	9.6	同上，第5007页下	道光二十几年	2.4	同上，页20
江西 宝昌局	乾隆九年后	6.9888	同上，第5001页中	道光二十几年	4.2037	同上，页15
山西 宝晋局	乾隆二十三年	4.09	同上，第5019页下	道光二十几年	1.7472	同上，页24
陕西 宝陕局	乾隆十六年后	12.14	同上，第5006页中、5008页下	道光二十几年	9.474	同上，页18
云南宝云局、东川局二局、广西局等七局	乾隆二十八年	76.6175	同上，第4981页中、4989页下、5000页下、5008页中、5009页上、5011页下、5016页上	道光二十几年	17.0568	同上，页21

（续）

省份及铸局	年　代	年铸钱量 (单位:万串)	史料根据	年　代	年铸钱量 (单位:万串)	史料根据
直隶 宝直局	乾隆十年后	7.28	同上，第5002页下	道光二十几年	6.0756	同上，页14
新疆 叶尔羌	乾隆二十四年	50 万文合0.05万串	同上，第5012页下	道光二十几年	0.1722	同上，页27
山东、安徽、河南、甘肃		停铸	光绪《大清会典事例》卷 219《钱法·直省鼓铸》			
总　计		221.8425万 串，合22.18425亿文			114.6866万 串，合11.46866亿文	
				说　明	此数为额铸，当时因减铸，实际所铸当比此数少得多	

　　以上所考察的数字，中央的年铸额比较系统，康、雍、乾、嘉四朝也基本是其实铸之数。地方各省年铸总额，乾隆二十年左右之数，应是实际鼓铸量，不会仅是规定额数，因当时正处在银贱钱贵时期，清政府正令各省加大鼓铸量以平抑钱价，且当时滇铜正旺，铸料没有问题。道光二十九年之数，只是额铸数。王庆云《石渠余纪》卷5叙述："案今（道光后期——引者注）《则例》，各省局出钱岁额，除山东、河南、安徽、甘肃久已停炉，余省岁其出钱一百一十一万余串。自银价愈昂，钱本愈贵，大半皆停炉减卯"，其所说的道光后期《则例》所记"各省局出钱岁额"的 111 万余串，也应是额铸，而非实际铸额，因当时"银贵钱贱"，各省"大半皆停炉减卯"。不过本文所考察的，主要是道光初年以前银贱钱贵时期的铸钱量，所以有乾隆二十年左右之数，已能说明问题。

　　根据以上两表考察的数字，乾隆二十年左右，地方各省年铸221.8425万串，中央以户、工局各年铸 71 卯的乾隆二十年左右

133.1037 万串计,则合地方加中央的全国年铸总量为 354.9462 万串,合 35.49462 亿文。乾隆二十年,全国总人口为 1.85612881 亿人①,人均 19.12 文。若以乾隆二十一年中央所铸 139.3527 万串计,则该年总铸量为 361.1952 万串,合 36.12 亿文,人均 19.36 文。这一数字,是论述清代钱荒所用之数字顺治八年人均 1.4 文、康熙元年人均 3.7 文、康熙六十年人均 4.3 文、雍正十年人均 6.4 文的 13.83 倍到 3.03 倍。其绝对数量,乾隆二十一年的 36.12 亿文是前举论述钱荒问题之最高额 6.8 亿文的 5.3 倍,多 29.3 亿文。清代,中央两局几乎年年鼓铸,如果再加上中央及地方历年积累之铸钱,其社会流通量及人均数将大大超过上述数字。

以上所述是乾隆时期的铸钱量,其顺康雍时期某一阶段中央与地方铸钱总量,因资料缺乏,尚未作统计,更谈不到社会实际流通量及人均数。其实,仅以人均制钱数,也不能说明是否存在钱荒问题。以下分析嘉庆后期以前的"银贱钱贵"的问题,附带对此略谈看法。

二

嘉庆后期以前,全国除个别地区、暂时性的出现"银贵钱贱"现象外,总的情况是"银贱钱贵",即低于政府规定的 1：1000 的银钱比价,制钱八九百文甚至七百多文即可换银一两。造成这种状况的原因很复杂,但主要原因是外国廉价白银的大量流入,造成银钱比价低,政府仍始终以固定的 1：1000 的银钱比价衡量钱值,便显得"钱贵"。进一步说,这种银钱比价中的"钱贵"概念,并不等于钱自身之贵,更不能以所谓钱少而贵说明这种银钱比价中的"钱贵"。实际情况是钱的鼓铸投放量并不小,只是钱之铸造量赶不上大量白银流入量的增加,所以银钱比价始终在 1：1000 的线下。

明朝后期以后,外国的白银不断流入中国,且呈递增趋势,很多学者都注意到这一问题,并作了不少研究。清康熙二十年,平定三藩之乱,随后收复台湾,全国经济发展,解除海禁,对外贸易发展,乾隆

---

① 《清高宗实录》卷 503 之末;卷 857,乾隆三十五年四月甲戌。

中变四口通商为一口通商后,并未能减少外国对华贸易量,且不断增加①,所以白银内流量也一直在增加。关于这一时期流入中国的白银数量,学者们也作过不少考察,据彭信威根据外国资料所作的估计,道光以前的 140 年间,大约有几亿两之多。②

对于当时的所谓"钱贵",清政府官员也只是直观地认为是钱少而贵,因而主张加大鼓铸量。雍正继位伊始,朝臣便集议指出:"钱价腾涌,总缘制钱尚少……钱多而价自平"③,因而增卯鼓铸,且以收买铜器、减少制钱含铜量来解决铜源之不足。乾隆以后,进一步加大京局鼓铸量,并令地方各省复炉、增卯,由乾隆四年至三十三年,福建、陕西数省复炉,云南、贵州、四川、湖南、湖北、江西等多省,皆令增炉加卯④,其中云南 7 个铸钱局铸炉多时达 116 座。中央二局,乾隆七年、十六年、二十五年三次加大鼓铸量,比雍正年间增加了近一倍(77卯:152 卯)。这一时期云南产铜正旺,自乾隆初至嘉庆十六年,铜的年产量,除 7 个年份为 900 多万斤,一直在一千万斤以上⑤,也为京局、地方鼓铸钱文提供了较为充足的币材。至乾隆三十五年时,由于"官钱广铸流通",已是"迩年钱价平减"⑥,因而乾隆三十六年以后,由于一些省份已"钱价平贱",铸钱最多的云南已银一两换制钱一千一二百文,中央开始令一些省局减卯或停炉,直到嘉庆元年才全部复炉。中央宝泉、宝源二局只是减卯,嘉庆四年"全复旧卯",至嘉庆十一、十二年又增加卯数(见前表)。

正是由于清政府固定地追求 1:1000 的银钱比价,在白银不断流入增加的同步过程中,不断增加制钱鼓铸量,银与钱这两种货币都呈递增趋势,在社会中的流通量都大量增加,这也是乾隆之时的物价较康熙时成倍增长,呈现较缓和的通货膨胀的重要原因,这与"币荒"、"钱荒"的结论恰好相反。上文所谓"官钱广铸流通",以及民谣

---

①　详见拙作《清朝简史》第 49、99 页,福建人民出版社 1997 年版。

②　彭信威《中国货币史》第 827、883、854、825 页,上海人民出版社 1965 年版。

③　《清朝文献通考》第 4981 页上,商务印书馆万有文库十通本。

④　见光绪《大清会典事例》卷 219《户部·钱法·直省鼓铸》,及《清朝文献通考》第 4994—5022 页,版本同上。

⑤　彭泽益《中国近代手工业史资料》第 1 卷第 349—351 页,中华书局 1962 年版。

⑥　《清高宗实录》卷 503 之末;卷 857,乾隆三十五年四月甲戌。

所诵"乾隆宝,增寿考;乾隆钱,万万年"之语[1],也说明当时社会上制钱流通量之大,而不是钱荒,更何况社会上还流通不少私铸铜钱。

考察清代是否存在"钱荒"、"币荒",不能只看钱币制钱的数量,更主要的是看银的数量,以及它是否满足社会需求量。因为在清代,担当货币职能的主币已是银而不是钱,这与明中期以前及元以前的各王朝时期大不一样。只要白银基本满足了社会需求,担当了主币职能,即使是钱少,也不是真正的钱荒或币荒,而是"零钱"少的问题,尽管钱的社会总量不小,但制钱毕竟主要是用作百姓生活的小额、零碎交易,而非钱荒论者所说的商品经济长足发展所需求的货币。实际上这一时期银很多而非不足。更何况钱也多,乾嘉时期,以制钱所体现的物价指数也比康熙时期大为提高,康熙初 1 公石的米价是制钱 600 文左右,乾隆后期已涨至 2000 多文[2],除了人口增多抬高了米价外,也说明当时制钱之多而造成货币的贬值,而不是币少钱荒或钱少而贵。

既然清代前中期尤其是乾隆时期并不存在"钱荒"现象,那么,以"钱荒"作为前提,进一步从"理论"上论述钱荒产生的原因,是钱少而满足不了中国封建社会晚期商品经济发展的需求,也就不成立了。

(此文原载《史学集刊》1999 年 1 期,有修改)

---

[1] 昭梿《啸亭杂录》卷 1《纯皇初政》,第 13 页,中华书局 1980 年版。
[2] 彭信威《中国货币史》第 827、883、854、825 页,上海人民出版社 1965 年版。

清前中期茶法述论

茶是我国重要物产，唐以后，饮茶之风盛行，茶的种植、制、销不断发展，对茶的产、销、征课的控制管理——茶法，也成为中国古代王朝中后期官府经济政策的内容之一，官府制订茶法，不仅着眼于它的财政收入也即经济意义，而且通过对茶的控制性销边，也即对边疆少数民族的销茶而达到某种政治目的。从这一方面而言，茶又可称之为是政治性商品，因而茶法与其他财政制度相比，又有其特殊的内容与意义。清代是茶业的大发展时期，茶已成为贸易尤其是边疆及对外贸易中的大宗商品，官府的行茶政策也在新的历史条件下发展、变化，出现新的内容，对当时的经济，乃至边政——对边疆民族的治理，都产生了重要影响。本文拟就清代鸦片战争以前茶业发展的状况，茶法的内容、特点及某些影响作粗略探讨。

一、清代茶业的发展

清代产茶区主要在浙江、安徽、四川、江苏、江西、湖南、湖北、福建及云南、贵州诸省，茶的栽培与制、销发展显著，主要表现，一是增长速度快，二是增长数量大。虽然我们已无法得知当时精确的产销量，但由于茶实行官府掌握下的专卖制，以引配茶行销，所以，我们从官方所颁发的引额不断增加的情况，也能大致看出其发展的状况。

据《清实录》、《大清会典》及方志等文献记载统计，康熙二十二年

(1683)，全国榷茶总引额为 15.9 万余引①，五十年(1711)为 23.5 万余引②，至乾隆十八年(1753)，已达到 36.5 万引③，是康熙二十二年(1683)的 2.3 倍，增加 20 万余引，合茶 2000 余万斤(以每引 100 斤计，每引又称为每道)。在诸产茶省中，以安徽、四川、浙江发展最快，产量也最高。我们还可以引额的增加看其增长状况，安徽省，康熙年间大致保持在 4.5 万引左右，雍正以后，陆续增颁，至嘉庆初，达 8.7 万引，另颁"余引"2.4 万引，以备某些州县产量增加，引不敷销而又来不及向中央请引而补用。四川增长更快，康熙中叶以后，该省"产茶郡邑种植益繁，故各属屡有增引之请"④。某些州县由于"茶斤日增，浮于引额数十百倍"⑤。通计四川一省，康雍乾三朝，共增引 46 次，增 9.2 万引，总额达 13 万余引⑥。四川在明代就已是重要产茶省份，但明嘉靖时期，也仅颁引 5 万⑦，清乾隆时期的年销量已是明嘉靖朝的 2.6 倍。浙江省"产茶独多，销引数倍他省"⑧，康熙以后，销引一直在 14 万引以下，嘉庆十六年(1811)，又以"销引壮盛，额颁引目不敷配给，每年添颁 7 万道(引)，俟额引销完，接销余引"⑨，也反映出该省茶叶产量的迅猛发展。

还应指出的是，以上引数只是官府征收税额的依据，实际产、销量要大于以引所配茶斤数量，额引之外，尚有大量的无引私茶，以及由官方规定不配引销售之茶，这部分无引私茶、无法以引统计的商茶，在实际产销量中占有相当大的比例(详见后述)。另外，产而未销，也即未进入商品流通领域而消费之茶，也无法统计，这部分茶斤，在总产量中也当占有很大数量。

茶业的发展，是官府行茶办课的前提。

———————

① 《清圣祖实录》卷 113 卷末。
② 《清圣祖实录》卷 248 卷末。
③ 乾隆《大清会典》卷 17《杂赋》。
④ 雍正《四川通志》卷 15《茶法》。
⑤ 民国《名山县志》卷 8《食货》。
⑥ 据光绪《大清会典事例》卷 242《杂赋·茶课》统计。另见嘉庆《四川通志》卷 69《食货·茶法》。
⑦ 《明史》卷 80《食货志·茶法》，第 7 册第 1951 页。
⑧ 光绪《大清会典事例》卷 242《杂赋·茶课》，雍正五年。
⑨ 光绪《大清会典事例》卷 242《杂赋·茶课》，嘉庆十六年。

二、清代茶的主要形式——商茶及其行引征课

清代对茶的行销实行政府专控政策,这种政策始于唐,发展于宋、明,清代茶法直接承袭明代,实行"引茶法",即官府以向茶商发放茶引的办法进行管理。

官府按所管之茶的不同性质,划分为商茶、官茶、贡茶三种。

贡茶数量很小,例由浙江省备办黄茶,以供皇室、朝廷及陵寝所用。其他各省以本地茶中珍品贡献皇室,不列入"会典"及则例,但地方志中有载,也应划入贡茶之列。

官茶是茶商经办官府所用之茶,主要在陕甘,官府以这部分茶与边疆民族进行茶马贸易及后来的搭配兵饷等用。

商茶是行引办课征税之茶,是清代茶的主要部分,也是官府行茶的主要形式。

清代,商茶的销售有坐销、有行销。坐销是种茶园户或茶户在本地经销,这部分茶为数不多。行销是运至产地以外售卖,相当一部分是远销他省、海关及边疆塞外,这是商茶的主要部分。无论坐销或行销,都必须持有官方茶引(个别地区作"护贴"或"票")。引,是茶商售茶的凭证,行引则是政府管理茶叶销售、据以办课的手段。

茶引由中央户部统一刊印,颁发各省。各省预先至部请引,领引后发给茶商。户部还规定"不准由该省给发代引印单,以杜流弊"[①]。定制之意,在于由中央掌握地方的这项税收,防止各省自行印发行茶凭证而私征茶课,同时也有防止地方官吏私征中饱的目的。

领引之茶商入产地购茶,以引配茶,不论精茶、粗茶,每引配100斤,不及100斤之零头,以所领"由"、"贴"作为凭证。远销时所经过的税关,或售卖之处,要经过验明,别无夹带,将引、由截角钤记,才放行、许发卖。若茶无引由,或茶斤与引不符,有余茶,以及用行完的截角残引售茶者,即以私茶论处。伪造茶引者论斩。种茶园户将茶卖与无引商贩,也治罪[②]。

对茶商所征收的税课在清前期主要有三种。(一)茶引纸价银。

---

① 同治《户部则例》卷32《茶法》所记应为沿用旧制。
② 以上见乾隆《大清会典则例》卷49《茶法》。

领引者例应每引纳银三厘三毫,只四川、云南为三厘。这部分所征为数很小。(二)茶课。这是茶商领引配茶时所交课银,一般每引纳一钱至一钱五分左右。(三)茶税。茶商销售时所交税银,各地不一,少者每引纳银几分,多者几钱,相差悬殊,极个别地区还有纳几两者[①]。另外,某些地区还另有一些征收名目(见后述)。

清代茶税课的征收极为复杂,不仅各地征收轻重不同,而且各省征收方式也颇不一致,即使同一省中,征收方式也不尽相同。大致划分,可归纳为三种:课税分征、课税合征、只征茶税。现以嘉庆年间为例,分省介绍。

江西省额销引2638道,分别发与徽商及本省州县小贩,除征纸价银外(以下各省此部分略去不叙),每引征课银一钱五分,茶商"行茶到关,仍行报税",是典型的课税分征。四川、贵州与此类似,不过四川的茶税银中另有截角银、羡余银等征收名目。贵州的课银较轻,每引仅七厘左右,情况比较特殊。

浙江额销正引14万道,由该省布政使司委托总商承引,每引除交纸价银外,再交"买价银一钱",这每引一钱"买价银"应为茶课银。总商将茶引布之散商,各散商领引配茶后,一律赴北新关,按关税则例交纳茶税,每引二分九厘三毫八丝,此部分所征汇入关税报解,共4000两。另外,每销一引,还应上交四分二厘八毫的"茶果银""盈余银",14万道合6000两,与贡茶一起,每年由总商解送皇家内务府。

江苏省额行茶15000引,分为两部分,一部分发江宁茶引所大使布商,一部分分发荆溪县属的巡检司布商。安徽省额行正引8.7万余引,分发产茶之潜山、太湖、歙县等17个州县。这两省茶课税的征收,"会典"记为:江苏"其征收课税,例于经过各关按照则例验引征收,汇入关税项下报销";安徽"其正收茶课,例于经过各关按照则例验引征收,汇入关税项下解部"。两省征收方式似相同,其税关所征茶税,江苏之浒墅关,查(道光)《浒墅关志》卷五,以船载运远销者,每担(合引百斤之数)征银六分;小贩所售之茶,每担征银七分。其茶课,按前述"会典"所载,似应由税关征收。但关志无载,负责发放茶

---

① 清代官方典籍中,茶课、茶税两个概念有时混用,有时又分用。本文为说明各省不同情况,因作如上区别。

引的江宁茶引所也无此项征收①,究竟茶课属何机构征收,数额多少,抑或有税无课,待考。

湖北额行茶 248 引,分行销、坐销两种,行销者每引交课银一钱二分五厘、税银二钱五分,销往外地若经税关,仍须纳税。坐销由种茶园户销售,每引纳银 1 两,应属课、税合征。湖南领引 240 道,发与产茶之善化、湘阴、浏阳等 17 州县行户,以为护贴,每引征银 1 两,也属课税合征。云南省额行 3000 引,每引征银三钱三分,从征额看,似也属课税合征。

福建在康熙十九年(1680)平定三藩之乱时加征茶课银三百多两,二十六年(1687)豁免,此后不颁茶引,也无茶课之征,所以(光绪)《大清会典事例》记该省"向不颁引,并无征收茶课,唯崇安之武夷山产茶,听商贩运,于经过关口照则纳税,多寡不一,汇入商税项下奏销"②,属于只征茶税之类。

陕甘地区,顺康雍三朝曾实行茶马贸易,设西宁、洮州、河州、庄浪、甘州五茶马司,商人承引,赴湖南、湖北、浙江等地购茶,每引办茶 100 斤(后又加附茶 14 斤)。以 50 斤为官茶,交茶马司与少数民族易马,也作为茶商所纳课、税。其余 64 斤为商茶,听茶商自售。雍正十三年(1735)茶马贸易停止后,官茶陈积,间或改征八成或九成折色银,只征一二成茶,所征官茶,或在甘肃、新疆售卖,或搭放这两地驻兵俸饷。就是说,仅在陕甘地区实行的官茶,自乾隆以后也有很大一部分变为商茶,进言之,清代茶的主要形式是茶商自行销售的商茶③。

茶的行销不仅有办课征税的经济意义,而且有政治作用,它体现于边茶的行销之中。

三、清代的边茶行销

蒙、藏等少数民族,由于饮食与内地不同,对茶有特殊的需求,

----

① 见(嘉庆)《江南府志》卷 14《赋役·茶引所大使》,该茶引所岁责上交之税有渔课税、骒马税银等,无茶课银。

② 光绪《大清会典事例》卷 242《杂赋·茶课》。

③ 以上各省茶课税征收状况,除特别注明者外,皆据嘉庆《大清会典事例》卷 192《杂赋·茶课》。

唐宋以后历代典籍对此多有叙述,如"戎俗食肉、饮酪,故贵茶,而病于难得"①,"西北游牧诸部,则恃(茶)以为命,其所食膻酪甚肥腻,非此无以清荣卫也"②,"番人嗜奶酪,不得茶,则困以病"③,"藏番、蒙古,不拘贵贱,饮食皆以茶为主"④。这些记叙与说法虽有过甚之词,但也确实反映了茶在以畜牧业为主的少数民族生活中的重要性。因而中原王朝往往利用边疆民族需茶而又不产茶的矛盾,严禁民间私茶销边,由官府垄断茶叶的边疆贸易,并采取控制性措施,以此作为"羁縻"、控驭边族的一种手段。《明史》评述:"唐宋以来,行以茶易马法,用制羌、戎,而明制尤密。"⑤开茶马互市,是明及以前中原王朝茶叶销边的主要方式,一方面从交易中得到战马,壮大军事力量,另一方面,使少数民族因得茶而对中原王朝"感恩"顺服,一旦发生冲突,则以关闭茶马市来要挟制约。边茶行销的政治意义,同样为清王朝所重视,不过由于历史条件的变化,清代行销边茶的政策、措施及动机都较往代尤其是宋、明时期发生了很大变化。

前文已述,清初也曾举行过茶马贸易,但时间较短,主要在顺治年间,康熙时期时行时停,至雍正十三年(1735)即已完全停止⑥,规模数量也较小。这是因为清朝原在东北就有牧马场,入关后又陆续在长城一线广建牧场,这种优越的牧养马匹的条件是宋、明时期所不能比拟的,而且由于漠南、漠北蒙古归附中央,每逢战争,这两地蒙古也常向中央提供战马。因而乾隆以后,已无以茶易马的必要。然清初正值对全国进行统一战争之时,急需军马的不断补充,当时的茶马贸易,为清廷建立对全国的统治起到了一定作用。另外,清初在甘肃、青海进行茶马贸易的少数民族地区,尚未建立稳固统治,进行以茶马为主的交易也有与这些地区民族建立密切关系的目的,因而在

---

① 《宋史》卷167《职官志七》,第12册第3969页。

② 赵翼《檐曝杂记》卷1《茶叶大黄》。

③ 《明史》卷80《食货志·茶法》,第7册1947页。

④ 乾隆《西藏志·饮食》。

⑤ 《明史》卷80《食货志·茶法》,第7册1947页。

⑥ 茶马贸易始末,参阅了林永匡《清代的茶马贸易》一文,载《清史论丛》第三辑,中华书局1982年版。

茶马贸易过程中,还备办一定数量的茶斤,专门作为定期赏赐之用,"量赉烟、酒以示抚绥"①,意在换取该地民族对新建立的清王朝的好感,使其忠顺归附,以稳定对这些地区的统治。

茶马贸易虽然自雍正十三年以后停止了,但这只是易马的结束,茶叶的边疆行销不仅没有停止,而且随着清廷对边疆统治区域的扩大、加强而发展、频繁了。

清代,大漠南北的蒙古诸部已成为清中央的"藩部",设盟旗制管理,贸易制度也随之建立,以使"内地及各部落商货流通,以裨生业"②,长城一线及内外多处城镇成为汉、蒙两族的贸易地,同时,大批的内地商人深入蒙古各部落交易。蒙地贸易,"向以茶为大宗",大量内地茶源源不断地输往蒙古各部,由于在交易中主要采取以物易物的形式,以致砖茶成了交易中的一般等价物,反映了茶叶在蒙地贸易的普遍及其数量之大。清廷所以对漠南、漠北蒙古在茶的贸易上采取开放政策,主要因为这些地区已归服清中央,自然应该解除对茶的禁限,供其需求,以示朝廷视蒙地、内地为一体,加强蒙古诸部对中央的服从关系。

陕甘地区,实行茶马贸易时,官方便没有垄断该地的茶叶贸易。如前所述,对领引的茶商,除征其领运的官茶易马外,其余部分便许其于该地销售。茶马贸易停止后,所征本色官茶大量减少,该地区所领茶引,绝大部分以商茶的形式与各少数民族交易。西北准、回二部平定后,新疆与内地商路开通,茶商又把大量茶斤运往新疆销售。乾隆五十三年(1787),清廷又将四川灌县茶1000引,指令销往新疆各屯。③

清代边茶销售的另一重要地区是四川。前文已述,清代是川茶的大发展时期,值得注意的是,川茶持续不断增产的茶斤,绝大部分是由清中央指定销往西藏、青海及川西、北少数民族地区。清朝在川省的行茶实行引岸制,其茶引分三种:腹引、边引、土引。腹引是行销

① 光绪《大清会典事例》卷242《杂赋·茶课》。
② 《清朝文献通考》卷33《市籴二》,第5164页上,乾隆二十四年,商务印书馆万有文库十通本。下引此书版本同,不另注。
③ 《清朝续文献通考》卷42《征榷考十四·榷茶》,第7961页上,商务印书馆万有文库十通本。

内地之引。土引销于川西、北等地土司所辖少数民族地区。边引运至打箭炉、松潘，分别与西藏、青海的藏、蒙族商人交易。截至嘉庆朝，川省年颁茶引 139625 道，其中腹引仅 15907 道，而销往少数民族地区的边引、土引竟达 123718 道，占总销量的 88.6％。年销量 1400 多万斤（每引 114 斤，其中有免税的"附茶"14 斤），而销往西藏、青海藏蒙民族地区的边引又是主要部分，有 92315 引[①]，年销 1000 万斤。这一方面表明这些民族地区对茶的大量需求，同时也说明清廷对这些地区基本上采取了开放供销政策。打箭炉又是川省边茶的主要贸易地，嘉庆年间，每年销往该处的边引达 73000 多道，占川省年销总引的一半以上，合茶 830 多万斤。当时西藏的各大寺院及贵族都有专门从事贸易的商人，川茶由内地茶商运至打箭炉后，与这些藏商交易，每年，800 多万斤边引茶就是在这里成交，运往西藏。当康熙中建立川、藏贸易制度时，康熙皇帝还谕令前往打箭炉监督贸易的官员："税银不取于彼（藏商）"，只征内地承引茶商，告诫他们"不可专以税额为事，若立意取盈，商贾不至，与禁止何异，此项钱粮不多，勿以此注念"[②]，对藏商购茶采取免税的优惠政策。四川的边茶，还有用来赏赐的项目，雍正二年（1724）定制，每年赐达赖茶 5000 斤、班禅 2500 斤[③]，这种赏需茶，也由领引的茶商承办，运至打箭炉[④]。由于打箭炉距西藏路途遥远，运价高昂，所以不仅赏茶，还赏赐茶叶脚价银，每年赏给达赖喇嘛的茶叶脚价银就达 5000 两[⑤]。供其需求或称供销性的销茶政策，以及免税、赏赐等措施，目的都在于笼络、怀柔西藏民族，密切他们与中央的关系。

对于那些不忠顺服从中央统治甚至叛乱的少数民族地区，清廷也曾以限制茶叶的售买或禁输的方式，来进行制约。青海，雍正初平定了罗卜藏丹津叛乱，设办事大臣，后来便规定，青海地区蒙古族易买茶、粮，要"按季赴青海大臣衙门领票"，"报名户口计买"，印票上

---

① 以上数额据常明、杨芳灿（嘉庆）《四川通志》卷 69《食货八·茶法》第 36 页统计，其中腹引、土引无引数，系根据各征银总数及每引所征计算而来。嘉庆二十一年官刻本。

② 《清朝文献通考》卷 33《市籴二》，康熙四十一年。

③ 《清世宗实录》卷 20，雍正二年五月戊辰。

④ 民国《雅安县志》卷 2《田赋·盐茶》。

⑤ 《打箭炉厅志》卷上《税课》。

"填注数目"①,通过掌握其户口人数、用茶多少,来"酌量定数",控制其购买量,使其"仅敷自食",如果有余,即"暂行严禁,俟其恳请时,再酌定数目,令其买运"②。这样,这些地区只能经常处于仅够食用而无余的状况,需要经常有赖于朝廷的供应,不敢违背朝廷的意志。清廷在这种地区,是采取控制茶叶供销量的办法,使其经常服服帖帖地恭顺中央,以维持该地的统治秩序,一旦有变乱,就要施以"禁茶"的措施,造成该地的"茶荒"来进行制约。道光初,青海察罕诺门汗所部作乱,四出劫掠,陕甘总督那彦成立即"将茶粮断绝",结果作乱者"立见穷蹙,愿归原牧",那彦成因办理此事"不劳兵力,不延岁月,易于反掌"而受到道光帝的嘉奖③。在四川省土司地区,清廷也实行过茶禁。康熙末年,准部进扰西藏,局势动荡。川省土司出现反叛,清廷遂将茶引"均行饬禁",土司慌恐"相继归诚",才又恢复其茶引的行销④。乾隆中期,大小金川土司叛乱,清廷也断其茶叶供销,后因影响了附近藏民的食茶,复行弛禁,以使那些"恭顺土司仍得食茶"。对销茶"视番情之向、背,分别通、禁"⑤,以禁茶迫使叛乱土司归顺,是清廷对该地区土司实行的控制性手段。

现在,我们可以对清代边茶的行销政策作如下归纳:对漠南、漠北蒙古、新疆及西藏等边疆民族地区,是开放性供销,这是清代边茶行销的主流。对发生过叛乱、出现骚乱的青海及川西、北某些少数民族地区,则以限制购买量或禁茶的方式进行控制与制约,但这种方式只实施少数地区,而且禁茶只是特殊情况下进行的暂时性手段,其根本的原则与方式,仍是供销。

四、清代茶法的特点及其影响

古代茶法,以宋、明、清三朝内容最为丰富,影响比较大。与宋、明两朝相比,清代茶法可归结为以下几方面特点,这些特点,对清代社会经济政治发生了值得注意的影响。

① 《清宣宗实录》卷44,道光二年十一月丁丑。
② 《清朝文献通考》卷33《市籴二》第5158页下。
③ 《清宣宗实录》卷46,道光二年十二月丁未。
④ 乾隆《大清会典则例》卷49《杂赋上·茶课》。
⑤ 嘉庆《四川通志》卷69《食货·茶法》。

（一）开放性。主要表现为边茶的开放性行销。前文已对清代边茶的行销状况作了叙述，如果我们再简要地介绍一下明代的边茶政策及行销状况，并与清代相比，就会更清楚地看出这一特点。

明代为了保证官方与边族茶马贸易的顺利进行，严禁私茶出边，《大明会典》叙述："若陕之汉中，川之夔、保，私茶之禁甚严。"①明朝刑律规定："私茶出境与关隘失察者，并凌迟处死。"御史刘良卿解释这种严法的实行动因，是边防"莫切于诸番，番人恃茶以生，故严法以禁之，易马以酬之，以制番人之死命，壮中国之藩篱，断匈奴（指蒙古）之右臂，非可以常法论也"②。非茶马贸易之时，明朝对边茶同样实行禁限措施，其宗旨是"茶乃番人之命，不宜多给，以存羁縻节制之意"③，"滥与贸易，恐轻视天朝"④。因而万历五年（1577）蒙古俺答汗请开茶市，朝臣建言："番以茶为命，北狄若得，借以制番，番必从狄，贻患匪细"，结果"部议给百余篦，而勿许其市易"⑤，唯恐其大量得茶后，再以茶去制约或笼络其他边族，造成不利于中原统治的威胁性势力。对藏区的销茶同样如此，嘉靖年间，"定四川茶引五万道，二万六千道为腹引，二万四千道为边引"⑥，边引少于腹引，不及总引额之一半。正是由于这种限制，当时"边引报中者多，恒苦不足，腹引常置于无用之地"⑦，边引不足，而内地腹引过剩，这种恒、常之态，正是坚持限制的结果。清代，则边引、土引大大超过腹引（见前述），明清两代这些引数相比，清嘉庆年间，边引、土引是明嘉靖年间边引的五倍多（12.3718 万引：2.4 万引），每年多销 1000 万斤左右。清代虽然也实行过禁限，但只是特殊情况下的个别地区，而且是供销之中的禁限。其他广大民族地区则是开放性供销。

清代自乾隆以后已无以茶易马的必要，因而也无需乎严禁私茶销边以保证官方的茶马贸易；另外，清代边疆统治深入化，内地、边区

---

① 万历《大明会典》卷 37《茶课》。
② 《明史》卷 80《食货志·茶法》，第 7 册第 1951 页。
③ 雍正《四川通志》卷 15《茶法》。
④ 雍正《四川通志》卷 15《茶法》。
⑤ 《明史》卷 80《食货志·茶法》，第 7 册第 1953 页。
⑥ 《明史》卷 80《食货志·茶法》，第 7 册第 1951 页。
⑦ 雍正《四川通志》卷 15《茶法》。

联为一体,结束了宋、明时期中原王朝与边族政权对立的局面。再者,以满族为主体统治的清王朝,也较少宋、明等汉族王朝的"华夷之别"观念,重视对边族的怀柔。以上三点,是清代边茶开放的主要原因。

宋、明时期,边茶销售主要表现为政府控制下的官方茶马贸易。清代茶马贸易在乾隆以后的结束,标志着古代中原王朝与边族茶马贸易的终止,结束了以前官方为易马而对茶叶垄断、限制销边的历史,茶叶基本上全部变为私人运销的商茶,在对边族怀柔抚绥政策的原则下,清廷对边茶又实行开放性供销。清代茶法的这一重要变化,在边茶行销乃至边疆贸易史上,具有阶段性的进步意义。边茶行销的开放,不仅对密切中央与边区民族关系具有积极作用,而且由于边茶行销的突破性发展,对于内地茶的销售、种植以及内地与边疆的经济交流与繁荣,都有重要意义。清代广袤的北部、西北、西南民族地区,对茶有大量的需求,这些地区由以前之茶的限制行销区变为开放供销区,为内地茶开辟了广阔的市场,正如时人评论:前朝以茶易马,"今则幅员万里,边疆、腹地,茶引一例通行,迥非胜国(指明朝)所同日可语也"①。前文所述四川植茶业的迅速发展,正与边区销茶开放、市场的扩大有重要关系。雍正《四川通志》曾作评述:"今则边路全通,引行渐广,凡产茶郡邑,种植益繁……故各属屡有增引之请。"②边茶的大量行销,也带动了其他商品贸易的发展。四川边区交易,"唯贩牛羊、毛革与买换茶叶之商贾为巨"③,打箭炉"商务销品,以雅州各属所产之茶为大宗",藏区大批的畜产品药材等土特产则源源运往该地。④ 打箭炉由于这种以茶为主的贸易的繁盛,日趋繁华,被称为"小成都"⑤。塞外蒙古与内地茶叶贸易更为繁盛,成帮的内地商人将砖茶布匹等驼负车载,出长城运至蒙区、边陲,形成了

① 道光《石泉县志·食货·茶法》。
② 雍正《四川通志》卷15《茶法》。
③ 徐珂《清稗类钞·农商类·道孚商务》,第5册第2337页,中华书局标点本1984年版。
④ 徐珂《清稗类钞·农商类·打箭炉商务》,第5册第2336页。
⑤ 徐珂《清稗类钞·农商类·打箭炉商务》,第5册第2336页。

著名的"茶叶商路"①。过去内地人迹罕至的乌里雅苏台、科布多,也成了商贾聚集之处,道光初,乌里雅苏台已"渐积大小铺户二百余家","每年由归化城、张家口、库伦三处共来大小砖茶一万五千余箱",且西销新疆古城,换取粮食等物,"商民整年络绎不绝,往返贩运"②,改变了昔日的荒凉景况。

(二)茶法的松弛性。表现为官方对茶叶垄断性专卖的松弛。官府对茶实行专卖制度自唐代创始后,至宋而趋于严格。宋初设置官场管理种茶园户,园户所采之茶,除向官场交茶课、茶税外,"余则官悉市之"③,由官方收购,严禁私卖。由于当时执行较严,"封园置吏,随处立笕,一切官禁,人犯则刑,既夺其资,又加之罪",以致被判处的事例"黥、流日报"④。北宋末年实行引茶法后,由商专卖,禁商民无引私贩甚严,"纤悉不如令"就被抓起来治罪,以致当时有茶法"伤人如虎"的说法⑤。明代对茶商的控制有所松弛,但对于私茶之销边,在稽查与制裁上都相当严厉。洪武、永乐年间,凡有犯者,连带失察官吏皆判死刑,驸马都尉欧阳伦便因贩私茶而被处死。

清代虽然在茶法上也有关于禁止与惩治贩私茶的条文,但多系沿袭明代原例,在实行上并不认真,因而像宋、明时期那种严厉禁私缉私、惩治贩私茶的谕令和事例,在清代典籍中不多见。清代对私茶禁限不严,主要因为清前期对茶课税的收入并不重视,当时盐课与关税迅速增加,充裕了国库,国家理财,也把重点放在地丁钱粮、盐课、关税上。相比之下,茶课税征额在财政收入中只占很小比例,《清史稿》将茶课税对比其他大项税收之少,述为"除江、浙额引由各关征收无定额外,他省,每岁多者千两,少只数百两或数十两。即陕、甘、四川号为边引,亦不满十万金"⑥。官方"会典"只把这项收入列入"杂

① 见张正明《清代的茶叶商路》,《光明日报》1985 年 3 月 6 日。
② "宫中档·朱批奏折·民族事务·蒙古"第 369 号,中国第一历史档案馆藏。
③ 《宋史》卷 183《食货下五》,第 13 册第 4477 页。
④ 《宋史》卷 184《食货下六》,第 13 册第 4494 页。
⑤ 商岐《一千年的茶法与茶政》上,《平准学刊》第三辑下册,中国商业出版社 1986 年版。
⑥ 《清史稿》卷 124《食货五·茶法》,第 13 册第 3654 页。

赋",因而朝廷无需以严法缉私去保证这项微薄的税收。从另一角度也可以说,清前期由于盐、关等大项税收的迅增,而轻视对茶的课征。如前述浙江省,自康熙年间起即颁引 14 万道,此后植茶发展,一直以此数额课征,直至嘉庆朝才突增 7 万余引。显然,这近百年间有不少茶斤是处于引外行销。再如云南省,年颁茶引仅 300 道,售茶合 30 万斤。而据雍正年间地方官介绍,该省当时"每年所产普茶,不下百余万斤"①,而且直到道光年间,始终是以 300 引为征额,此外之茶,除去一部分是自食,也当是未行课税之征的引外私销。陕甘、四川茶课税较重,政府也曾申令稽查私茶,实际是缉而不严,如乾隆后期,产茶大省的四川便是"私枭盛行"②。道光初,甘肃输往新疆之茶,一半以上都是"无引私茶影射"③。清前期是茶业大发展时期,官府对茶课的轻视及茶法的松弛,为茶叶的售卖客观上造成了较为宽松的环境,为商民引外无课售茶提供了机会,清代商茶虽然实行专卖制,实际上有相当大一部分是处于专控之外,因而有利于商品茶销量的扩大及茶业的发展。

茶法的松弛,还表现在对行销引地限制的不严格,这一点是相对于盐法而言。"会典"记载,茶法与盐法略同,给人的印象是,茶与盐一样,是在官府严格控制下,按所规定的引地行销,且茶引也标注行销地。实际上真正严格实行引地制的只在四川及陕甘边区。茶在广大内地地区,毕竟不像盐那样是百姓生活的大宗必需品,无法像盐那样形成固定的专销区。再者,政府对外贸易口岸地点的变化与增减,也会导致茶叶行销地及某地销量的变化。凡此,都无法对行销地及其引数进行严格的限定。"行茶与行盐不同,商无定,地任迁移"④,反映了茶商不像盐商那样被限制在引地范围内,可相对自由地运销的实际状况。这种松弛性,便于茶叶销路的开辟和扩大。清代正处于外国对华茶需求量不断扩增的时期,因而茶法引地行销制的松弛,对华茶出口贸易的发展尤有重要意义,无论是福建、浙江、江西,还是其他产

---

① 雍正《朱批谕旨》,郝玉麟雍正六年二月二十二日折。

② 光绪《彭县志》卷 4《赋税志·茶政》。

③ 《清史稿》卷 124《食货五·茶法》,第 13 册第 3659 页。

④ 《清朝文献通考》卷 30《征榷五》,第 5129 页上。

地的茶叶,都可运销广州与北徼恰克图,分别与英、美、法等国及俄国商人进行交易。而课征的松弛,无引之茶的大量"自由"地运销,也客观上促进了茶叶出口贸易量的迅速增加,同样有利于它的发展,以下数字可说明这点。请看下表。

嘉庆十五年、道光十二年及十六年华茶输入英、美、俄国数量表

	英国	美国	俄国	合计	
嘉庆十五年(1810)	244446 担[①]合 2444.46 万斤	9224800 磅[①](1 磅 ≈ 0.907 斤)合 836.69 万斤	75000 普特[①](1普特 = 32.76 斤)合 245.7 万斤	3526.85 万斤	折合茶引 35.2685 万道
道光	道光十六年(1836)48520508 磅[②]合 4400 万斤	道光十六年(1836)16942122 磅[②]合 1536.64 万斤	道光十二年(1832) 646.1 万磅[②] 合 586 万斤	6522.64 万斤	折合茶引 65.2264 万道
资料出处	①姚贤镐《中国近代对外贸易史资料》第 1 册第 276 页,中华书局 1962 年版(下引此书仅作"姚著",版本同。)②姚著第 1 册,第 284 页。又,第 527 页作该年为 58981000 磅。	①姚著第 1 册,第 288 页。②姚著第 1 册,第 288 页。	①K. 斯卡尔科夫斯基《俄国在太平洋的贸易》,转引自许淑明《清代前期的中俄贸易》,《清史论丛》第七辑,第 210 页。②何秋涛《朔方备乘》卷 29。		

由上表可见,嘉庆十五年,仅输往英、美、俄三国的华茶,就有 3500 多万斤。鸦片战争前的道光十六年,是中外贸易额较大的一年,输往英美两国的华茶达 5900 多万斤。输俄之茶未见道光十六年数字,权以道光十二年代,三国共计 6500 多万斤。嘉、道两朝的这两个数字,分别合茶引 35 万多道、65 万多道,而清政府在两个时期所颁全国茶引总额才 38.9 万道(两朝引额相同)[①],仅外销这三国之茶

---

① 据嘉庆《大清会典事例》卷 192《杂赋·茶课》、光绪《大清会典事例》卷 242《杂赋·茶课》统计。

就接近或超过了全国总引数。远超官府引额的茶斤,一部分属于某些省(如福建)的无引茶,而大部分则是引外私销,也即私茶。可见当时大量出口的华茶,不仅突破引地的限制,从各个产茶地汇集到南北两大外贸地——广州、恰克图,而且有很大一部分又是官府未能控制或者说是未加控制的未纳茶课的引外销茶。这也正是茶法的松弛性对茶叶外贸的发展所造成的有利条件。

(三)种茶园户无课。据乾隆《大清会典》卷十七"茶课"记载:"凡山乡宜茶之地土,人树艺为业者,无征。惟商贾转运而售之民者,征其商,曰茶课。"就是说,国家不向种茶园户征课税,只向茶商征收。需要说明的是,这是指全国一般情况而言。四川比较特殊,该省明代曾实行国家向园户征茶以易马的政策,后来间征折色银。清代沿袭旧例,完全改征折色银。雍正八年(1730)定以旧额一半征收,每引征银一钱二分五厘,其征收方法,是由茶商向园户购茶时将课银在茶价内扣除,由茶商交课税时一并交纳,即所谓"课仍出于园户,而归总于商人"①。实际上茶商扣除课银,园户可以提高茶价,所以究竟是园户交还是商交,是说不清的事情。这种征法也不便于园户与茶商交易,所以有的县又改为把园户划片包干征收②,有的县索性摊入地亩,免除了园户的这项课征③。根据以上情况,把园户无征作为清代茶法上的一个一般性的特点,还是可以成立的。

种茶园户不纳茶课,是茶法发展史上的一个进步。宋代茶法,园户纳课称为"茶租",而且课征较重,商岘先生对此曾作过较细致深入的研究,其所引史料揭示,北宋嘉祐以前"园户困于征取,并缘侵扰,因陷罪戾,至破产逃匿者,岁比有之"(食货志)。南宋时,四川曾出现园户"避苛敛转移,饥馑相藉"的现象④。东南地区不少地方园户就是因为"困于茶租钱"而参加反朝廷暴动。他认为官府对园户的残酷剥削影响了生产者的积极性⑤。明代这种课征有所改变,但为了茶

---

① 雍正《四川通志》卷15《茶法》。
② 嘉庆《什邡县志》卷5之下《食货·茶法》。
③ 民国《安县志》卷24《食货·茶课税》。
④ 《宋史》卷388《唐文若传》,第34册第11911页。
⑤ 同前引商岘文。

马贸易,在四川、陕西仍征茶于园户①。清代则基本取消了对园户的课征,这种变化,对清代茶业的发展具有值得重视的特殊意义。清代是我国人口剧增时期,人均耕地面积减少,无业之民增多,南方这一社会问题尤为突出,种茶者不纳课税,对于江南、东南、西南等广大宜茶地区大量少地无地的百姓种茶为生,扩大开辟山区丘陵植茶是有利的。

　　清代茶叶需求量急剧增加,大大超过了宋、明诸朝时期。首先,清代人口剧增,茶叶消费量必然增多,尽管这种增多与人口数的增加未必成正比例,不少人未必喝茶或喝得起茶,但茶叶消费的绝对数量,随人口的增加而增长,当无疑问。其次,华茶作为一种饮料,自明末清初开始被欧洲人认识并输入,18世纪20年代以后也即清代雍正以后,华茶输欧进入迅速发展时期②,清代茶法的松弛性,有利于外销茶的发展,因而出口茶斤猛增;再次,清代茶对边区民族开放,内地茶大量销边。总之,茶叶的大量需求,市场扩大,为茶的不断扩大种植提供了条件。而清代人口的剧增,茶农增加,又促进了植茶面积的扩大,种茶者不纳课税,也有利于茶的扩大种植。以上各种社会条件及前述茶法诸种特点的积极影响,正是清代前中期茶业大发展的主要原因。

　　(此文原载《清史论丛》第十二辑,辽宁人民出版社1996年版,有修改)

---

① 《明史》卷80《茶法》,第7册第1947页。并见万历《大明会典》卷37《茶课》。

② 见庄国土《18世纪中国与西欧的茶叶贸易》,《中国社会经济史研究》1992年3期。

◆疾病医疗与政治、伦理

天花对清廷朝政的影响及其相应措施

　　自公元一世纪以来,天花不断蔓延,乃至肆虐全球,夺去大量人口的生命,对人类自身的发展造成过巨大影响,这种影响及人类对它的防治史,医学史及人口史的学者们已作过一些研究。而关于天花对人类其他方面的影响及人们的对策,尤其是天花对国家行政之影响,迄今尚很少有人涉及[①],笔者试图在此方面加以探讨。清代天花流行对人口尤其是成年人造成很大危害,并进而影响了清朝的行政活动。为此,清廷也实行了一系列的防治措施,并制定针对性制度与政策。本文旨在说明,国家行政不仅仅受政治、社会等等因素的影响,而且受到包括自然现象与事件在内的其他方面的干扰、制约,希望学界对此亦予以注意。

一

　　天花,在我国古代又称痘疫、痘疾、痘疹、痘疮,或简称痘、疹,乃

---

① 关于天花对清代行政影响的研究,笔者目前仅见谢景芳《天花与清初史事评议》一文(《民族研究》1995 年 1 期),论及当时因天花而"驱痘"、玄烨出痘与其继位等问题。

外域传入，宋元以后为害尤为惨烈。明末，隅处东北地区的清政权也深受其害，常出现人畜大量死于痘疫的情况。该政权的统治阶层及其家族也有不少人罹于此疫，如见于记载的，仅大贝勒代善一家就有3人。天聪五年，代善第五子巴喇玛"以痘疾卒，时年二十四"①。崇德四年，代善长子镶红旗主岳托、第六子辅国公玛占，均"因染痘疾，卒于军中"②。代善的外孙公爵和尔本也在这次痘疫中丧命③。这些载诸史籍的染痘而亡者都是成年男子，至于那些死于天花的幼童、妇女又不知凡几。

清入关后定鼎北京，北京又是痘疫的高发区，常在冬、春二季迅烈传播，清初居京的史学家谈迁曾据其所见而记述：满人自入北京"多出疹而殂"④，他所说的"疹"即痘疹。顺治六年春的那次天花流行，京城死亡人口尤多，而且不少是成年人。正月，辅国公坚柱（或译作锦柱）"出痘死，二十二岁"⑤。三月，摄政王多尔衮同母弟豫亲王多铎"以痘薨，年三十六"⑥。同月，多铎同母兄英亲王阿济格的两个福晋（夫人）"俱出痘薨"⑦。清顺治朝的"实录"及这一朝的"内国史院档案"中，对满族王公贵戚之死亡有不少记录，明显看出是集中于冬、春几个月。众所周知，清入关后的第一个皇帝顺治帝，便是患天花而死于顺治十八年正月。

除东北、内地北京深受其害，北部、西部等边区蒙古族地方，天花的流行也十分猖獗，有些首领人物也是死于痘症，如天聪八年，察哈尔蒙古林丹汗就是"病痘，殂于打草滩地方"⑧。打草滩，当时在青海地界，今属甘肃省。乾隆二十二年初春，漠西额鲁特蒙古地区发生大规模痘疫，其时"痘疫盛行，死亡相望"，其中的准噶尔部蒙古人有十

① 《清太宗实录》卷9，天聪五年六月辛酉。
② 《清初内国史院满文档案译编》（上）第413页，光明日报出版社1998年版。下引此书简作《内国史院档》，版本同，不另注。
③ 《内国史院档》（上）第413页。
④ 谈迁《北游录·纪闻下·驱疹》第356页，中华书局标点本1981年版。
⑤ 《内国史院档》（下）第18页。
⑥ 《清史稿》卷218《多铎传》，第30册第9037页，中华书局标点本1977年版。
⑦ 《清世祖实录》卷43，顺治六年三月辛未。
⑧ 《清太宗实录》卷20，天聪八年闰八月庚寅。

分之四是死于天花①。擅权该部的辉特台吉阿睦尔撒纳也是在这次
疫疾中"患痘死"②。该地区杜尔伯特部蒙古的"郡王车凌蒙克、贝子
罗垒云端、布图克森、扎萨克台吉尼尔瓦齐等,俱因出痘身故"③。

二

痘疫的流行,也给国家行政带来干扰,尤其是执掌皇权的皇帝的
行政活动。人们畏痘如虎,每当痘疫来临,那些未出过天花的"生身
人"(出过天花者谓之"熟身"),便纷纷躲避,不敢与人接触。而偏偏
清初的两位皇帝——清太宗皇太极、清世祖顺治帝,都是至成年时也
未出花者,所以每次痘疫流行,辄离开皇宫这一人多之地,到"避痘
所"中去躲避。一国之君,国家政务需要其裁决,而不能接触人,其行
政怎能不受影响?

天聪八年二月,东北一带发生痘疫,史载清太宗于该月十日"至
避痘所"④,一般政务委之六部贝勒、大臣,紧要之事,方令贝勒"至避
痘所朝见汗"请示⑤。三月六日,明将尚可喜率所部兵将来投,这对
于后金(清)政权来说,是壮大实力之大事,隆重接待,无疑对招徕明
军、瓦解敌方具有重要意义,但清太宗因"在避痘所",为避免接触,不
得不推迟召见,向尚可喜解释:"朕欲初到时即行召见,适以他事,身
居别所……待事毕,即遣人往请将军。"⑥崇德三年元旦,为清太宗称
帝后的首次朝贺大典⑦,也因"国中流行痘疫,上未御大政殿"⑧,只命
已出痘之王、贝勒设宴⑨,未免大煞风景。此次疫情延续数月仍未解
除,科尔沁蒙古郡王来朝,清太宗也予婉言劝回。太宗二月起率兵西

---

① 魏源《圣武记》卷 4《乾隆荡平准部记》,上册第 155、156 页,中华书局标点本 1984
年版。

② 魏源《圣武记》卷 4《乾隆荡平准部记》,上册第 155 页,版本同前。

③ 《清高宗实录》卷 530,乾隆二十二年正月甲辰。

④ 《内国史院档》(上)第 62 页。

⑤ 《内国史院档》(上)第 63 页。

⑥ 《内国史院档》(上)第 69 页。

⑦ 皇太极于崇德元年四月称帝,次年元旦时,又亲率大军征朝鲜,未举行元旦庆贺。

⑧ 《内国史院档》(上)第 260 页。

⑨ 《沈阳状启》第 47 页,记"诸王之未经痘疫者,亦不来参"。辽宁大学历史系 1983
年刊"清初史料丛刊第十一种"。下引此书版本同,不另注。

进归化城,十几天返回后仍未回盛京,而到边远人烟稀少之处行猎,其实是为避痘。外出两个多月后,国中大事积压,只好于四月十二日还至盛京。暂居十余天后,由于盛京"疫疾大炽,皇帝(又)避在远村间家,外人切不得相通"①,其间,明总兵官沈志祥又率部投附,清太宗再一次派人向其说明:"沈总兵官到来,即理当召见,但因国中痘疫流行,朕系'生身',故戒之不见",而命内院学士等前去"重加抚慰"②。由于此次对沈志祥来投之安抚有些简慢,致使其部下人"屡至逃亡"。清太宗得知后,又急派内院学士传谕沈志祥:"(朕)因国内出痘,躲避在外,故未得暇加恩爱养……自今以后勿逃,有贫穷不能自给者,朕当抚育之。"③崇德七年,盛京地区入冬便发生痘疫,十月二十五日,乃皇帝万寿大典,太宗"以国中方避痘,停止作乐"④。十几天后,又外出狩猎。据当时在盛京的朝鲜官员反映:虽"称猎行,实为避痘"⑤,至闰十一月初八日方还。由于当时盛京仍"痘疫处处炽发"⑥,太宗除了处理个别紧要事务外,在宫中避不见人,所以在《清太宗实录》的崇德七年闰十一月中,只有 3 天的记录。十二月初二日,太宗再次率人至边远地区,以行猎方式避痘,26 天后还宫,便不外出,正值崇德八年的元旦庆典,太宗又以身体不适、"或云忌痘"而"免行庆典贺礼"⑦。在盛京的朝鲜官员记述,至二月二十八日,太宗仍"避痘于西门外别馆",以至"十余日来,切无衙门分付之事"⑧。

满族入关定居北京后,其受天花感染的程度似比在关外还要厉害,顺治帝及未出痘的贵族、大臣们之避痘措施也更严密。当时规定,痘疫发生时,皇城,也即大清门以北、地安门以南、东安门以西、西安门以东周围 18 里的中心城,凡未出过天花的"生身人",均遣往皇城之外⑨,防止这些人患痘而扩大传染,以保护皇帝及皇城中居住的

① 《沈阳状启》第 63 页,版本同前。
② 《崇德三年满文档案译编》(季永海、刘景宪译)第 88 页,辽沈书社 1988 年版。
③ 《崇德三年满文档案译编》第 131 页。
④ 《清太宗实录》卷 63,崇德七年十月壬戌。
⑤ 《沈阳状启》第 447 页。引文为朝鲜人所写汉文,引用时略去其中的"吏读"。
⑥ 《沈阳状启》第 456 页。
⑦ 《沈阳状启》第 471 页。《清太宗实录》卷 64,崇德八年正月丙辰朔。
⑧ 《沈阳状启》第 477 页。
⑨ 《内国史院档》(下)第 19 页。

宗室王公等人。

顺治帝是重点保护对象,在京城南郊无人居住的南苑,还为其建避痘所,天花严重流行之时,则移住该处躲避。有时还到长城以外打猎以"避痘塞外"①。其时,不仅耽搁某些政务,而且由于天花严重时一般是在冬末春初,以致一年一度的元旦庆贺大典,皇帝亲自召见并宴请边区民族来朝王公及邦国使臣,也常常因皇帝不能进城入宫而作罢,这在《清世祖实录》的顺治六年至十七年的正月元旦日,有多次诸如"上避痘,免朝贺"、"上避痘南苑,免行庆贺礼"之类的记载。为避免与官民接触,顺治帝于八年十二月还特别发布诏谕,严禁官民向他告御状:

> 近日痘疹甚多,朕避处净地,凡满、蒙、汉人有被冤控告者,在内官民告部院,在外官民告各地方,此间皆严禁向朕跪告。若有违旨跪告者,不论其人、事之是非,皆斩。若有人告冤,可告于都察院、通政司,彼等受之不理,待此期过去,再告于朕。(此谕)交付刑部,刊刻告示,晓谕满、蒙、汉人。钦此。②

某些外交礼仪及重要典礼,也因流行天花而从简。顺治三年正月万寿节,又值清朝不久前平定江南,朝鲜及藩部蒙古皆来朝庆贺,因"京城痘疹盛行,免朝贺"③,自正月二十六日至二月初六日庆贺期间,其奏乐及朝鲜、藩部蒙古之"进贡、筵宴、上表文、王贝勒会聚、驾御等,均启皇叔父摄政王后禁之"④。同月,命肃亲王豪格为靖远大将军率大兵征四川张献忠大西军,如此大的举动,按制应举行颁印及命将出师典礼,以壮军威,并宣布征讨檄文。因豪格"家中有出痘者"而免去典仪,只派人将大将军印及敕书送其家中⑤。四月,漠北喀尔喀蒙古扎萨克图汗部领主岱青一行62人,及卓尼活佛一行300余人来京,本应由顺治帝及摄政王多尔衮分别赐宴接待,也"因有痘疹事"

---

① 《内国史院档》(下)第257页;《清世祖实录》卷63,顺治九年三月癸巳。
② 《内国史院档》(下)第246页。
③ 《清世祖实录》卷23,顺治三年正月丁丑。
④ 《内国史院档》(中)第270页。
⑤ 《内国史院档》(中)第259页。

未能亲自出面,而派人前去招待①。稍后,公布全国进士金榜的传胪大典,某些礼仪程序同样"因避痘疹暂免"②。

再看京城的中央衙署。天花流行期间,官员"家有子女出痘者,亦不入值"③。疫情严重暴发时,官吏所居住之地,若其附近四十丈(80 步)内有出痘之家,该官吏"俱不许入署"④,以防其沾染而传给衙署中人。由于天花传染性极强,"一人乍起,传染殆遍"⑤,出花者甚多,流行的几个月间,不能入值衙署办理政务的官员当不在少数,这无疑又给当时的行政带来一定影响。

满族初入北京的顺治朝,是其统治集团上层人物亡故较多的时期,在死去的宗室王公中,除少数人死于内讧及战场外,多数都是在冬、春二季病亡,相当一部分人是在这天花流行季节死于痘症,当时在京的史学家谈迁所说的满人自入北京"多出疹而殆",正反映了这种情况。顺治十八年正月初七日,顺治帝"因病痘崩于养心殿,寿二十有四"⑥,抛下 6 个幼儿,最大的也仅 9 岁(虚岁,下同),8 岁的玄烨由于出过天花,不会再出现乃父顺治帝的悲剧,成为他继位的重要因素。

因天花,顺治帝遽亡,导致顺康两朝骤然交替与政治变故。天花,使顺治帝英年早逝,幼子继位,不得不以大臣辅政。总之,是天花造成顺治帝的不幸,也给当时的朝政带来政治变动。这种变动,清史学界早有阐述,此处不赘。

三

天花屡屡对人造成巨大危害,人们也不断地探索对这种恶魔的防治措施,并得出某些有意义的认识,摸索出某些经验和防治方法。鉴于痘疫对国家行政的影响,官方在施政中也把痘疫作为重要考虑因素,从而形成国政中某些具有针对性的特殊政策和制度。

---

① 《内国史院档》(中)第 299 页。
② 《内国史院档》(中)第 310、311 页。
③ 英和《恩福堂笔记》卷上第 34 页,北京古籍出版社标点本 1991 年版。
④ 谈迁《北游录·纪闻下·驱疹》第 355 页,版本同前。
⑤ 朱奕梁《种痘心法·论痘源流》。
⑥ 唐邦治《清皇室四谱》卷 1《列帝·世祖章皇帝》。

第一,清廷为防止天花传染,专设"避痘所",置查痘官。痘疫还曾成为部署军事行动的重要考虑因素,并形成军法中的某些内容。

康熙前期以前,满族抵御天花,还主要是躲避与隔离。这是基于当时对天花具有强烈传染性的认识,而采取的防止感染的保护性措施。

清初,不仅皇帝及其子女有"避痘所"①,王公大臣之家也设有这种躲避痘疫的居处地,如超品公塔詹家便有"诸子避痘房"②。

再有是隔离,官方设置查痘官,一经发现患痘者,即予隔离。早在努尔哈赤时期,后金政权便设有"查痘官"③。清太宗时期,八旗中每旗都设查痘官,旗下各家有人出痘,须向查痘官报告④,否则治罪。时在盛京的朝鲜人曾记述:"痘疫乃此国之大禁忌……不即告发掩置,以致现露,则其罪极重",其"有讳痘之人,则论以死罪"⑤。对于查出或主动报告之出痘者,官方采取遣往边远之地集中出痘以隔离人群的办法,最初是"遣往百里之外一处出痘",后因太远,而"改定六十里外居住出痘"⑥。当时还认识到,凡出过天花即所谓"熟身"之人,便不再染痘(现在称之为获得免疫力),而未得过天花的"生身"人(或称"生人"),则极易感染,为防止因此交叉扩大传染,官方也制定了针对性措施,并把它作为制度写进当时的所谓行政"会典":

> 未出痘子的合硕亲王、多罗郡王、多罗贝勒、固山贝子,若有病疾欲互相看望,过九日后问去,如果不是痘子,方可看去。九日内先差人探听消息,莫要讨好自己看去。⑦

对痘疫的躲避、隔离,还成为当时部署军事行动的重要考虑因素,并形成军法中的某些内容。

清太宗时期,清人逐步了解到,关内的北京乃至华北,天花之流

---

① 《清太宗实录》卷11,天聪六年二月甲戌,记"上至诸子避痘所",由此可知。

② 《内国史院档》(上)第317页。

③ 《满文老档·太祖朝》卷(册)42,天命七年六月初七日,上册第382页,中华书局汉译本1990年版。

④ 《崇德三年满文档案译编》第69页,版本同前。

⑤ 《沈阳状启》第391页。

⑥ 《内国史院档》(下)第19页。

⑦ 《清太宗实录稿本·登基后议定会典》第13页,辽宁大学历史系1978年刊本。

行主要是在冬末及春季，因此，在决定入关征明的重大军事行动时，也考虑到这一因素，尽可能避开这一时期出兵。另外，领兵将帅、兵士，又尽可能选择已出过天花者。

从某些记载，我们也了解到当时一些已出过天花的将帅。《内国史院档》的天聪八年十二月档，记清太宗"命出痘诸贝勒及各旗将领"为出征黑龙江的将领送行，此句之下所列："送行者有贝勒萨哈廉、台吉杜度、固山额真纳穆泰、额驸达尔哈、叶克书、叶臣、阿山、伊尔登、色勒、阿哥费扬古……"等人①，可知上列诸人都是已出过天花者。又据《天聪九年档》，这一年二月二十日清明节，祭祀太祖努尔哈赤，有"阿巴泰台吉、阿济格台吉、和硕贝勒萨哈廉率诸大臣前往……汗及未出痘诸贝勒闻国中有痘疫，未往"②，又可知努尔哈赤之子阿巴泰、阿济格也是已出痘者。崇德年间的三次大规模入关征明，领兵者主要是这些已出痘者，而出兵时间，分别在五月、八月底九月初、十月。崇德元年五月那次，统兵者正是已出痘之阿巴泰、阿济格，随征将领中，叶克书、阿山、费扬古、额驸达尔哈③，也是前述已出痘者。崇德三年征明，八月底右翼军出兵，领兵者岳托、杜度，九月初左翼军出兵，统兵者为多尔衮、阿巴泰、豪格④。右翼军的领兵者，乃位列八旗右翼之两红旗的贝勒，镶红旗之杜度已出痘（见前述），为统帅之一；正红旗已出痘之萨哈廉，于崇德元年五月故去，所以任命未出痘但年已40岁的镶红旗主岳托为主帅。该右翼军虽八月底出发，因一路势如破竹，竟长驱直下而入山东，年底未能返回。也许是心存侥幸，但万一之事发生，岳托于济南染痘而亡。崇德七年十月那次，主帅为阿巴泰，无其他宗王⑤。阿巴泰是出过天花之人，所以三次入关征明之役，均膺统帅。

在军事活动的一些具体措施中，也制定有防止天花传染的相关

---

① 《内国史院档》（上）第125页。

② 《天聪九年档》（关嘉录、佟永功、关照宏译）第35页，天津古籍出版社1987年版。

③ 《满文老档》太宗崇德朝卷（册）15，崇德元年五月三十日，下册第1487—1488页，版本同前。

④ 《崇德三年满文档案译编》第202、211页。文中"额勒洪贝勒"即杜度、"巴彦贝勒"即阿巴泰。

⑤ 《清太宗实录》卷63，崇德七年十月辛亥。

内容。如正在出痘者不得随军,若带去则予治罪①。行军途中,严防明朝人故意将出痘死婴弃于道路中②。战事期间,若发生痘疫,战役胜局如果基本已定,令未出痘之领兵者先回③。由明朝之地班师时,要检查军中兵士有无染痘者④,以便采取相应措施。若逢痘疫,其战利品暂不带入盛京,散置各乡屯,一两个月以后再运入城中⑤。若占据明朝境内之地,则考虑由"贝勒诸将已出痘者驻守"⑥。

清人入关进住北京后,仍沿袭关外的做法,设查痘官,名"查痘章京",专门巡查出痘者,并"理旗人痘疹及内城民人痘疹迁移之政令"⑦。其时规定:凡出痘者,一律带出城外二十里居住,时人称之为"驱痘"。顺治六年正月又改变这种迁移办法,在痘疫流行时,只将皇城内未出痘者遣外皇城之外。皇城之外,仅对宗室王公、公主郡主之家,实施隔离性保护措施,按其爵位高低,有不同的防护规定,其府第在一定范围内,将未出过天花及正患天花者驱出⑧。

第二,引进并发展种痘术,在太医院专设痘疹科⑨,任命专门太医负责种痘、治痘。清廷还主动为蒙古地区的贵族、兵丁种痘。

在痘疹的治疗上,当时的医技、效果都不甚理想。痘疹患者的病情分顺症、逆症,时人总结:"顺症不药而愈,逆症服药无益"⑩。就是说,患者若属于顺症,即染后而顺利"出花",即使不治也可痊愈,只是落下麻痕而已。若痘疹已显现而不发,即不出花或出花很少,呈"内陷"的逆症,则治疗上是相当棘手的,即使"名医也手足无措"⑪。痘

---

① 《清太宗实录》卷36,崇德二年六月甲子。

② 《高鸿中陈行兵要事奏》,《天聪朝臣工奏议》,史料丛刊初编本。

③ 《内国史院档》(上)第470页。并见《满文老档》太宗天聪朝卷(册)1,天聪元年正月二十八日;卷(册)4,天聪元年四月二十八日。下册第810、839页,版本同前。

④ 《满文老档》太宗崇德朝卷(册)28,崇德元年九月二十三日,下册第1601页,版本同前。

⑤ 《满文老档》太宗天聪朝卷(册)27,天聪四年四月二十七日,下册第1029页,版本同前。

⑥ 《清太宗实录》卷14,天聪七年六月戊寅。

⑦ 俞正燮《癸巳存稿》卷9《查痘章京》,道光灵石杨氏刊本。

⑧ 《内国史院档》(下)第19页。

⑨ 此科后与小方脉科并为一科。

⑩ 董氏《痘疹专门秘授·序》。

⑪ 《种痘指掌·黄廷鉴序》。

医治痘,主要是在患者初染时以药引发"出花",极力避免其发展为不能出花的逆症。痘症险恶,治疗又不甚理想,故时人极重预防。

自康熙二十年以后,清廷对天花的预防,已不再是单纯的被动躲避、隔离,而是实行积极性的预防措施——种痘。当时的种痘是指种人痘,而不是后来的种牛痘,其疫苗是痘疹患儿的痘浆或痘痂,以植入鼻中等方法[1],使被种者出一次轻症天花而获得免疫力。这种种人痘的预防法,个别材料记载始于宋代,且带有传说性。而作为一种医术,一般认为始于明代后期的南方。清初南方战乱,康熙朝平定南方三藩之乱,最终实现南北一统,社会安定,种痘术开始传入北方,首先是北京(笔者所见最早的资料,是最终平定三藩之乱的康熙二十年)。

康熙十七年十一月,康熙帝的皇太子5岁的二阿哥胤礽出天花,经善治痘疹的武昌府通判傅为格、陈天祥治愈[2],康熙帝由此得知傅为格"善为小儿种痘",且了解到种痘后可不再受天花侵害,因而于十九年十二月,命人再把傅为格调入北京,《康熙起居注》康熙十九年十二月十八日下记:"武昌府通判傅为格善为小儿种痘,曩皇太子喜事,令疹视疗治,获奏痊愈,现今宫中有未出痘阿格(哥),理当取来",且又记"今宫中小阿格(哥)等欲种痘,已令往取"[3],即调取傅为格入京,而傅为格来到京城种痘,当已是康熙二十年正月,也正是种痘的时节。这一年,康熙帝又派人至江西,将精于此术的痘医朱纯嘏、陈天祥(或作陈添祥)二人接到北京种痘。康熙二十一年春,这二人也为宫中的皇子皇女种痘成功,从此他们被任为御医,在太医院侍值[4]。清廷之太医院也比明代增加了一科——痘疹科,专门负责种痘、治痘之事。[5] 此后,对天花的种痘防治扩大到宫廷以外。雍正三

---

① 其详细情况可参见《医宗金鉴》卷60《编辑幼科种痘心法要旨》,及[英]斯当东著、叶笃义译《英使谒见乾隆纪实》第499页,英国来华者所见之介绍。上海书店出版社1997年版。

② 《康熙朝满文朱批奏折全译》第1540页第3717号折,中国社会科学出版社1996年版。

③ 《康熙起居注》第1册第645、646页,中华书局1984年版。

④ 以上见朱纯嘏《痘疹定论·自序》。

⑤ 光绪《大清会典事例》卷1105《太医院》官制、习业。此科后来与小方脉科归为一科。

年曾发布上谕："新满洲、蒙古侍卫、官员等,有未经出痘之子弟欲行种痘者,著告知太医院,交刘芳声,看好时候,派种痘之医生,令其疹视。若痘疹科医生不敷用,著奏请添取。特谕。"①乾隆时,还调取南方痘医来京种痘,乾隆中期,曾入值皇宫的官员阮葵生便介绍说:"今南方种痘者,每年来京",且"颇著效"②。另外,清廷还派痘医赴蒙古地区种痘,见后述。

接种人痘,在当时取得了一定的预防效果,康熙帝晚年曾对其诸皇子说:"至朕得种痘方,诸子女及尔等子女皆以种痘得无恙。"③前述痘医朱纯嘏,称种痘"得清正之痘痂,种出顺症之痘,历历有验",他以自己举例,自"奉旨选种试苗,俱皆全愈",此后三十余年"奉旨在大内遇喜处种痘,复又差往边外各蒙古地方,历历皆获全愈"④。康乾时的痘医张琰说得比较具体,他以亲身实践总结:"余遍历诸邦,经余种者不下八九千人,屈指记之,所莫救者不过二三十耳。"⑤以上所言或许有虚诩成分,但还是一定程度上反映了种人痘较好的预防作用,当时在华的外国人学习这种种痘术并把它详细介绍到西方⑥,也从一个侧面证明了这点。

清官方的防治天花,对京城及中央的正常行政应起到了一定作用。自康熙中期以后,政治中心北京,已不再有诸如设查痘章京、驱痘、王公勋戚隔离避痘,以及官员因家人、近邻出痘而不能入署办公之事,或许与此有关。皇帝在冬春之季尤其是年节期间避痘、免朝贺、影响朝政之事,也已不见记载,除康熙帝是因自幼已出天花外,以后的雍正、乾隆等等皇帝,也有可能是因种痘而获免疫力的结果,康熙所说他的皇子皇孙"皆以种痘得无恙",当是一定程度事实的反映。因而清史中,这一由天花肆虐到对其抵御取得一定成效所引起的政治现象的变化,值得治史者注意,有必要进一步深入研究。由于当时

① 《钦定八旗通志》卷首九之敕谕三,雍正三年四月初八日上谕。
② 阮葵生《茶余客话》卷15《种痘》,第457页,中华书局1959年版。
③ 雍正帝等辑《庭训格言》第60则训,四库全书文渊阁本影印本。
④ 朱纯嘏《痘疹定论·自序》,并参照沈大成为该书所作之"序"。
⑤ 张琰《种痘新书》卷3《论痘宜种篇》。
⑥ 朱静编译《洋教士看中国朝廷》第146—152页所辑雍正四年耶稣会士殷弘绪书简,上海人民出版社1995年版。

的种痘、治痘不可能完全成功,所以后来仍断续有患痘疹者,清后期
又出现同治帝染痘而亡,再一次导致政治变动的情况。

<h2 style="text-align:center">四</h2>

当时,清廷还派太医到蒙古地区种痘,这方面也有不少记载。

康乾时期的萧奭在其《永宪录》中记述,当时是"每岁例遣太医赴
诸部种痘,以便朝贡往来"①,他所说的"诸部"是指蒙古诸部落,可知
每年派太医院痘医去蒙古地区种痘,乃是当时清廷实行的惯例。太
医朱纯嘏便自述,他就常"奉旨出边外种痘",自从授太医后,由京城
派往蒙古"往来外藩三十余年"②。这里所说的"边外""外藩",都是
指的蒙古地区。今内蒙古赤峰市档案馆,还保存有一份理藩院传达
康熙帝旨令痘医去昭乌达盟各部蒙古种痘的咨文,该文为蒙、汉两种
文字,十分珍贵,兹将汉文部分全录如下:

> 康熙四十六年九月二十一日,乾清门护卫拉希转咨旨命:诸
> 蒙古扎萨克等知悉:明年春节种豆(痘)医生去时,接取披甲人等
> 儿女以上皆种痘,凡六七岁儿童皆可种,十六七岁儿童各由他父
> 母随便也。蒙古等不种者,不须进京,长大成人以后出天行痘
> 者,必死无疑。此命交理藩院,明年春季派种痘医生前往种痘。
> 重要事遵从往该扎萨克医生,明年春季正月以内给行部院公署
> 印文,去人。为此咨文。③

从这件公文可以看出,当时为蒙古地区种痘的对象范围是比较广泛
的,一般的"披甲人(抽丁为兵者)等儿女以上",当然也就包括了各该
部旗蒙古王公、旗下官员等等的子女,皆在布种之列。有的蒙古王公
也主动请求皇帝派太医至该部旗种痘,如康熙四十六年二月,卓索图
盟喀喇沁右旗的扎萨克郡王噶尔藏,便向朝廷"求种痘大夫",清廷派
大夫朱尔远前去④。为太医院医官去漠南蒙古种痘之事,还形成某
些则例,据《总管内务府现行则例·赏赐种喜花并出差医官》载:"乾

① 萧奭《永宪录》卷1第65页,中华书局1959年版。
② 《痘疹定论》朱纯嘏"自序"及沈大成"序"。
③ 赤峰市档案馆藏档案,全宗号1中的翁牛特右旗扎萨克衙门第10号档。
④ 《康熙朝满文朱批奏折全译》第490页第1066号折,版本同前。

隆五年十二月,据药房咨,今吏目医生吕严,奉旨出差敖汉,因口外严寒,照乾隆元年十二月,吏目傅琮出差喀尔沁(此为喀喇沁,还是科尔沁,待考)领给五丝缎面短襟羊皮袍一件、五丝缎面狼皮短褂一件、狐皮帽一顶。嗣后医官凡有冬季出差,即照此为例行给"①,可见,医官"冬季出差"种痘,主要是赴蒙古地区,并非偶尔、个别年份,而是已成经常之事,因而在"赏赐种喜花并出差医官"这一事项,才将发给其皮衣等御寒之物形成"则例"。

据某些记载获知,清官方种痘的蒙古地区,不仅有上述漠南内扎萨克蒙古,还有察哈尔蒙古及漠北喀尔喀蒙古。据"清宫医案"载:乾隆十三年二月,太医院太医"刘芳远奉旨往察哈尔镶红、正白二旗种痘";乾隆十九年四月,太医院太医"王德润奉旨往察哈尔镶黄旗地方种痘"②。再看漠北蒙古。康熙帝晚年曾说:"今边外四十九旗及喀尔喀诸藩俱命种痘"③,这里所说的"喀尔喀诸藩",是指漠北蒙古,当时也为那里的"诸藩"即诸部旗种痘。土谢图汗部的哲布尊丹巴二世,当就是雍正帝所派太医于"(雍正)八年夏种痘"④。乾隆帝也曾下令为漠北赛因诺颜部定边左副将军成衮扎布、车布登扎布之子种痘⑤。

清帝主动为蒙古地区种痘,其目的大概有以下三点。一,以这种善举笼络蒙古领主贵族,使他们感戴清帝之恩泽,密近双方情感,以利清廷对蒙古地区的统辖与治理。二,使蒙古王公、台吉、塔布囊等每年元旦前后能够顺利来京朝贡,即所谓年班朝觐(并见后述),免得在此天花流行之时来京染痘而亡。前述萧奭所说派人去蒙古地区种痘"以便朝贡往来"⑥,也是这个意思。三,保持蒙古地区的人丁兴

① 咸丰《总管内务府现行则例》之《广储司》卷4《赏赐种喜花并出差医官》,故宫博物院文献馆1937年排印本。
② 陈可冀等主编《清宫医案研究》第2180—2181页,中医古籍出版社1990年版;徐艺圃《清宫医案与清史探微研究》,陈可冀等主编《清宫医案研究》(横排简体字版),中医古籍出版社2003年版。
③ 《庭训格言》第60则训,版本同前。
④ 妙舟法师编《蒙藏佛教史》第五篇第一章第三节《第二世哲布尊丹巴呼图克图》,江苏广陵古籍刻印社1993年影印民国排印本。
⑤ 《清高宗实录》卷520,乾隆二十一年九月丙子。
⑥ 《永宪录》卷1第65页,版本同前。

旺,以利编丁抽甲。蒙古自成为从属于清王朝的"藩部"后,其勇悍骑兵便一直是清廷经营边疆、打击危害王朝统治的内外敌人的重要依靠军事力量,并为此而实行编丁(比丁)抽甲制度。清廷为一般牧丁披甲人子女种痘,当是为避免他们的后代幼时染痘夭殇,以使其顺利成丁,保证充足的后备兵源。

清廷在蒙古地区的种痘,也使该地区在预防天花侵染上收到一定成效。康熙帝晚年曾说:"今边外四十九旗及喀尔喀诸藩俱命种痘,凡所种皆得善愈",并称他此举是保全了"千万人之生者"①,其所述"四十九旗"指的是漠南内扎萨克蒙古,"喀尔喀"是指漠北四大部蒙古。前述太医朱纯嘏自述他奉旨种痘于"边外各蒙古地方,历历俱获全愈"②。他们所说的尽管有些绝对,不可能"所种皆得善愈"、"俱获全愈",甚至带有夸大成分,其意思是在强调说明这种种痘术的灵验,所以还是一定程度上反映了其成效的实际。

种痘不可能普及,种痘者也不可能俱获成功。针对蒙古地区这一实际,清帝在与蒙古等边区的有关行政中,还制订变通性或补充性措施。

在清人的记述中,有这样一种值得注意的现象,即蒙古等边区,其未出痘的成年人,在本地区有终身不出痘者,而一旦在冬春之季进入内地,便容易染痘而亡。时人对清初关外满族人的这种现象也有记述,如谓"满洲兵初入关,畏痘,有染辄死"③,所说"满洲兵"当然都是成年人,前述满族入关初不少成年人死于痘疫的情况也可证明。后来进京的边区成年人也常发生这种情况,太医朱纯嘏介绍说:"蒙古住牧边外……故有年老不出痘者……及至各蒙古王子入朝,适值京都出痘,其气相感,遂至出痘,十之中不过活其二三。"④其他边区进京者也有同样情况发生,如乾隆年间,乌苏里江地区"来京之赫哲费雅喀之里达喀出花病故"⑤,西藏的班禅六世,也因入京而在冬天

---

① 《庭训格言》第60则训,版本同前。
② 《痘疹定论》朱纯嘏自"序"。
③ 《清史稿》卷244《赵开心传》,第32册第9605页,中华书局1977年版。
④ 朱纯嘏《痘疹定论》卷2《年长男子出痘论》。
⑤ 《三姓副都统衙门档》乾隆四十年三月二十日札,见《简明满文文法》第161页,辽宁民族出版社2002年版。

"以痘终于京师"①,时年 42 岁。关于这种现象的原因,当时的痘医也说法不一,因不属本文内容主旨,故从略。这种情况,自然受到清廷关注,因而在其边区有关的施政中,也作出针对性规定。

雍正元年以前,长城以北之察哈尔蒙古八旗,其挑选护军校等,须到北京挑补,接受验看;旗下佐领官之承袭,也应将备选者带至京城引见皇帝,以裁定人选。鉴于其来京"倘遇出痘,恐有损伤",因而改变为:以后护军校、骁骑校、前锋、亲军、护军等缺出,由该地的察哈尔总管等公同阅看挑取,京城派大臣前去验看;世袭佐领官,若未出痘也免来京引见,由所派去之大臣查看奏闻②。再如东北边区,清廷对乌苏里江地区的赫哲族及库页岛一带的费雅喀人,有令其入京进贡、娶妇之制,它是清中央体现对该地区民族之统辖并进行笼络的一种制度,因而令其年末元旦前到京进贡方物,再回赏其丰厚赐物,并将民女作为宗女赐嫁该民族头人③。由于这一时节"京城恰于冬末春初之际天花流行",也出现过来京者出花病故的情况,因而于乾隆四十年改定,以后该地区民族首领入京进贡、纳妇,务必"趁七八月凉爽之际赴京办理,事毕即遣回"④。

边政中与天花相关的较重要的制度,是边区民族每年朝觐皇帝的"年班"与"围班"。清初规定,边区各民族首领、官员等,应轮班赴京觐见皇帝,时间是每年腊月的十五日至二十五日这十天中到京,次年正月底返回,"留京四十"⑤。到京后献上贡物,皇帝也回赏丰厚礼品。这一个月期间,京城各衙门也"封印"不办理一般政务⑥,君臣共庆佳节。除夕、元旦等节日,皇帝大宴群臣,包括朝觐者在内的内外王公大臣欢聚一堂。此外,皇帝还单独设宴招待边区王公官员,并举行各种娱乐活动,如冰戏、杂技、演戏等,请他们一起欣赏。下五旗宗室王公也分别在府第中宴请。其间,皇帝还召见蒙古扎萨克王公、台吉、塔布囊等,了解各部旗政务、调节矛盾、将皇家格格指嫁蒙古王

---

① 魏源《圣武记》卷 5《国朝抚绥西藏记》下,上册第 216 页,版本同前。
② 《清世宗实录》卷 8,雍正元年六月丙子。
③ 昭梿《啸亭杂录》卷 9《和真艾雅喀》,第 271 页,中华书局 1980 年版。
④ 同前《三姓副都统衙门档》,乾隆四十年三月二十日札。
⑤ 嘉庆《大清会典》卷 50《王会清吏司·年班》中"归各以其限"一语之注文。
⑥ 富察敦崇《燕京岁时记》封印、开印第 49、93 页,北京古籍出版社 2001 年版。

公子弟。这一个多月的系列活动,称之为"年班"。清代皇帝就是通过这每年一次的年班活动,保持并密近与边区民族首领的关系,加强其对中央的向心力,以维系对边区的统辖关系,它是清廷对边区民族治理中的一项非常重要的制度。不巧的是,这年节期间又正值北京天花流行之时。为解决这一矛盾,清帝遂规定,其"业经出痘者,均于年班来京"朝觐①,未出痘者,归入"围班",赴热河觐见。

所谓"围班",是指皇帝于秋天在热河举行围猎秋狝大典时,边区民族各首领、官员等分班赴该地觐见皇帝,参加由皇帝主持的系列性活动。因其时秋高气爽,又处地广人稀之地,未出痘者被安排于此时此地朝觐皇帝,便避开了天花传染。未出痘而参加围班的朝觐者,以蒙古王公台吉为主,来自各蒙古地区:

> 凡内扎萨克王以下⋯⋯有因生身(指未出痘者——引者注)年班不来京者,至围班则毕集。②

"内扎萨克",指漠南蒙古六盟二十四部四十九旗,主要为今内蒙古自治区。

> 外扎萨克蒙古王公台吉等,业经出痘者,均于年班来京,其未经出痘者,止于热河瞻觐。③

"外扎萨克",指内扎萨克以外的各部旗蒙古,如漠北喀尔喀四部蒙古、青海地区蒙古,以及原属漠西额鲁特蒙古之杜尔伯特、和硕特、土尔扈特诸旗蒙古等等。

入于围班的朝觐者,也和进京者一样,进贡方物,接受皇帝的宴、赏及娱乐性招待,另外,还与皇帝及满族王公大臣共同进行木兰围猎活动。④ 在这一个月左右乃至更长的时间内,皇帝与围班的朝觐王公等共同生活、密切接触,也可收年班同样之政治效果。

此外,黑龙江上中游之索伦、达斡尔人,凡候选之佐领、应袭世职

---

① 光绪《大清会典事例》卷984《理藩院·朝觐》。
② 嘉庆《大清会典》卷50《王会清吏司·围班》。
③ 光绪《大清会典事例》卷984《理藩院·朝觐》。
④ 乾隆《钦定热河志》卷48《围场四·蒙古随围王公》。

之人,若未出痘,也令他们于皇帝秋狝时,赴木兰围场引见。①

五

历史是人类活动的历史,而历史现象的形成,则不仅仅取决于人的活动,往往是多种因素综合作用的结果,其中就包括疠疫等在内的自然因素。清初的满族政权,一些叱咤沙场的勇将诸如岳托、多铎等人,不是战死阵前,而是死于肆虐的天花。天花还给当时的行政带来极大干扰,流行痘疫的每年冬、春二季,未出过天花的太宗、顺治二帝,均不得不极力躲避,某些官员也因此而不能入署办公。军事活动也要把天花之流行、官兵之出痘与否作为重要考虑因素。凡此种种历史现象,均有"天花"因素贯穿其中。当人们对它抵御不力、只能无奈地接受被侵害的事实之时,这种因素甚至会对政局的发展演变起某种决定作用。顺康之际,正值年富力强的顺治帝几天之内便因痘早逝,也抛下了一班年幼的皇子,康熙又因痘继统,顺、康由此交替,继而又不得不选择异姓的四大臣辅佐幼帝。这一切,及由此而产生的重大或深远的政治结果,无不与当时的天花有直接或间接关系。

为避免、减少天花对行政的不利影响,清朝统治者也做出了种种努力,并制订相应措施,形成国家施政中的某些特殊内容。清初军事方略的制订,及康熙以后对蒙古等边区的经营与施政,这方面的针对性内容尤为突出,值得在这些方面的研究中加以注意。特别是在蒙古地区的布种人痘及其积极意义,不能忽略。

史学界以往对历史上的自然灾害的研究,主要着眼于它的社会性影响。而疠疫病害不仅危害一般百姓,而且侵及统治者,受疠疫威胁、危害的统治者虽然人数相对较少,但在古代王朝时代,其对国政所造成的影响,则特殊且往往是重大的,治史者应该注意到它。这也是本文写作的一个主旨。

(此文原载《求是学刊》2004 年 6 期,题目原为《清初天花对朝政的影响及清廷的相应措施》,改为今名,以符合文章内容的时间性)

---

① 光绪《大清会典事例》卷 977《理藩院·设官·黑龙江打牲处官制》。

明清医疗中的女性诊病与男女之防问题

——兼析"悬丝诊脉"之说

中国古代男女之防甚严，为避免身体接触而有"男女授受不亲"之说。皇宫中的帝王后妃、公主等女性的"关防"更严，以致社会上还有为她们治病也要"悬丝诊脉"的传说，即男性医生为她们号脉时，她们的腕部需系丝线，医生只能以手指触及丝线的另一端，来感触脉搏的跳动情况，以避免触及她们的肌肤。社会上传说，唐朝之孙思邈为长孙皇后看病，就曾用过这种诊脉方法，还有关于清代皇室女性看病以悬丝诊脉的传说①。这种说法流传甚广。实际情况到底是怎样的？这是一个涉及中国古代习俗及伦理道德的文化问题，有必要进行研究。本文拟用清代宫中侍奉后妃之人目睹诊治的记述，以及曾

---

① 孟长海、王治英《悬丝诊脉与现代脉象诊断技术》(《家庭医学》2011 年 2 期)一文介绍：悬丝诊脉经过小说家的笔端和群众的耳口相传，早已印入了人们的心中。上海中医药大学医史博物馆内，至今仍保存着一张陈御医为慈禧太后牵线诊脉的照片。据说，慈禧患病，御医在既看不到她的神色，又不敢询问的情况下，隔着帷帐在红纱丝线上切了脉，并小心翼翼地开了三帖消食健脾药方。慈禧服后果然奏效，并赐他"妙手回春"金匾一块。过了许多年，御医隐居后才透露了当时的真情。他事先用重金贿赂了内侍和宫女，获知慈禧的病是食螺肉引起消化不良，由此拟出药方。如此看来，这悬丝诊脉是不靠谱的事情，不过是古代医生迫于君权和礼教而不得已采取的技法。

慈禧太后诊病时，会让人拍照吗？笔者向上海中医药大学医史博物馆询问调查此事，有关负责人说，该馆并没有医生为慈禧太后牵线诊脉的照片。看来，其他传说的确切性也值得怀疑。

为宫中女性治病之医生的诊病情节记录,参照清代宫廷医疗档案,再辅以明清时期的其他文献资料,对此进行考察。

一

光绪年间,曾伺候慈禧太后、充当宁寿宫司房承差太监的信修明,对医生①给慈禧治病的情况有如下记述:

> (慈禧)太后的御医值班,住寿药房……太后如感不适,先告知李莲英,李传上差首领(指太监,下同——引者注),叫大夫请脉……传大夫时,药房首领引两位大夫至殿外,先通知御前首领,再由首领进殿报告:"大夫上来了。"回事和小太监先预备请脉的几案和脉枕、手帕。太后或在寝宫、或在外间坐定,小太监说:"带大夫",御前首领方可将大夫带进殿内。大夫进殿先是跪安,太后将手伸出,放在脉枕上,妈妈、女子代蒙一块绸布,两位大夫跪在左右,各诊脉一次。②

通过这段记述,使我们了解到,为太后诊脉并非"悬丝诊脉",而是女性病人伸出让大夫把脉的手臂部分"放在脉枕上,妈妈、女子代蒙一块绸布",以下医生如何号脉,没有记述,难道是将绸布覆盖在脉搏部位,以避免男医对女性肌肤的接触,而"隔绸抚脉"以感触脉搏的跳动情况?

同样曾在宫中生活、为慈禧太后充当外文翻译的德龄女士,也曾目睹太医为慈禧诊病的场景,所作的记录比太监信修明所记详细,明确记述是隔着极薄的纱绸诊脉。详情如下:

> (太医)他们是这样看病的:在太后的左右两边各放一张小桌子,每张桌上都有一个软垫。太后坐在御座上,两条前臂搁在两张小桌上。四位太医叩完头后,分别跪在太后的两侧。女侍官帮太后把手腕露出来。两个手腕上各盖一条极薄的手帕,因

---

① 医生是治病者的现代称谓,古代如清代在宫中治病的御医、吏目、太医等称谓,都是官方太医院的医官,这些医官不称医生,太医院之"医生"多指学习、实习者。社会上将诊治之医称医生,多见记载。本文为叙述通俗,用现代的"医生"称之,其中还包括宫中临时特别征召的太医院之外的医生。

② 信修明《宫廷琐记·太后生活起居》第88—89页,紫禁城出版社2010年版。

为任何男人的手都不准直接触到太后的玉体的,两位太医左右各一,用指尖触那盖着手帕的手腕。①

这一记载很明确,慈禧的"两个手腕上各盖一条极薄的手帕",太医们是"用指尖触那盖着手帕的手腕"。其下文还有"太医跪在太后脚下通过薄丝手帕给太后把脉"的记述②。我们不妨将这种诊脉做法称之为是"隔纱诊脉"。

曾为慈禧太后诊病的薛宝田,其所作的诊治记录,与此稍有不同。

光绪六年,慈禧太后患病,太医院的太医们久治未愈,乃征召院外名医。江苏名医薛宝田应征入京。他写的《北行日记》所记八月初六日为慈禧号脉的情况如下:

> 皇太后命余(薛宝田自称)先请脉。余起,行至榻前。榻上施黄纱帐,皇太后坐榻中,榻外设小几,几安小枕,皇太后出手放小枕上,手盖素帕,唯露诊脉之三部。余屏息跪,两旁太监侍立。余先请右部,次请左部。③

这一记载显示,薛宝田为慈禧看病时,慈禧是坐在黄纱帐中的榻上,把手伸出放在桌几上的脉枕上,也许因为薛宝田是非太医院的外请医生,且头一次见慈禧,与经常服侍于宫中的太医不同,因而慈禧是坐在黄纱帐中而未露面,没有让薛宝田直接看其容面,殆与垂帘听政之垂帘含义相同,总之,也是属于男女之防的蕴意。其下的诊脉是"皇太后出手放小枕上,手盖素帕,唯露诊脉之三部"。这一记载可有两种理解:一,手与腕部"盖素帕"一条,所伸出的手臂"唯露诊脉之三部"的部分,其他部分没有露在黄纱帐外,"露诊脉之三部"的部分仍是素帕盖着的,是"隔纱诊脉";二,手与腕部"盖素帕"一条,但诊脉时,是将腕部覆盖的素帕部分掀揭,"唯露诊脉之三部",也即将需要触摸脉搏的"三部"——"寸、关、尺"(详见后述)三个部位的部分掀

① 德龄著,顾秋心、邓伟霖译《皇室烟云》,第二十九"太医",第161—162页,江苏教育出版社2006年版。
② 同前《皇室烟云》第162页。
③ 薛宝田《北行日记》八月初六日壬寅,第67页,河南人民出版社1985年版,刘道清校注本。

揭,这就不是"隔帕诊脉"了,而是男医生直接触摸女病人的肌肤了。从行文上看,似乎第二种理解更接近原义,因为是手、腕都伸出,唯露腕部的诊脉部分,不可能只露腕部不露手,才合事理,也符合语义。如果是第二种理解的那样的话,那么其用意是否是:按礼,女性的肌肤是不应让外人男子触摸的,因而覆以素帕,但治病把脉又不得已,只好将覆盖脉部的部分揭开,让医生触脉,这是并不违反男女之礼的变通。这也许就是如此设计的良苦用心。

上述记载,无论是"隔纱诊脉"也好,还是盖纱而掀去腕部而以手直接抚脉也好,都证明,即使是最尊贵的女性皇太后,其有病时也不是以"悬丝诊脉"来作为"男女之防"的。

下面再看一看皇家之外的官民之家,其女性诊病是否采取所谓"悬丝诊脉"的。官民之家的女性有病如何诊脉?史籍文献上很少有记载,也许这种事情根本就是一般生活常见琐事,又无特殊之处,因而很少有记载。有些现实主义的小说,因需要社会生活详情的叙说,对此却有一些反映,比如《红楼梦》。《红楼梦》所写的人物与事,学界有的认为是虚构,有的认为是清代某贵族人家"真事"的"隐"式情节。尽管在这点上认识不同,但学界公认,这部现实主义作品所写的人们的活动、习俗、礼节、医疗医药、衣食住行等等社会生活,是当时社会实际的反映,现在也利用其内容作历史研究。

《红楼梦》第十回,写贾家请医生张先生,为贾蓉之妻秦可卿秦氏看病,诊脉的情节是:

> 于是家下媳妇们捧过大迎枕(即放手腕的脉枕——引者注)来,一面给秦氏靠着,一面拉着袖口,露出手腕来。这先生方伸手按在右手脉上,调息了至数,凝神细诊了半刻工夫,换过左手,亦复如是。①

可见这位高门贵族家的妇人,看病时也不是"悬丝诊脉",而且连薄纱也未覆盖,而是医生手指直接触及肌肤脉搏——伸手按在右手脉上。

《红楼梦》第五十一回,贾府请大夫给女仆晴雯看病,也与此

---

① 曹雪芹《红楼梦》第十回,第 147 页,人民文学出版社 2008 年版。

类似：

> 老婆子带了一个大夫进来，这里的丫头都回避了。有三四个老嬷嬷放下暖阁上的红绣幔，晴雯从幔中单伸出手来。那大夫见这只手上有两根指甲足有二三寸长，尚有金凤仙花染的通红的痕迹，便回过头来。有一个老嬷嬷忙拿了一块绢子掩上了，那大夫方诊了一回脉，起身到外间，向嬷嬷们说道，小姐的症是外感内滞……①

这里所说的以"绢子"掩盖，并非抚脉的手腕部分，而是带红色的长指甲，因为晴雯伸出让大夫号脉的手腕，开始就是什么也没盖着的，直接让大夫触摸肌肤脉搏，只是这位大夫看到晴雯的手"有两根指甲足有二三寸长，尚有金凤仙花染的通红的痕迹，便回过头来"，老嬷嬷会意，才"忙拿了一块绢子掩上了"。可见社会下层女子看病，诊脉时就是让医生直接触及肌肤，也不是"悬丝诊脉"。至于这位大夫为何忌讳所看女病人的那带红色的长指甲，就不得而知了，待考。

通过以上几例诊脉记述可知，各阶层的女性看病时，都没有"悬丝诊脉"的做法。这从中医诊脉的"微察、细觉"之需，也可否定这一说法。

二

中医之号脉诊病，是个以多种"脉象"而从细微处诊视病情的"细活"，脉有三部，名寸、关、尺，在腕的上部离腕横纹只差很小距离的三个不同位置，医生分别用三个手指把摸这三部脉的部位点，以感觉脉象。而脉象，按《脉经》所说，则有浮、沉、迟、数、滑、涩、长、短、洪、细、虚、实、弦、紧、缓、散、革、芤、微、濡、弱、伏、促、动、结、代等二十六种不同的跳动情况，反映不同的病情，医生须"微察、细觉"，才能体会到所抚病人之脉是属于哪种脉象，进一步判断属于什么病症。

明人所辑《古今医统正脉全书》所收元朝人所撰《外科精义》，对不同脉象所反映的不同病情，有较简明且相对通俗的记述，不妨引录以作说明，以便对以下所举病例中医生的专业用语容易理解。其"论

---

① 曹雪芹《红楼梦》第五十一回，第 697 页，人民文学出版社 2008 年版。

三部脉所主症候"中说道：

> 夫寸、关、尺者，脉之位也。浮、沉、滑、濇者，脉之体也。奠位分体，指文语证者，诊脉之要道也。脉经曰，大凡诊候，两手三部脉，滑而迟，不浮、不沉、不长、不短，去来齐等者，无病也。
>
> 寸口脉：浮者，伤风也；紧者，伤寒也；弦者，伤食也；浮而缓者，中风也；浮而数者，头痛也；浮而紧者，膈上寒，胁下冷饮也；沉而紧者，心下寒而积痛；沉而弱者，虚损也；缓而迟者，虚寒也；微弱者，血气俱虚也；弦者，头痛，心下有水也；双弦者，两胁下痛……①

这样的"微察、细觉"，也只有医生之手指触及到病人脉搏的跳动，才能做到，才会对脉象有细微的感觉。隔一层极薄的细纱，虽然不如直接触及，但也应能够感觉到。而只有这种细微的感觉，才能体察到脉象所反映的病情，以便因病施治、对症下药。前述薛宝田为慈禧诊脉，就有其触感到的这种脉象之"细情"，并据此判断病症。他有如下具体记载：

> 余先请右部，次请左部。约两刻许，奏："圣躬脉息，左寸数，左关弦；右寸平，右关弱；两尺不旺。由于郁怒伤肝，思虑伤脾，五志化火，不能荣养冲任，以致胸中嘈杂，少寐，乏食，短精神，间或痰中带血，更衣（大便）或溏或结。"皇太后问："此病要紧否？"奏："皇太后万安，总求节劳省心，不日大安。"内务府大臣广奏："节劳省心，薛宝田所奏尚有理。"皇太后曰："我岂不知，无奈不能！"皇太后问："果成劳病否？"奏："脉无数象，必无此虑。"②

薛宝田的这番诊断奏语，慈禧认为"尚妥"，即贴切，切中病情③。当慈禧问道她这种病会不会发展为痨病时，薛宝田立即根据所把脉的情况而回奏"脉无数象，必无此虑"，这里的"数"，是指脉搏跳动过快、次数多，薛宝田告诉慈禧，脉象中没有这种"数象"，尽可放心，这"数象"，以及前记慈禧的脉息"左寸数，左关弦；右寸平，右关弱；两尺不

---

① 《古今医统正脉全书·外科精义》卷上《论三部脉所主证候》。
② 薛宝田《北行日记》第 67 页。
③ 薛宝田《北行日记》第 68 页，初七日癸卯。

旺",都不可能是"悬丝诊脉"之触及丝线另一端所能感觉到的脉象。

清宫医疗档案,有大量关于男性太医为皇帝之妻、女、儿媳、孙女等等诊脉的记录——《脉案》,这些《脉案》记录,也可说明她们的脉象是触摸肌肤才能感触到的,又可证明清代宫廷中慈禧以外的其他女性之诊脉,也不是所谓"悬丝诊脉"。仅举数例如下:

嘉庆元年十月,嘉庆帝的孝淑皇后(道光帝的生母)患病,十日,太医"张自兴、商景焘、傅仁宁、舒岱请得皇后脉息滑软,原系肝虚伤荣日久,致中气不足,胁下旧积,有时攻冲,夜间少寐,汤剂一时不能骤复,奴才张自兴等恭议,原方归脾丸用人参二分、麦冬一钱煎汤送药"①。

御医为嘉庆帝的四公主诊治,御医"潘元瑛、李元椿请得四公主脉息浮缓,原系脾、肺湿热,痧疹之症……今议用清热中和汤"②。

道光三年十二月初二日,太医"张永清、王泽溥、郝进喜请得全妃脉息缓涩,系半产之症,服生化汤,恶露虽行未畅,以致腹胁疼痛,今议用失笑、生化汤调理"。这里所诊治的全妃,是咸丰帝的生母,初封为妃,后来立为皇后,次年的"半产之症"是流产,道光帝对她的诊治格外重视。次年八月二十五日,三名御医诊其脉象为"弦滑",且已有几个月"荣分(月经)未行",诊为"似有妊娠之象",因而此后赵汝梅、赵永年、郝进喜、张永清、苏钰崔良玉等多名御医长时期护理诊视,调理保胎。③

以上诊治记录所说的脉息"滑软"、"浮缓"、"缓涩"、"弦滑",并以此判断病症、开方,也都不可能是"悬丝诊脉"的感触。《清宫医案》所收的太医及其与宫外医生们为皇宫中人诊病的记录还表明,为后妃们诊病的,往往不止一个医生,而是同时有两三个甚至五六个,这些医生们不可能都是"悬丝诊脉",而凭触摸丝线共同编造的"脉象"病情,向帝后报告,并据此开药方施治。尤其是事关后妃怀孕之大事,多名御医诊视,都以"悬丝诊脉"的判断报告皇帝,这可能吗?

前述《红楼梦》所记医生为秦可卿把脉也是这种情形,该医生对

① 陈可冀主编《清宫医案研究》第 1 册第 300 页,中医古籍出版社 2003 年版。
② 陈可冀主编《清宫医案研究》第 1 册第 426 页,中医古籍出版社 2003 年版。
③ 陈可冀主编《清宫医案研究》第 1 册第 498—502 页,中医古籍出版社 2003 年版。

秦可卿之丈夫贾蓉说道：

> 看得尊夫人脉息,左寸沉、数,左关沉、伏,右寸细而无力,右关虚而无神。其左寸沉、数者,乃心气虚而生火,左关沉伏者,乃肝家气滞血亏。右寸细而无力者,乃肺经气分太虚,右关虚而无神者,乃脾土被肝本克制。

这位医生对贾蓉所介绍的诊断秦可卿左右脉之寸、关、尺的虚实沉数等等脉息,也正是以手触摸才能有的感觉。曹雪芹所描写的这位医生以手触摸女子手腕诊脉的情节,应是清代社会上的官民之家有病女子被诊脉之实际情况的反映。如果官宦之家的女子在治病严守"男女之防"而"悬丝诊脉",曹雪芹也就不会把秦可卿的脉象写得如此之细微了。

其实,只要稍加思考,便知这所谓的"悬丝诊脉"不可能是事实,因为丝的另一头不可能反映脉搏跳动的多种差别细微的复杂脉象,尤其是潜于肤下的"沉"弱之脉象,丝线不可能像电线,脉象也不会像电流一样从丝线的一端传到另一端,"悬丝诊脉"等于没有诊脉。皇帝或后妃对"男女之防"再严,也不会想出这种等于没有诊脉的办法。再者,究竟是"男女之防"事大,还是诊病甚至人命关天事大? 另外,为皇帝妻、女治病的太医们是要担责任的,难道他们对这种不可能诊断脉息的做法也不提出异议而循从? 退一步说,即使历史上有过某位昏庸糊涂的皇帝提出过这种做法,也不可能延续下来而成制度。这种说法,不过是民间百姓作为"奇闻"的闲聊解颐之谈资,正因为奇,才会流传,如果是普遍存在的司空见惯之事,也就没人传说了。

三

但这"悬丝诊脉"之说所以会产生,而且并非完全没有人相信,因而使之得以流传,又是基于当时的道德观念、文化背景,以及与此相关的某些事实。

因为中国古代医疗方面确实有与"男女之防"相关之事,如前述医生为皇家女性的慈禧之诊脉,虽然记载不完全相同,但无论是手、腕部全部盖上细纱,而不掀开腕部"隔纱抚脉"也好,还是手、腕部全部盖上细纱,而掀开腕部抚脉也好,都有男女之防的意蕴在内。

还有,薛宝田为慈禧看病时,慈禧是坐于黄纱帐中,类似垂帘,不让人直接见到其面容。《红楼梦》中的晴雯有病,也是在帐子中,只把手伸出诊病,也都有男女之防含意。这种现象,在明清时期的社会中当并不鲜见。成书于明嘉靖十二年以前的《诚斋录》中便叙述:

> 治女人又难,治富豪之族,不得望、闻、问、切,深帷广幕之中,但凭往来之人语言传说。又,诊脉之际,帕拥其面,帛掩其容,形色气宇,皆莫得见……①

更有甚者,社会上还有严守"男女之防"的贞节女子,虽然得病也拒绝男医生为她们触摸肌肤号脉,以保持其冰清玉洁者,这种行为甚至还被推崇褒扬。(雍正)《浙江通志》的《列女》就有如下记载:

> (明代,浙江绍兴府人)朱贞女,幼许字周沔,未婚而卒,女闻,往持丧,剪发以誓。遂抚侄为子,事纺绩以自给。偶患疾,为延医诊脉。女曰:吾手岂容他人近乎,不许。寿七十一卒。②

这位朱姓女子就贞节观念极强,有病也拒绝男医生为其诊脉医治,回绝说"吾手岂容他人近乎,不许",更由于其未婚而嫁亡夫,被称为贞女,受到推崇,后收入地方志中褒扬性的"列女"传。

清初,在陕西凤翔府任职的王知府的夫人于氏也是如此。这位夫人:

> 生而寡言笑,动以礼,自绳公宦游,未尝一抵任所,躬井臼、勤绩纺,忘其富矣……病且笃,不欲医诊脉,曰:"妇人手安可予人!且死生,命也……"③

这位于夫人,即使病重——"病且笃",也"不欲医诊脉",理由与前述朱贞人一样:"妇人手安可予人",怎能让其他男人触摸!理学家孙奇逢为这位于氏与其丈夫作墓志铭,也把此事作为于氏值得褒扬的光彩之事而记入其中。

---

① 朱有炖《诚斋录·诚斋新录》,明嘉靖十二年刻本。
② (雍正)《浙江通志》卷 209《列女八·绍兴府》。
③ 孙奇逢《夏峰先生集》卷 9《凤翔知府贵一王公暨配于宜人合葬墓志铭》,道光二十五年大梁书院刻本。

　　某些女性即使有病，也不让男性医生诊脉触摸肌肤的行为，被推崇而旌扬，更增加这种事情的宣扬、流传。正是因为有这种现象，因而当时也许就有这种可能，就是：有人对外述说，本家女儿是恪守"贞洁"的淑女，即使有病也拒绝男医号脉，最后不得已而以"悬丝诊脉"；或者，某些个别医生，为宣扬自己的医术高明，而夸口曾以"悬丝诊脉"治愈过女子；或者，某家有男女之防甚严的女子，某日患病昏迷不醒，家人请医生为其触手腕号脉诊治、开药方，事后，家人告诉病女，医生并未摸其手腕，而是"悬丝诊脉"；又或者，某家女子坚持不用男医生以手把脉，医生只是以"悬丝诊脉"作个形式，而由家属向医生介绍病情，医生也详细询问病情，据此了解到的病症而开药方，也有此后病愈者……等等，如此之类，这"悬丝诊脉"之说流传于民间，也就不足为奇了。而这种说法之能够流传，甚至有人相信，又是当时中国古代男女之防道德观念极端化的反映，是一种值得注意的文化现象。

　　医疗中的男女之防，对当时女性的医疗健康是不利的，拒绝男医之把脉而有病不治，自不必说。即使同意诊脉，若隔纱抚脉，也毕竟不若直接触及肌肤对脉象把握得那样细微精到。再有，中医治病讲究"望闻问切"，如果女性病人在帷帐之中，或掩盖其面容，不让男医看到，则医生无法做到望、闻、问、切中的"望"，正如前述明朝人朱有炖所说："治女人又难，治富豪之族，不得望、闻、问、切，深帷广幕之中，但凭往来之人语言传说。又，诊脉之际，帕拥其面，帛掩其容，形色气宇，皆莫得见。"①朱有炖的记载表明，有病女子治病时躺卧或坐于帷帐之中，不会是个别现象，至少在皇家、王公贵族、官宦、大户人家是不稀奇的。如前述薛宝田为慈禧看病、《红楼梦》所记大夫为晴雯看病，她们都是在帷帐中。即使不在帷帐中，如果是为高贵的女性看病，甚至只能俯首低头而不能对视其面容，不能观察病人的病容、舌苔等等病理反映，同样影响其"望"诊。前述德龄所记御医为慈禧看病就是这种情况："太医叩完头后，分别跪在太后的两侧（诊脉）……不敢看太后一眼。按理看病还要看看舌头，但是要看太后的舌头，他们连想都

---

　　①　朱有炖《诚斋录·诚斋新录》，明嘉靖十二年刻本。

不敢想,他们一直竭力地把头偏到一边,以免不小心看到她。"①薛宝田为慈禧看病也是跪着号脉,即其"日记"所说的:"余屏息跪……先请右部,次请左部"②,而且与慈禧隔着黄纱帐,这样,薛宝田这位名医也就只能凭自己的把脉经验而判断病情了。

贞节道德观,在明清时期尤其是清代最强烈,据郭松义先生的研究,妇女之守节自宋以后一代胜于一代,到清代已到了无以复加的地步,守节的女性逐年增多③。这表明,清代是妇女贞节观及其伦理道德发展的极端时期,因而,中国古代医疗史中的男女之防现象,也当以清代最为严重。至于其对女性医疗健康有多大影响,则是另外应广泛、深入研究的问题。笼统感到,对这种影响不能估计过高,因大多数人在医病救命、男女之防这两者的选择上,应当是倾向于前者的。尽管如此,由于在总的情况下中国古代女性的医疗环境、条件等等很差,女性得病的治疗仍大受影响,严忠良《红颜薄命:男权话语下的明清女性医疗》一文认为:"女性虽可以通过家庭医疗、女性医疗者和男性医生等途径获得有限医治,但效果不佳,甚至酿成悲剧"④,这种看法应是符合实际的。

(此文原载《历史档案》2018 年 1 期,有修改)

---

① 德龄著,顾秋心、邓伟霖译《皇室烟云》,第二十九"太医",第 161—162 页,版本同前。
② 薛宝田《北行日记》,八月初六日壬寅,第 67 页。
③ 郭松义《清代妇女的守节和再嫁》,《浙江社会科学》2001 年 1 期。
④ 严忠良《红颜薄命:男权话语下的明清女性医疗》,《华北水利水电大学学报(社会科学版)》2015 年 1 期。

清代满族史专题

清代满族"诸申"问题的辨析

诸申与阿哈,曾是作为阶级判断满族入关前社会性质的根本依据,以当时的阿哈也即奴隶(满文 aha)为社会中受剥削的主体,而判断该时期属于奴隶社会,以诸申(满文 jušen)为"封建依附民",是国民主体,受各级占有者的剥削,并为国家提供赋税、徭役、兵役,而判断该时期属封建社会。有的史学家则认为,诸申也是奴隶,并以清朝满汉辞书中的汉文称诸申为"满洲臣仆"、"满洲之奴才"作证①。而且值得注意的是,称诸申为"奴仆""奴才"的满文,就是 aha,与"阿哈"也即奴隶之满文为同一个词。另外,无论是包衣还是非包衣的旗人官员,向皇帝所上奏折中自称的"奴才",满文也都是 aha——阿哈(详见后列举)。这样,后一种观点(以诸申判断封建社会)就有疑问了,或者说有自相矛盾之处了。还有的专家以辞书中的满文解释,认为诸申并非奴隶,没有奴隶和奴才的意思(详见后述)。总之,满族入关前的社会形态,是一个众说纷纭的问题,不了了之,现在也不见有学者专文研究了。但其中涉及的问题,相当重要,尤其是上面所说的具有矛盾性的诸申问题,对其进行深入探讨,对于清史、满族史、八旗制度史研究的深化,都有学术意义。

---

① 王锺翰《满族在努尔哈齐时代的社会经济形态》,《清史杂考》,中华书局 1963 年版。

一、"诸申"释义

"诸申"有三个含义:一是作为女真的族称;二是作为与蒙古人、汉人并称的"女真人",为指代性称谓,这在《满文老档》中记载甚多,不赘举。以上两种含义,学界并无异议,也不属本文论述主旨,不涉及;三是隶属性人群的概念。这第三个作为隶属性人群概念的诸申,董万仑先生曾做过很有价值的论述,用一些满文资料论证:"jušen 并不是某一个阶级的称谓,而是对女真、蒙古各部长、贝勒、贝子、台吉'属民''部属'的统称。"[①]本文非常同意这一判断,并作两点补充:1.诸申不仅是女真、蒙古族贵族对本民族"属人""部属""属民"的称谓,而且用作其他民族,比如满人称藏族人的"属人",也用诸申一词:雍正朝之副都统鄂奇向皇帝奏报:"奴才等访问得,噶伦等乃至康济鼐,以及索诺木达尔扎,皆称达赖喇嘛赏赐彼等以诸申,每人霸占数百户部落,征正赋者属实"[②],这是满人官员把达赖喇嘛赏赐给藏族官员(噶伦)、贵族康济鼐等人的属人人户,也称之为诸申;2.满人还把已成其"属人"的汉人,也称作诸申,如《满文老档》天聪四年三月三十日,记皇太极听到主帅阿巴泰等告诉他"此次俘获汉人,较前甚多"。皇太极说:"金银财帛,虽多得不足喜,唯多得人为可喜耳。夫金银财帛用之有尽,而人可尽乎?得其一二,乃我国民,其所生子,皆为我之诸申也。"[③]这里,清太宗将俘获而隶属于他们的汉人以及这些汉人所生育的后代也称作诸申。综之,诸申是满人泛指主子、领主之属人、部属的概念,而不论属人是什么民族之人。清入关前,凡努尔哈赤汗家的"属人"、八旗领主分封制下的"属人",也即旗主等领主的属下旗人,都称作诸申。后来称为"旗分佐领下人"、"旗分人员",这种记述甚多,详见后述。

诸申既然是属人、部属,他们是否也被称之为奴仆、奴才?这就回到本文开头的话题了。以下两位先生不同意将诸申解释为"满洲奴仆""满洲之奴才"。

---

① 董万仑《从满文记载看"诸申"的身份和地位》,《满语研究》1986 年 1 期。

② 《雍正朝满文朱批奏折全译》下册第 1394 页,第 2481 号折,黄山书社 1998 年版。

③ 《满文老档》卷(册)27,下册第 1031 页,中华书局 1990 年版。下引此书,版本不同者另注。

前揭董万仑先生之文(以下简称"董文"),也从满文辞书的解释,作这样的阐述:

> 我国的史学前辈,更明确地断定 jušen 是奴隶。他们说,《清文鉴》释 jušen 为"满洲奴仆",《清文汇书》释为"满洲之奴才"。
>
> 可是满文辞书对 jušen 的解释并非如此,《五体清文鉴》"人类",释 jušen 为"满洲臣仆",《清文汇书》释为"与 jušen halangga niyalma 同"(此语直译汉语为"姓诸申的人"),都丝毫没有"奴隶"和"奴才"的意思……所谓"满洲臣仆",实际就是承担赋役的"属民"。

刘厚生先生则有另一种解释,其《从〈旧满洲档〉看满语"诸申"(jušen)一词的语义》(以下简称"刘文")一文,也是用这些辞书中的满文来解释"诸申",作以下阐述:

> 这些辞书的汉文释义与满文注释并不相同,我们以《清文总汇》为例,该书汉文释义"满洲之奴才"之后,有一段满文的注释:"与 jušen halangga niyalma 同",halangga 是由满语 hala"姓"演化而来的名词,汉义为(1)同姓者,(2)姓氏之姓,(3)同宗。因为满语的 hala 与具有宗族之意的 mukūn 相同,所以 halangga 有宗族、氏族之意。满语 Niyalma 作"人"字解,那么,jušen halangga niyalma 应汉译为"女真氏族之人"。从满语的注释中可知,jušen 并没有奴隶的含意,满语中有表示奴隶、奴才这样的专有名词 aha(阿哈),而这里满文注释用的是 Niyalma,是指一般意义上的、没有阶级属性的人,故 jušen(诸申)不应理解为奴隶,满文辞书中的汉文释义是不足为训的。[①]

以上两文,用满文所作的解释,似都有需要讨论之处。试作以下三点分析。

(一)辞书中是有用满文将 jušen 即诸申解释为 aha(阿哈)即奴仆的。

康熙《御制清文鉴》卷5《人部一·人类一》的满文,就作:jušen,

---

① 刘厚生《从〈旧满洲档〉看满语"诸申"(jušen)一词的语义》,《史学集刊》1990年2期。

manju aha be jušen sembi，译为汉文就是：诸申，把满洲阿哈（奴仆）称作诸申。

乾隆时所修的《御制增订清文鉴》卷 10《人部一·人类第一》的解释，与此类同，为 manju chen pu——满洲臣仆——jušen。jušen，manju aha be jušen sembi，译为汉文的意思是：满洲臣仆，即诸申，诸申，把满洲阿哈（奴仆）称为诸申。

（二）满人、旗人官员的奏折中，其自称的"奴才"，满文也是 aha（阿哈）。而这些旗人，就是旗下"属人"诸申（详见以下"二"节所述）。就是说，诸申在皇帝面前就自称 aha（阿哈）——奴才。请见以下事例：

1. 乾隆后期满人穆和蔺给乾隆帝上的一道奏折。穆和蔺，正黄旗满洲人，乾隆五十五年—五十九年任河南巡抚，其间，其子书勋被选为吏部员外郎，穆和蔺为此具折谢恩。满文如下：

aha muheliyen niyakūrafi gingguleme wesimburengge：……aha muheliyen dube i jerji mentuhun hulhi

manju aha jalan halame ejen i kesi alihaengge ……

译为汉文是：奴才穆和蔺敬谨跪奏：……奴才穆和蔺，一介庸愚、满洲奴仆，世受圣主之恩……①

2. 光绪年间的一份满人奏折。光绪九年五月，依萨布被保举为乾清门侍卫，为此上谢恩折，满文：

aha isabu niyakūrafi gingguleme wesimburengge……

汉义是：奴才依萨布敬谨跪奏……②

以上满人官员穆和蔺、依萨布自称的"奴才"，满文都是 aha（阿哈），穆和蔺还自称是 manju aha，即"满洲奴仆"。满人官员向皇帝自称"奴才"的 aha（阿哈），在满文奏疏中甚多，不备举。

（三）董文、刘文将 jušen halangga niyalma 解释为"姓诸申的人"、"女真氏族之人"，都是不准确的。

此语应同于"满洲之奴才"，简称"哈哴阿"。

董文、刘文所举的辞书《清文汇书》或《清文总汇》，其实在解释

---

① 《满汉奏折对译》（抄本），哈佛大学汉和图书馆藏。
② 《奏折档簿》（抄本），哈佛大学汉和图书馆藏。

jušen 时,都是前边把 jušen 用汉文解释为"满洲之奴才",接着又用满文解释,作"与 jušen halangga niyalma 同"。这里已经明确说后者的 jušen halangga niyalma,是与"满洲之奴才"相同的。

现在的关键是:与"满洲之奴才"意思相同的满文 jušen halangga niyalma,汉文意思是什么? 本文认为:

1. 不能将 jušen halangga niyalma 译为"姓诸申的人"(董文所释)或"女真氏族之人"(刘文所释)。

2. 应译作"诸申哈哴阿人",简称"哈哴阿",与"满洲之奴才"意思相同。

康熙《御制清文鉴》卷 5《人部一·人类一》就这样解释:jušen, manju aha be jušen sembi。Geli jušen halangga niyalma seme gisurembi,汉文意思是:诸申,把满洲阿哈(奴才)称为诸申。又,谓之"诸申哈哴阿人"云。

这里所说的"诸申哈哴阿人",汉文文献中又简作"哈哴阿",实际就是"诸申",因为"诸申"一词后来弃而不用了①。这由"诸申哈哴阿人"简作的"哈哴阿",指的就是王公领主的旗分佐领下属人,也即诸申。在汉文官方文献中,就是将宗室王公所领旗分佐领下属人,称作"哈哴阿"。道光十八年七月皇帝上谕:

> 前因各亲郡王、贝勒、贝子、公等所属哈哴阿,名数多寡不齐,降旨令宗人府妥议章程具奏。兹据该衙门查明,将军功王公及恩封王公所属外旗佐领各数目,分别开单呈览……至军功世袭,虽与恩封不同,而所属之哈哴阿,亦不可漫无限制……均著照恩封亲郡王准给之数,各加外旗满洲佐领二、蒙古佐领一、汉军佐领一。②

此道上谕所说的宗室王公应该领有的"外旗"旗分佐领属人,就又称作"亲郡王、贝勒、贝子、公等所属哈哴阿"。

又如《大清会典事例》所记:

> 道光十八年谕,昨据宗人府议奏王公哈哴阿名数章程,当经

---

① "诸申"一词弃而不用的最早时间,尚不清楚,待考。
② 《清宣宗实录》卷 312,道光十八年七月丙午。

降旨纂入则例,永远遵行。兹据奏,各该王公门上佐领内,现有充当护卫、典仪、护军校及亲军、弓匠满洲、蒙古、汉军互相食饷之人,若随伊等佐领撤出,该旗并无可补之缺。著准其将本身一人暂留该门上,及身而止。其暂留各项人等,著先行咨明各该旗,知照户、兵二部,将来出缺时,亦著咨明归并本旗,照例办理。①

这是"会典"编纂者编上谕时引述的宗人府的用语,接前一段史料所述之事。也是将王公所领的旗下属人称为"哈啷阿",叙述的是王公所领旗分佐领下人,有挑在王公门上佐领内,充当护卫、典仪、护军校及亲军、弓匠者,因裁减王公所属旗分佐领被裁佐领中的这部分人,暂留王公府第服务,期满撤出,其任官、领饷均由该旗知照兵部、户部办理。

"诸申"称"哈啷阿"之例还很多,不备举②。另详见本文之"四"。

二、诸申是上有"主"而具有"奴"性人身隶属性的等级性群体

现在需要考察的关键问题是,诸申为什么也称奴才、奴仆?

从大量的记载来看,作为隶属性人群概念的"诸申",是社会结构中的等级性成员,其上有主,与主人构成主奴性的主属等级关系。

在八旗领主分封制中,受封领主称为"属主""管主",俗称"主子",每一旗领主中的总管旗务者,就是俗称的"旗主"。分给诸领主的旗人便称"诸申""属下"(非官场中的上下级之属),诸申对领有他的"属主""管主",也具有私隶的人身隶属"奴"性关系,这在满族入关前、后都有很多表现。本人《八旗与清朝政治论稿》一书,曾多处述及这方面的内容,今日作为一个专门问题进行论述,其以前利用的史料不免有重复者,还请谅解。

以下分为入关前、后两部分阐述。

---

① 光绪《大清会典事例》卷1145《八旗都统·公式·关支俸饷》。
② 《清宣宗实录》卷311,道光十八年六月癸未、甲申,光绪《大清会典事例》卷5《宗人府·授官·补授佐领》、卷559《兵部·职制·补授王公属官》中,王公所领旗分佐领下人也作"哈啷阿"。与前述道光十八年七月上谕为同一事。

(一)入关前

努尔哈赤早在起兵次年的万历十二年(1584)时,就有依附属人诸申,他曾说:如果他们家族的"粮石被掠,部属缺食,必至叛散",这里的"部属",满文便作 jušen[1],即诸申,说明他的诸申靠他家的粮食生活,私隶于他,否则不会是如此的养与被养的依附关系。既然私隶于主子,人身就不自由,失去独立性,也正因此,有些势力者主动投靠努尔哈赤时,要求努尔哈赤对天盟誓:把他们"毋做为诸申"(jušen ume obure),应当作亲人手足而平等相待[2],因为一旦作为诸申,便上有主子而具有人身隶属了。实际上,努尔哈赤以后还是把他们作为诸申了,成为本家族领主的属下。因为当时的女真—满族又实行"领主分封制",强势家族为首的部族所隶属的人口,与牲畜、物品一样为私有,分给本家领有。努尔哈赤便把当时所领有的人口编为牛录、组旗,分给本家族人,努尔哈赤及其子侄孙等,成为八旗中领有大量牛录属人的诸多领主,每旗领主中的一人为管旗务的"固山贝勒",这固山贝勒,便是孟森等老一辈史学家所揭示的努尔哈赤家族中的八旗"旗主"[3]。该家族领主中领牛录最多者,领有全旗牛录,如皇太极、多铎,都是个人领全旗牛录诸申。其他人,如果哥俩封在一旗,则各领半旗诸申,如阿济格、多尔衮哥俩,莽古尔泰、德格类哥俩,都是如此。以上是努尔哈赤的嫡出子,分封所得的诸申较多。身份低于嫡出的阿巴泰(努尔哈赤侧室所出子)所分较少,但也分"得六牛录诸申"(ninggun niru i jušen baha)[4]。

其投附、追随爱新觉罗家族创业的异姓家族,虽然也成了爱新觉罗家族领主们各旗的属下诸申,但汗家对他们也有酬报,其投靠时带

---

① 《满洲实录》卷 1,万历十一年至十二年,第 1 册第 45 页,中华书局 1986 年影印《清实录》本。

② 《满洲实录》卷 1"苏克素护河部……来附,杀牛祭天,立誓。四部长告太祖曰:念吾等先众来归,毋视为编氓,望待之如骨肉手足"。这里的"毋视为编氓",满文部分作"jušen ume obure",汉义就是"毋做为诸申"。第 31 页上,版本同前。

③ 孟森《八旗制度考实》,《明清史论著集刊》(上册),中华书局 1959 年版(此文发表于民国年间)。

④ 《满文老档》太宗天聪朝卷(册)8,天聪元年十二月初八日,下册第 870—871 页,中华书局 1980 年汉译本。满文,见(日本)东洋文库本《满文老档》太宗朝第 1 册,第 110 页。

来的部众,编为牛录,仍作为属人赐其领有。凭战功或劳绩而赐予的属人,也编牛录使其领有。以上这些异姓家族所领的牛录,称为"专管牛录"①,这些牛录之人,也被称为是领有者的"诸申"。这些异姓领主,既是汗家领主的诸申,本身又领有诸申而为领主,他们是"亦诸申亦主"的双重身份者。这种情况,详见后述。

后金(清)政权分封制的特殊性,是不令分封的八旗旗主到地方建立邦国,而是以八旗共组国家,因而分给各领主的牛录旗人为两部分人:旗分牛录(佐领)下诸申,是既隶属于各旗领主,又隶属于公家的国家;包衣牛录的旗人,是分给领主私家役使的旗人,他们对主子的私隶性比旗分牛录下诸申要强。为了照顾各旗领主们的利益,后金(清)政权还规定,在包衣旗人之外,各领主还可在所领的每一旗分牛录下,挑用几个诸申人丁,免国家之役,以供役于领主私家,但作数额限定,天聪四年规定"凡贝勒家,每牛录止许四人供役"②,因旗分牛录下人整体上是服役于国家的,才对各领主之挑用作额数限定。但允许领主从这些人中挑取供役人,则也说明这些旗分牛录下诸申,其人身在一定程度上是隶属于该领主③。进一步说,旗分佐领下人与包衣牛录下的包衣旗人一样,在人身上都有私隶于领主的性质,也即具有隶属于主的"奴才"性,其具体体现,容当后文作详细论述。

诸申,应有广义与狭义之分。包衣牛录(佐领、管领)下人、旗分牛录(佐领)下人,都对其领主具有人身隶属性,都可称之为"诸申",这是广义的"诸申",这也是诸申之被称为"满洲奴仆"、"满洲奴才"的本义来源④。而以"诸申"仅作旗分佐领下人之称,为狭义的诸申。

---

① 努尔哈赤家族中的低身份者,有的也领有"专管牛录",他们其实也属"诸申"。

② 《清太宗实录》卷7,天聪四年十月辛酉。

③ 也正因此,又有可能被主子违反规定而役使。如毛墨尔根,就曾被本镶白旗的主子武英郡王阿济格挑入王府当差。后来获罪,法司判处:毛墨尔根"应革职,不许入王府,罚银五十两,发回牛录当差"(《清太宗实录》卷36,第32页,崇德二年六月甲子)。毛墨尔根因为是阿济格的诸申,而被阿济格挑入王府当差。由于这种挑差属阿济格额外役使,所以法司判处毛墨尔根"不许入王府……发回牛录当差"。

④ 郑天挺先生认为:满汉辞书中"诸申"的汉文为"满洲之奴才"、"满洲奴仆",这是奴隶制时期的情况,在阶级分化之后,奴隶主称为"贝勒"或"按班",于是被奴役的仍保留一般称谓的"诸申"。诸申和阿哈,意义是相同互用的。这种分析是有一定道理的。见郑天挺《清入关前满洲族的社会性质》,《历史研究》1962年6期。

　　此前,学界讨论入关前满族社会性质,仅将旗分佐领下人称为诸申,属于狭义的诸申。本文讨论的主旨,也是这部分旗人,为使概念同一、叙述简洁,以下所称"诸申"都是狭义的诸申,不再以"狭义"作限定。

　　满族社会中,具有人身隶属之"奴"性的属人,大致有两大类,而分为三种。

　　一类是编在牛录(后称佐领或管领)之下的旗人,都有自己的户籍,又可分为两种:一种是编在包衣佐领、管领下的包衣旗人,汉文简称"包衣";一种是编在旗分佐领的"旗分人员"。这一类的两种旗人,虽然都有"奴"身份的人身隶属性,而对领主人身隶属的强弱之分,则是均为"奴才"的包衣与诸申(狭义)的主要区别。但无论是诸申还是包衣,都不是"阶级"概念的奴隶。

　　另一大类,是没有独立户籍的"家奴",附在主家户籍之下,即所谓"户下人",又称"旗下家奴",这类人才是完全意义上的阶级概念的"奴隶"。

　　包衣可拥有"旗下家奴",与"旗下家奴"有良、贱的本质区别,本人对此有专门论述①,于此不赘。包衣为奴,已属共识。本文只讨论旗分牛录(佐领)下人的"诸申",是否有私隶性的奴才身份。

　　被分封给八旗各领主(包括旗主)的旗分牛录(佐领)下人诸申,称为受封之"贝勒家诸申"②,这"贝勒家"几字,正表明其对领主的私隶性。诸申还如同家产,可传之子孙。如代善领两红旗,就曾把镶红旗分与其长子岳托,岳托死后,由其子罗洛宏继承。受封者所得牛录诸申如果因罪被剥夺,一般情况下也都是罚给本家本支之人,如天聪年间,籍没正红旗瓦克达的牛录属人,是"拨归萨哈廉台吉"③,即拨给他的哥哥萨哈廉,成为其哥哥的属下诸申。崇

---

　　① 见拙作《八旗与清朝政治论稿》第十三章之二《包衣、旗下家奴,两种社会等级地位截然不同的奴仆》。

　　② 顺治《清太宗实录》卷20,天聪九年十月二十四日记:"固山贝勒下人,许称某固山贝勒家诸申云。"康熙《清太宗实录》卷25,天聪九年十月辛丑作"其各旗贝勒所属人员,称为某贝勒家诸申"。

　　③ 《天聪九年档》第124页,天津古籍出版社1987年版。

374 / 多面的中国古代史与清史

德朝，镶蓝旗的扎喀纳犯罪，"其家口、属员拨给和硕郑亲王"①，和硕郑亲王济尔哈朗是扎喀纳的叔父。这也说明诸申对旗主、属主等领主的私家隶属性。

旗分牛录（佐领）下诸申，对领主主子的人身隶属"奴"性，又有很多具体的实际体现。诸申之女常有被属主取去作为侍女或收房作妾者，以致诸申（其中包括为官之骁骑校即"分得拨什库"等）女或寡妇出嫁，需要先征得主子同意，若主子未经允准而"私自出嫁，则必罪之"②。领主还常驱使诸申及其家属，令其服侍自己。如天聪九年，正蓝旗主德格类控告其属人根舒（或作格舒）不听使唤，而去正红旗主代善家赴宴，召其二次也不回。法司乃判根舒"不侍本贝勒，从别旗侍宴，召二次不至，因杀根舒"③。这里所说的"本贝勒"，是指"本属"的属主，指的是根舒所私隶的主子德格类。根舒被处死的主要原因，是因为身为诸申的他④，藐视主子，不服侍本主子而到别旗旗主家"侍宴"，召两次都不回来，令主子德格类失去颜面而大为光火，因而控告。而根舒不听从主子召唤就被判为死刑，正是由于他是主子的"奴才"，有人身隶属性，对主子逆而不从，遭到法律严惩。

再如三等总兵官浑塔，是五大臣之一的扈尔汉之子，乃贝勒多尔衮的属下，由于在皇太极面前"讼本贝勒之非"，即说本主子多尔衮的坏话，而且"心怨贝勒，常参不至"，也即对多尔衮心怀不满，常不听主子召唤，而被多尔衮参奏。皇太极竟然下令，把浑塔交给多尔衮，"令本管贝勒（多尔衮）诛之"⑤。"常参不至"是无视主子、不尽为仆义务，背后诽谤主子更是对主子的严重不敬，最后判为由主子自己杀掉，也是基于仆对主私属关系的判处。

---

① 《清太宗实录》卷63，崇德七年十月丙寅。

② 《天聪九年档》，第38页。

③ 《清初内国史院满文档案译编》上册第201页，光明日报出版社1989年版。并见《天聪九年档》第123页。文中"正蓝旗费杨古贝勒"即德格类，因德格类又名费杨古，见《八旗与清朝政治论稿》第七章之四。

④ 根舒应是德格类的旗分佐领下人，而不是包衣。若是包衣或一般的家奴阿哈，德格类就自己直接处罚，而不必控告了。

⑤ 《清太宗实录》卷21，天聪八年十二月丁酉。

　　以上事实说明，诸申虽不是包衣，更不同于一般所说的奴隶阿哈，但也对主子具有人身隶属性，具有一定的“奴性”，也正因此，清人辞书才把其释为“满洲奴才”“满洲奴仆”。郑天挺先生早就指出：“诸申和阿哈，意义是相同互用的”(《历史研究》1962 年 6 期)，在人身隶属的“奴性”上是有共同点的。

　　另外值得注意的是，当时后金(清)政权的主属关系，又具“交叉”式的复杂性，体现为有的诸申本身又是领主，也即同一人“亦诸申亦主”，或者说是“亦奴亦主”：他们既是八旗领主的诸申奴才，同时又领有自己的诸申，是所领诸申的主子。这些人主要是“专管牛录”之家，在八旗中有数十家，只是所领牛录数远少于努尔哈赤汗家，多者 3 个牛录，少者 1 个或半个。

　　以五大臣之一的额亦都一家为例。额亦都一家，最初隶努尔哈赤，后来被分给阿济格。皇太极时期，阿济格为镶白旗领主，当时额亦都已死，其诸子图尔格等仍隶属阿济格，为阿济格的诸申。崇德四年，英郡王阿济格指责图尔格说，有人向我反映“尔欲背我，而投圣汗”，结果被图尔格首告，法司审实，乃阿济格“诬称”，符合诸申告主条例，被判“离主”，图尔格兄弟一家脱离领主阿济格的隶属，由镶白旗改入皇太极的镶黄旗①。上引史料中的所谓“尔欲背我，而投圣汗”，说的就是图尔格想背离主子阿济格，而投到皇帝属下。此案是非细节在此不作深究，额亦都一家最终是改换了主子。但其诸申身份并没有改变，只是由阿济格的诸申改为皇太极的诸申。

　　身为诸申的额亦都家族，便又是领主，有自己的诸申。努尔哈赤时期，额亦都因屡建战功，几次由努尔哈赤将“所获敕书、户口、诸申，尽赐与彼”，或记为“奴仆、诸申及敕书，尽赐与彼”②。所赐诸申编为 3 个牛录，为额亦都具有私属性的“专管牛录”，共 300 人丁，《满文老档》称其为“额亦都巴图鲁的诸申三百男”③。这 3 个专管牛录之人，便可由额亦都家族私自役使，文献记述他们“隶公(指弘毅公额亦都——引者注)家，俾无预上役，为公私属，供田虞，并采人参、备药

　　① 《盛京刑部原档》第 169 页第 223 号档、第 174 页第 226 号档，群众出版社 1985 年版。

　　② 《满文老档》太宗朝卷(册)48，天聪六年正月二十日，下册第 1221—1224 页。

　　③ 《满文老档》太祖朝卷(册)16，天命五年八月二十一日，上册第 154 页。

物,以奉公。下及诸子,各有分赡"①。这3个专管牛录,从努尔哈赤时期一直到入关后的清朝期间,始终隶属于额亦都家族,额亦都死后,由他的3个儿子分领,再传下辈②。

再如扬古利,天命年间,属正蓝旗③,应是正蓝旗主莽古尔泰、德格类兄弟的诸申。天聪年间改隶正黄旗,属皇太极之诸申。作为诸申的扬古利,同时又有自己的诸申。天命六年攻占辽沈时立大功,努尔哈赤曾赐"扬古利一牛录诸申"④,这一牛录诸申也可由其私家役使,扬古利便以"本牛录护军为之守门",其死后,家属又让"本牛录内八户守冢"⑤,为扬古利守坟。这里所说的"本牛录",就是指对扬古利"本家"隶属的专管牛录,在正黄旗⑥。

再如清初名将阿山一家。《满文老档》记载:"初,穆奇地方阿儿塔西姑夫所生长子阿山、次子阿达海及三子济尔海、四子噶赖,英明汗赐诸申与诸子时,将伊等分给大贝勒",也即将阿山兄弟一家是作为"诸申"而分给了大贝勒代善。后来阿山因不满代善之管辖等原因而叛逃。被追回后,努尔哈赤"未令从大贝勒,留于左右备使令"⑦,这样,阿山一家又成了汗努尔哈赤的诸申。努尔哈赤死前,将自己所领之旗分给了嫡幼子多铎,阿山一家又转为多铎的诸申。阿山一家几次被改换主子,主子都是努尔哈赤一家之人,说明作为诸申的他家,对汗家八旗领主的私隶性。天聪年间,阿山在旗主多铎的正白旗任固山额真,而且在正白旗有一个专管牛录⑧,又说明阿山既是旗主多铎的所辖诸申,又是领有专管牛录的领主。

---

① 讷亲修《镶黄旗钮祜禄氏家谱·开国佐运功臣宏毅公家传》,乾隆刊本。并见钱仪吉《碑传集·沈阳功臣·额亦都家传》,第1册第39页,中华书局1993年版。

② 《天聪九年档》第21页,记额亦都家的三个专管牛录在镶黄旗,由他的三个儿子遏必隆、超哈尔、鄂对(敖德)各管一个。后来编入镶黄旗,分别为镶黄旗满洲第一参领的第四佐领、第七佐领、第十一佐领,仍由他家管理,见乾隆末嘉庆初所编成的《钦定八旗通志》卷2《旗分志二·镶黄旗满洲佐领上》。

③ 《满文老档》太祖朝卷(册)69,天命十年至十一年。封贵族之敕书,镶蓝、正蓝两旗。

④ 《满文老档》太祖朝卷(册)23,天命六年六月二十二日,上册第214页。

⑤ 钱仪吉《碑传集》卷3《扬古利传》,第1册第49页,中华书局1993年版。

⑥ 《天聪九年档》第20页,记额驸扬古利的专管牛录在正黄旗。

⑦ 《满文老档》太宗朝第10册,天聪二年六月初一日,追述努尔哈赤时期事。

⑧ 《天聪九年档》第21页。阿山又译作"阿三"。

皇太极时期,这种因有专管牛录而既是诸申又有领主身份的亦奴亦主者,有 40 余个异姓家族①,其较著名者,除以上所举 3 家,还有前举因未尽为仆义务、背后诽谤主子,而被主子多尔衮杀掉的总兵官浑塔(五大臣之一扈尔汉之子)一家,在镶白旗领有专管牛录。以及被领主阿济格役使的毛墨尔根,也领有专管牛录。还有,诸如五大臣中的费英东家族、何和礼家族,以及英俄尔岱、阿什达尔汗、顾三泰、达尔哈、苏纳等等家族,也都领有专管牛录。②

以上史事表明,满族社会的有些诸申,同时又是主子,有自己的奴仆性诸申专管牛录下人,役使剥削他们,因而不能把这些领有专管牛录而有领主身份的诸申,作为"被剥削阶级",设若作为"阶级",这种贵族官员"诸申"也应是"剥削阶级"。

还有,诸申中的官员,也不从事生产,与其主子之领主,并不构成被剥削与剥削的"阶级"关系。当时满族政权的官员,都由诸申担任。这些诸申官员乃至诸申中的不少兵丁还拥有户下"家奴",即使一般兵丁也是"卒胡,皆有奴婢"③,这些官兵们都是主子身份,这已是大家了解的史实,不赘述。这些诸申官兵们役使奴婢耕种、服役,属农奴主,是剥削者,也不是"被剥削阶级"。若将土地出租而收租,则是"地主"阶级了(这种情况在入关后的顺治、康熙前期是较普遍的现象)。

总之,诸申中的一般兵丁虽有阶级方面内容,如为国家服兵役徭役、提供赋税,受领主压迫剥削等,但不能只用这方面的内容作论述。否则,不仅偏颇、不确切,而且自相矛盾:诸申剥削诸申、诸申剥削家奴,诸申又是"剥削阶级"了。因而,以诸申作为被剥削之主体的"阶级"概念,而论证当时的社会形态,称其为"封建社会",是不科学的。

随着八旗中央集权化的发展,无论是包衣还是诸申,对其领主的隶属性都在逐渐减弱。宗室王公的包衣旗人也被国家征用,抽调出

① 《天聪九年档》第 20—21 页。
② 《天聪九年档》第 20—21 页。其第 21 页,记:镶白旗中,浑塔所管的一个牛录,后来由其弟阿喇密管,其兄准塔也有一个专管牛录。毛墨尔根所领的一个专管牛录也在镶白旗。
③ 一般兵卒之有家奴,见天命时在后金的朝鲜人李民寏所记"自奴酋及诸子,下至卒胡,皆有奴婢",出兵时"如军卒家有奴四五人,皆争借赴"。据《建州闻见录》第 43、44 页,辽宁大学历史系 1978 年刊本。入关后,拥有奴仆的旗人兵卒更多。见《康雍乾城乡人民反抗斗争资料》上册第 351—352、402—408 页,中华书局 1979 年版。

征,或者选任为国家公职官员。而皇室包衣,因为隶属于皇帝,实际就是隶属于国家,带有公性,其私属性被淡化、掩盖。其诸申,王公领主所领下五旗旗分佐领下人,其中的长期在外地驻防者,与该领主王公之家的私隶性也被削弱,隶属关系淡化。不过,无论是包衣还是诸申,对主子之家的私隶性始终残留,尤其是京师旗人。即使是私隶性较弱的旗分佐领下人诸申,对主子的私属性也在入关后长期存在。以下主要阐述入关后"诸申"之私隶性"奴才"身份的遗存表现。

(二)入关后

入关后的顺治十二年以后,虽然"旗主"制彻底结束,八旗中央集权化,但"领主制"始终存在,所谓皇帝领上三旗、宗室王公领下五旗,就是其领主制的残留形式。八旗领主"分封制"也继续实行,皇子分封入旗,便同时分给旗分佐领诸申、包衣旗人,这种分封制,入关初便延续,一直实行到清后期。分为以下两种情况。

一,各朝皇子年长封为王公,这部分人称为"恩封王公",他们分府入旗,是封入下五旗,分给旗分佐领、包衣佐领及管领。所分给的旗分佐领定制如下:亲王,分给满洲佐领 6 个,蒙古佐领、汉军佐领各 3 个;郡王,分给满洲佐领 4 个,蒙古佐领、汉军佐领各 2 个;贝勒,分给满洲佐领 3 个,蒙古佐领、汉军佐领各 1 个;贝子,分给满洲佐领 2 个,蒙古佐领 1 个;公爵,分给满洲佐领、蒙古佐领各 1 个。

二,五旗王公旧领主的后裔王公,主要是"军功袭封"爵,即俗称的"铁帽子王"的子孙王公们,也仍延续承领祖上的旗分佐领属人。直到道光十八年,才对他们所领有的旗分佐领予以限定,其中军功亲王、郡王,比恩封亲王、郡王的外旗满洲佐领各多领 2 个,蒙古佐领、汉军佐领各多领 1 个(详见后述)。

以上分封制实行到清后期,到道光帝皇子皇孙为止,因为此后几帝再没有可册封为王公的皇子了:咸丰帝只有一子,继帝位(同治帝),同治、光绪无子,也无皇子再分封。现在见到的最晚的分封资料,是咸丰年间,道光帝之子奕䜣,封恭亲王,咸丰二年封入镶蓝旗。道光帝皇长子奕纬无子,以载治过继,爵贝勒,咸丰四年封入镶红旗。[1]

---

① 以上分封制的具体实行情况,见拙作《八旗与清朝政治论稿》第八章第二节《入关后的八旗领主分封制及其长期延续考述》,人民出版社 2008 年版。

八旗领主制下，旗下属人繁衍的后代，仍为领主之属人。佐领下属人诸申对上述王公领主主子的某种私属性，也延续存在。

八旗领主的旗分佐领下人，入关后不再称诸申，而作“旗分佐领下人”、“旗分人员”，或称为“哈哴阿”。其对主子家的人身隶属性仍然遗存。顺治年间在京的史家谈迁，便据其见闻记述：当时的旗人“隶于旗下，各受所辖，虽官中外，列三九，一谢事归旗，听役本辖。子女不得避也”[①]。康熙朝的大学士席哈纳、吏部左侍郎傅继祖（满人，富察氏），谢事归旗后，便在“该管王门上行走”，或为主子管王府家务[②]。当时，王公领主们甚至将役使他们的属下旗分佐领下人为理所当然，视同包衣。雍正继位后曾痛斥：

> 下五旗诸王，将所属旗分佐领下人挑取一切差役，遇有过失，辄行锁禁，籍没家产，任意扰累，殊属违例。太祖、太宗时，将旗分佐领分与诸王，非包衣佐领可比，欲其抚循之，非令其扰累之也。[③]

但雍正碍于属下旗人与王公领主的私性隶属关系，不便完全禁绝，只是为防止因此影响他们担任国家公务，而作限定，并规定必须请示：“嗣后仍照旧例，旗分人员，止许用为护卫、散骑郎、典仪、亲军校、亲军”，如果“诸王挑取随侍之人，或欲令所属人内在部院衙门及旗下行走者兼管家务，或需用多人以供差役，或补用王府官职，或令随侍子侄，著列名请旨”[④]。

属下旗人如果遇到主子家有丧事，还应“成服”，即穿孝服丧。雍正四年谕：“嗣后王、贝勒、贝子、公等，如遇家有丧事，将该属文武大臣，著吏、兵二部开列具奏再令成服。其官员内有在紧要处行走者，著该管大臣指名具奏，令其照常办事，特谕。”[⑤]所以道光时期坊间传闻的军机大臣松筠为主子家服丧之事，殆非完全虚构。

下五旗王公主子，还时常勒索为官的所属旗人，这种事情在雍正

---

① 谈迁《北游录·纪闻下·脱籍》，第356页，中华书局1960年版。

② 《清圣祖实录》卷232，康熙四十七年正月癸酉；卷232，康熙四十七年闰三月甲辰。

③ 《上谕八旗》卷1，雍正元年七月十六日上谕。

④ 《上谕八旗》卷1，雍正元年七月十六日上谕。并见《清世宗实录》卷9，雍正元年七月癸巳。并见光绪《大清会典事例》卷1146《八旗都统·公式·禁令一》。

⑤ 雍正《上谕八旗》卷4，雍正四年六月二十二日。

继位以前尤多。如康熙后期，封入镶红旗的皇十子敦郡王胤裖，便以
两广总督杨琳是自己所领的旗分佐领下属人奴才，明目张胆地派人
到杨琳的总督署中强要钱财，杨琳"亦无如之何"[1]。身为高官的杨
琳，就因为是主子胤裖的奴才，对其勒索无可奈何。雍正继位后曾揭
露："五旗诸王，不体恤门下人等，分外勒取，或纵门下管事人员肆意
贪求，种种勒索，不可枚举"[2]，可见并非个别现象。

入关后，由于八旗旗主制度取消，八旗完全中央集权化，下五旗
旗主后裔诸王公也成了皇帝之"臣属"。在满洲旧制习俗中，臣属就
是属下、臣仆，就是诸申，也即奴才，因而他们在皇帝面前也要自称奴
才，比如信郡王德昭，乃是旗主豫亲王多铎之曾孙，袭王爵，为下五旗
中的正蓝旗领主，回答雍正帝的问话，便自称"奴才我情愿"如何如
何，这位王爷甚至称自己的"身子也是皇上的"[3]，也带有人身隶属
性。再如光绪年间，昔日礼亲王代善的后裔承袭王爵者礼亲王世铎，
对光绪皇帝奏言，也自称奴才："光绪三十年，管理满洲火器营大臣、
和硕礼亲王世铎等奏……奴才体察情形……奴才再四筹商，拟请仍
饬演练八卦枪操及马步各项技艺，以复旧制。"[4]既然下五旗王公都
自称奴才，那么中央集权化下"臣属"于皇帝的下五旗一般旗人，也就
当然地也属皇帝的奴才了，满族皇帝的观念也是"奴才即仆，仆即
臣"[5]。至于上三旗旗人，则本来就是皇帝的嫡系奴才。所以，旗主
制取消、八旗完全中央集权化后，所有旗人对满族皇帝都自称奴才。

因为满语词汇简单，凡具有人身隶属性者，就是诸申，就称为
aha(阿哈)，所以旗分佐领下人的诸申，与包衣旗人一样，满文都是
aha(阿哈)，用的是广义的"诸申"之义，入关后所编满文辞书上也称
诸申为满洲奴仆——manju aha。公文中，即使是一品大臣在皇帝面
前自称的"奴才"，满文也作 aha——阿哈。

---

① 昭梿《啸亭杂录》卷 1《禁抑宗藩》，第 12 页，中华书局 1980 年版。
② 光绪《大清会典事例》卷 821《刑部·刑律·受赃》。
③ 《八旗世袭谱档》，见《历史档案》1989 年 1 期《清代佐领的几件史料·镶黄旗满洲
报佐领莽泰恩赏缘由》。
④ 刘锦藻《清朝续文献通考》卷 206《兵考五·禁卫兵》。
⑤ 光绪《大清会典事例》卷 114《吏部·处分例·本章违误》，乾隆三十八年。并见
《清高宗实录》卷 946，乾隆三十八年十一月戊午。

以往,我们对一般旗人即诸申的奴性身份认识得不够,忽略了诸申人身隶属性的"奴"性身份。而对包衣的奴性身份又认识得过低,甚至视之为阶级性的"奴隶",其实,包衣佐领管领下的包衣旗人,与一般旗人诸申一样,都是法律上的"良人"而不是贱民"奴隶"。而作为良人的旗分佐领下旗人、包衣旗人,又与汉人之良人有所不同,也即本文所论述的,他们都对皇家(皇帝、宗室王公之家)有私隶性的"奴才"身份,二者的区别,只是诸申对领主的人身隶属性比包衣旗人弱而已。

三、关于旗人官员之称"奴才"问题

关于清代以满人为主的旗人官员称奴才问题,以前陈垣先生《释奴才》一文①,曾从满汉官有别等方面作过阐述。又据祁美琴女士考察,清入关前及入关后之初,并无这样称呼的,所见最早开始于君臣语境下使用"奴才"自称的时间,是康熙二十九年②。

这里需要进一步考察的是,为何满人、旗员这样自称,其原因是什么? 笔者认为:其根本原因,是满族八旗领主旧制的残留,及满人、旗员与其君主关系中,带有落后的主属性人身隶属制下的奴、贱身份,这是前提性原因。旗人在入关后对皇家主子的人身隶属性及其奴性卑贱身份,不仅如前所述,还有很多体现③。旗人之女都要选秀女,供皇家选用为妻,规避者治罪,以及大臣官员之子成年也要侍奉皇室之人④,都

---

① 陈垣《释奴才》(1907年),《陈垣全集》第1册,安徽大学出版社2009年版。

② 祁美琴《清代君臣语境下"奴才"称谓的使用及其意义》,《清史研究》2011年4期。

③ 详见拙作《八旗与清朝政治论稿》第八章。

④ 如两江总督傅拉塔(伊尔根觉罗氏),其儿子双喜17岁了,原计划须由他在南京的总督署"送往京城,仍随侍皇阿哥"。康熙帝说:"尔既无多子、亲戚,则暂留数年吧。"皇帝允许暂不入侍了,傅拉塔还表示谢恩,奏报:"值此又奉格外恩旨,允准奴才之子双喜留奴才处数年,因此奴才我父子及全家虽拼死效力,亦难能仰报皇父洪恩。"见《康熙朝满文朱批奏折全译》第39页第89号折,康熙三十二年三月十一日《两江总督傅拉塔奏报修复工程及简补知府等事折》,中国社会科学出版社1996年版。乾隆帝就明确说:"外任八旗官员均为满洲世仆,伊等身居外任,既不能在内当差,自应将伊子遣赴京城,挑补拜唐阿行走。"(《清高宗实录》卷422,乾隆十七年九月己未)拜唐阿,是侍卫、杂务等职差。他还针对八旗子弟有逃避挑取侍卫、拜唐阿的现象,而对京城、各省驻防八旗发布上谕,命令旗人官员之家长"伊等子弟长成,更当挑取侍卫、拜唐阿,效力行走,方合满洲世仆之道",以后若再规避,将"该都统等一并治罪,将此通谕八旗、各省",见《清高宗实录》卷1227,乾隆五十年三月乙亥。

是最简单的说明。由于满族皇家甚至皇室内部对皇帝也有卑属、臣属性的人身隶属关系,因而面对皇帝也自称奴才。凡此,正是满人、旗员称奴才而汉官不称奴才①的根本原因所在。

为什么旗员是在入关后,才以"奴才"这样的形式称呼?在此作初步推测,当是入关后由于受汉族称谓礼俗的影响,具体说,是受汉人以"卑己尊人"的称谓来礼敬尊崇对方这一礼俗特点的影响。汉人之间接触交往中,问对方的"尊姓大名",自称的"贱姓""卑职"之类,还有自称"奴"的,都是以"卑己尊人"的形式表示对对方的礼敬尊崇,这是汉族称谓礼俗中的一种基本性原则,似乎不如此便不能表达对对方的敬意。这种礼俗,也成为满人汉化过程中受到影响的一种内容,比如满人取汉人名,仿汉人名子中也增加另外一个名子——字,实际就属汉化的称谓礼俗的内容,汉人名子中有名、有字,与人交往自称"名"、称对方"字",就含有"卑己尊人"的意思在其中②。顺治以后,满人尤其是满人中的文人、官员也这样取名子,因为满汉文人之间、官场之中互相接触交往,汉人以自称"名"、称对方"字"来礼敬对方,满人也要仿行,以达到礼尚往来、互相尊重的目的,这是满人取名用字的原因之一。顺治朝满人第一个状元麻勒吉(瓜尔佳氏),便取汉名马中骥,字谦六。此后,大臣明珠,取字为端范,其子著名诗词大家纳兰性德,名性德,字为容若。刑部尚书富察氏傅鼐,傅鼐是汉姓名,取字为阁峰。这种情况在康熙以后非常多③。满人内部自称,本来并无礼俗讲究,当就是一般的"我"(满语 Bi),而不像汉人那样以"鄙人""在下""卑职"等贬抑自己的方式礼敬对方。满人在皇帝面前自称奴才,大概就是受汉人这种礼敬性的称谓礼俗的影响,因而以贬抑谦称自己,作为对皇帝崇敬的称谓形式。而且,自称是皇帝的奴才,还能讨好皇帝,密近与皇帝的私人关系,给自己带来好处。而奴

---

① 个别汉官面对皇帝自称奴才,主要是武官。后来皇帝要求汉人武官大员也要与满官一样称奴才,是出于控驭的需要,见后述。

② 汉族称谓,无论在习俗还是礼制方面,都是以"卑己尊人"的形式表示对对方的礼敬尊崇,这一特点的更详细内容,包括自称"名"、称对方"字"的礼敬习俗,见拙作《中国古代人际交往礼俗》之《称谓礼俗》,商务印书馆 1996 年版。

③ 以上见拙文《从满族人取名看入关后满族之习俗与文化》,《清史研究》1993 年 2 期。

才一词,也正好能担当这一功能。因为诸申也即奴才本来就与主子
有"家人"般的私属关系,在皇帝面前自称奴才,与自己的身份也恰如
其分。也正因此,以奴才自称,也首先出现在皇帝嫡系的上三旗旗人
之中①,甚至还有面对皇帝自称奴才而称皇帝为"皇父"者,请看以下
数例。总督傅拉塔,满洲镶黄旗人,伊尔根觉罗氏,在给康熙帝的奏
折中称:"江南、江西总督傅拉塔谨奏:……奴才赴任时,经面奏皇父,
将奴才家人真名报部"②;佛伦折奏:"万岁主养育奴才,授为首辅大
臣……奴才犬马恋皇父之心,刻刻不忘,泣哭具奏谢恩"③;下五旗人
也仿效上三旗人如此称呼,如镶蓝旗满洲的两江总督阿山(伊拉哩
氏),也称:"皇上待奴才阿山,胜于父之爱子……奴才虽想在皇父面
前,惟凛尊小心。"④在皇帝面前自称奴才、称皇帝为皇父,都是自拟
为皇帝"家人",在对皇帝表示尊崇之中密近与皇帝的关系。奴才这
一称谓一旦叫开,便会产生以下影响:(一)抱有同样心理的旗人进而
效仿。(二)由于满洲旧制习俗,臣属者就是臣仆,就是奴才。上三
旗、下五旗旗人都成了皇帝的臣仆奴才,因而所有旗人面对皇帝都以
奴才自称。(三)尚未自称奴才的旗人臣僚,若不如此自称,便显得对
皇帝不够尊敬了,因而也相继仿效,甚至影响到个别汉官,主要是汉
人武官。这些人中,不排除也会有以自称奴才来讨好皇帝者。这样,
"奴才"便成了所有旗人在面对皇帝时的普遍性自称。总之,满人、旗
员之称奴才,是始于自发,虽然不属官场称谓的"礼制",但一旦叫开,
也便成了主流、惯例,以致有时不如此称呼,就有可能引起皇帝的反
感了。

　　满人奴才也好,主子皇帝也好,他们都是人,都是有感情的人,在
政治性、社会性之外,还有自然性的一面。皇帝对奴才,也会有亲近

---

　　①　见前揭祁美琴《清代君臣语境下"奴才"称谓的使用及其意义》一文。

　　②　《康熙朝满文朱批奏折全译》第 26 页第 59 号折,康熙三十一年三月初九日《两江
总督傅拉塔奏谢朱批谕示并陈报家计折》,中国社会科学出版社 1996 年版。

　　③　《康熙朝满文朱批奏折全译》第 32 页第 73 号折,康熙三十一年十月初十日《川陕
总督佛伦奏报遵旨即将启程赴任折》。

　　④　《康熙朝满文朱批奏折全译》第 338 页第 645 号折,康熙四十三年八月十二日《两
江总督阿山以奏言不合请罪折》。

他们的言行与温情①，对奴才官员有眷顾之举，况且这种奴才也不是一般观念中的受压迫剥削的"奴隶"，清代的满人，上至宰相级的大学士、下至低级官员，都是由这些"奴才"担任的，这种奴才的社会地位并不低，甚至很高，位至宰相，极人臣之贵，具有高贵的社会地位，但又不能因此而否定其"奴才"的卑下身份。这里还有必要将"身份"与"地位"作区别分析。"身份"与"地位"虽有相同及互为影响之处，但并不等同，身份有私人关系内容，地位有社会性内容。因而，低身份者，社会地位不一定低，也可以说，社会地位较高者，身份不一定高，可能有隶属私家私人的低身份，这种情况并不鲜见②。满人奴才官员，就是有较高社会地位而对皇帝有低贱"身份"者（下五旗旗人"哈哏阿"，则是对皇帝及本领主王公有双重奴才身份），这也是旧制及其观念使然。但他们属于最高等级之主子的私家奴才，其奴才不具社会性，不是社会上的其他人之奴才。而他们较高的"地位"，则是在整个社会中的高等位置。所以，不能以皇帝与满人奴才有密近关系，奴才又身居高官，在社会中有很高"地位"，便否定其私隶性的卑贱奴才"身份"。当时朝鲜使臣对所见到这种情况的解释，可对此作注脚：

> 和珅、福长安辈数人，俱以大臣常在御前，言不称臣，必曰奴才，随旨使令，殆同皂隶，殊无礼貌，可见习俗之本然。③

以上，正是和珅等在社会中有甚高"地位"的高官，而在御前又自称"奴才"，"殆同皂隶"的写照。再如，与皇帝对话、折奏时的自称卑贱之"犬马"、"犬马恋主"、"奴才如犬马以供驱使"、"奴才家如蝼蚁之

---

① 这方面的情况还可参见《红楼梦》中贾府的贾母、宝玉与女奴仆们的密近关系。但女奴仆们本质的低贱身份也是同时在她们身上存在的，王夫人对晴雯的态度，就可以说明问题，这些低贱的女仆"奴隶"，是法律上的"贱"者。而本文所说的"奴才"，实际上是正身旗人，属于法律上的"良"人。

② 如家人中，由于夫为妻纲，皇帝与后妃有尊卑等级差距，后妃对皇帝而言，为"卑"的低下身份，但即使皇帝之"妾"的妃、贵妃，在社会上的地位也是最高的。清代，她们的等级同于和硕亲王，而高于郡王，远在一品宰相（与子爵同等）之上。再如百姓中，父子为尊卑关系，子若为官，在社会中地位高，但家中在长辈父亲等"尊"者面前仍有卑下身份。

③ 朝鲜《李朝正宗大王实录》卷19，正宗九年三月辛未。

人"等,在满人、旗人高官中是常用词语①,也是缘于他们对"主上""皇上"之臣仆身份的低下,并以"卑己"的礼俗形式表示对皇上的尊敬。而在往代汉族君臣之间臣僚的语言中,是极少见到的。也正因为如此自称之"贱",所以为刚直的汉官所不齿。清代皇帝接受满官之奴才的自称,对于其强化对臣僚的控驭,强化君权,也有作用,这也是其令武官提督、总兵等绿营大员无论满汉都称奴才的原因②。清代,既然满官与皇帝有主奴性的等级差距,那么汉官虽然面对皇帝不称奴才,但其与皇帝之间,实际也处于这种低下的等级地位③,这也是清代君臣之间的等级差距普遍较往代加大的一个重要体现④。

臣,在汉文早期的语义中,本来也有隶属性之"奴"的意思,西周春秋时期,男奴就称之为"臣",女奴称为"妾"。臣,还有被役使及自谦之称如"仆"的语义,这是当时中原汉族社会文明尚低下的反映。此后,随着社会文明的进化,臣与君主的等级差距必然向缩小方面变化,尽管君主专制不断强化,君主不断压抑臣僚身份,以加大君与臣之间的等级差距,维护皇帝至尊的权威、控驭臣僚⑤,但臣僚的实际地位,在文明的进化中是不断提高的,明清以前,国家官员就早已不处"仆""妾"的"奴"性地位了,其"臣"字也失去早期的隶属性的"奴"义,因而,满官在称谓时为了以卑己尊人的形式表示对皇帝的礼敬,尤其是为了以称谓拉近与皇帝的私性亲近关系,仅像汉官那样称"臣"并无意义,这也当是满官自称"奴才"的深层原因。

四、道光以后对部分诸申低下身份的解除

前文已述,八旗中的下五旗旗人,虽然为官者处于社会等级的高层,有的甚至身为宰相级的大学士,极人臣之贵,或为将军、都统,威风八面,但在王公之私家的身份却卑贱低下,他们虽然不像王公府属

① 《康熙朝满文朱批奏折全译》第 395 页 808 号折、第 396 页 812 号折,等等,不备举。另见第 31、37、39、338 页。
② 并见前揭祁美琴《清代君臣语境下"奴才"称谓的使用及其意义》一文。
③ 详见拙作《八旗与清朝政治论稿》第八章之四、五节的论述。
④ 详见拙文《中国古代君臣之礼演变考论》,《中国社会历史评论》第 1 卷,天津古籍出版社 1999 年版。
⑤ 见前拙文《中国古代君臣之礼演变考论》。

包衣旗人那样,长期服务于主子府第,但也被主家视作仆从,家属或被使唤。这种情况在顺治、康熙两朝最为严重。康熙时的雍亲王胤禛也即后来的雍正帝,对这点非常清楚,其实他也是这样对待"属下"旗人的,康熙后期的四川巡抚年羹尧,是他领有的旗分佐领下人,就因在年节、寿诞之日没有去他家庆贺,未尽为仆孝敬之意,而被他痛骂,斥责年羹尧藐视主子,为什么不像同为封疆大吏的你父年遐龄、你兄年希尧那样称奴才。再如,钮祜禄氏凌柱一家也是胤禛的属下旗分人员,被胤禛役使服务于雍王府,凌柱从事王府仪制等杂务,凌柱之女便充当王府侍女,胤禛与其有男女之事生下弘历,即后来的乾隆帝,这位钮祜禄氏在康熙朝始终是侍女身份的"格格",直到胤禛继位后,才给她个庶妻名分,封为熹妃。对于下五旗王公役使甚至虐待属下旗人的情况,胤禛了解的太多了,因而上台几天后便为此发布禁令:"下五旗诸王属下人内,京官自学士、侍郎以上,外官自州牧、县令以上,该王辄将其子弟挑为包衣佐领下官及哈哈珠子、执事人,挫折使令者甚众,嗣后著停止挑选"①,这是从国家体制尊严及行政上考虑,停止王公主子将国家命官之子弟挑入府第役使,禁止"挫折使令"。雍正元年,又痛斥王公们残酷奴役旗分人员的过分行为,指责这些"下五旗诸王,将所属旗分佐领下人挑取一切差役,遇有过失,辄行锁禁,籍没家产,任意扰累"②。更有甚者,廉亲王允禩曾"因护军九十六不遵伊之指使,立毙杖下",其王府管家长史胡什吞"以直言触怒,痛加棰楚,推入冰内,几致殒命"③。后来的礼亲王昭梿对此也有所揭露:"诸王分将之旗有五……递为臣仆,凡所升擢,皆由诸王公掌之。其后升平日久,诸王习于骄汰,多有虐其所属不堪言者。世宗习知其弊,故命惟王府护卫诸官仍由本王所擢,其余皆隶有司,诸王之权始绌。然犹许岁时庆吊,趋谒如制。至今护军营操习,仍用各王府旗纛,犹存旧制。"④

经雍正朝的几次禁令之后,五旗王公过分奴役属下旗人的行为有所收敛,但因旧制并未更改,不可能不再发生,如嘉庆年间,礼亲王

① 《上谕八旗》卷 1,康熙六十一年十一月十一日上谕。

② 《清世宗实录》卷 9,雍正元年七月癸巳。

③ 《清世宗实录》卷 39,雍正三年十二月甲申;卷 45,雍正四年六月甲子。

④ 昭梿《啸亭杂录》卷 2《王府属下》,第 40 页。

昭梿就曾"面斥尚书景安为伊家奴才,经景安正言驳斥,欲行奏闻,为人劝阻而止"①。这件事因有人参奏,且昭梿面斥的是国家一品大员的户部尚书景安,因而嘉庆帝发布上谕,斥责这位亲王:"昭梿供认各款,如与景安争论王府属下,名分綦严,此语甚属狂妄,妄自尊大,目无君上,失为屏、为翰之义,实自暴自弃之徒。景安一品大员,与王公等同属朝臣,且与昭梿并不同旗,非其属下,何得妄行指斥。"②这里需要说明的是,景安是镶红旗人,"与昭梿并不同旗,非其属下",昭梿是正红旗的亲王,如何称景安也是他家的奴才?殆因景安所在的镶红旗,是昭梿祖上礼亲王代善的领旗,后来代善将所领两红旗中的镶红旗分拨给其嫡长子岳托,镶红旗人成为岳托后裔的属下旗人,嘉庆时,领有镶红旗旗分人员者,是岳托的六世孙克勤郡王恒节,恒节是代善的七世孙,而昭梿是代善的六世孙③,昭梿是恒节的同家族叔父,景安是恒节属下有奴才身份的旗人。以上当是昭梿称景安是他家奴才的由来。

道光朝,类似之事再次发生在宗室王公与为国家命官之间。道光十五年九月,举行奉安孝穆皇后、孝慎皇后梓宫典礼,工部尚书载铨派本部郎中嵩曜办理奉移之事。载铨为正蓝旗宗室公爵(后袭定郡王),嵩曜为载铨之旗下"属人"即"哈哴阿"。载铨查询奉移梓宫沿途差务时,曾"率指嵩曜为家里人",颐指气使。嵩曜甚为生气,不仅反驳,且向皇帝"负气具呈"④。道光帝不得已,将载铨交宗人府议处,罚俸一年,但又指责嵩曜作为属员控告本管堂官,"恐开属员讦告之渐",吏部不敢违旨,议将嵩曜也罚俸九个月。御史汤鹏上奏,认为载铨处分过轻,而不应处罚嵩曜,请将嵩曜处分宽免。道光帝大为不满,免去汤鹏御史之职⑤。这一事件中,嵩曜虽有哈哴阿身份,但敢于顶撞主子载铨,且事出本职官的公务,博得官场盛赞,不仅当时有汉人御史汤鹏为其鸣不平,而且有满人内阁侍读学士斌良称其"与定

① 《清仁宗实录》卷312,嘉庆二十年十一月丙午。
② 《清仁宗实录》卷312,嘉庆二十年十一月丁未。
③ 昭梿的先祖是代善的嫡幼子祜塞,祜塞与岳托为同父(代善)之子。
④ 《清宣宗实录》卷271,道光十五年九月辛丑。
⑤ 《清宣宗实录》卷273,道光十五年十月癸未。

王载铨争论哈哴阿名分"是"慷慨争名分,危言抗上公"①。道光帝将御史汤鹏撤职,主要在于维护自己的权威,不过他心中可能对嵩曜还是肯定的②。对载铨也有所斥责,并为此向下五旗王公、旗员发布上谕:

> 朕恭阅雍正四年间谕旨,内载:从前下五旗之人,其心只知有君上,不知有管主。朕事事效法祖宗,愿尔等亦效法尔之祖父,忠诚自矢,一念不移。又,嘉庆二十年间谕旨内载,景安系一品大臣,被昭梿指称系其属下,隐忍不行参奏,殊属非是。圣训煌煌,所以垂诫臣工者,至为详备,允宜永远遵守。著通谕各该旗王公等,嗣后当懔遵训谕,益矢恪恭,不可稍存自大之意。从前下五旗佐领,分与诸王等令其管辖,作为哈哴阿,并非包衣可比。国家承平日久,各旗人员,均属满洲臣仆,朕一律看视,望其为国宣力,各摅忠诚。该王公等当知:哈哴阿人等为国家任使之人,不得盛气凌轹,率意指摘。该哈哴阿人等,亦不得曲意逢迎,显违定制。其各懔遵,毋忽!③

但不久,更严重的这类事件被暴露,促使道光帝不得不对本皇家之人恣意欺凌虐待旗下哈哴阿的劣行痛下严惩手段了,这就是道光十八年轰动京城的"惇亲王绵恺府第寓园囚禁多人案"。

绵恺,道光帝的弟弟,以惇亲王而领有较多的包衣旗人、旗分佐领下人哈哴阿。道光十八年五月,有一名包衣妇人穆陈氏,向都察院控告惇王府囚禁多人,内有她的丈夫,几乎被折磨致死。都察院感到

---

① 斌良《抱冲斋诗集》卷24《凤池染翰集二·挽工部郎嵩曜》,光绪五年崇福湖南刻本。

② 斌良《抱冲斋诗集》卷24《凤池染翰集二·挽工部郎嵩曜》之诗句中,有"嵩公去岁与定王载铨争论哈哴阿名分,得旨嘉之"的注释。目前未见到皇帝这"嘉之"的谕旨,不知是什么内容,录此以备参考。

又,汤鹏回原衙门户部,为该部郎中,仍对政事建言。道光帝曾借某场合肯定汤鹏的谏言之举,称:"求言纳谏,系朕本心。近来科道建言,凡有裨于实政者,无不立见施行。即如翰林院编修吴嘉宾、户部郎中汤鹏、主事丁守存等,以本无言责之人,条陈事件,亦未尝不虚怀听纳。"见光绪《大清会典事例》卷1008,《都察院·宪纲·谕旨十一》道光二十三年上谕。

③ 《清宣宗实录》卷271,道光十五年九月壬寅。

案子棘手,上报皇帝。道光帝得报命人搜查,了解到绵恺的府第、寓园两处囚禁有 80 多人,这些人都是该王府所役使者,其中就包括绵恺领有的旗分人员哈哴阿,有的还是满洲官员、兵丁或其家属,"皆因细故"而被囚禁,剥去衣服,仅留内裤,吃残羹剩饭,大小便也在囚房内。有的被责打得遍体鳞伤,甚至有不堪忍受而自尽者。道光帝大为震惊,痛斥绵恺,命宗人府严加惩处,最后降其为郡王,革去宗令、都统等职,罚俸三年,没收其西郊寓园,拆毁囚房,囚禁者全部放出①。尤其令其气愤的是,被囚禁者还有为其皇权服务的朝廷命官的旗人官员及其家属,道光帝在前不久处分载铨一事上就强调:宗室诸王对"哈哴阿人等为国家任使之人,不得盛气凌轹",另一方面,告诫下五旗哈哴阿人等,也不应对管主曲意逢迎、对其非礼行为隐忍不言。可见他看重的是朝廷命官及其家属竟然被虐待,有辱国家体统,也是对皇权的不尊。因而 7 天后便发布谕旨,解除旗分人员中较高品级者的哈哴阿身份:

> 谕内阁:……嗣后八旗官员人等,文职自四品以上、武职自二品以上,其本户均毋庸作为哈哴阿,以示区别,著为令。②

另外一项改革,是对下五旗宗室王公的所属旗分人员哈哴阿数量进行规范,总的宗旨是限制其数量,尤其是针对铁帽子王的所属旗分佐领的"漫无限制",而进行限制。

早在道光二年,道光帝就曾将恩封王公应领有的外旗佐领数额作过划一规范,但宗人府并未随时查办,也没有纂入则例。此次的道光十八年改革,对恩封王公、军功王公应领有的数额,作严格规定。谕旨主旨内容如下:

> 嗣后,恩封亲王,著拨给外旗满洲佐领六、蒙古佐领三、汉军佐领三;郡王,拨给外旗满洲佐领四、蒙古佐领二、汉军佐领二;

---

① 此案细节,见《史料旬刊》第三十二辑《清惇亲王绵恺王府囚禁多人案》,《清宣宗实录》卷 311,道光十八年六月乙亥。并见拙文《清惇王府囚禁旗人案》,《燕都》1992 年 1 期。

② 《清宣宗实录》卷 311,道光十八年六月甲申。这一上谕,是否与此前(道光十五年)坊间传闻的军机大臣松筠为主子丧事服丧而耽误上朝一事也有关?值得考察,录此以作参考。

贝勒,拨给外旗满洲佐领三、蒙古佐领一、汉军佐领一;贝子,拨给外旗满洲佐领二、蒙古佐领一;奉恩镇国公、奉恩辅国公,均拨给外旗满洲佐领一、蒙古佐领一……此次单开恩封各王公现有佐领数目,仍复参差不齐,自应照数增减,以归画一。

至军功世袭,虽与恩封不同,而所属之哈哴阿,亦不可漫无限制……其军功袭封之各亲郡王应有佐领,均著照恩封亲郡王准给之数,各加外旗满洲佐领二、蒙古佐领一、汉军佐领一。辅国公应有佐领,均著照恩封辅国公准给之数,各加满洲佐领一。旧有逾额者,查明裁撤。不足额者,即予增添……此次军功、恩封各王公名下裁去各佐领,除现抵应添各处外,著归各该旗公存,以备将来分封王公时拨给之用。宗人府即将此旨纂入则例,永远遵行。

查道光二十几年时,应领有旗分佐领的宗室王公共 33 位(公爵只有"入八分"公可领有旗分佐领)①,按照道光十八年限定后的数额,共应领有佐领 226 个(其中满洲佐领 119 个、蒙古佐领 61 个、汉军佐领 46 个)。又查:当时下五旗共有旗分佐领 682.5 个②,王公所领这 226 个佐领,占 33%,即三分之一,可见当时下五旗已有三分之二的 456.5 个佐领不在宗室王公所领之下了。而且,王公们所领下五旗中这三分之一佐领中,其文官四品以上、武官二品以上之家,又解除了隶属于王公的哈哴阿身份,也即以前所说的"诸申"身份,不再为"奴才"。因而,以前总称之的"宗室王公领下五旗",此时也已大打折扣了。以前,皇帝就曾对下五旗王公所领旗分佐领有所裁撤或削夺③,而道光十八年的这次八旗制度的改革,力度尤大,主要体现在对下五旗铁帽子王之家所领旗分佐领数额的限定。另一方面也应看到,由于此次改革后,宗室王公仍在领有下五旗的部分佐领,而且道光帝还令宗人府将这次限定的应领旗分佐领数额的谕旨"纂入则例,永远遵行"④,道光帝的皇子们,便都是在此次改革后封王而入封下

———————

① 据奕赓《佳梦轩丛著·煨柮闲谈》第 151 页,该统计缺惇郡王奕誴,补入。北京古籍出版社标点本 1994 年版。
② 据光绪《大清会典事例》卷 1111《八旗都统·佐领》统计。
③ 见拙作《八旗与清朝政治论稿》第 270、278—279 页。
④ 光绪《大清会典事例》卷 5《宗人府·授官·补授佐领》。

五旗的(大多在咸丰二年以后):皇六子恭亲王奕䜣封入镶蓝旗、皇五子惇郡王奕誴入继绵恺一支而封在镶白旗、皇七子醇亲王奕譞及其继王位者载沣封在镶白旗、皇八子奕詥封钟郡王入正红旗、皇九子奕譓封孚郡王入正蓝旗。而且,光绪三十四年修成的《宗人府则例》,仍照录上述关于王公应领旗分佐领数额的谕旨,并循例记为"永远遵行",又让我们看到这种落后的旧制残留之顽固。

附表　道光后期王公("入八分"以上)及其所领外旗佐领数

下五旗王公			人数	所领满洲佐领数	所领蒙古佐领数	所领汉军佐领数	合计
亲王	军功	礼、睿、郑、豫、肃、庄亲王	6	48	24	24	120
	恩封	怡、惠亲王	2	12	6	6	
郡王	军功	克勤、顺承郡王	2	12	6	6	56
	恩封	定、成、瑞、惇郡王	4	16	8	8	
贝勒	军功		0	0	0	0	10
	恩封	绵偲(绵偲,永瑆第四子,永瑆嗣子)、奕绁(永璇孙)	2	6	2	2	
贝子	军功		0	0	0	0	21
	恩封	绵岫*、绵勋、奕绪、奕格、载容、载华、载钤、载钧	8	14	7	0	
"入八分"公	军功	景崇(彰泰斋)、继昆(郑王斋)、有凤(尼堪斋)	3	6	3	0	19
	恩封	永康、奕礼、奕兴、奕湘、载岱*、溥吉	6	5	5	0	
合计			33	119	61	46	226
说明	* 道光十八年谕旨中有恩封王公中"贝子绵岫、辅国公载宽向无佐领,毋庸拨补"。载宽于道光十八年九月卒,次年载岱袭奉恩辅国公。所以,贝子、公的两栏中,绵岫、载宽这二人应无佐领。						

(此文原载《清史研究》2020 年 3 期,有修改)

清代满族与八旗的关系及民族融合问题

　　清代满族与八旗的关系，是一个始终困扰学界的话题。尤其是这"满族"究竟包括八旗中的哪些旗人，是全部旗人还是只有满洲旗的满洲人？汉军旗人、蒙古旗人算不算"满族"，满洲旗分中的汉姓人算不算满人……情况很多，甚为复杂，都是我们做研究时常常遇到的问题和概念。其中还有更重要的民族融合现象。由于问题复杂，不少基本史实不明，又须理论方面的认识，因而至今也说不清，更不可能形成统一意见。本小文只能就一些相关问题进行分析，为以后这一问题的研究进一步接近史实、符合事理，提供一些思考，也希望这一重要问题的研究细致深入，避免简单化。

一、清代制度中的满族、满人
及其与八旗的关系

　　首先应说明，现在我们能否称清朝时的满人为满族人，称其民族为满族，因为有一种说法，只能称其为满洲，因当时没有"满族"一词。

　　本人认为，作为一个民族的满族，与历史上的汉、契丹、蒙古等民族一样，是客观存在的，只不过当时没有现代称"民族"而加"族"的那种概念。作为近现代民族概念而加"族"字的"满族"称呼，本人目前所见,是在清末宣统年间开始出现的①。清朝的绝大部分时间,虽然没有加"民族"之"族"的"满族"一词,但决不等于当时没有"满族"这一民族,只不过称呼不同,满族皇帝称自己的民族为"满洲",简称为"满",清朝时人把满洲族人称为"满人"、汉族人称为"汉人",这种从民族的角度称满族为"满"、称汉族为"汉",两民族并称时,称作"满汉"等等的概念词语,在清代官方文献中俯拾即是②,如果满洲族不是民族,那么汉人是否还可以称汉族? 历史上是否还有"汉族"这一民族?"满汉矛盾"是否还可以理解为民族矛盾?"满汉关系"是否还可以理解为是满汉民族关系? 再如官制中满洲族人出任的"满洲缺"简称为"满缺"、汉族人担任的官缺称为"汉缺"③等等,也都是用"满"字来称呼作为民族的"满族"即"满洲族",以"汉"作为汉民族也即"汉族"之称。现在我们撰写清史、满族史论文、著作常用的"满族"一词,实际就是"满洲民族"的简称,就如同"蒙古民族"简称为"蒙古族"、"汉民族"简称为"汉族"一样,这用于民族之间区别的"满"、"蒙"、"汉",都是古代的民族概念,不是现代人生造出来的。也正因此,现在的学界、史学界才称历史上的汉人为汉族,也称历史上的满人为满

---

① 宣统三年,候补侍郎陈宝琛上奏摄政王载沣,建议改组责任内阁、军谘府等机构,减少满族人的比例,以减少满汉矛盾,并说这样才可"见改革之真心,即以至公无私者,破种族之谬说,摄政王为宗社计,为中国计,即为满族计,皆不能不急急于此,庶可以收已去之人心"。见《清朝续文献通考》卷115《职官考一》。

又,清末民初曾流行"旗族"之称,据赵志强先生考证,并非指的客观实体的民族,见《清末民初旗族称谓的产生及流行》,《满学论丛》第二辑,辽宁民族出版社2012年版。

② 如《清世祖实录》卷12,顺治元年十二月己未:顺天巡按柳寅东疏言:圈地之法,"臣以为莫若先将州县大小,定用地多寡,使满洲自占一方,而后以察出无主地,与有主地互相兑换,务使满汉界限分明,疆理各别而后可。盖满人共聚一处,阡陌在于斯,庐舍在于斯,耕作牧放各相助,其便一也。满人、汉人,我疆我理,无相侵夺,争端不生,其便二也"。《清世祖实录》卷13,顺治二年正月辛卯:户部以圈拨地土事奏闻。得旨:"凡圈丈地方,须令满汉分处。"《清世祖实录》卷13,顺治二年七月壬子:赐招抚南方内院大学士洪承畴敕曰:"朕以江南初经归命……凡南方降服水陆诸军,宜移会各督抚,挑选精壮,参用满汉,教成水军。"以后还很多,不备举。

③ 雍正《大清会典》卷114《兵部》:"浙江杭州府,将军一员、副都统二员、协领八员……俱满洲缺。"《清朝文献通考》卷79《职官考三·文职》:"守护陵寝文官,掌关防官八人,俱满洲缺。"《清圣祖实录》卷169,康熙三十四年十一月甲子:"浙江福建总督郭世隆疏言:请改杭州理事同知为满缺。"《清圣祖实录》卷231,康熙四十六年十二月丙戌:"补授汉缺之左都御史富宁安为满缺左都御史。"

族,可以说其来有自。所以,史学界前哲一直所称的,诸如讨论"清人入关前满族的社会性质",清人关后的"满汉矛盾"是"满族与汉族的民族矛盾"等等称之为"满族",贴切而且通俗易懂,无可非议。日本学界有个学术组织"满族史研究会",研究的就是清朝满族史,出版刊物《满族史研究》(前身为《满族史研究通信》),登载的也是清朝满族史的研究论文,其所用的"满族",与我们所说的满族相同。

现在的关键问题是,清朝时满族皇帝及制度中所说的"满洲"族人也即"满人",是指八旗中的什么人? 是八旗中的满洲旗人,还是所有八旗人? 八旗中的"满洲旗"旗人是否就全都是"满洲"族人也即"满人"? 满洲旗是否就等同于"满洲族"? 还有,编入八旗"汉军旗"中的"满洲"人,是否也算"满人"? "满洲"族也即满族与八旗的上述关系,是现今学界尚未弄清的问题,也是本文所要讨论的重要内容之一。

首先有必要简述满族皇帝所界定的"满洲"范围及其扩大性变化。

从文献记载可知,满族皇帝观念中的"满洲"族即满族,其范畴是由小到大变化的。最初是指建州卫诸部中努尔哈赤爱新觉罗家族所在的女真部,此后又扩大到整个建州卫女真诸部。随着其政权兼并的扩大,满洲的民族范畴又扩大到建州卫女真以外的哈达、乌拉、辉发、叶赫等海西四部女真。天聪九年,皇太极明确提出,将这些属于女真的部族统一称为"满洲",并发布谕令:"我国之名原有满洲、哈达、乌喇、叶赫、辉发等,每有无知之人称之为诸申。诸申之谓者,乃席北超墨尔根族人也,与我何干? 嗣后凡人皆须称我国原满洲之名,倘仍有以诸申为称者,必罪之。"[①]以前,在《满文老档》、《满洲实录》满文本中,前述满洲、哈达、乌喇、叶赫、辉发诸部的女真曾以"诸申"统称之,至此,皆以"满洲"统一称之。几个月前,因蒙古八旗成立,原八旗中蒙古人的主体被抽出,原八旗应在此后才被称为"八旗满洲",也即后来所说的"满洲八旗",而其主要成员——原满洲、哈达、乌喇、叶赫、辉发诸部的女真人,此后也就成了"满洲"族。在这以后,不断把黑龙江一带征掠而来的东海女真瓦尔喀、库尔喀等部族之人编入

---

① 关嘉禄、佟永功、关照宏译《天聪九年档》第129页,天津古籍出版社1987年版。

八旗满洲,称为"新满洲"(依彻满洲),这些人也是满族皇帝观念中的满族人。入关后,这些"新满洲"成员成了"佛满洲"即"旧满洲"、"老满洲",满族皇帝又不断将黑龙江一带招抚的库雅喇、赫哲及其他部族人作为"新满洲"编入八旗。

也正因为编入满洲八旗者,基本上或者说主体上是"满洲"族人,因而如果按照满族皇帝界定的"满洲人"的范畴,可以泛称满洲八旗之人属于满族人。但如果从八旗制度方面细究,这样说又不十分严谨,因为满洲八旗中还编有非满洲的其他民族之人,如蒙古人、俄罗斯人,这些人在满族皇帝看来并不属满族。还有,未编在满洲八旗而编在汉军八旗等旗中的"满洲"人,则仍属满族。也就是说,八旗之满洲旗、蒙古旗、汉军旗这类貌似以民族命名的"旗"(固山)的名称,又不完全等同于"民族"之称。八旗中的旗人,什么人是满人,什么人不是满人,以制度上规定的官职"满洲缺"授予什么人最能说明问题。请看以下制度性史实。

1. 专门划给满人所任职官编制额缺的"满洲缺",不仅授予满洲旗下的满洲人,而且可授予八旗蒙古旗下的满洲人(因满洲人有编在蒙古旗下者),而不授予满洲旗下的蒙古旗人(满洲旗下编有蒙古人),说明是否属于满族,以原本是否属于满洲为准,而不是以编在满洲旗为准。见下例:

乾隆七年以后,鉴于"满洲武职人员"已有选任为边区绿营官之先例,而"将直隶内地绿旗营缺,补用满员十分之三"[1]。这里所说的满洲人、满员,就既有满洲旗下的满人,也包括蒙古旗下的满人,而不包括满洲旗下的蒙古旗人。乾隆九年兵部的一件上奏奏章就说明了这一区分:

> (沿边绿营)各缺,分用旗员,原议专用满洲,并无兼用蒙古之例,但满洲兼入蒙古旗分人员,因其原属满洲,准其一例拣选。而蒙古兼入满洲旗分人员,现在已分隶满洲旗分,均在满洲旗分升转,乃补授沿边各缺,不得与满洲一例拣选,殊未划一。[2]

---

[1] 朱批奏折,档号:04—01—02—0140—035。
[2] 光绪《大清会典事例》卷565《兵部·职制》,乾隆九年。

这说明，蒙古旗人虽然编在了满洲旗内，也是不算作满人的，因而选授满人的官缺时"不得与满洲一例拣选"；而满洲人，即使编在"蒙古旗分"，也"准其一例拣选"，关键是"因其原属满洲"。后来满族统治者觉得这样对待蒙古旗人，不利于利用八旗蒙古人，才允许满洲旗下的蒙古人也可入选（清代，满洲缺还有授予其他旗人者，都是原则之外的机动性做法）。

编在满洲旗内的蒙古人，自己也仍自认是蒙古人。如原乌鲁特部蒙古，散编在满洲八旗内，其中的明安家族，编在正黄满洲旗，但他家的家谱仍作《蒙古博尔济吉忒氏族谱》、《蒙古家谱》①，是以"蒙古"作为其民族之属，而不是以满洲为其民族之属。这是他们自己的认同问题。

2. 满洲人，即使编在八旗汉军旗下，也作为满人。

康熙皇帝的外祖母家佟氏，于康熙二十七年由汉军改为满洲人，康熙皇帝当时决定：佟氏作为满人，即入于"满洲编审册内，开造满洲"，但"仍留汉军旗下"，属镶黄汉军旗，而不拨入满洲旗内②。既然已算作是满洲人，其政治待遇也就同于满洲人，选官补缺，是补满洲缺。如隆科多于康熙四十三年充任的正蓝蒙古旗副都统、康熙五十年所任的步军统领、五十九年所担任的理藩院尚书，就都是满洲缺。此后该家族还有很多人选为满洲缺，不备举③。因满洲人少，满洲缺又较多，所以满洲缺的入选概率比汉军、汉人大得多，佟氏家族人多，与皇帝关系也密近，因而任官者甚多，以致有"佟半朝"之称。

---

① 见杜家骥《〈蒙古家谱〉增修者博清额之家世及该族〈蒙古博尔济吉忒氏族谱〉、〈恩荣奕叶〉》，《蒙古史研究》第七辑，内蒙古大学出版社 2003 年版。

② 《佟氏宗谱》卷 1《佟佳氏原系满洲》，保留这一决定的档案文字："户部谨题为敬陈微臣原系满洲仰祈睿鉴事，户部抄出头等公舅舅佟国纲等奏前事。"康熙二十七年四月奉旨：佟氏"其家人汉人众多，不便俱为满洲。且汉军旗下佐领缺少，应将舅舅佟国纲等佐领停其归并满洲旗下，仍留汉军旗下……其舅舅佟国纲等并该族人等，俱系满洲编审册内，开造满洲可也，为此谨题请旨。于康熙二十七年四年三日奉旨：依议，钦此"。《清圣祖实录》卷 135 康熙二十七年四月甲辰也记为此支佟氏族人是"改入满洲册籍。但……仍留汉军旗下"。另外，《清朝文献通考》卷 250《封建考·异姓封爵一五·公》所记：此支佟氏"开为满洲……隶满洲云"，以及《国朝先正事略·佟图赖传》称：此支佟氏"许改入满洲"，等等，都说的是此支佟氏被划为满人。

③ 见杜家骥《重印〈佟氏宗谱〉序》，重印《佟氏宗谱》（佟达礼支系）2013 年 1 月。

佟氏改为满洲后,属同一情况的华善一家也提出申请:

> 户部议复:原任内大臣和硕额驸华善等疏言,臣族本系满洲,请改为满洲旗下,应如所请,将华善等同族之人,准改入满洲册籍。惟华善正白旗下五佐领,所属文武官员及监生、壮丁甚多,不便一并更改,仍留汉军旗下。从之。①

上文所说华善,是清初名臣石廷柱之子。这段史料也说明,石氏家族虽仍在汉军旗(正白旗),但与佟氏一样,是归入满洲民族人。既然算满洲人,就可按满人待遇,补满洲官缺,如华善曾孙三泰,乾隆二十三年便出任户部满洲侍郎②,其所担任的参赞大臣,其子佛住所任的阿克苏领队大臣,都是授予满人的职官。

基于以上事实,得出以下三点认识:

(一)我们平常称满洲旗旗人就是满人,大致是对的,没有大问题,因为八旗满洲固山下绝大部分是满洲人。但又不完全准确,因为当时满族皇帝所确认的满洲民族人即满人,强调的是根子上是否属于"满洲",在八旗编审册籍中是否属于"满洲册籍",而不是以满洲命名的"满洲旗"的旗籍。也可以说,满洲旗人不等于就是满洲人,满洲人即使不编在满洲旗内而编在汉军旗中,也是满洲人。

(二)既然满族皇帝判别满洲人是以原本是否属于"满洲"者为基准,那么,汉军旗中的汉军人,满族皇帝也就更不把他们作为满族人了,也即不是归属于满族的,而称他们"原系汉人"。同理,蒙古八旗中的蒙古人,满族皇帝也不把他们作为满人,不过与他们的关系较汉军旗人密近,待遇也较汉军旗人高。

(三)既然在满族皇帝看来,判别某旗人是否属于满族,从根本上说并不依据其所在的满洲旗旗分,那么,《八旗满洲氏族通谱》中的"满洲旗分下汉姓人",这些人虽然多数是入关前、入关初就编在满洲旗、内务府包衣三旗的旗鼓佐领、管领下的包衣汉人(这些人后来也有"汉军"之称),满族皇帝也是不把他们作为满族的,科举考试时,乾隆皇帝及满洲官员认为他们"原系汉人,并非满洲",而不准与满洲人

---

① 《清圣祖实录》卷135,康熙二十七年四月甲辰。
② 钱实甫《清代职官年表》第1册第416页,中华书局1980年版。

同考,即不准占满洲名额①,这种做法就不无民族区别的因素。既然这些有正式户籍的"满洲旗分下汉姓人"都不算满洲族人,那么,八旗中的旗下家奴汉人也即户下家奴(包括下五旗投充人),就更算不上满族人了。

以上三点,是现今研究中尚未引起注意的。

还有一史事需作说明,就是清后期,社会上流传一部书,名《满汉名臣传》,80卷,其中又分为《满洲名臣传》(48卷)、《汉名臣传》(32卷),且注明是依国史馆所修列传抄录,当是如王先谦所抄《东华录》式的抄本,有菊花书室梓刻的巾箱本。社会上流行的这部依抄本梓刻的传记书,是将传记中的汉军旗人名臣归入了"满洲名臣"。那么,究竟是原国史馆就将汉军旗人名臣的传记归入了"满洲名臣",抄录者按照原有的分类而抄?还是抄者、梓刻者将汉军旗人名臣的传记归入"满洲名臣"?进一步说,是清朝当时修这些传记的史官将汉军旗人归入"满洲",还是抄者、梓刻者将汉军旗人归入了"满洲"?笔者怀疑是否抄者、梓刻者将汉军旗人归入了"满洲"②?所以将这部书的抄录法作为汉军旗人的归属"满洲",尚不足为凭。

附带说明,汉军旗人中不仅有满洲人,而且有朝鲜人、越南人,他们也被称为是汉军旗人,从这点说,汉军旗人又并非完全是汉族人之属。

---

① 光绪《大清会典事例》卷387《礼部·学校·旗学事宜》:"乾隆三年议准,满洲、汉军考试,各有一定籍贯,不容混淆。惟包衣人员,有投充庄头子弟隶内务府管辖编入上三旗者,又有旧汉人在内管领下,及下五旗王公所属包衣旗鼓领内者,此等原系汉人,并非满洲,因考试之时,俱由满洲都统咨送,是以从前每有在满洲额内入学中式者。自雍正十一年定例后,如仍有包衣旧汉人误在满洲额内入学出贡,应归入汉军额内考试者,定限三月查明,取具该参佐领印结,造册送部存案。嗣后包衣人员考试之时,务须严伤该管官逐一查明,除实系满洲、蒙古人员,于本人名下注明满洲、蒙古字样册送外,其投充庄头子弟,及内管领、旗鼓佐领之旧汉人,俱注明缘由,另册送部,归入汉军额内考试。其有将汉军造入满洲册内咨送者,察出即行参奏,将该管都统、佐领等分别议处。"

② 查清代实录、官方政书,未见清朝国史馆修过《满汉名臣传》这部书,清国史馆现存的是"大臣列传稿本",没有将大臣列传标以"满汉"字样。这部《满汉名臣传》如此划分、归类,将汉军旗人以及蒙古旗人与满洲旗人一起归入了"满洲",是抄录者个人的做法,还是国史馆史官的归类?满族皇帝在这方面的意见如何?凡此确实情况,都有待进一步考证。

二、对旗人等同于满族人的疑问

现在流行的观点,是将旗人等同于满族人,或者说,在旗者就属于满族。这一观点被很多学者接受或采用,包括笔者。此前,我在论述清史、满族史及八旗问题时,不可避免要使用"满族"这一民族概念,由于从众心理,也未加深思,凡提到八旗之人,就称之为满族人,从民族的角度提到八旗,也以满族称之。在没有形成确定的观点之前,便暂时姑且从之。现在深思之,不无疑问。疑问之处是:以旗籍作根据,把是否入旗也即是否籍隶八旗(此处指泛称的八旗,包括内务府包衣三旗),作为判别其是否属于满族的标准,将旗籍等同于民族属性,似乎太简单化了。且不说满族皇帝不把满洲旗以外的旗人比如汉军旗人作满族人,就是以下现象也不大好解释。

某人昨日是汉族人,今日编入八旗,就成了满族人,或昨日在旗而属于满族人,次日出旗为民就变为汉族人,一个人的民族属性在一夜之间会发生如此大的变化吗?而且会在短时间内在满、汉两民族间来回变化的吗?

以上入旗、出旗之事,在清代不乏其例,尤其是清前期。

顺治二年十一月,清军平定江南,将"招降公侯伯、总兵、副将参游等官三百七十四员,拨入八旗"[1]。顺治三年四月,又将一部分投诚汉人官员分隶"于八旗,编为牛录"[2]。这是成批汉人编入八旗的记载,他们此前是汉族人,编入八旗就成了满族人?民族属性变得如此之快?

再看个人入旗之例。康熙五十一年,安徽桐城人方苞,因戴名世《南山集》文字狱,判为"立斩","蒙圣祖矜疑宽宥,免治,出狱,隶籍汉军"[3],也即编入汉军旗。后来乾隆也曾叙及此事:"方苞在皇祖时,因南山集一案身罹重罪。蒙恩曲加宽宥,令其入旗,在修书处行走效力。及皇考即位,特沛殊恩,准其出旗,仍还本籍。"[4]如果照前述说法,方苞在狱中时,与其家族人一样,都是汉族人,次日宽宥编入旗,

---

① 《清世祖实录》卷21,顺治二年十一月癸亥。

② 《清世祖实录》卷25,顺治三年四月丁丑。

③ 方浚师《蕉轩随录》卷6《方望溪先生事》,第228页,中华书局1995年版。

④ 《清高宗实录》卷92,乾隆四年五月戊午。

就与家族的其他人不一样,方家其他人仍是汉人,而方苞却成了满族人。雍正继位后将其赦免出旗,转眼之间又变回了汉族人。如此变化,与一个人相对固定性的民族属性相符吗? 再者,方苞之入旗,按清朝满族皇帝的说法是因罪入旗,是死罪减轻惩罚后的"轻惩"形式,所以乾隆皇帝才称他是"皇考即位,特沛殊恩,准其出旗,仍还本籍"。这因罪入旗,仍带有惩罚性,决不是康熙帝要将其由汉族改入满族,方苞也不会是因罪而由汉族改为满族。

与此性质类同的事例是,乾隆前期的汉军旗人出旗为民。如果这些人昨日还是在旗的满族人,次日出旗为民就成了汉族人,这大批汉军旗人的民族属性,就这样轻易地改变,与客观实际是否相符?

另外,八旗中还有因罪削除旗籍者,这些人难道削除了旗籍就没有了民族属性?

凡此,是不是值得我们深思?

还有,满洲旗下的蒙古旗人,满族皇帝不以他们为满族人,他们自己也不认为是满洲,尽管在满洲旗内,而仍认同为"蒙古",如前举修其蒙古家谱的明安家族。该家族虽有旗籍甚至是满洲旗籍,仍自我认同为蒙古,而不是满族,这种现象,是不是也值得思考?

综之,是否可以这样说:以八旗"旗籍"作"满族",是将两个不同性质、范畴的内容,作了简单的等同。当时人是不这样画等号的,如果现在这样画等号,是否符合历史实际?

三、八旗内外的民族融合问题

前述史事,只是说明:1. 在满族皇帝的观念及当时的制度中,只有根子上是"满洲"、八旗中在满洲册籍者才是满人,汉军旗的入旗汉人以及蒙古旗的入旗蒙古人,都不是满族人。2. 以是否在旗也即是不是旗人,作为是否属于满族的标识,似乎简单化。

但是,历史又是复杂的,因为还有民族融合、民族属性变化的重要问题,所以,我们不能完全以前述满族皇帝的"满洲"范畴观念及制度,将汉军旗人等绝对地完全排除在满族属性之外。

历史事实还表明,民族的形成、构成、演变,又并非完全是统治者的主观意愿、制度规定所完全能够决定的,还有客观因素的重要作用,如不同民族之人共同生活中发生的种种联系所导致的民族融合,这种客观因素导致的民族融合,是一个"自然"变化的过程,而非统治者主观愿望、制度所能左右的。从这点而言,客观因素导致的民族融合,其作用是强势的,是超过统治者主观意志、政策、制度之作用的。这又是一个老生常谈的话题,现在常用到的一句理论是:民族是一个历史的范畴,民族成员也并不是一成不变的。人们常谈及以下事实,即历史上的匈奴、鲜卑、突厥、契丹、女真等民族,现在无一存在。尤其是曾经统治过中国北方的鲜卑、契丹、女真族,曾与北方汉人杂居,其所建政权灭亡后,该民族之人继续与北方汉人杂居、融合,最后融化于汉族之中,而此后北方的汉族人,也已不是原来纯粹的汉族人,而是混血性汉族人。在民族杂居的生活环境中,融合主要是人数少的民族受人数多之民族的影响,同化为人数多的民族,被其"化掉"。

清代,满洲旗人、蒙古旗人、汉军旗人、汉人以及其他民族①,他们之间也应有上述民族融合问题。不过这种融合又具有特殊性,即不仅有八旗内部的互相影响,又有八旗外部的互相影响,而八旗内部的互相影响,应以"满化"为主,八旗外部的满汉互相影响中虽然也有满族、八旗对汉族的影响,但应以"汉化"为主。以下分别作分析。

1. 八旗内部的"满化"

重点探讨入旗汉人(又称汉军旗人、汉军,包括内务府三旗等包衣汉人,也称汉军②)的"满化"问题。

八旗之中,满洲旗人中的满族人是人数较多的民族,又是政治上的强势民族,汉军旗人人数相对较少,且势弱而依附于满族,不可能不受到满族的同化性影响,或者说是"满化"。这些"满化"性的背景、史事及其因素如下:

汉军旗人的大部分,在入关前就已剃发从满俗,同在八旗中,与满人共事、生活交流,并因此而学习满语,有的还与满人通婚。

满族皇帝虽然否认汉军旗人属于满人,但又有利用、笼络的一面,尤其是入关后,当会有以下考虑,就是为使大大少于汉族人的满族扩大、壮大,以巩固满族主体统治,而将汉人中的接近满族、关系相

① 清代,即使编入八旗中的,就不仅有满洲人、汉人、蒙古人,还有朝鲜人、俄罗斯人、越南人,以及锡伯人、藏族(番)人、维吾尔(回部)人,等等。

② 见杜家骥《清代内务府旗人复杂的旗籍及其多种身份——兼谈曹雪芹家族的旗籍及其身份》,《民族研究》2011年3期。

对密近的汉军旗人笼络入满族之内,尤其是那些在入关前就归附满洲族的汉军旗人。有关的举措,比如对汉军旗人的政治待遇优于旗外汉人,官缺中不仅固定有专为他们选任的"汉军缺",而且在中央机构的司官以上、地方官所有职官方面,均可选补不在旗之汉人的"汉缺",尤其是还可选任高级官员中的满洲缺,如内阁满洲大学士缺,及部院、寺监等机构的满洲堂官(长官),即"京堂"以上的这些满洲缺,都可由汉军旗人选充①。再如,满族皇帝虽然不实行满汉通婚,却在八旗内实行皇家、满人与汉军旗人通婚,也嫁满族女乃至皇室公主与汉军旗人,而且满族皇帝还娶汉军旗人之女为妻,其所生之满汉混血皇子也可继位为皇帝,康熙、嘉庆帝便都是汉军旗人女所生(顺治帝时所娶康熙帝的生母佟氏,尚为汉军旗人。嘉庆帝生母是魏氏)。凡此,必然会影响汉军旗人对政治强势的主体统治民族满洲族的民族性"归、靠"。

以上是官方因素。再看八旗中汉军旗人与满洲旗人之间的自然性融合。

在八旗制度中,汉军旗(固山)并非独立的民族性行政单位,而是与同色旗的满洲旗(固山)属于同一个单位,比如镶黄汉军旗,是与镶黄满洲旗为同一单位(还有镶黄蒙古旗),被安置在同一生活居住区,如镶黄旗下的汉军旗、满洲旗、蒙古旗,都在安定门内。正白旗下的汉军旗、满洲旗、蒙古旗,是同居于东直门内。居住较近,日常接触、联系较多,自然在情感、民族情结上有所接近,导致融合。尤其是汉军旗人与满洲旗人之间的互相通婚。他们之间的通婚,家谱中记载甚多。满洲镶黄旗钮祜禄氏(额亦都)家族,嘉庆前与汉姓人通婚183例,其中大部分是汉军旗人。正蓝汉军旗张朝璘家族,与满洲旗人通婚20次。正蓝汉军旗甘氏家族,与满洲旗人通婚39次。东北驻防满洲旗人他塔喇氏家族,与汉军旗人通婚80多例②。旗人之间的通婚,较多的是在同色旗的旗人内,同色旗中的汉军旗人与满洲旗人互相通婚,比非同色旗的通婚平均人数明显多,这也是同色旗的旗

---

① 嘉庆《大清会典》卷6《吏部·文选清吏司》:"汉军,司官而上,得用汉缺(唯刑部司官不补汉军),京堂而上,兼得用满洲缺。"

② 见杜家骥《八旗与清朝政治论稿》第十四章《八旗旗人的婚姻及其与政治相关内容》,人民出版社2008年版。

人居住在同区域,属于同一行政单位,双方互相了解较多、经常接触交流而关系较密近的结果。汉军旗人与满洲旗人通婚,结为儿女亲家,繁衍满汉混血后裔,这种世代性的亲戚亲缘、亲情关系,对不同民族成员之间的情感接近,对汉军旗人的"满化"会有影响。汉军旗人娶满洲旗人女所生汉满混血子女,虽然还姓汉姓,但客观上说,其血缘已具有满族成分,而且有相当一部分汉军旗人所取的名子是带"满化"的不冠姓名子,见下述。

汉军旗人取满人名子,也可视为是"满化"影响。清代,从清初至清末,汉军旗人一直有取满人名子的,如清初正蓝汉军旗人李永芳李氏家族的刚阿泰、呼图礼。清中期,八旗汉军人尼玛拉、萨哈尔图、图尔秉阿、葛尔秉阿、塞克图、萨尔泰、希尔塔、博赫、满泰、雅图、伊常阿等等①;清后期,正黄汉军旗人阿昌阿、塔恩哈,正白汉军旗人穆精额、赓音泰,正蓝汉军旗人乌尔恭额、达崇阿、德崇额等等;清后期更多,有一份光绪年间档案性质的旗务簿册《查办八旗事务表》,列有汉军八旗的户主男人名子,经统计共 769 人,其中与满人一样取不冠姓汉文名的为 652 人,占 85%,还有取满语名的有 12 人,以上按满人习俗取不冠姓名子的汉军旗人,已占大多数。而保持原汉人取冠姓汉文名的 105 人,为 14%②。汉人特别重视家族之"姓",取名带姓;而汉军旗人取名已不带姓,仿从满族等少数民族取名子不冠姓的习俗,甚至取满语名,从形式上看具有趋附性,也有心理上趋附满族的情结,也可视为"满化"现象。

在其他风俗习惯方面,如汉军旗人在祭祀上对满族萨满祭祀的仿效,内容上的某些汲取,主要出现在东北的汉军旗人家族,不少学者对这一现象作了细致的揭示③。

汉军旗人妇女在穿着打扮、礼节、婚嫁礼仪方面,也效仿满人④。

2. 八旗外部的民族融合侧重于满人的汉化

以满族皇帝为代表的满族人,崇仰汉文化,且需要汲取汉族中原

---

① 《八旗满洲氏族通谱》卷 74—80,辽海出版社 2002 年版。

② 《查办八旗事务表》的汉军旗册,光绪排印本。

③ 见郑德、王晏《汉军旗萨满文化研究概述》,《黑龙江民族丛刊》2015 年 1 期。

④ 见金启孮《北京城区的满族》第十一章《八旗内外的民族关系》,第 111—114 页,辽宁民族出版社 1998 年版。

王朝的政治制度、思想理念以统治汉人,因而不能不在思想文化观念方面被"汉化"。主要体现为以下史事。入关前,以汉族文人教育汗家子弟,兴办官学,以汉人教师教育八旗子弟,实行科举考试,取士任官,翻译汉族王朝典籍,以指导行政、军事。入关后,满族皇家的教育正规化、固定化,师傅以汉人为主。八旗官学教育普及,八旗士子长期实行以四书五经为主要内容的科举考试。朝廷以中原王朝典制、则例施政,统治汉满等民族之人。这方面的政治文化,主要是带有儒家文化色彩的汉族文化,长期的教育、科举、施政,使满族君臣在政治文化的素质方面"汉化"。满族官方对汉族文化的学习与利用方面的史事,以及满人说汉话、用汉文,酷爱耽习汉字书法绘画,创作汉族诗词,君臣诗文唱和等等。满族在汉族文化方面的汉化,学界早有大量揭示,不作赘举。

以上从政治、文化、语言等方面揭示满族的汉化,还主要是从官方、政治的角度。但仅从这些方面及角度认识满族汉化还不够。因为清代的满族,毕竟始终是一个独立存在的民族,这也是源于上述有关政治诸方面的内容,如满族是清朝主体统治民族,最高掌权者的皇帝始终是满人而不是汉人,重要机构的长官都有满人,位在汉人之上。又由于实行一系列首崇满洲的制度,满汉矛盾长期存在。满族皇帝也竭力维持满族的独立性。这也是今天的我们对历史上的满族独立存在的政治印象。但是,对满族在清代二百多年的日常生活方面的潜移默化之"汉化"变化,则现今学界还了解得不够,更谈不上系统。

包括满洲八旗在内的八旗,是生活在广大汉族人的大圈子中,八旗外部的民族融合,虽然也有满族对汉族的感染影响,而主要的是满族受到汉族"汉化"的影响,主要体现为满人在日常生活方面的"汉化"。满汉君臣、官员共同在官场共事,长期接触,又必然会有生活方面的日常交往,及生活方面的内容交流、熏染。满洲旗人,京城虽有单独居住生活区,某些城镇驻防有"满城",但其生活不能不接触汉人,甚至离不开汉人,以致北京的内城也出现满汉杂居状况[①]。而畿

---

① 见刘小萌《清代北京内城居民的分布格局与变迁》,《首都师范大学学报》1998 年 2 期;郭松义《清代社会变动和京师居住格局的演变》,《清史研究》2012 年 1 期。

辅、东北的八旗驻防，满洲旗人更与汉人杂居，从而在多方面影响满洲旗人"汉化"，略具以下几点。

1. 通婚而繁衍满汉混血后裔。满族统治者虽然实行满汉不通婚，但严格限制的是满族之女嫁汉人，而对满族男子纳汉族女为庶妻妾室，并不限制。限制较严的满族皇家，尚且有大量的汉姓女被纳为嫡室之外的庶妻。康熙皇帝的庶妻中，就有汉姓女 16 人，不仅有汉军旗人女，也有非旗人的汉人女，如庶妃王氏、刘氏等①。通过对满族爱新觉罗皇家族谱的抽样统计，可知满汉混血者的比例甚大：顺治帝皇子，满汉混血者占 50％。康熙帝皇子，满汉混血者占 37.5％。雍正帝皇子，满汉混血者占 80％。乾隆帝皇子，满汉混血者占 35％—58.2％（有不能确定者）。嘉庆帝皇子，满汉混血者占 20％。道光帝皇子，没有满汉混血者。皇子的子孙满汉混血抽样统计结果：直郡王允禔（康熙帝长子），其子孙共 222 人，满汉混血者 77 人，占 34.68％，另有 13 人血分不能确定。和亲王弘昼（雍正帝皇子），子孙共 127 人，满汉混血者 39 人，占 30.7％，另有 20 人血分不能确定②。

现将某些家谱所记满洲旗人家族娶汉人女的情况略作介绍。满洲大族钮祜禄氏额亦都家族，与汉姓人的 180 多次通婚，都是将汉姓女纳为庶妻，其中应有非汉军旗人的汉人之女。而东北与汉人杂居的满洲他塔喇氏家族，与汉姓通婚 210 例，占该家族通婚总数的近 1/3，这 210 次满汉通婚，除 80 例明确是汉军旗人外，其余 130 例中，不少是"民籍"汉姓女③。满族人娶汉姓女，无论所娶的是汉军旗人女、还是不在旗的汉人女，她们都是汉族血统，为满族繁衍的后裔子孙，都是满汉混血。

在男性父系家族社会，虽然人们的民族所属是随从父亲，但这些生母为汉人的满族子女，有可能与纯粹的满族后裔在民族情感上有

---

① 见唐邦治《清皇室四谱》卷 2《后妃·圣祖仁皇帝》，民国上海聚珍仿宋印书局本。如果以葬于景陵的康熙帝妃嫔统计，汉人女性不止 16 名。

② 吕浩月《清代皇族满汉血统融合研究》，南开大学硕士学位论文，2014 年。

③ 以上见杜家骥《八旗与清朝政治论稿》第十四章《八旗旗人的婚姻及其与政治相关内容》，人民出版社 2008 年版。

所不同①。另外，从客观上说，这些满汉混血的满族人，也已具有了民族种性方面的汉族血分的"汉化"因素。

2. 满洲旗人家抱养汉人子为养子，数量甚大，仅道光元年查出的满洲、蒙古旗人抱养的汉人，就有2400余名。其中江宁（南京）、京口驻防的满洲、蒙古旗人抱养的汉人子继嗣者，多达1795名口②。这其中属于满洲旗人抱养的汉人，当属多数，因满洲旗人明显多于蒙古旗人。满洲旗人家抱养汉人子为嗣子，是满人家庭亲属中融入了汉人，此汉人又娶满洲女或汉人女，为满洲人繁衍满汉混血乃至汉人血统之人，凡此，都使满族中融入汉族成分。这是满族种族不纯、实际在血统上已有"汉化"成分的又一重要体现。

3. 婚俗、贞节伦理观念的汉族化。满族在入关前有收继婚的习俗，女子死了丈夫，由丈夫家族的人，如亡夫的兄弟、侄子、叔伯等，继续以其为妻。这种婚姻在人类各民族社会形态落后时期是普遍存在的现象，入关前的满族也是如此，并不以其为非。当时的汉族则视之为类似禽兽的乱伦丑行。接受了汉族这种伦理道德观念的皇太极，曾发布谕令，禁止满族人的收继婚行为。其后并未完全禁绝，大约在满族入关后进一步汉化的康熙以后，这种收继婚习俗完全消失。另外，清初的满族，女子在丈夫死后改嫁是常见的正常现象，甚至皇太极在世时，也曾将其妻子改嫁给别人。入关后，满族逐渐受汉族贞节道德伦理的影响，为亡夫守节不嫁的孀妇不断增多。《钦定八旗通志》记载，从康熙元年到乾隆六十年，满洲旗人之家旌表的列女已多达9714人，近一万人，且呈逐步增多趋势。康熙朝61年间共旌表1100人，年平均18人。雍正朝的13年旌表797人，年平均61人。乾隆朝60年旌表7817人，年平均130人③。汉族中更强烈的未婚守节行为也为满族所接受并实行，如雍

① 康熙第二十一子慎郡王胤禧，生母为江南陈氏，胤禧擅长作画，与郑板桥为莫逆之交。邓之诚谓：胤禧"外家江南陈氏，故喜从南士游。工书画，作字神似郑燮。居朱邸而有江湖之思，人情之相反也"。（见邓之诚《清诗纪事初编》下册第639页，上海古籍出版社1965年版）附此略作参考。

② 见王锺翰《清代八旗中的满汉民族成分》，《民族研究》1990年3、4期。其确实数有待核实，但以此说明满洲旗人抱养汉人为嗣子数量之多，是没有问题的。

③ 以上统计数字，据《钦定八旗通志》卷243—257《列女传》。

正年间,满洲富察氏女,许聘怡亲王府的弘晈,弘晈未婚而卒,富察氏闻知"恸哭、截发",为其穿孝服。雍正皇帝也肯定她的这种做法,并与褒扬:称其"幼年之女,能知大义",并命"于弘晈亲侄内以一人为弘晈之嗣……令富察氏抚养"①。富察氏以子妇的身份在怡亲王府守节终身。

4. 葬俗。满族在入关前有火葬习俗,入关的顺治朝仍保持,如顺治帝及董鄂妃,就都是火葬。以后受汉族葬俗不焚尸而土葬的影响,逐渐改火葬为土葬,乾隆时甚至强令禁止满族火葬②。满族及满族皇帝的这种改变,从伦理道德观念上而言,当与其接受汉族儒家"身体发肤,受之父母,不可毁伤"的孝道观念也有一定关系。

5. 丁忧制度。丁忧是中国古代中原汉族王朝的礼俗,指的是遭遇父母、祖父母等亲属之丧,须在三年(实际 27 个月,不计闰月)丧期守孝,不能婚嫁,不能参与娱乐、宴会、科举等活动,官员还要离任守制。这也是中国古代汉族的特殊"孝道"性礼俗制度,满族本无此习俗制度,入关后的顺治十年仿汉制,首先在满洲文官中实行,鉴于满洲人少,又要维持其主体统治,几经修改,定为离任守制三个月,也即所谓的"守孝百日"。百日后,素服在衙署办公,在家仍服孝,至三年(27 个月)"服阕"(穿孝服结束)。外任满官迟至乾隆十四年也由守制 27 个月改为上述之制。武官,明代本无亲丧守制之制,清初满汉武官均沿袭明制。康熙二十五年定,满汉武官均守制 27 个月,乾隆十二年与满洲文官划一。满人仿效汉人实行丁忧守制,也是受汉族"孝道"礼俗制度影响的一种汉化现象。

6. 取名子的汉化。清入关前,满人取名基本全部为非汉语名,且不讲究名子用词的含义,因而以动物、家畜取名且终身称用者是普遍现象,女子也都取名。入关后,取名上多方面纳入汉族习俗,主要表现为:A. 以汉字取名。清中期以后,以汉字取名已在满人中占大多数,入关后继位的满族皇帝,无一不是以汉文取名者,更是这种汉化形式的典型代表。B. 取汉族之冠姓汉人名。前一种的以汉字取

---

① 《清世宗实录》卷 95,雍正八年六月乙丑。

② 《清高宗实录》卷 5,雍正十三年十月丁酉,乾隆帝"下旗民丧葬禁令……嗣后除远乡贫人不能扶柩回里,不得已携骨归葬者,姑听不禁外,其余一概不许火化,倘有犯者,按律治罪,族长及佐领等隐匿不报,一并处分"。

名,尚不冠姓,还带有满族名不冠姓的旧俗。仿汉族名则取名冠姓,满族在入关初的顺治朝,就有取冠姓汉人名的,如满洲第一个状元麻勒吉(瓜尔佳氏),便取汉名马中骥。此后取汉名的满人不断增多,如康熙朝的礼部尚书顾八代,伊尔根觉罗氏,其子名顾俨,孙名顾琮。同时期的满人吏部左侍郎傅继祖,为富察氏。雍正朝大学士徐元梦,为舒穆禄氏。刑部侍郎杭奕禄,为完颜氏。参赞大臣傅鼐,为富察氏。雍正、乾隆朝两代大学士尹泰、尹继善父子,则是章佳氏。还有一些满人所取之名,不一定是汉人姓,但自取某汉字为姓,并以此姓下加名子,子孙沿用为姓,也成冠姓汉人名。如大学士鄂尔泰,为西林觉罗氏,因其父名鄂拜,遂以鄂为姓,鄂尔泰之弟名鄂尔齐,其子、侄、孙皆名鄂某。乾隆朝军机大臣舒赫德之子名舒常、舒宁,则是以原姓舒穆禄氏之头一字“舒”为姓,并取冠舒姓的汉式名子。C. 讲究用字之文雅,予以美意、寄托美好愿望,诸如烨、明、弘、琼、华、福、泰、祯、祥、松、寿等字眼在满人名子中甚多。D. 以汉字翻译之名子,取消诸如“兔”“儿”“厄”等不雅、俗、恶之字词,分别代之以图、尔、额等字。E. 仿汉人文人雅士取字、号,诸如端范(明珠之字)、春和(傅恒之字)、红兰主人(宗室蕴端之号)、紫琼道人(皇子胤禧之号)等等,字、号的取用,在满洲贵族、官员、士人中已是很普遍的现象。F. 以字辈取名的宗法化,如皇家近支宗室之排胤、弘、永、绵、奕、载等有含义的汉字,道光以后,皇帝本支子孙名子的第二字又单独用统一的偏旁汉字,这与明朝朱元璋子孙的宗室取名一样。G. 女子不取名。入关后的满族女子,很多人不再取名,与汉人一样,称“氏”,如称“富察氏”、“章佳氏”。皇家《玉牒》中,皇帝、王公之女都无名子,而作“圣祖第几女”、“裕亲王第几女”,等等。H. 避讳。避讳是汉人取名、称名的特殊习俗,康熙后满族也仿效这一习俗,如宗室岳乐之子岳端改名为蕴端,雍正继位后,其兄弟名子中的“胤”字皆改“允”字,玄武门避康熙之名玄烨的“玄”改为神武门。这方面问题内容甚多,笔者有专文论述①,不多举。

7. 萨满祭祀中的汉化内容。宫中皇家、某些满洲旗人之家的萨

① 以上详见杜家骥《从取名看满族入关后的习俗与文化》,《清史研究》1993 年 2 期。

满教活动,其祭祀的神祇,就有汉族民间信仰的关羽、土地等①。还有仿照汉人纂修家谱,有汉族宗法、孝道、贞节等伦理观念内容。这方面内容从略。

入关前的满族就已经有汉化因素。入关后的满洲族统治者,由于需要以汉制统治、管理汉人,学习利用汉制,而且较大力度地利用汉人官绅,吸取汉族政治文化为营养,充实、壮大满族之肌体,满族由此在政治上进一步"汉化",这一点有别于元朝蒙古族统治者,也是满族统治中原之时间大大超过蒙元之重要原因。

满族皇家爱新觉罗家族及八旗满洲旗人,于政治上汉化之外,又因生活在汉人圈中而汉化,如上所举的诸方面。这诸多方面综合影响导致的满族汉化,至乾隆时已非常突出了。作为满族皇帝的乾隆意识到它的严重性。如果说其中的大部分现象所导致的满族汉化还只是"隐形"的,而且对形成这些现象的满人行为,满族皇帝或者是为了有效统治汉族而有意为之,或者是长期融合、习俗使然,已无力改变的话,那么诸如满人普遍说汉语而导致"国语"满语的实际地位式微,满人取汉人冠汉姓名子,这些具有外在性的有感知的汉族性标志,则让乾隆皇帝再也不能听之任之了,因而制定了诸方面的制约政策、严厉禁令等,以阻止其发展。满人取冠汉姓汉式名子,让乾隆觉得尤为严重,满人的长相本与汉人无异,穿戴也已不完全是清初的满族服装(官服还有满族特色,但已融入汉族服饰内容,日常生活便服已是满汉互相影响的服装②)。日常生活交往中也都说汉语,如果再都称呼与汉人一样的汉式名子,满族人已无外在标志。既然自其祖父康熙帝起已然世代多年以汉字取名,无法改变,只有不冠姓,才能保持满族特征。鉴于清代汉人多三字名,以头一个字为姓,而下令满人以汉文取名,禁用三字。若以两个汉字取名,头一个字不能是汉姓。另外,禁几代人取名以同一汉字起头,以免沿用此字为姓。以上禁令,乾隆曾几次发布,以后的嘉庆、道光也几次谕令延续实行。经过长时间的坚持,以前满人取汉式冠姓三字名的现象不见了,取汉文为名者,几乎是清一色的二字名,如文祥、荣禄等,成为带有特色的满

---

① 详见杜家骥《从清代的宫中祭祀和堂子祭祀看萨满教》,《满族研究》1990 年 1 期。
② 钟文燕、王高媛、许凡《清代满汉服装的相互影响》,《广西纺织科技》2010 年 2 期。

人等旗人名子①。满语方面,乾隆帝把满语测试作为挑取差职、考职、官员考绩保举、封爵的必要条件,有些措施在以前曾实行过,乾隆朝则加大力度。此外,乾隆帝还强化满汉不通婚的政令,加大对违反者尤其是满人女外嫁汉人者的惩治。再有是,乾隆二十一年,将另记档案人出旗为民②。另记档案人有两种,一是旗下家奴开户者,基本上都是汉人;一是旗人抱养民人为子者,都是汉人,其中有不少是满洲旗人所抱养的汉人子弟为嗣子者。将另记档案人出旗为民,既是为解决八旗生计,也有清除八旗满洲族中汉族成分的作用。

虽然满族皇帝竭力维护满族的独立性,但客观事实的发展是其主观意志、政策措施所改变不了的。尤其是汉语已成为旗人以及满人的习惯语言,大部分满人已不会说满语。只有满文,因为满族皇帝实行倾斜性的翻译科举,及考试为官、封爵政策,以及强调行政中公文的必须使用,才使这种所谓的"国语"文字得以维持存在,而日常生活中的说话,仍主要是汉人话,这是满族皇帝无可奈何的。

同治三年,为解决旗人生计问题,允许其"听往各省谋生,其已在该地方落业,编入该省旗籍者,准与该地方民人互相嫁娶"③。直省地方的满人汉化在无官方限制的情况下进一步发展。又过了30多年,光绪二十四年,两江总督刘坤一、湖广总督张之洞向皇帝上奏折,结合以前满汉实际通婚的状况而说的"满蒙汉民久已互通婚媾,情同一家"④,虽然此时的满汉通婚不一定多普遍,"情同一家"一语也有美誉成分,但确实在一定程度上反映了无政治因素下民间基层旗民之间自然人性的淳朴情感交融,这正是满汉杂居、通婚导致的同化。

庚子之变以后,朝野呼吁实行君主立宪的宪政,破除满汉樊篱的呼声强烈,满族最高统治者不得不宣布"仿行宪政"(光绪三十二年七月)。此前宣布实行新政,明令满汉通婚(光绪二十七年),废除满汉复职制(光绪二十七、三十二年),取消满缺,不分满汉选任,甚至八旗都统、副都统也开始由汉人担任。如刘永庆之担任镶白旗汉军副都

---

① 以上,见杜家骥《从取名看满族入关后的习俗与文化》,《清史研究》1993年2期。
② 《清高宗实录》卷506,乾隆二十一年二月庚子。
③ 光绪《大清会典事例》卷155《户部·户口·壮丁别寓》。
④ 《清朝续文献通考》卷26《户口考二·八旗户口》。

统①,张英麟任镶黄旗蒙古副都统、镶黄旗汉军都统②,段祺瑞、冯国璋也担任过汉军旗副都统,冯国璋还署理蒙古旗副都统,充任满人担任驻防察哈尔都统(又称驻防张家口都统)③。满族汉化由此进一步发展。

清末曾任中央户部官的汉人刘体智(四川总督刘秉璋之子),也曾对满族的汉化有过如下认识,他特别强调语言同化的影响:

> 九州故壤,疑皆蛮族旧居,其强盛之故,始于异类之入主。舜东夷,文王西夷,钻研故籍,犹可得其侵陵兼并迹象。所谓揖让征诛者,特古史文饰之辞耳。胡羯、氐羌、鲜卑、沙陀、契丹、女真、蒙古,据有中土,南面御下。至今除蒙古尚有遗族外,其余诸国,皆尽其所有而俱来,未几即与之俱尽而不复见。茫茫禹域,真亡国灭种之利器矣。推原其故,以小量加诸巨量,譬如一杯水对一车薪之火,不特水不胜火,而火犹将胜水,其势然也。
>
> 清自满洲崛起,君临天下,悉主悉臣。鉴于前代之事,满人不求文学,惟重骑射。八旗兵分防各省,扼诸险要,画地而居,不与居民杂处,不与汉人联姻,备之未尝不周。然二百年间,满人悉归化于汉俗,数百万之众,佥为变相之汉人。并其文字语言,为立国之精神,虽俄于波兰,英于印度,法于安南,百计摧残而不能去者,满洲人乃自弃之。皇帝典学,尚知国语,余则自王公大臣以下,佥不知其为何物矣。清末满大臣带领引见,太后前则易,皇帝前则难,以太后不通国语也。宣统三年,伊克坦入直,主重国书,未可谓为识时务者,盖已晚矣。④

结合前述满人诸多汉化的事实,以及汉人官员刘坤一、张之洞、刘体智的评述,是否可以认为,清末的满族,实际已是相当程度汉化的民族。只是作为统治民族,其皇位、军机处及总理衙门、军咨府、责任内阁等重要部门的掌权者,仍由满族皇家、权贵掌握,而且提防汉

---

① 《清德宗实录》卷538,光绪三十年十一月甲辰。

② 《清德宗实录》卷572,光绪三十三年四月戊辰。

③ 《清德宗实录》卷564,光绪三十二年九月癸亥。《宣统政纪》卷21,宣统元年九月丙辰;卷66,宣统三年十月壬子。

④ 刘体智《异辞录》卷4《满汉同化》,第232页,中华书局1988年版。

人反满而竭力集权,由此体现其满族的突出地位与存在,首崇满洲的民族性私利,也仍使满人保持满族的族体意识。但这不过是官方极力维持的外壳表象,宣统年间,皇权式微,行使皇权的太后、摄政王受制,中央对地方的集权显著削弱,督抚权重,尾大不掉,与满族统治者离心离德。尽管辛亥革命号召的"反满"曾增加了满族的凝聚力,但却不能增强他们对满族最高统治集团的依赖性信心。也正因此,辛亥革命的一声枪响,清朝统治便土崩瓦解,孤木难支的清廷大厦迅即倾覆,清王朝的灭亡也与历史上任何一个朝代的灭亡都大不一样。再看满族基层一般旗人,由于清后期的财政拮据,贫困加剧,对满族统治者的民族情感、民族认同性向心力,也已大不如前,甚至有拥护、参加辛亥革命者。据清末满族刘秀锋说:"我们不指靠钱粮,对辛亥革命不反对,但也不愉快。满族老人关济武说:我在北京城内八旗高等学校里,秘密地看到孙中山的三民主义和其他反满小册子,多数满族同学都表示拥护革命。宣统二年(1910),汪精卫谋炸摄政王未果,在鼓楼西银锭桥一家照相馆被捕。当时大街上看热闹的群众(包括满族和汉族)纷纷议论:应该炸死摄政王。"满人关济武又据其同学阿那罕(后改名罗润)所说,而介绍:"满族人罗润领导了陕西西安起义",罗润是陕甘总督升允的侄子,曾与汉人同学陈树藩在西安驻防八旗兵中"秘密发动了 500 名旗兵……在西安发动起义"①。这段清末满人的回忆,对我们认识当时下层一般满族人的民族认同意识的淡漠,有一定参考意义。

从民族性上而言,清末的满族,早已不是入关初的满族,而已是相当汉化了的满族,一旦清亡,作为统治实体的满族地位一落千丈,汉化了的一般满洲旗人也便混同于广大的汉人之中,其民族之独立存在便更不明显了。可以想见,随着时间的推移,此后的满洲旗人,也将如同金朝灭亡后散处华北的猛安谋克女真一样,同化在北方的汉族之中。这应是一个漫长的历史过程,由于民国初期筹划八旗生计,组织、保留旗人团体,户籍登录也有旗民区别,满族还在形式上延

① 《满族社会历史调查·北京市满族调查报告》(1958—1959 年)第 86 页,民族出版社 2009 年版。文中所说满族老人关济武,当是民国后所改之名,为瓜尔佳氏。满族刘秀锋,也可能是民国后所改的汉名。罗润即阿那罕、其叔父(或伯父)升允,为八旗蒙古旗人,殆因满化,关济武称之为满族人。

续存在,即使不少人为隐匿民族属性而更改旗人属籍,冠汉姓、改汉人名子,但长期以来满族人形成的本民族情结,仍会延续存在。而且,由于民国时期仍存在对满族、旗人的不平等对待,反而使旗人自我保护的团体意识、民族意识增强,尤其是原满洲旗人,与其他旗人组成各种联合会的组织,争取满族的平等地位①。新中国成立后,扶植少数民族,满族又突出了民族性,群居者还设立了自治乡镇。

小结。八旗作为一个多民族组合的政治、军事、社会性群体组织,具有一定的独立性,其内部的民族融合是肯定会出现的客观现象。既然满洲族是主体、核心,具有强势,那么其融合的主要方面,当体现为其他民族受到"满化"的影响。所以,汉军旗人的满化,是客观存在不能否认的,如前所举诸方面现象与史实。但简单地把汉军旗人或汉人一旦入旗籍便作为满族人,而不论其是否经历过"满化"的过程,也是不符合实际的。所以汉军旗人的满化,能否算作满族人,还需因时、因人而异。从总体来看,八旗内外的民族融合,因人数较少的八旗处于大范围人口众多的汉人社会圈的包围之中,其外部"汉化"的影响要大于八旗内部的"满化"影响,而且越来越发展、显著。八旗中的满族人的汉化不可阻挡,在这种大气候的汉化影响下的汉军旗人,其所受满化影响的主体——满洲族人尚且如此,那么汉军旗人满化的程度也就不能作过高估计。

四、八旗与民族融合其他应深入思考的问题

以上几节,只是提出一些疑问和值得注意的问题,以及在汉军旗人的满化、满洲旗人的汉化上提出一些看法。八旗与民族融合及满族诸方面问题是非常复杂的,需要深究的问题甚多,仅提出自己暂时想到的几方面,列举如下:

1. 关于八旗内的民族融合,其他民族旗人的满化及其标志问题。

清代,编入八旗中的,在八旗满洲、新满洲之外,有八旗汉军、八旗蒙古人,还有朝鲜人、俄罗斯人、越南人,以及锡伯、赫哲、藏族(番)

---

① 见金启孮《北京城区的满族》第十二、十三章,辽宁民族出版社 1998 年版,第 115—134 页。

人、维吾尔(回部)人等等,这些民族的旗人,某人、某家族满化为满族的标志是什么? 也可以说,哪些体现、因素是人们民族属性的标志,这一理论问题,至今尚未形成多学科的学者们共同专门、深入的讨论。而这一问题的讨论,认识的深化,相关事实的揭示,正是满族这一新的民族共同体形成、发展变化的研究中最有意义的关键内容。

2. 以"民族认同"理论判别某旗人家族或个人对满族的认同,首先应分析,其对满族之认同的内容,是否具有"民族性",即"满族性"因素,而不是其他性质、因素的内容。再有,其认同的原因背景又是什么,这一点,可判别其是否真的属于对满族的认同,而不是别的目的和原因。

3. 政治因素、"非民族因素"对某些人成为满族成员的影响。现今的研究中,有一种现象,是以现代人在户籍上填报为满族,说明其祖上的"满化"。这其中固然有确属原本的满族人或已经满化的汉军旗人。但另一个严肃的事实是,自清亡及以后,有些人所填报的民族所属,是受到政治环境、官方意志及其他因素影响,而改变自己本来的民族属性。

4. 民族归属的复杂性

伪造、冒充、投靠者,虽是某民族的假成员,但这种现状如果维持数代,其后裔子孙不明缘由,也就始终自认为是该民族之人了。这种民族归属现象,是以假成真还是民族成员变化的正常现象?

比如康熙外祖母的佟氏大家族、清初名臣石廷柱石氏家族,本来都是女真人,长期在辽东汉人中生活,或为明朝官吏(石氏),都已汉化①,实际已是多少代的汉人了。入清时仍长期保持汉姓、汉军人的身份,后来出于政治利益目的,才又呈请改为满洲人。试想,如果没有满族清朝的出现,没有这两个家族的归附清朝满族政权,他们的汉族属性也就一直延续下去了,就没有又改为女真满族之事。

5. 如何认识"新满洲"与满族的分合现象

清入关后所纳入的新满洲,如锡伯、卦尔察、赫哲等,有的编入八

---

① 佟氏先世为女真人,后汉化,见侯寿昌《辽东佟氏族属旗籍考辨》一文,载《明清档案与历史研究》,中华书局 1986 年版。石廷柱家族先世为女真苏完瓜尔佳氏,见《清史稿》卷 231《石廷柱传》记:"石廷柱,辽东人。先世居苏完,姓瓜尔佳氏。明成化间,有布哈者,为建州左卫指挥。布哈生阿尔松阿,嘉靖中袭职。阿尔松阿生石翰,移家辽东,遂以石为氏。"

旗,但并非是京师的老满洲八旗,而是散置在东北三省驻防。还有的由东北调入北京,散编在满洲八旗、蒙古八旗之中①,这些人的身份地位,与老满洲旗人不同,这些人也被称为是"新满洲"②。还有的如锡伯,有的又被调入新疆,仍以八旗组织作编制,但是以"锡伯营"称之;这部分人,后来成为锡伯族(察布查尔锡伯族自治县),而不是满族。在东北驻防的,现在也有很多人仍是锡伯族。其编在京师老满洲八旗下的新满洲锡伯人,现在是什么民族成分? 是锡伯族还是满族? 东北、新疆的"新满洲"锡伯人,为什么后来没有成为满洲族,而仍恢复其原来的锡伯族? 都值得从学术的角度进行研究。

由于问题复杂,不少史事尚不清楚,理论水平有限,本文不确之处,敬请指正。

(此文原载《社会科学战线》2016 年 6 期,有修改)

---

① 见杜家骥《清代东北锡伯族的编旗及其变迁》,《求是学刊》2006 年 3 期。
② 《锡伯族档案史料》(上册)第 124 页(辽宁民族出版社 1989 年版),康熙三十七年,兵部咨黑龙江将军文中称:"锡伯、卦尔察原系科尔沁之奴,皇上以伊等为满洲……由科尔沁赎出",第 163—173 页,乾隆三十四年由盛京调旗下锡伯兵,就称其为"新满洲锡伯兵"。

清代满族人取名及其诸种现象分析

　　人类出于互相区别、结识、交往等等需要而取名。各民族在取名上也形成许多各具特色的习俗,这种习俗,同时也是一种文化现象,从人名中反映出一个民族的社会习尚、伦理观念、宗法制度、宗教信仰以及语言文字等多方面的内容。满族在入关前,有本民族颇具特色的取名习俗。入主中原后,受汉族的影响,在取名上发生了多方面的变化,增加了许多新的内容,从一个侧面反映出入关后的满族在习俗、文化方面发展变化的某些状况。本文考察满族入关前后在取名习俗、名称观念上的各种变化,以及旧有取名习俗的维持和保留,力图从中揭示满族入关后在崇尚、礼俗、伦理观念、宗法制度、宗教信仰等方面的一些情况,总结某些带有特征性的现象。

一、入关前满族的取名习俗及其特征

　　入关前,满族人取名在名子①的词义上并不讲究,名子只是人们用来称呼、互相区别的一种符号。以努尔哈赤家族为例,堂堂的镶红

---

　　① 本文泛称的人名,是采取以"子"字作名词后缀的用法,而作"名子",如同称"帽子、旗子、车子、稿子……"之类(见《现代汉语词典》)。古人"名"外还有"字"的称呼,本文论述涉及"名"与"字"的区别,泛称不能用"名字",否则概念之义费解,容易矛盾,且造成叙述混乱。再者,现代人已不用"字"作称呼,其"名"实际就是古代之"名",即大名、学名,而没有"字"的称呼之义,文中现代语叙述也不宜用"名字",应在"名"下按惯例加后缀"子"字,作"名子"。

旗主岳托,其名子词义竟是呆子、傻子。贝子博洛,名子之义为凉帽。贝子傅喇塔,名子词义为烂眼边。豫亲王多铎,其名子之义为"胎"。一般满洲旗人的名子也是五花八门、无奇不有:如何和理——上牙嗑下牙,扬善——唠叨,鄂硕——驾鹰的三指皮巴掌,巴哈——得失之得,库尔缠——灰鹤,席特库——尿炕孩,索尼——你们的,朱玛喇——黄鼠,马福塔——公鹿,苏克萨哈——大腿,苏纳——牵狗绳子,巴哈纳——圆帐房的挑杆子……从这些人名可以看出,入关前的满族,在取名的用词上非常广泛,而且随便,无论是怎样的词性、词义,如名词、动词、形容词,动物、植物、无生物等物名,长相、性格、行为、动作等用词用语,都可拈而用之,当作人名,这是入关前满族在取名上的一种习俗特征。入关前,由于狩猎是女真人经济生活中的重要内容,因而以禽兽名及与狩猎相关之词取名也相当多,仅努尔哈赤家族,就有诸如多尔衮(词义"獾")、固尔玛浑(词义为"兔子")、博和托(词义为"驼峰")、杜度(词义为"斑雀")、阿敏(词义为"后鞍桥")等人取这类名子。以兽畜为名,在汉族中并不鲜见,但一般是作为小名,至学龄取大名后,这种名子就弃而不用了。家中或许尊长还以这类小名称呼,社会上,若再以这种兽畜名称之,被称呼者就会有一种羞辱感。但在满族中却没有这种观念,他们也没有所谓小名、大名,名子在小时一经取用后,便成为终身性称呼,如固山额真席特库,其名子词义为"尿炕孩",应是小时所取之名,成年时仍在应用。数字名如那丹珠(词义为"七十")等,是出生后即取用的名子,满族人常取用的名子费扬古(词义为老生子)、阿济格(词义为幼子),也是小时取用之名,都是以后终身使用。同样,那种动物类名子,也是至中年、老年始终使用。前举事实说明,当时的满族人无论身份地位如何,都不像汉族那样讲究取名用词的褒贬之义,也不以取动物名包括被汉族厌恶的兽畜名为耻,这是入关前满族在取名上不同于汉族的又一特殊之处,反映出当时满、汉两民族在称谓文化及相关礼俗上的巨大差异。

二、满族入关后名称观念及取名习俗的各种变化

满族入主中原后,生活于广大汉族之中,汉文化对满族产生了广泛而深刻的影响,其中也包括取名的习尚。汉族人的名子包含多方

面的文化内容,满族在有关名子的观念及取名习俗上也因之发生多方面的变化。

1. 用字的文雅化。汉族人取名,对于选词用字是非常讲究文雅的,尤其是文人及有身份地位之人,更讲究这一点。在社会上广泛称用的名子,其文雅与否,关系到该人的形象与身份,所以"自古及今,从无名士通人取俗陋不堪之名、字者"。入关前的满族并无这种观念,他们的名子被"音译"为汉文之后,粗俗鄙陋的字眼虽然随处可见,但他们并不以之为非。成书于崇德元年的《清太祖武皇帝实录》,努尔哈赤便译作弩儿哈奇,多尔衮作多里哄,其叔父之名作把牙喇,号兆里兔。由于固有习俗的习惯性,这种观念在入关初仍还淡薄。如顺治九年所修的《清太宗实录》中,满族人名的用字,兔、儿、奴、厄等字眼俯拾即是,如身为吏部承政(即后来的尚书)的额亦都第八子,汉文译名便作"兔儿格",其弟作"以儿邓";努尔哈赤之侄作"摆音兔",其第二女嫩哲格格之夫作"打儿汉"额夫①。这些人的名子在康熙二十一年成书的《清太宗实录》中,就已分别改作:图尔格、伊尔登、拜尹图、达尔汉额驸了②。从当时人名子的用字也可看出这种变化状况,《康熙起居注》的康熙二十年以前部分,记载当时满人名子便有儿、兔等字眼,如康熙十年的"侍郎哈儿松阿"、二十年的郎中"尔吉兔"、二十年的钦差"萨璧兔"等,但有时"儿"又作"尔","兔"又作"图"③,留下用字改变过渡期的一些痕迹。大约在康熙二十几年以后,这类粗陋字眼便基本消失了。满族接受了汉人在取名用字上的观念,认识到那些不雅驯的字眼有损于他们的形象,也很容易让汉人通过这类用词的名子而联想到他们曾属于所谓的"化外夷狄之邦",这是满族人名音译为汉名用词文雅化的重要原因。

与此同时,他们也开始以汉文取名,而且仿效汉人,挑选那些优美、文雅、响亮的字词,来美化自身的形象,以文、翰、弘、晖、昭、明、耀、灿、璋、琮、亮、英、桂、芳、章、俊、焕等字眼取名者,在皇族及一般旗人中不断出现。这种选词用字,不仅是名称观念、取名习俗上的变

---

① 《清太宗实录稿本》第 57—80 页,辽宁大学 1978 年印本。

② 《康熙朝修太宗、世祖实录残卷》,《南开史学》1988 年 2 期。该书为白新良同志于无锡图书馆访得而抄录。

③ 《康熙起居注》第 1 册第 3、738、739、755、758 页,中华书局 1978 年版。

化，而且体现了满族在汉族文字、文学方面的某种审美意境。

2. 取字、号。字，是古代汉族男女到成年时，于"名"（狭义的名子）之外所取的另一个名子。取字后，人们为表示对其尊重，便以字称之，而不直呼其名。名与字相比，字是具有尊重意义的名子。文人及官员之间交往以字相称，显得彬彬有礼，互相尊敬。号的种类有多种，如自号、绰号、封号等等。取自号者多是文人志士，他们往往自己取个别号，来表示其志向、情趣、性格、崇尚等，或为自己的书斋起个名子，进而以书斋名作为自己的室号。取字号是汉族士大夫的一种雅好，号作为一种名子，有时比本人的名、字叫得响亮，如苏东坡（号东坡居士）、王渔洋（号渔洋山人）等，如此称之，表达的是人们对他们的尊崇。满族入关前也有号，如巴图鲁、阿尔哈图土们等，但这种号属于赞美性的嘉号或封号，不具备一般名子的意义。取前述汉族那种字、号的雅好和习尚，最早为满族文人所仿效。满族入关后第一个诗人鄂貌图（或作鄂谟图），便取字麟阁，号遇羲①。鄂貌图为入关前崇德六年科考举人，卒于顺治十八年，他取字号当在入关前后。满洲第一个状元顺治九年满榜魁首之麻勒吉，取字为谦六。此后康熙初年的满族杰出词人纳兰成德（纳兰性德），字容若，号楞伽山人②。宗室诗人岳端，字兼山，号红兰主人。文昭，字子晋，号芗婴居士、北柴山人。画家胤禧，号紫琼道人、春浮居士③。乾隆以后满族文人取字、号者已相当普遍，这在《熙朝雅颂集》、《八旗艺文编目》等书所记的满人名子中有大量反映，不备举。有些八旗子弟虽非文人，也崇尚于取字、号，这些人多出身贵族、官僚家庭。如康熙朝的大学士明珠，字端范；乾隆朝名臣傅恒，字春和。乾隆初的刑部尚书傅鼐，富察氏，"世以武略起家"，也取字为阁峰，号爽斋。嘉道以后，取字已成满人中非常盛行的习尚，不仅文人几乎个个取字，而且行伍出身、任武职者取字也已成为很普遍的现象。如道光初任荆州将军的观喜，字吉兰；道光中成都将军廉敬，字聚之；咸丰初湖南提督塔齐布，字智亭；同治朝盛京将军都兴阿，字直夫；光绪十二年宁夏将军维庆，字桂亭

---

①　邓之诚《清诗纪事初编》卷6《乙编·八旗》，上海古籍出版社1984年版。

②　《八旗艺文编目》第2页，辽宁民族出版社2006年版（关纪新点校本）。

③　邓之诚《清诗纪事初编》卷6《乙编·八旗》。

……这类例子举不胜举。①

满族崇尚高度发达的汉族文化,入关后,与汉族文人往来不断扩大,日益频繁,官场之中的交往更是日常之事,他们像汉人那样以字称呼汉族士人官员,以表示礼敬对方,同时自己也取字,希望别人称字尊重自己,达到互相尊重、礼尚往来的目的。名称取字,表明满族人在日常生活交往中受到汉族这种称谓礼俗的规范,并循从、接受这种礼俗,把自己也纳入这种文明礼俗生活之中。这种礼俗的循从,对于密切和加强满汉士人、官员之间的关系可起到有益的作用。取字、号也是一种高雅的崇尚,满族人大量取字、自号,反映出他们对汉族士大夫的时尚及文人情操的普遍崇尚与追求,是尚武的满族在社会习俗崇尚及其价值观念上变化的一种体现。

3. 以名子之义寄托美好的理想和愿望,名义上尤其讲求福寿吉祥。汉族人取名,喜好以名义寄托某种美好的理想,诸如周占鳌、蔡毓荣、徐世达、李鹤年、于成龙、邓长泰、薛福成、杨世贵等等。这种取名习尚对满族产生了重要影响,纷纷仿效,尤其以取希望福禄吉祥长寿之类意思的名子最多。由于这方面含义的字词,汉文比满语要典雅且丰富得多,因而满人多以这类词义的汉文取名。顺治帝的次子、五子就分别名福全、常宁。以汉文汉义取名,在入关初尚不多见,顺治帝皇子取这种名子,还只能说是一种"试行"。以后康熙再为其诸子取名,除较早出生的一人用满语外(此子后来夭折),其余 34 个皇子,全部用汉文,且汉义多为福寿吉祥。最早的几个儿子名承祜、承瑞、承庆、长华、长生、万黼,只可惜这几个皇子并未承受到昊天所赐之洪福祥瑞,更未能百岁长生常享荣华,全部夭殇。后来诸子排字取名,上一字皆用"胤"字,下一字取"示"补之字。胤,义为后代,下一字取用的以"示"作偏旁的字如禔、礽、祉、祜、祚、祹、禄、禟等,皆有"福"之义;禛字,义为真诚而受福佑;祎,义为美好;祺、祥、祯,义则为吉祥,这些字与上一字"胤"相配合,寄托着康熙对后代子孙幸福吉祥的美好愿望。上有所行,下必效焉,此后,以汉文福寿、吉祥、康泰等字词取名,也在旗人中流行起来。如康熙后期内阁学士中的达寿、工部左侍郎常泰、三等公增寿(彭春之子);雍正中礼部尚书常寿、庶吉士

---

① 见钱实甫《清代职官年表》第 4 册《人名录》,中华书局 1980 年版。

松寿;乾隆中的几位庶吉士嵩贵、景福、福保,领侍卫内大臣福禄、大理寺卿长福、户部右侍郎吉庆、江苏巡抚安宁,等等,都取的是这类名子。另外,以满语取这类含义的名子也很多(详见后述)。除了这种福寿祥庆之义的名子,还有取诸如世臣、世杰、世魁、文达、文硕、文蔚、奎照、奎耀、奎焕、英翰、桂丰、成勋等义名子者,这类名子,寄托着取名的尊长对被命名者文运亨通、显达于世的厚望。乾隆中期以后,取前述含义汉文名子者更大量增加,因而嘉道以后,史籍中所看到的任文武官职的旗人,这类名子占有很大比例。

在这类寄托某种希望的名子中,又以取福寿、富贵、吉祥、康泰等词义的名子最多,这种意向的集中性,与汉人取这类名子所寄希望的广泛性相比,表现出它的特征,由于意向集中,因而这类含义的字词在旗人名子中使用率非常高。光绪中官礼部侍郎的宗室宝廷,其二子,一名寿富,号伯福,别号一二;另一子名富寿,号仲福,别号二一。光绪朝江西巡抚的三个连任旗人,一名德馨、一名德寿、一名松寿,三人名子皆未出德、寿二字,故时人戏曰:"此三人名片但须易一字耳。"[1]重名现象也很常见,如嘉庆二十几年的浙江布政使、盛京兵部侍郎、同治十年的文渊阁大学士,三人都叫瑞麟;乾隆中期,官场上有三个叫富德的,分别为盛京兵部侍郎、理藩院尚书、盛京户部侍郎(乾隆十三年召回京)。由于满语这类词较少,所以以满语取这类含义名子者大多集中在那几个词上,为:丰绅(或丰绅××)、扎拉芬(或扎拉丰阿)、赛冲阿等,重名或取名相似者也很多。丰绅,满文有福分、造化、福祉之义。嘉庆十八年的成都将军、光绪二十三年的宁夏将军都叫丰绅。和珅之子叫丰绅殷德,和珅弟和琳之子名丰绅宜绵,乾隆第四女和嘉公主之子名叫丰绅济伦。"殷德"是满文的汉字对音,义为兴旺;"宜绵"也是满文的汉字对音,义为荟萃、聚泽、并臻。这两个词与丰绅组合,其义可见。丰绅济伦本名济伦,丰绅二字,乃是他的外祖父乾隆皇帝所赐加[2]。扎拉芬,满文义为"寿",康熙二十年的左副都御史、嘉庆二十三年的福州将军、咸丰初的西安将军,都叫扎拉芬。

① 《清稗类钞》第 5 册第 2162、2158 页,中华书局 1984 年版。
② 姚元之《竹叶亭杂记》卷 1 第 1 页,中华书局标点本 1982 年版。

乾隆朝旌表的满洲旗人女子的丈夫中,名扎拉芬者就有九名①。嘉庆时期的大学士百龄(汉军旗人),其子亦名扎拉芬。先是,百龄有子不育,年过六十方得此子,嘉庆帝闻之也甚为欢悦,特"加恩赏伊子名扎拉芬,俾得健壮长成"②。丰绅殷德一名,则是乾隆所赐③,他是乾隆最宠爱的掌上明珠和孝公主之额驸。满人中叫赛冲阿的也不少,嘉庆朝镇压蔡牵起义的广州将军就名赛冲阿。赛冲阿,满文义为嘉美、吉庆。从前述取名词义意向的集中以及皇帝赐名的情况可以看出,从皇家、官僚贵族、满族皇帝到一般旗人,对于福寿、康泰、吉庆、祥和等都抱有超乎其他的强烈憧憬。如果我们再联系到以下现象,或许看得更清楚些:一,清朝的年号,康熙,安泰康宁之义;嘉庆,满语即"赛冲阿丰绅";祺祥(后改同治,若不改变,同治一朝即以祺祥为年号),吉庆祥和之义。二,皇帝万寿节、皇太后圣寿节庆贺的格外重视。皇帝生辰受朝贺,自明代"始与元日、冬至并称三大节"④,但有明一代庆典简约,"不受献、不赋诗、不赐脯、不斋醮"⑤。清代则大张其事,万寿圣典,"率上嵩呼之盛,实极古今未有之隆"⑥。皇太后圣寿节,"列代以来仪文未备",清代则皇帝"亲率王公大臣行庆贺礼……承欢迓福之懋典,为亘古所未有焉"⑦。以上庆典尤以康熙、乾隆、嘉庆、光绪等朝最为隆重。三,历朝清帝每年年终都要亲自书写福字、寿字,颁赐中外大臣⑧,这是清代所特有的一种高规格的祝贺性赏赐。这些现象与前述取名、赐名所表现出的憧憬和追求,反映出当时一种颇具特征的社会心理和崇尚,是值得研究的历史现象。

4. 取名与神佛崇拜相联系。清初,旗人中出现以××保为形式的名子。大约在康熙中期以后,这种名子成为满人中一种颇为时髦的称呼,而且突出表现出了崇拜神佛的特征。请看:顺治帝兄弟后

---

① 《钦定八旗通志》卷 246—257《列女传》。

② 《清史列传》卷 32《百龄传》。

③ 《清史列传》卷 35《和珅传》。

④ 《清朝文献通考》卷 126《朝仪》,第 5947 页上,商务印书馆十通本。

⑤ 《续文献通考》卷 88《朝仪》,第 3575 页,商务印书馆十通本。

⑥ 《清朝文献通考》卷 222《经籍十二》,第 6845 页下。

⑦ 《清朝通志》卷 42《礼略七》,第 6992 下—6993 页上,商务印书馆十通本。

⑧ 陈康祺《郎潜纪闻》二笔卷 8《年终赐福》,下册第 464 页,中华书局 1984 年版。

裔,高塞之孙名释迦保、肃亲王豪格之孙名迦蓝保、叶布舒之曾孙名灶神保;恭亲王常宁第六子名文殊保;穆尔哈齐后裔中叫××保者有菩萨保、天师保、三官保。一般旗人中除有用以上名子取名者外,还有诸如牟尼保、罗汉保、金刚保、观音保、普贤保、普陀保、关圣保、老君保、佛爷保、佛喜保、诸神保、众神保等等①。从这种名子可以看出:一,它并非满语,而是以汉文汉义所取之名,所以不是满族旧有的名子,汉人中没有以此为名者,应是旗人入关后所创。二,突出表现出神佛信仰的色彩,其中之"保"字,当是祈求神佛保佑之意,同时也寄托着取名者的某种愿望,与前述寄托福寿吉祥之类希望的名子有类似之处。三,具有汉人在神佛信仰上的一些特征。汉族人在宗教信仰上不像欧洲、阿拉伯、印度等地区一些信仰基督教、伊斯兰教、佛教的民族那样专一,属于多神崇拜,在信仰上也采取实用主义,对教义却不求多深的悟解。满族本属多神崇拜,因而不仅将汉族所信仰诸神佛如来佛、观音菩萨、关帝、土地等纳入萨满教所供奉的神祇行列中去②,而且像很多信佛的汉人那样,供佛不念佛经(少数闲暇妇女除外)、不听讲经。这种信仰特征在他们的取名中也反映出来,诸如佛教之释迦牟尼如来佛,观音、文殊、普贤等菩萨,道教之老君、天师、关圣帝君以及灶神等等,皆拈而用之,下加保字,祈求其护佑。这类取名有一点值得进一步探讨,即汉族虽信仰神佛,但在取名上没有用神佛之名取名者,当是出于为尊崇者避讳,不敢冒渎神灵之故,而满族却无此忌讳。

还有一种与"××保"相类似的名子为"×保住",如神保住、佛保住、僧保住、官保住、留保住、锁保住等,在满人中也很流行,这类名子带有入关前×住(或珠,满语 ju 音)、××住(或珠)之类名子的痕迹,但已明显是以汉文汉义取名,与××保之类名子一样,也带有祈求神佛等保佑的色彩,而寄托的希望则很明确,即祈望不致短命夭亡,它与取松寿、嵩寿、百龄、长龄之类名子的目的是一样的。这类名子的流行,是当时孩童成育率低、家长希望其健壮长成这样一种带有普遍

---

① 据《玉牒》及《八旗满洲氏族通谱》等摘录。

② 见拙文《从清代宫中祭祀和堂子祭祀看萨满教》,《满族研究》1990 年 1 期。并见姚元之《竹叶亭杂记》卷 3。

性社会现象的反映。

5. 避讳。避讳是汉族在称谓方面的一种特殊礼俗,它是指对尊长或其他应尊敬的人,要避免直接说出或写出他的名子,甚至名子的同音字也要回避,即所谓避嫌名。取名当然更要避讳,避免同名、同字。它是维护尊者身份地位或名望的一种礼制。避讳分两种,一种是国讳,是举国之人都要避讳的名称,主要指对皇帝、皇太子、孔子、关公等人之名的避讳。这种官方所定的普遍性避讳又称官讳;一种是私讳,是指为自己或对方尊长的避讳。入关前满族并无避讳之说,入关后最先接受这一礼俗的是满族皇帝,确切地说是从康熙帝开始,顺治帝福临并无避讳,否则其子不会命名福全,此后满人中用福字取名者也非常多。清代皇帝的避讳,属于王朝传统的皇帝制度,此处不赘述。清代在避讳制度上有一点特殊之处,是对满族宗室王公及满人高级官员的名子要避讳,并定之为官讳。这种避讳在往代汉族王朝中是很少见的,其目的,当是以这种汉族礼制树立和维护满族上层统治集团的尊严与地位,其实行,与满族内部等级的悬殊性与森严性也有一定关系。清世宗规定:"内外小臣,名与诸王大臣同者,酌量改易。"谕旨发布后,正巧两江总督查弼纳奏请将千总刘允祥提升。雍正在奏折中发现此人名子与怡亲王允祥同名,因斥之为"违旨不敬"①。乾隆五十八年,火器营护军有名"阿敏"者,因提升而引见。乾隆在绿头牌上见到此名后大怒,指斥此人"与太宗文皇帝御兄二贝勒(阿敏)重讳……此讳系断不可重者"。因严厉申饬该旗都统,令改其名为阿勒坦,并命通谕八旗,此后"若再有似此者,务将该都统一并议处"②。此后,嘉庆帝也曾发布"禁旗人命名与宗室王公及旗人大臣同名"的上谕③,并令与湖南巡抚景安同名的知县景安改名。这类谕令不可能有什么效果,因为满族王公大臣在世与不在世者不计其数,其名讳如何能全部知晓? 所以尽管乾隆"屡降训谕饬禁",嘉庆时仍是"官员兵丁内,与王公大臣同名者甚多"。虽无甚效果,但这种把宗室王公、旗人大臣的名子作为官讳令其他人避讳的制度,在清代是

① 萧奭《永宪录》卷 4,第 274 页,中华书局 1959 年版。
② 《钦定八旗通志》卷首十二《敕谕六》,第 1 册第 278 页,吉林文史出版社 2002 年版。
③ 光绪《大清会典事例》卷 1《宗人府·命名》。

实行过的。

避私讳的习俗在满族中形成稍晚，皇族接受这种礼俗要早些，但在康熙中期以前尚无这种意识，出生于康熙十年的著名宗室诗人岳端，便与其父安亲王岳乐在名子上有相同之字，岳端是在后来才"改名蕴端"的①。康熙三十二年二月，清圣祖明确规定，禁止皇族成员取名与本族长辈同名，以前有重名犯讳者，"令卑者、幼者更改"②。与本人长辈名子有某个相同之字也属犯讳，道光年间，废太子允礽之六世孙福琨乃溥字辈，本应叫溥琨，因其祖父名奕溥，故道光帝特令其易溥为福。避私讳的礼俗在一般满人中同样实行。叩拜的拜字是书信、请柬等常用之字，鄂尔泰因其"父名鄂拜，故终身笺柬只书顿首，不书拜字"③。鄂尔泰是雍乾两朝大学士、军机大臣。官员与其来往颇多，这些官员们也当然地要遵从其家讳，避其父亲之名，书信、公文及言谈中避免写出或说出"拜"字，一时"中外靡然从之"。清末，避私讳的礼俗在满族官员中愈益流行。光绪年间的协办大学士裕德，最忌讳触犯其先人名讳，他充主考官时，因其父名崇纶，便令各房考官凡是写有"伦"、"仑"等字的试卷，一律不得推荐；左都御史贵秀，听说京城内有个戏班子叫"贵秀堂"，于是差人勒令该戏班改换名称；当时社会上流行新名词"改良"，陆军部的铁良及锡良最厌恶这两个字，凡有人当其面提及"改良"二字，必遭其申斥④。

6. 女子名子对男子的寄附性。翻阅文献及档册便会发现，入关前及入关初，满族女子无论其属于皇家贵族，还是一般旗人之女，也不论其出嫁前还是出嫁后，出嫁后也不论其是正室嫡妻还是庶妻小妾，都有名子见诸典册。如努尔哈赤之妻名哈哈纳扎青、衮代、阿巴亥；皇太极之庄妃（孝庄文皇后）名本木泰；济尔哈朗侧室名乌努占、舒纪、苏迈；肃亲王豪格之妾名额依色你；努尔哈赤之女名莽古济、穆库什；皇太极之女名马喀塔、雅图、阿图等。一般旗人之妻、女也都有名子。但到康熙十几年以后，典籍中已全然不见女子之名了。从《八旗通志·列女传》所记来看，康熙十几年以前旌表的满族妇女，都记为某人之妻名××。此后，皆作某人之妻××氏，无名，或仅作某人之妻，连她的原姓都不表。未婚者，作某人之女，也无名。直至该书截止的乾隆六十年，共 120 年间所旌表的 9600 多名女子，无一例外[①]。皇家宗谱《玉牒》，自顺治朝以后各皇帝之女及宗室王公、一般宗室之女，也都没有名子。《玉牒》仅按其排行序列，记为某人的第一女、第二女、第三女……道光时的宗室奕赓曾说："今之满洲妇人未有命名者矣。"[②]他的说法有些绝对，如满族女词人顾太清就有名子，且不止她一个。但如前所述《八旗通志》中近万名满洲旗人女子竟无一人名子之记载，说明康熙十几年以后，即使某女子取名，在官方典籍中也是不被表诸简端的，她们如汉族妇女一样，只能称作某人之女或某人之妻，这种写法，表明她们依附于男性之下。这种情况从一个侧面反映出，入关后的满族接受了汉族那种夫为妻纲、男尊女卑的伦理观念。这从入关后（主要是康熙以后）大量的满族女子为亡夫守寡，以及满族男子已经不屑于娶已婚之妇等情况也可以看出。所以满族女子名子在官方册籍中消失、寄附于男性之下，并非孤立的现象。

三、取名与宗法制度

汉族各个宗族、家庭在取名上多采取以字排辈的方法，即各宗支同辈之人名子中的某字或某字部首相同（宋代以后较多）。这种命名法，把族人名子框定在有经有纬的网络之中，支辈分明，某姓宗族之人从名子上便可看出属于同宗、哪一辈甚至属于哪一支的，它是汉民族宗族之体现和维系宗法制度的一种方式。满族入关前在取名上并无这种习俗，入关后较早仿行的是爱新觉罗皇室。大约在康熙二十几年（二十至二十七年之间）以后，康熙帝诸子开始统一按"胤"字取名。后来康熙又为他的孙辈及曾孙辈定出取名之字，孙辈排"弘"字，下一字用日字偏旁字，曾孙辈排"永"字，下一字用王（玉）字旁字。乾隆十一年以后，清高宗又陆续定永字辈下排用绵、奕、载、奉。道光六年，宣宗定载字辈下排溥、毓、恒、启，并令原来已用奉字取名者改为

---

① 《钦定八旗通志》卷 246—257《列女传》。

② 奕赓《佳梦轩丛著》之《寄楮备谈》，第 130 页，北京古籍出版社 1994 年版。

溥字。咸丰七年，启字辈下续定焘、闿、增、祺。清朝皇族，凡按以上字辈取名者，都是康熙帝派衍之子孙，属于近支宗室。其他宗室为远支宗室，远支宗室如果按字辈取名，不得用以上近支诸字，如康熙之兄裕亲王福全一支各辈皆排字取名，与胤字辈皇子同辈者，是排保字，以下各辈排广、亮、恒、文、祥、继、荣、魁，与近支不同。至于一般旗人，就更不能用近支宗室诸字排辈取名了。所以清代的近支宗室又称之为有字辈宗室，以如上皇帝钦定之字所取之名，也成为尊贵的皇家近支之标志。雍正年间开除皇族宗籍的胤禩、胤禟及他们的儿子弘旺、弘晟、弘暚等所以都要改名，根本原因是他们既已削除宗籍，就不能再占用带有近支宗室标志的名子。也正因为如此，与胤禩、胤禟两家同时除宗的远支宗室苏努、吴尔占两家便未改名，因为他们的名子为一般旗人之名，更未用近支宗室之字。此后乾隆初，康熙帝之孙弘晰被开除宗籍，也因其名子的弘字、日旁字的近支标志而改名。关于这一问题，笔者已另撰文，并进一步论证阿其那、塞思黑非狗、猪之义，此处不赘。远支宗室中也有不排字的，如郑王府，至道咸时仍未排字，郑亲王名端华，其弟名肃顺。

乾隆朝对以字辈取名之制又进一步作出规定，谕令排字的近支宗室，取名时下一字不得借用皇帝本支子孙所用偏旁之字。他的孙辈即绵字辈下一字用"心"为部首之字，非帝室之旁支绵字辈回避。以下，奕字辈之帝支用"纟"旁字，载字辈帝支用"金"旁字。这样形成的命名法，上一字表明了近支及其辈分，下一字帝室本支单独排用同一偏旁字，则突出了帝室本支子孙与皇帝的密近性，及其在近支宗室乃至整个皇族中的特殊身份。嘉庆继位后，恪遵乃父所定的法则，为了防止因取名用字混乱而出现亲疏错乱的现象，他亲自把关，嘉庆六年规定，凡属他的亲兄弟之子孙，即乾隆帝派下的三、四世孙，必须由他命名。他的皇侄荣郡王绵亿得子后自行取名，且未按规定的偏旁"纟"用字，他发觉后立即将其改名，并痛斥绵亿："私用金字傍为伊两子取名，不似近派宗支，自同疏远，是何居心？伊既以疏远自待，朕亦不以亲侄待伊，亲近差使不便交伊管领，绵亿著退出乾清门，并革去领侍卫内大臣、管围大臣。"[1]如此严厉的惩罚，反映出清帝对以这种

---

① 光绪《大清会典事例》卷1《宗人府·命名》。

方式突出帝室本支特殊尊贵地位的重视。非乾隆帝本支子孙借用帝支子孙偏旁之字者，则属于违禁，乾嘉两朝出现这类情况，都被责令改掉，并被斥之为是"大属非是"、"尤失敬谨之意"①。道光继位后，又规定凡属他的子孙，下一字单用偏旁，皇子（奕字辈）下一字由"纟"旁改为言字旁，皇四子奕詝（即后来的咸丰帝）原名奕纻，皇五子原名奕綜，分别改为奕詝、奕誴；皇孙（载字辈）下一字由"金"旁字改为"水"旁字；皇曾孙（溥字辈）下一字用"亻"旁字。其兄弟之子孙经其"施恩"，表示"引而近之之意"而赐名，才得用如上偏旁。其皇侄瑞郡王奕约，因"施恩改名奕誌"、"惠亲王绵愉得子，赐名奕诚"②等，与其皇子一样用"言"字旁，都属于这种情况。

　　按字辈取名，在往代皇族中也常采用，但用这种取名方法进一步分出远、近支以及在近支中再突出皇帝本支的做法，却不多见。明朝宗室定字取名的制度算是比较细致严格的了，朱元璋之子二十几门，每门各有固定之字，但下一字无论帝支还是诸王各支，其偏旁统一按木、火、土、金、水五行相生顺序取字命名，与皇帝或皇子、皇孙同辈的宗人，无论血缘关系多么疏远，其名子下一字偏旁也都相同，如秦王朱樉（朱元璋次子）第八世孙朱敬镕，与万历皇帝朱翊钧同辈，早已出五服，但都用金字旁。可见，爱新觉罗家族不仅仿行了汉族宗法性的取名制度，而且有所发展，突出了帝支大宗的中心位置，并以这一中心区分宗人的亲疏性。清代皇帝的这种宗人取名法及其执行的严格性，也反映出清皇族内部宗人等级区别的细微及等级关系的森严性，这种宗人关系特征，在其他诸如封爵等级、礼仪、待遇等方面还有不少体现③，取名法与这些体现在性质上是一致的。

　　一般满洲人之家按字辈取名可能稍晚些。康熙五十六年任两江总督的赫绶（或作赫寿、何受），他的几个儿子就排名为舒世泰、舒世德、舒世保、舒世图、舒世禄④，这几子取名当在康熙后期。康熙朝后

　　① 光绪《大清会典事例》卷1《宗人府·命名》。
　　② 《清宣宗实录》卷224，道光十三年十月丁未。奕赓《佳梦轩丛著》之《寄楮备谈》，第142页。
　　③ 见拙文《清代皇族内部复杂的等级、等第关系及其特征》，《明清史论文集》第二辑，天津古籍出版社1991年版。
　　④ 《关于江宁织造曹家档案史料》第214页，中华书局1975年版。

期的大学士马齐及其弟李荣保，诸子是排富字（有改为傅字者），如富良、富兴、富玉、傅恒等。驻防锦州的旗人中，有一家为巴雅喇氏，大约在康熙后期或雍正初，开始以字排辈取名，当时这一辈兄弟三人，名广禄、广寿、广福，以下各辈排巴、德、玉、恩、文等字[①]。清初辅政大臣鳌拜获罪后，其后裔有一支落户东北，第五辈人开始改姓金，兄弟四人名金龙兴、金龙顺、金龙钱、金龙升，时间大约在乾隆朝，下一辈名金禄、金福、金祯、金祥，是按"示"字旁排名[②]。

以上事例来自不同阶层，不同居住地区的满人，它说明康熙中期以后，从京城到地方驻防，上自皇族、官宦，下至一般旗人，与宗法制相联系的字辈取名法，已在满人中流行开了。

四、满族旧有取名习俗的保留

入关后的满族，在取名上除了多方面地吸收了汉族的习俗外，还保留着原来的一些旧俗，主要有以下几方面。

1. 以满语取名。从入关至清亡，满族中始终有以满语取名者。其中包括八旗蒙古人和部分汉军旗人。顺康雍几朝，取满语名子者在满人中还较多，乾隆以后，以汉文汉义取名者增多，以满语取名者呈减少趋势，但至清末同光年间，仍有一部分人坚持用满语取名。下面让我们看一看康熙中期以后各阶段一些满人的满语名子状况，然后再作分析。

康熙中期至雍正朝（以下括号为汉义，为简洁，不注满文拼音）：

阿席熙（猴总子，一种果子名），康熙十九年曾任两江总督。

傅喇塔（烂眼边），康熙二十七年—三十三年任两江总督。

伊巴罕（妖怪），康熙二十四年任盛京将军。

鄂克济哈（蒲包），康熙二十年任汉中将军。

彭春（或作朋春，义为短粗），康熙中任满洲都统，雅克萨中俄之战中任清兵统帅。

马齐（或作玛奇，义为马坐鞍上的铁钩），康熙后期及雍正朝为内阁大学士。另一名马齐（玛奇）者，康熙中期为显亲王护卫。

---

①　申成信《巴雅喇氏家谱浅探》，《满族研究》1989 年 3 期。

②　瀛云萍、都兴智《鳌拜后裔家谱的发现及其有关问题》，《满族研究》1989 年 2 期。

阿密达(小叶子杨树),康熙后期为甘肃布政使。

诺敏(青金石),雍正前期任山西巡抚。

乾隆时期:

伊克坦布(令其积蓄),乾隆中期为户部右侍郎。

鄂罗舜(涉水时所穿皮叉裤),乾隆中期任江宁驻防将军。

伊兴阿(恰好够用),乾隆四十九年为江西巡抚。

伍纳玺(老器皿),乾隆三十五年为刑部右侍郎。

西勒们(马的性子泼辣),乾隆十三年任青州将军。

色尔衮(凉快),乾隆末年为打牲乌拉副总管。

席特库(尿炕孩),其一在乾隆初年任都统,另一同名者乾隆二十年任广州将军。

伊尔敦(顺便),乾隆初年为内阁学士。

嘉道时期:

乌尔卿额(瓮声瓮气的大响声),嘉庆朝任江南提督。

多勇武(寸蟒缀),嘉庆中期为礼部左侍郎。

赫特贺(花蒂、谷壳),道光三年进士。

和琳(确螳螂),乾隆末年四川总督,后镇压三省白莲教起义,嘉庆初年追封公爵。此人为贪官和珅之弟。

苏芳阿(舒展),道光中期任西安将军。

穆彰阿(当然、果然),道光朝大学士。

咸丰以后:

吉尔杭阿(有性气),咸丰初年任江苏巡抚。

伊克坦(积蓄),光绪十二年为左副都御史。

怀塔布(使之拴住),光绪中期为理藩院尚书。

萨凌阿(自专之人),光绪中期为西宁办事大臣。其他如光绪初年的工部左侍郎乌拉布,光绪中期山西巡抚阿克达春、武英殿大学士军机大臣额勒和布,光绪后期河南巡抚额勒精额、理藩院尚书阿克丹、左副都御史伊克坦,宣统三年河南按察使和尔赓额等。

以上所举,都是笔者择取的一些身份地位较高的人物,如内阁大学士、学士、尚书、侍郎、总督、巡抚、驻防将军、提督等,君臣之间,官场之中,以及公文上,他们的名子是经常被称呼到的,其名子的词义,诸如妖怪、短粗、马屁股上的坐鞦钩、烂眼边、尿炕孩等等,按汉人的观念,都会有损于他们的身份与形象,为了维护自己为官的体面尊严,肯定会改名,但这些满洲大员们,并不着意或意识其名子的词义,只不过是把其名子当作自己的标志符号。官员如此,一般旗人更可想见。

应该说,入关后,随着满族人的不断汉化,在取名及称谓上,也接受了不少汉人的习俗观念与礼制,但主要表现在用汉语取名上,如注意选用文雅字眼,带吉祥、通达、福寿等褒义之词。而用满语取名,则长时期保留着较多旧俗。由此也附带提及,有一种观点认为,雍正朝清世宗打击允禩、允禟,将他们改称为狗、猪之名以进行贬抑、侮辱,允禩所改"阿其那",其义为狗,允禟所改之名"塞思黑",其义为猪,这似是一种误解或者说是随意的臆测,从前举事实可以看出,满人以满语取名,并不在乎它的词义,只是利用其音作称呼符号,即使这两个词是狗、猪之义,又能达到什么羞辱目的? 况且,在此前后,旗人中都有叫"阿其那"的。此前,一个曾任六品官的正黄旗满洲人就名阿其那,为富察氏,查满文本《八旗满洲氏族通谱》,可知此人满文名与允禩所改的"阿其那"满文完全相同,都作 akina。乾隆中期,某委署参领也名阿奇纳,即阿其那,清朝国史馆有为他所撰的传记。其实,旗人中倒是有以狗、猪为名者,但不是阿其那、塞思黑,而是殷达浑——indahon,义为狗,康熙朝平三藩之乱时,与顺承郡王勒尔锦一起出征的一个满洲镶黄旗人,便叫殷达浑。《八旗满洲氏族通谱》的瓜尔佳氏中也有两个叫殷达浑的。又据庄王府之奕赓《清语人名译汉》列举,满人人名中的玛喇希,义为"野猪",人名之萨克达,义为"母野猪"。顺治朝的镶红蒙古旗都统,就叫玛喇希。满人不仅人名中有萨克达,还有以萨克达为姓氏者(如居宁古塔等地方的"萨克达氏"),该姓女子即称"萨克达氏",满人若在乎其中"萨克达"一词的前述之义,咸丰皇帝就不会在上谕中称"朕元妃萨克达氏,应追封为皇后"了(《清文宗实录》卷2,道光三十年正月庚申)。确实以猪、狗为名者,也绝没有以其词义羞辱自己之意。雍正朝的这一改名事件及阿其那、塞思黑非狗、猪之义,是因他们被消除皇家宗籍,而康熙帝的子孙都是按规定字辈取名,以表明是康熙帝本支子孙,别人不得用这种宗法性字辈的名子,所以令其改名,是因为削宗籍,若还用康熙帝子孙的名子,也就失去削其宗籍的意义了。正因为改名也不是为了侮辱他们，所以也是令他们自己改名。允禩之子弘旺自改为"菩萨保"，乾隆初年削宗籍的康熙之孙弘晰改为数字名"四十六"，都是满人常用的名子或名子类别。至于允禟及其子所改名子之义，另当别论。因雍正认为允禟自改之名"所拟字样，存心奸巧"，可见猜忌多疑之雍正对此的敏感猜疑，因而再受命为允禟改名的诚亲王、恒亲王为免招是非而避祸，为其取具有贬损之义的名子，也未可知。

满族中所以始终有人以满语取名，除了习俗的惯性作用之外，还由于满人在社会中的优越地位，以满语为名，无异于表明他是满人，反映了当时这些人以之为尊的心理，及其在名子意义认识上的价值观。

以满语取名还出现一种现象是，所取之名看似满语，其实并不属满语。嘉庆中期，宗室"取名三字而不成清语者甚多……八旗子弟以清语取名，连用三字、四字，其中改换字尾，致与清语本义不协，似此者难以枚举"。道光中期，有一个骁骑校名叫庆丰阿，道光帝就指出此名根本不是清语。咸丰初年，身为国子监司业的苏勒布，写其本人名子也不成清语，军机大臣奉皇帝之旨询问其名子词义，他也讲不出来。可见这种无词义的所谓满语名，实际上只是带有满语语音特征的名子，起名子作用的，已纯粹是它的音了。

2. 以数字取名。以数取名，是很多民族的一种习俗，满族入关前也有这一习俗。入关后，这种取名习俗常行不衰，且上自皇族，下至一般旗人，都有取这种名子的。入关前，因汉语在满族下层旗人中不流行，所以是用满语数字取名，如尼音珠（六十）、那丹珠（七十）、札昆珠（八十）、乌云珠（九十）等。入关后，既有以满语数字为名者，同时大量出现用汉文数字命名者。如皇族中，康乾时人有八十六、八十三、五十九、七十九（以上为穆尔哈齐、舒尔哈齐后裔），安亲王岳乐第十子名五十八，噶度三子分别名五十六、五十七、五十八。一般旗人中这种名子更多，仅乾隆四年令入昭忠祠的阵亡满人中，就有六十、六十九、八十三等数字名共 14 人。入关后，以汉文数字取名者，史籍中所载多有，以满语数字为名者反倒不多见，反映了这一旧有取名习俗的汉化色彩。

3. 名不冠姓。名前不冠姓是蒙、藏、满等很多少数民族的习俗。但满族在入关后发生变化，且成发展趋势，乾隆把这种事情看得很严重,认为事关满族独立性的存在,因而大力整顿,终使满族在清亡以前一直保持不冠姓的取名习俗。鉴于这是清中期以后的大事件,以下作专节叙述。

五、乾隆等对满族仿汉族取冠姓汉字名的整顿

入关后,满族名不冠姓的取名习俗开始变化。翻开典籍就会发现,乾隆中期以前,有些满人是取冠姓氏的汉人名子的。如顺治朝的满人状元麻勒吉(瓜尔佳氏),又名马中骥。康熙朝的礼部尚书顾八代,字文起,其子名顾俨,孙名顾琮,字用方。其实顾八代乃伊尔根觉罗氏。同时期的满人吏部左侍郎傅继祖,为富察氏。雍正朝大学士徐元梦,为舒穆禄氏。雍正、乾隆朝两代大学士尹泰、尹继善父子,则是章佳氏,满洲镶黄旗人。还有一些满人所取之名貌似满名,其实已成冠姓汉名。如大学士鄂尔泰,本西林觉罗氏,因其父名鄂拜,遂以鄂为姓,其弟名鄂尔齐,其子、侄、孙皆名鄂某。鄂尔泰的儿子们也称父亲为"鄂文端公"、"公讳尔泰,字毅庵"[①],显系以"尔泰"及谥"文端"为名,名前冠鄂姓。其他如前举赫绶之子名舒世奇、舒世寿……乾隆朝军机大臣舒赫德之子名舒常、舒宁,则是以原姓舒穆禄氏之头一字"舒"为姓,并取冠舒姓的汉式名子。钮祜禄氏改为姓郎、瓜尔佳氏改为姓关,并取名郎某、关某,也属这类情况。至乾隆中期,由于这种改汉姓取汉式名的现象不断增加,且大有进一步发展之势,引起乾隆的强烈关注。在他看来,满族之所以为满族,主要在于它有自己特有的语言、文字、发式衣冠及姓氏、取名等习俗,如果不能保持这些特征,仿效汉人而混同于汉人,那么作为统治民族的满族也就失去了独立存在于世的标志,混同于广大汉族人之中,或者说已被汉族化掉。这位具有强烈民族意识的满族皇帝,对于这种风气再也不能听之任之了,因而自乾隆中期以后,便把整顿满人姓名作为行政中的一项重要之事来抓,不仅制订措施严厉推行,而且亲自为旗人改名。这些政策措施也为嘉道两朝延续执行。其内容主要有以下几方面。

(1)禁用三字汉文名。清代,二字名冠一字姓的三字名,已占汉人中的多数,成为汉人不同于国内其他民族人名的一个重要特征,乃

---

① 《襄勤伯鄂文端公年谱》,《清史资料》第二辑第 56 页,中华书局 1981 年版。

至成为汉人的一种特殊识别符号和标志。为了防止满人取用带有汉人标志的冠姓三字名,混同于汉人,清帝规定,满人取名,用满语可以不计字数,"若用汉文,只准用二字,不准用三字",乾隆三十二年五月,吏部引见官员中有个叫满吉善的,乾隆得知其为觉罗满保之子后,随即改其名为吉善,且谕令宗人府:"查宗室内有似此者,一律更改。"①此后,在公文或家谱中发现的诸如张保住、喜崇福、清永泰、永恒泰等三字名,都被乾隆、嘉庆、道光三帝分别改为二字名,并对违反规定的取名者及该管上司严厉训饬,有些人还被处以罚俸半年的惩罚,同时通令八旗及各省驻防将军严加稽查。

(2)禁"指姓命名"。为了保持满人名不冠姓的名子特征和取名习俗,清帝规定,即使名前冠满洲姓也不许可。皇族中有取名"觉罗太"者,嘉庆严令改掉,并谕令八旗都统等衙门"通行查明,如有似此指姓命名者,俱著饬禁",以免"致蹈汉人习气"②,发展为取冠汉姓的汉式名。

(3)以满文写名,必须连写,不得"照依汉人单字缮写"。乾隆认为,如果单写,又"竟似汉人之名矣",因晓谕八旗,凡单写者一律改正(只有近支宗室之汉文名译为满文后可单写),再犯者治罪。凡不能连写之名,必须改名,可见其防微杜渐之严。

乾隆还认为,整顿满人取名,最重要的是姓的问题,名子冠姓,主要是冠一字姓、冠汉姓,冠一字姓、汉姓,便弃置原有满洲姓,这种现象最危险,久而久之,必忘掉满洲本姓,成为与汉人没有区别的汉姓汉名之人。乾隆二十五年六月,他发布上谕严正告诫:"姓氏者,乃满洲之根本,所关甚为紧要",针对当时不断出现的仿用汉姓情况,他作出以下规定。

(1)禁名子首字冠用汉姓之字。乾隆二十年十一月,兵部题本列举的人名内有个叫何督的,乾隆查履历单得知其为满人后,斥责此人是"牵混汉姓",严令将"何"字改为"和"或"赫",随即命通行晓谕:"嗣后倘有仍前混写者,必当重惩其罪。"③

---

① 《清高宗实录》卷784,乾隆三十二年五月乙亥。
② 光绪《大清会典事例》卷1《宗人府·命名》。
③ 《钦定八旗通志》卷首十一《敕谕五》,第1册第246页。

(2)禁几代人取名以同一汉字起头,以免沿用此字为姓。乾隆首先从他的郎舅傅恒一家开始整顿。傅恒一辈本来是以富字排字辈取名,而他取名傅恒,就已有以"傅"为姓的意向(他家为富察氏,富、傅同音,是以首字对音汉字为姓)。后来他这一支便"将傅字姓其诸子",为几个儿子取名为傅灵安、傅隆安等。乾隆谕令改傅为福,成福隆安、福康安等。大学士阿桂祖孙三代都以阿字取名,其父名阿克敦,其子名阿迪斯、阿弥达。乾隆说这些名子"虽俱系清语,究属三代沿用,恐其家遂以阿为姓",因令"自伊孙始,名首不必沿用阿字"。阿桂不敢违背圣旨,为其孙取名那彦成、那彦珠等。同年,乾隆从满洲家谱中,发现"一支父子之名其首一字俱用'齐'字,又一支数人之名,首一字俱用'杜'字",因饬谕说:"齐、杜二字见之汉姓,以此命名,必致数传而后竟成伊家之姓,沾染汉习莫此为甚。"因明确通令八旗及各省城将军、副都统:"嗣后满洲命名,断不可数代俱用一字起头。"①

经过乾隆、嘉庆、道光三帝,尤其是乾隆帝的大力整顿,确实收到了一定成效,从史籍中可以明显看出,嘉道以后至清末,满洲旗人官员中,诸如徐元梦、尹继善、傅继祖之类的冠姓汉式名子不见了,取汉文为名者,几乎是清一色的二字名,且首字不作汉姓,成为带有旗人取名特色的不冠姓名子。这种不冠姓二字汉文名,在满人中占有相当大的比例。清末(光绪二十八年左右)的一份《查办八旗事务表》,登载各旗恤养鳏寡孤独者的男姓户主多人,撷取其中的一份,可见一斑。正黄旗满洲下,共 443 人,其中不冠姓二字汉文名有 370 人之多,占总人数的 84%,其余为满语名,无一例冠姓三字汉文名,取不冠姓二字汉文名的名子,有文泰、文厚、文惠、连升、常升、玉山、恩秀、多寿、双喜、庆顺、吉春、富亮、荣茂、德顺、常顺、文泰、松瑞、常禄、松福、荣福……等等。取这种特色的名子,在满人官员中是很普遍的,史籍、传记中多有所载,人所熟知,毋庸赘举。而此表所登载的这些人,绝大部分是一般兵丁,少部分人为低级官吏,反映了下层满洲旗人也大多取不冠姓二字汉文名的状况。当然,在那些天高皇帝远的边远驻防区,改汉姓取汉人名子者肯定还会有,如前举鳌拜后裔一家,便至清末始终沿用金姓取名。另外,无论京城还是地方,取二字

---

① 《清高宗实录》卷 1059,乾隆四十三年六月辛亥。

名而私下又用汉姓的情况也会存在,但这些情况只占少数。

值得注意的是,清末,八旗汉军旗人保持汉族取冠姓汉文名的已经不多,多数和满洲旗人一样,是取不冠姓二字汉文名。还以上举《查办八旗事务表》为例,其所列汉军八旗的户主男人名共769人,其中取冠姓汉文名的仅为105人,占总数的14%,而取不冠姓二字汉文名的为652人,占总数的85%。取满语名的有12人,其名子有阿昌阿、三音额、穆精额、赓音泰、乌尔恭额、达崇阿等等,也是不冠姓。汉族的姓,在宗法中占有极重要的地位,也是汉人强烈的宗族意识的一种表现,而八旗汉军旗人在清末大量取不冠姓之名,而且取满语名,反映了至清末之时,汉军旗人循从满族习俗(或可称之为是"旗俗")的状况。取这种名子,是因为这种"旗人名子"时髦,还是表示自己"在旗"或是与满人为一体? 等等,总之,这种心理值得探讨。

六、小结及余论

入关后满族的取名,表现出显著的汉化色彩。从形式上看,以汉文取名者不断增多,至清末,已占满人中的多数。尤其是入关后继位的满族皇帝,无一不是以汉文取名者,更是这种汉化形式的典型代表。从内容上看,诸如音译为汉字名、以汉字取名用字选词的文雅化、优美化,注重以名子来美化自身的形象;取字、号以追求高雅的习尚;以名义寄托美好的理想和祈求;仿行避讳制,取字、称字,实行汉人的称谓礼俗;女子名子对男性的寄附性;取名按字排辈、区分支派,以维系宗法制度,等等,无一不是接受汉人的取名习俗和称谓观念,使满族取名多方面地深深打上了汉族称谓文化的烙印,为入关后的满族文化在称谓方面增加了新的内容。而其中所表现出的社会生活中的崇尚、礼俗、神佛信仰、伦理观念、宗法制度等等,则显示了更深层的文化内涵,而且同样体现出鲜明的汉化色彩。当然,在当时的历史条件下,满族文化对汉族也有影响;另外,满族在吸收汉文化的基础上,对中华文化的丰富和繁荣也有贡献,这也是人所共识的,因不属本文内容,另当别论。

满族对汉族取名习俗的吸收,与旧有取名习俗的维持相结合,还使满族—旗人在乾隆中期以后形成了自己颇具特色的人名,即含有福寿吉庆、富贵荣华、康宁祥泰、文蔚奎昌之类意义的不冠姓二字名,以致一提到诸如禄康、荣禄、端华、瑞麟、景寿、长龄、英和、文祥、桂良之类的名子，便大体可断定此人是旗人。这类名子在清末已在旗人名子中占有相当大的比例，令其他类型的满人名子相形见绌。这种带有特色的旗人人名，是当时历史条件下的产物。具体言之，是满族取名汉化与清帝严厉推行名不冠姓政策以维持这一旧俗相结合的产物。

取满语名逐渐减少，取汉文名不断增多，以及改用汉姓、一字姓等现象，说明满族在取名上，汉化趋势不断增强，汉化的成分在不断地增加，这种变化趋势，是满人生活在广大汉人之中、受汉民族生活习俗的影响使然。保持某些取名旧俗，不是行政命令所能维持得住的，法令严厉，只能奏效一时、一阶段，而且需要"屡降谕旨申禁"。以取名用姓为例，由于姓在汉族的宗法制度中相当重要，在日常称谓习俗中的使用率也非常高，这些方面时刻在影响、规范着生活于广大汉人中的满人，满人虽然"称名不举姓，人则以其名之第一字称之，若姓然"[1]。如文祥（瓜尔佳氏）为大学士，官场之中便习惯称其为文中堂、文相国、文博川（字）等。更何况他们本身也已接受和循从这种观念和习俗，如皇族中的下等宗人，便"人人以赵姓自居，或人亦以此呼之，曰赵某、赵几，或黄某、黄几"[2]。除了名子、称官职带姓外，汉人生活交往中的很多方面也都以带姓来称呼他人，如张师傅、李先生，乡邻称呼王大伯、赵大叔之类。而且一字姓的称谓简单方便，又是大多数人的习惯，旗人必然自觉或不自觉地随从，从而最终导致旗人像历史上的散居于汉人中的回族一样，改用一字姓或取用汉姓，并以此姓取"冠姓汉式名"。

（此文初为《从取名看满族入关后之习俗与文化》，《清史研究》1993 年 2 期。后增加内容并修改，以《满族入关前后之取名及相关诸问题分析》，收入《满学研究》第二辑，民族出版社 1994 年版。今据后文修改并增加内容，为此文）

---

① 吴振棫《养吉斋丛录》卷 1，第 3 页，北京古籍出版社出版 1983 年版。
② 奕赓《佳梦轩丛著》之《管见所及》，第 83 页，北京古籍出版社出版 1994 年版。

从清代的宫中祭祀和堂子祭祀看萨满教

清代的宫中、堂子祭神祭天,是满族萨满教活动的重要方面,它既显示了皇家祀典的若干特色,又具有满族祭祀的一般形式。乾隆十二年官修的《满洲祭神祭天典礼》,又以皇家祭祀为模式,作为满洲旗人祭祀的基本规范,因而它应是萨满教研究的重要内容。本文拟将宫中、堂子各种祭祀的基本状况作一介绍,为皇家与一般满洲旗人萨满教的对比研究提供一些线索,并试图通过总结其特点,对萨满教在某些方面的发展变化作尝试性的探讨。

一、宫中、堂子祭祀场所及繁多的祭祀形式

宫中祭祀在紫禁城内的坤宁宫。坤宁宫和堂子祭祀这两处既有区别又有联系,坤宁宫为皇室家祭之所,堂子为皇帝举行重要祀拜典礼、其他公祭及皇族共祭之处,堂子神殿所祀神平日又安奉坤宁宫,用时由坤宁宫抬去。这是不同于民间的特殊之处。

(一)坤宁宫诸祭

坤宁宫在大内后部的"内庭",位于紫禁城的中轴线上,明代,本为皇后所居之处,清代则增加了一项重要功用——祭神祭天,这是清入关前在盛京清宁宫的旧制,坤宁宫也因此而按清在关外的旧俗改造,西暖阁建北、西、南三面大炕,以作安奉佛亭神像及供案之用,此宫的中部设杀猪之俎案及煮胙肉之大锅灶。院中立"神杆"。宫中设

置一大批人员专掌皇室祭祀,扮演主角者为司祝。司祝,或称赞祀女官长,俗称萨满①、萨满太太,食三品俸,为专业神职人员。另有司俎官、司俎执事、赞祀女官、司香妇长、司香妇、掌爨妇长、掌爨妇、碓房妇长、碓房妇及太监等多人配合,都是经过专门训练熟悉祀典仪式者。坤宁宫祭祀主要有如下诸项。

日祭。这是除皇帝斋戒日、国忌日、浴佛日及十二月二十六日至下年元旦诸神入堂子这几日外,每天都要举行的祭祀,而且每日朝祭、夕祭两次。

朝祭安奉朝祭神——释迦牟尼佛(如来佛)、观音菩萨、关帝(关羽)于西大炕,前设供案,上摆祭神之器及供品。司俎者牵猪二头侍立于宫门外。在三弦琵琶、鸣拍版乐声中,萨满执神刀进宫,叩祷、诵神歌,司俎官等歌"鄂罗罗"和之,反复九次。如皇帝亲诣行礼,立神位前,萨满先跪,皇帝次跪,萨满致神辞,皇帝行礼,帝后同来,则行礼时司俎官等男性须退出。以下为省牲、献胙。司香妇将如来佛、菩萨像撤去,只留关帝像位于正中,司俎牵猪进宫,跪按于炕前,萨满于供案前跪祷,将神前所供水灌入猪耳之内,再如法灌第二头猪,然后杀掉、煮熟,将此"神肉"供于案上,萨满叩拜、祷祝。帝后亲诣行礼,则叩拜后撤祭肉,帝后同食,帝后未诣,召众侍卫人员等进宫食肉。毕,将朝祭神移奉西楹神柜。

夕祭安奉夕祭神——穆哩罕神、画像神、蒙古神于北大炕,神像架上立桦木杆,上悬"神铃"七个,前设供案。未进猪之前,还要将朝祭中的佛、菩萨像安奉于西楹神龛。夕祭的萨满是另一种装束,系闪缎裙、腰束铜铃,执手鼓进宫,司俎等击鼓、鸣版,萨满先坐击手鼓,诵神歌祈请,然后起立,在鼓点配合下,盘旋起舞、口诵神歌,舞步随鼓点的增加而不断加快,然后拱立诵神歌,如是者三次,这就是所谓跳神。跳神毕,为省牲、献胙肉,其程序与朝祭同。惟于献神肉之后,还要举行"背灯祭",即将宫内明灯撤出,煮肉灶之火全部熄灭,展开背灯青幕遮住窗户,除萨满和击鼓太监外,其他人退出,将门关上。漆黑之中,太监击鼓,萨满依次向案上所供跳神之腰铃及神像架上之神

---

① 宫中司祝虽与民间萨满不尽相同,但主要是充当萨满角色,以下行文为从俗起见,称司祝为萨满。

铃诵神歌祈请,摇铃以祷,如是四次,收背灯神幕,灯火移入,撤祭肉入膳房,收储神像。

月祭。每月初一日(正月为初二日)举行祀典,该日亦朝、夕两祭,仪式与日祭之朝祭、夕祭大致相同,不同之处,一是供酒而不供水,灌猪耳也以酒不以水。所用之酒必须是坤宁宫自酿者,以表示对神的敬意;一是供品因月而异。另外,月祭第二天还要于庭院拜神杆祭天,先将佛、菩萨像安奉于坤宁宫西楹神龛,再将院中神杆放倒,司俎官牵猪于神杆石座之东。皇帝亲诣,则向神杆跪拜,将供案上之米洒净,祝祷。皇帝不亲祭,则由萨满奉御衣叩拜。以下于神杆旁杀猪,煮熟后将精肉上供,祷祝祭天,司俎官再将猪颈骨穿于神杆之尖,精肉、胆及所洒米盛于杆上端斗内,将杆立起,以俟鹊、乌鸦来食。

四季献神祭。四季四孟月(正、四、七、十月)每月一次,以牛二头、马二匹陈立于坤宁宫门之东、西,安奉朝祭神、夕祭神,前供金、银、缎、布,萨满于神前叩祝,行献神礼。

背灯献鲜祭。是向夕祭神敬献时鲜的祭祀,四季每季一次,献鲜是春供雏鸡、夏供子鹅、秋供鲜鱼、冬供山雉。所献供品必须是活的,而且无伤、全整,否则不用。由司俎官修整,于神位前背灯祭献。

春秋大祭。每年春、秋两次,宫中基本与月祭同,所以称为大祭,是因为此祭在堂子与宫中两处进行。先期在堂子举行隆重的立杆大祭,祭毕,将所请之朝祭神抬回坤宁宫行朝祭、夕祭礼,次日立杆祭天,其仪式与月祭翌日之拜神杆祭天也相同。

求福仪。择吉日而行。先期,由司俎官等向九家无事故的满洲旗人之家攒取棉线、绸片,将棉线捻成两缕。再往瀛台砍一株三寸粗高九尺的全整的柳树,插于坤宁宫廊下石座上。求福仪也分朝、夕二次进行,宫内奉神位,案上供糕、酒、鱼等祭品,另放一"神箭",将棉线悬其上,引出门外,系于柳枝之上。帝后行礼,由萨满引导,跪于神位前,萨满诵神歌祈福,所祈朝祭、夕祭神辞中,都有"佛立佛多鄂谟锡玛玛",两次仪式与朝祭、夕祭也大体相同。祷毕,萨满分别为帝后系神箭上所悬线索,再向神位叩拜,然后分享所供"福胙",剩余令司俎及宫中太监原地食之,不令出门。三天后,帝后所挂线索,亲诣坤宁宫神位前跪解下,授萨满收储,至除夕于堂子焚化。

另外,皇子未分府而居于大内阿哥所时,其月祭、春秋大祭也在坤宁宫进行。

(二)堂子诸祭

清入关前即于盛京内治门外建堂子祭祀,入关定鼎北京,随即建堂子于北京长安左门外玉河桥东。堂子内建有祭神殿(又称飨殿)、拜天圜殿(一圆形亭式殿)、尚锡神亭。飨殿所奉之神在坤宁宫,圜殿内所供为纽欢台吉、武笃本贝子,圜殿之南,中设石座,立神杆以作皇帝拜天之用,稍后设六排石座,为皇子、宗室王公立神杆致祭之用。尚锡神亭内所供为田苗神。堂子内举行的祭拜之礼主要有:

元旦拜天。此为一年一度的隆重祀典。上一年十二月二十六日,内务府官去坤宁宫请神送往堂子,安奉于飨殿,每日早晚上香。元旦日出前十刻,皇帝率宗室王公及满洲一品文武官诣堂子,于圜殿行三跪九拜礼。

出师凯旋告祭。遇皇帝亲征或命将出征及凯旋之日,设黄龙大纛于堂子,并按翼设八旗大纛,皇帝与出征将帅及陪祭满洲王公大臣,于圜殿与纛前各行三跪九拜礼。

月祭。每月朔日(正月于初三日),萨满、司俎官及守堂子人于圜殿内设祭。由萨满叩祷、诵神歌,众人歌"鄂罗罗"和之。

立杆大祭。每年春、秋两次。前一月,由内务府官赴延庆州洁净山内选取松木神杆,祭前一日,立于石座,并将佛、菩萨、关帝像由宫中请至飨殿安奉。神杆悬黄幡、挂纸串,杆顶有索绳三条,通向飨殿、圜殿之内。祭时,萨满、司俎官等于飨殿、圜殿分别叩祷、颂神歌。若皇帝请诣行礼,礼毕,将供品分赐陪祭诸人。皇帝祭后,王、贝勒、贝子、公等,挨次在堂子内立杆祭祀。

堂子浴佛。四月八日,为释迦牟尼诞辰之日,届时,内务府官将坤宁宫之如来佛像及观音、关帝像请至堂子飨殿,由萨满将大内所备红蜜及宗室诸王备供之蜜放入黄瓷浴池内,用水稀释,浴佛像,浴毕,以新棉垫座安奉佛亭之内,祭拜祈祷,然后抬回宫内。

为马祭。每年春秋二季举行。上驷院牧长牵白马十匹,立于圜殿外,殿内案上供祭品及绿细条 20 对,萨满进殿内叩祷、诵神歌,司俎官等奏乐拍版,歌"鄂罗罗"和之。是日,复请坤宁宫朝祭神、夕祭神于大内神武门旁之祭马神室,祭祀仪式与宫中日祭同,翌日复祭一次。祭时,亦于案上供细条,前日为红色 70 对,次日为青色 280 对,然后将绿、红、青色条分送上驷院、大凌河牧场等处,拴于马鬃、马尾,以祈牧群繁息。

尚锡神亭月祭。每月初一日举行,由司俎及内务府管领祭拜。

以上坤宁宫、堂子诸祭中,萨满所诵神歌祷辞,是祭神、祭天仪式中的重要内容。每一种祭,及每种祭仪中的各神拜祷,都有不同的祭辞,都不外为“吉祥之语”,总的宗旨是祈求康宁、如意。祷辞模式也大致相同:在某神前祈祝,则先呼某神,次报被祈祝者本生年,然后是所祈求的内容。[1]

二、皇家的萨满教崇信及其特点

从前述各种祭礼来看,诸如朝祭夕祭礼、背灯祭、立杆祭、树柳挂线索求福祭等等,从形式到内容,都与一般满人家族所祭基本相同,反映了作为一国之君的清帝,似与一般满族之家一样,崇信着本民族的原始宗教信仰,而且在某些方面超过一般旗人之家。

首先是对萨满及其祈祷神辞的重视。关内的满洲旗人之家,至嘉庆时已“罕有用萨玛跳祝者,但祭而已”[2],而清宫中的萨满跳神却一直延续到清亡,光绪二十五年修成的《大清会典》及其“事例”,仍将祭祀中有关萨满之事宜详细修撰,作为以后遵行的规制[3]。对于神辞,清帝尤为崇信,乾隆曾说:“我爱新觉罗姓之祭神,则自大内以至王公之家,皆以祝辞为重。”[4]针对清中叶祝辞已“原字原音渐致淆舛”的情况,特令王大臣“敬谨详考”,“或询之故老,或访之土人”,竭力使其保持原本,并钦定成文,以便“允足昭信而传远”。[5]

其次是祭祀名目繁多,次数频繁,仪式繁琐。王公之家,除春秋二季于堂子立杆祭祀外,“各于本家报祭,每月祭神祭天”,“公侯伯大臣官员以下至闲散满洲,或每月,或每岁,或四季、二季、一季于本家

---

① 以上宫中、堂子诸祭,据《满洲祭神祭天典礼》、光绪《大清会典事例》卷1181—1185《内务府·祀典》、《国朝宫史》卷6《坤宁宫祀神仪》、《清朝文献通考》卷99《郊社考九》、《清史稿》卷85《满洲跳神仪》。

② 姚元之《竹叶亭杂记》卷3,第64页,中华书局1982年版。

③ 光绪《大清会典》卷92《内务府·掌仪司》;光绪《大清会典事例》卷1181—1185《内务府·祀典》。

④ 《满洲祭神祭天典礼》卷1《汇记满洲祭祀故事》。

⑤ 《满洲祭神祭天典礼》卷1《汇记满洲祭祀故事》。

内祭神"①,而且祭时只是把类似于宫中的月祭(也包括朝祭、夕祭)、翌日立杆祭天、树柳求福祭(或名摸索祭)连续性地一次进行,一般安排三天②。而宫中、堂子祭祀则有十几种,每种又都各成祭礼。尤其是增加了日祭,每日又朝、夕两次,从而使祀神的次数大大超过了其他满洲人家。另外,前述诸祭中,举凡神龛的式样,祭器的尺寸、质料、颜色、每种祭品的制作,不同祭祀的程序,每一细节动作的安排等,都有具体细微的规定,《满洲祭神祭天典礼》一书所绘祭祀器物图示多达一百二十种,各种祭祀仪注十九种,各仪注详记每一与祭角色的细小动作,各种祭祀祝辞九十多种,仅日祭祝辞就有朝祭诵神歌祷祝辞、朝祭灌水于猪耳祷辞、朝祭供肉祝辞、夕祭坐于杌上诵神歌祈请辞、初次诵神歌祷辞、二次诵神歌祷辞、末次诵神歌祷辞、诵神歌祷祝后跪祝辞、夕祭灌水于猪耳祷辞、夕祭供肉祝辞,背灯祭初次向神铃诵神歌祈请辞、二次摇神铃诵神歌祷辞、三次向腰铃诵神歌祈请辞、四次摇腰铃诵神歌祷辞,等等多种名目。祭祀名目的繁多,次数的频繁、仪式的繁琐,表明清帝对萨满教信仰的重视和虔诚,同时也把简单易行、淳朴的原始萨满祀神活动复杂化、奢侈化。坤宁宫祭祀人员多达 183 人。她(他)们都是经过专门训练的专职人员,才能在祭祀时配合得有条不紊,处处符合仪制。再有,宫中祀神,光猪每天就要消耗四口。如此祭祀,一般满人之家无法做到,但清帝的这些做法,却不能不对满洲贵族士宦乃至一般旗人之家产生影响,入关后的满人一直重视萨满祀神活动,士庶家不但"均有祭神之礼",而且平时生活节俭,也要筹办祀神之礼,不能说与此无关。

清帝萨满祭祀的另一特征是出现汉化现象,主要表现是,祭祀中,汉族所信奉之佛(如来)、菩萨、关帝不仅被摆在最主要的地位,而且在各种祭祀场合都尊奉其神位,对其频繁祀拜。按满族祭神之制,"凡祭祀明堂诸神仪,皆尚右,祭神仪,神位东向者为尊"③,也即"西

---

① 《满洲祭神祭天典礼》卷 1《汇记满洲祭祀故事》。

② 昭梿《啸亭杂录》卷 9《满洲跳神仪》,第 279—280 页,中华书局 1980 年版;《竹叶亭杂记》卷 3,第 60—64 页;震钧《天咫偶闻》卷 2,第 21—25 页,北京古籍出版社 1982 年版。

③ 昭梿《啸亭杂录》卷 2《国初尚右》,第 40 页。

为旁龛……所谓旁龛,正其极尊之处"[1],坤宁宫祭神,朝祭神佛、观音、关帝正是摆在西炕"东向"的"极尊之处"祀拜,而萨满教原来所奉诸神如穆哩罕神、画像神等反倒置于北炕次要的位置,为夕祭神。再有,夕祭神只在诸祭中的夕祭时祀拜,而上举朝祭三神祇佛、观音、关帝,则不仅用于各种祭祀中的朝祭,而且诸祭中的夕祭也要安奉其神位。堂子立杆大祭,坤宁宫月祭翌日祭天,春秋大祭翌日祭天,则祭朝祭神而不祭夕祭神(以上俱见前文所述)。可见,清帝的萨满祭祀活动,虽然还保持着旧有的形式,以萨满祈祷、跳神,众人歌"鄂罗罗"相和,但其叩拜祈佑的神祇已是汉族信仰之神占主要地位。具体祭祀仪式中,诸如杀猪,供荤品祭肉时要将佛、菩萨像移开,供祭肉祀辞从不言及佛、菩萨,浴佛节之日规定大内及军民人等"不宰牲、不理刑名"等等,又是受汉族信奉佛教忌杀生、忌荤的影响。另外,其崇拜佛、菩萨,也如广大汉族百姓一样,只是求其保佑、消灾、降福(见祷祝辞),而不是像佛教徒那样诵经修身,所以我们称清朝宫廷萨满教中的这种现象为汉化,而不称为佛教化。诸上汉化特色,是宫廷萨满教的又一发展变化,它从一个侧面反映了满族文化的某种特征,即强烈的吸收和兼容并蓄性。萨满教本来就是一种多神教,而且所奉之神不断收容扩大,满族又善于吸收外来文化,因而汉族信仰诸神被容纳进去也就是很自然的事情了。这种现象在关内满族一般家族中也表现得非常明显,文献上所记"满洲人等……凡朝祭之神皆系恭祀佛、菩萨、关帝,惟夕祭之神则各姓微有不同",满洲跳神之仪"设神幄向东,供糕酒素食,其中设如来、观音、关圣位";"跳神,满洲之大礼也,无论富贵士宦……极尊处所奉之神,首为观世音菩萨,次为伏魔大帝(即关羽),次为土地"[2],等等,都是最好的说明。而清帝将其所奉之神及其祭祀仪式、神辞,命大臣修成政书《满洲祭神祭天典礼》,在满洲旗人中规范、推广,无疑又将宫廷的汉化形式进一步扩大普及,其影响也是不能低估的。

清皇室祭祀的典制化及其政治性,也是它的特征之一。堂子元

---

① 姚元之《竹叶亭杂记》卷3,第60页。

② 以上见《满洲祭神祭天典礼》卷1《汇记满洲祭祀故事》;昭梿《啸亭杂录》卷9《满洲跳神仪》,第279页;姚元之《竹叶亭杂记》卷3,第60页。

且拜天,有如历代的郊天大祀,出兵、凯旋祭堂子,类似历代的"祃祭",这些祭祀虽然还残留一些原始祭拜的痕迹,但已演变成正规的国家祭祀大典,一般情况下要由皇帝主祭,届时陈法驾卤簿,鼓乐齐备,文武百官跪迎跪送,仪式相当隆重,庄严肃穆且典雅。堂子祭祀还有一种现象值得注意,即有些祭祀如立杆大祭,月祭、圜殿祭虽然还用萨满,但只叩祝、诵神辞而不跳神,大概是因为跳神的狂颠之态,有伤于已成为举行国家典礼的堂子祭仪的典雅性,因而取消,其他如元旦拜天祭神、出征凯旋告祭、尚锡神亭祭神则已根本不用萨满。还有,一般满洲旗人之家,所奉诸神与其祖宗牌位多同处一室,祀神与祭祖不少情况下是同时举行。清皇室则分开,祀本姓祖宗是在奉先殿、太庙等独立的场所,这是仿行历代帝王祭祀列祖列宗的制度。奉先殿在紫禁城内北部後寝区东侧。其太庙是在紫禁城外天安门左侧,社稷坛在天安门右侧,承袭中原王朝古来的左祖右社之制,它是封建帝王家天下的重要表现形式,满族皇帝也必然要遵从这一古制,将其列祖列宗从神、祖共祭的场所中分离出去。清帝祭神祭祖的典制化及其政治性,是受汉族礼制的影响,也可以视为是宫廷萨满教中的一种汉化表现形态。

(此文原载《满族研究》1990 年 1 期,有修改)

清朝满族的皇家宗法与其皇位传承制度

清朝的皇位继承是影响朝政的重大政治事件,尤其是清前期,每当皇位传承之际,便引发上层统治集团的激烈内争,导致政局动荡,祸及朝臣。目前,人们对清太宗皇太极、顺治帝、康熙帝、雍正帝这几朝皇帝之继位及其内乱事件,作了大量的研究(人所共知,限于篇幅,恕不一一列举),最近又有杨珍女士《清朝皇位继承制度》①专著的出版,对有清一代皇位继承的类型及其变化作了全面系统的归纳与论述,并深入考察了一些相关问题。

究竟清前期的皇位继承为什么屡屡引发内乱,制度上的原因是什么? 海内外一些学者认为,是清朝满族之皇家在宗法上无严格嫡庶区分②,无论嫡出、庶出者,均有资格竞争皇位,因而也无法形成像汉族王朝那样的嫡长继承制,并预先确立皇储,以致每当皇位空缺,便发生内争。从表面现象看,也确实如此,前述几位皇帝,无一是预立之皇储,有的无明确嫡出身份,康熙、雍正二帝,又是以庶出者继位。但光凭这些现象,并未能揭示皇位竞争的真正原因,所谓满族宗

---

① 学苑出版社 2001 年版。

② 较有代表性的,如明清史专家李光涛(台湾)《多尔衮拥立幼帝始末》一文所述"女真部族,嫡庶本无严格分别",《"中研院"院刊》第一辑,1954 年版。

法无嫡庶之别，既不符合事实，与古代宗法制产生发展的一般规律也不相符。

上述观点，殆缘于没有对当时皇家所有成员之身份地位作全面系统的考察，进而进行对比。又缺乏对社会形态较落后时期的政权中一夫多妻家庭成员等级特点的认识。另外，也没有从皇位继承制度形成的一般规律中，对满族皇家早期皇位继承制度的性质及其矛盾性进行探究。鉴于这一问题对揭示满族宗法及其特征，正确认识与评价当时的皇位、皇权之争，进一步研究尚未取得共识的清代几次皇位继承均有意义，而且对于中国古代皇位继承制产生演变之一般规律的揭示及相关问题的进一步研究也有参考作用，因作专文考察。

一、从《玉牒》等看清入关前皇家成员严格的嫡庶之分、悬殊的等级差别

清初，参预皇位竞争者都是有影响的人物，这些人在一般史籍中记载较多，但他们只是皇家的部分成员，或者说是少部分人，皇家中其他更多的成员，史籍中对他们记载很少，或根本没有，尤其是他们的出身，也即生母之身份。这是目前未能对皇家成员作全面考察进而比较出身高低的主要原因。而这更多的一般性家庭成员，在清皇家族谱《玉牒》中却有较全面的记录，特别是他们的出身即生母身份，及他们因身份之低而所封世职之低微，这些记载不仅全面、详细，而且原始。本小节主要以《玉牒》为基本史料，辅以《满文老档》等较原始资料，首先对清太祖努尔哈赤及清太宗皇太极两辈皇家的全体家庭成员进行考察。

为叙述简要，并可以清楚地比较，特将考察结果以表列示如下：

表一　清太祖努尔哈赤家庭成员身份等级表

等次	诸妻及其位号	诸妻所生子女名称	该子女之称号、封爵、政治经济待遇	史料根据
第一等正室及所出子女	佟佳氏，称先娶之后或元妃①	长子褚英	广略贝勒，旗主，领国人五千家，八百牧群②（建后金政权前被处死）	①《玉牒》111号；《清太祖武皇帝实录》卷4之末。②《满文老档》太祖朝卷3。③《玉牒》111号。④《玉牒》28号。
		次子代善	和硕贝勒、大贝勒，旗主。和硕亲王③	
		长女东果格格	固伦公主④	
	富察氏，称衮代皇后或称继娶后、继妃①	第五子莽古尔泰	旗主，领正蓝旗，和硕贝勒、大贝勒②	①《玉牒》111号；《清太祖武皇帝实录》卷1，卷4之末。②《玉牒》之末所附。③《玉牒》之末所附。④《清太宗实录》卷3。
		第十子德格类	和硕贝勒、旗主（兄莽古尔泰死后，继任）③	
		第三女莽古济	哈达公主④	
	叶赫那拉氏，中室大福晋、中宫皇后①	第八子皇太极	和硕贝勒、大贝勒，旗主，努尔哈赤时领正白旗②	①②《玉牒》111号；《清太祖武皇帝实录》卷4之末。皇太极属嫡出，其生母曾为正室，见拙文《清太宗出身考》，《史学月刊》1998年2期。
	乌喇那拉氏，继立之后、大妃①	第十二子阿济格	贝勒、多罗郡王、英亲王，曾为旗主，领镶白旗②	①②《玉牒》111号；《清太祖武皇帝实录》卷4之末。③④见拙文《清史研究》1998年2期《清初两白旗主多尔衮与多铎换旗问题的考察》。
		第十四子多尔衮	和硕贝勒、和硕亲王，旗主，先领镶白旗，后领正白旗③	
		第十五子多铎	和硕贝勒、和硕亲王，旗主，先领正白旗，后领镶白旗④	
第二等侧室及所出子女	伊尔根觉罗氏，侧妃①	第七子阿巴泰	多罗贝勒，晋多罗郡王。非旗主之领主，所领本旗下牛录少于嫡出者②	①《玉牒》111号。②《满文老档》太宗天聪朝卷8。③《玉牒》28号。
		次女嫩哲格格	和硕公主③	
	叶赫那拉氏，侧妃①	第八女	和硕公主②	①《玉牒》111号。②《玉牒》28号。

（续）

等次	诸妻及其位号	诸妻所生子女名称	该子女之称号、封爵、政治经济待遇	史料根据
第三等另室之妾及所生子女	兆佳氏,庶妃①	第三子阿拜	天命时御、天聪时三等副将(三等男爵)、崇德时镇国将军、死后追晋镇国公② 附属幼弟多铎,领一个半牛录③	①②《玉牒》111号。 ③《天聪九年档》第21页,天津古籍出版社1987年版。
	钮祜禄氏,庶妃①	第四子汤古岱	天命时备御,领一牛录②。天聪时三等副将(三等男爵)。崇德时封镇国将军③。先依附正红旗主代善旗下,后拨隶幼弟多尔衮,依附白旗之下④	①《玉牒》111号。 ②《满文老档》上册第214页,中华书局汉译本1990年版。下引此书同,不另注。 ③⑥《玉牒》111号。 ④《天聪九年档》第133页,版本同前。 ⑤《满文老档》上册第573页。
		第六子塔拜	天命时备御衔游击,领牛录下少量人丁⑤。天聪时一等参将(低男爵一等)。崇德年间封辅国将军⑥。隶属关系,与其同母兄汤古岱相同	
	嘉穆瑚觉罗氏,庶妃①	第九子巴布泰	天聪时三等副将(三等男爵),崇德时封奉国将军,顺治朝相继晋辅国将军、辅国公、镇国公②隶皇太极正黄旗下,与弟巴布海同领一牛录③	①《玉牒》111号。 ②④《玉牒》111号。 ③⑤《天聪九年档》第20页,版本同前。 ⑥《清太宗实录》卷35页17—19。 ⑦⑧《玉牒》15号。
		第十一子巴布海	天命时备御,天聪时一等参将(低男爵一等)。崇德朝封辅国将军,晋镇国将军④。隶皇太极正黄旗下,与兄巴布泰同领一牛录⑤	

（续）

等次	诸妻及其位号	诸妻所生子女名称	该子女之称号、封爵、政治经济待遇	史料根据
第三等 另室之妾及所生子女		第四女穆库什	崇德时封和硕公主⑥	
		第五女	死于天命建元前，无封⑦	
		第六女	无封⑧	
	伊尔根觉罗氏，庶妃①	第七女	初无封，顺治以后始赐乡君品级②	①②《玉牒》15号。
第四等 侍婢及所生子女	西林觉罗氏，侍婢，初不列于努尔哈赤庶妾之列①，后称庶妃	第十三子赖慕布	初不列于努尔哈赤诸子之列②。隶异母兄阿济格属下。崇德后期始于牛录下专管人丁③。天聪朝授备御，顺治时封奉恩将军。后追晋辅国公④	①②《清太祖武皇帝实录》卷4之末，努尔哈赤诸子不列此人。③《清太宗实录》卷65页27。④《玉牒》111号。
	未留下名氏之侍婢，不列于努尔哈赤庶妾之列①	第十六子费扬古	初不列努尔哈赤诸子之列②。至康熙五十四年始列《玉牒》之末。一生无封，无宗室特权	①②《清太祖武皇帝实录》卷4之末，努尔哈赤诸子中无此人。

表二　清太宗皇太极家庭成员身份等级表

等次	诸妻及其位号	诸妻所生子女之排行及名子	各子女之称号、爵位	史料根据
第一等 正室、有宫号之妻及所生子女	元妃钮祜禄氏，被废弃①	第三子洛博会	夭殇，无封	①《玉牒》118号。《满文老档·太祖朝》卷51。唐邦治《清皇室四谱·后妃》。

（续）

等次	诸妻及其位号	诸妻所生子女之排行及名子	各子女之称号、爵位	史料根据
第一等正室、有宫号之妻及所生子女	继妃乌喇那拉氏，继被弃之元妃而为正室①	长子豪格	和硕贝勒、和硕亲王，旗主，领正蓝旗（由镶黄旗改）②	①②《玉牒》118 号。《满文老档》下册第 1313、1440 页，中华书局 1990 年版。《盛京刑部原档》第 18—19 页，第 130 页，群众出版社 1985 年版。③《玉牒》28 号 4 页。
		长女	固伦公主③	
	中宫皇后博尔济吉特氏①	次女、第三女、第八女	均封固伦公主②	①②《玉牒》28 号 4 页。
	关雎宫大福晋宸妃①	第八子	清太宗以其为"皇嗣"②	①《玉牒》118 号。②《清太宗实录》卷 37，页 15 下。
	西麟趾宫妃大福晋、大贵妃①	第十一子博穆博果尔	顺治朝封和硕襄亲王②	①②《玉牒》118 号。③《玉牒》28 号 4 页。
		第十一女	固伦公主③	
	东衍庆宫侧福晋淑妃	无出	无	《玉牒》118 号。
	西永福宫侧福晋庄妃①	第九子福临	顺治皇帝	①《满文老档》下册第 1529 页。②《玉牒》28 号 4 页。
		第四女、第五女、第七女	均封固伦公主②	
	原东宫侧福晋博尔济吉特氏，后被休弃①	第六女	固伦公主②	①《满文老档》下册，1244 页。《天聪九年档》第 128 页。②《玉牒》28 号 4 页。
		第九女	因生母被休，此女是否册封，待考	
第二等侧室及所生子女	叶赫那拉氏，侧妃①	第五子硕塞	清入关后封郡王、晋亲王②	①②《玉牒》118 号。
第三等另室之妾	颜扎氏，庶妃①	第四子叶布舒	崇德时封镇国将军，康熙八年晋辅国公②	①②《玉牒》118 号。

（续）

等次	诸妻及其位号	诸妻所生子女之排行及名子	各子女之称号、爵位	史料根据
第三等另室之妾	那拉氏，庶妃①	第六子高塞	顺治九年封辅国公，康熙八年封镇国公②	①②《玉牒》118号。③《玉牒》28号4页。④《玉牒》28号4页。
		第十女	顺治朝封县君③	
		第十三女	无封④	
	奇垒氏，庶妃①	第十四女	顺治朝特封和硕公主②	①《玉牒》118号。②《玉牒》28号4页。
	伊尔根觉罗氏，庶妃①	第七子常舒	崇德时封镇国将军，康熙八年晋辅国公②	①②《玉牒》118号。
	无名氏，（未留载）庶妃①	第十二女	顺治朝封最低等之乡君②	①②《玉牒》28号4页。

　　表中称谓之说明：嫡妻，满族称为大福晋。努尔哈赤、皇太极未称汗、帝以前，他们的嫡妻也无后来之"后"的称谓，汉文称作"妃"，最早的嫡妻称为"元妃"，元妃死后而继之者即"继室"，称"继妃"，继元妃之嫡妻身份。

　　根据以上两表所示，再结合相关史料，可以得出以下几点认识。

　　（一）努尔哈赤、皇太极两代皇室（汗室）家庭成员身份等级相差悬殊，主要体现于嫡庶之间。

　　首先从皇子之封爵、皇女之封位号方面比较。

　　清代皇家的封爵，按爵等高低依次为：第一，和硕亲王；第二，多罗郡王；第三，多罗贝勒；第四，固山贝子；第五，镇国公；第六，辅国公（公爵有入八分公与不入八分公之区别）；第七，镇国将军；第八，辅国将军；第九，奉国将军；第十，奉恩将军。

　　皇女、宗女所封位号依次为：第一，固伦公主；第二，和硕公主；第三，郡主（和硕格格）；第四，县主（多罗格格）；第五，郡君（多罗格格）；第六，县君（固山格格）；第七，乡君（公格格）。

以上两表中，皇子最高者封第一级之和硕亲王（以前之和硕贝勒大致同于和硕亲王，崇德元年定封爵制后，和硕贝勒全部封为和硕亲王），最低者封第十级之奉恩将军，如努尔哈赤第十三子赖慕布。甚至还有未受封者，如努尔哈赤第十六子费扬古[①]。

皇女也是如此，有封最高之固伦公主者，有封最低之第七级乡君者，还有未受封的。

嫡庶差距如此悬殊，在中原汉族王朝皇帝的家室中是不存在的。

以下再作一些具体的说明和解释（所据史实，凡未作史料出处者，均见以上两表及所注）。

第一等次，皇子中封和硕亲王及以前之和硕贝勒者，皇女封固伦公主者，均为这一等次的正室嫡出，或有宫号之妃所出。这里所说的"有宫号之妃"，在表二第一等次中，即皇太极称帝以后所封的身份显赫的"五宫后妃"，属嫡的档次。

第二等次的侧妃庶出子，以身份，最高只能封多罗郡王，而且是在入关后。努尔哈赤侧妃所出子阿巴泰，初封第三等的多罗贝勒，后因军功才晋多罗郡王。太宗第五子硕塞在顺治六年由多罗郡王晋亲王，因非嫡出而"不在宠贵之列"，规定其"位次、俸禄不得与大藩（即和硕亲王——引者注）等"[②]，次年又降为多罗郡王[③]。后来再晋亲王，是由于军功。这第二等次的侧妃庶出之女，是封和硕公主，低固伦公主一级。

第三等次的庶出子，其生母在汉文史料中均作"庶妃"，在满文《玉牒》及满文《满洲实录》中，其"庶"的身份明确写为 buya fujin，译为汉文是"小福晋"，如同汉俗语中的"小老婆"，满文的 buya——小，是微小、碎小之义。她们所生之"庶子"，则没有汗之子"台吉"的尊贵性称呼。封爵方面，在入关前最高只封第七爵等的镇国将军，比第一等次诸子所封的和硕亲王低 6 级。这也是当时制度所规定，因崇德元年"定庶子受封制，凡皇子系庶妃所生者，封镇国将军"[④]。因是崇

---

① 关于努尔哈赤第十六子费扬古的生卒年、身份、政治待遇等，笔者有专文考察，前表所述为考察结果，此处不赘。

② 《清世祖实录》卷 43，顺治六年三月辛未。

③ 《清世祖实录》卷 50，顺治七年八月己丑。

④ 《清朝文献通考》卷 246《封建考一》，第 7041 页，商务印书馆万有文库十通本。

德朝所定"皇子"庶出者受封例,所以只是针对当朝皇帝清太宗皇太极之庶出子,并不包括前朝努尔哈赤之子,努尔哈赤的庶出子所封更低(见后述)。这一等次之庶出女,入关前多数无封,仅个别人封和硕公主,乃出于政治联姻需要,为特例(努尔哈赤第四女穆库什)。入关后这些人因已属长辈而予封,但仅封县君、乡君,比公主低4—6级,与往代中原汉族王朝之皇女均封公主者相差太大,以致《清史稿·公主表》的作者也颇觉诧异:"开国初,有皇女仅得县君、乡君者。"

　　第四等次,所谓侍婢,即太祖、太宗之房中侍女(女奴),因给主人生有子女,才算入家庭成员,但不册封,称她们为庶妃即"小福晋",乃是后来的追称,而且大多连姓氏名子也没有为她们记下,她们的子女也是最低等的。努尔哈赤第十三子赖慕布及其生母、第十六子费扬古及其生母,在天聪崇德之际成书的《清太祖武皇帝实录》中,都未列入努尔哈赤汗室的家庭成员之中,而当时赖慕布已是25岁之人,且有11名之子①。费扬古也已17岁,已有两个儿子②,这绝不是史官的疏忽,而是当时他(她)们的身份地位低下所致,因为即使在皇太极称帝后的崇德三年八月,清皇家首次制定的本家族人口登记制度中,仍特别规定,即使是和硕亲王,其"凡正式纳入另室之妾所生子,则计入。凡抱养他姓之子或未纳入另室之女奴所生之子,不得计入。若将女奴所生子女及抱养异姓子女诈称亲生子女,则治重罪"③。可见当时为皇家男性生子女的女奴婢,并不算男性之妾,男性也不把她们算入妻妾之房室序列,因而称为"未纳入另室之女奴"、"未居另室妾婢",其所生子女虽非异姓,也不得计入皇家家庭成员。直到满族入关后的顺治十八年,才将这一等次人计入,规定"宗室未居另室妾婢所出之子,亦准载入宗室册籍"④。

　　所以在顺治十八年以前,清皇族中和硕亲王以下无论有爵无爵之宗室,其女婢所生子女,是不算皇族成员的。赖慕布、费扬古这些女奴所生之子,在天聪崇德之际未被列入努尔哈赤诸子之内,也不稀

　　① 《爱新觉罗宗谱》丙册第5805页,奉天爱新觉罗宗谱修谱处1938年版。
　　② 《爱新觉罗宗谱》丁册之末第133—134页,版本同上。
　　③ 季永海、刘景宪译《崇德三年满文档案译编》第170页,辽沈书社1988年版。并见《清初内国史院满文档案译编》(上)第348页,光明日报出版社1989年版。
　　④ 康熙《大清会典》卷1《宗人府·凡宗籍纪载》,顺治十八年。

奇。清太宗皇太极之第十子韬塞、第十二女及他们的生母,应亦属这种情况,以致这两人生母的姓氏都未被留下。但其子女毕竟是汗、皇帝的血胤,不同于和硕亲王等女奴所生子女,属于特殊情况,在以后所修的《玉牒》中补入了他们的名子。而他们的等级、待遇仍是最低的。崇德元年制定皇族宗室封爵制度后,努尔哈赤诸子中,只有赖慕布、费扬古二人未予封爵(包括世职将军)。赖慕布是在入关后的顺治年间才封给最低等的奉恩将军,低于亲、郡王庶出子所封之辅国将军、奉国将军,与贝勒庶出子所封同级。而死于崇德年间(崇德三年八月尚在世)的费扬古,则始终未得受封,是最低等的宗室成员。

再从皇家对八旗的分封、领辖方面进行比较。努尔哈赤诸子,凡领全旗或充任过旗主者,均为第一等次的嫡出子。第二等次侧妃所出子阿巴泰,天命年间仅分得六牛录①,大致相当于当时全旗牛录的1/4。第三等次的庶妃所出子,最多分得一个半牛录,如第三子阿拜,少者仅半个牛录或少量人丁,如第十一子巴布海、第六子塔拜等人。至于第四等次者,赖慕布直到崇德朝后期才被分给五十人丁,而费扬古则从未分予。

此外,清皇家中还有所谓"入八分"、"不入八分"之说,从八旗分封领辖与被领辖的角度而言,"入八分"者均为领旗者,包括分予全旗或半旗牛录的旗主、非旗主领主,以努尔哈赤诸子为例,"入八分"者都是表一第一等次的嫡出子。另外,个别庶出中的身份较高者,如阿巴泰,因军功也特许"入八分"②。"入八分"者都有"主"即主子的身份,封爵也较高。而不入八分者,则都是被统辖者,各有其主,对本旗旗主、非旗主领主有人身隶属关系,他们的封爵也较低,均封为不入八分公以下至最低等的奉恩将军这几等的世爵世职,即清人所谓:亲王以下入八分公以上,皆"统辖"旗者,而"未入八分公以下奉恩将军以上,则皆八旗之所统辖者也"③。这些被统辖的未入八分者,又全部是庶出者,清朝入关初所修最早的两部《玉牒》对此有清楚说明:"不入八分者:……太祖皇帝庶妃所生子镇国将军阿拜、镇国将军汤

---

① 《满文老档》下册第 870 页,中华书局汉译本 1990 年版。

② 《满文老档》下册第 870 页。

③ 李绂《穆堂别稿》卷 27《八旗封爵表·序》。

古岱、辅国将军塔拜、镇国公巴布泰、奉恩将军赖慕布……太宗皇帝庶妃所生子辅国公高塞,辅国公叶布舒、常舒、韬塞等,不入八分。"①以上史实表明,这嫡出与庶出,又决定了入八分与不入八分这一截然不同、相差悬殊的主、属性身份关系。在清太祖努尔哈赤诸子中,庶出子阿拜隶属于嫡子正白旗主多铎。庶出子汤古岱、塔拜先隶属于嫡子正红旗主代善,后拨隶嫡子镶白旗主多尔衮②。庶出子巴布泰、巴布海则隶于嫡子皇太极。这些庶出子之后裔子孙们也一直如此固定隶属,这在《玉牒》及《八旗通志》的《旗分志》中有明确记载。太宗诸庶出子叶布舒、常舒、高塞、韬塞均在两黄旗下,他们的分封入旗是在入关后,其时两黄旗主是继承太宗皇位的第九子福临,即顺治帝,所以这些庶出子隶属第一等次的福临之旗下。

(二)重长幼之序,但以嫡庶之分为前提。

所谓长幼之序,是指同辈兄弟之间以年龄大小为先后等第。兄长身份高于弟幼、特权优先于弟幼。如四大旗主贝勒,以年龄大小排为大贝勒代善、二贝勒阿敏、三贝勒莽古尔泰、四贝勒皇太极。在等级性礼制上,弟要向兄先行礼,这在皇太极继汗位以后仍有残留。以上已是众所周知的事实。同母所出兄弟分封在同一旗,以兄为旗主:正蓝旗中,兄莽古尔泰为旗主;镶白旗中,兄阿济格为旗主,后罢之而改任其弟多尔衮为旗主;镶蓝旗中,兄阿敏为旗主。以上是嫡出者兄弟之间的排序。若同辈兄弟之间嫡庶混排,则庶出者无论年龄大小,身份地位都在嫡出之下,依附遵从嫡出者,如努尔哈赤第三子阿拜,便隶属依附于比他小29岁的幼弟多铎属下,奉多铎为"主"。努尔哈赤第四子汤古岱、第六子塔拜,则在比他们小20多岁的多尔衮之属下,也是奉幼弟为"主"。在嫡庶之分的前提下而列长幼之序,嫡出幼弟之身份地位、特权明显高于庶出之兄长,也是当时满族皇家嫡庶之别森严、身份地位相差悬殊的体现。

(三)随着满族社会文明之发展及不断汉化,庶出者身份地位有所提高,与嫡出者的等级差距缩小。

---

① 《宗人府全宗·玉牒》第111号序,中国第一历史档案馆藏。
② 多尔衮先领镶白旗,后改正白旗,此次改旗见拙文《清初两白旗主多尔衮与多铎换旗问题的考察》,《清史研究》1998年3期。

努尔哈赤诸子中，被称为庶妃的诸妾所生子，在天命时仅授备御，这个世职大致相当于后来最低等的奉恩将军。天聪时有所提高，升为参将或副将，大致相当于后来的奉国将军、辅国将军。崇德朝，多数已晋为镇国将军。个别活到入关后顺治朝者，如巴布泰，则已晋至镇国公。太宗之诸庶出子，所封之爵就比努尔哈赤的庶出子提高了，崇德年间始封即为镇国将军，至入关后的顺康时期，都升至辅国公或镇国公。以上这种发展变化，在入关后诸帝之子女身上就体现得更明显了。

二、入关后皇家庶出子女地位的提高

满族入关后，由于入主中原承袭明朝制度，皇家宗法制度也受到很大影响，最明显的是皇家大家族中的皇室家庭成员，其庶出子女的身份地位进一步提高。

最突出的又数皇女，自顺治以后，历朝皇帝之女，凡皇后所出者，仍封最高等的固伦公主，而诸庶出者，无论其生母身份如何，一律封和硕公主，以前太祖太宗庶出女封低等的县君、乡君或不封授的现象已不复存在。

皇子中，庶出者也可封最高等级的和硕亲王，比如与康熙帝同为庶出的他的几个皇兄弟，即顺治帝庶妃所出的几个皇子，便全部封为和硕亲王：庶妃董鄂氏所出子福全封和硕裕亲王、庶妃陈氏所出子常宁封和硕恭亲王、庶妃钮氏所出子隆禧封和硕纯亲王①。康熙帝诸子，嫡出者仅一人，为胤礽，立为皇太子，其余皆庶出子，这些庶出子中，就有胤祉、胤禛、胤祺、胤祐等在康熙朝被封为和硕亲王。以后雍正、乾隆、嘉庆、道光诸帝所有皇子，基本都能封王（包括后来由贝勒晋封为郡王、亲王者）。

清入关后，虽然庶出的皇子皇女身份地位提高，与嫡出者趋近，但仍未完全同于汉族王朝，始终带有嫡庶区分较严的旧俗痕迹。

先看皇女。汉族王朝，凡皇帝之女，无论嫡庶，均封公主，未见有两个等级公主的高低之分。而清代，则嫡出皇女封固伦公主、庶出皇

① 以上均见《玉牒》118 号。

女封和硕公主,二者在等级性礼仪、服饰、俸银俸米待遇上区分高下①,一直实行至清末。

再看皇子。往代汉族王朝,除宋代稍有区别外,其他王朝,凡皇子均封王爵,而且始封即为王,这在《汉书》、《后汉书》、新旧《唐书》、《宋史》、《明史》诸史的"皇子传"及"宗室世系表"或"诸王世表"中有明确记载。而清代,则庶出皇子不一定当然地全部封以最高等的亲王,封为低于亲王1—4等的郡王、贝勒、贝子、公爵者均有。封贝勒、贝子、公这些较低爵等的皇子,又都是庶出中的较低身份者,如康熙之子允祎、允禧、允祜、允祁,其生母在康熙朝都是无位号之封的最低等的侍妾,雍正继位后尊为皇考贵人,这贵人是在皇后、皇贵妃、贵妃、妃、嫔之下的第六等,她们所生的上述几位皇子在康熙朝也未封,至雍正朝,始封为贝勒、贝子、公,后来才晋封②。《清史稿》的作者对比往代而评论清朝的皇子封爵,是"有皇子而仅封贝勒、贝子、公者,揆诸前襟,至谨极严"③。同时又应看到,这庶出的较低身份皇子,身份也在逐渐提高,至乾隆朝,皇子始封最低爵已为贝勒,不再有其下的贝子、公爵之封。

嘉庆朝以后,又不见有贝勒之封,凡皇子始封均为王爵,或亲王,或郡王。但始终有未封为最高等之亲王者,如道光帝之皇八子奕詥、皇九子奕譓,都是终身为郡王。

综合以上两节史实作联系性分析,可以看出,入关后满族皇家子女的嫡庶有别,是源于入关前严格的嫡庶之分,而不是入关前无嫡庶之分,入关后才仿行汉族王朝而确立的嫡庶有别的制度。而且,入关后的嫡庶之别,已然是比入关前弱化、差距缩小了。嫡庶之别由严格、相差悬殊到弱化、差距缩小的变化,也是古代家族家庭成员之等级性产生、发展的一般规律。满族皇家的皇位继承,也正是在严格的嫡庶之别及其向弱化变化的过程中实行并发生变化的。

---

① 详见拙文《清代皇族内部复杂的等级、等第关系及其特征》,《明清史论文集》第二辑,天津古籍出版社 1991 年版。

② 《玉牒》第 118 号。

③ 《清史稿》卷 161《皇子表·序》,第 17 册第 4701 页,中华书局标点本 1977 年版。

三、满族与皇位传承相关之宗法的历史性考察

(一)嫡庶差别、长幼有序之宗法产生的原因

古代宗法,嫡庶之分、长幼之序是其中的重要内容,或者说是核心。尤其是嫡庶之别。

嫡庶之别,伴随着父系私有制家庭的出现而产生。在一夫多妻妾的大家庭中,诸妻妾有先娶后纳之别、娘家门第背景之不同、女主与奴婢(房婢)之差异,与丈夫关系之密近与否等等,她们在家庭中的身份地位不可能平等,并由此决定了其所生子女在家庭成员中的等级性,因此出现嫡庶、嫡出庶出之分。这种嫡庶之分也是父家长传承家产、权位的必要性原则。从重要性讲,家产的分配尚在其次,这权位的传承,等级性的次序尤为必要,否则,诸子不分主次高下、谁先谁后的次序,必然导致诸子纷争内乱,家族家庭管理上的混乱。因父家长的权位不同于其它财产可以分成几份继承,权位只有一份由一人继承,必须确定出一人,也正因此,在嫡庶之分基础上,又定出长幼之序的原则,以兄长优先,出现所谓"嫡长子"、承祧之"大宗宗子"的名位。王位、汗位、皇位的传承与此同理,古代的政权、国家具有家族私有性,最高权位的传承在家庭家族内进行,最高权位又不能分析多份,没有嫡庶之分、长幼之序的原则以决定这一权位的一人继承,极易出现内乱、多头政治,导致政乱国衰,乃至被其他家族政权所兼并而亡国。嫡中选长的原则也因此被家族人乃至国人认同,以嫡长子继位、立嫡长子为皇太子的制度,也因此产生。

(二)往代皇家宗法在皇位(王位、汗位)传承中的实行及其复杂性——兄终弟及、父死子继制的交互实行及父死子继制的最终确立

综观中国古代汉族早期家族性国家,以及辽、金、蒙元等部族性早期国家的王位、汗位、皇位继承制度,虽然状况复杂,具体情况各异,但大致可以看出,在传位人选上,均有嫡庶之分,由嫡者继承,嫡出诸子兄弟间又定长幼之序的宗法原则,而且由于传承上的代际关系,又有一个兄终弟及、父死子继二制相混兼用,最终由父死子继取代兄终弟及制的演变过程。当时的王、汗等,无不妻妾成群、子息众

多,诸嫡子中,则以长幼为序,长者优先,为第一继承人,这里的"长",是相对的长,不一定是长子,长子早卒,则嫡次子或嫡三子为嫡长,也可以说是兄为先,弟次之,先兄后弟。但此后再传承时,便有可能产生矛盾,嫡长临死时可能按其父之例而传自己之子,这样便会引起诸嫡弟和他的争端,因为这位嫡长之王位、汗位是由诸子之父传授,父之其他嫡子视王位汗位为家庭所有,只是嫡长优先,而不能由他私传其子。这位嫡长之子,也可能会以先祖传子的旧例,争继其父所遗之位。围绕由嫡长之弟继位,还是由嫡长之子继位,便发生叔、侄之争,从制度上讲,这是兄终弟及与父死子继之争。另外,实行兄终弟及时,若嫡出弟兄众多,即使有长幼之序,又常常因兄弟中某人能力突出、人际关系好、分封实力等因素,在诸领主推举共主时发生兄弟间的矛盾。还有,在最后一个继位的嫡弟死去后,是传其子,还是传其嫡兄之子? 传哪个嫡兄之子? 又会在家族推举新主时出现争端。前述早期性家族政权国家,自第一代王、汗以后的再传承,都曾发生过这种内争,甚至延续数代、十几代,而最终是传子取代传弟,兄终弟及被父死子继所取代,这是私有制下,王或汗之私欲并行使其最高王权、汗权的必然发展结果。最终确立父死子继,并沿用历来的嫡长子继承法,以嫡长为原则,把权位固定地传于无可争议的某一个人。这是家族性政权国家减少内乱、得以延续保存,以及政权、国家之职能得以正常行使的客观需要,因而这一原则取得族人认同而最终确立。从此确立以父死子继为前提的嫡长子继位制,并长期实行,汉族自周朝以后便实行这种制度,而且历代相沿。而以前的兄终弟及制,则只实行于早期较短的时期内。满族也不例外,其入关前后的皇位继承制及其演变,也正好经历了这一复杂的过程。为了说明这一带有普遍性的家法性皇位继承制度及其演变规律,并把清前期满族的皇位继承置于这一规律中去考察,以揭示其真相,有必要对汉族及其他少数民族早期政权的宗法性王位、汗位继承及其演变情况,作一简要介绍。

夏代资料匮乏,不得其详。商代,据胡厚宣先生考察,商王武丁之正妻(胡先生文中称之为"合法的配偶")始终是一个,而庶妾(文中称之为"非法定的妃妾")有 64 人之多,武丁有儿子 53 人。如同只有合法的嫡妻才能与祖宗配祭、妃妾没有这种资格一样,嫡妻与庶妾所生之子地位也不相同,只有嫡子们才能继承王位,庶子不得继承①。王玉哲先生的研究更进一步证明,这种嫡庶有别的嫡子继承制,开始是以"兄终弟及"为主,"父死子继"为辅,发展到康丁以后,便都是父死子继了②。周代最初也是兄终弟及,但时间较短,自周公旦在位时规定王位只能由嫡长子一人继承,父死子继的嫡长子继承制便取代了兄终弟及制③。

契丹辽朝,开国皇帝辽太祖耶律阿保机立嫡长子耶律倍为皇太子,乃典型的立嫡立长及父死子继之制。迨太祖死,耶律倍让位于同母弟,即嫡次子耶律德光,是为辽太宗④。而这种让位,又有兄终弟及之因素使然。此后太宗、世宗(耶律倍之子)、穆宗(耶律德光之子)、景宗(世宗之子)之位,在叔侄及堂弟之间相传,实为辽太祖两个嫡子嫡长子、嫡次子兄弟两支之间的传承,所以从根本上说,也是兄终弟及制的因素在起作用。自太祖嫡长子耶律倍之孙景宗传其嫡长子圣宗后,以下各代辽帝便均为父死子继了⑤。

女真金朝,其始之景祖乌古乃死后,其部族领主性世职节度使,只传元配嫡妻唐括氏所出嫡子,先由劾里钵继承,劾里钵死后在其嫡出兄弟中实行兄终弟及。其后,又传于劾里钵之子⑥。

世祖劾里钵有子11人,其中嫡妻拿懒氏所生嫡子5人,先传位于嫡长子乌雅束,是为康宗,此后继之者是嫡次子阿骨打,是为太祖。太祖死而传同母弟吴乞买,是为太宗,也是嫡出子中的兄终弟及制。辽金元史专家杨志玖先生根据这种情况而总结:"由此可以发现一条规律,即只有皇后所生子才得以在'兄终弟及'制中轮流继位。这与

① 胡厚宣《殷代婚姻家族宗法生育制度考》,《甲骨学商史论丛初集(上)》第82页,河北教育出版社2002年版;王玉哲《中华远古史》第357页,上海人民出版社2000年版。

② 王玉哲《中华远古史》第358—362页。

③ 王玉哲《中华远古史》第568页。

④ 以上见《辽史》卷1《太祖本纪上·神册元年三月》,第1册第10—11页;《辽史》卷3《太宗本纪·天显二年十一月》,第2册第28页,中华书局1974年版。

⑤ 见赵翼《廿二史札记》卷27《辽正后所生太子多不吉》,下册第589—590页,中华书局标点本2001年版。并见《辽史》卷10—29,圣宗以后各帝本纪。

⑥ 据《金史》卷1《本纪第一·世纪》,第1册第5—16页;卷2《本纪第二·太祖》第1册第22页,中华书局标点本1975年版。

商朝只有嫡子才能按'兄终弟及'制接班完全相同。"①至太宗死时已无嫡出兄弟,因而又传于其兄太祖一支,由太祖嫡子宗峻之嫡子完颜亶继位,是为金熙宗。熙宗之得以继位,仍有兄终弟及的因素在起作用,即两兄弟(太祖、太宗)两支之间相传。由金熙宗始,废兄终弟及之制,熙宗生前便决定传子,因而于第一个嫡子出生仅一个月后便立其为皇太子,作为其死后的皇位继承人,这是沿袭从前以嫡出诸子为继承者的前提,进而废除兄终弟及而形成的父死子继的嫡长子继承制。此后虽出现政变或变故而改变帝系,也再未实行兄终弟及,均先立皇太子,太子先死而未及继位,也传太子之子即传皇太孙,而非传弟。世宗、宣宗均先立太子,以予定传子,太子先死便立皇太孙,由皇太孙继位②。

蒙元之时,建国者元太祖成吉思汗妻妾众多,而最高身份者只有大皇后孛儿帖一人,生子四人:术赤、察合台、窝阔台、拖雷,是为嫡子。妻妾中等而下之的忽兰,所生子阔列坚身份低于嫡子。而其他庶妾所生众多之子,则身份更为低下。成吉思汗生前确立嫡三子窝阔台为太子③。因嫡长子术赤非其亲生,以下按长幼之序当立嫡次子察合台,但察合台与术赤矛盾甚深,人际关系不及其弟窝阔台,且窝阔台仁厚有谋略,贤才兼备,成吉思汗属意此子,嫡次子察合台也退让而拥护这位三弟,窝阔台因而得立,这是在嫡子继承为前提下嫡兄嫡弟长幼之序的变通。此后便出现矛盾。先是窝阔台死后传子贵由,乃父死子继。定宗贵由死后,窝阔台同母嫡弟拖雷一支便起而争之,由拖雷嫡长子蒙哥夺取汗位。这实质上是兄终弟及与父死子继之争。从此,蒙古大汗由成吉思汗嫡三子窝阔台一支转入嫡四子拖雷一支,又在拖雷诸嫡子之间竞争。蒙哥死,拖雷嫡四子阿里不哥自立为汗,被嫡兄忽必烈打败,由忽必烈继为大汗,为兄终弟及。忽必烈继位后,生前即立己子真金为皇太子,从此,蒙元帝位废除兄终弟

①　见杨志玖《金朝皇位继承问题探讨》,《中国社会历史评论》第3卷,中华书局2001年版。

②　以上也是据杨志玖先生《金朝皇位继承问题探讨》一文并参照《金史》所作的总结。

③　以上参考了余大钧《一代天骄成吉思汗》第349—353页,内蒙古人民出版社2002年版。

及,确立父死子继制,一直到元亡。

(三)满族皇家皇位(汗位)传承的演变符合一般规律——兄终弟及以及父死子继制的试行与其最终确立

清初满族的汗位、皇位继承制及其变化,与上述中原汉族的早期王朝商周两代以及辽、金、元建国初期完全相同,或者说不可能脱离这一时期权位继承的一般规律。只不过满族同时还实行着八旗分领又集为一体的特殊制度,而使其汗位、皇位继承变得复杂迷离而已。

努尔哈赤建八旗,实行领主分封,虽然子息众多,但封为旗主、领有旗下较多牛录者,均为嫡子。反言之,也只有嫡子,才有这种资格。因而在其 16 个儿子中,只有嫡出子褚英、代善、莽古尔泰、皇太极、阿济格、多铎被任为旗主,另两个嫡子德格类、多尔衮也分封入旗,各与兄长莽古尔泰、阿济格领半旗牛录。[①] 努尔哈赤生前也曾预立太子,以作为其身后的汗位继承人,先欲立嫡长子褚英,后因褚英欺凌诸弟等因,而被努尔哈赤废掉。继而又立嫡次子代善,又因代善与努尔哈赤之大福晋关系暧昧,又将代善废除,宣布"先前(欲使代善)袭父之国,故曾立为太子,现废除太子"[②]。此后,努尔哈赤为死后之汗位继承陷入痛苦的纠结:因为按长幼之序,被废的嫡次子代善之下一个嫡子是莽古尔泰,但努尔哈赤对莽古尔泰非常反感、不满意(因其品行低劣、行为鲁莽、能力一般);莽古尔泰之下的嫡子皇太极,虽文武全才,但城府颇深、拉帮结派、打击异己。努尔哈赤绞尽脑汁,最终决定由八旗诸旗主等贝勒共同推举,被推举之汗若倚强势、不遵众人之谏,众人可废之而另推举新汗(这种诸领主推举制,并非"军事民主制",因"军事民主制"是部落联盟时期的制度,而当时的后金已建王朝国家,早已不是部落联盟时代)。

由于充任旗主者及领较多牛录之非旗主贝勒均为嫡出者,所以被推举为汗者也不可能出嫡出范围(镶蓝一旗由努尔哈赤之侄任旗主,其身份也为嫡出,见后述)。也正因此,前文表一所列努尔哈赤诸

① 详见拙文《天命后期八旗旗主考析》,《史学集刊》1997 年 2 期。

② 以上见周远廉《太子之废》,《社会科学辑刊》1986 年 1 期。并见该文所引《旧满洲档·戊字档》。并参见冈田英弘《清太宗继位考实》一文的有关叙述,(台北)《故宫文献》第 3 卷 2 期(1972 年)。

庶出子多人，都没有被努尔哈赤列入这推举者与被推举者的所谓"入八分"的八旗领主之中，任何史籍、档案中都没有也不可能有这些庶出子加入这一竞争行列中的史事。这也正是当时的汗位继承严格的嫡子继承制。从表面上看，八旗领主皆有资格被举为共主，而实际上，后金这一家族式政权的遗产是努尔哈赤创下的，其弟舒尔哈齐被其极力压制，努尔哈赤父子是后金国的掌国主体，其汗位从当时国家政权的私有性及其传承的角度而言，只能由其诸子继承，其侄子镶蓝旗主阿敏可以排除。再有，努尔哈赤孙子辈的岳托、豪格也可排除，因为汗位不可能越过他们的父亲代善、皇太极而传于他们。所以，所谓推举新汗，不过是从努尔哈赤的几个嫡子旗主中选出，事实也正是如此。无论是努尔哈赤预立之褚英或代善，还是众人最终推举的皇太极，汗位的拟选人及被选举人都未出努尔哈赤诸嫡子范围。

至于被推举而继位的皇太极之出身，有学者曾怀疑他是庶出[①]，是不确切的。笔者曾有专文，通过幼年皇太极及其生母叶赫那拉氏曾与努尔哈赤共居正室、叶赫那拉氏本人之姿质、与丈夫的关系、母家之门阀、努尔哈赤最后一位嫡妻乌喇那拉氏之大福晋（大妃）名位是接续这位叶赫那拉氏、努尔哈赤时叶赫那拉氏之迁葬乃最高规格之丧仪，以及将皇太极与其他嫡出子一样封为旗主、大贝勒等等方面，论证皇太极生母叶赫那拉氏曾为正室嫡妻，皇太极乃嫡出，他之继承汗位，乃是以嫡承袭[②]，于此不赘。

而努尔哈赤所以设计其身后由八旗诸领主共举国主、被举者暴虐不公还可共废之而再举新主，不过是针对当时包括国主在内的各旗主都有本旗相对独立的私人势力与利益，利用更多的包括侄、孙旗主也在内的诸领主制约将来为汗的某嫡子，形成大家共同遵守的去私为公的原则，使家族性组合政权正常延续、发展。

皇太极之得汗位，从形式上说，既可以说是父死子继，是继承其父努尔哈赤之位。又可以说是兄终弟及，因为他是在两个嫡兄先被汗父先后选择而终废以后，而以嫡弟资格继位的，属于"弟及"。从根

---

① ［美］恒慕义主编《清代名人传略》上册第 51 页，认为皇太极生母为努尔哈赤之妾。青海人民出版社 1990 年版。

② 详见拙文《清太宗出身考》，《史学月刊》1998 年 2 期。

本上说,后金国的基业,是汗父努尔哈赤带领诸子共同创立的,兄弟们(主要是嫡出子)都有份,有资格继承父业。这就预示着皇太极的下一步,其子与弟,都有可能继位。而兄终弟及的弟继兄,仍有充分资格。因皇太极时汗家(皇家)基业的发展,仍是以努尔哈赤诸子及孙为主体,或者说是八旗诸旗主与其属下共同征战的结果,而且距努尔哈赤死后的时间不长,这也正是皇太极死后,其嫡弟即努尔哈赤另一嫡子多尔衮竞争皇位的理由,或者说是背景性原因。这种兄终弟及制,在当时又并非孤立存在,而是普遍实行的继承制度,比如,凡分封于同旗的"入八分"领主兄弟,皆兄长为旗主,兄长被废或死去,即由其嫡弟继任。镶白旗,先由阿济格任旗主,被罢黜后由同入该旗的同母嫡弟多尔衮继之;镶蓝旗,先由舒尔哈齐嫡次子阿敏任旗主(嫡长子阿尔通阿先已被处死),阿敏在天聪四年被废黜,当时其诸嫡弟,舒尔哈齐嫡三子扎萨克图、嫡四子图伦、嫡五子斋桑武均已死去,由嫡六子济尔哈朗继任旗主[①];正蓝旗,先由兄长莽古尔泰为旗主,其死后,由同旗的同母嫡弟德格类继为旗主。

而此后,满族皇家皇位传承,由于皇帝为使皇位本支传承,创造父死子继的条件,皇位传承制度最终由兄终弟转变为父死子继。满族之后金—清政权也和前述汉族之商周、契丹之辽、女真之金及蒙元王朝一样,在汗位、皇位继承制上经历了由兄终弟及向父死子继的转变。满族这一制度之转变萌生于皇太极称皇帝以后的崇德朝。后来,皇太极之子福临继位而嫡弟多尔衮未能继承,标志着父死子继战胜兄终弟及。试以阶段性作说明。

1. 皇太极时期

清太宗皇太极萌生由其皇子继皇位而取代兄终弟及的念头,始于其称帝一年以后。崇德二年七月,五宫后妃中的东关雎宫大福晋宸妃诞生皇八子,次日,皇太极便向群臣大讲此子诞生前自己在梦中所见的祥瑞奇景,七日后,又颁诏大赦全国,诏书中称他"今蒙天眷,关雎宫宸妃诞育皇嗣"[②],尽管他这一带有"私心"的传子舆论并未明

---

① 《玉牒》111 号,载有舒乐哈齐诸子的嫡庶出身,以上阿敏及以下几人皆嫡福晋或继福晋所出。

② 《清太宗实录》卷 37,崇德二年七月壬午。

言,但别人却完全揣测到了他的用意,由于宸妃乃科尔沁蒙古之女,这位皇八子是蒙古女所出,蒙古诸部出于自身政治利益的考虑,在皇太极颁诏后便纷纷遣使庆贺①,这是以前蒙古诸部从未有过的举动。当时朝鲜驻盛京(沈阳)的官员则认为这皇八子乃"皇帝始生皇后之子"②,朝鲜使臣也向国王报告:皇太极将此"所生子有立嗣之意云"③,并遣使庆贺送"上皇太子笺文"及贺礼。皇太极这一拟立储君事,杨珍女士亦有考察④。不料这个皇子次年即夭折,处于悲痛之中的皇太极也暂时搁置了立皇太子的计划。崇德朝,以父死子继取代兄终弟及的做法,在具有分封邦国性质的领主之旗中也已实施。崇德三年镶红旗主岳托死,再任命管旗务的旗主,便是以岳托嫡子罗洛宏继任⑤,而没有以岳托之同旗嫡弟、代善的嫡次子硕托继之,这大约也是此后硕托极力反对皇太极,并在皇太极死后颠覆其子福临继位的重要原因。

父死子继的皇位继承制度,在当时的满族王公大臣中也形成了某种共识,因而,在皇太极死后议立新君之时,相当一部分人提出应立皇子,八旗中,两黄旗大臣出于本旗旗人利益的考虑,坚决主张从皇子中选择,他们先是到皇太极长子豪格家中,表示拥护豪格为帝,以皇太极第九子福临为太子⑥,以后又向议立的宗王表明他们的意见:皇位继承者只能从皇子中选择,明确声明"先帝有皇子在,必立其一,他非所知也"⑦,并表示:"若不立帝之子,则宁死从帝于地下而已。"⑧一些宗王也倾向于父死子继,正红旗主礼亲王代善在议立会议上,首先即提出"虎口(豪格),帝之长子,当承大统"⑨。镶蓝旗主

① 《清太宗实录》卷38,崇德二年八月庚子、丁未。

② 《沈阳状启》第28页,辽宁大学历史系1983年刊本。

③ 见前举《朝鲜李朝实录中的中国史料》第9册第3618页,中华书局1980年版。《崇德三年满文档案译编》第4页,辽沈书社1988年版。

④ 《清朝皇位继承制度》第51—53页。

⑤ 《清史列传》卷3《岳托》,第1册第100页,中华书局标点本1987年版。罗洛宏之嫡子身份见《玉牒》118号。

⑥ 《清世祖实录》卷37,顺治五年三月己亥。

⑦ 《清史稿》卷249《索尼传》,第32册第9672页。

⑧ 《沈阳状启》第514页。

⑨ 《沈阳状启》第514页。

郑亲王济尔哈朗也倾向于立皇子,所以当豪格的正蓝旗属下大臣向他说明两黄旗大臣拥护豪格时,他表示"我意亦如此"[1],后来又曾说"皇子即帝位,更复何言"[2]。而拥立皇太极之弟睿亲王多尔衮继位的,主要是两白旗中多尔衮的同母兄弟英王阿济格、豫亲王多铎。可以这样认为,发生在皇太极死后的皇位之争,表面看是豪格与多尔衮这两个旗主宗王竞争,实际是叔侄之争,也即父死子继与兄终弟及两种皇位继承制度之争,是由兄终弟及向父死子继转变而发生的必然争端。由于执父死子继、以皇子继位之意见占有优势,因而最终确定由皇子继位。出于调节八旗势力矛盾及旗主诸王权力平衡的需要,以及福临之出身背景优势(见后述),在皇子中选择了皇九子福临继承大统。

从努尔哈赤死后、皇太极死后这两次继承人选举的对比,又可看出,虽然都有皇家诸王八旗领主共议的形式,但努尔哈赤死后之选举,是共同参加之八旗旗主谁能入选的问题,更确切且符合实际地说,是占绝对被选资格的努尔哈赤诸嫡子旗主兄弟间谁能入选的问题。而皇太极死后之选举,已不是以前的仅仅是嫡出兄弟旗主哪位入选的问题,而是"子继"还是"弟及"的问题。最终确定的,也是非旗主身份的年幼皇子福临。它也表明,在此以前,由于皇太极在位时中央集权的强化,皇位至尊而超居诸旗主之上、皇权专制的局面已经形成,再由于八旗中出于各该旗权益的考虑而拥护皇室、皇子的诸旗势力,形成共同倾向,而且占据优势,所以才会有这种结果。与此同时,满族皇位继承制也由兄终弟及演变为父死子继,为顺治帝实行父死子继制奠定了基础。

2. 顺治帝时期

顺治帝在其 20 岁时的顺治十四年,便开始了他的立皇太子以传位于己子的计划,这年皇贵妃生皇子,顺治帝遣官告祭天、地、太庙、社稷,并颁诏天下,实行大赦[3]。据当时与顺治帝过从甚密的传教士汤若望说,这个皇子"是皇帝要规定他为将来的皇太子的"[4]。不料

① 《清世祖实录》卷 37,顺治五年三月己亥。
② 《清世祖实录》卷 63,顺治九年三月癸巳。
③ 《清初内国史院满文档案译编》(下)第 372—374 页,光明日报出版社 1989 年版。
④ [德]魏特著、杨丙辰译《汤若望传》第 323 页,商务印书馆 1949 年版。

这个皇子还未及顺治帝正式册立为太子,便夭折了,而宗人府宗王仍呈请将此子"追封太子"①,这份呈文至今仍保存在北京的中国第一历史档案馆。顺治帝下旨:追封为和硕荣亲王,并专为其建造一座颇具规模的陵墓,还亲自为其作圹志文:"和硕荣亲王……朕第一子也……思祖宗之付托,冀嗣胤之发祥,惟尔诞育,克应休祯,方思成立有期,讵意厥龄不永……"②,文中表达了他希望此子之"诞育"能"应休祯",即成为继承祖宗江山的"嗣胤",满想"成立有期",不料厥龄不永,但它的意义在于,对以前父死子继的皇位继承法作再次实施而予进一步确立,顺治帝以父死子继的形式继承皇位后,生前就已堂堂正正地制定立储计划,将皇位再传其子,掌管皇族事务之宗人府宗王也呈请将此子追封为太子,它表明父死子继的皇位继承制度已得皇族之认可,所以两年多以后顺治帝福临去世,再由其皇子玄烨(康熙帝)继位,八旗旁支诸王也从无异议。康熙以皇太子身份继承皇位,标志着父死子继的皇位继承制在满族皇族中的最终确定。而此后,康熙帝再立嫡子胤礽为皇太子,以皇子继皇位,不仅是当然之事,也是以前立太子做法的延续。

　　3. 被属意之太子的身份

　　还应说明的是,从皇太极计划实行父死子继到顺治帝死前最终确立父死子继的整个过程,所拟立之太子、竞争皇位和最终继位的皇子,虽然都不是皇后所出,但都是当时皇子中的最高身份者,因皇后无子,所以这与选嫡的原则并不矛盾,而且,从某种意义上说,这也是确定父死子继取代兄终弟及而采取的措施。

　　皇太极计划立太子时,皇后无子,皇后位下的第二位妻子东宫大福晋宸妃所出皇八子,便是当时皇帝后宫中身份最高的皇子,而以嫡待之,而当时年长其 10 岁左右的庶出子如侧妃所出 10 岁的硕塞、庶妃所出 11 岁的叶布舒,以及长此子几个月的庶出子高塞、常舒,均不在考虑之列(以上及以下所述并请参照前列表二)。皇太极死后,被相当一部分人拥立的豪格,也是嫡子,他是皇太极早年的继正室继妃所出,从他被封为只有嫡出者才可受封的旗主,以及其同母妹按皇后

---

① 宗人府全宗的经历司簿册,第 0104、0132 号,中国第一历史档案馆藏。
② 《清初内国史院满文档案译编》(下)第 377 页。

所出之女封为固伦公主来看,豪格的嫡子身份是没有问题的。皇九子福临所以被选为皇位继承人,主要原因也是他在诸皇子中地位高,乃第一等级的五宫后妃中的庄妃所出,福临之同母姊们在此前便都封为固伦公主,与皇后所出之女同等封级,而不是一般妃嫔所出女封低一等的和硕公主,也可说明庄妃及其所生子福临属于太宗皇室后宫中第一等级的身份地位。议立皇嗣时,福临尽管当时仅 6 岁,但具有继位资格。而其他诸子,如上述侧妃所出子已 17 岁的硕塞、庶妃所出 18 岁的叶布舒等人,虽年长,仍不在入选之列。当时五宫后妃中仅有二子,一为福临,一为皇十一子博穆博果尔。博穆博果尔刚出生一年零八个月,生母为西麟趾宫大福晋,身份虽高于庄妃,但庄妃乃是与清廷关系最为密近、被清廷倚重的藩部蒙古科尔沁部之女,这也是长博穆博果尔 5 岁的福临最终被选中的重要原因。

清入关后,顺治帝想册立的太子皇四子,同样是诸皇子中身份最高者,乃仅次于皇后的皇贵妃董鄂氏所出,当时皇后孝惠后无子(此皇后一生也未生育子女),顺治帝也是将皇贵妃董鄂氏所生皇四子以嫡视之,乃至称之为"朕第一子",而几位庶出之皇子,虽年长,竟未能与其一同序齿,这也正是当时清帝也可以说是满族较强的嫡庶之分观念使然,庶出子身份远较嫡出低下,以致在宗室王公府中,直到四年后的顺治十八年,房婢所生的王公子女才被算作皇族宗室成员而登记入册。后来庶出的康熙帝所以能够继位,实在是因为顺治帝根本没有嫡出之子,尽管嫡庶观念较重的顺治帝对他的几个庶出的皇子并不满意,而且由于当时满族入主中原未久、国基不稳,这几个皇子均年纪幼小,不宜立为国主,顺治帝对此曾犹豫不决,但由于其母孝庄太后一再坚持从这几个皇子中选立,以巩固父死子继之制,避免以前的内争,顺治帝终下决心[1],选择了庶出的皇三子已出天花的玄烨继承帝位,即康熙帝。玄烨虽年幼,但辅以上三旗异姓大臣,以保障国家统治的稳固,同时也避免了旁支宗王辅政危及皇室皇位之虞,

---

[1] 据《汤若望传》所记,顺治帝临终曾提到一位年长的从兄弟。原因可能是顺治以诸子皆幼且庶出,当时入主中原未久,国基不稳,不宜立幼。这并不表明当时皇家未形成父死子继的传承制度。

这也是吸取以前多尔衮摄政而对皇位有潜在威胁的教训,以巩固父死子继制的重要措施。

(四)康熙朝皇位继承者的身份及此后皇位传承制的改变

康熙继位以后,立皇二子但身为嫡子的胤礽为皇太子,这既是满族重嫡轻庶观念在这位皇帝身上的延续,也是以前选嫡子继位之旧制的再次实行,而非汉化的结果。康熙后期,胤礽被废掉皇太子,皇子中再无嫡出者,在父死子继、皇储只在诸皇子中选择的制度下,诸庶出皇子当然地具有继承皇位的资格,这也是满族入关后迅速汉化、庶出者身份地位提高的结果,而较有希望的,又是康熙之妃级以上妻室所出且年较长的皇子,参预竞争者也正是这些皇子,如胤禔、胤祉、胤禛、胤禩、胤禵等人,而最终,是由德妃所出的皇子雍亲王胤禛继位,是为雍正帝。雍正之继位虽给后人留下疑点,但无论以上哪位皇子继位,其身份都是庶出,这是没有疑问的。康熙朝之选立太子,与以前不同之处,是将太子之立视为"国本",为保证皇帝不测而不发生国家变故的根本出发,而实行的中原王朝传统制度,因此再立太子时,康熙帝以其为国家根本大事而令朝臣也参与其事,这一以前未有的观念与做法,可视为是汉化的一种体现。

雍正继位后实行秘密立储,由于当时也无嫡子,所以庶出的皇四子弘历被秘立为储君,即后来的乾隆帝。乾隆继位后沿袭秘密立储法,最初,他深以自己及以前几帝(入关后)皆非皇后所出为憾,因而秘立的前两个目标均为皇后所生嫡子,但这两个嫡子永琏、永琮先后早折,至其六十多岁时,只好从诸庶出子中选择了皇贵妃(当时已无皇后,皇贵妃身份最高)所出之子永琰,即日后的嘉庆帝。再以下之道光帝、咸丰帝均为嫡出。还须说明的是,乾隆、嘉庆、道光等帝做皇子时,之所以被选为皇储,还有一个更重要的原因,是他们在诸皇子中才、德相对较优,这就是乾隆帝在解释这种做法时所说的:为国立储,不应拘泥"以长以贵之小节",而应择"贤",即"为天下万民择贤君而立之"。另外,乾隆还提出不拘嫡长的做法[1],其目的一是为有利于优选,二是保证立储的秘密性,因为

---

① 《国朝宫史续编》卷 11、卷 10,第 100—101、86—90 页,北京古籍出版社 1994 年版。

若拘于"嫡长",则因属嫡且长者,实际已是人所共知的某个人,虽实行秘密立储,也无秘密可言①。

此后,咸丰帝仅一子,虽庶出但别无选择,是为同治帝,同治帝无子,以旁支入继。

清朝从第二代皇帝皇太极以后,皇后大多无子,仅四人生子:康熙帝之孝诚皇后所生一子胤礽,被废幽禁。乾隆帝之孝贤皇后生二子永琏、永琮,皆夭折。嘉庆帝之孝淑皇后生一子绵宁,长成而立为太子,后继位为道光帝。道光帝的孝全皇后所生子奕詝继帝位(咸丰帝)。所以自皇太极以后,以皇后所出之嫡子身份继皇位者,只有道光帝、咸丰帝二人。但这决不表明满族皇家宗法无嫡庶之别,因为在父死子继的皇位继承制确立后,无嫡子或嫡子被废,也要由其他庶出皇子中选择。而中宫皇后只有一人,在医疗水平低下的古代,皇后生子不育或根本无出,毫不稀奇,更兼有其嫡子被废的情况,因而以皇后所出嫡子继位的概率并不大。这种情况在以前中原汉族王朝中也屡见不鲜,以西汉、东汉、唐、宋、明几个时间较长的王朝为例,从正史中统计,其继承皇位者,均是庶出者居多(包括非皇后所出的旁支入继,以小宗计为庶出,清代也将这种情况计入庶出),有的王朝占80%以上,如东汉。各朝继位之帝具体情况如下:西汉10帝(不计第一代开国皇帝,因其不属继位者。下同)嫡出者4人,庶出者6人②;东汉12帝,嫡出者仅2人,其余或为庶出,或为旁支入继③;唐朝18帝,8人嫡出,10人庶出④;两宋15帝,嫡出者6人,其余9人或为庶

① 详见拙文《也谈清代的秘密建储》,《求是学刊》1998年4期。
② 据《汉书》第1册第85、105、137、144、217、235、277、301、333、347页,第12册第3943、3946、3956—3957、3961—3962、3964—3967、4002页,中华书局标点本1962年版。并参照《西汉会要》第23—41页,上海人民出版社1976年版。
③ 《后汉书》第1册第95页、第2册第406页。第1册第129页、第2册第414页。第1册第165页、第2册第416页。第1册第195页、第2册第436—437页。第1册第203页。第2册第249、435—437页。第2册第275、439页。第2册第276—282、441页。第2册第287、441—442页。第2册第327、446、449、450页。中华书局标点本1965年版。
④ 《新唐书》第11册第3539、3470、3474—3475、3489—3490、3492、3499、3501、3502、3503、3504—3505、3506、3507、3505、3510、3510、3511、3512页,中华书局标点本1975年版。

出,或为旁支入继①;明朝自建文以后 14 帝,世宗以前 9 帝,多非皇后所出,穆宗以后 5 帝皆为庶出②。我们同样不能因此而认为当时汉族王朝的皇位继承制不实行嫡长制、不分嫡庶。

四、总结与余论

综合前述,得出本文以下几点认识。

(一)清初满族皇家的宗法,并非嫡庶不分,相反,其嫡庶之别却相当严格,且嫡庶等级差别较大,并因此而使家庭成员之间等级森严,高低相差悬殊。

清入关前,在汗位、皇位继承过程中发生的激烈斗争,绝不是无嫡庶之分的诸子之间的混争,而是嫡出者之间的竞争,庶出者根本没有这种资格。努尔哈赤嫡子较多,因而产生几次竞争事件。当时还经历着父传嫡子后,第二次再传承诸嫡子之间的兄终弟及向父死子继的演变过程,从历史上考察,这一转变过程,发生争斗是难免的,甚至可以说是必然的,只是矛盾的程度及解决的方式不同而已。满族皇家由于入关前还实行嫡出诸子的分封领旗制,各旗相对独立,受封之旗主及各该旗下宗王大臣均各有本旗相对独立的政治经济权益,而这种权益又与后金——清这一总体政权相联系,皇帝直属旗占优,因而使满族皇家这一转变中的争斗变得异常激烈。以上才是满族皇家皇位继承时发生争斗的根本原因及其真实表现。

汗或皇帝生前确立太子的做法,在清初前三帝努尔哈赤、皇太极、顺治帝时几次试行,因种种原因而未能实现,终于由继之者康熙帝实行。康熙皇帝册立皇太子,因嫡子只有胤礽一人,所以按照满族的立嫡旧制,这位嫡子理所当然地被立为皇太子。在此后的 30 多年

---

① 《宋史》第 1 册第 53 页。第 25 册第 8610 页。第 1 册第 175 页、第 25 册第 8616 页。第 2 册第 253—254 页、第 25 册第 8708 页。第 2 册第 263—264 页、第 25 册第 8625 页。第 25 册第 8631 页。第 25 册第 8638 页。第 25 册第 8640 页。第 3 册第 615—617 页、第 25 册第 8687 页。第 3 册第 693—694 页、第 25 册第 8651 页。第 25 册第 8654 页。第 3 册第 783—784 页。第 3 册第 891—892 页。第 3 册第 921 页。第 25 册第 8661 页。中华书局标点本 1985 年版。

② 赵翼《廿二史札记》卷 32《明正后所生太子》,下册第 752 页,中华书局 2001 年版。并参照《明史》本纪及"后妃传"。

中,尽管康熙帝皇子众多,也未发生诸庶出皇子与嫡子相争的现象。由于满族传统的"重嫡"共识和观念,也不可能发生其他皇子的以庶争嫡现象。康熙朝的储位之争,是发生在废太子之后,由于当时已无嫡子,众庶出子便有了继承皇位的资格,因而出现诸庶子间的竞储之争。这也是满族皇家严格的嫡庶之分在汉化影响下庶出皇子身份地位迅速提高的结果,而绝不是嫡庶不分,庶出子也可与嫡子竞争,只要嫡子未被废或存在,庶出子就没有被立为太子的希望,庶出的皇长子允禔竟想杀害嫡子胤礽以取得继承资格,也从一个侧面反映了当时这种嫡庶之分的状况。

清入关后嫡出继位者少,与两汉、唐、两宋、明等朝多为庶出者继位一样,都是在无嫡或嫡废情况下的立庶,并不表明无嫡庶之分。

(二)中国古代,嫡庶之分的宗法制度是普遍存在的,它产生于男姓父家长制的一夫多妻妾家庭,而嫡庶之间等级之森严,差距之悬殊,又是由当时社会文明程度之低下决定的,妾婢、房婢所生之庶子,在家庭中的地位不啻奴仆。以后,随着社会文明程度的进化发展,嫡庶间的等级差距也逐渐缩小,至近现代社会而消失。

满族皇家嫡庶差别由悬殊、区分严格而向差别缩小方向发展的事实也说明了这点,其间虽有汉化影响因素,实际上,即使没有这种影响,其自身也会发生这种进化性变化,只不过没有经受汉化迅速而已。汉族同样经历过这种变化,先秦尤其是商周社会文明程度较低的时期,庶生子的地位也极为低下,至秦汉之时仍然如此,以至"正嫡之与庶孽,进取之途大有殊异也,以财产论亦然"[①]。唐宋以后,庶出子的权益才有法定性的提高[②]。认识这一发展规律,对了解、把握古代家庭在不同历史阶段之等级结构、成员身份差别、人际关系的特点等等不无意义。

在众多的诸子中仅确定正妻所出嫡子继承,不但是家族家庭成员财产、权力等级性分配的一种形式,也是古代具有家族私有性政权最高主掌者汗、王位传承时,减少、避免内乱的客观需要。前述各少

---

① 吕思勉《吕思勉读史札记》乙帙"嫡庶之别",第558页,上海古籍出版社1982年版。

② 参见邢铁《家产继承史论》第27—33页,云南大学出版社2000年版。

数民族政权汗位、皇位均仅由嫡子继承的史实,就充分说明了这点,尤其是满族后金——清皇家爱新觉罗皇族,其《玉牒》所反映的清入关前皇家诸多儿子中严格的嫡庶之分,以及汗位、旗主只传嫡子的情况更为详实。由此也可推测,同样处于领主分封时代的商朝,也应是这种状况。近人胡厚宣先生已提及这点,此后先秦史专家王玉哲先生更进一步论述商人"有嫡庶之别",指出王国维谓"商人无嫡庶之别"是不对的①。本文通过综合前述各少数民族这方面的情况,而得出这一阶段嫡庶之分、传嫡之必须的看法,倘若还有些道理,也可作为前辈先生关于商朝宗法"有嫡庶之别、王位传嫡"观点的一点参考性比证。

(三)王位、汗位、皇位之传承,由兄终弟及向父死子继的转变并最终确立,也应是一种规律。第一代开国者,将其创建的家族性政权及其主掌权位作为私产传与嫡子,诸嫡子视为共有,嫡出兄弟按长幼之序承接,而出现兄终弟及之制。得王位、汗位者因传于己子之私欲的驱使,与传弟产生矛盾,情况各异,且有反复,最终取代"弟及"之制,确立父死子继。前述各少数民族都经历过这一变化。中原汉族王朝,早就完成了这一变化,商代后期确立了父死子继。受其影响,周朝自第三代王周公旦继位后,不仅仿行此制,而且将其系统化,分出大宗、小宗,周王之位由大宗嫡长本支世代传承。此后春秋战国乃至秦以后各汉族王朝沿袭不改。

兄终弟及与父死子继二制相混用之时,具有接替者资格的既有弟,也有子,内乱的可能性相对较大。父死子继,又以嫡长为原则,范围相对明确缩小,减少了皇位传承之际可能发生的内乱。但去此弊又生彼弊,即不利于皇储的优选,即使嫡长子弱智、品质恶劣、稚幼,原则上也确定该人。这种选择对中国古代王朝朝政乃至整个国家的消极影响,也是屡见不鲜的。也正因此,满族皇家实行的秘密立储制度,选储不拘嫡长,有利于优选(相对之优),体现了她的某种值得肯定的优越性。

古代传统的皇家嫡长制,根本上而言是家族权益传承的需要,因而进一步还可以说,王朝时期国家所确定的宗人等级性之宗法,是源

---

① 王玉哲《中华远古史》第 568 页,引王国维《殷周制度论》,《观堂集林》卷 10。

自国家产生以前民间的父系家长制的家庭宗法,此后,为和谐内部及有利于对付外部,这种宗法在家族、部族兼并、反兼并中发展、补充、系统、完善。此后,民间家族宗法也始终以其自身的需要而发展、变化,商周以后民间宗法与王家(皇家)宗法的异同,应是此后古代宗法研究的重要内容。

（此文原载《清史研究》2005 年 1 期,有修改）

清太宗出身考

清太宗皇太极究竟是嫡出还是庶出,由于尚无专门研究,迄今仍是个疑案。《清实录》中,皇太极的生母被称为皇后也即嫡妻,实录是皇太极继位后所修,继帝位者追尊生母为皇后乃是惯例,这是母以子贵,不能作为其嫡出的依据。人们怀疑皇太极得位不正,进而怀疑他并非嫡子。近现代一些学者认为皇太极应是庶出即妾生子,其生母身份是非正室之妾,如二十世纪三四十年代由美国学者恒慕义主编的《清代名人传略》即明确称:"1636 年皇太极成为名副其实的皇帝,并采取许多项汉族制度之后,却追尊生前地位本来是妾的生母为孝慈皇后。"①

皇太极之出身,关系到他的继位,是影响当时清政权政治的重要问题。另外,皇太极是众人推举之汗,如果他是庶出,将表明满族宗法无嫡庶差别,庶出者也可继承汗位。满族宗法是否如此?还有一种观点,认为皇太极乃是夺多尔衮之储位。按多尔衮是嫡子,如果皇太极是庶出,而且是夺位,那么他的继位将是明显的以庶夺嫡事件。究竟皇太极之继位是否以庶夺嫡?凡此,都涉及到他的出身。弄清皇太极是嫡出抑或庶出,关键在于考察他继位前其生母在努尔哈赤诸妻妾中的身份是否正室。

努尔哈赤共有十几个妻子,后世史家把这些妻妾分成几等。身

---

① 见该书《努尔哈赤传》上册第 50—51 页,青海人民出版社 1990 年版。

份最高者称"后"即正室。以下是妾，分为："侧妃"即侧室，"庶妃"即
另室之妾，还有妾婢。按照清太宗时所修《清太祖武皇帝实录》（以下
简称《武录》）的说法，努尔哈赤之"后"，即正室有四人：最早为佟佳
氏，《武录》称其为"先娶之后"，入关后重修之实录改称其为"先娶元
妃"，生子褚英、代善。佟佳氏大约在努尔哈赤二十七八岁时死去，入
继正室者为富察氏，名衮代，生子莽古尔泰、德格类。《武录》称她为
"继娶后"或"衮代皇后"，后修实录称其"继妃"。叶赫那拉氏，名孟古
（以下即以孟古称之），称"中宫皇后"，仅生一子皇太极。乌喇那拉
氏，名阿巴亥（以下称阿巴亥），《武录》称之为"继立之后"，后来改称
大妃，生子阿济格、多尔衮、多铎。以下之侧妃即侧室有伊尔根觉罗
氏，生子阿巴泰。再以下之庶妃多人，生子阿拜等。

入关前，满族语中本无后、皇后这一称谓，对照与《武录》同时成
文的《满洲实录》的满文，可知称"后"者，佟佳氏称 neneme gaiha
fujin（罗马字母标满文音，下同），为"先娶之福晋"。福晋，贵夫人之
义。富察氏称 jai gaiha anggasi fujin，义为"第二个娶来的寡妇福晋"
（因其为再醮）。孟古称 dulimbai amba fujin，义为"中室大福晋"，与
前二人不同，福晋有加"大"之称。阿巴亥称为 amaga amba fujin，义
为"后来之大福晋"，也称大福晋，又称 tere amba fujin urihe manggi
······ sirame amba fujin obuha bihe[1]，其汉义是：在那个（中室）大福
晋死后，（太祖把阿巴亥）接续立为大福晋。按《满洲实录》的满文部
分，也是皇太极在位时修成的文字，其称孟古为"中室大福晋"是否为
史实仍难断定，但其所述孟古是在第二个福晋富察氏与最后的大福
晋阿巴亥之间，以及在她死后，努尔哈赤才又把阿巴亥"接续立为大
福晋"的记述，则为我们提供了一个线索，即在富察氏与阿巴亥之间，
应有一个正室人物。而且又明确说明，孟古是在富察氏之后为大福
晋，而阿巴亥又是在孟古死后才被继立为大福晋，接续的是孟古而不
是富察氏人继正室，所述之事有具体的人物、事件缘由、时间，言之凿
凿，有一定可信度，这使我们有可能沿着这个线索作进一步的考察。
再看以下史事：

① 《满洲实录》卷8，天命十一年八月十一日，第1册第416页上，中华书局1986年
影印本。

《满文老档》有这样一段记载:皇太极"斥责莽古尔泰曰:尔年幼时,汗父曾(将你)与我一体养育乎?(尔)并未授以产业,尔所衣食,均我所剩,得倚我为生。后因尔弑尔生母,邀功于父,汗父遂令附养于其末生子德格类家"①。又据实录载:"富察氏在太祖时获罪赐死。"②从以上两段记载可知,富察氏在其子莽古尔泰年幼时就已经失宠,被努尔哈赤从正室中分出另过,遭受冷遇,以致与其一起生活的孩子莽古尔泰连生活资料都不足。后来富察氏又被努尔哈赤赐死,为其子莽古尔泰所杀。究竟富察氏因为什么"获罪"于努尔哈赤,而被赶出正室乃至被赐死,现在已不得而知。而继之被扶正的,正应是孟古,所以其子皇太极才得父直接"养育",生活富足,幼年伙伴,童心相惜,对莽古尔泰还"每推食食之,解衣衣之"③,将衣食给未能得父一体养育的莽古尔泰。

岳托贝勒幼年的事迹也可说明这一时期孟古曾为正室的身份。据《八旗通志》初集卷136《岳托传》载:岳托,"太祖高皇帝深爱之,抚育宫中"。皇太极也说:岳托乃"我母自幼抚养之弟"④,自幼由"皇考太祖、皇妣太后抚养为子"⑤。岳托得努尔哈赤喜爱而被"抚养宫中",是与努尔哈赤同室生活,抚养他的是皇太极之母,说明当时皇太极之母与努尔哈赤同室而居,也即居于正室。按岳托生于1598年,而皇太极之母死于1603年,可知皇太极之母在这5年间及以前一段时间为正室。

《清太宗实录》卷1之首介绍皇太极,说他"七龄以后,太祖委以一切家政",7岁而"委以一切家政"虽属夸张赞誉之词,但却反映了当时皇太极和生母与努尔哈赤同室生活,因而才常让他办一些小孩子力所能及的事。皇太极7岁以后至其母1603年死前,正是7—12岁之时(虚岁,下同),前文皇太极所述他以衣食给莽古尔泰,也应在这段时期内,皇太极七八岁时,莽古尔泰十二三岁。而被皇太极生母自小抚养的岳托,这一时期为1—6岁。上述几方面与孟古入为正室的有关事件,在时间上都可吻合,合于事理。

---

① 《满文老档》下册第1138、1564页,中华书局汉译本1990年版。

② 《清世祖实录》卷3,顺治元年二月戊子。

③ 《清太宗实录》卷9,天聪五年八月甲寅。

④ 《满文老档》下册,第1138、1564页。

⑤ 《清太宗实录》卷64,崇德八年三月丙申。

孟古取得正室的地位,与其出身门第及本人的姿质也有一定关系。她是叶赫部女真首领杨吉努贝勒之女,叶赫部是海西女真四大部之一,努尔哈赤的建州部女真与叶赫部既有矛盾又互相利用,努尔哈赤向杨吉努求女为婚,杨吉努许以幼女孟古。万历十六年(1588),继为叶赫部首领的杨吉努之子纳林布禄贝勒亲自送胞妹孟古与努尔哈赤完婚。由于当时富察氏正为努尔哈赤正室,所以孟古只能是侧室。《清太祖武皇帝实录》评述孟古"面如满月,丰姿妍丽,器量宽宏,端重恭俭,聪颖柔顺,见逢迎而心不喜,闻恶言而色不变,口无恶言,耳无妄听,不悦委曲谗佞辈"。这种评述虽有虚誉成分,但并非毫无根据的虚构,当在一定程度上反映了孟古是位品貌俱佳的女子,因而甚得努尔哈赤欢心,被努尔哈赤称作"爱妻",感情颇笃,以致她死时,"太祖爱不能舍,将四婢殉之,宰牛马各一百致祭,斋戒月余,日夜思慕痛泣不已,将灵停于院内,三载方葬于念木山"[①]。在一夫多妻的大家庭中,众妻的嫡庶之分应有三个因素:一,出身,即母家门第的高低;二,受丈夫的宠爱程度;三,来嫁之先后。孟古嫁努尔哈赤虽在富察氏之后,但其他条件都优于富察氏,富察氏之父莽塞杜诸祜无贝勒名号,非贵族。笔者估计,当是由于富察氏失宠与努尔哈赤闹矛盾、关系破裂而被驱出正室,出身较高而且受宠之孟古得以由侧扶正。

后来努尔哈赤为后金汗迁葬孟古时对她的礼仪待遇,也很能说明她的身份地位。《满洲实录》卷 7 的满文部分有如下一段记载,文字直朴,比汉文更真实具体地反映了当时情况:

Taidzu genggiyen han i mafa ama i giran be fulgiyan kiyoo、Taidzu genggiyen han i dulimbai amba fujin i giran be suwayan、Taidzu i amji lidun baturu i giran······ be fulgiyan kiyoo tukiyefi gajime······ han i beye beise ambasa coohai niyalma gemu amba jugnn i dalbade mehume niyaknrafi mafari giran amba fuiin i giran be tukiyehe kiyoo dulek manggi iliha ······Taidzu i gaiha gundai fujin i giran、jui argatu tumen beilei giran be emgi gajiha.[②]

① 《清太祖武皇帝实录》卷 2,癸卯年九月。
② 《满洲实录》卷 7,天命九年四月,第 1 册第 368—370 页,中华书局 1986 年影印本。

这是天命九年四月后金汗努尔哈赤将祖陵由赫图阿拉迁往新都辽阳的记录,上录满文直译成汉文是:

抬太祖英明汗之祖、父的尸为红(幕)舆轿、太祖英明汗之中室(正室)大福晋的尸为黄(幕)舆轿、太祖伯父礼敦巴图鲁……(等)的尸为红(幕)舆轿……汗亲自与众贝勒、大臣、军人一同俯身跪于大道之旁,俟抬祖考尸、大福晋尸的舆轿过去了,然后起立……太祖所娶之衮代福晋的尸、儿子阿尔哈图土门贝勒的尸也一起取来。

文中所说的"中室(正室)大福晋"正是皇太极的生母孟古,因为前述《满洲实录》称孟古就是用的这一称谓,前后是一致的。而另一个称大福晋的阿巴亥,该时还健在,另两个正室,佟佳氏从未以大福晋称之,获罪赐死之富察氏,其尸舆轿,是与同因获罪处死的努尔哈赤长子褚英尸舆之迁来在一起单另叙述。

这段记录有两点值得注意:一,抬孟古之尸的舆轿是用"黄幕",其他人之尸舆轿都是用"红幕";二,迎抬尸舆轿时的礼仪。在迎努尔哈赤祖考之尸舆轿、其大福晋孟古之尸舆轿时,是努尔哈赤与众贝勒、大臣、军人们跪伏于道旁,等其过去后便都起立了,对以下诸人之尸的舆轿,是以立而不是跪的礼仪相迎。按满族礼制,黄是高于红的等级之色,如以黄旗做汗或皇帝所领之旗;皇族中身份高的宗室系黄带子,等而下之的觉罗系红带子等。抬孟古之尸的舆轿用黄幕,以及孟古与汗之皇祖、皇考三人享有受众人跪伏的礼仪,都表明孟古作为天命汗努尔哈赤之正室大福晋的异常尊贵的地位。《满洲实录》之文虽出自皇太极在位之时的史官之手,但由于是成于众人,其主修者有刚林、希福、罗绣锦,还有"共同纂修之满、蒙、汉笔帖式"[①]多人,前引之文所述之事,又有具体的时间、地点、众多当事人、事件详情,不会是某个纂修者阿从皇太极之意而私下所作的编造。尤其是纂修时间是在天聪后期至崇德元年间,与所述之事的天命九年相隔仅十年左

① 见《满文老档》下册第 1698 页,崇德元年十一月十五日。该日之文还记所进呈的实录是"以满、蒙、汉三体文字编译成书"。又据陈捷先教授研究,比较《清太祖武皇帝实录》的满文本与《满州实录》的满文部分"内容相同,仅有文字上的小差异,几乎可以说两书是同一著作"(见陈捷先《满文清实录研究》第 92 页,大化书局 1978 年版。《满学研究》第一辑第 161 页介绍,吉林文史出版社 1992 年版),据此,今所见之《满洲实录》之满文部分,当即源于崇德元年十一月十五日所进实录的满文体实录,是它的再录。

右，所记之事中的如黄、红幕舆轿、跪伏而迎，都是非常引人注目、令人注意的，这些情节之有无、情节如何，人们都会有比较深刻的印象，所记事件之当事人——众贝勒、大臣中的很多人，如代善、岳托、萨哈连、杜度、德格类、多尔衮三兄弟、济尔哈朗等十几个皇家贝勒，及更多的包括纂修官们在内的众大臣等又都还在，主修者刚林就是代善、萨哈连的私属之人，更无法把无中生有之事捏造在孟古身上，编造众贝勒、大臣乃至汗努尔哈赤都向孟古的尸轿跪伏。可以说，这段史事，反映了孟古曾为正室大福晋，《满洲实录》称其为中室大福晋也即嫡妻，并非皇太极继位后其母以子贵的追尊之称，而是孟古在努尔哈赤时期的真实身份地位。

综上考察可以认为，努尔哈赤时期的皇太极，凭借的是"子以母贵"，因其生母叶赫那拉氏孟古之嫡妻身份而为嫡子，因而才得以与其他嫡子如代善、莽古尔泰、阿济格等一样被封为旗主，为正白旗主，领正白全旗的牛录属人。如果孟古是侧室，那么皇太极也将与努尔哈赤侧室所生子阿巴泰一样，仅分 6 个牛录，相当于整旗牛录的 1/4—1/5，更不可能封为旗主。皇太极与代善、阿敏（舒尔哈齐嫡子，为嫡室富察氏所出）、莽古尔泰一起被封为汗之下地位最高的大贝勒，也是凭借其嫡出之子的身份。以后他被推举为汗，也当然地是以嫡子身份继位，这与满族之重嫡、严嫡庶之分的宗法也是一致的。他的继位，也不存在以庶出而夺嫡的问题，因为努尔哈赤生前并未立嫡子多尔衮为储，这一问题，笔者已作专文考察，此处就不再赘言了①。

（此文原载《史学月刊》1998 年 5 期，有修改）

---

① 可参见拙文《清太宗嗣位与大妃殉葬及相关问题考辨》，《清史研究》1997 年 3 期。

清太宗嗣位与大妃殉葬及相关问题考辨

皇太极之继位、努尔哈赤大妃之殉葬，至今仍被清史学界不少学者视为疑案。这两件事又都涉及皇太极帝系与多尔衮三兄弟之关系，因而不可避免又使人联想到皇太极死后帝位在皇太极之子与多尔衮之间的争夺，以及多尔衮对皇太极之子豪格、帝系旗人官员的打击。这些事件对当时政治影响较大，有必要对其历史真相作进一步深入考察。

一、皇太极得位之分析

天命十一年(1626)八月，努尔哈赤故去，后金国汗的桂冠最终落在了皇太极头上。由于皇太极并非以储位的身份自然继位，而且有努尔哈赤欲传位他人的说法，因而其得位引起猜疑。现在研究皇太极嗣位问题有两种观点，一是认为皇太极是通过正常推举而继位；一是认为皇太极得位不正，因朝鲜方面有传闻，努尔哈赤想传位多尔衮，因多尔衮年幼，代善"以为嫌迫"而拥立皇太极继位。后来多尔衮摄政时也曾经说过："太宗文皇帝之即位原系夺立。"①本文持前一种观点，现将自己的分析阐述如下：

第一，努尔哈赤晚年并未立多尔衮为汗位继承人。自天命七年

① 《清世祖实录》，总第 3 册第 422 页下，中华书局 1985 年影印本。

三月努尔哈赤宣布将来实行八和硕贝勒共治国政制、未来之汗由八旗旗主诸贝勒共同推举任免后，直至其去世的天命十一年，一直是为这一制度的过渡而做准备工作。如天命八年(1623)正月传谕八旗设八大臣以辅佐八和硕贝勒①，天命十年(1625)三月，训谕诸贝勒长幼兄弟之间要和睦孝悌，以免将来互相争斗，犯上作乱②。这一时期，努尔哈赤还有意识地让诸贝勒共理国政，有时甚至自己"不与国事"而坐观，进行身后八王共治的演习和试行，因而《满文老档》中在天命八年以后多次出现"诸贝勒"处理政务、共同下达命令、八旗共同进行主持外务活动的记录③，以致喀尔喀蒙古给后金的公文，都是上书给"汗、八贝勒"④。天命十一年六月二十四日，即努尔哈赤死前一个多月，还制订了八王共治制下财物"八家均分"的制度，并强调诸贝勒"有德政者方可为君为王，否则君王何以称也？……尔八固山(四大王、四小王)继我之后，亦如是严法度"，言毕"书训词与诸王"⑤。努尔哈赤死前一个多月的这道长达七百多字的训谕，明显仍是按照其八和硕贝勒也即八王共治制的规划在告诫八旗旗主，他训谕的对象是"尔八固山(四大王、四小王)"，训诫的内容是要求他们众人"继我之后"如何如何，其中包括将来为君者，应是"有德政"之人，是对其身后共推为君者的标准要求。正因为他始终坚持天命七年(1622)所决定的八王共治、共推君主的既定方针，而且一直为此作安排，所以《清太祖武皇帝实录》又特别记述他"为国事、子孙，早有明训，临终遂不言及"⑥。因而，努尔哈赤生前不仅没有立某人为储的迹象，而且确实没有立储，否则，他七月二十三日"不豫"，八月十一日死去⑦，并非暴亡，是不可能在沉疴半个多月的期间不将所属意的接班人公诸于诸王，迅作后事安排的。所谓有意立多尔衮，不过是朝鲜人后来的猜

---

　　① 《清太祖武皇帝实录》，《清入关前史料选辑》第一辑第 375 页，中国人民大学出版社 1984 年版。

　　② 《清太祖武皇帝实录》，《清入关前史料选辑》第一辑第 383 页。

　　③ 《满文老档·太祖朝》第三分册第 32、89、92、96、101、149、187 页，辽宁大学历史系 1979 年刊本。

　　④ 《满文老档·太祖朝》第三分册第 151 页。

　　⑤ 《清太祖武皇帝实录》，《清入关前史料选辑》第一辑第 391—392 页。

　　⑥ 《清太祖武皇帝实录》，《清入关前史料选辑》第一辑第 393 页。

　　⑦ 《清太祖武皇帝实录》，《清入关前史料选辑》第一辑第 392 页。

测,后金本政权的任何人,包括皇太极继位后所打击的诸大小贝勒,从来也没有说过立过多尔衮,而皇太极不是按努尔哈赤遗训被推举为君的。所以朝鲜方面的这种猜测传闻不足为据。

其实,朝鲜方面还有关于努尔哈赤生前立代善,代善又让给皇太极,以及努尔哈赤未立皇太极,皇太极让于代善,代善联合岳托等六七人强拥皇太极继位等等传说。李鸿彬先生在其《皇太极继嗣的几个问题》一文中已经根据朝鲜史料对此作了详细罗列,请参阅①。联系朝鲜方面的这些传说较多,所传预立者也并非一人,所谓立多尔衮的传闻也就更不可信了。

从天命末年多尔衮自身的状况与其他贝勒比较,也可看出他被立为将来之汗的条件也不充分。多尔衮在努尔哈赤生前的身份地位并不高,他并非旗主,在其同母三兄弟中,阿济格、多铎都被其父安排为旗主,唯独多尔衮不是,他不过是兄长阿济格旗下的掌有半旗牛录的贝勒,多尔衮成为旗主是在皇太极继位后的天聪二年(1628),如果说努尔哈赤预定了嗣统者,也不会是多尔衮,因为他不可能弃八个旗主而不选,却立一个仅掌半旗的一般贝勒,而且当时多尔衮年仅15虚岁,将来在八和硕贝勒共治国政的体制下,一个掌半旗的一般少年贝勒,能否驾驭包括四大贝勒在内的八个旗主、顺利行使汗权,这是努尔哈赤不能不考虑的。

还有,如果认为努尔哈赤生前已立多尔衮,是皇太极夺了多尔衮的位,或者是众人拥立皇太极,而排挤了多尔衮,那就等于说努尔哈赤临终前又推翻了自己规划了四五年的身后计划而立储,而八旗诸贝勒又意向一致毫无分歧地推翻了努尔哈赤临终所立的储君多尔衮或者其他某人,这无论从事理还是从当时的史实看,都是说不通的。

至于多尔衮所说的皇太极之即汗位"原系夺立",这句话也未言努尔哈赤曾立他多尔衮或其他人为储,皇太极是从他或别人手中夺取储位而立的。"夺"也可作"抢夺"、"争夺"解,本来努尔哈赤死后,八王争立为汗,每个人都可以说是争抢,只不过由于岳托、萨哈廉说服代善倡立皇太极,皇太极得以抢先一步捷足先登,争得汗位。而皇太极又不是努尔哈赤指定人,多尔衮等人对此当然不无嫉妒。而且

---

① 李鸿彬《皇太极继嗣的几个问题》,《历史档案》1981年3期。

极有可能在努尔哈赤临终前,皇太极与岳托就有过密谋,因为努尔哈赤八月初七日已病重,十一日下午未时死于云爱鸡堡,群臣将其灵柩抬至沈阳宫中已是"夜初更"①,随后岳托联合萨哈廉连夜动员代善立皇太极,因而"翼日"即第二天,又是在清晨"卯"时以后②,以代善为首包括皇太极在内的大贝勒便召集诸贝勒会议,由代善提议立皇太极为汗。虽曰国不可一日无君,但这种迫不及待的做法,不免有抢夺之嫌,令其他欲得汗位之人措手不及,所以多尔衮所说,也可能是指的他们的这种做法。

第二,从天命朝的宗入关系及个人素质看皇太极之继位。皇太极之继位,确实是诸贝勒按照努尔哈赤的遗训,经过众人推举最后确立的,"清实录"言之凿凿,记录详细,非后人之编造。具体情况是,岳托、萨哈廉商议立皇太极,说服代善同意后,第二天清晨由代善在众人会议上提名,最后获得通过。

岳托等人为皇太极主动谋求,且说服代善抢先提名,占得先机,为推举皇太极创造了十分有利的条件,但其最终得以继统还不仅仅由于他们的这一活动,而是有更多的有利因素作依托。这就是皇太极在努尔哈赤时期的宗人关系、个人素质以及他在这些方面所具有的优势。

皇太极曾是努尔哈赤的"爱子",他所以受到乃父的喜爱,一是由于其生母叶赫那拉氏得努尔哈赤专宠,在继妃富察氏失宠后入居正室,成为嫡妻,皇太极也自然成为努尔哈赤膝下爱子;二是他本人聪慧。《清太宗实录》卷一记述他幼年时"太祖钟爱焉,甫三龄,颖悟过人。七龄以后,太祖委以一切家政,不烦指示,即能赞理,巨细悉当。及长,益加器重"。"实录"所述虽为溢美之词,但不会是毫无根据的编造,其因聪颖而得乃父喜欢,当一定程度上反映了实际。

皇太极与岳托、萨哈廉、济尔哈朗、斋桑古、德格类等几个小贝勒的关系也很好。四大贝勒中,皇太极的年龄最小,与诸小贝勒易于接近,他的才能也为诸小贝勒敬佩,再加上皇太极在后金中的显赫地位

---

① 《清太祖武皇帝实录》,《清入关前史料选辑》第一辑第 392 页,中国人民大学出版社 1984 年版。

② 《清太宗实录》卷 1,天命十一年八月。

及努尔哈赤对他的钟爱与青睐，因而成为这些人追随的对象。这些人中，与皇太极关系最密切的是岳托、济尔哈朗、德格类三人，皇太极与这三人的密切关系一直维持到其为汗的天聪朝，当时的贝勒萨哈廉曾说："汗待尔济尔哈朗、岳托、德格类等，过于己子，细心恩养，迥异众人。"[①]而济尔哈朗则始终是皇太极的忠实追随者。

皇太极与岳托、济尔哈朗在幼年时便结成了朝夕相处的伙伴友谊。岳托深得祖父努尔哈赤喜爱，幼小"抚育宫中"。当时宫中得努尔哈赤专宠的是皇太极的母亲叶赫那拉氏，岳托因而依偎在叶赫那拉氏膝下，得其抚育。皇太极曾说：岳托乃"我母自幼抚养之弟"[②]，自幼由"皇考太祖、皇妣太后抚养为子，朕亦视之如弟"[③]。皇太极长岳托6岁，他在12岁那年丧母，所以岳托大约是在3—6岁时与9—12岁时期的皇太极整日生活在一起，叶赫那拉氏对他有幼小养育之恩，这段生活也使他与皇太极结下了深厚友情。济尔哈朗小岳托1岁，他也曾"幼育于太祖宫中"[④]，从其年龄来看，很有可能是与岳托一起，得皇太极之母的抚育。当然具体照料这两个孩子的不会是叶赫那拉氏，而是她身边的女仆包衣。

皇太极12岁丧母后，与岳托、济尔哈朗同炕而眠、同桌而食、朝夕相伴的童年生活也随之结束，因不久乌喇那拉氏就被扶正而成大妃，入居努尔哈赤正室。如果说岳托等人与皇太极在这一阶段尚属自然质朴的童年伙伴之交的话，那么天命以后，他们关系的进一步发展，则有政治利害因素在内了。天命元年（1616），皇太极与代善、阿敏、莽古尔泰同被封为和硕大贝勒，在后金政权中是颇有权势的人物。在四大贝勒中，唯有他可称得上是文武双全的英才。天命五年（1620）代善被废掉太子之后[⑤]，皇太极在众人心目中已被视为储位的最佳人选，这一点连当时在后金的朝鲜人也已非常清楚[⑥]。岳托、

---

① 《清初内国史院满文档案译编》（上）第213页，光明日报出版社1989年版。
② 《满文老档》下册第1564—1565页，中华书局1990年汉译本。
③ 《清太宗实录》卷64，崇德八年五月丙申。并见卷47，崇德四年六月戊子。
④ 《八旗通志》初集卷130《郑亲王济尔哈朗传》。
⑤ 见前引李鸿彬文，及周远廉《太子之废》，《社会科学辑刊》1986年1期。
⑥ 王锺翰辑录《朝鲜〈李朝实录〉中的女真史料选编》第284页，辽宁大学历史系1979年刊本。

济尔哈朗等人对此也当然十分明了。岳托父代善曾是两红旗主,权势最大,但对岳托并不亲近,分家时,代善听信继室谗言,将次劣诸申分给元配前妻所生之子岳托、硕托①。在这种情况下,作为小贝勒的岳托进一步依附声望颇著的皇太极。济尔哈朗与德格类的情况有些相似,他们的兄长阿敏、莽古尔泰与努尔哈赤的关系都不十分融洽。阿敏性情残暴②,济尔哈朗对他不满,一直与其貌合神离。德格类与兄长莽古尔泰虽同母所生,但性格不同,不像莽古尔泰那样鲁莽,是个有些心计的人,对莽古尔泰的言行很有些看法。努尔哈赤对莽古尔泰的疏远态度,对他与莽古尔泰的关系也不无影响。所以济尔哈朗、德格类也同岳托一样,对人缘、声望都好的大贝勒皇太极跟得较紧。天命年间,这四个人已形成一个宗派小团体,尤其是在代善被废太子之后,皇太极引人注目,诸小贝勒竞相攀附,互相往来频繁,这一宗派更为明显。天命七年(1622)三月,努尔哈赤明确宣布不再立太子,而由八旗旗主及诸贝勒共同推举汗,这一宗派集团仍然存在。如前所述,他们与皇太极结为密友,既有幼年时的交情,又因成年后各自家庭关系的不协调,因而靠拢与接近皇太极,并非单单看中了皇太极有可能成为未来的后金国汗。他们的这种宗派关系与势力曾引起努尔哈赤的注意,对这四个人进行过严厉警告,予以处罚③。但努尔哈赤的惩戒并未能使他们已结成的密近关系离散。

按照"实录"所记,天命十一年(1626)八月十二日议立新汗的会议成员,有如下诸人:代善、阿敏、莽古尔泰、皇太极、阿巴泰、德格类、济尔哈朗、阿济格、多尔衮、多铎、杜度、岳托、硕托、萨哈廉、豪格等15人。这15人,按宗支关系大致可划分为五个系统,即代善、岳托、硕托、萨哈廉、杜度一系;阿敏、济尔哈朗一系;莽古尔泰、德格类一系;皇太极、豪格一系,阿巴泰与豪格同旗,也可划入此系;阿济格、多尔衮、多铎一系。

同一宗系具有较密近的血亲关系,由此有可能结成一致的利害关系,根据这种分析,阿济格三兄弟一系应是一支竞争汗位不可忽视

---

① 《满文老档·太祖朝》第一分册第118页,辽宁大学历史系1978年刊本。

② 《满文老档·太祖朝》第一分册第117页。

③ 《满文老档》上册第507页,中华书局汉译本1990年版。

的力量,其不利因素是年岁较小,最小的多铎年仅 13 虚岁,他们的军政实践经验很少,难当重任。阿济格虽已 22 岁,但此人有勇无谋,性格粗暴,很难入选。

其他各系中较有资格的是各该系具有父亲或兄长身份的代善、阿敏、莽古尔泰、皇太极四人,而他们的子弟,按当时较严格的尊卑长幼之别的宗法观念,在入选汗位的问题上不能不退居其父兄之后。以上四人也正是凭借他们的嫡出身份及这种宗法制度得以领旗并封为大贝勒,地位最高。而且在天命朝后期曾轮流掌理后金行政事务,在政治经验与阅历上也优于其他贝勒。因而从身份地位及行政经验方面而言,这四人在竞争汗位上具有其他人无法比拟的优越条件。

四大贝勒中,阿敏属于汗室旁支,而且与努尔哈赤发生过严重的矛盾冲突,在决定汗位人选的成员中,努尔哈赤子孙又占有绝对优势,所以阿敏根本不可能入选,他的上述优越条件在竞争汗位上可以说没有意义。莽古尔泰在行政能力、战功方面,比起代善、皇太极并无突出之处,勇有余而谋略不足,宗人关系上则更不及后者,不会获得多少人的拥戴。代善一系成员较多,子侄 4 人,加上代善本人共 5 人,占 15 个成员的三分之一。代善的宽柔性格及行政处事也曾赢得不少人的好感,而且战功颇著。但天命五年(1620)九月他被努尔哈赤废掉太子,不能不对他以后的汗位入选上带来十分不利的影响。而皇太极在后金诸贝勒中可称得上是文武双全,而且人际关系较好。曾在后金有过一段经历的朝鲜人李民寏评论诸贝勒,对皇太极的评价是"勇力绝伦,颇有战功,所领将卒皆精锐","胡将中唯红歹是(皇太极)仅识字云"①。其文韬武略,在四大贝勒中当属首屈一指。更重要的是有追随他的一帮小贝勒。前文已述,岳托、济尔哈朗、德格类与他已形成关系紧密的小集团,萨哈廉与他的关系也不错②。豪格是皇太极之子,当然更是他的忠实拥护者。汗位的竞争,从某种意义上说,是几大宗支各自成员所形成之拥护势力的较量,值得注意的是,在四大宗支中,都有皇太极的支持者:代善一系的代善、岳托、萨

---

① 李民寏《建州闻见录》第 45 页(并见第 44 页),辽宁大学历史系 1978 年刊本。

② 此前,冈田英弘《清太宗继位考实》一文,已对皇太极与岳托等几个小贝勒之形成党羽以及岳托、萨哈廉对皇太极之被推选为汗的关系,已有过说明,特志。该文载(台北)《故宫文献》第 3 卷 2 期(1972 年)。

哈廉，阿敏一系的济尔哈朗，莽古尔泰一系的德格类，本系的豪格。皇太极的这种宗人关系，无形中削弱了其他宗支的竞争力，而使自己在几大宗系中处于相当有利的优势地位。尤其是岳托、萨哈廉倾向于他并争取了代善，更有着关键意义。岳托与其父代善的关系并不十分融洽，在代善与皇太极二者之中，他宁愿选择了皇太极。代善虽然与皇太极不无矛盾，但大约是考虑到自己曾被汗父废黜，而且两个儿子已倒向皇太极一边，竞争不过皇太极，因而在岳托、萨哈廉的说服之下，索性顺水推舟。从后来帝室本支对代善一系的政治待遇来看，代善此举也不能说是不明智。代善一系中的主要代表人物推举皇太极，更使皇太极与阿敏、莽古尔泰或阿济格三兄弟中的某人相比，在拥戴力量上具有了绝对的优势。在议立新汗的 15 个成员中，有 7 人属于皇太极一派，其他任何人也不具备这种优势条件。其他 8 人中，阿巴泰、硕托有可能属于中立派。阿敏、莽古尔泰、杜度及阿济格、多尔衮、多铎三兄弟即使有不同意皇太极为汗者，也提不出在行政能力素质上优于皇太极的人选，更不可能获得如皇太极那么多的支持者，无法否决提议及拥护皇太极一派的意见。因而，皇太极之最终以推举的形式入继大统，也就是情理之中的事了。

二、大妃那拉氏殉葬问题辨析

据成书于崇德元年（1636）的《清太祖武皇帝实录》记载，大妃那拉氏（以下简称大妃）之殉葬，是因为努尔哈赤生前有此遗嘱，该书卷四之末记述大妃"饶丰姿，然心怀嫉妒，每致帝不悦，虽有机变，终为帝之明所制，留之恐后为国乱，预遗言于诸王曰：'俟吾终，必令殉之。'诸王以帝遗言告后（指大妃），后支吾不从。诸王曰：'先帝有令，虽欲不从不可得也。'后遂服礼衣，尽以珠宝饰之，哀谓诸王曰：'吾自十二岁事先帝，丰衣美食，已二十六年，吾不忍离，故相从于地下。吾二幼子多儿哄（多尔衮）、多躲（多铎），当恩养之。'诸王泣而对曰：'二幼弟吾等若不恩养，是忘父也，岂有不恩养之理？'于是，后于十二日辛亥辰时自尽"。《满洲实录》卷八之汉文部分所记与此基本相同。清初宗室内部矛盾尖锐，且有太祖遗言立多尔衮，后为皇太极夺立的传闻。以上所引之《清太祖武皇帝实录》又成书于皇太极在位之时，自然引起人们的怀疑。另外，上述《清太祖武皇帝实录》所说的"诸王以帝遗言告后,后支吾不从",又好像是诸贝勒"口传"遗旨,也很容易让人怀疑是这些贝勒们密谋后捏造遗言,口传矫诏,以致大妃怀疑,支吾不从。因而现在研究这段历史,不少人认为努尔哈赤并无遗言,大妃之死乃诸贝勒之逼死。诸家观点及所举理由也不尽相同,归纳起来有如下看法:(1)努尔哈赤曾欲立多尔衮,代善支持皇太极登极,为确保多尔衮之母不加反对,必须逼迫其自尽;(2)努尔哈赤并未确指继承人,但多尔衮三兄弟每人都被父汗任命掌管一旗,其他皇子担心,如三人联合起来,且有其母大妃支持,势力强大,因而四大贝勒逼大妃自尽;(3)努尔哈赤临终不将大妃为其殉葬之事告诉她,值得怀疑,因而是代善、皇太极等人强制其殉夫,并无遗命;(4)诸贝勒对多尔衮兄弟并无战功仅凭其母亲的尊贵身份而成旗主不满,对大妃反感;(5)努尔哈赤临死前召见大妃,很可能曾向她说过许多不利于诸贝勒的"遗命",因而诸贝勒将其逼死。也有学者如李鸿彬先生,相信"实录"的记载,主要理由是太祖朝《满文老档》记述,大妃曾与努尔哈赤次子代善关系暧昧,这件事不仅构成代善被废太子的重要原因,而且引起努尔哈赤对大妃的深恶痛绝,早有处死之心,所以到他临死前还不忘此恨,因而命大妃殉死[①]。这是一条较有说服力的论据。兹将《满文老档》所记摘录如下:

> (努尔哈赤小妻告发此事后)对此汗曰:"我曾言待我死后,将我诸幼子及大福晋(大妃)交与大阿哥(大贝勒代善)抚养,以有此言,故大福晋倾心于大贝勒,平白无故,一日遣人来往二三次矣。"每当诸贝勒大臣于汗屋聚筵会议时,大福晋即以金珠妆身献媚于大贝勒。诸贝勒大臣已知觉,皆欲报汗责之,又因惧怕大贝勒、大福晋,而弗敢上达。汗闻此言,不欲加罪其子大贝勒,乃以大福晋窃藏绸缎、金银财物甚多为词,定其罪……并以大福晋之罪示众曰:"该福晋奸诈虚伪,人之邪恶,彼皆有之,我以金珠妆饰尔头尔身,以人所未见之佳缎供尔服用,予以眷养,尔竟不爱汗夫,蒙我耳目,置我于一边,而勾引他人,不诛之者可乎?然念其恶而杀之,则我三子一女犹如我心,怎忍使伊悲伤耶?不杀之,则该福晋欺我之罪甚也!"又曰:"大福晋可不杀之,幼子患

---

① 李鸿彬《皇太极继嗣的几个问题》,《历史档案》1981 年 3 期。

病，令其照看。我将不与该福晋同居，将其休弃之。"①

需要说明的是，一，文中所提到的大福晋即大妃，并非继妃富察氏，而是努尔哈赤最后一位正室——大妃乌喇那拉氏。因为有一种说法，认为此大妃是富察氏。对此，陈作荣、姜相顺二先生分别有文作了考辨，从大妃的年龄、其三子及抚养之子为幼子，大妃所窃之物收藏于阿济格之家等方面，论证此大妃为乌喇那拉氏②。笔者在此再作两点补充：(1)富察氏在乌喇那拉氏嫁努尔哈赤之前就已失去正室身份，所以不可能在上段史料所述定罪之事的天命五年(1620)称大妃也即正室；(2)富察氏在努尔哈赤建后金前后，史籍中始终称为gundai fujin③，汉译为"衮代福晋"，无大福晋也即大妃之称，衮代是其名子。《满洲实录》的汉文部分及《清太祖武皇帝实录》所以写成"衮代皇后"，称之为"皇后"，是因为这种"实录"是为皇帝所修，依汉族王朝这种史籍体例，无论建元天命前后一直称努尔哈赤为"太祖"皇帝，故建元前的正室富察氏也相应地称为"皇后"。实际当时不可能是皇后，而且当时之事所记满文在其"福晋"号之前也无"大"字。这种汉文"皇后"之称并不是大妃之"后"，富察氏也未成为大妃。而乌喇那拉氏，则汉文始终称其为大妃，满文称其为 amba fujin④，即大福晋。二，大妃乌喇那拉氏被努尔哈赤休弃后，又在次年(1621)四月后金迁都辽阳后恢复大福晋称号。

笔者认为，努尔哈赤生前遗言大妃乌喇那拉氏殉葬的记载，具有真实性，其原因既是"留之恐后为国乱"，而且担心在新汗继位后，这位三十七岁且颇有"丰姿"的大妃再做出依附、勾引新汗的见不得人的事，有辱自己及皇家，因令之殉。

以下再对谋害逼殉说作如下分析。前文考析，努尔哈赤生前一直为身后实行八和硕贝勒共举新汗共治国政而准备，并未立多尔衮为嗣，朝鲜人之传闻不可信，所以所谓皇太极与代善等为取代多尔衮

① 《满文老档》上册第134—136页，中华书局汉译本1990年版。

② 陈作荣《〈满洲老档秘录〉金梁按语"大福金为富察氏辨"》，《东北师范大学学报》1981年第2期。《盛京皇宫》第159—161页，紫禁城出版社1987年版。

③ 《满洲实录》第1册第90、370页，中华书局影印本1986年版。

④ 《满文老档·太祖朝》第2册第532、894页，日本东洋文库本。并见上引《满洲实录》第1册第415、416页。

而谋汗位,因而逼死多尔衮之母的说法也不能成立。退一步说,即使有立多尔衮之遗言,而且连朝鲜人都已知道,害死大妃又有什么意义?多尔衮被立为嗣的事实抹煞得了吗?谁再谋得汗位不也是篡逆夺位吗?况且究竟谁被推举为汗还是个未知数,诸贝勒让大福晋殉死之事又是在推举汗之前①,害死大妃对每个人来说又有什么好处?

所谓诸贝勒担心大妃与三个儿子联合起来,势力强大,道理也不充分。首先应该纠正,多尔衮三兄弟是掌两旗,而不是每人掌一旗共领三旗。另外,八旗诸贝勒共举新汗,新汗不一定是谁,大妃尽管有太后身份,但不一定是新汗之生母,在后金八旗分立的特殊情况下,大妃极有可能只是旗主之母,也不会有什么权势,正因为如此,努尔哈赤才曾经打算把她托付给太子即未来之汗"抚养"关照。所以,除掉她对于削弱其三个儿子的势力并无多大意义。

再者,如果努尔哈赤没有遗言,所谓遗言是诸贝勒编造,那么,这种人命关天之事,受害者一家岂能轻易相信这种凭口所说的遗言,大妃长子已22岁且性格刚烈的阿济格,以及大妃之弟身任后金要职的国舅阿布泰竟然都毫无表示?前引《清太祖武皇帝实录》令大妃从殉的史料,及与此意思基本相同的《满洲实录》汉文部分,虽记述是口传努尔哈赤的遗言,但《满洲实录》与其对应的满文部分,却记录努尔哈赤曾有文字性遗诏,看来据此而译写的汉文部分及汉文《清太祖武皇帝实录》,未能全面反映当时的史事,特将满文摘录如下,以作分析:

Taidzu genggiyen han tere fujin i arbun be safi, amala bibuci gurun i doro de facuhun ojorahū seme han ini beye be uihe manggi urunakū dahabu seme doigunde bithe arafi beise de buhe bihe, geren beise taidzu genggiyen han i werihe bithei gisun i amba fujin de han ama fujin eniye be daha seme bihe seme, takūrara jakade amba fujin tere gisun de bi daharakū seme siltame gisureci, geren beise hendume eniye si maraha seme, be biburakū seme lashaame hendure jakade, fujin doroi etuku etufi aisin tana i beye be miyamifi, geren beisei baru songgome hendume：bi······ tereci amba fujin juwan juwe de sahūn ulgiyan inengi muduri erin de dahaha ①

这段话直译成汉文是：

太祖英明汗知悉那福晋的状况，说留下她恐怕不行，如果留下，以后将乱于国政，我死以后必令其从殉。预先是写了文书给了众贝勒的。众贝勒们以太祖英明汗遗书之言告诉大福晋：汗父是命母亲从殉来着。派其（使殉）的时候，大福晋若推辞，对那遗言（违反）说我不从殉，众贝勒在劝说时，母亲你说拒绝，我们按"不留"裁断。因为这样说，大福晋于是以礼服金珠妆扮其身，哭着向众贝勒说：我······随后，大福晋于十二日辛亥辰时从殉了。

从这段文字可知，努尔哈赤是预先有文字性的遗训令大福晋从殉的，从而排除了某人"口传矫诏"的疑点，而且该遗训是由努尔哈赤交给众贝勒，而不是某个人，众贝勒亲受遗书，证明该遗训不会是诸贝勒或其中的某个人伪造，正因为如此，大妃的三个儿子才无话说，没有什么表示，眼睁睁地看着母亲去死。众贝勒把先汗之言告诉大妃，大妃尽管不情愿，也只好从命。实录上的这段文字也不会是编造出来的，因为它叙述众贝勒都知道此事，不会把无中生有之事强加在众贝勒身上，否则透露出去，弄巧成拙，必遭质询。编造者及主谋者是不会如此拙劣的。应该说确有其事，才能那样写。

实录的那段记载大约是透露了出去，多尔衮便知道此事，因而在其摄政之时，才命其近臣曾参与纂修太祖实录的刚林②等纂改太祖实录，"削书其母殉葬时事"③。如果此事是编造，多尔衮以当时摄政王的权威，是一定会逼问出事情真相的，尤其是曾修太祖实录的刚林，当时唯多尔衮之命是从。看来多尔衮不仅没有怀疑实录的记录，而且不怀疑当时乃父令母从殉之遗书的真实性，否则的话，他必定在

---

① 《满洲实录》第1册第416—417页的满文部分，中华书局影印本1986年版。满文《清太祖武皇帝实录》与此相同。

② 刚林在天聪年间入值文馆，崇德元年文馆改内三院，刚林为国史院大学士，纂修实录是其职责，而这一时期又正是修太祖实录之时，故刚林应是太祖实录的纂修者。

③ 《清史列传》卷2《多尔衮传》，第1册第37页，中华书局标点本1987年版。

摄政时期追查此事，为其母辨冤，即使没有确切结果，起码也能引起人们对殉葬一事的怀疑，以及对其母子的同情，这对于巩固当时他的地位也是有好处的。他没有这样做，当是他一直认为乃父之遗训以及实录所记真实，因而只是令人将其母殉葬之事削去，以掩盖其母见恶于乃父以致令殉的不光彩之事。从前引满文史料还可以看出，努尔哈赤已料定大妃不会痛痛快快从殉，若事先告诉这种"奸巧"之人，必定把事情弄糟，因而既未告诉她，也未告诉其他任何人，以免透露，而是写成文字形式，临终之前交与众人，待其死后立即宣示执行。以他的手谕交与众人，也可使大妃及阿济格等人无可怀疑。而且努尔哈赤还告诉众人，或者是应众人之问而嘱示：若大妃拒绝从殉，应断然回绝。因而众贝勒才对大妃说：母亲你说拒绝，我们按"不留"裁断。所以，努尔哈赤既没有提前把殉葬之事告诉大妃，也不可能在临死前把什么不利于诸贝勒的遗命授予他所厌恶的"奸诈虚伪"的大妃。

通过对以上诸史事的分析，本文认为努尔哈赤遗命大妃从殉属实，皇太极或代善等人没有谋害大妃，所以，自皇太极继位以后，与其矛盾尖锐的宗室贝勒虽不乏其人，却没有出现关于殉葬之事对皇太极的微词，后金国中也没有什么怀疑性传闻。至今也未发现多尔衮三兄弟因其母殉葬而怀疑皇太极或其他人的蛛丝马迹，而较多的史实却表明，皇太极与多尔衮的关系比较友好。至于皇太极与多铎、阿济格的一些摩擦，以及后来多尔衮与帝支，主要是豪格的矛盾，都自有原因，与其母殉葬及皇太极之得位之事无关。

三、皇太极时期及顺治朝多尔衮三兄弟 与汗（皇帝）及帝系之关系

天聪二年（1628）二月，皇太极亲率大军征察哈尔蒙古之多罗特部，多尔衮与多铎二人从征，这也是兄弟二人初次出征。凯旋后，皇太极以"初次令两幼弟随征远国，克奏勤劳，克期奏凯，宜锡美号，以示褒嘉。于是赐贝勒多尔衮号为墨尔根戴青，多铎为额尔克楚虎尔"①。半个月后，又命多尔衮代兄长阿济格镶白旗固山贝勒任，成

① 《清太宗实录》卷4，天聪二年三月戊辰。

为该旗旗主。

皇太极继位初,有意压抑大贝勒,而笼络重用诸小贝勒,其中就有多尔衮。天聪五年(1631)七月所设六部,全部用一班小贝勒管部务,多尔衮被任命为六部之首的吏部管部贝勒。吏部负责中央各部及旗下官员的任免,职位至重,对中央集权及汗权的强化具有重要作用。以多尔衮担当此任,表明皇太极对他的看重。由于多尔衮尽心职守,对部务处理有方,受到皇太极的好评,称赞该部“办事妥协,不烦朕虑”①。多尔衮用兵讲究策略,且常常以计取胜,因而颇得皇太极赏识,多次被任为统兵之帅。尤其是天聪九年的收服察哈尔残部,并获元朝传国玉玺,崇德元年(1636)底、二年(1637)初征朝鲜,攻取朝鲜国王所避居的江华岛,多尔衮都立奇功。多尔衮由于睿智多谋,屡建奇功,行政策略与皇太极之意相合,君臣配合默契,颇得皇太极之青睐与眷顾,皇太极曾说多尔衮“举动皆合朕意”②。还对多尔衮说:“朕之加爱于尔,过于诸子弟,良马鲜衣美馔,赍予独厚。所以如此加恩者,盖以尔勤劳国政,恪遵朕命故也。”③多尔衮自己后来也说皇太极对他的“恩育”“特异于诸子弟”④。

崇德朝,皇太极已把多尔衮视为股肱之臣,多尔衮也由于皇太极的重用及其功绩,威望与地位不断提高,超越诸王贝勒之上,与郑亲王济尔哈朗一起,成为皇太极御座之下两个最有影响的朝臣。虽然在崇德六年(1641)围困锦州之时,多尔衮因部署兵力等问题,与皇太极的计划不相合,与豪格同被治罪,降为郡王,但松锦大捷后即以功复亲王。几个月后,皇太极因病不能理政,多尔衮又受命与郑亲王济尔哈朗、肃亲王豪格、武英郡王阿济格一起代理朝政。至皇太极逝世以前,多尔衮与皇太极基本上还保持着以前的那种关系。

多铎在皇太极继位时年方十三,此后还可以说是他的成长期,天聪九年(1635)后金攻明山西,为牵制明宁、锦之兵援助,多铎首次被任为领兵之帅攻明宁、锦一线,取得胜利,受到皇太极的褒奖。崇德元年(1636)四月,皇太极大封宗室,多铎以正白旗主且为努尔哈赤的

---

① 《清太宗实录》卷 16,天聪七年十月己巳。

② 《清太宗实录》卷 10,天聪五年十月丙戌。

③ 《清太宗实录》卷 55,崇德六年三月丁酉。

④ 《清世祖实录》卷 22,顺治二年十二月癸卯。

嫡出幼子而得封豫亲王。六月,又命其管礼部事,接替刚逝世的萨哈廉;兵部贝勒岳托死后,多铎又于崇德四年(1639)八月继掌兵部,表明皇太极对这个幼弟还是比较重视的。

多铎大约是由于以前努尔哈赤对他娇宠的缘故,行为任性,放荡不羁,平时喜狎妓、弦歌、穿奇装异服,时或酗酒,完全一派花花公子的作风,皇太极虽几次对其密示或惩戒,但多铎满不在乎,仍然我行我素,对皇太极也不太敬重,元旦朝贺,竟以瘸马献汗。另外,还几次违反军令,擅自活动。皇太极一直隐忍未言。崇德四年(1639)五月,终于借其临阵逃脱之事,召诸王贝勒大臣于崇政殿,令多铎跪受戒谕,历数其劣行,并予降其亲王为贝勒、罚银万两、暂籍牛录及家产的惩处。另据当时在盛京的朝鲜人记载,多铎还被拘禁在家,由旗兵看守[①]。多铎不能像其父为汗时那样自由,屡屡因放纵、不服管束及无视国法军令而被皇太极批评,以致遭到严厉惩罚,当然心中对皇太极为汗不满,皇太极死后,他的哥哥多尔衮有条件竞争皇位,他自然要积极拥立。

阿济格是有名的猛将,但政治方面却少才能,因而在国家政务上不为皇太极所重用,设立六部后,诸小贝勒都曾管过部务,只有他从未膺此任。阿济格性情狂躁粗暴,做事也颇任性,也屡屡被皇太极训斥惩处。崇德二年(1637),皇太极与诸王议其征皮岛违犯军令罪时说:"以皮岛之罪,朕曾思革尔王爵,对尔训戒已感厌烦,此后不复训诲矣!"[②]皇太极对阿济格的惩处,也不乏感情用事之处。阿济格擅自作主,为其弟多铎娶阿布泰之女,被皇太极免去镶白旗主之任,以多尔衮代之。后来几件事的处理,更增加了阿济格对皇太极的怨恨。崇德四年(1639)九月,因图尔格之首告,诸王大臣会议判处,将额亦都子孙图尔格等人及其所领有的三牛录,从阿济格属下罚出,拨归皇帝的镶黄旗[③]。崇德七年(1642)九月,又因阿济格在驻兵高桥时,口出怨言,思欲潜归,围宁远时不守汛地,私自打猎,皇帝宴诸王贝勒,阿济格席间擅自归第等等,拟其罪,皇太极令罚银万两,又把阿布泰

---

① 《沈阳状启》第 151 页,崇德四年五月二十日记事,辽宁大学历史系 1983 年刊本。
② 郭成康、刘景宪译《盛京刑部原档》第 12 页,群众出版社 1985 年版。
③ 郭成康、刘景宪译《盛京刑部原档》第 169、174 页。

由阿济格属下拨隶其弟多铎①。这件件桩桩之事,使阿济格与皇太极的矛盾愈益尖锐化,守高桥时,正值皇太极爱妃宸妃病亡,皇太极痛不欲生,阿济格却去其他人营帐中"歌舞作乐",又在自己营帐内"弹弦为戏"②。不到一年,皇太极也亡逝,诸王争立,阿济格立即加入到拥立多尔衮、极力反对皇太极之子嗣位的行列。

入关前,由于清政权还没有完全形成帝位由皇子继承的制度,因而皇太极暴逝后,立即出现皇位之争。集中表现为皇太极长子肃亲王豪格与其叔父多尔衮的竞争皇位。就在诸王临丧之时,阿济格、多铎二人便在朝房之中,跪请多尔衮继帝位。③ 在诸王大臣议立新帝的会议上,阿济格、多铎二人又一次劝多尔衮即帝位,见多尔衮犹豫未允,多铎又提出立自己,并说自己"名在太祖遗诏",也即努尔哈赤所规定的有选举权和被选举权的八和硕贝勒之列。多尔衮不允,多铎又说"若不立我,论长当立礼亲王(代善)"④,可见他们坚决反对皇太极一系再继皇位,即使本支不能入统,也希望代善取而代之。事情结果,便是众所周知的,皇太极幼子福临为帝,由郑亲王济尔哈朗和多尔衮辅政。

此次皇位之争,虽未酿成流血事件,但帝系势力与两白旗诸王主要是多尔衮之间,却因此产生矛盾。多尔衮尽管为摄政王,但摄政之初,与对立面相比,在地位、势力上都处于劣势,因而为震慑群臣,提高并巩固其地位,扩大势力,竭力打击异己。而豪格,由于多尔衮的竞争而未能继其父之皇位,多尔衮摄政又控制了本属自己一系的皇权,自然嫉恨,曾对属下人说:多尔衮"素善病,岂能终摄政之事",并说:"我岂不能手裂若辈之颈而杀之乎!"⑤结果被何洛会告发,多尔衮以摄政之权幽禁豪格(后释),处死其属下近臣。后来又深文周纳,再次将其囚禁,使其冤死狱中,霸占其正蓝旗。

多尔衮不仅打击豪格及与豪格关系密近者,而且排挤、压抑、打击济尔哈朗及帝系两黄旗中的反对者,这方面的斗争,学者多有叙

① 《清太宗实录》卷63,崇德七年十月辛丑。
② 《清太宗实录》卷63,崇德七年十月丙寅。
③ 《清世祖实录》卷22,顺治二年十二月癸卯。
④ 《清史稿》卷249《索尼传》,第32册9672页,中华书局1977年版。
⑤ 《清世祖实录》卷4,顺治元年四月戊午朔。

述,此处不赘,本文只是说明,这一系列事件,是皇太极死后皇位之争所产生的新矛盾,由多尔衮摄政后提高并巩固其地位与势力引起,并非多尔衮与皇太极有旧仇、新恨所导致。多尔衮与皇太极并无仇恨,与阿济格、多铎同皇太极的关系有所不同。

(此文原载《清史研究》1997 年 3 期,有修改)

也谈清代秘建储君制度

专制王朝时代,选谁为太子行使未来之皇权,即储君,是王朝政治中的大事,选储也自然是王朝政治史研究中的重要问题。中国古代传统的建储制度,至清代发生重大变化,公开立储改为秘密立储,值得重视。清史研究者对这一制度,主要是雍正、乾隆两朝如何秘密立储,以及这种秘密方式的意义作了一些论述。笔者觉得在这两方面都有值得进一步研究的问题,爰作此文谈一些初步看法。

一

封建王朝实行的嫡长子继承制,已把太子的人选局限在极小的范围。皇帝的嫡妻只有一个,即被册为皇后者,皇后所生之子为嫡子,嫡子中再选取长者,实际是固定在某人。各朝各帝具体情况不一,实际选立情况比较复杂。但既然实行嫡长原则和制度,那么太子之人选范围就不会很大,很多情况下是固定在人所共知的某人身上。所以清代要实行秘密立储制度,立了太子而又不让太子本人及朝臣知道,防止太子与皇帝抢夺皇位而发生尖锐矛盾,避免太子被其他皇子谋害及朝臣与太子、其他皇子结党,就必须废除嫡长制,否则,即使秘密选定太子,皇子们及朝臣也可大致推测出是某人,尤其是在皇子人数有限的情况下,被立者也很有可能会揣测到,所以实际已无秘密可言,"秘立"也失去其意义。因而,从这一角度而言,清代的秘密建储制度,其精髓除了采取秘密方式,更重要的还在于废除嫡长制,而且要让皇子及朝臣们都知道已废除这种制度,选储已不固守嫡长之原则。所谓废除嫡长原则与制度,并非排除嫡长入选,所以又可称之为是不拘嫡长而选储。

清代的秘密立储制度始于雍正,同时实行不拘嫡长之法。不过接下来的乾隆在最初实行时,却曾出现点变动,其继位后不久,虽然采取秘密建储的做法,但先后属意的是两个嫡子。先秘立嫡长子永琏,永琏于乾隆三年9岁时死去。后来乾隆又想以永琏同母弟皇七子永琮为储君,不料永琮因出天花2岁而殇。乾隆所以想立这两个嫡子,除了传统的根深蒂固的嫡长制对他的影响外,与他和这两个嫡子的生母孝贤皇后富察氏感情颇深而爱屋及乌也不无关系。此后,他对传统的选储制度进行了深刻的审视,坚持并最终确定不拘嫡长的选储制度。他还向诸皇子及群臣大讲历史上拘于嫡长选储所产生的弊端,表示本朝坚定实行不拘嫡长之法。他在上谕中深刻指出:"纣以嫡立而丧商,若立微子之庶,商未必亡也……至于立嫡立长说,尤非确论。汉之文帝最贤,并非嫡子,使汉高祖令其嗣位,何至有吕氏之祸? 又如唐太宗为群雄所附,明永乐亦勇略著闻,使唐高祖不立建成而立太宗,明太祖不立建文而立永乐,则玄武门之变、金川门之难,皆无自而起,何至骨肉伤残,忠良惨戮。此立嫡立长之贻害,不大彰明较著乎?"①乾隆认为,不拘嫡长,储君的选择面扩大,有利于从中挑选"贤"者即才、德较优之人,对此也作过说明。他首先指出:嫡长制的"以长不以贤、以贵不以长之说,实甚谬"! 如果"均贵则择贤弃不肖,有何不可……必拘于以长以贵之小节,而不为天下万民择贤君而立之,是直以祖宗社稷为轻,而以己妻媵娣为重。千金之家,有所不可,而况天下万民之大乎"②? 乾隆的这番话,无外乎在说明本朝实行不拘嫡长之法,可为天下万民选立较"贤"之君。从今天评论历史的角度来看,这种方法也值得肯定,这也是它的重要意义所在。下面就来看一看清代秘建储君的不拘嫡长之法,究竟怎样实现它的"优选"储君。

---

① 嘉庆《国朝宫史续编》第 86—87 页,北京古籍出版社标点本 1994 年版。

② 嘉庆《国朝宫史续编》第 100—101 页。

二

　　雍正创行秘建储君后,弘历是第一个以庶出而且是幼者的身份被选为皇储的。雍正元年八月,清世宗秘立弘历,将其这个决定亲书为圣旨密封,当着诸王大臣之面,藏于乾清宫之最高处正大光明匾之后。当时,可供清世宗选储的皇子有四人:弘时、弘历、弘昼、福慧。论出身,立储之时,弘历的身份并不高。弘历生母是妃,弘历比贵妃年氏所生之子福慧身份低。论兄弟之间的长幼之序,同为妃(李氏)生之子的弘时,年龄长于弘历。所以雍正皇帝选弘历为储君,应该是看重了他的素质才能。弘时、福慧二人生母为汉军旗人,当不是二人落选的主要原因,因为以前康熙帝的生母佟氏、以后嘉庆帝的生母魏氏,血统都是汉人,为汉军旗人。福慧当时年幼,仅 3 岁,但身份最高,从以前康熙曾立过 2 岁的胤礽为太子、以后乾隆也曾两次立幼子的情况看,福慧之被世宗弃而未选,年龄还不是主要因素,而是世宗综合诸皇子各方面情况,在选取原则上另有侧重的结果,他所看重的,当是弘历之"才"。

　　弘历天资聪颖,据载,其 6 岁发蒙时即已能背诵《爱莲说》,被乃祖康熙帝赏识,因而"命育诸禁庭"①,即在皇宫中祖父身旁教养。当时康熙将其喜爱的几个年长皇孙召入内廷,在雍亲王胤禛的诸子中,没有让弘历的哥哥弘时入宫,而把弘历召入,也当是弘历聪慧而得乃祖喜欢。又据弘历自述,他随皇祖在避暑山庄时习射,曾连中五箭,受皇祖褒奖,蒙赏黄马褂②。箭术优,也是清皇家非常看重的才艺。无论如何,世宗是从身份较低的庶出之子中选择了弘历,而且是漫过了其兄长弘时,属于弃长立幼。世宗弃弘时而未选,可能与这位皇子与乃父关系不好有关。在立储 4 年后,世宗以弘时"放纵、行事不谨"而予以削宗籍的严厉惩处③,4 年前的立储时,可能也不为乃父所喜。如果真像世宗所说的放纵、行事不谨,则属于品德上的缺陷问题,有这层因素,世宗当然就更要弃弘时而选弘历了。弘历与弘昼比,是在

---

① 昭梿《啸亭杂录》第 13 页,中华书局标点本 1980 年版。
② 嘉庆《国朝宫史续编》第 33 页,北京古籍出版社标点本 1994 年版。
③ 唐邦治《清皇室四谱》卷 3《皇子·世宗宪皇帝皇子》。

素质上优于后者。弘历曾说:"余幼时所授书,每易成诵,课常早毕……吾弟和亲王(弘昼)资性稍钝,日课恒落后",因而老师常让弘昼晚放学,并让弘历陪着弟弟学习①。弘历所说不会是编造,而是事实。知子莫若父,世宗的选择是完全正确的。皇子时期的弘历,在尚书房读书时也显示出其才华,他的老师们都称赞他思敏文捷,为文挥笔而就②。至其继位前,已有 40 卷《乐善堂全集》刊刻,其中 6 卷《论》,对宋以前的重大事件及帝王,都作过很有见地的评论。清世宗从诸皇子中选择弘历,体现了优选,这位皇子的素质与才华,在其继位后的行政中也得到了充分的发挥,对乾隆治世的形成应起到了重要作用。

乾隆朝之选储,前文已述,最初是两个嫡子,据乾隆帝解释,他所以想立这两个皇子,也有视其品性的因素在内,称永琏"为人端重醇良",永琮"秉质纯粹,深惬朕心"③。如果说这种说法尚有为其偏爱而作辩解的成分的话,那么以后乾隆之选储,确实是把才德之优劣作为重要标准的。开始他的目标是愉妃所生之皇五子永琪④。永琪不仅有一定汉文化修养,而且娴于清语骑射。宗王昭梿也称他"国语骑射娴习,为纯皇帝所钟爱,欲立储位"⑤。惜永琪英年而逝。最后,乾隆选择的是皇十五子嘉亲王永琰,时在乾隆三十八年十二月。当时在世的皇子,除皇四子、皇六子出继旁支宗王为嗣外,可入选储位者有 5 人:皇八子永璇、皇十一子永瑆、皇十二子永璂、皇十五子永琰、皇十七子永璘。

诸皇子中,永琰的口碑最佳。请看局外人的评论。每年来清朝的朝鲜使者,根据他们的见闻而向其国王作过介绍,不妨摘录几则以作参考。乾隆五十九年三月,谢恩使黄仁点向国王报告:"皇子四人中,第八王则沉湎酒色,又有脚病,素无人望;第十二王(应为第十一王,即永瑆——引者注)、十五王、十七王三人中,十五王长在禁中,勤

① 章梫《康熙政要》卷 10《尊敬师傅·高宗纯皇帝曰》。
② 戴逸《乾隆帝及其时代》第 88 页,中国人民大学出版社 1992 年版。
③ 嘉庆《国朝宫史续编》第 91 页,北京古籍出版社标点本 1994 年版。
④ 嘉庆《国朝宫史续编》第 91 页。
⑤ 昭梿《啸亭杂录》第 432 页,中华书局标点本 1980 年版。

于学业云,而人望所在。"①当时皇十二子永璂已死,所以所介绍的只皇子4人。同月,郑东观也回报:"皇子见存者四人,八王、十一王、十七王俱无令名,唯十五王饬躬读书,刚明有戒,长在禁中,声誉颇多。"②次年闰二年,使臣郑尚愚回报:"盖闻皇帝之第十五子嘉亲王永琰为人沉重,处事刚明,皇帝宠爱,朝野想望。"③同行之沈兴永分析得更具体、"皇子时存四人,而第八子永璇,性行乖戾,屡失上意。第十一子永瑆,柔而无断。第十五子永琰,度量豁达,相貌奇伟,皇上以类己,最爱,中外属望焉。第十七子永璘,轻佻无威仪"④。应该说,作为局外人的朝鲜使者,据其见闻而作的评论是比较客观的。个别使者虽认为永瑆"为人恺悌,最著仁孝"⑤,多数人则认为他不及永琰,尤其是在才智上"柔而无断"。清宗王昭梿对永瑆也有诸如"苛虐"、"受人欺诈"等贬语⑥。可以认为,永琰即后来的嘉庆皇帝,在德、才方面优于其他皇子,是以最"贤"者而被秘立为太子的。而身份地位,在被立储时的几位皇子中,他又是较低的。从嫡庶、长幼方面看,皇十二子永璂是皇后乌喇那拉氏所生,死于乾隆四十一年,三十八年秘立皇储时尚在世,但会受其生母与乾隆帝之关系的影响而弃选⑦。永琰生母初入宫时仅是个低等的贵人,后来才逐步晋封为贵妃、皇贵妃,与皇八子永璇、皇十一子永瑆的生母金氏同等。但在长幼排序上,则永琰低于永璇、永瑆两位兄长,因而,乾隆选择永琰,是为选优而弃长立幼。

嘉庆四年四月,绵宁(旻宁)即后来的道光皇帝被秘立为储君。当时嘉庆帝只有二子,一是皇次子绵宁,18岁;一是皇三子绵恺,仅5岁。另外,绵宁在乾隆五十六年其10岁时,随祖父乾隆帝热河行围,曾"引弓获鹿",乾隆大喜,而"赐黄马褂、花翎"⑧,颇得祖、父好感。

① 朝鲜《李朝正宗大王实录》第39卷第39页,日本东京学习院关东文化研究所影印本。
② 朝鲜《李朝正宗大王实录》第39卷第44页。
③ 朝鲜《李朝正宗大王实录》第42卷第39页。
④ 朝鲜《李朝正宗大王实录》第42卷第43页。
⑤ 朝鲜《李朝正宗大王实录》第34卷第22页。
⑥ 昭梿《啸亭杂录》第516—517页,中华书局标点本1980年版。
⑦ 高宗皇后乌喇那拉氏曾与高宗发生激烈冲突,虽仍存其皇后名号,但死时以低于皇后一等的皇贵妃之礼葬。这件事对永璂在乃父心目中的地位当会有影响。
⑧ 《清史稿》第4册第617页,中华书局标点本1977年版。

所以嘉庆帝在这两个皇子中选立绵宁,也是情理之中的事。后来嘉庆十八年林清教徒攻打紫禁城时,绵宁正在宫中,曾于"养心殿阶下,以鸟枪击毙二贼",随即又与赶入大内的贝勒绵志一起"捕贼"①。绵宁受过严格的尚书房教育,皇子时已有不少文论、诗作,后编成 40 卷的《养正书屋全集定本》刊印。绵宁在性格、品德上"谦冲"、"不矜不伐"②,又能体恤民情而"崇俭"不奢,不尚虚华③,这些都是可圈可点的优点。而皇三子绵恺,从后来的情况看,性格残暴,残苛虐待府内下人,曾囚禁七八十人惩治,致死一人④。相对于绵恺而言,绵宁就算得上是"贤"了。

道光帝选立储君,是在他继位 26 年后。当时他有 6 个皇子,前三个皇子,皇四子奕詝,皇五子奕誴都是 16 岁,皇六子奕䜣 15 岁。后 3 个皇子最大的皇七子奕譞 7 岁,以下两个二三岁。时值清王朝内忧外患的多难之秋,不宜立幼,所以储君只宜在前 3 个年较长的皇子中选立,这三人中奕誴又已出继叔王为嗣,所以实际是在奕詝、奕䜣二人中选一,究竟选谁,道光帝曾很长时间拿不定主意,因而延迟到道光二十六年。奕詝、奕䜣二人在才德方面谁优谁劣,时人没有比较,不好判断,据说道光晚年,以奕詝"长且贤,欲付大业,犹未决。会校猎南苑,诸皇子皆从,恭亲王奕䜣获禽最多。文宗(即奕詝)未发一矢。问之,对曰:'时方春,鸟兽孳育,不忍伤生以干天和。'宣宗大悦,曰:'此真帝者之言!'立储遂密定,受田(奕詝之汉文老师)辅导之力也。"⑤这段话是在奕詝继位以后对他的追述,称之"长且贤",似有虚誉成分,录此聊备一说。

咸丰以后,皇帝或独子、或无子,所以他们在世时也未实行秘密立储,当然也谈不上选哪位皇子为皇储了。从以前所实行的情况看,确实是本着不拘嫡长而择贤选优的原则,弘历、永琰、绵宁,无疑是属于优选,奕詝之选择,道光帝也当然要考虑其贤否问题。这里所说的优选,在当时的历史条件下,只能是在皇子范围内的选择,所以所谓

① 昭梿《啸亭杂录》第 162 页,中华书局标点本 1980 年版。
② 《清史稿》第 4 册第 618 页。
③ 吴振棫《养吉斋丛录》第 297 页,北京古籍出版社 1983 年版。
④ 杜家骥《清惇亲王绵恺被控案》,《燕都》1992 年 1 期。
⑤ 《清史稿》第 38 册第 11673—11674 页,中华书局标点本 1977 年版。

"优",也只能相对而言。

三

综前所述,可作如下总结:清代的秘密立储之制,由于必须突破嫡长制下储君基本固定于某人的局限,才有"秘密"可言,实现其以秘密方式立储的目的,因而同时又废除嫡长制,不拘嫡长选立皇储,扩大了太子的选择面,可以择优而立。清代也确实是这样做的,所以其秘建储君制度的意义,还应包括这一重要内容方面。

清以前,由于囿于嫡长,太子选择面极小,所选嗣君难免不出现才德有缺陷者,较明显的有商纣王、周幽王、汉惠帝、汉成帝、蜀后主刘禅、晋惠帝、唐高祖时的太子立建成等,前6人在继位后,都曾给朝政带来消极影响,有的还相当严重,造成社会性的灾难;有的属于本人直接造成,如性格残暴而荒淫的商纣;有的属于间接,如弱智之晋惠帝,无掌政之才,其妻贾后与辅政之外戚杨骏争掌朝政,引发八王之乱,生灵涂炭,社会大乱,刚刚统一的华夏又陷入分裂。虽无明显才德缺陷而属于一般庸才,不如嫡长之外的相对贤明者,则不知凡几。清代的不拘嫡长之法,不仅避免了嫡长德才有缺而又不得不选所导致的祸害,而且有利于选贤,其意义不言而喻;雍正挑选了乾隆,乾隆之才能、作为对当时治世的作用,便是明显的事实。毫无疑问,清代选储之不拘嫡长,是有利于朝政和社会的值得肯定的制度。

清代立太子的秘密方式,避免了明立太子朝臣结党乱政的弊端,皇子之间为争储位而手足相残之事也不再出现。此外,秘密建储由皇帝一人秘密进行,使其具有完全的主动权。立某人后经观察考验不中意,或暴露出才德缺陷,还可换掉,这一切都可在秘密中进行,被秘立者、中途被废掉者自己都不知道,又防止了太子与皇帝、皇权的矛盾。凡此,都有利于朝政的安定与清明。

以上两方面,便是本文对清代秘密建储制之意义的全部认识。只可惜,这种不拘嫡长的秘密建储之制,在中国古代最后一个王朝的雍正以后才得以确立,如果早出现的话,恐怕有不少帝王当政时的历史将会改写。

附带说明,满族入关前,由于社会形态较落后,家族嫡庶成员之间的等级差距较大,而且注重长幼之序,所以努尔哈赤选立太子,先为长子褚英,后为次子代善,都是嫡子,而且是本着立长的原则。所分封的旗主,也都是有嫡出身份者,实行八旗诸王共举新汗制,被选者也不出嫡者范围。入关后由于汉化影响,庶出皇子身份地位提高,但重嫡轻庶、重视皇子生母身份的观念仍较强烈。康雍时期,嫔以下之贵人所生年龄较小的皇子如允祎、允祜、允祁等,始封之爵都较低,最终也未能晋至王爵,不像往代大多数汉族王朝,凡皇子都封以最高等的王爵。所以清代满族皇帝实行不拘嫡长的立太子制度,废除中原王朝传统的根深蒂固的嫡长制,是需要下更大改革决心的。

（此文原载《求是学刊》1998 年 4 期,有修改）

乾隆之生母及乾隆帝的汉人血统问题

乾隆帝弘历的生母是谁,是史学界久未弄清的问题。影视界也借此而驰骋想象空间,使大众得到的只是一些子虚乌有的奇闻。作为学术问题,乾隆的生母有满人说、汉人说两种,这关系到清代的满汉关系、民族融合问题,尤其是这些问题又与身为皇帝的乾隆及其民族血统有关,其探究有一定学术意义。本文在前人研究的基础上,根据一些新资料,对这一问题作进一步考察。

一、前人研究的回顾及某些疑问

官方文献记载,乾隆生母是满洲旗人钮祜禄氏。清末民初,世间传有乾隆出自浙江海宁陈氏之说,孟森先生曾撰专文辩驳其非[1],郑天挺先生也有否定之论[2]。此外还有山庄丑女李氏说,谓雍亲王胤禛热河秋狝时,与一丑女李氏发生关系,此女后来诞生弘历即后来的乾隆帝,因而弘历生母为汉人李氏。这一说法,郭成康先生有文否定[3]。总的来看,相当长时间内,学界是循从官方典籍的说法,认为乾隆的生母是满人钮祜禄氏。

---

① 孟森《海宁陈家》(1937 年),《明清史论著集刊》续编,中华书局 1986 年版。
② 郑天挺《清代皇室之氏族与血系》(1944 年),《清史探微》。见此文之九"余论"。
③ 郭成康《传闻、官书与信史:乾隆皇帝之谜》,《清史研究》1993 年 3 期。

　　2003 年,有学者发现新刊布的档案《雍正朝汉文谕旨汇编》之雍正元年二月册封妃嫔的谕旨,得出新的看法①。这道谕旨的文字是:"雍正元年二月十四日,奉上谕:遵太后圣母谕旨,侧福晋年氏封为贵妃,侧福晋李氏封为齐妃,格格钱氏封为熹妃,格格宋氏封为裕嫔,格格耿氏封为懋嫔。该部知道。"②值得注意的是"格格钱氏封为熹妃"这句话,对照后来乾隆朝所修《清世宗实录》雍正元年二月此日的册封妃嫔的同一事,却记为"格格钮祜禄氏封为熹妃",因为前后这两处的"熹妃"是同一人,也即弘历的生母,据此怀疑乾隆生母曾由钱氏改为钮祜禄氏,并推测更改的原因有以下可能:1. 汉族人钱氏与满人钮祜禄氏是毫不相干的两个女人,钱氏曾与雍亲王胤禛在避暑山庄有过一段露水姻缘,此后生下弘历。雍正出于种种考虑,以另一位王府格格满族人钮祜禄氏取代钱氏为弘历生母;2. 汉族人钱氏与所谓满族人钮祜禄氏实为同一女人,只是雍亲王给钱氏换了个钮祜禄氏的满族姓氏,然后对外宣布弘历是钮祜禄氏诞育;3. 汉族人钱氏由于某种因缘没入典仪官凌住之家,通过选秀女或其他途径成为雍王府侍女,雍正元年二月封熹妃时仍以钱为姓氏。几个月后,雍正将其所生子弘历秘立为皇储,考虑到弘历将来秉持宗社之重,其生母必尊为圣母皇太后,若为汉人,在政治上有种种不便,遂将钱氏改为满人凌住之姓——钮祜禄氏。改姓时间,当在弘历立为皇储的雍正元年八月或此后(见上述)。③

　　此后,又有学者发现草拟此次册文的翰林黄之隽的册文底稿,该册文底稿也是"钱氏"封为"熹妃",文稿收入后人为其梓刻的文集《唐堂集》中④。黄之隽,江苏华亭人,康熙五十九年进士,选为翰林院庶吉士,雍正继位后便为翰林院撰文,雍正元年七月授为翰林院编修,而撰拟册文,正是编修等翰林官的职责。黄之隽所拟封熹妃的册文底稿记为:"咨尔钱氏,毓质名门,扬休令问,柔嘉懋著,凤效顺于中闱,礼教克娴,益勤修于内职。兹仰承皇太后慈谕,以册、印封尔为熹

　　① 《乾隆皇帝生母及诞生地考》,《清史研究》2003 年 4 期。
　　② 《雍正朝汉文谕旨汇编》第 1 册第 36 页上,广西师范大学出版社 1999 年版。
　　③ 《乾隆皇帝生母及诞生地考》,《清史研究》2003 年 4 期。
　　④ 黄之隽《唐堂集》卷 4《制草》,《四库全书存目丛书》集部第 271 册第 261 页,齐鲁书社 1997 年版。

妃……"据此认为,这"进一步证实了熹妃本为汉姓钱氏",也即弘历生母为钱氏,因为钱氏出身"相当寒微",将其"更改为满姓钮祜禄氏,是清世宗为确保高宗(弘历)继位采取的措施",改钱氏为钮祜禄氏的时间,则认为"黄之隽在雍正元年二月下谕册封熹妃后开始起草册文,但是当年十月他即离京赴福建上任,没有参加十二月的册封后妃典礼,而在他离任之后,接任者对他的稿子作了多处润色,成为典礼上所颁的册文,并据之载入了实录",揆诸这段论述的含义,改姓当是黄之隽离任后的雍正元年十一月(黄之隽离京是十一月初一日[①])以后至十二月二十二日册封典礼前的撰写正式册文时。[②]

上述上谕、册封底稿都有"钱氏"封为"熹妃",也即乾隆生母为"钱氏"的记述,为乾隆生母的研究引入了一个广阔复杂的空间。两位学者都强调,后来将乾隆生母"钱氏"改为钮祜禄氏的是雍正,并分析了改姓的种种可能与原因、时间,相当精辟、深入。

以下表达本文对钱氏改姓的一些疑问。

(一)雍正帝有无必要因弘历的生母出身寒微而将其改姓?

改姓,是因为弘历生母身份低?但册文中的"咨尔钱氏,毓质名门",已说明钱氏出身"名门",为何还要借助"名门"钮祜禄氏而改姓钮祜禄氏?再者,后来乾隆朝所修的《清世宗实录》所载雍正元年的册封谕旨、册封典礼上的改姓后的正式册文,都称其是"格格钮祜禄氏"封为熹妃,这"格格"又称作"藩邸格格",是指雍正继位前王府府邸的"侍女"、"使女"(并见后述),可见改姓后仍注明其原来并不高的身份,或者说,雍正、乾隆两朝皇帝,都并不在乎也不讳言乾隆生母的低身份。

而且,雍正元年二月的册封上谕以后,弘历生母已然封为妃——熹妃,几个月后立储而选择熹妃所生之子为皇储,也就不存在弘历生母身份低的问题了。况且,以前康熙帝的生母佟氏、雍正帝的生母乌雅氏,都是一般的妃,所以弘历也完全有资格立为太子。皇帝后妃中,皇后所生子为嫡子,其他妃嫔,无论贵妃、一般妃、嫔,都是庶出,

---

① 黄之隽《唐堂集·附刻·冬录》,记黄之隽雍正元年"十月,祝万寿节,次日陛辞,面请圣训",第271册第824—825页,版本同前。按雍正帝的万寿节日是十月三十日,次日陛辞是十一月初一日。

② 《清高宗生母改姓考》,《清史研究》2013年4期。

若无嫡子,贵妃所出子、一般妃所出子,都有立为皇储继皇位的资格与可能,比如康熙朝废太子胤礽后,再无其他嫡子,此外的庶出皇子中,皇十子胤䄉的身份最高,其生母是温僖贵妃,身份高于一般妃,且为钮祜禄氏。其余皇子如胤祉、胤禛、胤祺、胤禩、胤禵(胤祯)等,均为一般妃所生。但康熙帝从未属意贵妃所出子胤䄉,王公大臣推荐的是胤禩,康熙属意的皇子,虽然学界有分歧,但无论胤禛还是胤禵(胤祯),都是妃出(二人同母),而不是贵妃所出之胤䄉。

改姓是否因为弘历生母为汉姓?从此前、此后的事实来看,这一原因也不存在。此前,康熙被立为皇位继承人时,其生母就是汉姓佟氏。此后,乾隆秘立太子,所立皇十五子永琰即后来的嘉庆帝,其生母也是汉姓,魏氏,乃内务府内管领(即辛者库[①])下包衣(奴仆)汉人清泰之女。可见,清朝皇室太后、皇帝等,是不在乎嗣皇帝生母的汉姓的。清代,皇帝以入旗汉人也即平常所说的汉军旗人之女为妻,是制度内之事,该汉姓女所生皇子也同样可立为太子继皇位。

再从雍正做事不顾忌物议而我行我素的风格看,即使没有乃父身为一般之妃及汉姓女所生子身份继皇位的先例,他也可能破例而为,更不要说已有皇父虽是汉姓生母而仍可继皇位的先例了。

综上可以认为,当时并不存在雍正为了立弘历为皇储而把所谓汉人"钱氏"改为满人、高门大姓的必要。

(二)如果把钱氏改为钮祜禄氏,如何让众多知情者缄口?

若弘历的生母为钱氏,那么,在康熙五十年八月弘历出生以后,

---

① 乾隆《大清会典则例》卷 32《旗员壮丁著籍分户》记述:"管领,即辛者库";乾隆《大清会典则例》卷 124《刑制》也载:"辛者库,即内管领。"管领,即辛者库,内管领下辛者库人,是正身旗人,并非贱民奴仆,身份地位大大高于社会上的奴婢,而与平民的法律身份相同。他们可做官,嘉庆生母魏氏的父亲清泰,康熙皇八子允禩的生母良妃卫氏的父亲阿布鼐,都是正五品官,有较高的社会地位。唯在旗人中,身份相对较低,比旗分佐领下人低贱。但只要成为皇帝的后妃,其所生子的身份就不低,有立为太子的资格,否则,乾隆也不会选内管领下包衣魏氏所生子永琰为皇储。康熙时,皇八子允禩争皇储,且有支持他的皇子党,也说明他有这种资格,至于康熙称其为"辛者库贱妇所生",一来是厌恶允禩而说的气话,二来是在诸皇子中,胤禩的生母身份较低,以此作为压制允禩、否定其选为太子的理由。但这并不否定胤禩立为太子的资格,否则众贵族、大臣也不会推举胤禩为太子。以上关于管领即辛者库,只有少数人是罪人辛者库,以及内管领下辛者库人是正身旗人的论证,见拙文《清代辛者库问题考释》,《南开史学》1992 年 1 期。

雍王府上上下下的阖府老幼,已是无人不知。到雍正元年,一个长到了十二三岁的孩子,而且是王子,其生母是钱氏,王府外的皇族人、胤禛属下旗人奴才等等,也会有不少人是知道的。弘历在十二岁时又被养在皇宫中,生活在其皇祖康熙皇帝的身边。乾隆还说过,他在十二岁的时候,因招皇祖喜欢,康熙帝一定要见见他的生母,结果由雍亲王胤禛的嫡福晋那拉氏将其生母带领,引见了康熙,康熙"连谓之'有福之人'"[①],这一事更扩大了弘历生母是谁的知情者。

还有钮祜禄氏家族一方,如果诞生皇帝的并不是他家之女的"钱氏",如今天降大福,他家成了皇帝的外祖父母之家,鸡犬升天,这种大事传不出去?

如果弘历的本来生母是钱氏,而后来又改为钮祜禄氏,以上众多之人,尤其是雍王府的那么多人,难道不产生疑问、传闻?雍正的这种有政治动机的将皇子生母妃嫔改姓的不光明行为,就不考虑众多知情者私下流传?如果禁止流传,雍正又如何封住这众多知情者之口?面对人们的怀疑,雍正又该如何解释这一并不光明之事?

还有,如果弘历生母是"钱氏",雍正封其为妃的谕令已然下达给王公或官员,他们又传达到拟写谕旨的机构和官员,后来撰拟正式册封文、制作金册镌刻册封文,以公开的隆重仪式封赐受封之妃,弘历之生母是谁,便会公开于众,这一环节就必须下令有关机构官员将钱氏改为钮祜禄氏,以使朝野都知道弘历之生母是满人高门的钮祜禄氏,而不是钱氏。如此一来,官场很多人都得知将弘历生母汉人钱氏改为满人钮祜禄氏,雍正又该如何运作这一作伪之事?对官场众多知情者又会怎样解释?

(三)雍正如何向弘历解释其生母改姓之事?

如果弘历生母是钱氏,他不可能不知道母亲姓钱,雍正有意将钱氏改为钮祜禄氏,雍正元年十二月,便举行正式册封典礼,向人们宣布:封熹妃的是钮祜禄氏。而弘历得知所封者已不是自己的生母"钱氏",或生母改姓钮祜禄氏,他是否接受?因为他已十二三岁了,与亲

---

① 《清高宗御制诗集·五集》,甲寅年(乾隆五十九年)。并见张尔田《清列朝后妃传稿》卷上《世宗·孝圣宪皇后》,第108页下,民国绿樱花馆平氏墨版。并见《清高宗实录》卷1,卷首语。

生母亲有长时间的生活经历与感情。雍正又如何让弘历接受？如何向其解释？既然雍正是为了立弘历为皇储而改其生母之姓，又是秘密立储，对被立者也应保密，如果向被秘立皇储者的弘历说明是因为立储，而改其出身，这"秘密"立储还有什么"秘密"意义？

（四）关于所谓钱氏为养女、籍没女的疑问

是否可能有个钱氏是钮祜禄氏家的养女，或是籍没之女，入雍王府，与胤禛结合生了弘历，而后雍正为提高弘历身份，改其生母钱氏为钮祜禄氏？这一点也不成立。

若钱氏是抱养的外姓之女，就应该改随养父凌住的钮祜禄氏之姓，不应长时期总不改为姓钮祜禄氏。现在这个所谓"钱氏"，却始终没有改其原家庭的姓氏，而是十几年后的雍正元年八月以后，由于雍正出于某种政治目的才给她改的姓，否则将一直姓"钱"，这是否合于事理、常情？

如果钱氏是籍没入雍王府的侍女，应该身份甚低贱，甚至可能是罪奴，那么，在其册封文中就不可能称其"咨尔钱氏，毓质名门"了，低贱的籍没之女、罪奴，不可能如此称之。所以也不会是籍没之女。

（五）有政治目的的改姓，而且是不光明正大的行为，是不能仅将公布的册文上的姓氏改掉就可以了事的，为了不给后人留下口实，需要把所有可能被人看到的有"钱氏"记录的文字全部改掉，或将该文件销毁重做。但从清朝皇家人口册报、纂修家谱制度上分析，这种做法难度甚大，即使篡改，也难免透露风声，严重损害雍正及当皇帝后的乾隆的名声与形象，弄巧成拙。

雍正《大清会典》卷1《宗人府》记载：

> 崇德三年定，亲王以下至宗室所生子女，年及一岁，许将其名，并所生年、月、日、时，母某氏，开列送府、详载册籍，其另室所居之妾媵出者，亦准记籍。如将未居另室妾婢所出，并抚养异姓之子谎报者，治以重罪。开送时，将收生妇名姓，亦并开送存案。

> 顺治九年题准：亲王以下所生子女，详开某王、某贝勒某妃夫人某氏所生子，名某，并生子之年、月、日、时，送府记籍，贝子以下至宗室俱照此例，开明送府，载入黄册。其收生妇某、保结某，亦一并开送存案。

> 顺治十八年定，宗室未居另室妾婢所出之子，亦准载入。

以上是雍正朝及以前皇家生育人口的登记、册报制度。其所以如此严格，是为了保证皇家血统的纯正性、尊贵性。这里有两点值得注意。

1. 崇德三年定，严禁"将未居另室妾婢所出"之子谎报而记入皇家人口册，违者"治以重罪"。至顺治十八年，才允许"宗室未居另室妾婢所出之子，亦准载入"。这是因为清皇家特重其成员的身份尊卑，府中女奴所生子女，虽然生父是皇家人，也将其排除在皇族之外，当时的档案说得更详细：崇德三年八月规定"若将女奴所生子女及抱养异姓子女，诈称亲生子女，则治重罪"①。顺治十八年后，虽然这种女奴所生子亦准载入宗室册籍，但既然其原则是保持所生子女身份的尊贵性，其对女奴所生子女的审查，应当还会格外严格，篡改则是犯大忌的犯罪行为。倘若乾隆生母是"钱氏"，乃是汉人或许是女奴，正是应严格审核、准确记录的对象，如果为提高其身份、民族属性而篡改，正犯此大忌。

2. 子女的生母"母某氏，开列送府，详载册籍"，还要将"收生妇某、保结某，亦一并开送存案"。这是说不仅"生母"的姓氏载入册籍，而且记收生婆、连带责任之保结人的名姓。若将弘历生母改姓，需要令宗人府查找原册，将汉姓钱氏改为满姓钮祜禄氏。另外，若上述改姓完成后，这收生婆无中生有地成了"钮祜禄氏"的收生婆？还有证明生弘历者的保结人，这俩人的姓名是否也要改？

另外，弘历及其生母的资料还要写入《玉牒》，弘历出生日是康熙五十年八月，几年后的康熙五十四年正值修《玉牒》②，宗人府上报玉牒馆的弘历出生、生母的资料，所修的《玉牒》，都会有钱氏的记载文

---

① 季永海、刘景宪译《崇德三年满文档案译编》第 170 页，辽沈书社 1988 年版。并见《清初内国史院满文档案译编》（上）第 348 页，光明日报出版社 1989 年版。

② 康熙五十四年应修的《玉牒》，现今藏贮清代《玉牒》的北京的中国第一历史档案馆、沈阳的辽宁省档案馆，都无收藏，应并非巧合，事有蹊跷，原因有待专门考察。但这不等于当时就没有纂修，而且迄今也未发现这一年停修《玉牒》、以后又复修的上谕（当时停修"起居注"、数年后又复修，就有明确的上谕），也没有发现当时停修、后又复修的原因，而且康熙五十四年后的下一次应修之年（雍正二年），也正好是延续的制度，是否属停而复修？不能断定。所以本文暂且仍按康熙五十四年已纂修《玉牒》理解。若纂修，就会有稿本、定本、为下一次续修而保留的备查本。或许未修成定本，因而至今档案馆不见收藏？待考。

字。修成的《玉牒》,正本有两份,当时分藏北京皇史宬、礼部(乾隆九年后藏于礼部的《玉牒》改藏盛京),宗人府玉牒馆还有为下一次修《玉牒》作底本、参考而存留的"备查本"。这些人口册籍、《玉牒》,为了不留非议口实,都须做得干净,所有有"钱氏"文字之处,都需要修改,或者为不留涂改、挖补痕迹而全部复制一份,再销毁原册,如此工程,需要惊动宗人府、皇史宬、礼部这几个衙门的多人才能办理,能不走漏风声?稍有不慎,便会弄巧成拙。结合前述疑点分析,"改姓"究竟有多大必要,而冒此舆论丑闻风险?

所以,如果确有乾隆生母是钱氏而改姓之事,前述那么大范围的众多知情者,会没有一点蛛丝马迹的透露?这也说明,如果乾隆生母确是汉人钱氏,要改其姓为钮祜禄氏,也是很难实现的。

还有一个更关键的疑问是,如果是有政治目的的改姓,而且做法并不光明,唯恐被人发现,那么为何这有"钱氏"文字的"谕旨"却并不改掉或销毁,还遗存下来,而留给人们怀疑?合乎事理的推测倒可能是:因为是一般的手民之误,而不是有政治目的不能示人而必须涂改或销毁,所以才没有必要一定要翻查原档,将错字再改回来,或将原档销毁。

(六)如果乾隆之生母为钱氏,那么,登基后的乾隆皇帝按惯例尊奉生母为皇太后并上尊号,他将如何宣布、对待其生母改姓的问题?

雍正十三年十二月,继位刚四个月的乾隆,向全国公布的为生母"钮祜禄氏"上尊号为"崇庆皇太后"的诏书中,明确地说:钮祜禄氏崇庆皇太后"诞育藐躬"①,也即诞生他的是钮祜禄氏,"藐躬"是乾隆对自己的谦称。《清实录》也称是孝圣宪皇后"钮祜禄氏…诞上于雍和宫邸"②,这里的"上",也指乾隆帝。如果乾隆的生母姓钱,乾隆帝却称其姓钮祜禄氏,或者隐去其真正生母钱氏,而将钮祜禄氏作他的生母,他就不怕前述众多知情者流传宣扬出去,自己落得个为生母改姓或为改换生母娘家门庭而以非生母代替生母的骂名?不怕上述诏书布告天下而丑闻流布全国?

对于刚登基的乾隆而言,如果生母改姓,更难办的还在于,这一

---

① 《清高宗实录》卷8,雍正十三年十二月己卯。
② 《清高宗实录》卷1,卷首语。

事件还不仅仅是生母钱氏一人改姓的问题,还要改外祖父家。按照惯例,皇帝登基后,按例要封生母的娘家,乾隆登基后的雍正十三年十一月,乾隆大封外祖父家,封凌住为公爵,其册封文中称:就是外祖父钮祜禄氏"凌住……笃生圣母"①,也即是钮祜禄氏的凌住生了他的生母。假若乾隆生母钱氏改为了钮祜禄氏,那就等于将其亲生的姓钱的外祖父母及其钱氏家族抛开,硬找一个别姓家族之人作其生母的生父,而且还大言不惭地说就是此人"笃生圣母"——就是他生了我的生母!就是他是我的外祖父!乾隆面对已知其生母之生父并不是凌住的众多知情者,这种假话能否从一国之君的他的口中说出?他又如何面对其真正的外祖父钱某及钱氏家族人?再者,如果真有个钱氏外祖父母家,已成皇帝的弘历,对其真正的外祖父家就不闻不问?作为秉承以孝治国的一国之君,是否会对替代的假外祖父家钮祜禄氏家族尊封宠渥,反而对真正的外祖父家钱氏家族冷漠处之,让其消失于众人的视线之中?如果有所照顾,为何从未有关于乾隆厚待其外祖父母家所谓"钱氏"家族的丝毫迹象及传闻?

(七)钮祜禄氏太后临终自白——遗诰的分析

乾隆帝的生母本来就是钮祜禄氏,而不是另外一个人的钱氏,从这位钮祜禄氏太后的自我表白也可说明。她曾明确说,就是她生的乾隆帝弘历,其死前向官民发出的"遗诰"称:"予以薄德,祗膺昊苍眷佑,列圣笃祥,诞育帝躬"②,这明确是说"予"也即"我"生育了皇帝——"诞育帝躬"。如果不是她钮祜禄氏生的乾隆弘历而是钱氏,作为冒名之母的她既然已当了 40 多年的皇太后,已然享尽了人间的荣华富贵、福寿风光,死前还有必要撒这一弥天大谎吗?若乾隆不是她所生,她也就根本不提此事,才是最明智之举,这是最简单的道理。

二、对钮祜禄氏误为"钱氏"的各种分析
——因"误写妃姓"而引起

之所以产生以上诸多疑问,还基于看到可以进一步证明乾隆生母为钮祜禄氏的其他资料(详见下一节所述)。因而怀疑:是否谕旨、

---

① 乾隆《镶黄旗钮祜禄氏家谱》之《九世弘毅公堂侄孙·承恩公谥良荣凌住》。
② 《清高宗实录》卷 1025,乾隆四十二年正月庚寅。

册文中的"钱氏"写错了,后来又改正为钮祜禄氏?因为谕旨、册文等等公文有误写之字,并不稀奇。冯尔康先生就曾说过:清朝重要文书,过录中误书情况不少见,原作中亦有写错的,《玉牒》就有这种情况。笔者在档案比如即使皇家《玉牒》中,也发现不止一处误写、脱字现象,如将"喀喇沁"误写为"科尔沁","马哈巴拉"脱一"巴"字而误为"马哈拉",甚至还有将"世宗皇帝"误为"世祖皇帝"的情况。

以下事实就证明,此次册封"妃"之谕旨、册文,很可能就是误写。

首先,草拟之册文"咨尔钱氏,毓质名门"这一句就有明显的错误,因为清代有名门八大家如钮祜禄氏、瓜尔佳氏等,并无"名门"钱氏之说。

再有,多处史籍记载,雍正初年办理妃嫔册封的允祹,曾将封妃之事弄错。《清史稿》记:雍正二年二月,允祹因以前办理"圣祖配享仪注,及封妃金册,遗漏、舛错,降镇国公"①。这段文字,当是根据以下《清世宗实录》的记载。

据《清世宗实录》记载:

> 雍正二年六月宗人府疏奏:贝子允祹,将圣祖仁皇帝配享仪注,及封妃金册,遗漏、舛错,应将允祹革去固山贝子,降一等,授为镇国公。从之。②

《雍正朝起居注册》对此事的记载较详:

> 雍正二年六月初五日丙子卯时,上谕乾清门听政……宗人府所议:因误写妃姓,将允祹革去贝子,降为护(系"镇"字之误——引者注)国公,照例留三佐领,其余佐领俱行入官。又因误禁寺庙烧香人等,议将允祹革去办理礼部事务。又因仪注内遗漏清文,允祹无可罚之俸,应毋庸议。③

---

① 《清史稿》卷220《诸王传六·圣祖诸子·履懿亲王允祹》,第30册第9076页,中华书局标点本1977年版。所记"二月",似为"六月"之误。

② 《清世宗实录》卷21,雍正二年六月丁酉。

③ 《雍正朝起居注册》第1册第252—253页,中华书局1993年版。这一资料,前揭《清高宗生母改姓考》一文曾用到,并说互联网上有清史爱好者也提到过熹妃确实姓钮祜禄氏,钱氏是当时管理礼部的允祹写错造成的。笔者未查到互联网上这位清史爱好者及这一资料与分析,谨致歉意。

　　将以上资料联系起来分析，《清世宗实录》的此段史料，前一词的"遗漏"，对照《雍正朝起居注册》所记，是指"将圣祖仁皇帝配享仪注"的"仪注内遗漏清文"一事，那么，"将圣祖仁皇帝配享仪注及封妃金册，遗漏、舛错"中的"舛错"，也正是对应的后者"封妃金册……舛错"。由此可知，这"误写妃姓"并非别的事情，而是与"封妃金册"弄错，是同一事，也即是在封妃之事上"误写妃姓"，而且，误写的姓，是封"妃"者，既不是封"贵妃"者，也不是封"嫔"者。而此次封"妃"者只有两人："侧福晋李氏封为齐妃，格格钱氏封为熹妃"，其他人：年氏是封"贵妃"，封"嫔"的是宋氏、耿氏（见前述原文），而这两个封妃的人中，李氏没听说有将姓氏写错之事，那么"误写妃姓"而写错的正应是"钱氏"。

　　将前述资料联系而得知：这"误写妃姓"之错，已延续到"封妃金册……舛错"，由此进一步得知：发现将妃姓弄错，应是已经在制作册封"熹妃"的"金册"这一环节上了。

　　根据以上情况，再作进一步分析，而推测有这样的可能：这次册封者，由雍正口授办礼部事务的皇家贝子允祹，允祹面承谕旨后，速记简写，而将"钮祜禄氏"简称，写为"钮氏"，交与礼部转交内阁草拟谕旨，因速记的文字潦草不太清楚，起草谕旨者将"钮"字错写为"钱"字，据此谕旨再草拟册封文，仍沿用而写为"钱氏"，以后将正式册文镌入金册的环节中，才发现写错了。尽管最初并非允祹错写"钱"字，但事情由他引起，也有可能是他将"钮祜禄氏"简记为"钮氏"就被认定为"误写妃姓"，因为汉人也有"钮氏"，而他又是礼部事务的最高负责人——管礼部事务，是责任的担当者①。所以此事与允祹其他错误之事共三件，于雍正二年六月初五日，便一并由宗人府上报，将允祹革去办理礼部事务之职，贝子爵降为公爵。

　　而将错写的"钱氏"改正为"钮祜禄氏"，当是在雍正元年十二月的制作金册之时。也正因此，十一月初一离京去福建任职的册文起草人黄之隽，并未发现他写的纸质册文写错了，仍把写为"钱氏"的册文草稿与其他"制草"诸文一起保存，他的后人收入其《唐堂集》梓刻，

----

　　① 还有一种可能是，雍正口授谕旨时，将应封者的姓氏以草记的文字交与允祹，其中将钮祜禄氏简写为"钮氏"，允祹整理谕旨内容，将"钮氏"错写为"钱氏"。但这种可能似小于前述可能。

存留至今。

钮祜禄氏因于"雍正元年十二月册封熹妃,后晋熹贵妃"①,这大概也是民国年间黄鸿寿纂《清史纪事本末》所说允裪受罚是因"册封贵妃金册有舛错故"的来历,当是黄鸿寿把当时的熹妃,以后来的熹"贵妃"名了。

以下需要辨别的关键问题是,雍正元年二月下发的册封"钱氏"为熹妃的是"谕旨",是皇帝的指示,难道雍正帝的"谕旨"是自己把弘历生母写作"钱氏"? 或者说,弘历生母就是钱氏,"钱氏"二字乃雍正帝所拟文字?

实际上,这草拟的"谕旨",既非雍正手笔,他也并未过目。因为,册封,这种按照成例之事办理的公文程序,雍正只是将皇四子弘历生母等应封者口授管礼部的王公或礼部堂官,礼部管部王公或堂官将草记的谕旨意思的文字转交内阁,由内阁撰拟谕旨,而并非皇帝亲自拟写。因为即使是军机处经办军国大政、军机要务的谕旨,也是皇帝口授,而由面承口谕之官员回署拟写为文字谕旨②,更不要说这种例

---

① 唐邦治《清皇室四谱》卷 2《后妃·世宗孝圣宪皇后》。此书据《玉牒》编成。

② 清代,皇帝谕旨(此指非奏折上的朱批谕旨),有皇帝亲自写的,但多数是皇帝口授,官员代写。代皇帝撰写谕旨者,军机处设立前较复杂,本文讨论的"谕旨"是雍正元年拟写的,正是军机处设立前,大致有以下几种情况:1. 有承办部门撰写者。如雍正四年九月二十二日"召入议政王大臣等奉上谕……尔等可缮写谕旨,饬行策零、博贝、丁寿等"(见《雍正朝起居注册》第 1 册第 784 页上,中华书局 1993 年版);雍正五年,因为此前"议政处误写谕旨",雍正说"怡亲王口述朕从前所降谕旨,并无犯错误,则错误之处,实系缮写之时错误"(见《雍正朝起居注册》第 2 册第 1655—1656 页)。2. 有皇帝命某官员撰拟者。如雍正继位初之任用张廷玉撰写,康熙朝以高士奇撰拟等。3. 还有是命内阁撰拟,这种情况应较多。军机处设立后,主要由军机处代皇帝撰拟。但即使是军机要务,仍是皇帝口授,大臣面承谕旨,回署后草拟,或交下属官军机章京草拟。曾任职军机处的赵翼在其《檐曝杂记》第 1 卷《军机处》条记述:雍正设立军机处后,军机处的"承旨诸大臣,亦祇供传述、缮撰",同卷《军机撰拟之速》条记:"自西陲用兵,军报至辄递入,所述旨亦随撰随进。或巡幸在途,马上降旨,傅文忠(指傅恒——引者注)面奉后,使军机司员歇马撰缮。"开始是一人面承谕旨,后来改为众军机大臣一同面承谕旨,以免记忆不全或错误,见同卷《军机大臣同进见》条:"(乾隆)初年,惟讷公亲一人承旨。讷公能强记,而不甚通文义,每传一旨,令汪文端撰拟。讷公惟恐不得当,辄令再撰,有屡易而仍用初稿者。一稿甫定,又传一旨,改易亦如之。文端颇苦之,然不敢较也,时傅文忠在旁窃不平,迨平金川归,首揆席,则自陈不能多识,恐有遗忘,乞令军机诸大臣同进见,于是遂为例。"军机处设立以前,也应是皇帝口授谕旨,大臣面承默记,回署再转述与办公文者撰写。

行之事了。如果这一册封谕旨是雍正帝亲自所写或写错，就不会将允祹以"误写妃姓"而治罪了。至于官员所拟谕旨的内容，如果是军政大事、无旧例可循者，皇帝需要将其草拟的谕旨再审阅、修改，然后才下发，像册封妃嫔这种非国家军政大事而且有册封成例的形式性谕旨文，皇帝一般是没有必要再过目审查的，因为清代皇帝躬亲办理的政务繁多，尤其是雍正元年继位不久的雍正帝，需亲自处理的军政大事、对付政敌等事太多，如果雍正审查了这道官员草拟的谕旨，也就不会将错写妃姓的谕旨下发、直到制作金册时才发现而纠正了。

册封类的谕旨拟成后，需下达给翰林院，由翰林官草拟每个被册封者的具体"册文"，然后转交中书科，由中书科办理制作册封的金册之事，正式册文需镌刻在金册上。这次受封者，都是雍正继位前为其生有子女的妻妾、侍女（格格），没生子女者未予封，这一草拟的谕旨将应封者并未弄错，封熹妃者就是皇四子弘历的生母，只是将姓氏写错了。若是将应封之人弄错封给了另外一个人，应该早就发觉了。正因为应封人没错，所以到制成金册须举行仪式、遣官颁发受封者时，才发觉是将应封者也即接受金册者的姓氏写错了。这也可说明，所谓"钱氏"实际就是钮祜禄氏本人，而不是别人，只是最初公文上的"钱氏"是写错之文字，以后改正为钮祜禄氏。

那么，最初这"钮祜禄氏"怎么就错成了"钱氏"呢？萧奭《永宪录》（成书于乾隆十七年）所记，为此事提供了可作联想的线索：

> 世宗宪皇帝御极之雍正元年二月戊午，传皇太后懿旨：封侧福晋年氏为贵妃，李氏为妃，格格钮氏为妃，宋氏、耿氏为嫔。①

《永宪录》的编纂资料来源之一，就是传抄的邸抄、朝报、诏谕、奏折等②，那么，是否有这种可能：最初管礼部事的允祹面承雍正口授谕旨时（或稍后），就是将"钮祜禄氏"简化并速记为"钮氏"，因为当时满人将满文姓氏译为汉字，以首字（汉字）作姓，并以此汉字姓取类似汉人的冠姓名子者，并不鲜见，如傅察氏家族人，就是以姓之译汉首字"傅"为姓，并以此"傅"作姓而取名傅继祖、傅恒。此氏族还有的以

---

① 萧奭《永宪录》第 91 页，中华书局 1959 年版。
② 萧奭《永宪录·前言》第 1 页，中华书局 1959 年版。

汉文写为"富察氏",而取名富尔敦、富伦琦的[①],都是这种称姓的做法。允祹速记时,为简写而以"钮氏"代为"钮祜禄氏",是很有可能之事。速记字潦草,允祹将速记潦草的谕旨转交内阁官员草拟谕旨,潦草的"钮"字再错为"钱"字(此次册封者,其他人也均为汉姓,也增加了这种可能),下一步交翰林院,翰林官据此而撰拟册文,将封熹妃者仍写作"钱氏",也就进一步成为可能之事了。也可能确是如此,所以在《永宪录》的抄录中,其先抄录的封熹妃者,便是"钮氏",其后所抄,又出现了:雍正元年十二月丁卯"封年氏为贵妃,李氏为齐妃,钱氏为熹妃,宋氏为裕嫔,耿氏为懋嫔"[②],"钮氏"又成了"钱氏",这有可能是作者萧奭两次根据邸抄、朝报中的不同文件抄录而成的。

基于以上分析,本文认为,前述档案、文集中存留下来的乾隆生母为"钱氏"的文字,颇多疑问及不合事理、情理之处。官方所公布的乾隆生母为钮祜禄氏,应是可信的。其他资料也可对此作进一步佐证,详见下一节所述。

三、家谱、方志所见乾隆生母是钮祜禄氏的资料

在清实录、政书之外,家谱、方志中,也有一些关于乾隆生母"崇庆皇太后"是钮祜禄氏,及其娘家人的有价值的资料,现列举如下,并作综合分析。

乾隆十二年修成的《镶黄旗钮祜禄氏弘毅公家谱》,其中的"九世弘毅公堂侄孙"一目下,记乾隆帝弘历的外祖父凌住,有如下内容:

> 雍正十三年十一月奉旨:……四品典仪凌住,乃崇庆皇太后之父,恪恭奉职,忠荩居心,肃王府之仪章,荷天家之宠渥,积厚流光,笃生圣母,应遵定制,锡以褒封……凌住封为一等公,妻封为一等夫人。

> (承恩公凌住)娶彭氏,宝坻县生员彭武公之女,生于康熙十一年三月二十八日子时。乾隆六年,夫人七十寿日,仰蒙皇恩,特赐"古稀人瑞"匾额。皇太后赐衣冠、玩器及食品等物,皇后、太妃皆有所赐。生子四人:长,伊通阿;次,伊松阿;三,伊三泰;

---

① 道光《(沙济)富察氏家谱》,东洋文库藏本。
② 萧奭《永宪录》第 176 页,中华书局 1959 年版。

四,伊申泰。女三人:长,崇庆皇太后;次,适正蓝旗汉军生员郑廷辅;三,适镶白旗满洲刑部笔帖式妈金泰。

如果乾隆生母是钱氏,而不是钮祜禄氏,也即不是他们钮祜禄氏满人家族之人所生,该家谱不会记为是该家族所生、是有本族血脉之人的,而且明确地说是本家族的凌住所生的长女。

从家谱可知,乾隆生母的生母,也即乾隆的姥姥,是宝坻县(北京东南 80 公里左右)的汉人彭氏,乃该县生员(即俗称的秀才)彭武公之女,就是此女与凌住生的乾隆生母钮祜禄氏"崇庆皇太后"。修家谱时,凌住、彭氏均在世(凌住卒于乾隆十二年、彭氏卒于乾隆十七年),乾隆六年,乾隆帝还送给他的姥姥这位彭氏祝贺七十大寿的"古稀人瑞"匾额。这种具体而且明确说乾隆皇帝与汉人有血缘关系的记载,会是造假吗? 如果不是事实,此家谱的纂修者强造乾隆有汉人血缘关系,就不怕犯"大不敬"之杀头罪? 如果雍正(或乾隆)出于掩盖乾隆出生于汉姓之母的政治目的,而将其生母汉姓钱氏改为他家的满人钮祜禄氏,那么这一钮祜禄氏家族还会透露乾隆的姥姥是汉姓彭氏这一敏感信息吗?

再看乾隆《宝坻县志》的记载,此志修成于乾隆十年,距弘历继位时间不太长。主修者为知县洪肇楙,作序者有刑部尚书汪由敦、直隶总督那苏图、直隶布政使方观承、顺天府尹蒋炳等多人,可见是非常正规且受推崇的志书。此志的"冢墓",记载着凌住之父也即崇庆太后钮祜禄氏的祖父吴禄(追封承恩公)的坟墓,内容如下:

> 国朝承恩公墓,在县西南二十里,皇太后祖承恩公讳吴禄之阡。乾隆元年特遣官致祭,建寝园,立御制碑文二道。

此墓"在县西南二十里",是说在宝坻县城的西南二十里的地方,而且在乾隆继位几个月后就建寝园、立"御制"碑文①,乾隆元年就遣官致祭。该志作者还以按语形式发如下感慨:

> 按:自寝园既建,相地者过之辄诧曰:"气佳哉! 郁郁葱葱然,宜其后之大也!"然当其卜葬时,曷知今日事哉! 伏读御制

---

① 2013 年,笔者曾去宝坻县访查该墓碑,可惜早已无存。但该地民间有"入宫娘娘"的传说,可能说的就是雍正的熹妃、熹贵妃、崇庆皇太后,也即乾隆生母钮祜禄氏。

文,称其赋性朴诚,论谋忠孝,乃知积累之深,其发祥有以也。

按语的意思是说:想当初吴禄家人选择这块地方埋葬他,哪会想到有今日之发迹,现在该家之女成了皇太后,家族之人封公爵,出了这一特大新闻,闻讯而来的相地者——风水先生惊诧此处为风水宝地,乃事后评论之辞,其实应为御制文所赞:乃其祖上诚朴忠孝,积德所致。

以上按语的虚辞套语我们不必计较它,其所说当初"卜葬时,曷知今日事哉",则反映了当时生活在宝坻县(驻防,见后述)的吴禄一家,确是极为普通的身份地位,根本没人注意到他家,更不会想到日后还有如此之发迹。这也使我们想到,如果雍正为提高弘历及其生母出身的门阀地位,而将钱氏改为此钮祜禄氏,选这么一个平凡之家又有何意义? 也确实,吴禄、凌住父子的钮祜禄氏一支,家世地位远不能与额亦都一支的钮祜禄氏相比,血缘也并不太近,凌住之祖父额宜腾,与额亦都是一祖(阿灵阿巴颜)之孙的堂兄弟①,乾隆生母这辈与额亦都家族已出五服。而且凌住家族并不与上三旗之镶黄旗的额亦都家族同旗,而是在下五旗的镶白旗。乾隆继位后的乾隆元年才由镶白旗抬旗而入镶黄旗(见后述)。

从八旗分封及相关制度方面分析,钮祜禄氏也有入为胤禛雍亲王府"格格"的可能性。

据《镶黄旗钮祜禄氏弘毅公家谱》所载:钮祜禄氏凌住一家"原在镶白旗,乾隆元年奉旨改隶镶黄旗"②。就是说,凌住一家在乾隆元年以前,隶属镶白旗,乾隆继位后,才按例将皇帝生母娘家抬旗。据笔者以前考证,胤禛也正是于康熙三十八年封入镶白旗,领有镶白旗的满洲、蒙古、汉军佐领,康熙四十八年晋封雍亲王,增拨这三种佐领③。凌住一家所在的满洲佐领,当是在这一期间分与胤禛,成为其所领有的佐领的。凌住及其父吴禄一家,是在北京东南的宝坻县驻防,宝坻县驻防的也正是镶白旗,有满洲佐领人,前揭乾隆《宝坻县

<hr>

① 《八旗满洲氏族通谱》卷 5《钮祜禄氏·长白山地方钮祜禄氏》,记"阿灵阿巴颜生二子,长曰萨穆哈图,次日都凌格,都凌格生额亦都巴图鲁……萨穆哈图,额亦都巴图鲁之亲伯也,萨穆哈图生二子,长曰额宜腾"。额宜腾与额亦都是堂兄弟。

② 乾隆《镶黄旗钮祜禄氏弘毅公家谱》之《九世弘毅公堂侄孙·承恩公谥良荣凌住》。

③ 杜家骥《雍正帝继位前的封旗及相关问题考析》,《中国史研究》1990 年 4 期。

志·职官·附驻防》记有该县的八旗驻防官、兵是"防守御（当作'尉'，也发 yu 音——引者注），并镶白旗驻防满洲"。雍正《八旗通志·职官志·八旗驻防官员》也记："宝坻县，镶白旗，防守尉一员，康熙十二年设。"①清代的宗室王公，与所领有的旗分佐领下人有主属关系，即通常说的主子与奴才的关系，虽不像包衣奴仆那样隶属强，但也带有一定的人身隶属性，其家属包括子女，有服务侍奉于该领主王公之家的义务，这在清代官方文献中有很多透露。这种属人若到外省担任地方官而带成年子女赴任，需要征得该主子王公的许可，主家有喜事，要庆贺，主家有丧事，要披麻戴孝。该主子王公还可将其任为管王公府第事务的官员②。凌住所担任的"典仪"就是这种官，是负责王府仪制、仪节及其他杂务的府属职官，册封凌住的册文，称其"恪恭奉职，忠荩居心，肃王府之仪章"，就应指的是在胤禛的雍王府从事这一职事。而其女钮祜禄氏为"藩邸格格"，应是侍奉雍王府一家的侍女。据载，她曾伺候生病的主子胤禛，获得好感。她虽然与雍亲王胤禛发生关系而生有王子，但与雍亲王始终并无正式的夫妻名分，所以胤禛继位以后，才将为其生有子女的 3 位藩邸格格钮祜禄氏、宋氏、耿氏，都封为妃或嫔，使她们都有皇帝之正式庶妻的名分，也许因为钮祜禄氏是满人，或许是雍正已决定将其所生子弘历立为皇储，所以这 3 人虽然都是藩邸格格，唯独钮祜禄氏封为"妃"，而宋氏、耿氏都封为低一个档次的"嫔"。

四、乾隆帝的汉人血统问题

虽然乾隆帝（弘历）生父雍正是满人，生母钮祜禄氏也是满人，但乾隆是满汉混血者，细情如下：

先看乾隆生父雍正帝的血分。

雍正的祖父顺治帝，是满洲血 1/2＋蒙古血 1/2 的混血者。雍正生父康熙帝，是满洲血 1/2＋汉血 1/4＋蒙古血 1/4。雍正生母乌雅氏，满洲人，则雍正的血分是：满洲血 3/4＋汉血 1/8＋蒙古血 1/8，也即满洲

---

① 乾隆《宝坻县志》卷 8《职官·附驻防》；雍正《八旗通志》卷 35《职官志·八旗驻防官员·宝坻县》。

② 以上见杜家骥《八旗与清朝政治论稿》第八章《八分体制瓦解后八旗领主分封制的长期残留及其政治影响》，人民出版社 2008 年版。

血 12/16＋汉血 2/16＋蒙古血 2/16，这是郑天挺先生研究的结果①。

再看乾隆生母钮祜禄氏的血分。

这里有必要再对乾隆生母钮祜禄氏是汉人彭氏所生，作以下 3 点补充说明。

1.前引《镶黄旗钮祜禄氏弘毅公家谱》记：

> （承恩公凌住）娶彭氏，宝坻县生员彭武公之女，生于康熙十一年三月二十八日子时。乾隆六年，夫人七十寿日，仰蒙皇恩，特赐"古稀人瑞"匾额。皇太后赐衣冠、玩器及食品等物，皇后、太妃皆有所赐。生子四人：长，伊通阿；次，伊松阿；三，伊三泰；四，伊申泰。女三人：长，崇庆皇太后；次，适正蓝旗汉军生员郑廷辅；三，适镶白旗满洲刑部笔帖式妈金泰。

谱中记彭氏七十寿辰，皇室帝后多人予其高规格赏赐，殆缘于她是崇庆太后之亲生母亲，因而外孙乾隆帝赐匾，女儿崇庆太后赐"衣冠、玩器及食品等物"，乾隆之皇后、及崇庆太后的"妯娌"即太妃"皆有所赐"。

2.谱中述彭氏之事，是接连述"生子"，从行文顺序看，应是她所生子女之叙。凌住之下也没有继娶其他妻室、子女中注为侧室某妾所生的记载。

3.从该谱的纂修凡例，也可进一步证明乾隆生母为凌住之妻彭氏所生，而不是凌住其他妻妾所生。此谱纂修"例言"规定：

> 一、凡嫡室元配、继配所出，俱书元配、继配某氏夫人所出；
> 一、凡侧室所出，俱书侧室某氏所出。侧室曾受封者，书侧室某氏夫人所出。

以上两条，也成为续修谱记载的原则。具体说就是：族人子女，生母不同者，分别记其所出身份，嫡出者记为元配或继配所出，称"配"者（也称"娶"者），皆为正"妻"。所"纳"身份低者之妾，此谱称为"侧室"，所生子女为庶出，其下，记作"侧室某氏所出"。请看该谱所记与凌住大致同时代的一家，噶都六个儿子的情况。此六人多为较高级官员，有妻有妾，妾不入谱，但妾所生子女注明是其所生。具体情况

---

① 见郑天挺《清代皇室之氏族与血系》（1944 年），收《清史探微》第 20 页，北京大学出版社 1999 年版。文中所述康熙帝、雍正帝皆杂有很少量的叶赫蒙古血分，此引述略去。

如下（女儿皆记所嫁夫家姓氏、官爵、旗籍，此处略去）。

长子英赫子。康熙年间曾任护军统领。娶觉罗氏，继娶张氏。子六人：长，安楚，元配觉罗氏夫人所出；次，德通，元配觉罗氏夫人所出；三，德英额，继配张氏夫人所出；四，坤泰，继配张氏夫人所出；五，伊兴阿，继配张氏夫人所出；六，瞻布，继配张氏夫人所出。女三人：长，觉罗氏所出；次，觉罗氏所出；三，张氏所出。

次子马良。康熙时曾任内阁学士兼礼部侍郎。初娶蒋氏，继娶觉罗氏，继娶那拉氏，再继娶赵氏。子四人：长，德楚，蒋氏所出；次，鲁瞻，蒋氏所出；三，马清阿，侧室杨氏所出；四，马明阿，侧室杨氏之妹所出。女三人：长，蒋氏所出；次，继配觉罗氏夫人所出；三，侧室刘氏所出。

三子吴什哈。康熙时任膳房拜唐阿、皇子侍从。妻一人，蒙古氏，生女一人。因就是此一妻所生，次女之下不注所出生母及身份，无文字。

四子唐保住。康熙时袭伯爵，曾任奉天将军。初娶觉罗氏，继娶赵氏。生子七人、养子一人：长，瞻布，英赫子之子过继；次，舒通阿，继配赵氏夫人所出；三，热河，继配赵氏夫人所出；四，书明阿，侧室王氏所出；五，舒芳阿，侧室邱氏所出；六，嵩山，侧室王氏所出；七，明山，侧室随氏所出；八，舒龄阿，侧室王氏所出。女五人：长，元配觉罗氏夫人所出；次，赵氏所出；三，继配赵氏夫人所出；四，继配赵氏夫人所出；五，侧室王氏所出。

五子恒德。雍正时袭男爵，后曾任察哈尔总管。娶觉罗察氏。生子三人：长，花商阿，侧室孙氏所出；次，嵩山，兄之子过继为嗣；三，索诺穆车令，侧室安氏所出。女四人：长，觉罗察氏夫人所出；次，觉罗察氏所出；三，觉罗察氏所出；四，侧室安氏所出。

六子恩特。乾隆九年管盛京包衣三旗事。娶那拉氏，继娶代氏。生子三人：长，舒兴阿，元配那拉氏夫人所出；次，舒宁阿，元配那拉氏夫人所出；三，舒隆阿，侧室王氏所出。

以上六人，所生子女，嫡出庶出，皆记其生母的嫡庶身份，有妾生者，虽该妾不入谱，但所生子女皆注明是该侧室某氏所出。只有一妻之三子吴什哈，所生女就是此妻一人所生，该女儿也就不注所出者了。而第五子恒德，虽有妻有妾，妾不入谱，嫡妻只觉罗察氏一人，诸子女因为并非此妻一人所生，嫡妻又未生子，庶出子，如妾生子长子花商阿、三子索诺穆车令,是分别注为侧室孙氏所出、侧室安氏所出。第四女,也注为侧室安氏所出。

综上,凌住妻室,应只有彭氏一人,子女也无妾生者,所以是按上述第三子吴什哈只一妻所生女,而不注其所出了。否则,若有妾而生有子女,是应当按第五子恒德之诸子女,将一妻之外的妾生者,区别而注明的。若有妻妾又都生子女,又不区分妻妾所生之嫡庶身份,是违反该谱纂修之"例"原则的。凌住与彭氏之下记所生子女,没记有其他妻或侧室所生者,包括"崇庆太后"在内所有子女,应就是彭氏一人所生。凌住若纳妾而生子女,前述子女中是应记为侧室某氏所出的。凌住也应无继妻,否则,该继妻即使无出,谱中也应记述。再者,此钮祜禄氏若非彭氏所出,而是其他妻妾所生,她及其子乾隆等人对非生母的汉人彭氏如此高规格待遇(前述),反而对亲生母亲某氏只字未提,也不合事理人情。

既然钮祜禄氏是汉人彭氏所生,生父凌住是满人,那么钮祜禄氏之血分,是满汉各 1/2。

其后乾隆帝的血分,又是雍正、钮祜禄氏血分各一半的混合,为满洲血 10/16＋汉血 5/16＋蒙古血 1/16,汉血分增加了 3/16。

又据(乾隆)《宝坻县志》,有乾隆帝之"外高祖母龙氏"即额宜腾之妻、"外曾祖母乔氏"即吴禄之妻为汉姓女的记载(详见后述),这就又存在额宜腾之子吴禄、吴禄之子凌住为汉人女所生,而有汉人血分遗传于乾隆帝的可能。

上述龙氏、乔氏,可能是入旗汉人,《八旗满洲氏族通谱》卷 78 所记满洲旗分内汉姓人,有"龙氏"两家,分隶正黄旗、镶蓝旗,均为包衣汉人。同书同卷还有"乔氏",为镶黄旗包衣汉人。但以上所说包衣人能否出旗外嫁,则是疑问,目前只见到有镶蓝旗包衣人乌雅氏选入宫为康熙帝之妃一例①,不过这是特例,是皇帝纳妃,一般旗人娶为

---

① 《钦定八旗通志》卷 4《正黄旗满洲·第三参领第十四佐领》,记雍正继位伊始,将其生母娘家乌雅氏由镶蓝旗包衣抬入正黄旗满洲:"康熙六十一年十一月十九日奉旨:将镶蓝旗包衣佐领内太后之亲族,及阿萨纳佐领内太后之亲族,合编一佐领,以一等公散秩大臣舅舅伯起管理",谕旨中将镶蓝旗包衣佐领内太后之亲族,放在阿萨纳佐领内太后之亲族之前,显然是为太后所在镶蓝旗包衣亲族之人抬旗,阿萨纳佐领内太后之亲族是恩泽旁及而沾光。也许阿萨纳佐领同为镶蓝旗的另一包衣佐领。可以认为乌雅氏原是镶蓝旗包衣人之女。

妻的可能性较小,尤其在清初。

龙氏、乔氏,很有可能是汉军八旗的汉人女,汉军八旗中有龙姓、乔姓汉人,《钦定八旗通志》之《氏族志·八旗汉军谱系》记"龙氏,系出沈阳""乔氏,系出辽阳"①。满洲旗人娶汉军旗人女为妻也是很常见现象,如仅额宜腾所在的钮祜禄氏家族,娶汉军旗人之女为妻者就还有德英额,娶镶黄旗汉军王氏"王京皋之女";莫洛浑,"娶汉军刘氏,诰赠夫人";噶尔图"娶正黄汉军李氏";爱绶"娶同旗汉军原任都统徐天承之女";常住"娶董氏正蓝旗汉军原任参领董霖之女";音德"娶董氏,正白旗汉军原总督董维国之女",以上多为顺治、康熙年间事②。所以龙氏、乔氏为汉军旗下之汉人女的可能性较大。还有一种可能是娶旗外汉人女,额宜腾所娶龙氏可能是辽东汉人女。吴禄所娶乔氏,可能是京畿地区汉人女,因该家族所在的镶白满洲旗,顺治二年驻防采育(或名采育里,在北京城外城之南50多里处),康熙十二年移驻宝坻县城③。且清廷曾于顺治五年谕满汉通婚④,而吴禄之子凌住是生于康熙四年⑤,存在着吴禄于此前娶采育地区汉人女而生凌住的可能。总之,无论是汉军旗人女,还是旗外汉人之女,都是汉人血统,若生吴禄、凌住,将遗传汉人血分于后人弘历。

前述(乾隆)《宝坻县志》记载:乾隆元年九月十二日,乾隆帝遣直隶承宣布政使张鸣钧赍敕祭祀他的外高祖额宜腾、外高祖母龙氏,谕祭文称他的"外高祖母龙氏,早佩女箴,夙娴内则……三传而钟圣母"。同日,乾隆令同一人前往祭祀他的外曾祖吴禄、外曾祖母乔氏,其谕祭文称他的"外曾祖母乔氏,赋性柔嘉……特钟于再世母仪,隆示于万方"⑥。

以上祭文,乾隆帝称其外高祖母龙氏"三传而钟圣母"、外曾祖母乔氏"特钟于再世母仪",似隐含着她们与自己生母有血缘关系。再

① 《钦定八旗通志》卷61《氏族志八·八旗汉军谱系》。
② 均见《镶黄旗钮祜禄氏弘毅公家谱》。
③ 以上见《清朝文献通考》卷183《兵考五·直省兵·直隶·八旗驻防》。
④ 后来停止满汉通婚,其谕令发布于何时,待考。
⑤ 《镶黄旗钮祜禄氏弘毅公家谱》之《九世弘毅公堂侄孙·承恩公谥良荣凌住》,记凌住生于康熙乙巳年,即康熙四年。
⑥ 乾隆《宝坻县志》卷17《艺文上·谕祭文》。

结合前述满洲旗人娶汉军旗人女为妻乃常见现象,及前述额宜腾一家为一般旗人之家纳妾的可能性不大等情况,综合分析,这被乾隆称为"三传而钟圣母"的外高祖母的龙氏、"特钟于再世母仪"的外曾祖母的乔氏,似就分别是为妻身份的吴禄、凌住之生母,非另有之妾而生吴禄、凌住。若果如此,则乾隆的血分为满洲血 7/16＋汉血 8/16＋蒙古血 1/16。惟以上所述,尚非吴禄是龙氏所生、凌住为乔氏所生的直接证据,所以权列这些考察结果于此,以作参考。

而凌住所娶彭氏,则已能明确记载是宝坻县汉人生员彭武公之女,二人生育的钮祜禄氏即乾隆生母,是满汉各半之混血,并遗传给乾隆其汉人血分。

总之,乾隆是满汉混血,兼有少量蒙古血,因其生父雍正是满蒙汉混血者,又因其生母钮祜禄氏有汉人彭氏血分,使乾隆帝又增加了汉血成分。而且其外高祖母龙氏、外曾祖母乔氏是汉人女,很可能遗传与乾隆更多的汉人血分。至于乾隆帝的满族情结,与其血缘是分属不同性质的问题,尤其是他继位后实行诸多维护满族特性的举措,决定因素甚多,均另当别论。

(此文原载《清史研究》2016 年 3 期,第四节有较大修改)

乾隆之女嫁孔府及相关问题考辨

中国历史上去曲阜祭孔的帝王大有人在,而次数最多的莫过于乾隆,共有八次。有一种说法是,乾隆所以如此频繁地驾幸阙里,除朝圣外,一个重要原因,是看望他那嫁与孔府衍圣公的爱女。这一说法流传甚广,影响颇大。曲阜三孔(孔庙、孔府、孔林)的讲解员,每天陪同众多的中外参观者,都要津津有味地讲述乾隆公主嫁孔府一事;有的杂志、报刊、词典等把此事作为历史知识向读者介绍;甚至有些学术论著也把它作为史实去论述历史问题。前此,余志群曾撰文否定此事,有人亦对此提出不同看法(分见《齐鲁学刊》1985 年 5 期余志群《否"乾隆公主嫁孔府"说》,及同刊 1986 年 2 期骆承烈《也谈"乾隆公主嫁孔府"说》)。鉴于此事影响甚大,且关系到对乾隆帝数诣孔府动机的评价,以及清代满汉关系、等级制度等等问题,尤其是如果此事属实,那么将是清代满汉通婚的重要事实,公主与衍圣公生育繁衍之子孙再承袭的衍圣公,也将是汉满混血者。学术意义较大,有必要作进一步考察。

一、乾隆之女是否嫁孔府

乾隆公主嫁孔府的详情,源于《孔府内宅轶事》一书,该书专辟《公主下嫁孔府》一节,这样写道:"乾隆有个女儿,是孝圣贤皇后所生,对她十分钟爱。这位公主脸上有块黑痣,据相术说这块黑痣主灾,破灾的唯一办法是将公主嫁给比王公大臣更显贵的人家,这就只有远嫁孔府了。因为只有衍圣公可以在皇宫的御道上和皇帝并行,皇帝到曲阜后,也要向衍圣公的祖先——孔子,行三跪九叩大礼,这都是别的王公贵族所没有的荣耀。因此,乾隆第一次来孔府时,就说定将女儿下嫁孔府。但满汉不能通婚,为了避开这个规矩,乾隆便将女儿寄养在大学士于敏中的家中,然后又以于家闺秀的名义嫁给七十二代衍圣公孔宪培。孔府的后人称她为于夫人。"①由于该书是七十六代衍圣公孔令贻之女孔德懋的回忆录,因而具有权威性。于是,七十二代衍圣公孔宪培之妻于夫人,便被人们公认为是乾隆的公主了。而且该书还讲述,孔宪培于"乾隆三十七年十二月和公主结婚",结婚时,孔宪培亲自入都迎娶,乾隆召见并赏赐大批礼物,"百官前来祝贺,送来各种珍贵礼品","从京城到曲阜,百官运送嫁妆每日不停,整整运了三个月","公主嫁到孔府后,乾隆和皇后、皇太后都来过",公主"过生日时,乾隆还派官员前来贺寿、赏赐",公主生母死时,孔宪培及公主还曾入都送葬,等等。如此细节详尽,就更使人深信不疑了。

笔者在查阅孔府档案时,感到书中所述颇多可疑之处。如孔府档案 01395 号《七十二代衍圣公孔宪培元配于氏丧葬事宜簿册》,明确记载这位于夫人生于"乾隆二十年一十月十三日",死于"道光三年十二月二十八日",而乾隆第一次来孔府是乾隆十三年二月,当时所谓的公主——于夫人尚未出生,何来"乾隆第一次来孔府时,就说定将女儿下嫁孔府"? 再有,书中所说的公主生母孝圣贤皇后(实际这位皇后应称为孝贤皇后)已于乾隆十三年东巡曲阜时死于德州,她既不可能是生于乾隆二十年的于夫人的生母,更不可能在公主结婚后又来孔府看望女儿。

那么这位于夫人是否是乾隆的其他后妃所生呢? 我们再看清皇室的家谱——《玉牒》所记载的情况。中国第一历史档案馆所藏《玉牒》024 号,载有乾隆诸女的生平简况,特抄录如下:

① 《孔府内宅轶事》第 24 页,天津人民出版社 1983 年版。

高宗纯皇帝十女

排行	封号	生母	出生年月日	出嫁情况	卒年
皇长女	未封	孝贤皇后	雍正六、十、二	殇	雍正七年
皇二女	未封	哲悯皇贵妃	雍正九、四、十七	殇	雍正九年
皇三女	固伦和敬公主	孝贤皇后	雍正九、五、二十四	乾隆十一年嫁蒙古亲王色布腾巴勒珠尔	乾隆五十七年
皇四女	和硕和嘉公主	纯惠皇贵妃	乾隆十、十二、二	乾隆二十五年嫁大学士傅恒之子福隆安	乾隆三十二年
皇五女	未封	皇后那拉氏	乾隆十八、六、二十三	殇	乾隆二十年
皇六女	未封	忻贵妃	乾隆二十、七、十七	殇	乾隆二十三年
皇七女	固伦和静公主	令妃	乾隆二十一、七、十五	乾隆三十五年嫁蒙古亲王之子拉旺多尔济	乾隆四十年
皇八女	未封	忻贵妃	乾隆二十二、十二、七	殇	乾隆三十二年
皇九女	和硕和恪公主	令妃	乾隆二十三、七、十四	乾隆三十七年嫁协办大学士兆惠之子札兰泰	乾隆四十五年
皇十女	固伦和孝公主	惇妃	乾隆四十、一、三	乾隆五十四年嫁和坤之子丰绅殷德	道光三年

　　从《玉牒》所记情况看,乾隆的十个女儿,五个夭殇,另外五个,第三、七女嫁蒙古王公,第四、九、十女嫁与满洲旗人官员之家,根本没有出嫁到孔府的。而且生于乾隆二十年十月十三日、死于道光三年

十二月的于夫人,与谱中哪位公主的生卒年月也对不上号。那么是否有可能是乾隆为了不使嫁与汉人的女儿在家谱中留下记录,避满汉通婚之嫌,有意不让这位于夫人之名登在家谱之中呢? 回答也是否定的,因为按清代皇家制度,载入《玉牒》,标志其是皇家之人,只有犯大逆不道之罪削除宗籍者,才采取《玉牒》除名的形式。乾隆还不至于只因避满汉通婚之嫌,便将自己的爱女除去宗籍改其为于姓,并将这一问题遗留给后人的。可以说,《玉牒》已是毫无遗漏地将乾隆的十个女儿包括幼小夭折及成年出嫁者,全部按排行登录在册,它证明,衍圣公孔宪培之妻于夫人,绝不是乾隆的女儿。

二、于夫人其人

现在,让我们来看一看这位于夫人的庐山真面目。据《清高宗实录》记载,乾隆三十七年的皇帝上谕:"于敏中之妾张氏,于例原不应封,但于敏中现无正室,张氏本系伊家得力之人,且其所生次女,已适衍圣公孔昭焕长子孔宪培,系应承袭公爵之人,将来伊女亦可并受荣封,张氏著加恩赏给三品淑人。"[①]可以认为,乾隆皇帝亲自发布的这道上谕中所说的适(嫁)孔宪培者,就是于夫人,她是于敏中之妾张氏所生的次女,而非乾隆帝之女。前揭余志群文,也曾据衍圣公孔昭焕给朝廷的奏文,揭示孔宪培之妻于夫人的生母为张氏,指出于氏应为于敏中亲女。这道上谕,由乾隆皇帝自己直接点明此女是于敏中之妾张氏所生,更坐实了这一事实。

孔府档案还透露了于夫人的一些其他情况,其丈夫孔宪培承袭衍圣公后,她被诰封衍圣公夫人。夫妇无子,以二弟孔宪增之子孔庆镕为嗣子。孔宪培于乾隆五十八年去世,年方八岁的孔庆镕袭封衍圣公,于夫人掌管衍圣公印信,协理孔府事务。后来于夫人娘家侄子于锡嘉等人干预孔府事务,与孔氏族人发生矛盾,讼于官府。经判决由孔庆镕本生父孔宪增暂行代办府务。但此后尤其是在孔宪增死后,于夫人在孔府中仍具有一定权威,因为她毕竟具有衍圣公嫡母的身份。孔庆镕对她也相当孝顺,就在于氏临终之时,孔庆镕还含泪跪录其母关于管理孔府事务的遗嘱,并令孔府的书房再抄成"遗谕",以

---

① 《清高宗实录》卷922,乾隆三十七年十二月庚午。

便"永远敬遵"①。于氏死后,朝廷还遣官赐祭,祭文称誉她恪循"内则"、尽心赞襄孔府事务,"著上公之母范",且为她大书"鸾音褒德"的匾额,孔府因而在孔林中建牌坊以旌表,即现在所称的"于氏坊",这也是孔林中唯一的一座衍圣公夫人牌坊。孔府内还建有慕恩堂,供奉孔宪培与于夫人的神主,后裔子孙岁时祭祀。可见于夫人在孔府中具有特殊地位,受到特别的尊崇,这也是后来有的学者判断于夫人是公主的重要根据。其实若细加考察,这位于夫人的身份地位是远不能与公主相比的。孔府档案 01306 号是于夫人的婆母程氏向山东巡抚衙门状告于夫人的讼词及巡抚的处理决定,内中有程氏指责于夫人不向她早晚请安之词,巡抚也把于氏"不到家为伊姑请安"作为于夫人的罪过之一,而且斥责于夫人"不知大体、偏听挑唆",并呈请将"于氏交伊姑程氏管束,毋任出外滋事"。按清代等级制度,公主的身份、等级地位在整个社会中仅次于皇帝、皇太后与后妃,即使在其出嫁的勋贵之家,也保持其尊贵的身份。清代礼制:"额驸(清公主之丈夫)及其父母见公主俱屈膝叩安",直至道光二十一年以后,才将屈膝叩安改为"正立致敬"②,而这里的于夫人,却是被程氏和巡抚指斥不向婆母请安。在社会上及官场中,公主的地位也高居于公、侯及百官之上,等同于亲、郡王,文武百官见到她要毕恭毕敬,途中相遇,赶快下马让道回避③。如果于夫人具有公主位号,身为巡抚的陈大文,是绝不敢在奏章中用诸如"不知大体"、"交伊姑程氏管束,毋任出外滋事"等训斥性的不逊之词向皇帝奏报的。还有学者根据于夫人曾得朝廷褒扬,在孔府中受到特别尊崇的事实,认为于夫人即使不是乾隆的亲生女儿,至少也是于敏中之女被乾隆认作义女,也被称作公主。如果这是事实的话,倒是清史中值得注意的现象,因为它将是清代皇帝密切君臣关系、改善满汉关系,尤其是密切与孔府的关系及尊孔的重要例证。但从现在所接触的史料来看,这种可能性也不大。因为有清一代,还从未有过皇帝认异姓大臣之女作义女的事,清宫中

① 孔府档案第 01395、01306 号。
② 《清史稿》卷 89《礼(志)八》,第 10 册第 2642 页,中华书局 1977 年版。
③ 光绪《大清会典事例》卷 409《礼部·相见礼》。另可见《道咸以来朝野杂记》第 45 页,北京古籍出版社 1982 年版。

虽有养女且封公主者,但都是皇族亲王郡王之女,才得封为公主(清初所谓定南王孔有德之女孔四贞养宫中封公主,乃误传,并非史实)。皇帝认义女,不会像民间那样简单,它关系到等级名分等重要问题,如果于氏被乾隆认为义女,那她就将是名义上的皇女,具有公主或类似于公主的尊贵身份,她的婆母及巡抚也就不会那样地要求她、指责她了。

三、对"公主下嫁孔府"一事详情之分析

所谓"公主下嫁孔府"虽非史实,但为什么会有那么多的详细情节流传于阙里,对此有必要作进一步的分析。我们推测,这些所谓"史实",可能是当时于夫人的某些引人注目之事,经过人们的传衍,到清代后期逐渐形成的一种传说。于氏嫁到孔府时,正值于敏中家居北京官邸,而且,当时他正红极一时,官户部尚书、协办大学士、军机大臣,备受乾隆帝的青睐;于氏这位高门千金又是出嫁天下第一家的尊贵的衍圣公府,这桩婚事必然轰动京城、曲阜,孔府的入京"催妆",京城于官邸的送嫁之举,都必定相当隆重。再说孔宪培,这位未来的小公爷也颇得皇帝好感,乾隆三十五年,被清高宗赐予二品顶戴,三十六年御赐其名为宪培(原名宪允),三十七年结婚,又赏其貂、缎、笔、砚等物[1]。以上史实,都可引起人们的猜测,说不定在这令人刮目相视的高门贵府的联姻大事中,于氏被传为是京城的皇女出嫁、孔宪培被传作是皇帝看中的驸马,也并非没有可能。《孔府内宅轶事》所说的公主结婚时,孔宪培亲自入都迎娶,乾隆召见并赏赐貂皮、大缎、砚、笔等礼品,作为给这位驸马的见面礼,从京城到曲阜,百官运送嫁妆每日不停,整整运了三个月等等传说,大约就是由此而来。后来,尚未成为衍圣公夫人的于氏,又曾得到与衍圣公之母同样的御赐:乾隆四十二年,"赐衍圣公孔昭焕母何氏、子媳于氏装闪金字缎、缎匹、如意等件二十五事各一分"[2]。于氏死后,孔府又给予她特殊的尊崇。凡此种种,都有可能进一步把于氏传说为是公主,以至民国初年所刊山东李太黑撰修的《孔子世系》,竟然也相信这种传说,而记

[1] 民国续修《曲阜县志》卷2。
[2] 民国续修《曲阜县志》卷2。

有"七十二世孔宪培,字养元,高宗以其子妻焉"。但是在清道光年间所修的孔府本府的家谱——《孔氏大宗谱》中,则保留着当年的史实,记为"七十二代(孔)宪培……夫人于氏,金坛人,文华殿大学士兼户部尚书(于)敏中第三女"①。

《孔府内宅轶事》非学术著作,而且作者名之为"轶事",则所述公主下嫁孔府一事即使失实,也无可厚非。学术论文、著作及词典把它作为历史事实,则未免疏忽。其实此事只要稍作分析,便不难发现疑点。比如,乾隆既然为避满汉通婚之嫌,而将女儿寄养于敏中家,以掩人耳目,但结婚时,又召见驸马孔宪培,百官也前来祝贺送礼,还护送嫁妆,岂不又将女儿嫁与汉人公开于世吗? 如果寄养只是为了借于家的汉族名义,不怕事情公开,为什么此女结婚以后至死始终姓于? 尊贵的皇家公主就永远作为于姓之女了吗? 可以认为,乾隆频繁地驾幸孔府,也完全是为祭孔尊孔,表明这位满族皇帝对利用汉族儒家思想维护统治的重视。

(此文原载《历史档案》1992 年 3 期,有修改)

---

① 道光敦本堂修《孔氏大宗谱》、《孔子世系》,见骆承烈等编《孔子后裔资料》第 1 册第 108、50 页。